关务水平测试教材

U1002590

关务基础知识

2018年版

中国报关协会◎编

GUANWU JICHU ZHISHI

本书配有
PPT课件及
部分知识点的
视频参考

中国海关出版社
China Customs Press

中国 北京

图书在版编目（CIP）数据

关务基础知识：2018 年版/中国报关协会编.
—北京：中国海关出版社，2018. 5
ISBN 978-7-5175-0274-6

Ⅰ. ①关… Ⅱ. ①中… Ⅲ. ①海关—业务—中国 Ⅳ. ①F752. 5

中国版本图书馆 CIP 数据核字（2018）第 074949 号

关务基础知识（2018 年版）

GUANWU JICHU ZHISHI（2018 NIAN BAN）

编　　者：中国报关协会
责任编辑：夏淑婷
出版发行：中国海关出版社
社　　址：北京市朝阳区东四环南路甲 1 号　　邮政编码：100023
网　　址：www. hgcbs. com. cn
编 辑 部：01065194242-7539（电话）　　01065194231（传真）
发 行 部：01065194221/4238/4246（电话）　　01065194233（传真）
社办书店：01065195616（电话）　　01065195127（传真）
http://www. customskb. com/book（网址）
印　　刷：北京天宇星印刷厂　　经　　销：新华书店
开　　本：889mm×1194mm　1/16
印　　张：19. 75　　字　　数：530 千字
版　　次：2018 年 5 月第 1 版
印　　次：2018 年 11 月第 2 次印刷
书　　号：ISBN 978-7-5175-0274-6
定　　价：46. 00 元

海关版图书，版权所有，侵权必究
海关版图书，印装错误可随时退换

关务水平测试扫码报名

从 2018 年起，中国报关协会组织开展关务水平测试，本教材系关务水平测试指定工具书。关务水平测试报名时间敬请留意中国报关协会相关通告。测试报名通道开放后，扫描以下二维码即可进入考试报名系统。

增值服务说明

◎ PPT 课件

本书配有相关 PPT 课件，具体咨询可以发送至邮箱：2505080853@qq. com 或拨打编辑部电话：010-65194242-7538。

◎ 视频课件

本书部分知识点配有视频，以满足读者对相关关务知识的储备及拓展需求。

1. 购买本书的读者可刮开图书封面防伪涂层，打开手机微信，扫描二维码，即可开通观看权限。

注：每个二维码只能被扫描一次并开通权限，不能重复扫描。

2. 获取权限后，扫描书中部分知识点对应的二维码，即可观看相关内容。

注：部分知识点的视频内容仅为参考、延展、阅读所用，水平测试中所有知识点仍以书中讲解内容为准，特此说明。

序

在对外经济贸易活动中，向海关等部门依法办理以进出境手续为核心的通关事务至关重要。目前，随着我国全面开放格局的快速形成，“一带一路”倡议的推进和贸易强国建设的深入，报关行业与相关行业也逐步呈现出整合趋势，就业分布也从传统的报关、货代、物流企业，外向型贸易、生产企业向会计师事务所、律师事务所及管理咨询领域扩展。近年来，高素质、创新型、专业化关务人才的社会需求更为迫切。

国家取消报关从业人员行政性准入门槛之后，允许行业协会和社会团体探索社会评价机制，为企业选聘人员和院校人才培养提供参考标准和依据。在广大会员的大力支持下，为了培养和建设规模合理、结构优化、素质优良的关务人才队伍，适应全面开放新格局和发展现代产业体系的需要，实现由报关操作型向关务管理型拓展和转变，中国报关协会自2018年起逐步建立关务水平评价制度，并作为《中国报关行业人才建设五年规划（2017-2021）》的核心内容。

关务水平评价是对参评人员职业技能、专业知识水平进行的测试和综合评定。中国报关协会依据海关法律法规和《报关服务作业规范》《报关服务质量要求》等行业标准，结合行业发展需求，设置评价要素、评价方式和合格标准，对自愿参加关务水平测试者出具“关务水平测试成绩报告书”，对测试和综合评定达标者颁发“关务水平证书（初、中、高级）”。本系列教材即为关务水平测试，特别是初、中级测试的参考教材。本系列教材由中国报关协会组织行业内专家、学者编写，力求较为全面地反映关务从业人员的基本业务知识和业务技能要求，尽可能体现海关业务改革和行业发展的最新成果。除了供测试复习之用外，本系列教材也可作为企业岗前和岗位培训用书。

中国报关协会将一如既往地致力于行业人才建设。除了开展关务水平评价活动外，还将整合行业、企业、院校等多方力量，通过建立专门的行业人才库、开展职业技能竞赛活动、创建专家工作室等措施，为行业人才成长搭桥架梯。

中国报关协会会长　葛连成

2018 年 4 月 28 日

关务水平测试教材编委会

（排名不分先后）

顾问：

葛连成　中国报关协会

徐秋跃　中国报关协会

王　平　中国报关协会

主任委员：

白雪燕　中国报关协会

副主任委员：

白凤川　中国报关协会

郑俊田　全国报关职业教育教学指导委员会

委员：

吴振国　中国报关协会

王继军　北京报关协会

张　雪　天津报关协会

邵永才　大连报关协会

顾善科　山东报关协会

尚思瑶　上海报关协会

伊羊羊　江苏报关协会

韩　明　广州报关协会

唐玉霞　深圳报关协会

李志民　嘉里（中国）投资公司

刘庆武　港中旅华贸国际物流股份有限公司

谢亦鸣　中外运空运发展股份有限公司

李秋沅　全美在线（北京）教育科技股份有限公司

辛玉麟　北京智欣联创科技有限公司

寇　毅　天津永诚世佳国际货运代理有限公司

李洪运　天津津通报关股份有限公司
宋贵增　辽宁竞大国际物流有限公司
曹务成　大连中港通关职业技术学院
孙　红　青岛翔通报关行有限公司
翟　明　海程邦达国际物流有限公司
吴艳芬　上海欣海报关有限公司
张　平　上海景鸿国际物流股份有限公司
孙晓青　江苏宏坤供应链管理有限公司
胡晓燕　苏州工业园区报关有限公司
林冬华　广州市昊链信息科技股份有限公司
宋　钢　广州汇知思行教育科技有限公司
王志强　深圳市智诚兴关务管理咨询有限公司
徐　晨　对外经济贸易大学公共管理学院
王建民　北京劳动保障职业学院
李富森　天津商务职业学院
杜祥培　中国海关管理干部学院
武　新　辽宁经济职业技术学院
陈　晖　上海海关学院
尹雷方　上海东海职业技术学院
裔大陆　淮安信息职业技术学院
堵有进　江苏商贸职业学院
陈鸣鸣　江苏护理职业技术学院
汪贤武　安徽工商职业学院
戴小红　浙江金融职业学院
徐　健　重庆工业职业技术学院
陈树耀　汕头外语外贸职业技术学校

前 言

本书分为对外贸易及对外贸易管理、海关及海关管理、报关及报关管理三篇，以办理进出境海关事务工作应知应会的内容为范围，内容覆盖全面，难度上以够用为度、以描述清楚为目标，不求“为什么”，但求“是什么”，让读者了解行业惯例，掌握必备知识，清楚政策环境，知道注意事项，明了操作要求。更为详细的操作知识将在《关务基本技能》一书中进行阐述。

本书可以作为从事关务工作人员的参考用书，也可以作为职业院校报关及相关专业的课程教材。本书的编写得到了海关系统及报关业界等有关领导和专业人士的大力支持，在此一并表示感谢。对于书中错漏之处，敬请批评指正。

编 者

2018 年 5 月

目 录

第一篇 对外贸易及对外贸易管理

第二篇　海关及海关管理

第三篇 报关及报关管理

1

第一篇

对外贸易及对外贸易管理

导 读

对外贸易的存在是关务工作的前提，关务工作的客体包括对外贸易的标的物和进出口相关企业，办理进出境通关事务（关务）是企业接受一国政府进出境管理的全过程。由此，对外贸易和对外贸易管理知识构成了关务相关从业人员必须掌握的基础知识。

一、编写的指导思想

本篇依据关务从业人员必须具备的相关专业基础知识的要求，以满足学习者熟悉国际贸易规则与对外贸易交易流程、掌握我国对外贸易管理政策、措施和对外贸易单证为目标，全面培养和提高行业人才的职业能力和职业素养。

二、本篇的编写方法

本篇以现行国际贸易惯例、国际条约、对外贸易管制制度和贸易管制措施为基础，结合我国外贸和关务实际业务需求，确定相关专业知识范围，在全面介绍的基础上，对与关务职业活动有紧密联系的相关知识进行重点详细描述，力使教材内容具有较强的前沿性和实用性。

三、本篇的内容结构

本篇内容共三章，涉及的相关专业知识分为两大部分。

一是由第一、第三章内容组成：按对外贸易合同条款的体例，以我国对外贸易方针政策指导下的对外贸易实践为基础，逐项介绍进行国际货物买卖及国际货物买卖过程中产生的与进出境海关事务相关单证的基础知识和基本技能。

二是第二章内容：以对外贸易管理政策、措施的基础知识为引领，重点介绍与关务密切相关的我国对外贸易管理中现行的行政管制制度与措施，以及所涉及的操作基本规范。

四、本篇的学习方法

本篇的任务是让学习者熟悉我国对外贸易方针政策，掌握行业标准和规范，其内容涉及知识面广、覆盖面全，既能帮助学习者参加关务水平测试，又可作为职业院校相关专业课程使用的教材，还可作为外贸及关务从业人员日常工作参考之用，因此，正确的学习方法十分重要。

（一）通篇阅览学习

本篇内容知识体系完整，编排按篇、章、节、目体例，节标题下列有“学习目标”，指导学习者全面掌握该节知识，并设定完成学习后应获得的成果。学习者可采用完整阅读教材的方法，按“学习目标”设定的知识层次进行通篇学习。

（二）重点研读掌握

本篇对紧密联系对外贸易和关务工作实际的基础理论、重要措施、技术规范等知识进行重点讲解，这部分知识应用性较强，符合服务于广大入职学习者的教材编写宗旨，学习者应进行详细研读，重点掌握。笔者通过下面两个结构图对重点知识进行纲要性提示。

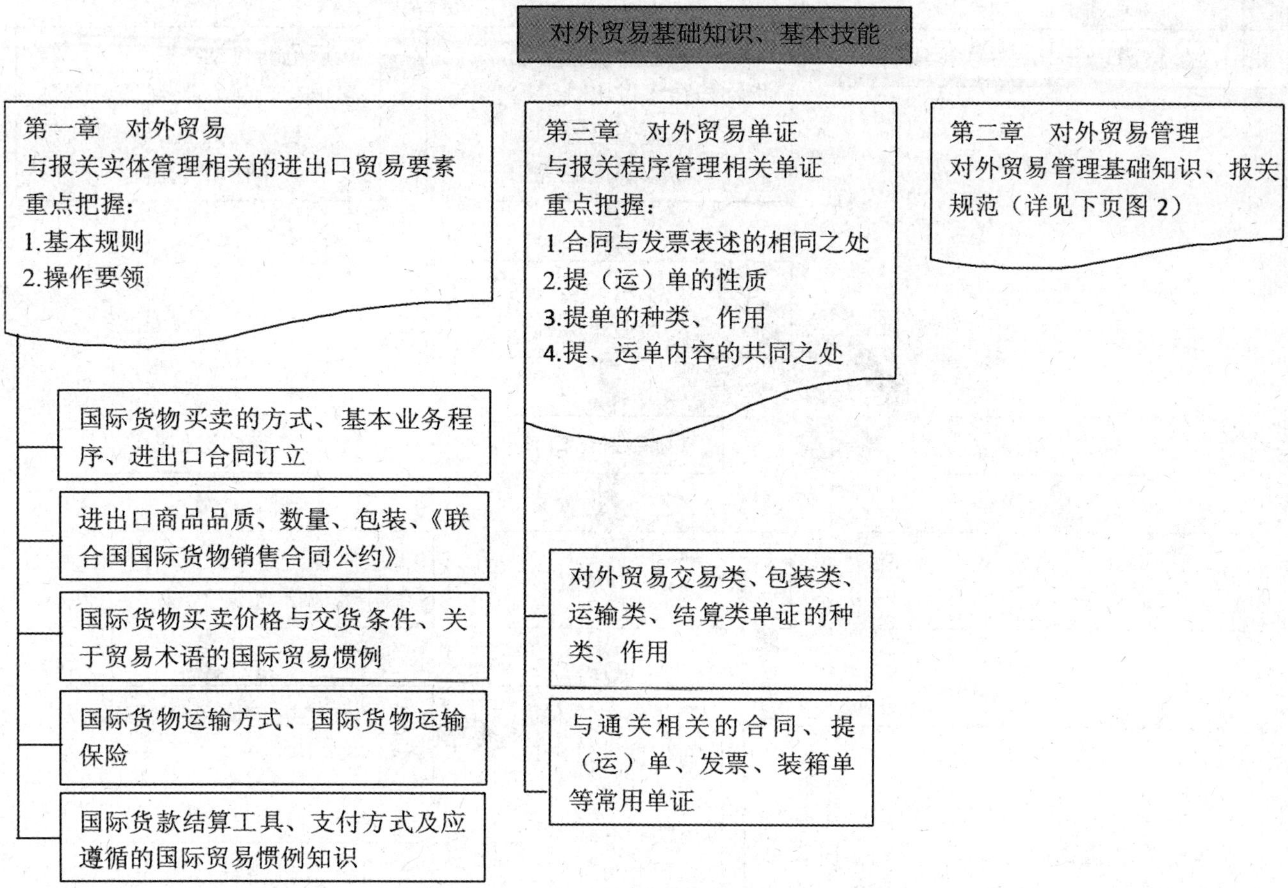

图 1　对外贸易基础知识、基本技能知识线索导读图

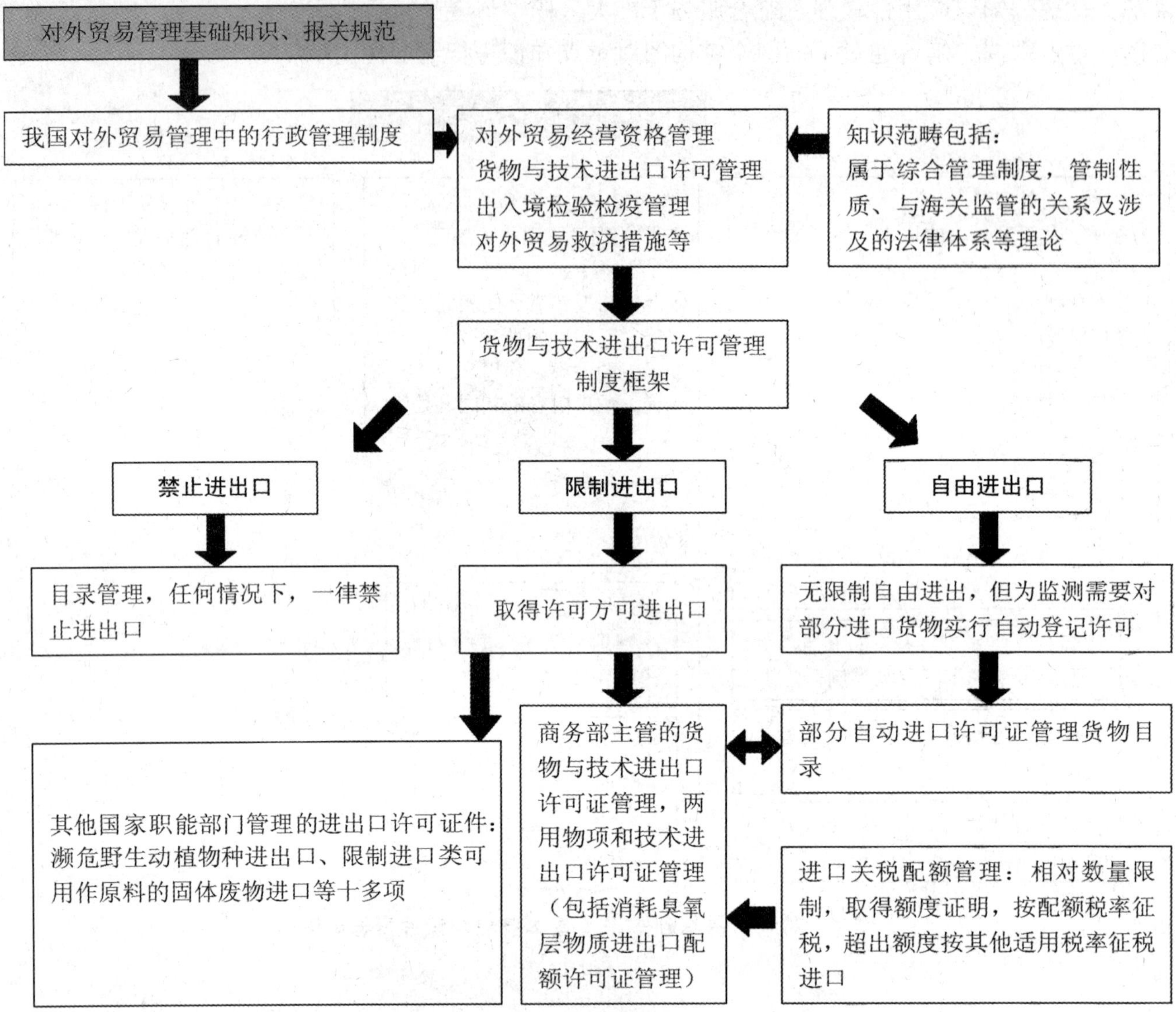

图 2　对外贸易管理基础知识、报关规范知识线索导读图

第一章

对外贸易

“对外贸易”又称“国际贸易”，专门研究国际货物买卖的有关理论和实际业务。本章的主要任务是使学习者通过本章的学习，初步掌握在我国对外贸易的方针政策指导下，进行国际货物买卖的基础知识和基本技能，为从事关务工作打好基础。

第一节　对外贸易概述

【学习目标】

本节内容旨在让学习者总体了解对外贸易的特点、类型，熟悉货物贸易的交易形式及其基本业务程序，从而为理解对外贸易各环节的操作实务，交易当事人的权利、义务和涉及的法律、法规、国际惯例奠定理论基础。

完成本节学习，学习者应获得以下成果：

1. 了解对外贸易的基本特点、类型及涉及的业务范围；

2. 了解对外贸易的交易方式，特别是单边进出口贸易、加工贸易、租赁贸易等交易形式，并能结合关务基本技能的学习，把国际货物买卖的不同贸易方式与海关监管方式相联系；

3. 掌握对外贸易业务各环节的基本程序，正确把握履行合同程序中进出口收发货阶段通关环节的作业节点。

【基本概念】

一般贸易、独家经销、独家代理、加工贸易、租赁贸易、跨境电子商务

【建议学习时间】

1 课时

一、对外贸易的含义及特点

（一）含义

对外贸易，又称国际贸易、进出口贸易，是指一国（地区）同别国（地区）进行商品或服务交换的活动。广义的对外贸易包括货物贸易、服务贸易等，狭义的对外贸易仅限于货物贸易。

（二）特点

对外贸易的根本特点是交易标的物在不同国家（地区）之间的流动即商品交换，具有国际性，与国内贸易相比具有以下特点：

1. 复杂性

对外贸易既然是不同国家（地区）之间的商品交换，势必涉及不同法律体系和具体规则等方面的差异和冲突，受到有关国家（地区）在对外贸易政策、措施及外汇管制等方面的制约；同时国际货物的每笔交易除了买卖双方之外，还涉及国内外运输、保险、海关和银行等部门，若一个部门、一个环节出问题，就会影响整笔交易的正常进行。因此，对外贸易所涉及的问题远比国内贸易复杂。

2. 不稳定性

对外贸易的发展，一般不如国内贸易稳定，它易受国际政治、经济形势、贸易摩擦、汇率浮动等客观条件的影响，尤其在当前国际金融市场变化莫测与商品价格瞬息万变的情况下，对外贸易的不稳定性更加明显。

3. 风险性

国际货物买卖的交易数量通常都比较大，而且交易的货物往往需要长途运输，在远距离的运输过程中，可能遇到各种自然灾害、意外事件和其他外来风险，加之国际市场情况复杂、多变，从而加大了对外贸易的风险程度。

二、对外贸易的分类

对外贸易从不同的角度有很多分类方式，依照交易商品的类别，主要可分为货物贸易、服务贸易、技术贸易三种。

（一）货物贸易

货物贸易是指有形的、以实物形态表现的各种商品交换的贸易。不同国家（地区）之间通过物质交换，可发挥比较优势，克服劣势，进行资源合理配置，节约社会劳动，增加社会财富，实现社会总产品的平衡。由此，提高贸易参与国（地区）的劳动生产率，有助于带动各自相关经济部门的发展。

（二）服务贸易

服务贸易是指国（地区）与国（地区）之间互相提供服务的经济交换活动。根据世界贸易组织《服务贸易总协定》的规定，服务贸易有跨境交付、境外消费、商业存在和自然人流动四种方式。

服务贸易类型包括商务服务、通讯服务、建筑及有关工程服务、经销服务、环境服务、金融服务、运输仓储服务等。

（三）技术贸易

技术贸易是指不同国家（地区）的企业、经济组织或个人之间，按照一般商业条件，向对方出售或从对方购买软件技术使用权的一种国际贸易行为。技术贸易的基本内容主要包括：专利使用权、商标使用权和专有技术使用权。

无论我国还是其他国家或地区，货物贸易仍然是对外贸易中最基本、最主要的贸易形式，而且技术贸易和服务贸易的做法，不少也是从货物贸易的做法中延伸出来的，有的还是直接沿袭货物贸易的基本做法。因此，本章主要介绍货物贸易方面的基础理论、基本知识和业务操作程序。

三、对外贸易的方式与发展

对外贸易方式是指国际贸易中买卖双方所采用的各种交易的具体做法。在对外贸易活动中，每一笔交易都要通过一定的贸易方式来进行。贸易方式是在买卖双方交易过程中随着不同商品、不同地区和不同对象，根据双方的需要形成的。当前在国际贸易中存在着灵活多样的贸易方式，各种贸易方式也可交叉进行，随着国际贸易的发展，新的贸易方式如跨境电子商务等不断涌现。

需要指出的是，现行进出口货物报关单的“监管方式”栏目与对外贸易方式有着密切的关系，但是也存在着明显的不同。监管方式是以对外贸易方式为基础，结合海关对进出口货物的征税、统计及监管条件综合设定的海关对进出口货物的管理方式。为满足海关管理的要求，报关自动化系统的监管方式代码采用四位数字结构，其中前两位是按海关监管要求和计算机管理需要划分的分类代码，后两位为海关统计代码。

目前主要的对外贸易方式有以下几种。

（一）一般贸易

一般贸易是指我国境内有进出口经营权的企业单边进口或单边出口的贸易。买卖双方自由选择交易对象，通过函电往来或当面洽谈，达成协议签订合同，进行交易活动。这是对外贸易最普遍的一种交易方式。

报关单“监管方式”中的“一般贸易”（代码为“0110”），与上述对外贸易方式中的“一般贸易”容易混淆。读者可在学习掌握报关单填制相应业务技能后明辨二者关系。

（二）经销

1. 经销的含义

经销（Distributorship）是指出口企业与国外经销商达成书面协议，在约定的经销期限和范围内，利用国外经销商就地推销某种商品的一种方式。经销属于转卖行为的一种贸易方式，在对外贸易中使用较广泛。经销商以自己的名义和资金进行买卖业务，与出口企业的关系是买卖关系。

2. 经销的种类

经销可以分为一般经销和独家经销。在一般经销方式下，出口企业根据经销协议给予国外经销商在一定地区、一个时期内经营某项商品的销售权，经销商则有义务维护出口企业的利益，必要时，还要对经销商品组织技术服务，进行宣传推广，而出口企业也需要向经销商提供种种帮助。经销商虽享有经销权，在购货上能得到一些优惠，但没有独家经营的权利。出口企业可以在同一地区指定几个经销商。

独家经销又称为包销（Exclusive Sales），是指出口企业与国外一个或几个客户组成的集团即独家经销商达成书面协议，由前者将某一种或某一类商品在约定地区和一定期限内独家经营的权利给予后者。独家经销方式下，双方的关系属于售定性质，商品由包销的承购，并自行销售，自负盈亏，承担货价跌落及库存积压的风险。

（三）代理

1. 代理的含义

代理（Agency）是对外贸易中的一种习惯做法。在对外贸易中，代理业务是以委托人为一方，独立的代理人为另一方，在约定的时间和地区内，代理人以委托人的名义和资金从事业务活动，相互之间的关系是委托代销关系，代理商有积极推销商品的义务和享有收取佣金的权利。

2. 代理的种类

代理方式的种类很多，按委托人对代理人授权的大小，可分为总代理、独家代理和一般代理，其中总代理的权限最大。

（1）总代理（General Agency）

总代理是指在指定地区委托人的全权代理。总代理除了有权代理委托人进行签订买卖合同、处理货物等商务活动外，也可以进行一些非商业性的活动，如有权指派分代理并可分享其佣金。对委托人而言，总代理的行为与其利害关系密切相连，故一般多由具备丰富的工作经验和知识、懂得经营销售的技巧、明了所在国的法律、对市场具有分析研究能力的人员，或者就是委托人的派出人员或国外机构担任。

（2）独家代理（Exclusive Agent/Solo Agency）

独家代理是指委托人给予代理商在特定地区和规定期限内享有代销指定商品的专营权。按惯例，在独家代理的情况下，凡是委托人在约定地区发生的交易，只要是独家代理的商品，不论其是否通过该独家代理人，委托人都要向其支付约定比例的佣金。独家代理与独家经销在经营性质上完全不同：前者，代理人与委托人之间属于委托代理关系；而后者，独家经销商与出口人之间的关系是买卖关系。两者的区别主要有：

①承担风险不同，独家代理人不承担经营风险，而独家经销商要承担经营风险。

②盈利方式不同，独家代理人赚取的是佣金，而独家经销商赚取的是商业利润。

③专营权不同，独家代理人在特定地区和期限内，享有代销指定商品的专营权，而独家经销商拥有包销的专营权，包括专买权和专卖权。

（3）一般代理（Commission Agency）

一般代理又称为佣金代理，是指在同一地区和期限内委托人可以同时委派几个代理人代表委托方的行为，代理人不享有独家专营权。对于一般代理，代理人根据销售金额及协议规定的办法和百分率向委托人计收佣金。

（四）加工贸易

1. 加工贸易的含义

加工贸易是指经营企业进口全部或部分原辅材料、零部件、元器件、包装物料，利用本国的生产能力和技术，加工或者装配成成品后再复出口的贸易方式。由此，加工贸易是以加工为特征、以商品为载体的再出口业务。

2. 加工贸易的种类

加工贸易的形式多种多样，目前常见的基本形式主要有进料加工和来料加工装配两种。

（1）进料加工（Processing with Imported Materials）

进料加工是指本国经营企业与国外原材料、零部件供应商订立进口合同，以自有外汇购入国外的原材料、辅料、元器件和零部件，利用本国的技术、设备和劳动力，加工成成品后，再销往国外市场的经营活动。进料加工业务中，本国的经营企业既要与国外的客户签订购买原材料、零部件进口合同，又要与国外客户签订成品出口合同。两个合同均以货物所有权的转移为特征，是两笔不同的货物买卖。在实际操作时，经营企业从境外采购原材料，单边进口加工成成品后销往境外单边出口。经营企业必须自担风险、自负盈亏，通过进料加工获取商业利润。

（2）来料加工装配

来料加工装配是来料加工和来件装配的总称，是一种委托加工的贸易方式。

来料加工（Processing with Customer's Materials），通常由国外客户提供原材料、辅料、包装物等，委托本国生产企业即加工业务承接方，按委托方的要求加工成成品后运交委托方，由委托方在国外销售的经营活动。来料加工业务中，委托方对其所提供的原材料、辅料、包装物料，及加工成的成品拥有所有权，承担原材料市场和成品销售市场的风险，承接方则按约定收取工缴费（加工费）。来料加工业务体现了加工成本高的国家利用人工成本低廉国家的生产能力以降低成本、提高利润，从而为其商务经营活动服务的经营策略。

来件装配（Assembling with Customer's Parts），是指国外委托方提供零部件、元器件，有的还提供包装材料，委托本国承接方按其工艺设计要求进行装配，成品交还委托方处置，承接方按约定收取工缴费（装配费）的经营活动。

报关单监管方式栏目也有对应加工贸易设置的多种监管方式，如“进料对口”与“来料加工”等。

（五）租赁贸易

1. 租赁贸易的含义

租赁贸易（Leasing Trade）又称租赁信贷，是信贷和贸易结合的一种贸易方式。它是由资产所有者为租赁方（出租人），按契约规定，将物件租给使用人（承租人），使用人在规定期限内支付租金并享有租赁物件使用权的经济行为。跨越不同国家（地区）的出租人、承租人之间进行的租赁贸易即为国际租赁。

国际租赁的出租人与承租人在不同国家（地区），有时会出现供货人，形成三方合作的租赁业务。这种供货人可能与出租人在同一个国家（地区），也可能与出租人不在同一个国家（地区）他们之间签订的租赁合同均属国际租赁。

2. 租赁贸易的种类

租赁贸易从不同的角度可分为多种，本书参照我国海关对租赁进出口货物的监管要求，按照租赁目的，分为融资租赁和经营租赁两种。

（1）融资租赁

融资租赁以融通资金为主要目的，承租人用运营或使用货物所获得的收入购买物件的使用权，代替了自行筹资购买物件的所有权的做法。承租人付清全部租金后，物件的所有权即转移给承租人。融资租赁租期较长，租赁合同不可撤销，承租人负责设备的保险、保养和维修。

（2）经营租赁

经营租赁租期较短，出租人负责提供资金信贷和技术服务，承租人使用完租赁物件，付清服务费用（租金）后退还物件。经营租赁的合同可以撤销，出租人需通过多次出租才能收回物件的投资及费用。

报关单监管方式对应的种类设置还增加考虑了关税征收计算的方式，更为复杂，只有理解了租赁贸易的上述基本特征，才能更好地掌握。

（六）对销贸易

1. 对销贸易的含义

对销贸易又称返销贸易、反向贸易或互抵贸易等，它是以货物或劳务、工业产权和专有技术等的进口和出口相结合并互为条件的贸易方式。

2. 对销贸易的种类

对销贸易的基本种类可分为易货贸易、互购贸易、补偿贸易等多种贸易方式。

（1）易货贸易（Barter）

易货贸易是指在买卖双方之间进行的货物或劳务等值或基本等值的交换，不涉及现金的收付。易货贸易的双方当事人以一份易货合同，确定交易商品的价值，及作为交换的商品或劳务的种类、规格、数量等内容。

易货贸易可分为直接易货和综合易货（或称一揽子易货）。直接易货是指买卖双方各以一种能为对方所接收的货物直接交换，两种货物的交换时间相同，价值相等。综合易货是指交易双方都承诺购买对方等值商品，从而将进出口结合在一起的贸易方式。综合易货常用于企业间的大宗交易或政府间的易货行为，企业间的综合易货常以对开信用证方式对货款逐笔平衡，政府间的综合易货常以记账的方式结算。

（2）互购贸易（Counter Purchase）

互购贸易又称为对购交易（Reciprocal Trade）或平行交易（Parallel Trade），是指一方向另一方出口商品和（或）劳务的同时，承担以所得款项的一部分或全部向买方购买一定数量或金额的商品和（或）劳务的义务。采用互购贸易方式，交易双方一般要签订两份互相独立的合同，交易双方互为买主和卖主。

（3）补偿贸易（Compensation Trade）

补偿贸易又称产品返销（Product Buyback），是指交易的一方在对方提供信贷的基础上，进口设备和（或）技术，而用向对方返销进口设备和（或）技术所生产的直接产品或其他产品或劳务所得的价款分期偿还进口价款。偿还的方式主要有：直接产品偿还、间接产品偿还和劳务偿还三种。

补偿贸易实际上是一种商品信贷。我国开展补偿贸易筹措资金一般采用两种方法：一种是由外国设备和（或）技术提供者向他们自己的银行直接贷款，为我方垫付进口设备的资金，然后以我方返销产品偿付贷款和银行利息；另一种是由我方直接向国外银行贷款，然后用返销产品收入的外汇偿还银行的本息。

补偿贸易的监管方式代码为“0513”，简称补偿贸易。本监管方式包括补偿贸易中对方有偿或免费提供的机器设备、工模具等。

（七）跨境电子商务

1. 跨境电子商务的含义

跨境电子商务（Cross Border E-commerce）是指分属不同关境的交易主体，以互联网为媒介，经电子商务平台达成交易、进行支付结算，并通过跨境物流营运者送达商品，完成交易的一种国际商业活动。

电子计算机技术的迅猛发展和互联网接入速度的不断加快，将商务活动带入了信息时代。网络营销、网上交易、网上支付等新型商务活动模式正在为人们所熟悉和认识。跨境电子商务的参与者除了生产者、供应商、中间商、批发商、零售商和消费者外，还包括了金融机构、运输及保险机构、认证机构、政府机构、通关配送服务机构等。众多部门协同，利用网络将信息流、商流、资金流和物流结合起来，以更全面、更灵活、更便捷的全新商务活动方式，完成全部贸易活动。因此，跨境电子商务正在成为知识经济时代国际贸易竞争的新领域。作为外贸和关务从业人员，要适应实际工作的需要，就必须学习和掌握跨境电子商务的有关知识和技能。

2. 跨境电子商务的种类

根据交易对象的不同，跨境电子商务主要分为以下三种类型：

（1）企业对企业的电子商务（Business-to-Business，B-to-B，又可简化为 B2B）

B2B 交易的双方都是商家（或企业），他们将企业内部网络链接各种商务网络平台，用互联网技术快速反应的优势，开展营销、发展客户、采购或者销售货物，完成商务交易。

（2）企业对消费者的电子商务（Business-to-Consumer，B-to-C，又可简化为 B2C）

B2C 交易的卖方通过商务网络平台，向消费者，即客户提供一个新型的在线购物环境；客户在网上购物、在线支付货款，由物流配送运营者完成交货。这种形式实质上是一种新型商业零售模式。

（3）企业+企业对消费者的电子商务（Business-to-Business-to-Consumer，B-to-B-to-C，又可简化为 B2B2C）

B2B2C 是一种新的通过互联网销售模式，第一个 B 指生产商、供应商。第二个 B 指拥有客户管理、信息反馈、数据库管理、决策支持等功能，能提供高附加值服务，并为卖方与消费者建立联系的交易平台。B2B2C 把“生产商→供应商→经销商→消费者”各个产业链紧密连接在一起，把从生产、分销到终端零售的资源进行全面整合，形成一个从创造价值到价值变现的供应链，使商家和消费者都能获取更多利益。

B2B2C 电子商务模式具有潮流性，符合商业发展的趋势。它不仅可以实现商家与商家的直接网上交易，还可以借助其强大的平台特性，让更多的消费者寻找自己想要的交易目标，从而改变人们的消费行为甚至生活方式。

目前，电子商务的出现有利于经济社会进步已成为各国共识。许多国家的政府为推动电子商务发展，进行网上政府采购、网上招标、网上签发政府批准文件。我国政府也积极探索新的管理模式，实现了网上发放进出口许可证件、办理出口退税、进出口清关等手续。由此，新的跨境电子商务经营模式还会不断出现，并影响国际贸易的发展和管理模式的改变。

3. 跨境电子商务发展的影响

作为一种不同于传统的新型交易方式，跨境电子商务将生产企业、流通企业及消费者和政府带入一个数字化的虚拟空间，使人们不再受地域、时间的限制，以非常简捷、快速的方式完成繁杂的商务活动，从而优化了资源配置，提高了生产效率。跨境电子商务发展的影响是多方面的。

（1）跨境电子商务对社会经济活动方式的影响

跨境电子商务的高效率改变了商务活动方式，使传统商务活动中间环节繁多、重复劳动、人为因素错误等现象得以减少或避免。互联网信息拉近了生产者与消费者的距离，使生产者可按照用户要求的不同进行个性化按需生产，生产方式更贴近市场。在线结算、网上支付使金融业的发展空间更加广阔。因此，作为一种商务活动，跨境电子商务将带来一场史无前例的革命。

（2）跨境电子商务对政府管理行为的影响

与传统的交易方式相比，依附于网络的跨境电子商务突破了传统交易所具有的地理因素，是一种无边界交易。互联网用户不需要考虑跨越国界就可以把商品和服务提交至市场。这种交易方式的消极影响是用户必须面临因各国文化、政治和法律的不同而产生的风险。比如，一主权国家的税收权利只能在本国范围行使，税收当局对超越一国的在线远程交易行使税收管辖权比较困难；而传统交易模式下买卖各方在各自国家存在着一个有形的供销系统和经营实体，该国税务当局可以依靠这些系统获取税收所需要的基本信息，向实体代扣代缴相关税款。因此，税务管理部门需要调整管理行为。又比如，跨境电子商务使传统国际贸易碎片化，给对货物进行成批数量监管为主的海关监管模式带来新的挑战。如何适应跨境电子商务发展，既方便电子商务活动，又保证海关有效监管，已成为海关的重要研究课题。

(3) 跨境电子商务对法律的影响

跨境电子商务引起的相关法律问题涉及税务、电子签名、合同形式、证据效力、管辖权、知识产权、隐私等各个方面。由于电子商务交易的特征不同于传统交易，有关买卖要约的撤销、合同成立的时间地点、交易双方当事人的权利和义务等传统交易的原有法律意义都不再适应电子商务发展的需要。

(八) 寄售、投标、拍卖、期货

1. 寄售

寄售（Consignment）是一种委托代售的贸易方式，寄售人（Consigner）先将准备销售的货物运往国外寄售地，委托当地代销人（Consignee）按照寄售协议规定的条件，替寄售人进行销售，在货物出售后，再由代销人将货款交付寄售人的销售方式。

在国际贸易中，寄售是寄售人为开拓商品的销路，委托国外代销商销售，以扩大出口为目的而采用的一种国际贸易方式。寄售人是卖方。

寄售与正常出口销售相比，具有以下特点：

(1) 寄售是凭实物进行买卖的现货交易。寄售人先将货物运至目的地市场，然后经代销人在寄售地向当地买主销售。

(2) 寄售人与代销人之间属于委托代售关系，而非买卖关系。代销人只根据寄售人的指示代为处置货物，在委托人授权范围内可以以自己的名义出售货物、收取货款并执行与买主订立的合同。

(3) 货物出售以前，所有权属寄售人。在代销人未将货物出售前，商品的所有权仍属寄售人所有。一旦代销人破产，寄售人可以收回寄售货物。因此货物售出以前，所有的风险和费用都由寄售人自行承担，代销人只收取佣金作为报酬。

寄售方式的优点是卖方可以根据其寄售地的市场供求情况，掌握销售时机，提高商品的竞争能力。寄售的商品直接与买方见面，买主看货成交，即时采购，有利于卖方开辟新市场、推销新产品。寄售方式的缺点是卖方的资金周转期长、费用增加、收汇安全性差，卖方比较被动，面临的风险也较大。

寄售贸易的监管方式代码为“1616”，简称寄售代销。本监管方式包括寄售代销贸易进出口的货物及进口寄售货物的增发部分。

2. 投标

投标（Tender）是针对招标（Invitation to Tender）而来的后续行动，只有招标才有投标。投标是投标人根据招标人的招标条件，应邀发出实盘，以期达成交易的一种贸易方式。招标和投标是一种贸易方式的两个方面。招标人是购买商品的人，招标条件是招标人提出的各项交易条件、交易程序及有关注意事项。投标人是供货人，投标人根据招标人的条件互相竞争，最后由招标人选择最有利的条件成交，所以投标方式是一种竞卖方式。

投标与一般交易的方式不同，一般包括招标、投标、开标三个环节。招标人提出条件后向多家投标人发出邀请并对有意愿参加竞标者进行资信和能力方面的审核，以确认投标资格；投标人按要求提供投标保证金后，根据招标条件一次递价，中标即成交，无须经过双方反复磋商。投标人之间竞争激烈，而招标人通常则处于比较主动的地位。

3. 拍卖

拍卖（Auction）是由专营拍卖业务的拍卖行接受货主的委托，按照一定的章程和规则，以公开叫价的方法，把货物卖给出价最高的买主的一种贸易方式。

在国际贸易中，采用拍卖方式进行交易的商品，一般都是些品质不易标准化，或难以久存或习惯上采用拍卖销售的商品，主要有艺术品、烟草、羊毛、毛皮、木材、果蔬、鱼类等。拍卖属于现货交易，它采用事先看货、当场叫价、落槌成交的做法。参与拍卖的买主，通常须向拍卖行交付一定数量的预约保证金。

拍卖的特点主要表现在以下几个方面：

（1）拍卖业务不是由买卖双方洽谈进行。它是由众多竞买人事先看货，然后在规定的时间和场所，至少有两个以上买主进行公开竞价，最终由出价最高者获得。

（2）拍卖是在一定的机构内有组织地进行。一般情况下，拍卖都是在拍卖行的统一组织下进行，委托人把拍卖标的托付给拍卖行，通过拍卖行的中介服务实现转让给买受人，属于中介服务性质的交易方式。

（3）拍卖业务具有自己独特的法律和规章。拍卖除了受国家法律的规范外，在交易磋商程序、方式及最终合同订立和履行方面，还受拍卖行自身特殊规定的约束。

4. 期货

期货（Futures）全称为商品期货交易，是指在一种特定类型的固定市场，即期货市场（Futures）或商品交易所（Commodity Exchange），在一定的时间内，按照严格的程序和规则，买卖特定商品期货合同的交易活动。在交易所里，通常都是根据商品的品级、标准或样品进行买卖。达成交易后卖方只是将代表商品的证件转让给买方，无须交付实物。场内一切交易，必须通过交易所的经纪人或交易所会员进行。

在交易所里，期货不是买卖实际货物，而是买卖品质、数量、包装、交货地点和方式、支付、解决争议等条款及内容都已经标准化了的期货合同。买卖双方只需协商确定价格和交货期两项条款，以及合同份数。这种标准合同的交易称为“买空卖空”，买进期货的一方称为“多头”，而卖出期货的一方则被称为“空头”。

四、对外贸易的基本业务程序

货物贸易从一个国家的角度来看，可分为进口贸易和出口贸易。尽管进口贸易和出口贸易的程序相反，其业务运作的侧重点也各不相同，但都分别包括交易前的准备、签订合同和履行合同三个阶段。现将进出口贸易的一般业务程序，分别概述如下：

（一）出口贸易的基本业务程序

1. 交易前的准备

出口交易前的准备工作，主要包括下列事项：

（1）落实货源和做好备货工作；

（2）加强对国外市场与客户的调查研究，选择适销的目标市场和资信好的客户；

（3）制定出口商品经营方案或价格方案；

（4）开展多种形式的广告宣传和促销活动。

2. 签订出口合同

在做好上述准备工作之后，即通过函电联系或当面洽谈等方式，就出口交易的具体内容同国外客户磋商交易。当一方的发盘被另一方接受后，交易即告达成，合同就算订立。

3. 出口合同的履行

出口合同订立后，交易双方就要根据重合同、守信用的原则，履行各自承担的义务。如按CIF条件和信用证付款方式达成交易，就卖方履行出口合同而言，主要包括下列各环节的工作：

（1）认真备货，按时、按质、按量交付约定的货物；

（2）落实信用证，做好催证、审证、改证工作；

（3）及时租船订舱，安排运输、保险，并办理出口报关手续；

（4）缮制、备妥有关单据，及时向银行交单结汇和收取货款。

（二）进口贸易的基本业务程序

1. 交易前的准备

进口交易前的准备工作，主要包括下列事项：

（1）制定进口商品经营方案或价格方案；

（2）在对国外市场和外商资信情况调查研究的基础上，货比三家，选择适当的采购市场和供货对象。

2. 签订进口合同

进口贸易的交易磋商和合同订立的做法与出口贸易基本相同，尤其应做好比价工作，以便在与外商谈判中争取对自己最有利的条件。

3. 进口合同的履行

如按FOB条件和信用证付款方式成交，买方履行合同的程序，一般包括下列事项：

（1）按合同规定向银行申请开立信用证；

（2）及时派船到出口口岸接运货物，并催促卖方备货装船；

（3）审核有关单据，在单证相符时付款赎单，办理进口报关手续，并验收货物。

【复习思考题】

1. 一般而言，对外贸易有哪些分类方式？
2. 服务贸易的类型有哪些？
3. 何谓独家经销方式？何谓独家代理方式？两者的主要区别是什么？

4. 何谓加工贸易？进料加工业务与对外加工装配业务有什么区别？

5. 租赁贸易有哪些主要经营形式？各种形式有什么不同？

6. 何谓 B2B2C？

7. 跨境电子商务对社会经济发展有哪些影响？

第二节 进出口合同

【学习目标】

本节内容旨在让学习者了解对外贸易进出口合同的格式和基本条款，掌握国际货物买卖合同必须具备的内容及在履行合同过程中当事人的权利和义务。

完成本节学习，学习者应取得以下成果：

1. 了解进出口合同的结构、内容、生效的条件及法律的适用；

2. 熟悉进出口合同各条款的基本内容，能区别当事人履约过程中各环节所涉及的不同业务领域及应办理的事务；

3. 了解履约过程中当事人的责任、权利和义务，以及所涉及的国际惯例等基本内容，能结合通关业务掌握货物进出口业务中各类事务处置的基本规则。

【基本概念】

装运期、交货期、检验、索赔、不可抗力、仲裁

【建议学习时间】

2 课时

一、进出口合同格式

进出口货物买卖合同是涉外经济贸易合同的一种，指营业地在不同国家（地区）的当事人所订立的货物买卖合同。进出口货物买卖合同因涉及的金额通常较大，一般都采用书面形式订立。书面合同的内容，按其格式一般应包括以下三个部分。

（一）约首部分

约首部分一般包括合同名称、合同编号、缔约双方名称和地址、电话号码、传真号码等，这是合同的效力部分，以明确合同生效日期、发生冲突时适用的法律及管辖地、当事人双方的正式名称和地址，以及合同的有效期限等问题。

（二）基本条款

基本条款包括品名、品质、数量、包装、价格、运输、保险、支付、检验、索赔、不可抗力

和仲裁等项内容。基本条款直接关系到缔约双方在买卖中的权利和义务，是合同的主要内容。

（三）约尾部分

约尾部分一般包括订约日期、订约地点和双方当事人签字等项内容。通常载明合同文字及其效力、正本的份数，表明合同正式订立。

书面合同的内容必须按照法律规定的程序和形式订立，做到内容完整、文字严密，与交易磋商的内容相符。书面合同一经签订，便具有法律效力，对双方当事人均具有约束力。依法订立的国际货物买卖合同，是当事人行使权力和履行义务的依据，双方当事人应当严格遵守。

二、进出口合同条款

（一）品质条款

1. 品名条款

在对外贸易中，买卖双方是凭借对商品的描述（Description）来确定交易标的。

品名条款的约定，取决于成交商品的品种和特点，并无统一格式，由交易双方酌情商定，一般只是在“商品名称”（Name of Commodity）的标题下，列明成交商品的名称。有时为了省略起见，也可不加标题，只在合同的开头部分，列明交易双方同意买卖某种商品的文句。

2. 品质条款

商品的品质（Quality of Goods）是指商品的内在素质和外观形态的综合表现，它是构成货物说明的重要组成部分。在国际货物贸易中，买卖双方对其成交的每种商品，都约定一定的品质条件，以利日后交接货物时有所遵循。

由于商品的品名、品质对海关确定商品编码具有重要作用，本章第三节另行详述。

（二）数量条款

商品的数量（Quantity of Goods）是国际货物买卖合同中的主要交易条件之一，也是构成合同的必备条件之一。数量条款不仅约定了交易双方成交商品的数量，而且还涉及与之相关的权利与义务，它既是买卖双方交接货物的基本依据，也是涉及处理与交接数量有关的索赔与理赔问题的依据。

在进出口货物办理通关手续过程中，货物的数量涉及海关征税、统计等具体监管要件。本章第三节另行详述。

（三）包装条款

国际贸易中的货物，除无须包装可直接装入运输工具中的散装货物（Bulk Cargo），以及在形态上自成件数不必包装，或者只需略加捆扎即可成件的裸装货物（Nude Cargo）以外，其他绝大多数商品都需要包装。

包装条款是国际货物买卖合同中的主要条款之一，按照合同约定的包装要求提交货物是卖方的义务。货物的包装也涉及海关对进出口货物监管、查验的识别，本章第三节另行详述。

(四) 装运条款

在交易磋商和签订买卖合同时，必然涉及货物的装运。装运条款规定得合理、明确，才能保证装运工作顺利进行。

买卖合同的装运条款，主要包括装运期和交货期、装运港和目的港、装卸时间、装运通知等内容。

1. 装运期和交货期

在国际贸易中，存在着交货（Delivery）和装运（Shipment）两种不同的用语，因此，也就有交货时间（Time of Delivery）和装运时间（Time of Shipment）两种提法。装运期（Time of Shipment，也称为装运时间）和交货期（Time of Delivery，也称为交货时间）是两个互有联系但内涵不同的概念。

一种情况是，交货和装运都指的是货物灭失和损坏的风险自卖方转移至买方的时间和地点。在以 FOB、CFR、CIF、FCA、CPT、CIP 贸易条件成交的装运合同中，交货与装运是一致的。为了避免产生误解，一般在合同中应使用装运条款而不用交货条款，使用装运时间和装运地点，不使用交货时间和交货地点。

另一种情况下，装运与交货是两个不同的概念，不能混淆。如果采用到货合同成交，则买卖双方应在合同的装运条款、交货条款中分别具体订明装运时间和交货时间、装运地点和交货地点，不能相互替代使用。装运时间是指在装运港或装运地将货物装到船上或者交付给承运人的期限；交货时间是指卖方按买卖合同的规定应该将货物交付给买方或承运人的期限。

2. 装运港（地）和目的港（地）

装运港（Port（place）of Shipment）和目的港（Port（place）of Destination）的规定是买卖合同中不可缺少的重要内容，它与合同使用的贸易术语中买卖双方所承担的运输责任有关。因此，在磋商交易和签订买卖合同时，必须对装运港和目的港作出明确、合理的规定。为了便于卖方根据货源情况安排装运，以及适应买方接收和转售货物的实际需要，装运港一般由卖方提出，经买方同意后确定；目的港则由买方提出，经卖方同意后确定。

3. 装卸时间和滞期、速遣条款

在国际贸易中，大宗商品大多使用程租船运输。由于装卸时间直接关系到船方的经济效益，因此，负责租船的一方，为了促使对方及时完成装卸任务，都在买卖合同中要求规定装卸时间、装卸率、滞期费、速遣费条款。

4. 装运通知

装运通知（Advice of Shipment）条款在于明确买卖双方的责任，做好船货衔接工作。按照国际贸易的一般做法，在按 FOB 条件成交时，卖方应在约定的装运期开始以前（一般为 30 天），向买方发出货物备妥准备装船的通知，以便买方及时派船接货。买方接到卖方发出的通知后，应按约定时间，将船舶到港受载日期通知卖方，以便卖方及时安排货物出运和准备装船。在按 CIF、CFR 或 FOB 条件成交时，卖方应于货物装船后，立即将合同号、货物品名、件数、重量、发票金额、船名及装船日期等项内容，电告买方，以便买方在目的港做好接卸货物的准备，并及时办理进口报关等手续。如按 FOB、CFR 条件成交，买方接到此项装运通知后，还可办理货物保险手续。按照国际贸易惯例，如因卖方漏发或未及时发出此项装运通知，致使买方漏保或未及

时办理保险时，则卖方应负担买方因此而遭受的有关损失。

（五）保险条款

在国际货物买卖合同中，为了明确交易双方在货运保险方面的责任，通常都订有保险条款（Insurance），其主要内容包括：投保人、保险公司、保险险别、保险费率和保险金额等事项。

（六）价格条款

价格条款由单价（Unit Price）和总值（Amount）组成。其中，单价包括计量单位、单位价格金额、计价货币、贸易术语四项内容。例如：每公吨100欧元CIP纽约。

贸易术语亦称价格术语，是关于价格条件的一种专门用语，即用一个简短的英文词语或一组缩写的英文字母，表示商品的价格构成、买卖双方各自应办理的手续及承担的费用、交接货物及风险转移的界限。有关贸易术语的含义及其运用，本章第四节另行详述。

（七）支付条款

在国际货物买卖合同中，支付条款的内容主要包括结算工具、支付方式、支付时间与地点等。

结算工具绝大部分采用非现金结算方式，即采用本票、支票、汇票等金融票据作为支付手段，其中以汇票的使用最为普遍。支付方式包括汇付、托收、信用证等方式，这些支付方式，既可单独使用，也可结合使用。支付的时间与地点关系到买卖双方的利益，交易双方应合理选择和明确约定支付货款的时间与地点。

（八）检验条款

商品检验是为了鉴定卖方交付给买方的货物的品质、数量和包装是否符合合同规定。商品检验对保护买方的利益是十分重要的，在磋商交易中，如何订立检验条款，往往是买卖双方争论较多的问题之一。

商品检验条款的主要内容包括检验权、检验时间与地点、检验机构与检验证书、检验方法与标准等内容。

1. 买方的检验权

《联合国国际货物销售合同公约》（以下简称《货物销售合同公约》）和我国法律都明确规定，除双方另有约定外，买方有权对自己所购买的货物进行检验。如发现货物不符合规定，而且确属卖方责任，买方有权采取要求卖方予以损害赔偿等补救措施，直至拒收货物。但是，支持买方对货物的检验权并不是表示它是对货物接受的前提条件，买方对收到的货物可以进行检验，也可以不进行检验，假如买方没有利用合理的机会对货物进行检验，就是放弃了检验权，也就丧失了拒收货物的权利。

2. 检验的时间和地点

虽然国际上一般都承认买方对货物有检验权，但应在何时何地进行检验，各国（地区）法律并无统一规定。因此，为了明确责任，买卖双方应在合同中对检验的时间和地点作出明确的规定。基本做法有三种：一是在出口国（地区）装运前或装运时检验；二是在进口国（地区）卸货后检验；三是在出口国（地区）检验、在进口国（地区）复验。三种做法各有特点，其中第三种做法以出口国（地区）检验的检验证书作为收付货款的依据，以进口国（地区）的复验结果作为买方向卖方提出异议和索赔的依据，这对买卖双方都较为公平合理，所以被国际贸易中的大多数当事人所接受。

3. 检验证书

检验机构对进出口商品检验或鉴定后，根据不同的检验结果或鉴定项目签发的各种检验证书、鉴定证书和其他证书，统称为“检验证书”（Inspection Certificate）。在对外贸易中，检验证书起着公证证明的作用，作为买卖双方交接货物、结算货款、进行索赔和理赔的依据之一，也是通关、征收关税或优惠减免关税等的有效凭证。在信用证方式结算货款的情况下，检验证书通常也是银行议付货款和出口收汇的依据。

4. 检验方法与标准

我国法律规定对列入海关实施检验检疫的进出境商品目录的商品和其他法定检验检疫对象进行包括抽样、检验和检查、评估、验证和合格保证、注册、认可和批准等工作。我国海关对法定检验以外的商品实施抽查检验。

根据我国法律，商品的检验标准是国家法律、行政法规规定设立的各项技术规范和强制性要求，没有强制性标准的按对外贸易合同约定的标准检验；强制性标准低于合同约定的检验标准的，按照合同约定检验；没有前述标准的，按照生产国标准、有关国际标准或者海关制定的标准检验。

（九）索赔条款

索赔（Claim）是指进出口贸易中，因一方违反合同规定直接或间接给另一方造成损失，受损方向违约方提出赔偿请求，以弥补其所受损失。当违约的一方受理对方提出的赔偿要求即为理赔（Settlement）。

1. 索赔的依据

违约是受损方向合同另一方提出索赔的基本依据，即该方没有按照合同和法律的规定履行合同的义务。根据《货物销售合同公约》规定，如果一方当事人违反合同的结果使得另一方当事人蒙受损失，以至于实际上剥夺了根据合同有权期待得到的利益，就构成根本性违约。

2. 救济的方式

《货物销售合同公约》规定的救济方式主要有损害赔偿、解除合同、实际履行三种。

（1）损害赔偿是指违约方用金钱来补偿另一方由于其违约所遭受的损失，是国际货物买卖中最常用的救济手段。根据《货物销售合同公约》规定，一方违反合同，只要使另一方蒙受损失，受损害方就有权提出损害赔偿，而且损害赔偿请求权并不因其采取了其他救济而丧失。损害赔偿的范围应当与受损方因对方违约而遭受的包括利润在内的损失金额相等，但不得超过违反合同一方在订立合同时，按照当时已经知道或者理应知道的事实和情况，对合同预料或者理应预料到的可能的损失。

（2）解除合同是指合同当事人免除或者终止履行合同义务的行为。根据《货物销售合同公约》规定，合同一方不履行义务构成根本性违约时，另一方有权解除合同。

（3）实际履行是指当事人未履行合同义务，另一方当事人有权要求按照合同规定完整地履行合同义务，而不能用其他的补偿手段，如金钱来替代，同时还有权向法院起诉，要求法院强制另一方按合同规定履行。

3. 买卖合同中的索赔条款

买卖双方为了在索赔和理赔工作中有所依据，一般在合同中订立索赔条款。在实践中，索赔条款可根据不同的需要作不同的规定，通常采用的主要有“异议与索赔条款”和“罚金条款”两种。

（1）异议与索赔条款（Discrepancy and Claim Clause），一般是针对卖方交货质量、数量或包装不符合合同规定而订立的，主要包括索赔依据、索赔期限和索赔的处理方法。索赔依据主要是指由卖方同意的或法律规定的检验机构出具的检验证书。索赔期限是指受损害一方有权向违约方提出索赔的期限，超过约定的索赔期限，即丧失索赔权。《货物销售合同公约》和我国法律都规定，索赔期限为自买方收到货物之日起两年之内。当然，买卖双方也可针对交易的具体情况，自行约定合理、适当的索赔期限。对索赔的处理方法，买卖双方则可约定索赔的范围、索赔金额的计算方法等内容。

（2）罚金条款（Penalty Clause），也称为违约金条款（Liquidated Damage Clause），较多使用于卖方延期交货、买方延期接货或延期付款时，其基本做法是在合同中预先规定罚金的数额或罚金的百分率。

在采用信用证方式结算货款的出口合同中，针对国外买方不开立或不按时开立信用证，以及在出口 FOB、FCA 合同中，针对买方不派船或不按时派船，不指定承运人或不按时指定承运人，可以规定卖方有权解除合同或延期交货，并要求给予损害赔偿。

（十）不可抗力条款

不可抗力（Force Majeure），或称人力不可抗拒，是指在合同签订以后，不是由于当事人的故意或过失，发生了当事人所不能预见的、无法预防的意外情况，以致不能履行合同或不能如期履行合同。当事人可以据此免除履行合同的责任或延迟履行合同，对方无权要求损害赔偿。

1. 不可抗力的认定

对于什么是不可抗力，各国说法并不一致，但一般都认为，不可抗力事件是在合同签订后发生的，不是由于任何一方当事人过错或故意造成的，事件的发生及造成的后果是当事人无法预见、无法控制、无法避免和不可克服的。

引起不可抗力的原因有自然原因和社会原因两种。前者是指水灾、旱灾、飓风、暴雨、大雪、地震等人类无法控制的自然力量所引起的灾害，后者是指战争、罢工、政府禁运等。但不能错误地认为，所有的自然原因和社会原因引起的事件，都属于不可抗力。但物价的涨落、货币的升值贬值等，除买卖双方另有约定外，不属于不可抗力的范围。各国法律一般都允许当事人对不可抗力的范围在订立不可抗力条款时自行商定。

2. 不可抗力的法律后果

根据《货物销售合同公约》和有关的法律原则，如果发生不可抗力事件，致使合同无法得到全部、部分或者如期履行，有关当事人可以依据法律或者合同的规定，在不可抗力影响的时间和范围内，免除其相应的责任。一般来说，如果不可抗力事件只是部分或者暂时阻碍了合同的履行，则发生事件的一方可以部分履行或者延迟履行；同时当事人无须向对方承担损害赔偿的责任。

3. 通知和证明

不可抗力事件发生后，不能履约的一方应当将不可抗力事件及时通知对方当事人。《货物销售合同公约》明确规定，不履行义务的一方，必须将事件及其对履行义务能力的影响通知另一方。如果该项通知在其已经知道或者应该知道此障碍后的一段合理时间内，仍未为另一方收到，则他对由于另一方未收到通知而造成的损害，应负赔偿责任。

另外，各国国内法一般都规定，一方要援引不可抗力免责，应当就不可抗力事件提供必要的证明文件。在我国，有关证明文件一般由中国国际商会出具，国外大都由当地的商会或者登记注册的公证行出具。

（十一）仲裁条款

在国际货物买卖中，买卖双方在合同履行过程中因种种原因发生争议是在所难免的。一旦交易双方发生争议，通常首先由双方协商解决，协商不成时，就可能需要通过法律手段，即仲裁或者诉讼来解决。所谓仲裁（Arbitration）又称公断，是指买卖双方在争议发生之前或发生之后，签订书面协议，自愿将争议提交双方同意的第三者予以裁决的一种方式。

由于当今世界一国（地区）法院的裁决在另一国（地区）的承认和执行往往遇到较多的困难，而世界上大多数国家（地区）签署了承认和执行外国仲裁裁决的有关国际公约，因此仲裁成为解决国家（地区）之间货物买卖纠纷的主要途径。仲裁裁决具有法律约束力，当事人双方必须遵照执行。

国际货物买卖合同中的仲裁条款，一般应包括提交仲裁的事项，即提请仲裁的争议范围、仲裁地点、仲裁机构、仲裁规则、仲裁的效力等内容。

1. 仲裁协议

仲裁协议是指当事人将达成的争议提交仲裁裁决的书面协议，它可以是在争议发生之前，合同当事人在合同中订立仲裁条款，也可以是在争议发生之后双方当事人订立的提交仲裁的协议。仲裁协议是仲裁庭管辖案件的基础，双方订立有效仲裁协议后，就不能再将争议诉诸法院。仲裁合同独立于主合同存在，不因合同的终止、无效而终止或无效。

2. 仲裁机构与仲裁庭

在国际商事仲裁中，一般争议双方在仲裁协议中指定某一常设仲裁机构，该机构可以在当事人某一方的所在国（地区），也可以在双方同意的第三国（地区）。发生争议提交仲裁后，双方再按照该仲裁机构的规则指定仲裁员并组成仲裁庭，对争议进行裁决。我国进行国际商事仲裁的机构主要是中国国际经济贸易仲裁委员会。

3. 仲裁裁决的效力

仲裁裁决一般是终局性的，对双方当事人都有约束力，当事人应当执行，而不能就同一问题再诉诸法院。一般来说，只有当事人认为仲裁协议无效或者仲裁有程序性问题，才可以要求法院对仲裁予以审查，法院一般也不审查仲裁的实体问题。

【复习思考题】

1. 何谓买方的检验权？为什么说买方对货物的检验权并不表示它是买方接受货物的前提条件？

2. 根据国际贸易惯例，买卖双方订立合同时对国际贸易货物的检验时间和地点有哪些基本做法？

3. 如何理解不可抗力？

第三节　进出口商品的品质、数量和包装

【学习目标】

本节主要介绍进出口合同对交易标的物的具体规定，旨在让学习者重点掌握品质条款、数量条款、包装条款的细节性要求及应遵循的国际贸易惯例的具体内容，为在通关实践中正确申报货物奠定基础。

完成本节学习，学习者应取得以下成果：

1. 了解制定进出口合同品质条款所涉及的相关商品知识，掌握品质条款的表示方法、品质机动幅度和品质公差；

2. 了解国际贸易中常用的度量衡制度，掌握常用的计量单位、计重方法和数量机动幅度条款；

3. 了解常用的包装方式和包装标志，掌握包装条款的主要内容。

【基本概念】

对等样品、品质机动幅度、品质公差、法定重量、以毛作净、公量、数量机动幅度、溢短装、运输包装、销售包装、中性包装

【建议学习时间】

2课时

一、品名及品质

商品的名称和质量是国际货物买卖当事人双方首先要商定的交易条件，是买卖双方进行交易的物质基础，也是买卖合同中的主要条款之一。对于关务工作而言，商品的名称和质量是对进出口货物、物品进行归类、估价、原产地确定和适用贸易管制等工作的基本依据。

（一）品名

商品的名称（Name of Commodity），或称“品名”，是指能使某种商品区别于其他商品的一种称呼或概念。商品的名称在一定程度上体现了商品的自然属性、用途及主要的性能特征。在实

践中，商品主要依据用途、主要原料或成分、制造工艺、外观形态等来命名。

商品的名称是交易标的物的称谓，是国际货物买卖合同中必须具备的内容，因此表述必须明确、具体，适合商品的特点。使用外文名称时，其译名亦必须准确反映原名。

（二）品质

商品的质量（Quality of Good），或称“品质”，是商品的内在素质，包括物理特性、化学成分、生物结构、技术性能等，以及外观形态，包括外形、色泽、款式和透明度等的综合，两者决定了商品的使用效能。商品的品质表述，明确了交易标的物的状态，其品质的优劣对商品价格、销售数量、市场份额和买卖双方的经济利益起重要作用。

1. 品质的表示方法

在国际贸易中，表示品质的方法有多种，归纳起来，可以分为两大类：文字说明表示和样品表示。

（1）用文字说明表示商品的质量，又称为“凭说明买卖”（Sales by Descriplion）。其主要方式如表 1-1 所示。

表 1-1　“凭说明买卖”示例

方法	示例
凭规格买卖 （Sale by spercifications）	Vital Wheat Gluten，Moisyure Max 10%，Protein Min 75%，Ash Max 2% ，Water Absorption Min 150% 活性小麦面筋粉，水分最高 10%，蛋白质最低 75%，灰分最高 2%，吸水最低 150%
凭等级买卖 （Sale by grade）	Chinese Green Tea，Special Chunmee，Special Grade，Art no 41022 中国绿茶，特珍眉，特级，货号 41022
凭标准买卖 （Sale by standard）	Rifampicin，B. P. 1993 利福平，英国药典 1993 年
凭品牌或商标买卖 （Sale by brand or trade mark）	Maling Brand Worcestershire Sauce 梅林牌辣酱油
凭产地名称或地理标志买卖 （Sale by name of origin，or by geographical indication）	Shichuan Preserved Vegetable；German Beer 四川榨菜；德国啤酒
凭说明书或图样买卖 （Sale by description or illustration）	Quality and technical data to be strictly in conformity with the description submitted by the seller 品质和技术数据必须与卖方所提供的产品说明书严格相符

用文字说明表示商品品质的最基本方法就是用文字规定产品的规格（Specification），如成分、含量、纯度、大小等，也可以通过规定商品的等级或标准来确定质量。等级和标准是规格的固定化，等级（Grade）是指同一类的货物，根据长期生产和贸易实践，按照其品质、重量、成分、外观或者效能等的不同，用文字、数码或者符号所作的分类；标准（Standard）是经政府机关或者工商团体、同业公会等制定和公布的某类商品的规格。

(2) 用样品表示，即凭样品买卖，以样品所表示的商品品质作为交货的质量依据。样品(Sample)通常是指从一批商品中抽出来或者由生产部门设计、加工出来的能够反映和代表整批商品品质的少量实物。该样品称为“标准样品”(Type Sample)。贸易实践中有时买卖双方为了发展贸易关系而寄送样品供对方参考，即所谓“参考样品”(Reference Sample)，但这种样品不能作为交货的质量依据。

按照样品提供者的不同，样品可分为卖方样品、买方样品和对等样品。凭卖方样品买卖是指由卖方提供样品，买方加以确认并作为交货的品质依据。在向买方送交标准样品时，卖方应留存一份或者数份同样的样品，即“复样”(Duplicate Sample)，以备日后交货或者处理争议时核对之用。凭买方样品买卖是指由买方提供样品，卖方加以确认并作为交货的品质依据。

在实际业务中，如卖方认为按买方来样供货没有确切把握，可根据买方来样，加工出一个类似样品交买方确认，这种样品称为“对等样品”(Counter Sample)，或称为“回样”(Return Sample)、“确认样品”(Confirming Sample)。如买方同意凭对等样品洽谈交易，就等于把“凭买方样品买卖”变为“凭卖方样品买卖”，使卖方处于较为有利的地位。

此外，除了凭文字说明买卖和凭样品买卖外，少数特种商品还采用看货买卖方式，即买方或者其代理人先在卖方存放货物的场所验看货物，并就所验货物成交。这种方法多用于寄售、拍卖或者展卖业务中，主要针对珠宝、首饰、工业品等具有独特性质的商品。

2. 品质机动幅度和品质公差

(1) 品质机动幅度

品质机动幅度是指为了避免品质条款的规定过于严格造成卖方交货困难，在合同中规定对特定质量指标在一定幅度内可以机动。品质机动幅度主要用于初级产品及某些工业制成品的品质指标。其具体规定方法有：规定范围、规定极限、规定上下差异。

(2) 品质公差

工业品在生产过程中，产品品质相对品质指标产生一定的误差难以避免，如对手表可以允许有一定的走时误差。这种被国际同行业公认的允许产品品质出现的差异即为“品质公差”(Quality Tolerance)，交货质量在此范围内即可认为与合同相符。一般来说，品质公差为国际同行业公认，因此无须在合同中明确规定。但是如果国际同行业对特定指标没有公认的误差，或者双方对品质公差存在不同理解，则应在合同中具体约定买卖双方共同认可的误差。

卖方交货质量在机动幅度或品质公差范围内，一般按照合同单价计价，但也可以在合同中约定品质增减价条款。

3. 品质条款的意义

根据《货物销售合同公约》规定，卖方交货必须符合约定品质，如果卖方交货不符合约定的品质条件，买方有权要求赔偿，在一定条件下要求修理、降低价款或者交付替代品，甚至拒收货物或者解除合同。

二、数量

在国际货物买卖中，商品的数量不仅是国际货物买卖合同中的主要交易条件，而且是构成有效合同的必备条件。合同中的数量条款是双方交接货物的数量依据。不明确卖方应交付多少货物，除无法确定买方应该支付多少金额的货款外，还会影响到价格及其他的交易条件。此外，商品成交数量还常常受到买卖双方所在国政府进出口管理政策的限制，如配额许可制度的约束。

（一）数量的计算

在国际贸易中，通常采用的计量单位有六种：按重量（Weight）计量、按容积（Capacity）计量、按个数（Number）计量、按长度（Length）计量、按面积（Area）计量、按体积（Volume）计量。在不同的计量方法下，通常采用的计量单位名称及适用的商品如表 1-2 所示。

表 1-2　国际贸易计量单位

计量单位	适用商品	常见计量单位
重量（Weight）	主要适用于羊毛、棉花、谷物、矿产品、盐、油类等天然矿产品；农副产品及矿砂、钢铁等部分工业制品	克（G）、千克（KG）、盎司（OZ）、磅（LB）、公吨（MT）、长吨（LT）、短吨（ST）等
个数（Number）	主要适用于成衣、文具、纸张、玩具、车辆、拖拉机、活牲畜、机器零件等杂货类商品及一般制成品	只（PC）、件（PKG）、双（PR）、台/套/架（ST）、打（DZ）、罗（GR）、大罗（G. GR.）、令（RM）、卷（ROLL OR COLL）、辆（UNIT）、头（HEAD）、箱（C/S）、捆（BALE OR BDL）、桶（BARREL OR DR）、袋（B）、盒（BX）、听（TIN OR CAN）等
长度（Length）	主要适用于布匹、塑料布、电线电缆、绳索、纺织品等	码（YD）、米（M）、英尺（FT）、厘米（CM）等
面积（Area）	主要适用于木材、玻璃、地毯、铁丝网、纺织品、塑料板、皮革等板型材料；皮质商品和塑料制品	平方米（SQ. M）、平方英尺（SQ. FT）、平方码（SQ. YD）、平方英寸（SQ. INCH）等
容积（Capacity）	主要适用于小麦、玉米、汽油、天然瓦斯、化学气体、煤油、酒精、啤酒、双氧水等谷物类及部分流体、气体物品	公升（L）、加仑（GAL）、蒲式耳（BU）等
体积（Volume）	主要适用于化学气体、木材等	立方码（CU. YD）、立方米（CU. M）、立方英尺（CU. FT）、立方英寸（CU. INCH）等

由于各国度量衡制度不同，所使用的单位各异，因此了解与熟悉相互之间的换算方法是很重要的。目前国际贸易中常用的度量衡制度，包括国际单位制（International System of Units）、公制（The Metric System）、英制（The British System）和美制（The US System）。

在进出口贸易中，重量是一种最为常用的货物数量的计量方法，合同中重量的不同计量方法如表 1-3 所示。

表 1-3 国际贸易计重方法

<table>
<tr><th>类别</th><th colspan="3">计量方法</th><th>适用商品</th></tr>
<tr><td>毛量
（Gross Weight）</td><td colspan="3">商品本身的重量连同包装的重量</td><td></td></tr>
<tr><td rowspan="5">净重
（Net Weight）</td><td rowspan="5">商品本身重量即毛重扣除皮重（包装）得出的重量</td><td colspan="2">按照毛重计算重量又称为“以毛作净”（Gross for Net）</td><td>一般用于单位价值不高的农副产品和初级产品</td></tr>
<tr><td>实际皮重</td><td>将整批商品的包装逐一过磅，算出每件包装的重量和总重量</td><td rowspan="4">在国际贸易中，如果合同没有明确采用何种方法计算重量和价格时，按照惯例应当按照净重计算</td></tr>
<tr><td>平均皮重</td><td>从全部商品中取出几件，称其包装的重量，除以抽取的件数，得出平均数，再乘以总件数，算出全部包装重量</td></tr>
<tr><td>习惯皮重</td><td>按照市场已公认的规格化的包装计算，即用标准单件皮重乘以总件数即可</td></tr>
<tr><td>约定皮重</td><td>按照买卖双方事先约定的皮重作为计算的基础</td></tr>
<tr><td>公量
（Conditioned Weight）</td><td colspan="3">用科学的方法去掉商品中所含水分之后，再加上标准水分重量所求得的重量
公量=净重×（1+标准回潮率）/（1+实际回潮率）</td><td>通常用于少数经济价值较高而水分含量不稳定的货物，如羊毛、生丝、鸭绒等</td></tr>
<tr><td>理论重量
（Theoretical Weight）</td><td colspan="3">件重量乘以件数得出总重量</td><td>主要用于某些有固定规格和固定体积的商品，其形状规则，密度均匀，每一件的重量大致相同。如钢板、马口铁等</td></tr>
<tr><td>实物重量/净净重
（Net Net Weight）</td><td colspan="3">净重扣除内包装的重量以及其他包含杂物，如水分等的重量</td><td></td></tr>
</table>

（二）数量机动幅度条款

在国际货物买卖中，有些商品受本身特性、生产、运输或包装等条件的限制，在实际交货时不易精确计算。为了便于合同的顺利履行，减少争议，买卖双方通常在合同中规定数量机动幅度条款，这种条款一般称为“溢短装条款”（More or Lese Clause）。所谓溢短装条款，是指在规定具体数量的同时，在合同中规定允许多装或少装的一定百分比。卖方交货的数量只要在允许增减的范围内即为符合合同有关交货数量的规定。例如，在合同中规定“装运数量允许有 5% 的增减”（Shipment Quantity 5% More or Less Allowed）。

在采用溢短装条款时，具体伸缩量的掌握大多明确由卖方决定，在由买方负责装运时，也可由买方决定。在采用租船运输时，为了充分利用船舱容积，也可授权由承运人决定。

此外，在少数合同中可以采用“约量”（Approximately or About）条款来表示实际交货数量有一定幅度的伸缩。但由于“约”字在国际贸易中有不同的解释，有的为 2.5%，有的为 5%，因此双方应事先在合同中规定对“约”的理解，并达成书面协议或在一般交易条件中列明。但在一般情况下，以在数量条款中明确溢短装幅度为宜，尽量避免使用约量条款。另外，根据《跟单信用证统一惯例》（UCP600）第 30 条规定，凡“约”或“大约”的词语用于涉及信用证规定的数量，应解释为允许有关数量有10%的增减幅度。

（三）数量条款的意义

在对外贸易中，买卖双方必须约定交易货物的数量作为履约的依据。根据《货物销售合同公约》规定，卖方交货的数量必须与合同规定相符。如卖方所交货物的数量小于合同规定，卖方应在规定的交货期届满前补交，但不得使买方遭受不合理的不便或承担不合理的开支。即使如此，买方也有保留要求损害赔偿的权利。反之，如卖方所交货物的数量大于合同规定，买方除了可以拒收超额部分的数量，也可以收取多交数量中的一部分或全部，但应按合同价格付款。

三、包装

包装条款是国际货物买卖合同的重要条款之一，按照合同约定的包装要求提交货物，是卖方的主要义务。

（一）运输包装

1. 包装的方式

运输包装又称为大包装或外包装，主要作用在于保护货物在运输中不被损坏或散失，并且方便货物的搬运和储存。

在对外贸易中，货物的种类不同，对包装方式的要求也不尽相同，通常有箱（Case）、袋（Bag）、包（Bale）、桶（Drum）等。此外，对于可以自行成件的商品，如圆钢、钢板、木材，在运输过程中，只需加以捆扎即可的，即为裸装（Nude Pack）；对于大宗的液态或者成粉、粒、块状的商品，如煤炭、矿砂、粮食、石油等，可直接装入运输工具内运送的，即为散装（In Bulk）。根据不同的包装方式，买卖双方还会对包装的材料做出规定。

由于大型运输工具的发展，出现了集合运输包装，或称为组合运输包装，即将一定数量的单件包装组合成一件大的包装或装入一个大的包装容器内。集合包装有集装箱（Container）、托盘（Pallet）和集装袋（Flexible Container）等。

2. 包装的标志

货物包装的标志是为了方便货物的识别、运输、仓储、检验和交接，防止错发、错运、错提货物，而在商品的外包装上书写、压印、贴印、刷制图形、文字和数字等标志。按其用途可分为运输标志、指示性标志和警告性标志。

（1）运输标志（Shipping Mark），又称唛头（Mark），通常是由一个简单的几何图形和一些字母、数字及简单的文字组成。其主要内容包括：①收、发货人的代号。用文字、字母及图形说明收货人或发货人，有的还加列合同号码。②目的地的名称或代号。③件号，如箱号、包号、桶号、件号、批号等。

（2）指示性标志（Indicative Mark），用来提示人们在装卸、运输和保管过程中需要注意的事项，一般都以简单、醒目的图形和文字在包装上标出。

（3）警告性标志（Warning Mark），是指对一些易燃品、爆炸品、有毒品等危险品在其运输包装上清楚而明确地刷制的标志，以示安全操作警告。

（二）销售包装

销售包装又称内包装、小包装，是直接接触商品并随商品进入零售网点和消费者直接见面的包装。这类包装除必须具有保护商品的功能外，还应便于商品销售和消费者购买。商品的销售包装通常标有条形码。条形码是由一组粗细间隔不等的平行线条及其相应的数字组成的标记，通过计算机系统可以判断出该商品的生产国别或地区、生产厂家，品种规格和售价等一系列有关该产品的信息。

（三）中性包装和定牌

1. 中性包装

中性包装（Neutral Packing），是指在出口商品和内外包装上不标明生产国别的包装、采用这种包装，主要目的是方便中间商转售货物或为了打破某些国家的关税与非关税贸易壁垒。中性包装又分定牌中性和无牌中性。定牌中性是指在商品和包装上使用买方指定的商标、牌号，但不注明生产国别。无牌中性是指在商品和包装上均不使用任何商标、牌号，也不注明生产国别。

2. 定牌

定牌，也称定牌生产，是指卖方按买方要求在其出售的商品或包装上标明买方指定的商标或牌号。采用定牌是为了利用买方或者其品牌的声誉，扩大商品销路。采用定牌的中国出口商品，一般要表明“中国制造”。

（四）买卖合同中的包装条款

根据《货物销售合同公约》规定：“卖方须按照合同规定的方式装箱或包装”，卖方没有按照合同规定的方式装箱或包装，即构成违约。为了明确国际货物买卖合同中当事人的责任，应在买卖合同中对商品的包装要求作出明确具体的规定。

包装条款的内容一般包括包装材料、包装方式、包装规格、包装标志和包装费用等内容。如“In wooden cases of 50 kilos net each”（木箱装，每箱50千克净重），又如“Each set packed in one export carton，each 810 cartons in one 40ft container”（每台装一个出口纸箱，810纸箱装1只40英尺集装箱）。在实际业务中，切忌使用笼统、含糊的词句。例如，一般不宜采用“适合海运包装”（Seaworthy Packing）、“习惯包装”（Custornary Packing）之类的术语。因为这类术语含义模糊，且无统一解释，容易引起争议。

包装费用通常包括在货价之内，不另计收。

【复习思考题】

1. 关务人员学习进出口商品品质的知识有什么意义？
2. 通常“凭买方样品买卖”时，卖方会采取什么做法使自己处于有利地位？
3. 试述“质量机动幅度”与“品质公差”的含义及作用。
4. 试述各种计量方法、计量单位中英文名称及常用计量单位的换算方法。
5. 对少数经济价值较高而水分含量不稳定的国际贸易货物用什么方法计重？
6. 为什么要在国际货物买卖合同中规定数量机动幅度条款？数量机动幅度是如何规定的？

7. 何谓“以毛作净”？

8. 进出口商品包装有哪些种类？其主要作用是什么？

9. 什么是运输标志？它一般由哪些内容组成？

10. 何谓中性包装？何种情况下采用这些做法？

第四节 国际贸易术语

【学习目标】

本节为对外贸易实务的重点内容之一，旨在向学习者介绍国际货物买卖中，买卖双方在交易磋商和合同订立过程中有关交易标的价格构成和确定双方在货物交接方面的责任义务所涉及的专门用语——贸易术语。作为报关从业人员必须掌握贸易术语在货物贸易合同中的作用，并能对不同贸易术语成交的进出口货物，按其对应的通关作业要求，办理进出口报关手续。

完成本节学习，学习者应获得以下成果：

1. 了解贸易术语的含义、作用及主要国际贸易惯例；

2. 掌握不同贸易术语下，货物交接过程中有关风险、责任和费用的划分问题；

3. 了解《2010通则》与《2000通则》国际贸易惯例的异同点，掌握《2010通则》的最新变化。

【基本概念】

贸易术语、《国际贸易术语解释通则》、FOB、CFR、CIF、FCA、CPT、CIP、贸易术语变形

【建议学习时间】

4课时

贸易术语（Trade Terms）是国际贸易发展到一定历史阶段的产物，它是以几个简单英文字母为模式，确定国际运输、保险、报关、纳税等手续由谁办理，运费、保险费、装卸费及其他各项费用由谁支付，以及货物在运输装卸过程中，可能遭遇到各种风险由谁承担的专门用语。

一、贸易术语的国际惯例

早在19世纪初，在国际贸易中已开始使用贸易术语，但是，最初对各种贸易术语并无统一的解释。后来一些国际组织、商业团体、学术机构为了消除分歧，尝试对贸易术语作统一的解释，于是，陆续出现了有关贸易术语的解释和规则。这些解释和规则逐渐被较多国家的法律界和工商界所熟悉、承认和接受，就成为有关贸易术语的国际贸易惯例。

目前，在国际上有较大影响的有关贸易术语的国际贸易惯例有三种，具体如下。

（一）《1932 年华沙—牛津规则》（Warsaw-Oxford Rules 1932）

《1932 年华沙—牛津规则》是国际法协会专门为解释 CIF 合同而制定的。该规则对 CIF 买卖合同的性质作了说明，并具体规定了在 CIF 合同中买卖双方所承担的费用、责任和风险。

（二）《1990 年美国对外贸易定义修正本》（Revised American Foreign Trade Definition 1990）

《1990 年美国对外贸易定义修正本》（简称《美国对外贸易定义》）是由美国几个商业团体制定的。它最早于 1919 年在纽约制定，1941 年、1990 年经过两次修订，命名为《1990 年美国对外贸易定义修正本》。

该惯例解释的贸易术语共有 6 种，分别为：

1. EXW（Ex Works）（产地交货）；
2. FOB（Free On Board）（在运输工具上交货）；
3. FAS（Free Along side）（在运输工具旁边交货）；
4. CFR（Cost and Freight）（成本加运费）；
5. CIF（Cost，Insurance，Freight）（成本、保险费、运费）；
6. DEQ（Delivered Ex Quay）（目的港码头交货）

《美国对外贸易定义》主要在美洲一些国家采用，由于它对贸易术语的解释，特别是 FOB、FAS 的解释与其他国际惯例的解释有明显的差异，所以，在同美洲国家进行交易时应加以注意。

（三）《国际贸易术语解释通则》（INCOTERMS）

《国际贸易术语解释通则》（简称《通则》），是国际商会为了统一对各种贸易术语的解释而制定的。最早的《通则》产生于 1936 年，为了适应国际贸易实践的不断发展，于 1953 年、1967 年、1976 年、1980 年、1990 年、2000 年、2010 年分别进行了修订，成为最具影响力的国际贸易惯例。目前国际贸易实践中应用较多的为《2000 年国际贸易术语解释通则》（简称《2000 通则》）和《2010 年国际贸易术语解释通则》。

1.《2000 通则》概述

需要强调的是，《2000 通则》涵盖的范围只限于贸易合同当事人权利义务中与货物交付有关的事项。《2000 通则》中的 13 种贸易术语如表 1-4 所示。

表 1-4　《2000 通则》13 种贸易术语

组别	术语缩写	术语英文名称	术语中文名称
E 组	EXW	Ex Works （…named place）	工厂交货（……指定地点）
F 组	FCA	Free Carrier （…named place）	货交承运人（……指定地点）
	FAS	Free Alongside Ship （… named place of shipment）	装运港船边交货（……指定装运港）
	FOB	Free On Board （…named place of shipment）	装运港船上交货（……指定装运港）

表1-4 续1

组别	术语缩写	术语英文名称	术语中文名称
C 组	CFR	Cost and Freight (…named port of destination)	成本加运费（……指定目的港）
	CIF	Cost Insurance and Freight (…named port of destination)	成本、保险费加运费（……指定目的港）
	CPT	Carriage Paid To (…named place of destination)	运费付至（……指定目的地）
	CIP	Carriage and Insurance paid to (…named place of destination)	运费和保险费付至（……指定目的地）
D 组	DAF	Delivered At Frontier (…named place)	边境交货（……指定地点）
	DES	Delivered Ex Ship (…named port of destination)	目的港船上交货（……指定目的港）
	DEQ	Delivered Ex Quay (…named port of destination)	目的港码头交货（……指定目的港）
	DDU	Delivered Duty Unpaid (…named port of destination)	未完税交货（……指定目的地）
	DDP	Delivered Duty Paid (…named place of destination)	完税后交货（……指定目的地）

《2000 通则》13 种贸易术语责任、风险、费用承担如表 1-5 所示。

表 1-5 《2000 通则》13 种贸易术语责任、风险、费用承担

组别	术语	风险划分界限	交货点	适用的运输方式	运输办理	保险办理	出口报关	进口报关
E 组	EXW	货交买方处置时起	卖方所在地或指定地点	各种	无	无	买方	买方
F 组	FCA	货交承运人处置时起	出口国内地、港口	各种	买方	无	卖方	买方
	FAS	货交装运港船边后	装运港船边	水运	买方	无	卖方	买方
	FOB	货物越过装运港船舷	装运港船上	水运	买方	无	卖方	买方
C 组	CFR	货物越过装运港船舷	装运港船上	水运	卖方	无	卖方	买方
	CIF	货物越过装运港船舷	装运港船上	水运	卖方	卖方	卖方	买方
	CPT	货交承运人处置时起	出口国指定地点	各种	卖方	无	卖方	买方
	CIP	货交承运人处置时起	出口国指定地点	各种	卖方	卖方	卖方	买方
D 组	DAF	边境货交买方处置时起	出口国边境	各种	卖方	无	卖方	买方
	DES	目的港船上货交买方处置时起	目的港船上	水运	卖方	无	卖方	买方
	DEQ	目的港码头货交买方处置时起	目的港码头	水运	卖方	无	卖方	买方
	DDU	进口国指定地点货交买方处置时起	进口国指定地点	各种	卖方	无	卖方	买方
	DDP	进口国指定地点货交买方处置时起	进口国指定地点	各种	卖方	无	卖方	卖方

2.《2000 通则》术语简介

《2000 通则》对 13 种贸易术语按 E 组（启运）、F 组（主运费未付）、C 组（主运费已付）和 D 组（到达）作四组分类，依照卖方交货义务从最小（EXW）到最大（DDP）渐进排列。

（1）E 组术语

本组仅包括 EXW（工厂交货）一种贸易术语。

当卖方在其所在地或其他指定的地点（如工厂、工场或仓库等）将货物交给买方处置时，即完成交货。卖方不负责办理货物出口的清关手续或将货物装上任何运输工具。EXW 术语是卖方承担责任最小的术语，也是唯一由买方负责办理出口清关的术语。

（2）F 组术语

本组包括 FCA（货交承运人）、FAS（装运港船边交货）和 FOB（装运港船上交货）三种贸易术语。在采用装运地或装运港交货条件成交而主要运费未付的情况下，即要求卖方将货物交至买方指定的承运人时，应采用 F 组术语。

按 F 组术语签订的合同属于装运合同。在 F 组术语中，FOB 术语的买卖双方风险划分的界线和 C 组中的 CFR 和 CIF 术语是相同的，均以装运港船舷为界。“船舷为界”是一种传统的划分规则，由于其界限分明，易于理解和接受，故一直在沿用。但随着运输技术的变化，在使用集装箱运输、多式联运和滚装运输时，再使用以“船舷为界”已没有实际意义。国际贸易界曾对是否应该修订这种规则产生争议。对此，国际商会制定《2000 通则》时，对以“船舷为界”的规定未作改动，对 FOB、CFR 和 CIF 术语仍规定买卖双方承担货物灭失或损坏的一切风险，以货物在指定的装运港超过船舷为界；但同时又规定，如合同当事人无意采用越过船舷交货，可相应地采用 FCA、CPT 和 CTP 术语。

（3）C 组术语

本组包括 CFR（成本加运费）、CIF（成本、保险费加运费）、CPT（运费付至……）和 CIP（运费、保险费付至……）四种贸易术语。

在采用装运地或装运港交货条件而主要运费已付的情况下，采用 C 组贸易术语。按此类术语成交，卖方必须订立运输合同，并支付运费，但对货物发生灭失或损坏的风险及货物发运后所产生的费用，卖方不承担责任。C 组术语包括两个“分界点”，即风险划分点与费用划分点是分离的。按 C 组术语签订的合同属于装运合同。综上可以看出，C 组术语和 F 组术语具有相同的性质，即卖方都是在装运地或发货地完成交货义务。因此，按 F 组术语和 C 组术语订立的合同都属于装运合同。《2000 通则》指出，装运合同的特点是卖方要支付将货物按照惯常航线和习惯方式运至约定地点所需的通常运输费用，而货物灭失或损坏的风险及货物以适当方式交付运输之后所产生的额外费用则应由买方承担。

（4）D 组术语

本组包括 DAF（边境交货）、DES（目的港船上交货）、DEQ（目的港码头交货）、DDU（未完税交货）和 DDP（完税后交货）五种贸易术语。采用 D 组术语，卖方应负责将货物运至边境或目的港（Port）或进口国内约定的目的地（Place）或点（Point），并承担货物运至该地以前的全部风险和费用。按 D 组术语订立的销售合同属于到货合同。需要指出的是，DDP 是唯一由卖方负责办理进口清关的术语。

二、常用贸易术语

（一）国际贸易中常用的六种贸易术语

在国际贸易中，FOB、CFR、CIF 和 FCA、CPT、CIP 是六种常用的贸易术语。

1. FOB

FOB（Free On Board…named place of shipment），即装运港船上交货（……指定装运港）。

“装运港船上交货”，又称“船上交货”，使用这一贸易术语，要注明装运港名称。

使用这一术语时，卖方应负责在合同规定的日期或期间内，在指定的装运港，把货物装到买方指定的船上，并承担货物装上船为止的一切费用和风险。

本术语仅适用于海洋或内河运输。

根据《2000 通则》的解释，FOB 合同买卖双方的主要义务如表 1-6 所示。

表 1-6 FOB 合同买卖双方的主要义务

卖方基本义务	买方基本义务
1. 负责提供货物、商业发票，以及合同规定的其他单据。 2. 在合同规定的日期或期间内，在装运港将货物装上买方指定的船只并通知买方。 3. 负责办理出口清关手续，提供出口许可证，支付出口关税和费用。 4. 承担货物在装运港越过船舷为止的一切费用和风险。	1. 按照合同规定支付货款，并收取符合合同规定的货物和单据。 2. 负责租船或订舱，支付运费，并将船名、装船地点和装船时间通知卖方。 3. 取得进口许可证或其他官方证件，办理进口报关手续。 4. 承担货物在装运港越过船舷后的一切费用和风险。

《2000 通则》规定，如果买方指定的船只未能按时到港或接运货物，或者买方未能就派船问题给予卖方充分的通知，那么，只要货物已被特定划为本合同项下的货物，自规定的交货期届满之后，买方就要承担货物灭失或损坏的风险。

2. CFR

CFR（Cost and Freight…named port of destination），即成本加运费（……指定目的港）。

CFR 术语是指卖方必须负担成本加装运港至目的港的运费。该术语也只适用于海运和内河航运。

根据《2000 通则》的解释，CFR 合同买卖双方的主要义务如表 1-7 所示。

表 1-7　CFR 合同买卖双方的主要义务

卖方的基本义务	买方的基本义务
1. 负责提供货物、商业发票，以及合同规定的其他单据。 2. 负责租船或订舱，支付运费。 3. 在合同规定的日期或期间内，在装运港将货物装上船并通知买方。 4. 负责办理出口清关手续，提供出口许可证，支付出口关税和费用。 5. 承担货物在装运港越过船舷为止的一切费用和风险。	1. 按照合同规定支付货款，并收取符合合同规定的货物和单据。 2. 取得进口许可证或其他官方证件，办理进口报关手续。 3. 承担货物在装运港越过船舷后的一切费用和风险。

值得注意的是，按 CFR 条件成交，卖方不办理货运保险。为此，装船后务必及时向买方发出装船通知，以便买方认为有必要时及时办理货运保险。否则，卖方应承担货物在运输途中发生风险造成的损失。

3. CIF

CIF（Cost，Insurance and Freight …named port of destination），即成本、保险费加运费（……指定目的港）。

使用这一术语，卖方负责租船或订舱，在合同规定的装运日期或期间内将货物装上运往指定目的港的船舶，负担货物装上船前的一切费用和风险，支付运费和保险费。这一术语也只适用于海洋和内河运输。

根据《2000 通则》的解释，CIF 合同买卖双方的主要义务如表 1-8 所示。

表 1-8　CIF 合同买卖双方的主要义务

卖方的基本义务	买方的基本义务
1. 负责提供货物、商业发票，以及合同规定的其他单据。 2. 负责租船或订舱，支付运费。 3. 负责办理保险，支付保险费。 4. 在合同规定的日期或期间内，在装运港将货物装上船并通知买方。 5. 负责办理出口清关手续，提供出口许可证，支付出口关税和费用。 6. 承担货物在装运港越过船舷为止的一切费用和风险。	1. 按照合同规定支付货款，并收取符合合同规定的货物和单据。 2. 取得进口许可证或其他官方证件，办理进口报关手续。 3. 承担货物在装运港越过船舷后的一切费用和风险。

在 CIF 条件下，只要卖方在约定的装运港按期把货物装到运往指定目的港的船上，同时办理了保险，并将约定的单证及时交给买方，就算完成了交货义务。即使卖方装船以后至交单这段时间内，货物发生损坏或灭失，只要卖方提交的单据符合要求，买方就不得拒收单据和拒付货款。

反之，即使货物安全到达并符合要求，但单据不符合要求，买方仍有权拒付货款。因此，CIF 是一种典型的象征性交货，卖方凭单交货，买方凭单付款。

4. FCA

FCA（Free Carrier…named place），即货交承运人（……指定地点）。

使用这一术语，卖方在指定地点将货物交给买方指定的承运人照管，并办理了出口清关手续，即履行了交货义务。这里所指的“承运人”，既包括实际履行运输合同的承运人，也包括签订运输合同的运输代理人。该术语适用于各种运输方式，包括多式联运。

根据《2000 通则》的解释，FCA 合同买卖双方的主要义务如表 1-9 所示。

表 1-9 FCA 合同买卖双方的主要义务

卖方的基本义务	买方的基本义务
1. 负责提供货物、商业发票，以及合同规定的其他单据。 2. 在合同规定的日期或期间内，将货物交给买方指定的承运人并通知买方。 3. 负责办理出口清关手续，提供出口许可证，支付出口关税和费用。 4. 承担货交承运人之前的一切费用和风险。	1. 按照合同规定支付货款，并收取符合合同规定的货物和单据。 2. 负责办理运输，支付运费，并将运输工具名称、装运地点和装运时间通知卖方。 3. 取得进口许可证或其他官方证件，办理进口报关手续。 4. 承担货交承运人之后的一切费用和风险。

在海洋运输情况下，如果是整箱货（FCL），卖方将载货的集装箱交给海运承运人，就算完成了交货义务；如果是拼箱货（LCL）或非集装货物，卖方应将货物运到起运地，交给海运承运人。

采用航空运输时，卖方应将货物交给航空承运人。在其他运输方式和多式联运方式下，卖方都应将货物交给承运人。

不论采取上述哪种运输方式，买卖双方各自承担的风险均以货交承运人处置时为界，即卖方承担货交承运人之前的风险，买方承担货交承运人之后的风险。风险转移后，同运输风险相关的责任与费用相应转移。

5. CPT

CPT（Carriage Paid To…named place of destination），即运费付至（……指定目的地）。

CPT 是指卖方向其指定的承运人交货，但卖方还必须支付将货物运至目的地的运费，亦即买方承担交货之后一切风险和其他费用。该术语适用于各种运输方式，包括多式联运。

根据《2000 通则》的解释，CPT 合同买卖双方的主要义务如表 1-10 所示。

表 1-10 CPT 合同买卖双方的主要义务

卖方的基本义务	买方的基本义务
1. 负责提供货物、商业发票，以及合同规定的其他单据。 2. 负责办理运输，支付运费。 3. 在合同规定的日期或期间内，将货物交给指定的承运人并通知买方。 4. 负责办理出口清关手续，提供出口许可证，支付出口关税和费用。 5. 承担货交承运人之前的一切费用和风险。	1. 按照合同规定支付货款，并收取符合合同规定的货物和单据。 2. 取得进口许可证或其他官方证件，办理进口报关手续。 3. 承担货交承运人之后的一切费用和风险。

6. CIP

CIP（Carriage and Insurance Paid to…named place of destination），即运费和保险费付至（……指定目的地）。

CIP 是指卖方向其指定的承运人交货，但卖方还必须支付将货物运至目的地的运费，亦即买方承担卖方交货之后的一切风险和额外费用。按照 CIP 术语，卖方还必须办理货物在运输途中灭失或损坏风险的保险。该术语可适用于各种运输方式，包括多式联运。

根据《2000 通则》的解释，CIP 合同买卖双方的主要义务如表 1-11 所示。

表 1-11 CIP 合同买卖双方的主要义务

卖方的基本义务	买方的基本义务
1. 负责提供货物、商业发票，以及合同规定的其他单据。 2. 负责办理运输，支付运费。 3. 负责办理保险，支付保险费。 4. 在合同规定的日期或期间内，将货物交给指定的承运人并通知买方。 5. 负责办理出口清关手续，提供出口许可证，支付出口关税和费用。 6. 承担货交承运人之前的一切费用和风险。	1. 按照合同规定支付货款，并收取符合合同规定的货物和单据。 2. 取得进口许可证或其他官方证件，办理进口报关手续。 3. 承担货交承运人之后的一切费用和风险。

当前，集装箱运输和多式联运被广泛运用，而且还将进一步扩大。买卖双方应按具体交易的实际情况，适当选用 FCA、CPT 和 CIP 以替代传统的主要适用于海运的 FOB、CFR 和 CIF 术语。使用 FOB、CFR 或 CIF 术语，与 FCA、CPT 和 CIP 相比存在两个缺点：一是增加了卖方的风险责任，从货交承运人延伸到在装运港越过船舷（或装到船上）；二是推迟了运输单据的出单时间，从而延缓了卖方交单收汇的时间，影响资金周转速度和造成利息损失。因此在出口业务中，推广使用 FCA、CPT 和 CIP 术语，对卖方是有利的。

（二）常用贸易术语的变形

大宗商品成交时，买方通常采用租船运输。由于船方通常按不负担装卸货物条件出租船舶，故买卖双方在装货费由谁负担问题上引起争议。为此，订立合同时，可在 FOB、CFR、CIF 等术语后加列字句或缩写，即所谓 FOB 术语的变形来表示。常见的贸易术语变形有下列几种。

1. FOB 术语变形

（1）FOB 班轮条件（FOB Liner Terms），指装货费用按班轮运输处理，即卖方不负担装货费用。

（2）FOB 吊钩下交货（FOB under Tackle），指卖方仅将货物交到船舶吊钩所及之处，即卖方不负担装货费用。

（3）FOB 包括理舱（FOB Stowed），指卖方负担货物装船和理舱的费用。

（4）FOB 包括平舱（FOB Trimmed），指卖方负担货物装船和平舱的费用。

（5）FOB 包括理舱和平舱（FOB Stowed and Trimmed），指卖方负担货物装船、理舱和平舱的费用。

上述 FOB 术语变形，只是为了明确装货费用由谁负担，并不改变交货地点和风险转移的界限。但是，对于贸易术语的变形，国际上并无统一和权威性的解释。因此，国际商会推荐，在实际业务中，买卖双方应订明这些变形是否仅限于费用的划分，还是包括了风险在内，防止以后履行合同时因双方理解不一而发生纠纷，造成损失。

2. CFR 术语变形

（1）CFR 班轮条件（CFR Liner Terms），指卸货费按班轮运输处理，即买方不负担卸货费用。

（2）CFR 卸到岸上（CFR Landed），指由卖方负担卸货费用，其中包括驳运费在内。

（3）CFR 吊钩下交货（CTR Ex Tackle），指卖方负责将货物从船舱吊起卸到船舶吊钩所及之处（码头上或驳船上）的费用，在船不能靠岸的情况下，租用驳船的费用和货物从驳船卸到岸上的费用，由买方负担。

（4）CFR 舱底交货（CFR Ex Ship's Hold），指买方负担将货物从舱底起吊卸到码头的费用。

在阐述 FOB 术语变形时，对贸易术语变形的解释及其在实际业务应用中需注意的问题所作的说明，也适用于 CFR 术语变形。

3. CIF 术语变形

CIF 术语的变形及其解释与 CFR 术语变形相同，包括以下四种：

（1）CIF 班轮条件（CIF Liner Terms）。

（2）CIF 卸到岸上（CTF Landed）。

（3）CIF 吊钩下交接（CIF Ex Tackle）。

（4）CIF 舱底交货（CIF Ex Ship's Hold）。

三、《2010 年国际贸易术语解释通则》

为适应国际贸易的快速发展和国际贸易实践领域发生的新变化，国际商会于 2007 年对《2000 通则》进行修订。国际商会的修订工作历时三年，征集了全球商界大量意见和建议，最终《2010 年国际贸易术语解释通则》（INCOTFRMS 2010，以下简称《2010 通则》）于 2010 年 9 月面世，并于 2011 年 1 月 1 日起正式生效。

修订后的《2010 通则》，更加适合现行贸易的实际需要，因此，它将更广泛地为世界各国贸易界和法律界人士所接受和承认。但是，需要说明的是，《2010 通则》的生效实施，并不表明《2000 通则》自动作废。因为国际惯例并不具有普遍约束力。买卖双方有权自愿选择采用某种国际惯例，或作出与某种解释或规则不同的规定，并在合同中订明。如果买卖双方在合同中既不排除，也不明确采用何种惯例，一旦事后双方在交接货物方面发生争议提交诉讼或仲裁时，法院或仲裁机构往往会引用某种公认的或影响较大的有关贸易术语的国际贸易惯例《2010 通则》，来作为判决或裁决案件的依据。所以，作为外贸及报关从业人员，必须了解《2010 通则》中的新内容。

（一）《2010 通则》的主要变化

与《2000 通则》描述形式不同，《2010 通则》的表述更加简单，每条贸易规则前面都有一条引言，解释每条规则的基本内容，比如什么时候该术语被运用，什么时候风险转移，相关费用在卖方和买方之间怎样分配等。引言虽然并不是《2010 通则》规则的一部分，但是，针对特定的交易，它们能帮助使用者更准确、更有效地把握贸易术语规则。

与《2000 通则》相比较，《2010 通则》有如下实质性变化。

1. 新增了 DAT 和 DAP

《2010 通则》以 DAT 和 DAP 两种新术语取代了《2000 通则》中 D 组的 DAF、DES、DEQ 和 DDU，术语总数由原来的 13 个减少为 11 个。新增的 DAT 和 DAP 术语都规定了指定交货地点：

DAT（Delivered At Terminal…named place of destination），即运输终端交货（……指定目的地）；

DAP（Delivered At Place…named place of destination），即目的地交货（……指定目的地）。

通过在两个术语后面明确注明包括边境地点、港口、码头、集装箱堆场和终点站等，完全可以满足《2000 通则》中的 DAF、DES、DEQ、DDU 四种术语的使用需要。使用 DAT 时，卖方将货物从到达指定目的港或指定目的地的运输工具卸下后，交由买方处置（与《2000 通则》DEQ 相同）。使用 DAP 时，卖方同样将货物在指定目的港或指定目的地交由买方处置，由买方安排卸货。

2. 简化了分类方式

《2010 通则》未沿用以往将术语按交货地点分类、按英文字头分组的方式，而是简单地将术语按适用范围分两类：一类为适用于任何单一或多种运输方式的术语，包括 EXW、FCA、CPT、CIP、DAT、DAP、DDP；另一类为适用于海运和内河运输方式的术语，包括 FAS、FOB、CFR、CIF，如表 1-12 所示。

表 1-12 《2010 通则》的 11 种贸易术语

适用范围	国际代码	中英文全称
任何单一运输方式或多种运输方式	EXW	Ex Works（insert named place of delivery）INCOTERMS 2010 工厂交货（插入指定交货地点）
	FCA	Free Carrier（insert named place of delivery）INCOTERMS 2010 货交承运人（插入指定交货地点）
	CPT	Carriage Paid To（insert named place of destination）INCOTERMS 2010 运费付至（插入指定目的地）
	CIP	Carriage and Insurance paid to（insert named place of destination）INCOTERMS 2010 运费和保险费付至（插入指定目的地）
	DAT	Delivered At Terminal（insert named terminal at port or place of destination）INCOTERMS 2010 运输终端交货（插入指定港口或目的地）
	DAP	Delivered at Place（insert named place of destination）INCOTERMS 2010 目的地交货（插入指定目的地）
	DDP	Delivered Duty Paid（insert named place of destination）INCOTERMS 2010 完税后交货（插入指定目的地）
海运和内河运输	FAS	Free Alongside Ship（insert named place of shipment）INCOTERMS 2010 装运港船边交货（插入指定装运港）
	FOB	Free On Board（insert named place of shipment）INCOTERMS 2010 装运港船上交货（插入指定装运港）
	CFR	Cost and Freight（insert named port of destination）INCOTERMS 2010 成本加运费（插入指定目的港）
	CIF	Cost Insurance and Freight（insert named port of destination）INCOTERMS 2010 成本、保险费加运费（插入指定目的港）

3. 取消了“船舷”的概念

《2010 通则》对 FOB、CFR、CIF 等三种术语的运用，删除了以往以越过船舷作为风险划分界限的表述，取消了“船舷”的概念。代之以卖方必须将货物置于“船上”时构成交货，并在专用词解释中明确指出《2010 通则》中的“交货”用来指明在这里货物灭失或损坏的风险从卖方转移至买方。这一变化更准确地适应目前运输方式的需要。

4. 丰富了海关手续的内涵

使用不同术语时，《2010 通则》在 A2/B2 和 A10/B10 条款中明确了买卖双方各自应承担的风险和费用、提供货物进口/出口或过境所需要的文件和信息，包括安全相关信息的安检通关义务；在专用词解释中明确指出，海关手续指为遵守任何适用的海关规定所需满足的要求，并可包括各类文件、安全、信息或实物检验的义务。

5. 对 FOB、CFR、CIF 术语卖方义务作添加规定

《2000 通则》规定 FOB、CFR、CIF 项下卖方必须负责在装运港将货物交到船上。实际上，在对外贸易过程中，货物在运输途中常常被多次转卖，从而形成链式交易。在此情况下，装运货物是由最初第一个卖方完成的，处于链式交易中间位置的某个或某几个卖方并不实际装运货物，而以取得已在装运港交到船上的货物履行其交货义务。为明确起见，《2010 通则》对此规定，添加“或取得已如此交付的货物”。经添加后的规定，FOB、CFR、CIF 项下的卖方，除了可以将货物装运上船完成交货义务外，也可以不负责装运货物，而以取得已如此交付的货物替代“装运货物的义务”。此添加规定，有利于大宗商品的连环合同链式销售。

（二）《2010 通则》概述

《2010 通则》生效实施以后，并不意味着《2000 通则》自动作废。买卖双方既可以自愿采用《2010 通则》中的相关内容，也可以仍然沿用《2000 通则》甚至更早版本中的条款。如果想在合同中适用《2010 通则》，则应在合同中作出明确表示，如“FCA 38Cours Albert ler，Paris，France INCOTERMS 2010”（“FCA”是贸易术语，“38Cours Albert ler，Paris，France”是指定交货地点或地址，“INCOTERMS 2010”是指所适用的《2010 通则》）。

尽管《2010 通则》没有沿用《2000 通则》的分类方式，只是简单地将 11 种贸易术语按照适用范围分为两类，但《2000 通则》的分类与分组仍有重要意义，为了便于学习者对应比较，将《2010 通则》贸易术语按照《2000 通则》的分类方法进行分类如表 1-13 所示。

表 1-13 《2010 通则》贸易术语分类

按交货地点分类	组别	性质	国际代码	交货地点	适用范围
出口国（地区）境内	E 组	起运合同	EXW	工厂所在地	任何
	F 组	装运合同（主运费未付）	FCA	出口国（地区）指定地点	任何
			FAS	装运港船边	水运
			FOB	装运港船上	水运
	C 组	装运合同（主运费已付）	CFR	装运港船上	水运
			CIF	装运港船上	水运
			CPT	出口国（地区）指定地点	任何
			CIP	出口国（地区）指定地点	任何
进口国（地区）境内	D 组	到达合同	DAT	进口国（地区）指定地点	任何
			DAP	进口国（地区）指定地点	任何
			DDP	进口国（地区）指定地点	任何

《2010 通则》中买卖双方各自应履行的义务如表 1-14 所示。

表 1-14 《2010 通则》买卖双方义务对照

A 卖方义务	B 买方义务
A1 卖方一般义务	B1 买方一般义务
A2 许可证、授权、安检通关和其他手续	B2 许可证、授权、安检通关和其他手续
A3 运输合同与保险合同	B3 运输合同与保险合同
A4 交货	B4 收取货物

表1-14 续

A 卖方义务	B 买方义务
A5 风险转移	B5 风险转移
A6 费用划分	B6 费用划分
A7 通知买方	B7 通知卖方
A8 交货凭证	B8 交货证据
A9 查对—包装—标记	B9 交货检验
A10 协助提供信息及相关费用	B10 协助提供信息及相关费用

1. 卖方/买方一般义务

卖方一般义务包括交货和交单，即提供买卖合同约定的货物和商业发票，如需要提供其他单据，买卖双方需要在合同中作出明确约定。

买方一般义务是按照买卖合同约定支付价款。

买卖双方一般义务中所指出的任何单证在双方约定符合惯例的情况下，可以是同等作用的电子记录和程序。

2. 许可证、授权、安检通关和其他手续

在涉及该项义务的情况下，除 EXW 术语外，卖方必须自付风险和费用，取得所需要的出口许可或其他官方授权，办理货物出口所需的一切海关手续。

在涉及该项义务的情况下，除 DDP 术语外，买方必须自付风险和费用，取得所需要的进口许可或其他官方授权，办理货物进口所需的一切海关手续。

3. 运输合同与保险合同

EXW 术语下，卖方对买方无订立运输合同的义务，买方对卖方无订立运输合同的义务。

FCA、FAS 和 FOB 术语下，买方必须自付风险签订运输合同。卖方对买方无订立运输合同的义务，但若买方提出要求或按商业习惯，卖方可以按照通常条件签订运输合同，但由买方承担风险和费用。卖方可以拒绝签订运输合同，如果拒绝，卖方应立即通知买方。

CFR、CIF、CPT、CIP、DAT、DAP 和 DDP 术语下，卖方必须自付费用签订运输合同，买方对卖方无订立运输合同的义务。

在 CIF、CIP 术语下，卖方必须自付费用取得货物保险，买方对卖方无订立保险合同的义务。

在 EXW、FCA、FAS、FOB、CFR、CPT、DAT、DAP 和 DDP 术语下，卖方对买方无订立保险合同的义务，但应买方要求，卖方必须向买方提供保险所需信息；买方对卖方无订立保险合同的义务，但应卖方要求，买方必须向卖方提供保险所需信息。

4. 交货/收取货物

在 EXW、FCA、CPT 和 CIP 术语下，卖方可以在合同约定日期或期限内，在出口国（地区）境内任何约定地点交货。

在 FAS、FOB、CFR 和 CIF 术语下，卖方可以在合同约定日期或期限内，在出口国（地区）境内指定装运港交货。

在 DAT、DAP 和 DDP 术语下，卖方可以在合同约定日期或期限内，在进口国（地区）境内指定目的港或目的地交货。

当卖方完成交货义务时，买方必须收取货物。

5. 风险转移

通常情况下，卖方承担完成交货义务之前货物灭失或损坏的一切风险，买方承担卖方完成交货义务之后，货物灭失或损坏的一切风险。

6. 费用划分

通常情况下，买卖双方关于进出口清关、运费、保险费的划分如表 1-15 所示。

表 1-15 《2010 通则》买卖双方的费用划分

贸易术语	出口清关	运费	保险费	进口清关
EXW	买方	买方	买方	买方
FAS	卖方	买方	买方	买方
FCA	卖方	买方	买方	买方
FOB	卖方	买方	买方	买方
CFR	卖方	卖方	买方	买方
CPT	卖方	卖方	买方	买方
CIF	卖方	卖方	卖方	买方
CIP	卖方	卖方	卖方	买方
DAT	卖方	卖方	卖方	买方
DAP	卖方	卖方	卖方	买方
DDP	卖方	卖方	卖方	卖方

7. 通知买方/通知卖方

卖方必须就已按约定方式完成交货给予买方充分的通知，以便买方采取收取货物通常所需要的措施。

买方必须就相关事项给予卖方充分的通知，如买方有权决定在约定期限内的交货时间/或指定地点内的收取货物点、买方指定的承运人或船名等。

8. 交货凭证/交货证据

在 EXW 术语下，卖方对买方无义务提供交货凭证，买方有义务向卖方提供其已收取货物的相关凭证。

在 FCA、FAS 和 FOB 术语下，卖方必须自付费用向买方提供完成交货的通常凭证，应买方要求并由其承担风险和费用。卖方必须协助买方取得运输凭证，当该交货凭证交付时，买方必须接受。

在 CFR、CPT、CIF 和 CIP 术语下，卖方必须自付费用向买方提供运输凭证。该运输凭证必须载明合同中的货物，且其签发日期应在约定运输期限内，并能使买方在指定目的地向承运人索取货物，或能使买方在货物运输途中向下一买方转让或通知承运人方式出售货物。当运输凭证以可转让形式签发且有数份正本时，卖方必须将整套正本提交给买方。当该运输凭证与合同相符时，买方必须接受。

在 DAT、DAP 和 DDP 术语下，卖方必须自付费用向买方提供凭证，以确保买方能收取货物，买方必须接受卖方提供的符合合同的交货凭证。

9. 查对—包装—标记/货物检验

卖方必须支付交货所需的查对费用，如查对质量、丈量、过磅、点数的费用，以及出口国（地区）有关机构强制进行的装运前检验费用。可在需要时自付费用以合适货物运输的方式对货物进行包装，并作适当标记。

买方必须支付任何装运前检验费用，但出口国（地区）有关机构强制进行的检验除外（不包括 EXW 和 DDP 术语）。

10. 协助提供信息及相关费用

买卖双方必须及时相互提供或协助对方取得其清关、过境所需要的任何单证和信息，包括安全信息，相关费用由对方承担。

四、贸易术语与进出口商品的价格

（一）价格构成因素

在国际货物买卖合同中，贸易术语一般在价格条款中列明，进出口商品的价格构成因素因使用的贸易术语不同而不同。在业务实践中，最为常见的是选用 FOB、CFR 和 CIF 三种术语的合同。FOB 价一般包括商品成本、国内总费用和预期利润，以 FOB 术语的价格为基础，CFR、CIF 术语的价格按卖方承担义务不同相应递增。如表 1-16 所示。

表 1-16　商品价格构成因素

<table>
<tr><td rowspan="9">CIF价格</td><td rowspan="8">CFB价格</td><td rowspan="7">FOB价格</td><td rowspan="3">商品成本</td><td>生产成本：制造商生产某一产品所需的投入</td><td rowspan="3">出口退税（扣除项）：我国实施出口退税制度，出口商品按照不同比例退还有关增值税和消费税，出口企业往往将出口退税作为扣除项计入成本</td></tr>
<tr><td>加工成本：加工商加工成品或半成品所需的成本</td></tr>
<tr><td>采购成本：贸易商向供应商采购商品的价格</td></tr>
<tr><td rowspan="3">国内总费用</td><td colspan="2">经营费用：如国内运输、仓储、领证、商检、报关等费用</td></tr>
<tr><td colspan="2">管理费用：指各项业务开支费用</td></tr>
<tr><td colspan="2">财务费用：主要有贷款利息、银行费用等</td></tr>
<tr><td>预期利润</td><td colspan="2">利润是交易的最终目的，因此预期利润是价格的主要组成部分</td></tr>
<tr><td colspan="4">国际运输费用</td></tr>
<tr><td colspan="5">国际保险费用</td></tr>
</table>

选用何种贸易术语，与买卖双方的经济利益密切相关。一般来说，在出口业务中，出口企业应争取多选用 CIF 和 CFR 术语，而少用 FOB 术语；反之在进口业务中，应争取多选用 FOB 术语，而少用 CFR 和 CIF 术语。对 FCA、CPT 和 CIP 术语的选用，在出口和进口业务中，也应分别按上述原则予以掌握，为本国增加外汇收入节省外汇支出，促进本国运输、保险事业的发展。

另外，在出口业务中，应顺应集装箱运输和多式运输的趋势，推行 FCA、CPT 和 CIP 术语替代 FOB、CFR 和 CIF 的使用。当然，也可根据不同交易的具体情况，选择 EXW、DAT、DAP 和 DDP 等贸易术语来适应对外贸易的发展。

（二）商品价格与报关

国际贸易货物的价格与买卖双方的经济利益密切相关，选用不同的贸易术语，进出口商品的价格会有所不同。但是，进出口商品的价格构成因素是复杂的，除了受选用的贸易术语影响外，交易双方为完成交易所约定的其他费用和支付安排也会影响商品价格。例如，商业习惯中的佣金、折扣、专利等费用，根据我国海关税法规定有的应予计入进出口商品的完税价格，有的则予以扣除。为了有效遵守我国海关关税征收规定，外贸及报关从业人员必须认真研究进出口商品的价格构成因素，正确办理报关纳税手续。

下面以一含有购货佣金的成交价格为例，分析商品价格对报关纳税的影响。

【案例 1】国内 A 企业与外商签订 FOB 交易条件的一般贸易进口合同，进口某项商品 10000 件，成交单价为每件 50 美元。按照国际贸易惯例的规定，FOB 术语由买方安排运输、支付运费，为此 A 企业支付了总价为 2500 美元的运费和 500 美元的运输保险费。另外，A 企业为购买这批货物还另向购货代理人支付每件商品 2 美元佣金。货物进口时，A 企业向海关申报了进口该批货物所发生的价格，并提供了相关票据。由此，该货物进口时，可能申报三种价格，如表 1-17 所示。

表 1-17　A 企业申报价格

申报价格	单价(美元/件)	总价(美元)	备注
买卖合同成交价	50.00	500000.00	外商开出 FOB 发票价
货物进口到岸价	50.30	503000.00	FOB+I+F
企业核算成本价	52.30	523000.00	FOB+I+F+购货佣金

该批货物属于单边进口，在我国境内消费使用，应缴纳进口关税及进口环节海关代征税。根据我国海关从价税征收规定，进口货物完税价格应由海关以货物的成交价格为基础审查确定，并应加上货物运抵中华人民共和国境内输入地点起卸前的运费及相关费用、保险费，而买方承担的购货佣金则不计入完税价格。因此，该批货物向海关申报的价格，应为第二种情形，即单价每件 50.30 美元，总价 503000 美元。

以上案例说明，卖方开出发票中的价格是买方向卖方支付的价格，是某种特定条件下商业交易层面的价格。买方为将货物运回国内，自行支付的运费保险费、向购货代理人支付的佣金并未被记录在发票中。根据通关规则，发票价格以外的其他实际支付价格如果应该计入进口货物完税价格的，向海关申报时则应以发票价格为基础，将其他单独列明的实付价格，合并计入总价，并同时将其分摊进单价，形成调整后的价格，即所谓“完税价格”，再按该商品适用的税率计征关税。由此，海关通过进出口商对商品价格的申报，获取商品价值信息，可以准确审定完税价格，确保进出口税的征收。另外我国海关对进出口价值的统计，还能综合反映进出口商品的贸易流量。

在我国报关业务实践中，将商品交易价格按规则调整后向海关申报的情形是经常发生的，但是这种调整是建立在商品交易价格基础上的。因此，全面掌握商品价格构成的知识，正确办理报关手续，是对报关人员业务素养的基本要求。

（三）常用贸易术语的换算

不同贸易术语表示的价格因素不同。一方面，进出口企业在经营活动中，经常需要对所订立的进出口合同中采用的贸易术语进行换算，以核算进出口商品的实际成本。另一方面，在报关实践中，企业也需要将买卖双方的成交价格调整为符合海关征税规则的进出口货物完税价格，并依据税率计算出应纳税额，以利于资金的准备。以下主要介绍 FOB、CFR 和 CIF 三种常用术语的换算。

1. FOB 换算为 CFR、CIF

CFR 价＝ FOB 价+运费

CIF 价＝（FOB 价+运费）/［1−保险费率×（1+投保加成率）］

根据《2010 通则》的规定，在 CIF 合同中，卖方有责任办理货运保险并支付保险费。除非另有约定外，保险金额应为合同规定的价款加 10%，并以合同货币投保。此处“加 10%”即为投保加成率，以使货物万一在运输途中因风险遭受损失，买方向保险公司索赔时“逾期利润”也得到赔偿。但是，在 FOB 合同中，买方是根据自己的意愿办理货运保险，如果买方没有对合同价款进行投保加成，其 CIF 的换算公式应为：CIF＝（FOB+运费）/（1−保险费率）。同时此换算公式也适用于进口货物完税价格的报关核算，因为我国海关进口货物完税价格中不包括“逾期利润”。

2. CFR 换算为 FOB、CIF

FOB 价＝CFR 价−运费

CIF 价＝ CFR 价/［1−保险费率×（1+投保加成率）］

有关 CFR 换算成 CIF 时的投保加成问题与上述 FOB 换算相同，此处不再赘述。

3. CIF 换算为 FOB、CFR

FOB 价＝CIF 价×［1−保险费率×（1+投保加成率）］−运费

CFR 价＝CIF 价×［1−保险费率×（1+投保加成率）］

【案例 2】我国出口商出口泰国曼谷某商品，CIF 曼谷每千克 50 美元。现泰国客户要求改报 FOB 价。已知我出口商投保 W. P. A.，保险费率 0. 25%，主运费每千克 5 美元。问如果我国出口商利润不变如何向进口商报 FOB 价？

按照公式，计算如下：

FOB 价＝CIF 价×［1−保险费率×（1+投保加成率）］−运费

＝50×［1−0. 25%×（1+10%）］−5

＝44. 8625 美元

五、贸易术语与进出口货物交付

在国际货物买卖中，按合同规定的时间和地点交付合同的货物是卖方的主要义务。因此，交货时间和交货地点也是国际货物买卖合同中的主要内容。由于交货时间和地点与买卖合同中所采用的贸易术语有密切联系，因此，正确选择贸易术语非常重要。

（一）交货和装运的概念

在国际贸易中，存在着“交货”（Delivery）和“装运”（Shipment）两种不同的用语，因此，也就有“交货时间”（Time of Dclivery）和“装运时间”（Time of Shipment）的提法。在使用 FOB、CFR、CIF 及 FCA、CPT、CIP 六种术语达成的交易，卖方在装运港或装运地将出口清关的货物装到船上或者交付给承运人就算完成了交货的义务，称为“装运合同”。在装运合同中，交货与装运在一定意义上是一致的。但是，在这类合同中，货物交由承运人的所谓交货，只有在卖方向买方交付了货物已交承运人的货运单据后才能加以确认，买方据此付款。特别是以信用证方式结算货款的买卖合同，根据《跟单信用证统一惯例》（UCP600）的解释，卖方向开证银行交付的运输单据应符合信用证规定的装运日期，这被认为货物已如期交付。人们也因此把这种交付方式称为“凭单交货，凭单付款”的象征性交货方式（Symbolic Delivery）。此外，《2010通则》在其“专用词解释”中明确，“交货”一词指的是货物灭失和损坏的风险自卖方转移至买方的时间和地点。因此，在装运合同中以使用装运时间和装运地点来明确卖方应于何时、何地交货较为适宜。

至于《2010 通则》中的 DAT、DAP 和 DDP 术语，主要使用“到货合同”，卖方必须在目的地实际交货（Actual Delivery）。从这个意义来讲，“装运”与“交货”是两个不同的概念，不能混淆。

（二）交货的时间和地点

1. “交货时间”（Time of Delivery）是指卖方按买卖合同的规定应该将货物交付给买方或承运人的期限。

2. “交货地点”（Place of Delivery）是指卖方按买卖合同规定应该将货物交付给买方或承运人的地点。

因此可以看出，采用 FOB、CFR、CIF 及 FCA、CPT、CIP 六种术语签订的买卖合同，货物交付的时间就是卖方将货物装上运输工具的时间；货物的交付地点，就是卖方将货物装上运输工具所在的装运港或装运地（装运时间=交货时间，装运地点=交货地点）。

如果采用 E 组与 D 组术语成交，均采用实际交货的方式，且分属于起运和到达术语，则买卖双方应在合同的装运条款、交货条款中分别具体订明装运时间和交货时间、装运地点和交货地点，不能相互替代使用。

【复习思考题】

1. 什么是“贸易术语”？在国际贸易实践中，使用贸易术语解决什么问题？
2. 有关贸易术语的国际惯例主要有哪几种？
3. 试写出 INCOTERMS 2000 和 INCOTERMS 2010 贸易术语的中、英文全称和英文缩写。
4. 试述 INCOTERMS 2000 和 INCOTERMS 2010 贸易术语的不同之处。
5. 试述各贸易术语的交货点和风险点。
6. 试述 FOB、CFR、CIF 三种术语的异同。
7. 试述贸易术语变形的作用，并举例说明。

8. 试述 FOB、CFR、CIF 与 FCA、CPT、CIP 的主要区别。

9. INCOTERMS 2010 中的 DAT 与 DAP 术语有何区别？

10. 试比较 EXW 与 DDP 的卖方义务。

11. "交货"与"装运"两个不同用语在哪些贸易术语中的意义是一致的？在哪些贸易术语中的意义是不一致的？

12. 试述使用 FOB、CFR、CIF 的商品价格构成因素。

第五节 进出口货物运输与保险

【学习目标】

本节主要介绍国际货物运输及货运保险方面的相关知识。学习进出口货物运输与保险的理论与实务，理解其对通关作业产生的影响，是对学习者的基本要求。

完成本节学习，学习者应获得以下成果：

1. 了解不同运输方式和货运保险业务的营运特点，以及运费、保险费的计收方式；
2. 掌握不同运输方式的操作流程，以及各作业环节的基本业务；
3. 掌握进出口不同运输方式的通关资料种类及其来源，能结合本教材第三章的知识，正确获取报关、报检的信息。

【基本概念】

班轮运输、"四固定、一负责"、租船、中国人民保险公司海洋运输保险条款、伦敦保险业协会货物保险条款、基本险、附加险、投保加成、航空运输、集中托运

【建议学习时间】

2 课时

一、国际海上货物运输与保险

（一）国际海上货物运输

国际海上货物运输是国际贸易中最主要的运输方式，分班轮运输和和租船运输两种不同的营运方式。其中，班轮运输是目前海洋运输中最主要的运输方式。

1. 班轮运输

班轮运输（Liner Transport）通常是指在固定的航线和港口之间运载货物，按照预先规定的时间表航行的船舶运输。

班轮的基本特点是"四固定"和"一负责"，即船公司按固定航线、固定停靠港门、固定的船期航行，以相对固定的运费率计收运费；船方负责装卸货物，并将装卸费用计入运费内由托运

人承担。在班轮运输条件下，承运人和托运人的权利义务和责任豁免以班轮公司签发的提单条款为依据，不计算装卸时间与滞期费和速遣费。船方出租的不是整船，而是部分舱位，凡班轮停靠的港口，一般不论货物数量多少都能接受装运，方便成交数量少、批次多、交货港口分散的货物运输，因而班轮运输深受货主欢迎，成为国际海洋货物运输中的主要运输方式。

（1）班轮运费

班轮运费是班轮公司向托运人收取的费用，由班轮运价表规定，包括基本运费和各种附加费。基本运费分成两大类，一类是传统的件杂货运费，一类是集装箱包箱费率。

件杂货运费基本上按每个运费吨作计费单位。按毛重计费时，运费吨为“公吨”，在运价表内以“W”表示。按体积计费时，运费吨为“立方米”，在运价表内以“M”表示。运价以“W/M"表示时，即按货物毛重（公吨数）或体积（立方米数），从高计费。按运费吨计价的货物一般分为20个等级，第1级货物运费率最低，第20级货物运费率最高。件杂货也有按商品价格或件数计收运费的。大宗低值货物，可由船、货双方议定运价。

集装箱包箱费率有三种方式：

①FAK包箱费率（Freight for All Kinds），即不分货物种类，按每个集装箱收取的费率；

②FCS包箱费率（Freight for Class），即按不同货物等级制定的包箱费率；

③FCR包箱费率（Freight for Class & Basis），即按不同货物等级或类别及计价标准制定的费率。

班轮运费中的附加费名目繁多，其中包括：超长附加费、超重附加费、选择卸货港附加费、变更卸货港附加费、燃油附加费、港口拥挤附加费、绕航附加费、转船附加费和首航附加费等。

集装箱运输费用中，除上述海运运费外，还需包括有关的服务费和设备使用费。

此外，班轮公司对不同商品混装在同一包装内，按其中收费较高者计收运费。同一票商品，如包装不同，其计费等级和标准也不同，如托运人未按不同包装分别列明毛重和体积，则全票货物按收费较高者计收运费，同一提单内有两种以上不同货名，如托运人未分别列明毛重和体积，亦从高计费。

（2）报关资料来源

对外贸易货物进出口须办理海关手续，由海关按规定验核放行后才能提取或装运。货物进入装运环节时，此前各项业务单据已缮制完成，其中也包括报关应具备的单证。出口货物报关单证的准备包括：必须向海关提交规定格式的出口货物报关单、运单、发票、装箱单，涉及许可证件管理的还应提交相关证件。

出口货物海洋运输操作流程因船舶经营方式、装卸港、贸易术语、集装箱采用的不同而有所不同，下面以CPT术语合同项下集装箱整箱班轮运输并委托报关为例，介绍出口报关单证及相关单证来源，如图1-1所示。

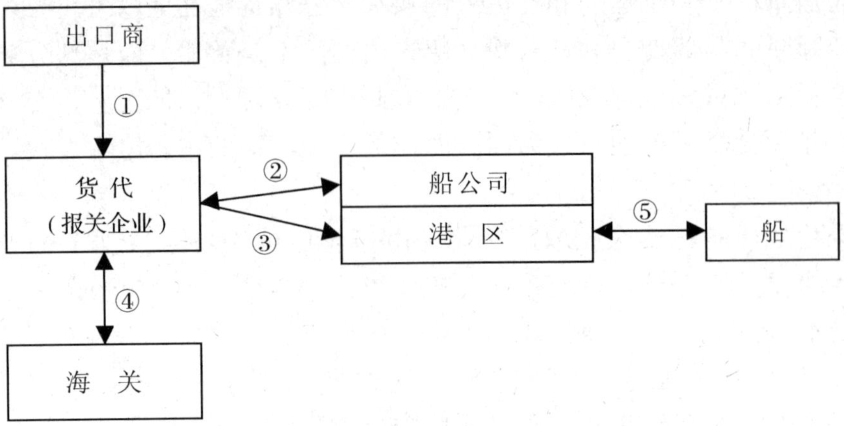

图 1-1　CPT 合同项下集装箱班轮运输委托报关流程图

图 1-1 各环节详解如下：

①报关委托与订舱委托：出口商缮制商业发票（Invoice）和装箱单（Packing List）并填写报关委托书及提供相关单证。

②订舱：货代向船公司订舱，并提供缮制装货单信息；船公司确认订舱后，向货代签发场站收据（第五联，装货单）。

③货物集中港区：船舶到港计划确定后，货代根据港区进货通知，将集装箱运往船公司指定的港区堆场，准备装船。

④报关与海关放行：货代根据出口商提供的单证及船公司签发的场站收据填制出口货物报关单，并向海关申报。海关需要查验出口货物时，报关人员应按装箱示意图（Container Load Plan）配合查验。海关审核有关报关资料和货物无误，并办结海关手续后，在场站收据的装货单上加盖海关放行章。

⑤装船并签发提单：货代将盖有海关放行章的场站数据交至港区服务中心，货物开始装船。货物装船后，船公司接受货物并签发海运提单。

2. 租船运输

租船运输（Shipping by Chartering）是指租船人向船东租赁船舶用于货物的运输。与班轮运输不同，在租船运输业务中，航期、航线、停靠港口和船方收取的运费或租金及装卸费用等均由船东与租船人议定，承托双方的权利义务和责任豁免按租船合同条款的规定执行。

租船运输主要有定期租船和定程租船两种。

（1）定期租船（Time Charter）

定期租船是指依照租船合同的约定，由船舶出租人向租船人提供船舶，由其按规定的用途使用一个时期，租船人向出租人给付租金的运输方式。在这种租船方式下，船舶出租人负责配备船员，租船人有船舶调度权并负责船舶在租期内的管理和日常开支，可根据货运需要选择航线、挂靠港口或作为班轮营运。租期可长可短，短则数月，长则数年。

（2）定程租船（Voyage Charter）

定程租船又称程租船或航次租船，是约定航程的租船方式。在这种租船方式下，船舶出租人负责提供船舶或船舶的部分舱位，在指定的港口之间进行一个航次或数个航次承运指定货物，由租船人支付约定的租金，包括单航次租船、来回航次租船、连续航次和船、连续来回程航次租船等方式。程租船由出租人负责营运，其责任与义务以租船合同为准。

在定程租船运输中，如果由于租船人的原因，致使未能在租船合同中规定的时间内完成装船或者卸货，导致船舶留港时间增加，使船东港口费用的负担增加和遭受船期损失，租船人应当按照实际滞延的时间向船东支付补偿金，即为滞期费。相反，因租船人的原因，使得装船或者卸货提前完成，船舶早日离港可以减轻船东的港口费用负担并使其获得船期利益，那么对所节约的时间，船东要给予租船人一定的奖励，即为速遣费。速遣费一般为滞期费的一半。

在我国，使用较多的租船方式是定程租船，主要用于运输批量较大的初级产品，如粮食、油料、矿产品和工业原料等。

此外，在程租船运输中，货物的装卸费由船东和租船人协商约定后，在租船合同中作出具体规定，如表 1-18 所示。

表 1-18　程租船装卸货费用承担表

固定用语	简称	含义
Liner Term	班轮条件	船方负责装货和卸货，租金中包括装卸费
Free out	F. O	船方管装不管卸，租金中包括装货费不包括卸货费
Free in	F. I	船方管卸不管装，租金中包括卸货费不包括装货费
Free in and out	F. I. O	船方不负责装卸，租金中不包括装卸费
Free in and out，Stowed and Trimmed	F. I. O. S. T	船方不负责装卸，也不负责理舱和平舱，租金中不含有关费用

此外，还有约定期限的光船租船方式。在这种租船方式下，船舶出租人提供的船舶不配备船员，在约定的期间内由租船人占有、使用和营运船舶，并向出租人支付租金。

（二）国际海运货物保险

在国际贸易中，由于各国地理位置上的原因，以及海洋运输具有运费低廉、运量大等优点，货物运输大部分都是通过海洋运输方式来完成的。货物在海上运输及在海陆交接过程中，可能遭遇各种风险和损失，但保险公司并不是对所有风险都予以承保，也不是对一切损失都予以补偿。为了明确责任，保险公司将其承保的各类风险及对风险所造成的各种损失的赔偿责任，在其承保的各种险别中都加以明确规定。因此，我们必须了解保险公司对海上风险和损失所作的解释和规定。

1. 海上风险和损失

海上风险，一般指船舶、货物在海上运输中所发生的各种风险。在保险业务中，保险公司所承保的风险，主要包括“自然灾害”“意外事故”和其他外来原因所引起的“外来风险”。这些风险，在保险业务中，都有其特定的涵义，具体如下。

（1）自然灾害（Natural Calamity）

自然灾害指恶劣气候（如暴风雨）、雷电、海啸、地震、洪水、火山爆发等人力不可抗拒的灾害。

（2）海上意外事故（Fortuitous Accidents at Sea）

海上意外事故指船舶搁浅、触礁、沉没、火灾、爆炸、碰撞、失踪或其他类似由于偶然的、难以预料的原因造成的事故。

（3）外来风险（Extraneous Risks）

外来风险指由于海上风险以外的其他外来原因引起的风险，分为一般外来风险和特殊外来风险两种。例如，偷窃、破碎、雨淋、受潮、受热、发霉、串味、沾污、短量、渗漏、钩损、锈损等属于一般外来风险，战争、罢工、交货不到、拒收等属于特殊外来风险。

上述各类风险，均属海洋运输保险所承保的范围，买方或卖方可根据需要，向保险公司投保。

海上损失是海运保险货物在海洋运输中由于海上风险所造成的损坏或灭失，又称为海损。按照货物损失的程度，海损可以分为全部损失与部分损失；按货物损失的性质，又可分为共同海损与单独海损。在保险业务中，共同海损与单独海损均属部分损失。

2. 国际海运货物保险条款与保险险别

海洋运输货物保险条款由各保险公司自行制定。在保险单中，通常列有各种保险条款，以规定保险人对承保货物遭受损失时的赔偿责任范围。这种对保险人承保责任范围所作的规定，称为保险险别。保险险别可由投保人根据货物特点和航线、港口等情况自行选择投保。在国际保险市场上，影响较大并具有代表性的是伦敦保险业协会所制定的“协会货物条款”（Institute Cargo Clauses，简写为I. C. C）。

在我国对外贸易业务中，经常使用的是中国人民保险公司所制定的保险条款。中国人民保险公司海洋运输货物保险条款简称“中国保险条款”（China Insurance Clause，简称为C. I. C）。中国人民保险公司参照“协会货物条款”的规定，将保险货物的险别，分为平安险（Free from Particular Average，简写为F. P. A）、水渍险（With Average 或 With Particular Average，简写为W. A 或W. P. A.）和一切险（All Risks）三种。平安险、水渍险和一切险都是货物运输保险的基本险别。一切险是水渍险和各种一般附加险的总和，是保险责任范围最广的险别。根据不同类别货物的需要，在投保一种基本险别外，尚须加保的险别，都叫附加险（Extraneous Risks），附加险不能单独投保。

（1）平安险

平安险是我国的习惯叫法，英文原意是“不负单独海损责任”。也就是说，被保险标的所遭受的单独海损的损失，原则上不在保险人承保范围之内。

按照规定，承保平安险时，保险人仅对自然灾害和海上意外事故所造成的整批货物全部损失负赔偿责任，而对单独海损不负责任。但下列损失，仍在平安险承保的责任范围之内：

①由于船舶或驳运工具发生搁浅、触礁、沉没或者焚毁所引起的单独海损，以及在航运中发生上述意外事故之前或后，又遭遇恶劣气候，如暴雨、巨浪等自然灾害所致的部分损失。

②被保险货物在装载、转载或卸载时因落水所遭到的一件或数件的完全灭失。

③由于船舶遭受搁浅、触礁、沉没、互撞，与流冰或其他物体碰撞，以及失火、爆炸等意外事故造成货物的全部或部分损失。

④由于共同海损引起的牺牲、分摊和救助费用。

平安险虽然在词义上不负单独海损责任，但实际上它还是包括一部分单独海损责任的。

（2）水渍险

水渍险也是我国保险业务中的习惯叫法，英文原意为“负单独海损责任”。其责任范围是：

①平安险责任范围以内的全部责任。

②由于恶劣气候，如暴风、巨浪等自然灾害引起的部分损失。

水渍险的责任范围比平安险的责任范围大。

（3）一切险

一切险的责任范围是：除包括平安险和水渍险的各项责任外，保险人对于被保险货物因遭受所有因意外事故所发生的损失，不论是共同海损、单独海损、全部损失、部分损失，以及其他外来原因造成的偷窃、淡水雨淋、破碎等损失，均包括在一切险承保责任范围之内。但是，由于货物本身特性所造成的损失、物价跌落的损失等，不包括在一切险承保范围之内。一切险条款的责任范围很广泛，但战争险（War Risks）或罢工险（Risks of Strikes）则不包括在内。

（4）附加险

在附加险条款中，有一般附加险条款和特殊附加险条款两类。由于货物种类繁多，各有特点，所以投保附加险的险别各异，投保人可根据需要选择投保一种或若干种附加险。

一般附加险的种类很多，其中主要包括：偷窃提货不着险（Theft，Pilferage and Non-delivery，简称为 T. P. N. D.），淡水雨淋险（Fresh and/or Rainwater Damage Risks），渗漏险（Risk of Leakage），短量险（Risk of Shortage in Weight），钩损险（Hook Damage），混杂、玷污险（Risk of Intermixture and Contamination），破碎险（Risk of Breakage），碰损险（Clashing），锈损险（Risk of Rust），串味险（Risk of Odor），受潮、受热险（Sweating and/or Heating）等。保险人对承保这些附加险的货物，在运输途中发生损失，均按条款规定的责任范围予以赔偿。战争险属于特殊附加险，按照战争险条款的规定，其责任范围包括：由于战争、类似战争行动、敌对行为、武装冲突或海盗等行为及因船舶被捕获、拘押、禁制、扣留等事故所造成的损失，以及水雷、鱼雷、炸弹或其他常规武器所造成的损失，均由保险人负责赔偿。特殊附加险还包括罢工险、舱面险、进口关税险、拒收险、黄曲霉素险、交货不到险等。

“协会货物条款”的海运货物险别包括六种，分别是：协会货物（A）险条款［Institute Carge Clauses A，简称 I. C. C（A）］、协会货物（B）险条款［Institute Cargo Clauses B，简称 I. C. C（B）］、协会货物（C）险条款［Institute Cargo Clauses，简称 I. C. C（C）］、协会战争险条款（货物）（Institute War Clauses Cargo）、协会罢工险条款（货物）（Institute Strikes Clauses Cargo）、恶意损害险条款（Malicious Damages Clauses）。在上述六种险别条款中，除恶意损害险外，其余五种险别条文结构统一，体系完整，因此，除（A）、（B）、（C）三种险别可以单独投保外，战争险和罢工险在需要时也可作为独立的险别进行投保。

3. 保险责任的起讫

根据“协会货物条款”规定，保险责任起讫采用“仓至仓条款”，自货物运离保险单所载仓库或储存处所时开始，在正常运输过程中继续有效，直至货物送达保险单所载地点的最后仓库或储存处所时为止。倘若在最后卸货港自远洋船边卸毕时起 60 天内未将货物送至保险单所载的最后仓库，则保险责任应于该 60 天届满时终止。如卸货后货物须运往另一目的地，则保险责任应于货物一经开始起运起即行终止。

战争险保险责任的起讫是，从货物装上海轮之后，到货物在最后卸货港口卸离海轮时，或海轮到达最后卸货港当夜 12 时起满 15 天止。

4. 保险金额和保险费

（1）保险金额（Insured Amount）

按照国际保险市场的习惯做法，出口货物的保险金额一般按 CIF 货价另加 10%计算，这增加的 10%是投保加成。

保险金额的计算公式是：

保险金额=CIF 价×（1+投保加成率）

（2）保险费（Premium）

投保人按约定方式缴纳保险费是保险合同生效的条件。保险费率（Premium Rate）是由保险公司根据一个时期、不同种类的货物的赔付率，按不同险别和目的地确定的。计算公式是：

保险费=保险金额×保险费率

出口业务中，CFR 和 CIF 是两种常用的术语。鉴于保险费是按 CIF 货值为基础的保险金额计算的，两种术语价格应按下述方式换算。

由 CIF 换算成 CFR：

CFR 价= CIF 价×［1 -保险费率×（1+投保加成率）］

由 CFR 换算成 CIF：

CIF 价= CFR 价/［1 -保险费率×（1+投保加成率）］

在进口业务中，为了简化手续，方便计算，一些企业可与保险公司签订预约保险合同，保险金额按进口货物的 CIF 货值计算，不另加成，保费率按“特约费率表”规定的平均费率计算。如按 FOB 进口货物，则按平均运费率换算为 CFR 货值后再计算保险金额，其计算公式如下。

FOB 进口货物：

保险金额=［FOB 价×（1+平均运费率）］/（1−平均保险费率）

CFR 进口货物：

保险金额=CFR 价/（1 -平均保险费率）

由于这里的保险金额是按平均费率估算的 CIF 价，故也不再加成。

二、国际航空货物运输与保险

（一）国际航空货物运输

1. 航空运输

航空运输（Air Transport）是一种现代化的运输方式，它不受地面条件的限制，航行便利，运输速度很快，航行时间很短，货物中途破损率小。随着航空工业技术的迅速发展和国际贸易的不断扩大，航空运输在国际贸易中的使用越来越多。

航空运输包括班机运输、包机运输、集中托运三种方式。班机运输，指客、货班机定时、定点、定线的运输，适用于载运数量较小的货物。包机运输，指包租整架飞机运输货物，适用于载运数量较大、有急需或有特殊要求的货物。集中托运指航空货运公司代理把若干单独发运的货物组成一整批货物，用一份总运单整批向航空公司托运，由航空货运代理公司在当地的代理人收货、报关、分拨后交给实际收货人，这是目前最常用的航空运输方式。

办理货物航空运输时，应填写航空货运单（Airway Bill），并制作其他有关证件。航空货运单是航空运输的正式凭证，是承运人收到货物后签发的货物收据，货物运抵目的地后，收货人凭承运人发出的到货通知及有关证明领取货物。

2. 航空运费

（1）计费重量（Chargeable Weight）

航空公司规定，在货物体积小、重量大时，按实际重量计算；在货物体积大、重量小时，按体积计算。在集中托运时，一批货物由若干不同的货物组成，有轻包货也有重货。其计费重量则采用整批货物的总毛重或总的体积重量，按两者之中较高的一个计算。

（2）航空运价和运费

承运人为运输货物对规定的重量单位（或体积）收取的费用称为运价。运价只包括机场与机场间（Airport to Airport）的空中费用，不包括承运人、代理人或机场收取的其他费用。航空运价的种类包括：

①一般货物运价（General Cargo Rate，简称 GCR）；

②特种货物运价或指定商品运价（Special Cargo Rate 或 Specific Commodity Rate，简称 SCR）；

③货物的等级运价（Class Rate，简称 CCR）；

④集装箱货物运价（United Consignment Rate，简称 UCR）。

根据适用运价计得的发货人或收货人应当支付的每批货物的运输费用称为运费。航空公司按国际航空运输协会所制定的三个区划费率收取国际航空运费。一区主要指南北美洲、格陵兰等，二区主要指欧洲、非洲、伊朗等，三区主要指亚洲、澳大利亚。航空公司办理一批货物所能接受的最低运费称为起码运费，起码运费是不论货物的重量或体积大小，在两点之间运输一批货物应收取的最低金额。不同地区有不同的起码运费。

（二）国际航空货物保险

货物通过航空运输时，可能遇到各种风险和损失，例如，由于飞机碰撞、倾覆、坠落和失踪所引起的货物损失，或由于遭受恶劣气候、火灾、雷电、爆炸、风暴、台风或其他危难事故所引起货物的损失，以及由于外来原因造成的损失（如偷窃、短少等）。在选择航空运输险别时，应根据货物特点来确定。航空运输保险的基本险分为航空运输险和航空运输一切险，以及附加险、战争险。

航空运输货物保险责任的起讫，是自被保险货物经航运公司收讫并签发航空运单时起开始生效，在正常运输过程中继续有效，直至该项货物运抵目的地交给收货人仓库或储存处所时为止。但保险货物到达目的地后航空公司保管期间的保险责任，以自航空公司发出到货通知书给收货人当日午夜起算 30 天为限。

三、国际货物陆上运输与保险

（一）国际货物陆上运输

1. 公路运输

公路运输（Road Transportation）指在公路上运送货物的运输方式。公路运输是一种比较灵活、方便的运输方式。它除了适用于内地集散进出口货物外，还适用于邻国之间的进出口货物运输。

2. 铁路运输

凡经两个或两个以上国家的铁路，使用一份运送票据，并以连带责任办理货物的全程运输任务，无须发、收货人参加，即称为国际铁路货物联运。开展国际铁路货物联运，对于简化货运手续、加快货物流转、降低运杂费用，促进国际贸易的发展有着积极的作用。运单随同货物从始发站至终点站全程附送，最后交给收货人。铁路运单既是铁路承运货物的凭证，也是铁路在终点站向收货人核收运杂费用和点交货物的依据。

（二）国际陆运货物保险

货物通过火车或汽车在陆上运输时，可能遇到各种风险和发生各种损失。例如，由于车辆遭受碰撞、倾覆或脱轨所引起的货物的损失，或由于遭受隧道坍塌、崖崩、火灾、雷电、爆炸、风暴等所引起的货物损失，以及在运输途中由于其他外来原因所造成的货物短少、短量、雨淋、生锈、受潮、受热、发霉、串味、沾污等全部或部分损失。为了保障货物遭受损失后能得到经济上的补偿，被保险人可根据货物特点和实际需要来选定，并按保险公司规定的条款办理陆上运输货物的保险。

根据中国人民保险公司的陆上运输货物保险条款，陆上运输货物的基本险别分为陆运险（Overland Transportation Risks）和陆运一切险（Overland Transportation All Risks）两种。

此外，还有适用于陆运冷藏货物的专门保险：陆上运输冷藏货物险及附加险、陆上运输货物战争险（火车）。陆上运输保险责任的起讫也采用“仓至仓”责任条款，即自被保险货物运离保险单所载明的起运地发货人的仓库或储存处所时生效，包括正常陆运和与其有关的水上驳运在内，直至该项货物运交保险单所载明的目的地收货人仓库时为止。但被保险货物到达最后卸载的车站后的60天，保险责任即终止。陆上运输货物险的索赔时效从被保险货物在最后目的地车站全部卸离车辆后起算，最多不超过两年。

四、邮包运输与保险

（一）邮包运输

邮包运输是指利用邮局办理货物运输的方式。这种方式具有手续简便、费用低等特点，但只适用于重量轻、体积小的商品，如精密仪器、配件、药品和样品、质料等零星物品的运输。邮包收据是邮包运输的主要凭证，它既是邮局收到寄件人邮包后所签发的凭证，也是收件人凭以提取邮件的凭证，又是当邮包发生灭失或损坏时索赔和理赔的依据。但邮包收据不是物权凭证。

（二）邮包运输保险

邮包运输保险是指承保邮包通过海、陆、空三种运输工具在运输途中由于自然灾害、意外事故或外来原因所造成的包裹内物件的损失。根据《中国人民保险公司邮包保险条款》的规定，邮包运输保险的险别分为邮包险和邮包一切险。

【复习思考题】

1. 国际货物的运输方式有哪几种？
2. 何谓班轮运输和租船运输？试分别简述其特点。
3. 班轮运费的计算标准有哪几种？试分别说明其含义。
4. 试述采用班轮运输的出口货物报关资料源自哪些环节。
5. 何谓滞期费、速遣费条款？为何程租船合同要对这些问题作出具体规定？
6. 试述程租船装卸费用由何方承担的固定用语含义。
7. 试简述货物运输保险在国际贸易中的作用。
8. 我国海洋运输货物保险的基本条款有哪几种？试述这几种基本险的责任范围。
9. 我国海洋运输货物保险的附加险有哪些？在投保一切险时，是否包括上述所列的附加险？为什么？
10. 按 CIF 或 CIP 贸易术语对外成交，一般应怎样确定投保金额？为什么？
11. 伦敦保险业协会货物保险条款有哪些险别？这些险别能否单独投保？
12. 航空运输的方式有哪几种？试述其基本做法。
13. 试述航空货物运单的性质。

第六节　对外贸易结算

【学习目标】

本节旨在让学习者掌握履行对外贸易合同时与当事人双方切身利益相关的货款结算所涉及的结算工具和支付方式。

完成本节学习，学习者应取得以下成果：

1. 了解各种结算工具的种类、定义；
2. 掌握货款结算的主要方式、业务程序及其在国际贸易中的运用；
3. 掌握不同结算方式的信用属性，能分析其风险所在，从而对其利弊作出判断。

【基本概念】

结算工具、汇票、汇付、电汇、托收、付款交单、承兑交单、信用证、跟单信用证、议付

【建议学习时间】

1课时

对外贸易结算是国际结算的一种，是指为结清不同国家（地区）当事人之间因贸易活动形成的债权债务关系而发生的货币收付活动。其内容包括结算工具和支付方式。

一、结算工具

结算工具是对外贸易结算的重要内容之一，是国际贸易中货款交付的工具。对外贸易中主要的支付工具为货币和票据。货币用于计价、结算和支付。票据仅用于结算和支付。根据不同的情况，选用不同的结算工具，可以保证国际贸易的顺利进行，保障进出口双方的利益，减少贸易摩擦及外汇风险。国际贸易中常用的结算工具主要有计价货币和票据两种。

（一）计价货币

计价货币是指在国际贸易中，进出口双方用来结算货款的现金结算工具。对外贸易中所使用的货币一般有三种，即本国货币、对方国家货币、第三国货币，由买卖双方协商确定。在进出口业务中，交易当事人应选择可自由兑换并具有稳定性的货币。由于金融市场汇率浮动，买卖双方都将承担一定的汇率变化的风险。在国际贸易中，用现金货币结算货款是非常少见的，仅限于少量购买、预付定金、小额赔偿等。

（二）票据

票据是以支付金钱为目的的金融单据，是由出票人签名于票据上，约定由自己或另一人无条件的支付确定金额的、可流通转让的证券。票据一般可分为汇票、本票及支票三种，其中汇票是国际贸易最常用的结算工具。

1. 汇票

根据《中华人民共和国票据法》（以下简称《票据法》）对汇票的定义：汇票是出票人签发的，委托付款人在见票时或者在指定日期无条件支付确定的金额给收款人或持票人的票据。

按照各国广泛引用或参照的英国票据法所下的定义，汇票是由一人签发给另一人的无条件书面命令，要求受票人见票时或于未来某一规定的或可以确定的时间，将一定金额的款项支付给某一特定的人或其指定的人，或持票人。

汇票可以通过背书转让，在国际结算中使用比较广泛，并通常附带商业单据一起使用。

2. 本票

按照我国《票据法》对本票的定义，本票是由银行签发的，承诺自己在见票时无条件支付确定的金额给收款人或者持票人的票据。本票的付款人是出票人自己。我国《票据法》对本票出票人的资格有严格的限制，只有符合中国人民银行规定且经其审定的银行方可签发本票。

3. 支票

支票是出票人签发的，委托办理存款业务的银行或者其他金融机构在见票时无条件支付确定的金额给收款人或者持票人的票据。按照各国票据法的一般规则，支票出票人必须按照签发的支票金额承担保证向持票人付款的责任。据此，支票的出票人所签发的支票金额不得超过其付款时在付款人处实有的金额，否则，即为空头支票。签发空头支票是被各国法律所禁止的。

二、支付方式

货款结算的基本方式有汇付、托收和信用证三种。

（一）汇付

汇付（Remittance）又称汇款，是指付款人主动通过银行或其他途径将款项汇交收款人的一种结算方式。它的实质是贸易双方利用银行间的资金划拨渠道，将一方的资金付给另一方，以完成收、付方之间债权债务的清偿。汇付由于资金和结算工具的流动方向均从进口方流动到出口方处，两者的方向一致，即款项和结算工具同时向相同方向流动，因此，汇付属于顺汇。汇付可分为电汇、信汇和票汇三种方式。

1. 电汇

电汇（Telegraphic Transfer，简称 T/T）是指汇出行应汇款人（通常为进口方）的申请，以电报、电传或环球银行间金融系统（SWIFT）等电讯手段发出付款委托通知书给收款人所在地的汇入行，委托将款项解付给指定收款人的方式。

电汇方式由于资金转移的速度快、效率高、成本低，收款人可以迅速收到款项，已经成为常用的国际结算方式。

2. 信汇

信汇（Mail Transfer，简称 M/T）是指汇出行应汇款人（通常为进口方）的申请，以信函格式开立汇款通知书并通过航邮（By Airmail）方式通知汇入行解付一定金额的款项给收款人（通常为出口方）的方式。信汇方式由于资金转移速度较电汇慢，但费用相对较低，故适用于汇款金额较小、不需要快速到达的汇款。

3. 票汇

票汇（Remittance by Bank's Demand Draft，简称 D/D）是指汇出行应汇款人（通常为进口方）的申请，开立银行即期汇票，汇出行将票据交给汇款人，汇款人再将票据转交收款人，收款人凭此向汇入行收取款项的方式。

汇付由于支付手续简单、资金转移速度快、成本较低等特点，已经成为重要的国际支付方式。

进出口贸易采用汇付方式结算货款时，可能会出现“款到货不到”或者“货到款不到”的情况，而银行只提供服务不提供信用，无法完全确保进出口双方的利益。因此，使用汇付方式取决于买卖双方中一方对另一方的信任，属于商业信用。汇付方式目前主要适用于小额国际贸易、货到付款、预付合同订金及货款尾数、佣金等费用的支付。

（二）托收

托收（Collection），指出口方先行发货，开出汇票连同有关货运单据，委托银行（托收行）通过其在进口地的联行或代理行（代收行）根据出口方的指示向付款人（进口方）取得付款或承兑，或者在取得付款或承兑（或其他条件）后交付单据的一种结算方式。国际结算中，托收是常用的结算方式之一。托收业务，由于汇票或单据的传递方向与资金的流动方向相反，因此属于逆汇。托收主要分为光票托收、跟单托收两种方式。

1. 光票托收

光票托收（Clean Collection）是指不附带商业单据的金融单据托收，即债权人（出口方）仅向银行（托收行）提交汇票，委托银行（托收行）代为向债务人（进口方）取得付款或承兑的一种结算方式。

光票托收手续简单，费用低廉。

2. 跟单托收

跟单托收（Documentary Collection）是指附带商业单据的金融单据托收或不用金融单据的商业单据托收，即债权人（出口方）开立汇票（或不开立汇票），连同发票、装箱单、物权凭证（例如，海运提单）、保险单据等商业单据，委托出口地银行（托收行）通过其在进口地的代理银行（代收行）向债务人（进口方）取得付款或承兑后交付单据的一种结算方式。交付单据的方式主要有付款交单、承兑交单两种。

（1）付款交单（Documents against Payment，简称 D/P）

付款交单是指委托人指示托收行、代收行在付款人付清托收款项后方能将单据交予付款人的托收方式。付款交单按付款时间可分为即期付款交单（D/P at Sight）及远期付款交单（D/P after Sight）。

（2）承兑交单（Documents against Acceptance，简称 D/A）

承兑交单是指委托人指示托收行、代收行在付款人审单后决定接受单据时，由付款人在汇票上办理承兑，代收行审查承兑手续齐全后留下汇票，单据即交付款人，待汇票到期，付款人再向代收行付款的托收方式。

在托收业务中，银行是否能收到货款，依赖买方的信用。如果银行不能从买方收到实际货款，银行只要按照出口人的指示行事，不承担任何责任。托收方式与汇付一样属于商业信用。

（三）信用证

信用证是随着资本主义生产方式的建立及商品经济的增长和国际贸易的发展，在银行参与国际贸易结算时从仅提供服务逐步演变到既提供服务，又提供信用和资金融通的过程中形成的。目前，信用证已成为国际贸易结算中被广泛使用的非常重要的一种结算方式。

1. 信用证的含义

信用证（Letter of Credit，简称 L/C）又称信用状，是指开证银行应开证申请人的要求并按其指示，或因其自身需要，向受益人开立的、载有确定金额的、在规定期限凭符合信用证条款规定的单据付款的书面保证文件。

根据 2007 年 7 月 1 日正式生效的《跟单信用证统一惯例》（UCP600）的定义：信用证（Letter of Credit，简称 L/C）是一项约定，无论其如何命名或描述，该约定不可撤销并因此构成开证行相符提示予以兑付的确定承诺。

“相符提示”（Complying Presentation）是指与信用证中的条款及条件、统一惯例中所适用的规定及国际标准银行实务相一致的提示。

“兑付”是指：（1）对于即期付款信用证即期付款；（2）对于延期付款信用证发出延期付款承诺并到期付款；（3）对于承兑信用证承兑由受益人出具的汇票并到期付款。

简而言之，信用证是银行开立的、有条件承诺付款的书面文件。

2. 信用证的特点

（1）信用证是一种银行信用

信用证支付方式是一种银行信用，开证行处于第一付款人的地位，信用证是开证行的付款承诺，即开证行的承付不以进口人的付款作为前提条件。

（2）信用证是独立于合同之外的一种自足的法律文件

在国际贸易结算中，银行开立的信用证虽然以进出口双方的贸易合同为基础，并且其中的条款大部分源自于贸易合同，但信用证一经开立，就成为独立于贸易合同以外的具有法律效力的文件。

（3）信用证是一项单据业务

信用证结算方式是一种纯单据业务，根据 UCP600 第五条规定："银行处理的是单据，而不是单据可能涉及的货物、服务或履约行为。"只要提交的单据与信用证、单据本身或其他单据相符，开证行就应承担付款责任。

3. 信用证的作用

采用信用证支付方式，在很大程度上缓解了进出口双方互不信任的矛盾，并给进出口双方以及银行都带来一定的好处。信用证在国际结算中的作用，主要表现在：

（1）对出口商来说，只要按信用证规定发运货物，向指定银行提交规定的单据，收款就有了保障。有时，在货物装运前还可凭信用证向银行申请打包贷款（Packing Credit），货物装运后将汇票和单据交议付行议付，通过押汇可及时收取货款，有利于加速资金周转。

（2）对进口商来说，申请开证时只需缴纳少量押金或凭开证行授予的授信额度开证，待单据到达后再行支付全部货款，减少了资金的占用。而且通过信用证上的所列条款，可以控制出口人的交货时间、质量和数量的检验要求及按规定方式交付货物和单据证件，保证合同的履行。

（3）对银行来说，开证行只承担保证付款责任，它贷出的只是信用而不是资金，在对出口人或议付行交来的汇票偿付前，已掌握了代表货物的单据，故并无多大风险，还可以从信用证业务中获得利息和手续费等收入。此外，通过信用证业务，可以带动其他客户往来、保险、仓储等业务，增加银行收益。

总之，信用证方式在国际贸易结算中起到了资金安全和资金融通作用。

【复习思考题】

1. 试比较汇票、本票、支票的异同。
2. 试写出 T/T、M/T、D/D、D/P、D/A、L/C 的英文全文、中文译名，并分别简述其含义。
3. 试述汇付、托收、信用证三种结算方式的信用性质。
4. 试比较汇付、托收、信用证三种结算方式的收、付款风险。
5. 试述信用证结算方式的特点。

第二章

对外贸易管理

本章重点介绍对外贸易管理的基础知识与我国对外贸易管理的现行制度和措施，以及在执行这些管制措施过程中所涉及的报关规范的相关内容。

第一节　对外贸易管理概述

【学习目标】

本节从世界贸易发展的角度，重点介绍各国（地区）政府从本国（地区）利益出发，为实现对外贸易目标通常采用的对外贸易政策、措施、管理方式，旨在让学习者了解并掌握对外贸易管理是一国（地区）政府对进出口贸易活动进行指导、控制和调节的行为。

完成本节学习，学习者应获得以下成果：

1. 了解对外贸易政策的目标，以及自由贸易和保护主义贸易两类政策的基本特征；
2. 了解对外贸易的政策类型及其属性，掌握实施对外贸易政策的具体措施；
3. 了解对外贸易管理和我国对外贸易管制的关系、贸易管制和海关监管的关系，了解我国对外贸易管制的性质、特征和管制形式，从而在通关实践活动中养成严格遵守各项对外贸易管制制度的良好职业素养。

【基本概念】

对外贸易管理、自由贸易政策、保护主义贸易政策、关税壁垒、非关税壁垒、特殊经济区域、对外贸易管制

【建议学习时间】

1 课时

对外贸易管理是指一国政府以国家法律、法规、方针政策为依据，从国家宏观经济利益和对内、对外政策的需求出发，对进出口贸易活动进行指导、控制和调节的行为。

一、对外贸易政策

对外贸易政策是对一国在一个时期内对外贸易管理中所制定和实施的各项管理制度和措施的总称。具体包括一国对进出口贸易进行管理的原则、方针和措施等，调节的对象主要是对外经济贸易活动。

在资本主义发展的不同时期，不同国家会选择不同的对外贸易政策，从近现代历史看，对外贸易政策主要可以分为两类：自由贸易政策和保护主义贸易政策。

自由贸易政策提倡国家取消对进出口贸易的限制和障碍，取消对本国商品与服务的各类特权与优惠，政府不干预对外贸易活动，以使各国能够充分实现建立在比较优势基础上的国际分工，从而使世界范围内生产与交换的效率提高，各国也能从中获得最大化的福利。

保护主义贸易政策则提倡国家广泛利用限制进口的各种措施和设置各种障碍，以保护本国市场免受外国货物、服务与技术的竞争，并采取各种措施促进本国商品和服务的出口。

对外贸易政策是一国为保护本国经济利益，推行本国对外政策，保障本国政治目的和安全而制定的。为了实现上述目的，各国都要根据其不同时期的不同经济利益或安全和政治需要，适时调整对外贸易政策。世界范围内占主导的对外贸易政策也是交替出现的，一般情况下经济繁荣时期会选择自由贸易政策，而经济陷入萧条时又掀起贸易保护主义浪潮。

二、对外贸易政策的实现

对外贸易政策确定以后，一般是通过以下方式实现的。

（一）通过海关对进出口贸易进行管理

国家在对外开放的口岸和海关监管业务集中的地点设立海关。海关的主要职能是：对进出关境的货物、物品和运输工具，进行实际监督管理、稽征关税和代征法定的其他税费；查缉走私；一切进出关境的货物、物品和运输工具，除国家法律另有规定的以外，都要在进出关境时向海关申报，接受海关检查（查验）。海关这种特殊的管理职能决定了海关监管是实施对外贸易政策目标的有效行政管理手段。

（二）由国家设立机构依据职能分工管理

对外贸易政策属于一国经济政策的范畴，其制度、措施的落实，须有政府各行政管理部门的参与。各行政管理部门依据职责的分工，围绕对外贸易政策的实施，制定、颁布各类法令、管理制度与措施，如下发各类许可证件或下发相关文件，制定促进进出口贸易发展的举措。

（三）由政府出面参与国际协调管理

由政府出面加入各种国际贸易、关税等机构与组织，出面进行国际贸易、关税方面的协调与谈判，参与制定有利于公平贸易的国际规则，缔结有关促进对外贸易发展的国际协定或公约。

三、对外贸易政策措施

对外贸易政策措施是一国政府围绕本国对外贸易政策原则，根据经济发展需要，在不同时期，对进出口贸易采取的具体针对性管理策略。纵观各国对外贸易的发展，采用的主要措施如下：

（一）关税措施

关税措施是指以关税的经济手段来保护本国经济，调节进出口贸易。在进口方面，采用制定高税率海关税则，征收进口附加税、差价税等形式，以形成关税壁垒，增加进口商品的成本以限制进口，保护本国同类产业的发展；在出口方面，通过低税、免税等手段影响商品的价格，来提高本国商品的竞争力，鼓励商品的出口，促进本国优势产业的发展。

（二）非关税措施

非关税措施也称非关税贸易壁垒，是与关税措施相对而言的，指除关税以外影响一国对外贸易的主要政策措施，主要体现在用行政手段限制进口。这种措施名目繁多，主要形式如下。

1. 进口配额制

进口配额制又称进口限额制，指一国政府在一个时期内，对某些进口商品的数量或金额进行直接限制。在规定的时期内凡属限额或限量内的货物可以进口，超过限额或限量的部分一律不许进口，否则征收惩罚性关税或罚款，以至没收这部分进口商品。进口配额有单方配额、双边或多边配额、关税配额三种基本形式。

2. 许可证件制度

一些国家为了管制对外贸易，规定进口商品必须领取许可证件，否则一律不许进口的贸易管理制度。

3. 海关归类和估价

各国海关按国际上惯常做法，按照一定的原则，通过立法的形式，确定进出口商品归类及估价方法的一种制度。

4. 国内税

通常国内税不受贸易条约或协定的限制，其制定与执行由中央政府或地方政府管理，通过设立各种国内税，可达到限制商品进口的目的。

5. 歧视性的政府采购

国家通过法令，规定政府机构在采购时要优先购买本国产品的做法。

6. 自动出口限额

出口国家自动规定在某一时间内、在一定限额内自行控制出口，超出部分不准出口。

7. 技术性贸易壁垒

以苛刻的技术、安全标准及卫生检疫规定，建立进口门槛。

8. 繁琐的海关手续

用难以做到的复杂、繁琐的海关通关手续，起到限制进口的作用。

（三）鼓励出口措施

鼓励出口措施是指国家为了支持和鼓励本国相关产业的发展或具有竞争力的商品出口，对出口企业实施的具体帮助措施，主要如下。

1. 出口信贷

一个国家为了支持和鼓励本国成套技术设备、大型工程项目出口，增强国际的竞争能力，通过银行对本国出口厂商或国外进口厂商提供较低利率的贷款，以解决本国出口商资金周转的困难，或满足国外进口商对报关出口商支付货款需要的一种促进出口的方式。

2. 出口信贷国家担保

国家为了扩大出口，对于本国出口厂商或商业银行向外国进口厂商提供的信贷，由国家设立专门机构出面担保，当外国债务人拒绝付款时，由其按照承保的数额给予补偿。

3. 出口补贴

又称出口津贴，是一国政府为了降低出口商品的价格，增强其在国外市场上的竞争力，给予出口厂商出口某种商品时的现金补贴或财政上的优惠。

其他鼓励出口措施还包括由国家采取设立专门组织，研究与制定出口战略，加强商业情报服务，组织贸易中心和商品展览会，以及组织贸易代表团出访和接待来访等措施来扩大出口。

（四）促进对外贸易发展的特殊经济区域措施

特殊经济区域是一个国家或地区在其境内划出一定范围，在内建造码头、仓库、厂房等基础设施和对进区货物实行免除关税等优惠待遇，吸引境内外企业入驻从事贸易与出口加工工业等经营活动的区域。建立特殊经济区域的目的是促进对外贸易发展，繁荣本地区和邻近地区的经济。

特殊经济区域形式多样，一般主要有以下四类。

1. 自由港或自由贸易区

国家规定给予进出自由港或自由贸易区域的进出口商品免征关税，准许在港内或区内开展自由存储、展示、分拆、改装、整理、加工制造等经营活动，以利于本地区经济和对外贸易的发展，增加财政收入和外汇收入。这类特殊经济区域，一种是把港口或设区所在城市都划为自由港或自由贸易区，比较知名的是中国香港、新加坡港、德国汉堡港及比利时安特卫普港；另一种是把港口或设区所在城市的一部分划为自由港或自由贸易区，如汉堡自由贸易区。自 2013 年起，我国先后建立了上海自由贸易试验区、广东自由贸易试验区、天津自由贸易试验区、福建自由贸易试验区等 11 个自由贸易区，促进了我国对外贸易的进一步发展。

2. 保税区

保税区是经国家批准设立的，受海关监管的特殊地区。进口商品进入保税区可暂时不缴纳进口税；如再出口，不缴纳出口税；如要进入所在国的国内市场，则须办理报关手续，缴纳进口税。运入保税区的货物可以进行储存、改装、分拣分类、展示甚至加工和制造等。一些国家的保税区还允许在区内经营金融、保险、展销和房地产。

3. 出口加工区

出口加工区是指一些发展中国家在其港口或邻近港口、国际机场的地方，划出一定的范围，新建和扩建码头、车站、道路、仓库和厂房等基础设施，以及提供免税等优惠待遇，吸引国内外企业进行投资设厂，设立以生产出口为主的制成品的加工区域。这样既促进了本国制造业的发展，又扩大了出口贸易。

4. 综合保税区

综合保税区是设立在内陆地区的具有保税港区功能的海关特殊监管区域，由海关参照有关规定对综合保税区进行管理，执行保税港区的税收和外汇政策，集保税区、出口加工区、保税物流区、港口的功能于一身，可以发展国际中转、配送、采购、转口贸易和出口加工等业务。根据现行有关政策，海关对保税区实行封闭管理，境外货物进入保税区，实行保税管理，境内其他地区货物进入保税区，视同出境。企业在综合保税区开展口岸作业业务，海关、商检等部门在园区内查验货物后，可在任何口岸（海港或空港）转关出口，无须再开箱查验。

四、对外贸易管制

对外贸易管制是指一国政府为了国家的宏观经济利益、国内外政策需要及履行所缔结或加入国际条约的义务，确立实行各种管制制度、设立相应管制机构和规范对外贸易活动的总称。

对外贸易管制是一国对外贸易管理形式之一，是政府的一种强制性行政管理行为，属于非关税措施。它所涉及的法律、行政法规、部门规章，是强制性的法律文件，不得随意改变。因此，对外贸易经营者或其代理人在报关活动中必须严格遵守这些法律、行政法规、部门规章，并按照相应的管理要求办理进出口手续，以维护国家利益不受侵害。

（一）对外贸易管制的目的及特点

1. 对外贸易管制的目的

对外贸易管制是各国政府为保护和促进生产与发展、适时限制进出口而采取的鼓励或限制措施，或为政治目的对进出口采取禁止或限制措施。对外贸易管制已成为各国不可或缺的一项重要政府职能，也是一个国家对外经济和外交政策的具体体现。

（1）保护本国经济利益，发展本国的经济

发展中国家实行对外贸易管制是为了保护本国的民族工业，建立、巩固本国的经济体系；通过对外贸易的各项措施，防止外国产品冲击本国市场而影响本国独立的经济结构的建立；同时，也是为了维护本国的国际收支平衡，使有限的外汇能有效地发挥最大作用。对外贸易管制主要是为了确保本国在世界经济中的优势地位，避免国际贸易活动对本国经济产生不良影响，特别是要保持本国某些产品和技术的国际垄断地位，保证本国经济发展目标的实现。因此，各国对外贸易管制措施都是与其经济利益相联系的，是经济政策的重要体现。

（2）推行本国的外交政策

不论是发达国家还是发展中国家，往往出于政治或安全上的考虑，甚至不惜牺牲本国经济利益，在不同时期，对不同国家或不同商品实行不同的对外贸易管制措施，以达到其政治上的目的或安全上的目标。因此，贸易管制往往成为一国推行其外交政策的有效手段。

（3）行使国家职能

作为主权国家，对其自然资源和经济行为享有排他的永久主权，国家对外贸易管理制度和措施的强制性是国家为保护本国环境和自然资源、保障国民人身安全、调控本国经济而行使国家管理职能的一个重要保证。

2. 对外贸易管制的特点

为了实现上述目的，贸易管制政策形成了三个基本特点。

（1）对外贸易管制政策是一国对外政策的体现。

（2）对外贸易管制政策是因时间、形势而变化的。各国都要根据其不同时期不同经济利益或安全和政治形势需要，随时调整对外贸易管制政策，因此不同国家或同一国家不同时期的贸易管制政策是各不相同的。

（3）以对进口的管制为重点。贸易管制形式按管理目的可分为进口贸易管制和出口贸易管制，以对进口管制为重点，可以更有效地保护本国国内市场和本国的经济利益。其造成的负面效应是，在一定程度上阻碍了世界经济交流，抑制了国际贸易的发展。因此，如何充分发挥贸易管制的有利因素，尽量减少其带来的不利因素，变被动保护为主动、积极的保护，是衡量一个国家管理对外贸易水平的标志。

（二）我国对外贸易管制与海关监管

对外贸易管制是一种国家管制，任何从事对外贸易的活动者都必须无条件地遵守。国家对外贸易管制的目标是以对外贸易管制法律、行政法规为保障，依靠有效的政府行政管理手段来最终实现的。

1. 海关监管是实现贸易管制的重要手段

海关执行国家贸易管制政策是通过对进出口货物的监管来实现的。根据《中华人民共和国对外贸易法》(以下简称《对外贸易法》),我国对外贸易分为货物贸易、技术贸易和服务贸易,而这些贸易,特别是货物贸易,都是最终要通过进出境行为来实现的。海关作为进出关境的监督管理机关,依据《中华人民共和国海关法》(以下简称《海关法》)所赋予的权力,代表国家在口岸行使进出境监督管理职能,这种特殊的管理职能决定了海关监管是实现贸易管制目标的有效行政管理手段。

对外贸易管制是国家的行政管理,需要国家各行政管理部门之间在合理分工的基础上,通过各尽其责的通力合作来达到管理目标。我国的具体做法是由商务主管部门及其他政府职能主管部门依据国家贸易管制政策发放各类许可证件,最终由海关依据许可证件对实际进出口货物的合法性实施监督管理。

《海关法》第四十条规定:"国家对进出境货物、物品有禁止性或限制性规定的,海关依据法律、行政法规、国务院的规定或者国务院有关部门依据法律、行政法规授权作出的规定实施监管。"该条款不仅赋予了海关对进出口货物依法实施监督管理的权力,还明确了国家对进出口贸易管制所涉及的法律法规是海关对进出口货物监督管理的执法依据。

海关在进出关境的监管环节上,对进出口货物收发货人或其代理人按法定要求向海关申报的各项商务单证和许可证件依法进行审核,并经与实际货物核查相符,确认合法才予以放行。简而言之,就是"单据""证件""货物"三者相符,是海关确认货物合法进出口的必要条件,通过海关监督管理的执法活动,保证了对外贸易管制目标的实现。

2. 报关是海关确认进出口货物合法性的先决条件

海关通过审核"单据""证件""货物"来确认货物进出口的合法性。而商务单据、许可证件是通过报关活动的申报环节向海关递交的,又通过进出口货物收发货人或其代理人配合海关查验货物,确认"单""证""货"是否相符。因此,报关不仅是进出口货物收发货人或其代理人必须履行的法律手续,也是海关确认进出口活动合法性的先决条件。国家限制进出口的货物没有进出口许可证件的,海关不予放行。

(二)我国对外贸易管制的基本框架与法律体系

维护对外贸易秩序,保障国家经济安全,保护合法贸易的正当权益,发展对外贸易,促进社会主义市场经济健康发展,从而实现国家对外经济战略目标,是我国贸易管制的根本出发点。

经过几十年的努力,我国基本建立并逐步健全了以《对外贸易法》为核心的对外贸易管理的法律体系,并依照这些法律制度和我国履行国际公约的有关规定,自主实行对外贸易的管制。

我国的对外贸易管制是一种国家管制,因此其涉及的法律渊源只限于宪法、法律、行政法规、部门规章及相关的国际条约,不包括地方性法规、规章及各民族自治区政府的地方条例和单行条例。

1. 法律

我国现行的与对外贸易管制有关的法律主要有《对外贸易法》、《海关法》、《中华人民共和国进出口商品检验法》(以下简称《进出口商品检验法》)、《中华人民共和国进出境动植物检疫法》(以下简称《进出境动植物检疫法》)、《中华人民共和国固体废物污染环境防治法》(以下简称《固体废物污染环境防治法》)、《中华人民共和国国境卫生检疫法》(以下简称《国境卫生检疫法》)、《中华人民共和国野生动物保护法》(以下简称《野生动物保护法》)、《中华人民共和国药品管理法》(以下简称《药品管理法》)、《中华人民共和国文物保护法》(以下简称《文物保护法》)、《中华人民共和国食品卫生法》等。

2. 行政法规

我国现行的与对外贸易管制有关的行政法规主要有《中华人民共和国货物进出口管理条例》(以下简称《货物进出口管理条例》)、《中华人民共和国技术进出口管理条例》、《中华人民共和国进出口关税条例》(以下简称《进出口关税条例》)、《中华人民共和国知识产权海关保护条例》(以下简称《知识产权海关保护条例》)、《中华人民共和国外汇管理条例》(以下简称《外汇管理条例》)、《中华人民共和国反补贴条例》(以下简称《反补贴条例》)、《中华人民共和国反倾销条例》(以下简称《反倾销条例》)、《中华人民共和国保障措施条例》(以下简称《保障措施条例》)等。

3. 部门规章

我国现行的与对外贸易管制有关的部门规章很多，例如，《货物进口许可证管理办法》《货物出口许可证管理办法》《货物自动进口许可管理办法》《出口收汇核销管理办法》《进口药品管理办法》《放射性药品管理法》《两用物项和技术进出口许可证管理办法》等。

4. 国际公约

各国在通过国内立法实施本国进出口贸易管制的各项措施的同时，必然要与其他国家协调立场，确定相互之间在国际贸易活动中的权利与义务关系，以实现其外交政策和对外贸易政策所确立的目标，因此，国际贸易条约与协定便成为各国之间确立国际贸易关系立场的重要法律形式。

我国目前所缔结或者参加的各类国际条约、协定，虽然不属于我国国内法的范畴，但就其效力而言可视为我国法律渊源之一。主要有《关于简化和协调海关业务制度的国际公约》(亦称《京都公约》)、《濒危野生动植物种国际公约》(亦称《华盛顿条约》)、《关于消耗臭氧层物质的蒙特利尔议定书》、《关于麻醉品和精神药品的国际公约》、《关于化学品国际贸易资料交换的伦敦准则》、《关于在国际贸易中对某些危险化学品和农药采用事先知情同意程序的鹿特丹公约》、《控制危险废物越境转移及其处置的巴塞尔公约》、《建立世界知识产权组织公约》等。

【复习思考题】

1. 何谓对外贸易管理？何谓对外贸易管制？试简述两者的关系。
2. 试简述自由贸易政策和保护主义贸易政策的表现形式。
3. 何谓关税壁垒？何谓非关税壁垒？试简述两者的表现形式。
4. 试简述对外贸易主要政策措施及其实现形式。
5. 试简述对外贸易管制的性质。
6. 试简述我国对外贸易管制的基本框架、法律体系及其实现手段。

第二节 我国对外贸易管制的主要制度

【学习目标】

本节介绍我国对外贸易管制的主要制度，旨在让学习者了解我国对外贸易管制法律依据、框架、制度构成及主要制度内容，掌握国家贸易管制制度与海关监管的关系和制度实施的基本要求。

完成本节学习，学习者应取得以下成果：

1. 正确理解我国各项贸易管制制度的管制目的和管制性质，了解主管部门及其职责范围、管制对象与管制方式；

2. 了解货物与技术进出口许可管理的层级，掌握各管理层级的商品类别；

3. 能正确区别“配额管理与许可证管理”“许可证管理与许可证件管理”“出口配额许可证管理与出口配额招标管理”等管理方式，掌握其管理范围。

【基本概念】

对外贸易经营资格管理制度、国营贸易管理、进出口许可制度、出入境检验检疫制度、进出口货物收付汇管理制度、对外贸易救济措施

【建议学习时间】

2 课时

改革开放以来，我国逐步建立并完善了对外贸易管理体系，加入世界贸易组织之后我国按照世界贸易组织的基本原则和相关框架协议的要求，基本形成了与国际规则相一致的对外贸易管制制度。

我国对外贸易管制制度是一种综合制度，主要由海关制度、关税制度、对外贸易经营资格管理制度、进出口许可制度、出入境检验检疫制度、外汇管理制度及贸易救济制度等构成。

一、对外贸易经营资格管理制度

为了鼓励对外经济贸易的发展，发挥各方面的积极性，保障对外贸易经营者的对外自主权，国务院商务主管部门和相关部门制定了一系列法律、行政法规，对对外贸易经营活动中涉及的相应问题作出了规范，对外贸易经营者在进出口经营活动中必须遵守相应的法律、行政法规。

目前，我国对对外贸易经营者的管理，实行备案登记制。法人、其他组织或者个人在从事进出口经营前，必须按照国家的有关规定，依法定程序在国家商务主管部门备案登记进出口经营权。成为对外贸易经营者后，方可在国家允许的范围内从事对外贸易经营活动。国务院商务主管部门也可以对部分进出口商品实施国营贸易管理，或者在一定期限内对部分进出口商品实施国营贸易管理。

对外贸易经营者是指依法办理工商登记或者其他执业手续，依照《对外贸易法》和其他有

关法律、行政法规、部门规章的规定从事对外贸易经营活动的法人、其他组织或者个人。从事货物进出口或者技术进出口的对外贸易经营者，应当向国务院商务主管部门或者委托的机构办理备案登记；但是法律、行政法规和国务院商务主管部门规定不需要备案登记的除外，备案登记的具体实施办法由国务院商务主管部门规定。对外贸易经营者未按照规定办理备案登记的，海关不予办理进出口货物的报关验放手续。对外贸易经营者可以接受他人的委托，在经营范围内代为办理对外贸易业务。

为对关系国计民生的重要进出口商品实行有效的宏观管理，国家可以对部分货物的进出口实行国营贸易管理。实行国营贸易管理货物的进出口业务只能由经授权的企业经营，但是国家允许部分数量的国营贸易管理货物的进出口业务由非授权企业经营的除外。实行国营贸易管理的货物和经授权经营企业的目录，由国务院商务主管部门会同国务院其他有关部门确定、调整并公布。对未经批准擅自进出口实行国营贸易管理的货物的，海关不予放行。

目前，属于进口国营贸易经营资格管理的货物有 9 种，包括小麦、玉米、大米、食糖、烟草、原油、成品油、化肥、棉花等。进口上述货物需取得进口国营贸易经营资格或非国营贸易允许量，再申领自动进口许可证。

属于出口国营贸易管理的货物有 9 种，包括玉米、大米、钨及钨制品、锑及锑制品、煤炭、原油、成品油、棉花、白银等。出口上述货物需取得出口国营贸易经营资格或非国营贸易允许量，再申领出口许可证。

二、货物与技术进出口许可管理制度

进出口许可是国家对进出口的一种行政管理制度，既包括准许进出口的有关证件的审批和管理制度本身的程序，也包括以国家各类许可为条件的其他行政管理手续，这种行政管理制度称为进出口许可管理制度。进出口许可管理制度作为一项非关税措施，是各国管理进出口贸易的常见手段，在国际贸易中长期存在，并广泛运用。

货物、技术进出口许可管理制度是我国进出口管理制度的主体，是国家对外贸易管制中极其重要的管理制度。其管理范围包括禁止进出口的货物和技术、限制进出口的货物和技术、自由进出口的技术及自由进出口中部分实行自动许可管理的货物。

国家对部分进出口货物、技术实行限制或者禁止管理的目的一般来说主要有以下几种情况：

为维护国家安全、社会公共利益或者公共道德；为保护人的健康或者安全，保护动物、植物的生命或者健康，保护环境，需要限制或者禁止进口或者出口的；

为实施与黄金或者白银进出口有关的措施；国内供应短缺或者为有效保护可能用竭的自然资源，需要限制或者禁止进口或者出口的；

依照法律、行政法规的规定，以及根据我国缔结或者参加的国际条约、协定的规定，其他需要限制或者禁止进口或者出口的；

输往国家或者地区市场容量有限，出口经营秩序出现严重混乱，为建立或者加快建立国内特定产业，为保障国家金融地位和国家收支平衡，需要限制出口的；对任何形式的农业、牧业、渔业产品有必要限制进口的。

（一）禁止进出口货物、技术管理

为维护国家安全和社会公共利益，保护人民的生命安全健康，履行中华人民共和国所缔结或者参加的国际条约和协定，国务院对外贸易主管部门会同国务院有关部门，依照《对外贸易法》的有关规定，制定、调整并公布禁止进出口货物、技术目录。海关依据国家相关法律、法规对禁止进出口目录商品实施监督管理。

1. 禁止进口货物、技术管理

对列入国家公布禁止进出口目录及其他法律、法规明令禁止或停止进口的货物、技术，任何对外贸易经营者不得经营进口。我国相关法规规章公布的禁止进口的货物、技术（截至 2018 年 2 月）如表 2-1 所示。

表 2-1　禁止进口货物、技术管理

类别	目录	具体商品和技术
货物	1. 列入《禁止进口货物目录》和《禁止进口固体废物目录》的商品	
	《禁止进口货物目录》第一批： （1）保护我国生态环境和生态资源； （2）为履行我国所缔结或者参加的与保护世界自然生态环境相关的国际条约协定公布的。	（1）属于破坏臭氧层物质的四氯化碳； （2）犀牛角、麝香、虎骨（世界濒危物种）。
	《禁止进口货物目录》第二批： 涉及生产安全、人身安全和环境保护的旧机电产品类。	（1）旧压力容器类； （2）电器、医疗设备类； （3）汽车、工程及车船机械类。
	《禁止进口固体废物目录》： 由原《禁止进口货物目录》第三、四、五批合并修订而成，涉及对环境有污染的 14 类 125 件固体废物。	包括：废动植物产品，矿渣矿灰及残渣，硅废碎料，废药物，杂项化学品废物，塑料废碎料及下脚料①，废橡胶和皮革，回收（废碎）纸及纸板、包括废特种纸，废纺织原料及制品，废玻璃，金属和金属化合物废物，废电池，废弃机电产品和设备及其未经分拣处理的零部件、拆散、破碎、砸碎件等，其他。
	《禁止进口货物目录》第六批： （1）保护人的健康，维护环境安全； （2）履行“危险化学品和鹿特丹公约”和“有机污染物斯德哥尔摩公约”。	（1）长纤维青石棉（属于须淘汰的落后产品）； （2）二噁英等。
	2. 明令禁止进口商品	
	依据《进出境动植物检疫法》禁止进境的货物。	（1）动植物疫情流行的国家和地区有关动植物及其产品和其他检疫物； （2）动植物病源（包括菌种、毒种等）害虫及其他有害生物、动物尸体、土壤； （3）带有违反“一个中国”原则内容的货物及其包装； （4）以氯氟烃物质为制冷剂、发泡剂的家用电器产品和以氯氟烃物质为制冷工质的家用电器用压缩机； （5）滴滴涕、氯丹； （6）莱克多巴胺和盐酸莱克多巴胺。

① 来自生活源废塑料、废纸、废纺织原料、钒渣等 4 类 24 种，系 2017 年新增。

表2-1 续

类别	目录	具体商品和技术
货物	3. 其他	
	依据海关规章停止进口或不得进口的货物。	(1) CFC-12 为制冷工质的汽车及 CFC-12 为制冷工质的汽车空调压缩机（含汽车空调）； (2) 旧服装； (3) VII 因子制剂等血流制品； (4) 氯酸钾、硝酸铵； (5) 禁止进口和销售 100 瓦及以上普通照明白炽灯。
技术	依据《禁止、限制进口技术管理办法目录》有关规定，不得进口的技术。	钢铁冶金、有色金属冶金、化工、石油炼制、石油化工、消防、电工、轻工、印刷、医学、建筑材料等技术。

2. 禁止出口货物、技术管理

对列入国家公布禁止出口目录的，以及其他法律、法规明令禁止或停止出口的货物、技术，任何对外贸易经营者不得经营出口。我国相关法规规章公布的禁止出口的货物、技术（截至 2018 年 2 月）如表 2-2 所示。

表 2-2 禁止出口货物、技术管理

类别	目录	具体商品和技术
货物	1. 列入《禁止出口货物目录》的五批商品	
	第一批： (1) 保护我国自然生态环境和生态资源； (2) 为履行我国所缔结或者参加的与保护世界自然生态环境相关的国际条约和协定公布的。	(1) 四氯化碳、三氯三氟乙烷（属于破坏臭氧层物质）； (2) 犀牛角、虎骨、麝香（世界濒危物种）； (3) 发菜、麻黄草（有防风固沙作用）； (4) 原木。
	第二批： 保护我国匮乏的森林资源。	木炭。
	第三批： (2) 保护人的健康，维护环境安全； (2) 履行"危险化学品和鹿特丹公约"和"有机污染物斯德哥尔摩公约"。	(1) 长纤维青石棉（属于须淘汰的落后产品）； (2) 二噁英等。
	第四批： 天然砂。	硅砂、石英砂；其他天然砂（对港、澳、台出口天然砂实行出口许可证管理）。
	第五批： 森林凋落物和泥炭（无论是否经化学处理）。	腐叶、腐根、树皮、树根等森林凋落物； 沼泽（湿地）中，地上植物枯死、腐烂堆积而成的有机矿体。

表2-2 续

类别	目录	具体商品和技术
货物	2. 明令禁止出口的商品	
	依据我国相关法规，以及我国缔结或者参加的国际条约、协定的规定，不得出口的货物。	主要有： （1）未定名或者新发现并有重要价值的野生植物； （2）原料血浆； （3）商业性出口的野生红豆杉及其部分产品； （4）劳改产品； （5）以氯氟烃物质为制冷剂、发泡剂的家用电器产品和以氯氟烃物质为制冷工质的家用电器用压缩机； （6）滴滴涕； （7）莱克多巴胺和盐酸莱克多巴胺。
技术	依据《禁止、限制出口技术管理办法目录》有关规定，不得出口的技术。	涉及渔、牧、农副食品加工、工业制造、测绘、集成电路制造、机器人制造、卫星应用、计算机网络、空间数据传输、中医医疗等几十项技术。

此外，国家相关法规规定对涉及国家秘密、侵犯知识产权、丑化侮辱人格、违反“一个中国”原则的出口货物及其包装物、文物中的珍贵文物等禁止出口。

（二）限止进出口货物、技术管理

为维护我国安全和社会公共利益，保护人民的生命健康，履行我国所缔结或者参加的国际条约和协定，国务院商务主管部门会同国务院有关部门，依照《对外贸易法》的规定，制定、调整并公布各类限制进出口货物、技术目录。海关依据国家相关法律、法规对限制进出口目录货物、技术实施监督管理。

1. 限制进口管理制度

国家实行限制进口管理的货物、技术，必须依照国家有关部门规定取得国务院商务主管部门或者国务院其他相关部门的许可，方可进口。

目前，我国限制进口货物管理按照其限制方式划分为进口许可证配额管理、许可证件管理和关税配额管理如表 2-3 所示。

表 2-3 限制进口管理方式

限制方式	许可证管理	进口配额许可证管理	进口关税配额管理	其他许可证件管理
主管部门	商务部	生态环境部、商务部、海关总署	商务部、国家发展改革委	其他政府行政职能部门
管理方式	由商务部会同国务院其他有关部门制定并调整进口许可证管理目录，以签发许可证的方式对进口许可证管理目录的商品实行行政许可管理。	由生态环境部、商务部、海关总署制定并调整《中国进出口受控消耗臭氧层物质名录》；由生态环境部、商务部有关部门公布年度进出口额度；于2014年3月1日起，由国家消耗臭氧层物质进出口管理机构对进口单位年度进出口配额指标内，进出口消耗臭氧层申请获准的，签发消耗臭氧层物质进出口审批单；进出口单位持审批单向商务主管部门申领进出口许可证。	国家对部分商品的进口规定进口数量总额并制定关税配额税率。 对外贸易经营者经国家批准取得关税配额证后允许按照关税配额税率进口，如超出限额则按照配额外税率征税进口。配额方式有全球配额和国别配额。 （如：2017年我国进口小麦关税配额总量为963.6万吨，关税配额税率为1%；而最惠国税率为65%）	1. 濒危野生动植物种进口； 2. 密码产品和含有密码技术的设备进口； 3. 限制进口类可用作原料的固体废物进口； 4. 进口药品； 5. 美术品进口； 6. 民用爆炸物品进口； 7. 音像制品进口； 8. 黄金及其制品进口； 9. 农药进口； 10. 兽药进口； 11. 有毒化学品进口等。
管理范围	1. 部分进口货物、技术； 2. 12类重点旧机电产品； 3. 两用物项和技术进口。	公布于《中国进出口受控消耗臭氧层物质名录》（目前共六批）的消耗臭氧层物质。	1. 部分进口农产品； 2. 部分进口化肥。	

2. 限制出口管理制度

国家实行限制出口管理的货物、技术，必须依照国家有关部门规定取得国务院商务部主管部门或者国务院其他相关部门的许可，方可出口。

目前，我国对于限制出口货物管理，按《货物进出口管理条例》规定，国家规定有数量限制的出口货物，实行配额管理；其他限制出口货物，实行许可证件管理。实行配额管理的限制出口货物，由国务院商务主管部门和国务院有关经济管理部门按照国务院规定的职责划分进行管理如表 2-4 所示。

表 2-4 限制出口管理方式

限制方式	配额管理	许可证件管理
主管部门	商务部及其他有关经济管理部门	商务部及其他政府职能部门
管理方式	国家通过行政管理手段对部分商品的出口，在一定时期内（一年）以规定绝对数量的方式限制出口，方式有两种： 1. 出口配额许可证管理。 由国家主管部门按申请者的需求并结合进出口的实绩、能力等条件，按效益、公正、公开和公平的原则进行分配；对获得配额的申请者发放各类配额证明。取得配额证明的申请者凭证明到商务主管部门申领出口许可证。(其中出口消耗臭氧层物质的配额管理同上述该物质的进口管理) 2. 出口配额招标管理。 由国家主管部门，采取招标分配的原则，经中标获得配额者，发放配额证明，中标者凭配额证明到商务主管部门申领出口许可证。	国家主管部门在一定时期内，根据国家政治、军事、技术、卫生、环保、资源保护等领域的需要，以及履行我国加入或缔结的有关国际条约的规定，对部分商品的出口签发出口许可证件来实现各类出口限制措施。
管理范围	实行出口配额许可证管理的主要商品范围： （1）部分农产品出口； （2）部分活禽、畜出口； （3）部分资源性产品、贵金属出口； （4）消耗臭氧层物质（配额由生态环境部管理）。 实行出口配额招标管理的主要商品范围：部分我国生产且国际市场需求量较大的农副产品及资源性产品出口。	1. 部分出口商品； 2. 濒危物种出口； 3. 两用物项和技术出口； 4. 黄金及其制品出口等。

（三）自由进出口货物、技术管理

除上述国家禁止、限制进出口货物和技术外的其他货物和技术，均属于自由进出口范围。自由进出口货物和技术的进出口不受限制，但基于监测进出口情况的需要，国家对部分属于自由进口的货物实行自动进口许可管理，对自由进出口的技术实行技术进出口合同登记管理。

1. 货物自动进口许可管理

自动进口许可管理是在任何情况下对进口申请一律予以批准的进口许可制度。这种进口许可实际上是一种在进口前的自动登记性质的许可制度，通常用于国家对这类货物的统计和监测目的，是我国进出口许可管理制度中的重要组成部分，也是目前被各国普遍使用的一种进口管理制度。

目前，我国自动进口许可管理包括自动进口许可证管理和非限制进口类固体废物管理两大类。进口属于自动进口许可管理的货物，进口经营者应当在办理海关报关手续前，向国务院主管部门或者国务院有关经济管理部门提交自动进口许可申请；然后凭相关部门发放的自动进口许可的批准文件，向海关办理报关手续。

2. 技术进出口合同登记管理

进出口属于自由进出口的技术，应当向国务院对外贸易主管部门或者其委托的机构办理合同备案登记。国务院对外贸易主管部门应当自收到规定的文件之日起三个工作日内，对技术进出口合同进行登记，颁发技术进出口合同登记证，申请人凭技术进出口合同登记证，办理外汇、银行、税务、海关等相关手续。

三、出入境检验检疫制度

出入境检验检疫制度是指由海关依据我国有关法律和行政法规及我国政府所缔结或者参加的国际条约、协定，对出入境的货物、物品及其包装物、交通运输工具、运输设备和出入境人员实施检验检疫监督管理的法律依据和行政手段的总和。

出入境检验检疫制度是我国贸易管理制度的重要组成部分，其目的是为了维护国家声誉和对外贸易有关当事人的合法权益，保证国内生产的正常开展，促进对外贸易健康发展，保护我国的公共安全和人民生命财产安全等，是国家主权的具体体现。

自 2018 年 4 月 20 日起，原出入境检验检疫系统统一以海关名义对外开展工作，口岸一线旅检、查验和窗口岗位实现了统一上岗、统一着海关制服、统一佩戴关衔。海关与检验检疫的原旅客通道合二为一，监管检查设备统一使用，行李物品只需接受一次查验。合并后，海关通关作业将实行“三个一”：统一通过“单一窗口”实现报关报检，对进出口货物全面实施一次查验，凭海关放行指令提货，实现一次放行。在运输工具登临检查方面，合并后，原有关检三个监管环节优化整合成了检疫处置、登临检查两个环节，由海关根据对运输工具开展卫生检疫、动植物检疫、登临检查等不同检查要求，安排调度各类专业人员实施作业。对改革前已在海关和原检验检疫部门办理了报关和报检注册登记或者备案的企业，原报关和报检资质继续有效。仅办理了报关或者报检注册登记或者备案的企业，6 月 1 日起，企业可以通过“单一窗口”补录相关信息、资料，补录信息后将同时获得报关、报检资质。

（一）出入境检验检疫职责范围

1. 我国出入境检验检疫制度实行目录管理，即根据对外贸易需要，公布并调整《法检目录》。《法检目录》所列名的商品称为法定检验商品，即国家规定实施强制性检验的进出境商品。

2. 对于法定检验以外的进出境商品是否需要检验，由对外贸易当事人决定。对外贸易合同约定或者进出口商品的收发货人申请检验检疫时，海关可以接受委托，实施检验检疫并制发证书。此外，海关对法定检验以外的进出口商品，可以以抽查的方式予以监督管理。

3. 对关系国计民生、价值较高、技术复杂或涉及环境卫生、疫情标准的重要进出口商品，收货人应当在对外贸易合同中约定，在出口国装运前进行预检验、监造或监装，以及保留货到后最终检验和索赔的条款。

（二）出入境检验检疫制度的组成

我国出入境检验检疫制度内容包括进出口商品检验制度、进出境动植物检疫制度及国境卫生监督制度。

1. 进出口商品检验制度

进出口商品检验制度是指根据《进出口商品检验法》及其实施条例的规定，由海关对进出口商品所进行的品质、质量检验和监督管理的制度。

我国实行进出口商品检验制度的目的是为了保证进出口商品的质量，维护对外贸易有关各方的合法权益，促进对外经济贸易关系的顺利发展。海关实施进出口商品检验的内容，包括商品的质量、规格、数量、重量、包装及是否符合安全、卫生的要求。我国商品检验的种类分为四种，即法定检验、合同检验、公证鉴定和委托检验。对法律、行政法规、部门规章规定有强制性标准或者其他必须执行的检验标准的进出口商品，依照法律、行政法规、部门规章规定的检验标准检验；对法律、行政法规、部门规章未规定有强制性标准或者其他必须执行的检验标准的，依照对外贸易合同约定的检验标准检验。

2. 进出境动植物检疫制度

进出境动植物检疫制度是指根据《进出境动植物检疫法》及其实施条例的规定，由海关对进出境动植物、动植物产品的生产、加工、存放过程实行动植物检疫的进出境监督管理制度。

我国实行进出境检验检疫制度的目的是为了防止动物传染病，寄生虫病，植物危险性病，虫、杂草及其他有害生物传入、传出国境，保护农、林、牧、渔业生产和人体健康，促进对外经济贸易的发展。

海关实施动植物检疫监督管理的方式有：实行注册登记、疫情调查、检测和防疫指导等。其内容主要包括：进境检疫、出境检疫、过境检疫、进出境携带和邮寄物检疫、出入境运输工具检疫等。

3. 国境卫生监督制度

国境卫生监督制度是指海关根据《国境卫生检疫法》及其实施细则，以及国家其他的卫生法律、法规和卫生标准，在进出口口岸对出入境的交通工具、货物、运输容器及口岸辖区的公共场所、环境、生活设施、生产设备所进行的卫生检查、鉴定、评价和采样检验的制度。

我国实行国境卫生监督制度是为了防止传染病由国外传入或者由国内传出，实施国境卫生检疫，保护人体健康。海关监督职能主要包括进出境检疫、国境传染病检测、进出境卫生监督等。

四、货物贸易外汇管理制度

对外贸易经营者在对外贸易交易活动中，应当依照国家有关规定结汇、用汇。国家外汇管理局依据国务院《外汇管理条例》及其他有关规定，对包括经常项目外汇业务、资本项目外汇业务、金融机构外汇业务、人民币汇率生成机制和外汇市场等领域实施监督管理。

（一）我国货物贸易外汇管理制度概述

为完善货物贸易外汇管理，大力推进贸易便利化，进一步改进货物贸易外汇服务和管理，我国自 2012 年 8 月 1 日起在全国实施货物贸易外汇管理制度改革，国家外汇管理局对企业的贸易外汇管理方式由现场逐笔核销改变为非现场总量核查。国家外汇管理局通过货物贸易外汇检测系统，全面采集企业货物进出口和外汇收支逐笔数据，定期比对、评估企业货物流与资金流总体匹配情况，一方面便利合规企业贸易外汇收支，另一方面对存在异常的企业进行重点监测，必要时实施现场核查。

国际贸易项下国际收支不予限制，出口收入可按规定调回境内或存放境外。从事对外贸易机构（以下简称企业）的外汇收支应当具有真实、合法的交易背景，与货物进出口应当一致。企业应当根据贸易方式、结算方式及资金来源或流向，凭进出口报关单外汇核销专用联等相关单证在金融机构办理贸易外汇收支。海关进出口报关单外汇核销专用联可在进出口货物海关放行后向海关申请取得。金融机构应当对企业提交的交易单证的真实性及其外汇收支的一致性进行合理审查。国家外汇管理局及其各级分支机构，依法对企业及经营结汇、售汇业务的金融机构进行监督检查，形成了企业自律、金融机构专业审查、国家外汇管理局监管的运行机制，落实了我国货物贸易外汇管理制度。

（二）国家外汇管理局对货物外汇的主要监管方式

1. 企业名录登记管理

企业依法取得对外贸易经营权后，应当持有关材料到国家外汇管理局办理名录登记手续，然后才能在金融机构办理贸易外汇收支业务。国家外汇管理局将登记备案的企业统一向金融机构发布名录，金融机构不得为不在名录内的企业办理外汇收支业务。国家外汇管理局可根据企业的外汇收支业务状况及其合规情况注销企业名录。

2. 非现场核查

国家外汇管理局对企业在一定期限内的进出口数据和贸易外汇收支数据进行总量比对，核查企业贸易外汇的真实性及其与进出口的一致性。非现场核查是国家外汇管理局常规监管方式。

3. 现场核查

国家外汇管理局可对企业非现场核查中发现的异常或可疑的贸易外汇收支业务实施现场核查，也可对金融机构办理贸易外汇业务的合规性与报送信息的及时性、完整性和准确性实施现场核查。国家外汇管理局实施现场核查时，被核查单位应当配合，如实说明情况，并提供有关文件、资料，不得拒绝、阻碍和隐瞒。

4. 分类管理

国家外汇管理局根据企业贸易外汇收支的合规性及其货物进出口的一致性，将企业分为A、B、C三类。A类企业进口付汇单证简化，可凭报关单、合同或发票等任何一种能够证明交易真实性的单证在银行直接办理付汇，出口收汇无须联网核查，银行办理收付汇手续相应简化。对B、C类企业在贸易外汇收支单证审核、业务类型、结算方式等方面实施严格监管。B类企业贸易外汇收支由银行实施电子数据核查。C类企业贸易外汇收支须经国家外汇管理局逐笔登记后办理。国家外汇管理局根据企业在分类监管期内遵守外汇管理规定的情况，对企业类别进行动态调整。

五、对外贸易救济措施

世界贸易组织允许成员方在进口产品倾销、补贴和过激增长等给其国内产业造成损害的情况下，可以使用反销、反补贴和保障措施手段以保护国内产业不受损害。

反补贴、反倾销和保障措施都属于贸易救济措施。反补贴和反倾销措施针对的是价格歧视这种不公平贸易行为，保障措施针对的则是进口产品激增的情况。

为了充分利用世界贸易组织规则，维护国内市场上的国内外商品的自由贸易和公平竞争秩序，我国依据世界贸易组织《反倾销协议》、《补贴与反补贴措施协议》、《保障措施协议》及我国《对外贸易法》的有关规定，制定颁布了《反补贴条例》、《反倾销条例》及《保障措施条例》。

（一）反倾销措施

反倾销措施包括临时反倾销措施和最终反倾销措施。

1. 临时反倾销措施

临时反倾销措施是指进口方主管机构经过调查，初步认定被指控产品存在倾销，并对国内同类产业造成损害，据此可以依据世界贸易组织所规定的程序进行调查，在全部调查结束之前，采取临时性的反倾销措施，以防止在调查期间国内产业继续受到损害。

临时反倾销措施有两种形式：一是征收临时反倾销税，二是要求提供现金保证金、保函或者其他形式的担保。

征收临时反倾销税，由商务部提出建议，国务院关税税则委员会根据其建议作出决定，商务部予以公告；要求提供现金保证金、保函或者其他形式的担保由商务部作出决定并予以公告。海关自公告规定实施之日起执行。

临时反倾销措施实施的期限，自临时反倾销措施决定公告规定实施之日起，不超过四个月；在特殊情形下，可以延长至九个月。

2. 最终反倾销措施

对终裁决定确定倾销成立并由此对国内产业造成损害的，可以在正常海关税费之外，征收反倾销税。征收反倾销税应当符合公共利益。

征收反倾销税，由商务部提出建议，国务院关税税则委员会根据其建议作出决定，由商务部予以公告。海关自公告规定实施之日起执行。

（二）反补贴措施

反补贴与反倾销的措施相同，也分为临时反补贴措施和最终反补贴措施。

1. 临时反补贴措施

初裁决定确定补贴成立并由此对国内产业造成损害的，可以采取临时反补贴措施。临时反补贴措施采取以现金保证金或保函作为担保的征收临时反补贴税的形式。

采取临时反补贴措施，由商务部提出建议，国务院关税税则委员会根据其建议作出决定，由商务部予以公告。海关自公告规定实施之日起执行。

临时反补贴措施实施的期限，自临时反补贴措施决定公告规定实施之日起，不超过四个月。

2. 最终反补贴措施

在为完成磋商的努力没有取得效果的情况下，终裁决定确定补贴成立，并由此对国内产业造成损害的，征收反补贴税。

征收反补贴税，由商务部提出建议，国务院关税税则委员会根据其建议作出决定，由商务部予以公告。海关自公告规定实施之日起执行。

（三）保障措施

保障措施分为临时保障措施和最终保障措施。

1. 临时保障措施

临时保障措施是指在有明确证据表明进口产品数量增加，将对国内产业造成难以补救的损害的紧急情况下，进口国与成员国之间可不经磋商而作出初裁决定，并采取临时性保障措施。临时保障措施的实施期限，自临时保障措施决定公告规定实施之日起，不得超过200天，并且此期限计入保障措施总期限。

临时保障措施采取提高关税的形式，如果事后调查不能证实进口激增对国内有关产业已经造成损害或损害威胁，则征收的临时关税应予以退还。

2. 最终保障措施

最终保障措施可以采取提高关税、数量限制等形式，但保障措施应限于防止、补救严重损害并便利调整国内产业所必要的范围内。

保障措施的实施期限一般不超过四年，在此基础上，如果继续采取保障措施则必须满足四个条件：对于防止或者补救严重损害仍有必要；有证据表明相关国内产业正在进行调整；已经履行有关对外通知、磋商的义务；延长后的措施不严于延长前的措施。保障措施全部实施期限（包括临时保障措施期限）不得超过十年。

【复习思考题】

1. 我国对对外贸易经营者的资质实行何种管理？
2. 何谓国营贸易管理？其管理的商品范围有哪些？
3. 试简述我国货物与技术进出口许可管理制度的性质、基本管理框架。
4. 试简述我国对部分进出口货物、技术实行限制或者禁止管理的目的。
5. 试简述我国对禁止进出口货物的管理结构、管理范围及涉及的商品。
6. 试简述我国对限制进出口货物的限制方式。
7. 许可证管理与许可证件管理有何区别？
8. 何谓配额许可证管理？
9. 试简述我国限制进、出口货物的管理框架，如主管部门、管理方式、管理范围等。
10. 何谓进出口自动许可管理？
11. 试简述我国对自由进出口货物和技术的管理性质、管理目的、管理方式。
12. 试简述我国出入境检验检疫的职责范围和最新变化。
13. 试简述我国对货物外汇的主要监管方式。
14. 何谓对外贸易救济措施？可以采用的具体措施有哪些？在何种情况下使用？有哪些使用规范？

第三节　我国贸易管制主要措施

【学习目标】

本节主要介绍政府相关行政职能部门在其职责范围内落实各项制度所制定的具体规定，内容包括管制商品范围、管理方式等基本情况，以及涉及许可证件管理商品在办理报关事务时应遵循的基本规范，旨在让学习者结合海关监管要求，在报关实践活动中正确应用。

完成本节学习，学习者应获得以下成果：

1. 了解关税配额和进出口许可证管理的模式，熟悉管理商品范围，掌握报关规则；
2. 了解两用物项和技术进出口的管理措施，掌握两用物项和技术进出口的报关规则；
3. 了解自动进口许可证管理的货物类别、商品范围，掌握报关规则；
4. 了解其他各类限制进出口管理范畴的商品范围和报关规则。

【基本概念】

关税配额和进出口许可证管理、两用物项和技术进出口许可证管理、自动进口许可证管理、其他各类限制进出口管理

【建议学习时间】

7 课时

对外贸易管制作为一项综合制度，所涉及的管理规定繁多。了解我国贸易管制各项措施所涉及的具体规定，是报关从业人员应当具备的专业知识。

一、进出口许可证管理

进出口许可证管理属于国家限制进出口管理范畴，分为进口许可证管理和出口许可证管理。商务部是全国进出口许可证的归口管理部门，负责制定进出口许可证管理办法及规章制度，监督、检查进出口许可证管理办法的执行情况，处罚违规行为。商务部会同海关总署制定、调整和发布年度《进口许可证管理货物目录》及《出口许可证管理货物目录》。

（一）主管部门

商务部统一管理、指导全国各发证机构的进出口许可证签发工作，商务部配额许可证事务局（以下简称商务部许可证局）、商务部驻各地特派员办事处（以下简称特派办）和商务部授权的地方主管部门发证机构［以下简称地方发证机构，包括各省、自治区、直辖市、计划单列市及商务部授权的其他省会城市商务厅（局）、外经贸委（厅、局）为进出口许可证的发证机构］，

负责在授权内签发“中华人民共和国进口许可证”（以下简称进口许可证）、“中华人民共和国出口许可证”（以下简称出口许可证）。

进出口许可证是国家管理货物进出口的凭证，不得买卖、转让、涂改、伪造和变造。凡属于进出口许可证管理的货物，除国家另有规定外，对外贸易经营者应当在进口或出口前按规定向指定的发证机构申领进出口许可证，持证向海关办理申报和验放手续。

（二）管理范围

进口许可证是我国进出口许可证管理制度中具有法律效力，用来证明对外贸易经营者经营列入国家进口许可证管理目录商品合法进口的证明文件，是海关验放该类货物的重要依据。国家根据管理的实际情况，每年调整适用范围。

1. 2018 年实行进口许可证管理的商品

我国 2018 年实行进口许可证管理的商品有重点旧机电产品和消耗臭氧层物质两类。其中，对重点旧机电产品实行进口许可证管理，对消耗臭氧层物质实行进口配额许可证管理，由商务部发证机构实行分级发证，具体如下。

（1）重点旧机电产品

包括化工设备、金属冶炼设备、工程机械、起重运输设备、造纸设备、电力、电气设备、食品加工及包装设备、农业机械、印刷机械、纺织机械、船舶、硒鼓等 12 大类 90 个商品编号的旧产品。

国家对进口以上所列各类重点旧机电产品实行许可证管理，商务部许可证局负责签发进口许可证。

（2）消耗臭氧层物质

包括三氯氟甲烷（CFC-11）、二氯二氟甲烷（CFC-12）、二氯四氟乙烷（CFC-114）或它们的混合物等 49 个商品编号的商品。

为履行《关于消耗臭氧层物质的蒙特利尔议定书》及其修正案，加强对消耗臭氧层物质进出口管理，根据《中华人民共和国消耗臭氧层物质管理条例》，国家环境保护部（原）、商务部、海关总署于 2014 年 1 月制订、发布了《消耗臭氧层物质进出口管理办法》，并于当年 3 月 1 日起实施。办法中明确：对列入《中国进出口受控消耗臭氧层物质名录》的消耗臭氧层物质实行进出口配额许可证管理，《中国进出口受控消耗臭氧层物质名录》由国务院环境保护主管部门会同国务院商务主管部门、海关总署制定、调整和公布。国务院环境保护主管部门根据消耗臭氧层物质淘汰进展情况，国务院商务主管部门确定国家消耗臭氧层物质年度进出口配额总量，并在每年 12 月 20 日前公布下一年度进出口配额总量。国务院环境保护主管部门、国务院商务主管部门和海关总署联合设立国家消耗臭氧层物质进出口管理机构，对消耗臭氧层物质的进出口实行统一监督管理。

从事消耗臭氧层物质的进出口单位应当在每年 10 月 31 日前，向国家消耗臭氧层物质进出口管理机构申请下一年度进出口配额。在年度进出口配额指标内，进出口单位需要进出口消耗臭氧层物质的，应当向国家消耗臭氧层物质进出口管理机构申请领取进出口受控消耗臭氧层物质审批单。申请获准的进出口单位应当持进出口审批单，向所在地省级商务主管部门所属的发证机构申请领取消耗臭氧层物质进出口许可证。在京中央企业向国务院商务主管部门授权的发证机构申请领取消耗臭氧层物质进出口许可证。

审批单有效期为 90 日，不得超期或者跨年度使用。

海关特殊监管区域、保税监管场所与境外之间进出消耗臭氧层物质的，进出口单位应当按规定申请领取进出口审批单、进出口许可证；海关特殊监管区域、保税监管场所与境内其他区域之间进出的，或者在上述海关特殊监管区域、保税监管场所之间进出的，不需要申请领取进出口审批单、进出口许可证。

通过捐赠、货样、广告物品、退运等方式将列入《中国进出口受控消耗臭氧层物质名录》的消耗臭氧层物质运入、运出中华人民共和国关境，其他法律法规另有规定的，从其规定。

2. 2018 年实行出口许可证管理的商品

我国 2018 年实行出口许可证管理的商品有 44 种，分别实行出口配额或出口许可证管理，具体如下。

（1）实行出口配额管理的货物

实行出口配额管理的货物包括：活牛（对港澳出口）、活猪（对港澳出口）、活鸡（对港澳出口）、小麦、玉米、大米、小麦粉、玉米粉、大米粉、甘草及甘草制品、蔺草及蔺草制品、磷矿石、煤炭、原油、成品油（不含润滑油、润滑脂、润滑油基础油）、锯材、棉花、白银。

出口上述货物的，需按规定申请取得配额（全球配额或国别、地区配额），凭配额证明文件申领出口许可证。其中，出口甘草及甘草制品、蔺草及蔺草制品的，需凭配额招标中标证明文件申领出口许可证。

（2）实行出口许可证管理的货物

活牛（对港澳以外市场）、活猪（对港澳以外市场）、活鸡（对港澳以外市场）、牛肉、猪肉、鸡肉、天然砂（含标准砂）、矾土、镁砂、滑石块（粉）、氟石（萤石）、稀土、锡及锡制品、钨及钨制品、钼及钼制品、锑及锑制品、焦炭、成品油（润滑油、润滑脂、润滑油基础油）、石蜡、部分金属及制品、硫酸二钠、碳化硅、消耗臭氧层物质、柠檬酸、维生素 C、青霉素工业盐、铂金（以加工贸易方式出口）、铟及铟制品、摩托车（含全地形车）及其发动机和车架、汽车（包括成套散件）及其底盘等。

其中，对向港、澳、台地区出口的天然砂实行出口许可证管理，对标准砂实行全球出口许可证管理。

商务部、海关总署在公布《2018 年出口许可证管理货物目录》时，对有关出口许可证申领事项作了细节性规定，其中消耗臭氧层物质的货样广告品需凭出口许可证出口。企业以一般贸易、加工贸易、边境贸易和捐赠贸易方式出口汽车、摩托车产品，需申领出口许可证，并符合申领许可证的条件；企业以工程承包方式出口汽车、摩托车产品，需凭中标文件等相关证明材料申领出口许可证；企业以上述贸易方式出口非原产于中国的汽车、摩托车产品，需凭进口海关单据和货物出口合同申领出口许可证；其他贸易方式出口汽车、摩托车产品免予申领出口许可证。

（三）报关规范

1. 进口许可证的有效期为一年，当年有效。特殊情况需要跨年度使用时，有效期最长不得超过次年 3 月 31 日，逾期自行失效。

2. 出口许可证的有效期最长不得超过六个月，且有效期截止时间不得超过当年 12 月 31 日。

商务部可视具体情况，调整某些货物出口许可证的有效期。出口许可证应当在有效期内使用，逾期自行失效。

3. 进出口许可证一经签发，不得擅自更改证面内容。如需更改，经营者应当在许可证有效期内提出更改申请，并将许可证交回原发证机构，由原发证机构重新换发许可证。

4. 商务部各进出口许可证签证机构与海关对进出口许可证实施联网核查，许可证电子数据与许可证纸面证书同时作为海关验放许可证商品的依据，申报地海关在确认纸面证书与电子数据内容一致后核注许可证和验放货物，并将信息反馈至发证机构。

5. 进出口许可证实行“一证一关”（进出口许可证只能在一个海关报关，下同）管理。一般情况下，进出口许可证为“一批一证”（进出口许可证在有效期内一次报关使用，下同）。

为实施出口许可证联网核销，对不属于“一批一证”制的货物，出口许可证签发时应在备注栏内填注“非一批一证”。在出口许可证有效期内，“非一批一证”制货物可以多次报关使用，但最多不超过12次。12次报关后，出口许可证即使尚存余额，海关也停止接受报关。

实行出口“非一批一证”管理的为：外商投资企业出口货物、加工贸易方式出口货物、补偿贸易项下出口货物，以及小麦、玉米、大米、小麦粉、玉米粉、大米粉、活牛、活猪、活鸡、牛肉、猪肉、鸡肉、原油、成品油、煤炭、摩托车（含全地形车）及其发动机和车架、汽车（包括成套散件）及其底盘。

消耗臭氧层物质的出口许可证管理实行“一批一证”制，出口许可证在有效期内一次报关使用。

6. 对实行“一批一证”进出口许可证管理的大宗、散装货物，以出口为例，其溢装数量在货物总量3%以内的原油、成品油予以免证，其他货物溢装数量在货物总量5%以内的予以免证；对实行“非一批一证”制的大宗、散装货物，在每批货物出口时，按其实际出口数量进行许可证证面数量核扣，在最后一批货出口时，应按该许可证剩余数量溢装上限，即5%（原油、成品油溢装上限3%）以内计算免证数额。

7. 以边境小额贸易方式出口、以招标方式分配出口配额的货物和属于出口许可证管理的消耗臭氧层物质、摩托车（含全地形车）及其发动机和车架、汽车（包括成套散件）及其底盘等货物，需按规定申领出口许可证。以边境小额贸易方式出口属于出口配额管理的货物，由有关地方商务主管部门（省级）根据商务部下达的边境小额贸易配额和要求签发出口许可证。以边境小额贸易方式出口本款上述以外的列入《2018年出口许可证管理货物目录》的货物，免于申领出口许可证。

8. 铈及铈合金（颗粒<500μm）、钨及钨合金（颗粒<500μm）、锆、铍的出口免于申领出口许可证，但需按规定申领两用物项和技术出口许可证。

9. 我国政府对外援助项下提供的目录内货物不纳入配额和出口许可证管理。

10. 对玉米、大米、钨及钨制品、锑及锑制品、煤炭、原油、成品油、棉花、白银等货物实行出口国营贸易管理。2018年继续暂停对润滑油（海关商品编码27101991）、润滑脂（海关商品编码27101992）和润滑油基础油（海关商品编码27101993）一般贸易出口的国营贸易管理，实行出口许可证管理。企业凭货物出口合同申领出口许可证，海关凭出口许可证验放。其他贸易方式下出口管理仍按商务部、国家发展改革委、海关总署2008年第30号的规定执行。

11. 加工贸易项下出口目录内货物的，按以下规定执行：

（1）以加工贸易方式出口属于配额管理的货物，凭配额证明文件、加工贸易企业注册地商务主管部门的“加工贸易业务批准证”和货物出口合同申领出口许可证。其中，出口以招标方式分配配额的货物，需凭省级商务主管部门的“加工贸易业务批准证”、配额招标中标证明文件、海关加工贸易进口报关单和货物出口合同申领出口许可证。

（2）以加工贸易方式出口属于出口许可证管理的货物，凭有效期内的“加工贸易企业经营状况及生产能力证明”、有关批准文件、海关加工贸易进口报关单和货物出口合同申领出口许可证。其中，申领白银出口许可证需加验商务部批件；加工贸易项下出口成品油（润滑油、润滑脂和润滑油基础油）需凭有效期内的“加工贸易企业经营状况及生产能力证明”、海关加工贸易进口报关单和省级商务主管部门申请函申领出口许可证。加工贸易项下出口成品油（不含润滑油、润滑脂、润滑油基础油）免于申领出口许可证。

12. 为维护对外贸易秩序，国家对列入出口许可证管理目录内的部分货物实行指定出口报关口岸管理。企业出口该部分货物的，均须到指定的口岸报关出口。

（1）甘草出口的报关口岸指定为天津海关、上海海关、大连海关，甘草制品出口的报关口岸指定为天津海关、上海海关。

（2）镁砂项下产品“按重量计含氧化镁 70%以上的混合物”（海关商品编码 3824909200）的出口不再指定报关口岸，镁砂项下其他产品的出口指定大连（大窑湾、营口、鲅鱼圈、丹东、大东港、庄河）、青岛（莱州海关）、天津（东港、新港）、长春（图们）、满洲里为报关口岸。

（3）稀土出口的报关口岸指定为天津海关、上海海关、青岛海关、黄埔海关、呼和浩特海关、南昌海关、宁波海关、南京海关和厦门海关。

（4）锑及锑制品出口的报关口岸指定为黄埔海关、北海海关、天津海关。

（5）对台、港、澳地区出口天然砂的报关口岸限定于企业所在省的海关。

二、进口关税配额管理

关税配额管理属于限制进口，实行关税配额证管理，其主管部门为商务部和国家发展改革委。所有贸易方式进口关税配额范围的商品均列入关税配额管理范围。对外贸易经营者经批准取得关税配额证后允许按照关税配额税率征税进口，如超出则按限额外税率征税进口。

2018 年我国实施关税配额管理的农产品有小麦、玉米、稻谷和大米、糖、羊毛及羊毛条、棉花，实施关税配额管理的工业产品为化肥（尿素、磷酸二铵、复合肥）。

（一）实行关税配额管理的农产品

农产品进口关税配额为全球关税配额，其主管部门为商务部及国家发展改革委。商务部、国家发展改革委按规定的期限对外公布每种农产品下一年度的关税配额总量、关税配额申请条件及国务院关税税则委员会确定的关税配额农产品税则号列和适用税率。其中，糖、羊毛、毛条由商务部公布并由商务部授权机构负责办理本地区内申请，小麦、玉米、大米、棉花由国家发展改革委公布并由国家发展改革委授权机构负责受理本地区的申请。海关凭商务部及国家发展改革委各自授权机构向最终用户发放的加盖“商务部进口农产品关税配额证专用章”或“国家发展和改革委员会农产品进口关税配额专用章”的“农产品进口关税配额证”，办理验放手续，

以加工贸易方式进口关税配额管理的农产品，海关凭企业提交的在“贸易方式”栏中注明

“加工贸易”的进口关税配额证办理通关验放手续。由境外进入保税仓库、保税区、出口加工区的上述农产品，无须提交“农产品进口关税配额证”，海关按现行规定验放并实施监管。从保税仓库、保税区、出口加工区出库或出区进口的关税配额农产品，企业持进口关税配额证向海关办理进口手续。

“农产品进口关税配额证”实行“一证多批”制，自签发之日起三个月内有效，最迟不得超过2018年12月31日。即最终用户需分多批进口的，在有效期内，凭“农产品进口关税配额证”可多次办理通关手续，直至海关核注栏填满为止。对2018年12月31日前从始发港出运，需在次年到货的，关税配额持有者需于12月31日前持装船单证及有效的“农产品进口关税配额证”到商务部委托机构申请延期，延期的“农产品进口关税配额证”有效期最迟不超过2019年2月28日。

（二）实行关税配额管理的工业品

化肥进口关税配额为全球配额，商务部负责全国化肥关税配额管理工作，商务部的化肥进口关税配额管理机构负责管辖范围内化肥进口关税配额的发证、统计、咨询和其他授权工作。关税配额内化肥进口时，海关凭进口单位提交的“化肥进口关税配额证明”，按配额内税率征税，并验放货物。

“化肥进口关税配额证明”有效期三个月，最迟不得超过2018年12月31日。延期或者变更的，需重新办理，旧证撤销同时换发新证，并在备注栏中注明原证号。

三、两用物项和技术进出口许可证管理

为维护国家安全和社会公共利益，履行我国在缔结或者参加的国际条约、协定中所承担的义务，国家限制两用物项和技术进出口，对两用物项和技术实行进出口许可证管理。

（一）主管部门

商务部是全国两用物项和技术进出口许可证的归口管理部门，负责制定两用物项和技术进出口管理办法及规章制度，监督、检查两用物项和技术进出口许可证管理办法的执行情况，处罚违规行为。

商务部许可证局和受商务部委托的省级商务主管部门为两用物项和技术进出口许可证发证机构。两用物项和技术进出口前，进出口经营者应当向发证机关申领“中华人民共和国两用物项和技术进口许可证”（以下简称两用物项和技术进口许可证）或“中华人民共和国两用物项和技术出口许可证”（以下简称两用物项和技术出口许可证），凭此向海关办理进出口通关手续。

（二）管理范围

两用物项和技术是指《中华人民共和国核出口管制条例》、《中华人民共和国核两用品及相关技术出口管制条例》、《中华人民共和国导弹及相关物项和技术出口管制条例》、《中华人民共和国生物两用品及相关设备和技术出口管制条例》、《中华人民共和国监控化学品管理条例》、《中华人民共和国易制毒化学品管理条例》、《中华人民共和国放射性同位素与射线装置安全和防护条例》和国务院批准的《有关化学品及相关设备和技术出口管制办法》等相关行政法规、规

章所附清单和名录，以及国家依据相关法律、行政法规和规章予以管制、临时管制或特别管制的物项和技术。

为便于对上述物项和技术的进出口管制，商务部和海关总署依据上述法规颁布了《两用物项和技术进出口许可证管理办法》。办法规定：商务部会同海关总署制定和发布《两用物项和技术进出口许可证管理目录》并可以根据情况对管理目录进行调整，以公告形式发布，对列入《两用物项和技术进出口许可证管理目录》的物项及技术的进出口统一实行两用物项和技术进出口许可证管理。

商务部委托商务部许可证局统一管理、指导全国各发证机构的两用物项和技术进出口许可证发证工作，商务部许可证局对商务部负责。商务部许可证局和商务部委托的省级商务主管部门为两用物项和技术进出口许可证地方发证机构，省级商务主管部门在商务部许可证局的统一管理下，负责委托范围内两用物项和技术进出口许可证的发证工作。两用物项和技术进出口前，进出口经营者应当向地方发证机构申领两用物项和技术进口许可证或两用物项和技术出口许可证，凭此向海关办理进出口通关手续。

2018 年两用物项和技术进出口许可证管理目录，分为《两用物项和技术进口许可证管理目录》和《两用物项和技术出口许可证管理目录》两个部分（以下合并称“两用物项和技术进出口许可证管理目录”），如表 2-5 所示。

表 2-5　两用物项和技术进出口管理范围

进　口	出　口
第一类：监控化学品； 管理条例名录所列（67 种）分为：可作为化学武器的化学品、可作为生产化学武器前体的化学品、可作为生产化学武器主要原料的化学品等三类，以及上述三类监控化学品的生产技术和专用设备。 第二类：易制毒化学品（48 种）。 第三类：放射性同位素（10 种）。	第一类：核出口管制清单所列物项和技术（159 种）； 第二类：核两用品及相关技术出口管制清单所列物项和技术（202 种）； 第三类：生物两用品及相关设备和技术管制清单所列货物（144 种）； 第四类：监控化学品管理条例名录所列物项（67 种，分类方式与进口监控化学品相同）； 第五类：有关化学品及相关设备和技术出口管制清单所列物项和技术（37 种）； 第六类：导弹及相关物项和技术出口管制清单所列物项和技术（186 种）； 第七类：易制毒化学品，其中，①向全球出口（48 种）；②向缅甸、老挝、阿富汗等特定国家（地区）出口（17 种）； 第八类：无人驾驶航空飞行器、飞艇等部分两用物项和技术（6 种）。

（三）办理程序

进出口属于两用物项和技术进出口许可证管理的货物，进出口经营者在进出口前获相关行政主管部门批准文件后，凭批准文件到所在地发证机构申领两用物项和技术进出口许可证（在京的中央管理企业向商务部许可证局申领）。

核、核两用品、生物两用品、有关化学品、导弹相关物项、易制毒化学品和计算机的批准文件为商务主管部门签发的“两用物项和技术进口或出口批复单”。其中，核材料的出口凭国防科工局（原国防科工委）的批准文件办理相关手续，外商投资企业进出口易制毒化学品凭商务部“商务部外商投资企业易制毒化学品进口批复单”或“商务部外商投资企业易制毒化学品出口批复单”申领两用物项和技术进出口许可证。

监控化学品进出口批准文件为国家禁止化学武器公约工作领导小组办公室签发的“监控化学品进口或者出口核准单”。监控化学品进出口经营者向商务部许可证局申领两用物项和技术进出口许可证。

进口放射性同位素需按《放射性同位素与射线装置安全和防护条例》和《两用物项和技术进出口许可证管理办法》有关规定，报生态环境部审批后，在商务部许可证局申领两用物项和技术进口许可证。

（四）报关规范

1. 对以任何方式进口或出口两用物项和技术时，以及过境、转运、通运列入“两用物项和技术进出口许可证管理目录”的商品，进出口经营者应向海关提交有效的两用物项和技术进出口许可证，进出口经营者未向海关出具两用物项和技术进出口许可证而产生的相关法律责任由其自行承担。

两用物项和技术在境外与保税区、出口加工区等海关特殊监管区域、保税场所之间进出的，应向海关交验两用物项和技术进出口许可证；在境内与保税区、出口加工区等海关特殊监管区域、保税场所之间进出的，或者在上述海关监管区域、保税场所之间进出的两用物项和技术，经营者无须办理两用物项和技术进出口许可证。

2. 目录列明的物项和技术，不论该物项和技术是否在管理目录中列明海关商品编号，均应依法办理两用物项和技术进出口许可证。

3. 海关对进出口经营者进出口的货物是否属于两用物项和技术提出质疑，进出口经营者应按规定向相关行政主管部门申请进口或者出口许可，或者向商务主管部门申请办理不属于管制范围的相关证明。对进出口经营者未能出具两用物项和技术进口或者出口许可证或者商务部相关证明的，海关不予办理有关手续。

4. 根据有关行政法规的规定，出口经营者知道或者应当知道，或者得到国务院相关行政主管部门通知，其拟出口的物项和技术存在被用于大规模杀伤性武器及其运载工具风险的，无论该物项和技术是否列入“两用物项和技术进出口许可证管理目录”，都应当申请出口许可，并按照本办法办理两用物项和技术出口许可证。

出口经营者在出口过程中，如发现拟出口的物项和技术存在被用于大规模杀伤性武器及其运载工具风险的，应及时向国务院相关行政主管部门报告，并积极配合采取措施中止合同的执行。

5. 两用物项和技术进口许可证实行“非一批一证”制和“一证一关”制；两用物项和技术出口许可证实行“一批一证”制和“一证一关”制。“非一批一证”制是指每证在有效期内可多次报关使用，但最多不超过十二次，由海关在许可证背面“海关验放签注栏”内逐批核减数量；“一批一证”制是指每证只能报关使用一次；“一证一关”制是指每证只能在一个海关报关使用。

“一批一证”制的大宗、散装的两用物项在报关时溢装数量不得超过两用物项和技术出口许可证所列出口数量的5%。“非一批一证”制的大宗、散装两用物项，每批进口时，按其实际进口数量进行核扣，最后一批进口物项报关时，其溢装数量按该两用物项和技术进口许可证实际剩余数量并在规定的溢装上限5%内计算。

两用物项和技术进出口许可证有效期一般不超过一年，跨年度使用时，在有效期内只能使用到次年3月31日，逾期发证机构将根据原许可证有效期换发新证。

6. 两用物项和技术进出口许可证一经签发，任何单位和个人不得更改证面内容，如需对证面内容进行更改，进出口经营者应当在许可证有效期内向相关行政主管部门重新申请进出口许可，并凭原许可证和新的批准文件向发证机构申领两用物项和技术进出口许可证。

7. 两用物项和技术出口许可证实行联网核查管理，纸质许可证与许可证电子数据同时作为海关监管依据。

8. 两用物项和技术进口许可证证面的进口商、收货人应分别与海关进口货物报关单的经营单位、收货单位相一致，两用物项和技术出口许可证证面的出口商和发货人应分别与海关出口货物报关单的经营单位、发货单位相一致。

四、自动进口许可证管理

除国家禁止、限制进出口货物、技术外的其他货物、技术，均属于自由进出口范围。自由进出口货物、技术不受限制，但基于监测进出口情况的需要，国家对部分属于自由进口的货物实行自动进口许可管理。

自动进口许可证管理是国家基于对这类货物的统计和监督需要而实行的一种在任何情况下对进口申请一律予以批准，具有自动登记性质的许可管理。

（一）主管部门

商务部是我国自动进口许可制度的管理部门。商务部、海关总署根据《货物进出口管理条例》及国家其他法律法规的有关规定，调整、公布《自动进口许可证管理货物目录》。

商务部许可证局、各地特派办、地方发证机构及地方机电产品进出口管理机构负责自动进口许可证货物的管理和自动进口许可证的签发工作。

（二）管理范围

1. 自动进口许可证管理的商品范围

2018年实施自动进口许可证管理的货物包括非机电类货物、机电类货物两大类，分为两个管理目录。

（1）目录一（非机电类货物）

牛肉、猪肉、羊肉、肉鸡、鲜奶、奶粉、木薯、大麦、高粱、大豆、油菜籽、植物油、食糖、玉米酒糟、豆粕、烟草、二醋酸纤维丝束、铜精矿、煤、铁矿石、铝土矿、原油、成品油、氧化铝、化肥、钢材，共二十六类商品。

由商务部授权的地方商务主管部门发证机构或者商务部许可证局负责发证。

（2）目录二（机电类货物）

机电类货物分为两部分：

①由商务部许可证局发证的机电类货物：烟草机械，移动通信产品，卫星广播、电视设备及关键部件，汽车产品（小客车、小轿车、越野车及其发动机等），飞机（中、大、特大型航空器），船舶（大型客、货轮），游戏机等七类商品。

②商务部授权地方、部门机电产品进出口办公室发证的机电类货物：汽轮机，发动机（非

第八十七章车辆用）及关键部件，水轮机及其他动力装置，化工装置，食品机械，工程机械，造纸机械，纺织机械，金属冶炼及加工设备，金属加工机床，电气设备，铁路机车，汽车产品（中、大型客、货车及其车身、底盘等），飞机（直升机、无人机等），船舶（拖轮、挖泥船等），医疗设备等十六类商品。

2. 免于交验自动进口许可证的情形

进口列入《自动进口许可管理货物目录》的商品，在办理报关手续时须向海关提交自动进口许可证，但下列情形免于提交：

（1）加工贸易项下进口并复出口的（原油、成品油除外）；

（2）外商投资企业作为投资进口或者投资额内生产自用的（旧机电产品除外）；

（3）货样广告品、实验品进口，每批次价值不超过5000元人民币的；

（4）暂时进口的海关监管货物；

（5）进入保税区、出口加工区等海关特殊监管区域及进入保税仓库、保税物流中心的属于自动进口许可管理的货物；

（6）加工贸易项下进口的不作价设备监管期满后留在原企业使用的；

（7）国家法律法规规定其他免领自动进口许可证的。

（三）报关规范

1. 自动进口许可证有效期为六个月，但仅限公历年度内有效。

2. 自动进口许可证项下货物原则上实行“一批一证”管理，对部分货物也可实行“非一批一证”管理。目前对实行自动进口许可管理的货物（原油、燃料油除外），实施自动进口许可证通关作业无纸化，每份进口货物报关单仅适用一份自动进口许可证。企业申请电子自动进口许可证后，根据海关相关规定采用无纸方式向海关申报，免于交验纸质自动进口许可证。海关将通过自动进口许可证联网核查方式验核电子许可证，不再进行纸面签注。

3. 对实行“一批一证”的自动进口许可证管理的大宗、散装货物，其溢装数量在货物总量3%以内的原油、成品油、化肥、钢材等四种大宗散装货物予以免证，其他货物溢装数量在货物总量5%以内的予以免证；对“非一批一证”的大宗、散装货物，每批货物进口时，按其实际数量核扣自动进口许可证额度数量，最后一批货物进口时，应按自动进口许可证实际剩余数量的允许溢装上限，即5%（原油、成品油、化肥、钢材在溢装上限3%）以内计算免证数额。

4. 商务主管部门发证机构与各海关实施自动进口许可证联网核查，海关验核商务主管部门签发的自动进口许可纸面证书和自动进口许可电子数据，接受企业报关。

五、固体废物进口管理

根据《控制危险废物越境转移及其处置的巴塞尔公约》及我国《固体废物污染环境防治法》《固体废物进口管理办法》等法律法规，我国禁止进口不能用作原料或者不能以无害化方式利用的固体废物；对可以用作原料的固体废物实行限制进口和非限制进口分类管理。具体是，我国对危险废物，以热能回收为目的的固体废物，不能用作原料或者不能以无害化方式利用的固体废物，我国境内产生量或者堆存量大且尚未得到充分利用的固体废物，经入境检验检疫不符合进口可用作原料的固体废物环境保护控制标准或者相关技术规范等强制性要求的或尚无适用国家环境保护控制标准或者相关技术规范等强制性要求的固体废物，以及指示交货（To Order）方式承运入境的固体废物，实施禁止进口管理；对可以弥补境内资源短缺，且根据国家经济、技术条件能够以无害化方式利用的可用作原料的固体废物，按照其加工利用过程的污染排放强度，由国家生态环境部、商务部、发展改革委、海关总署制定、公布《禁止进口固体废物目录》《限制进口类可用作原料的固体废物目录》《非限制进口类可用作原料的固体废物目录》，实施分类目录管理。

2017年，国务院办公厅印发了《禁止洋垃圾入境推进固体废物进口管理制度改革实施方案》，提出全面禁止洋垃圾入境，完善进口固体废物管理制度，切实加强固体废物回收利用管理。根据该方案，2017年年底前，我国将环境危害大、群众反映强烈的生活来源的废塑料、未分拣的废纸、废纺织原料、钒渣等固体废物禁止进口；2019年年底前，逐步停止进口国内资源可以替代的固体废物。

（一）主管部门

生态环境部是进口废物的国家主管部门。固体废物利用单位在组织进口列入限制进口目录的固体废物前，应当直接向生态环境部提出固体废物进口申请，经审查批准并签发相关固体废物进口许可证后才可组织进口。申请和审批进口固体废物，按照风险最小化原则，实行“就近口岸”报关。

国家对进口可用作原料的固体废物的国内收货人及国外供货商实行注册登记制度。向中国出口可用作原料的固体废物的国外供货商和国内收货人，应当取得注册登记证书。

进口固体废物境外装运前，应当实施装运前检验，检验合格的，出具装运前检验证书；进口的固体废物运抵固体废物进口相关许可证列明的口岸后，国内收货人应当持固体废物进口相关许可证检验检疫联、装运前检验证书及其他必要单证，向海关报检。海关经检验检疫，对符合国家环境保护控制标准或者相关技术规范强制性要求的，出具有关文书，并备注“经初步检验检疫，未发现不符合国家环境保护控制标准的物质”；对不符合国家环境保护控制标准或者相关技术规范强制性要求的，出具检验检疫处理通知书，并及时通知口岸所在地省、自治区、直辖市环境保护行政主管部门。海关凭有效废物进口许可证办理通关手续。除另有规定外，进口固体废物不得办理转关手续（废纸 除外）。

（二）管理范围

固体废物是指《固体废物污染环境防治法》管理范围内的废物，即在生产建设、日常生活和其他活动中产生的污染环境的固态、半固态废弃物质。包括：工业固态废物（在工业、交通等生产活动中产生的固体废物），城市生活垃圾（在城市日常生活中或者为城市日常生活提供服务的活动中产生的固态废物，以及法律、行政法规规定视为城市生活垃圾的固态废物），危险废物（列入国家危险废物名录或者根据国家规定的危险物鉴别方法认定的具有危险特性的废物），以及液态废物和置于容器中的气态废物。

我国对进口废物分别实施禁止进口、限制进口、非限制进口三类管理。

对列入《禁止进口固体废物目录》的废物一律禁止进口管理；对列入《限制进口类可用作原料的废物目录》的固体废物实施限制进口管理，企业在进口前须向生态环境部申领“固体废物进口许可证”；对列入《非限制进口类可用作原料的固体废物目录》的固体废物，进口单位无需向生态环境部申领相关固体废物进口许可证，但必须符合进口可用作原料的固体废物环境保护控制标准或者相关技术规范等强制性要求，并经海关检验合格。经检验检疫，不符合上述环境保护控制标准或者相关技术规范要求的固体废物，不得进口；对虽列入《限制进口类可用作原料的废物目录》及《非限制进口类可用作原料的废物目录》，但经入境检验检疫不符合进口可用作原料的固体废物环境保护控制标准或者相关技术规范等强制性要求的固体废物，实施禁止进口管理。

（三）报关规范

废物进口许可证是我国进出口许可证制度中具有法律效力，用来证明对外贸易经营者经营列入《限制进口类可用作原料的废物目录》的废物合法进口的证明文件，是海关验放货物的重要依据。不论以何种方式进口上述管理范围的固体废物，均须事先申领废物进口许可证。

1. 向海关申报进口列入《限制进口类可用作原料的废物目录》的废物，报关单位应主动向海关提交有效的废物进口许可证及其他有关单据；向海关申报进口列入《非限制进口类可用作原料的废物目录》的废物，报关单位应主动向海关提交有关单据。

2. 废物进口许可证当年有效，因故在有效期内未使用完的，企业应当在有效期届满 30 日前向发证机关提出延期申请。发证机构扣除已使用数量后重新签发固体废物相关许可证，并在备注栏中注明“延期使用”和原证号，且只能延期一次，延期最长不超过 60 日。

3. 固体废物相关许可证实行“一证一关”管理。一般情况下固体废物进口相关许可证为“非一批一证”制，在有效期内可以多次报关使用，由海关逐批签注核减进口数量，最后一批进口时，允许溢装上限为固体废物进口相关许可证实际余额的 3%；如要实行“一批一证”，应当同时在固体废物进口相关许可证备注栏内打印“一批一证”字样。

4. 海关与生态环境部对固体废物进口许可证纸面数据与废物进口许可电子数据对接，实施联网核查，并根据实际进口数量进行核销。

5. 对废金属、废塑料、废纸等重点管理废物进口，实施分类管理。进口时不得与其他非重点及不属于固体废物的货物混合装运于同一集装箱内；因特殊原因无法分装的，进口企业应在境外起运地装运前向口岸直属海关提出申请，报经海关总署批准后，须在具备监管条件的口岸现场或园区按类别进行分拣，并根据分拣后的状态，按规范要求逐项申报。对未按上述规定进口的固体废物，如无走私或违反海关监管规定的嫌疑，进口企业可办理直接退运。

6. 海关怀疑进口货物的收货人申报的进口货物为固体废物的，可以要求收货人进行固体废物属性检验，必要时，海关可以直接进行固体废物检验，并按照检验结果处理。收货人对检验结论有异议的，生态环境部会同海关总署指定专门鉴别机构对进口的货物、物品是否属于固体废物类别进行鉴别。

7. 由境外进入保税区、出口加工区、物流园区、保税港区等海关特殊监管区域和保税物流中心、保税仓库等海关保税监管场所，应向海关交验固体废物进口许可证；从海关特殊监管区域和保税监管场所进口到境内区外或者在海关特殊监管区域和场所之间进出的固体废物，无须办理固体废物进口相关许可证。

8. 海关特殊监管区域和保税监管场所不得以转口货物为名存放进口固体废物。

六、野生动植物种进出口管理

野生动植物是人类宝贵的自然财富。为了保护野生动物，拯救珍贵、濒危野生动物，维护生物多样性和生态平衡，推进生态文明建设，我国颁布了《中华人民共和国森林法》《野生动植物保护法》《中华人民共和国野生植物保护条例》《中华人民共和国濒危野生动植物进出口管理条例》等相关法律法规，并颁布了我国物种保护目录。同时，我国也是《濒危野生动植物种国际贸易公约》成员方，因此我国进出口管理的濒危物种包括为保护我国珍稀物种自主保护的物种及《濒危野生动植物种国际贸易公约》（以下简称《濒危物种贸易公约》）成员方应履行保护义务的物种。野生动植物种进出口管理属于我国限制进出口管理范畴。

（一）主管部门

国务院林业、渔业管理部门是进出口野生动植物种的主管部门，该部门设立国家濒危物种进出口管理办公室（以下简称国家濒管办）会同海关总署，依法制定或调整《进出口野生动植物种商品目录》，并依法对《进出口野生动植物种商品目录》所列受保护的珍贵、濒危野生动植物及其产品实施进出口证书管理。

野生动植物进出口证书包括允许进出口证明书和物种证明，由国家濒管办或其办事处根据国家濒管办公布的管辖的区域核发。允许进出口证明书分两种，国家濒管办对应《进出口野生动植物种商品目录》保护物种管理范围，对进出口属于履行《濒危物种贸易公约》保护义务限制进出口的濒危野生动植物及其产品签发“濒危野生动植物种国际贸易公约允许进出口证明书”（以下简称“公约证明”）、对出口属于我国重点保护的野生动植物及其产品签发“中华人民共和国濒危物种进出口管理办公室野生动植物允许进出口证明书”（以下简称“非公约证明”）。国家濒管办对列入前述保护范围以外《进出口野生动植物种商品目录》中的其他野生动植物及其产品签发“非《进出口野生动植物种商品目录》物种证明”（以下简称“物种证明”）。

凡进出口列入《进出口野生动植物种商品目录》的野生动植物或其产品，必须严格按照有关法律、行政法规的程序进行申报和审批，并在进出口报关前取得国家濒管办或其授权的办事处签发的允许进出口证明书或物种证明。

在境外与保税区、出口加工区等海关特殊监管区域、保税监管场所之间进出野生动植物及其产品的，申请人应当向海关交验允许进出口证明书或者物种证明。

在境内与保税区、出口加工区等海关特殊监管区域、保税监管场所之间进出野生动植物及其产品的，或者在上述海关特殊监管区域、保税监管场所之间进出野生动植物及其产品的，无须办理允许进出口证明书或者物种证明。

《濒危物种贸易公约》附录所列野生动植物及其产品需要过境、转运、通运的，不需申请核发野生动植物进出口证书。

（二）允许进出口证明书管理范围及报关规范

允许进出口证明书是我国进出口许可管理制度中具有法律效力，用来证明对外贸易经营者经营列入《进出口野生动植物种商品目录》物种合法进出口的证明文件，是海关验放该类货物的重要依据。

1. 管理范围

对列入《进出口野生动植物种商品目录》中属于《濒危物种贸易公约》成员方应履行保护义务的物种和我国自主规定管理的野生动植物及其产品，包括含野生动植物成分的药品、食品，不论以何种方式进出口，均需事先申领允许进出口证明书。

2. 报关规范

（1）向海关申报进出口列入《进出口野生动植物种商品目录》中属于履行《濒危物种贸易公约》保护义务限制进出口的濒危野生动植物及其产品和出口属于我国重点保护的野生动植物及其产品的，经营者应当主动申报并同时提交有效的允许进出口证明书和其他单证，按照证书规定的种类、数量、期限完成进出口活动。

（2）经营者须在允许进出口证明书载明的进出口口岸办理报关手续；允许进出口证明书实行“一批一证”制度，有效期不得超过180天。

（三）物种证明适用范围及报关规范

由于受濒危物种进出口管理的动植物种很多，认定工作的专业性很强，为使濒危物种进出口监管工作做到既准确又严密，海关总署和国家濒管办共同商定启用物种证明，由国家濒管办指定机构进行认定并出具物种证明，报关单位凭此办理报关手续。

1. 适用范围

对进出口列入《进出口野生动植物种商品目录》中适用允许进出口证明书管理以外的其他列入该目录的野生动植物及相关货物或物品、含野生动植物成分的纺织品，均须事先申领物种证明。

2. 报关规范

（1）物种证明由国家濒管办统一按确定格式制作，不得转让或倒卖。证面不得涂改、伪造。

（2）物种证明分为“一次使用”和“多次使用”两种。

①一次使用的物种证明有效期自签发之日起不得超过180天，多次使用的物种证明有效期不得超过360天。

②多次使用的物种证明只适用于同一物种、同一货物类型在同一报关口岸多次进出口的野生动植物及其产品。

（3）进出口企业必须按照物种证明规定的口岸、方式、时限、物种、数量和货物类型等进出口野生动植物，对于超越物种证明中任何一项许可范围的申报行为，海关均不予受理。

（4）海关对经营者进出口的商品或者物品是否为濒危野生动植物及其产品或者是否含有濒危野生动植物种成分提出质疑的，经营者应按海关的要求，向国家濒管办或其办事处申领物种证明；属于允许进出口证明书管理范围的，应申领允许进出口证明书。经营者未能出具证明书或物种证明的，海关不予办理有关手续。

（5）对进出境货物或物品包装或说明中标注含有《进出口野生动植物种商品目录》所列野生动植物成分的，经营者应主动如实向海关申报，海关按实际含有该野生动植物的商品进行监管。

为了提高贸易便利化水平，海关总署和国家濒管办决定，自2017年4月1日起，在哈尔滨、福州、厦门、昆明海关开展野生动植物进出口证书通关作业联网无纸化试点，联网无纸化的野生动植物进出口证书包括允许进出口证明书、物种证明。

试点期间，国家濒管办试点办事处不再发放纸质野生动植物进出口证书。海关将通过野生动植物进出口证书联网核查方式验证相关证书的电子数据，办理验放手续。

进出口单位使用“公约证明”证明出口、再出口野生动植物及其产品的，向海关申报时仍须交验纸质证书，由海关同时在纸质证书的第九栏进行逐项签注（包括提单/空运单号、数量/单位、进出境口岸、日期、签名和公章），以供进出口单位按照国际公约规定在境外使用证书，签注日期为海关放行日期。

目前，除试点地区以外的，进出口单位仍应按照现行规定向国家濒管办或者其办事处申领并在报关时向海关提交纸质野生动植物进出口证书。

七、进出口药品管理

进出口药品管理指的是为加强对药品监督管理，保证药品质量，保障人体用药安全，维护人民身体健康和用药合法权益，国家市场监督管理总局下的国家药品监督管理局依照《药品管理法》及有关国际公约和我国其他相关法规，对进出口药品实施监督管理的行政行为。

国家药品监督管理局是我国进出口许可管理制度的重要组成部分。药品属于国家限制进出口管理范畴，对其进出口实行分类和目录管理，所有药品进口须经药品监督管理部门组织审查，经审查确认符合质量标准、安全有效的，方可批准进口，并发给进口药品注册证书。进口药品口岸检验机构应按照《中华人民共和国药典》2015 年版的相应要求对进口药品进行检验，不符合要求的不得进口。进出口药品从管理角度可分为进出口麻醉药品、进出口精神药品、进出口兴奋剂及进口一般药品。

（一）主管部门

国家药品监督管理局是进出口药品的主管部门，会同海关总署制定、修订、公布进口药品目录，以签发许可证件的形式对其进出口加以管制。

目前，我国公布的药品进出口管理目录有：《进出口药品目录》《生物制品目录》《精神药品管制品种目录》《麻醉品管制品种目录》《兴奋剂目录》。

允许药品进口的口岸由国家药品监督管理局会同海关总署提出，报国务院批准。目前，国务院批准的允许进口药品的口岸有北京、天津、上海、大连、青岛、成都、武汉、重庆、厦门、南京、杭州、宁波、福州、广州、深圳、珠海、海口、西安、南宁等 19 个城市所在地直属海关所辖关区口岸。

（二）麻醉药品和精神药品进出口管理范围及报关规范

麻醉药品是指连续使用后易使身体产生依赖性，能成瘾癖的药品；精神药品是指直接作用于中枢神经系统，使之兴奋或抑制，连续使用能产生依赖性的药品。我国对麻醉药品和精神药品按照药用类和非药用类分类列管：属于药用类的，国家药品监督管理局依据《药品管理法》和国务院《麻醉药品和精神药品管理办法》及有关国际条约，制定和调整《麻醉药品管制品种目录》和《精神药品管制品种目录》（以下合并简称“麻醉药品和精神药品管制目录”）并以签发“麻醉药品进（出）口准许证”及“精神药品进（出）口准许证”的形式对该目录商品实行进出口限制管理。对非药用类的麻醉药品和精神药品实施禁止进出口管理。

麻醉药品和精神药品进出口准许证是我国进出口许可管理制度中具有法律效力，用来证明对外贸易经营者经营列入“麻醉品和精神药品管制品种目录”管理药品合法进出口的最终证明文件，是海关验放该类货物的重要依据。

“麻醉药品和精神药品管制品种目录”所列药品进出口时，货物所有人或其合法代理人在办理进出口报关手续前，均须取得国家药品监督管理局核发的麻醉药品或精神药品进出口准许证，凭此向海关办理报关手续。

1. 管理范围

（1）进出口列入“麻醉药品和精神药品管制品种目录”的药品属于麻醉药品范围的包括鸦片、可卡因、大麻、海洛因及合成麻醉药类和其他易成瘾癖的药品、药用原植物及其制剂；属于精神药品范围的包括含精神药品标准品及对照品，如咖啡因、脱氧麻黄碱、复方甘草片等。

（2）对于列入“麻醉药品和精神药品管制品种目录”的药品可能存在的盐、酯、醚，虽未列入该目录，但仍属于麻醉品和精神药品管制范围。

（3）任何单位以任何贸易方式进出口列入上述范围的药品，不论用于何种用途，均须事先申领麻醉药品或精神药品进出口准许证。

2. 报关规范

（1）向海关申报进出口麻醉药品和精神药品管理范围的药品，报关单位应主动向海关提交有效的麻醉药品或精神药品进出口准许证及其他有关单据。

（2）麻醉药品和精神药品进出口准许证仅限在该证注明的口岸海关使用，并实行“一批一证”制度，证面内容不得自行更改，如需更改，应到国家药品监督管理局办理换证手续。

（三）兴奋剂进出口管理范围及报关规范

为了防止在体育运动中使用兴奋剂，保护体育运动参加者的身心健康，维护体育竞赛的公平竞争，根据《中华人民共和国体育法》和其他有关法律法规的规定，原国家食品药品监管总局（现国家药品监督管理局）会同海关总署、国家体育总局制定颁布了《蛋白同化制剂、肽类激素进出口管理办法》和《兴奋剂目录》。

1. 管理范围

进出口列入《兴奋剂目录》的药品，包括蛋白同化制剂品种、肽类激素品种、麻醉药品品种、刺激剂（含精神药品）品种、药品类易制毒化学品品种、医疗用毒性药品品种、其他品种等七类。

2. 报关规范

（1）进出口列入《兴奋剂目录》的精神药品、麻醉品、医疗用毒性药品，进出口单位应按照药品进出口管理规定，申领相关许可证件，向海关办理通关验放手续。

（2）根据《蛋白同化制剂、肽类激素进出口管理办法》的相关规定，国家对蛋白同化制剂、肽类激素实行进出口准许证管理。

①进出口蛋白同化制剂、肽类激素，进出口单位应当向所在地省、自治区、直辖市药品监督管理部申领药品进（出）口准许证向海关办理报关手续。

②药品进口准许证有效期一年。药品出口准许证有效期不超过三个月（有效期时限不跨年

度)。药品进（出）口准许证实行“一证一关”制度，只能在有效期内一次性使用，证面内容不得修改。

③以加工贸易方式进出口蛋白同化制剂、肽类激素的，海关凭药品进（出）口准许证办理验放手续并实施监管。

④海关特殊监管区域和保税监管场所与境外进出及海关特殊监管区域、保税监管场所之间进出的蛋白同化制剂、肽类激素，免于办理药品进（出）口准许证，由海关实施监管。

蛋白同化制剂、肽类激素从海关特殊监管区域和保税监管场所进入境内区外，或者从境内区外进入海关特殊监管区域和保税监管场所，应当分别办理药品进（出）口准许证。

（四）一般药品进口管理范围及报关规范

国家对一般药品的管理实行目录管理。国家药品监督管理局依据《药品管理法》《中华人民共和国药品管理法实施条例》制定和调整《进口药品目录》，国家药品监督管理局授权的口岸药品检验所以签发进口药品通关单的形式对列入管理目录商品实行进口限制管理。

进口药品通关单是我国进出口许可管理制度中具有法律效力，用来证明对外贸易经营者经营列入《进口药品目录》的药品合法进口的证明文件，是海关验放的重要依据。进口药品实施口岸检验，即进口药品由国家药品监督管理局确定的药品检验机构（以下称口岸药品检验所）对抵达口岸的进口药品依法实施检验。

1. 管理范围

（1）进口列入《进口药品目录》的药品，包括用于预防、治疗、诊断人的疾病，有目的的调节人的生理机能并规定有适应症、用法和用量的物质，还包括中药材、中药饮品、中成药、化学原料药及其制剂、抗生素、生化药品、血清疫苗、血液制品和诊断药品。

（2）进口列入《生物制品目录》的药品，包括疫苗类、血液制品类及血源筛查用诊断试剂等。

（3）首次在中国境内销售的药品。

（4）进口暂未列入《进口药品目录》的原料药的单位，必须遵守《进口药品管理办法》中的各项有关规定，主动到各口岸药品检验所报验。

（5）进口两用物项许可证管理的易制毒化学品，且属《易制毒化学品管理条例》中第 类（可用于制毒的主要原料）中的药品，还应当提交药品监督管理部门出具的进口药品通关单。

2. 报关规范

（1）向海关申报进口列入管理目录中的药品，报关单位应主动向海关提交有效的进口药品通关单及其他单据。

为方便进口药品目录中药用辅料的通关，对于进口药品目录中的药用辅料，进口单位向口岸食品药品监管部门申领注明“本品为药用辅料，非药品，无需进行口岸检验”的“进口药品通关单”，办理进口海关手续。

（2）进口药品通关单仅限在该单注明的口岸海关使用，并实行“一批一证”制度，证面内容不得更改。

（3）目前，一般药品出口暂无特殊的管理要求。

八、其他货物进出口管理

（一）密码产品和含有密码技术的设备进口许可证管理

商用密码技术属于国家秘密。为了加强商用密码管理，保护信息安全，保护公民和组织的合法权益，维护国家的安全和利益，国务院制定了《商用密码管理条例》对密码产品和含有密码技术的设备实行限制进口管理。进口密码产品及含有密码技术的设备或者出口商用密码产品，必须报经国家密码管理机构批准。任何单位或者个人不得销售境外的密码产品。

1. 主管部门

国家密码管理局是商用密码产品和含有密码技术设备进口的国家主管部门，会同海关总署依法制定、调整并公布《密码产品和技术的设备进口管理目录》，以签发“密码产品和含有密码技术设备进口许可证”（以下简称密码进口许可证）的形式，对该类产品实施进口限制管理。

2. 管理范围

商用密码产品和含有密码技术的设备进口管理范围包括列入《密码产品和技术的设备进口管理目录》，以及虽暂未列人目录但含有密码技术的进口商品。

列入管理目录的商品包括加密传真机、加密电话机、加密路由器、非光通讯加密以太网交换机、密码机、密码卡（不包括数字电视智能卡、蓝牙模块和用于知识产权保护的加密狗）等商品。

3. 报关规范

密码进口许可证是我国进出口许可管理制度中具有法律效力，用来证明对外贸易经营者经营列入我国密码产品和含有密码技术的设备管理范围的商品合法进口证明文件，是海关验放货物的重要依据。对外贸易经营者进口列入《密码产品和技术的设备进口管理目录》的商品，以及含有密码技术但暂未列入管理目录的商品，在组织进口前应事先向国家密码管理局申领密码进口许可证，凭此向海关办理通关手续。

（1）免于交验密码进口许可证的情形。

加工贸易项下为复出口而进口的；由海关监管，暂时进口后复出口的；从境外进入保税区、出口加工区及其他海关特殊监管区和保税加工场所，或在海关特殊监管区域、保税场所之间进出的。

（2）从海关特殊监管区域、保税加工场所进入区外的，需交验密码进口许可证。

（3）进口单位知道或者应当知道其所进口的商品含有密码技术，但暂未列入目录的，也应当申领密码进口许可证，进口时，应当主动向海关提交密码进口许可证。

（4）密码进口许可证实行计算机联网核销管理，国家密码管理局通过密码进口许可证联网核销系统，将密码进口许可证的电子数据发送给海关，海关将许可证核销数据反馈给国家密码管理局。联网核查系统运行成熟后，海关总署和国家密码管理局将试行密码进口许可证“通关作业无纸化”。

（5）在进口环节发现应提交而未提交密码进口许可证的，海关按有关规定进行处理。

（二）艺术品进出口管理

为加强对艺术品进出口经营活动、商业性艺术品展览活动的管理，促进中外文化交流，丰富人民群众文化生活，国家对艺术品进出口实施监督管理。

1. 主管部门

艺术品进出口管理是我国进出口许可管理制度的重要组成部分，属于国家限制进出口范畴。文化和旅游部是艺术品经营活动的主管部门，负责制定艺术品经营管理政策，监督管理全国艺术品经营活动，建立艺术品市场信用监管体系。海关负责对艺术品进出境环节进行监管。

省、自治区、直辖市人民政府文化行政部门负责艺术品进出口经营活动审批，建立专家委员会，为文化行政部门开展的内容审查、市场监管相关工作提供专业意见。

从事艺术品经营活动的经营单位，在领取营业执照后，应到其住所地县级以上人民政府文化行政部门备案。艺术品进出口单位应当在从境外进口或者向境外出口艺术品前（包括以销售、商业宣传为目的在境内公共展览场所举办的，有境外艺术品创作者或者境外艺术品参加的各类展示活动）向艺术品进出口口岸所在地省、自治区、直辖市人民政府文化行政部门提出申请，并报送规定材料；文化行政部门应当在受理之日起5日内作出决定，批准的，发给批准文件，批准文件中应附美术品详细清单。申请单位持批准文件到海关办理手续。

2. 管理范围

艺术品进出口活动应当遵守国家有关法律、法规，其主要管理事项如下。

（1）纳入我国进出口管理的艺术品是指绘画作品、书法篆刻作品、雕塑雕刻作品、艺术摄影作品、装置艺术作品、工艺美术作品等及上述作品的有限复制品。不包括文物。

（2）禁止经营以下艺术品：走私、盗窃等来源不合法的艺术品；伪造、变造或者冒充他人名义的艺术品；除有合法手续、准许经营的以外，法律、法规禁止交易的动物、植物、矿物、金属、化石等为材质的艺术品。

（3）我国禁止进出境含有下列内容的艺术品：违反宪法确定的基本原则的；危害国家统一、主权和领土完整的；泄露国家秘密、危害国家安全或者损害国家荣誉和利益的；煽动民族仇恨、民族歧视，破坏民族团结，或者侵害民族风俗习惯的；宣扬或者传播邪教迷信的；扰乱社会秩序，破坏社会稳定的；宣扬或者传播淫秽、色情、赌博、暴力、恐怖或者教唆犯罪的；侮辱或者诽谤他人、侵害他人合法权益的；蓄意篡改历史、严重歪曲历史的；危害社会公德或者有损民族优秀文化传统的；我国法律、行政法规和国家规定禁止的其他内容的。

（4）个人携带、邮寄艺术品超过海关认定的自用、合理数量，海关要求办理进出口手续的，应当按对艺术品经营单位的规定办理审批文件。

3. 报关规范

（1）向海关申报进出口管理范围内的艺术品，报关单位应主动向海关提交有效的进出口批准文件及其他有关单据。

（2）艺术品进出口单位向海关提交的批准文件不得擅自更改。如需更改，应当及时将变更事项向审批部门申报，经审批部门批准确认后方可变更。

（3）同一批已经批准进口或出口的艺术品复出口或复进口，进出口单位可持原批准文件正本到原进口或出口口岸海关办理相关手续，文化行政部门不再重复审批。上述复出口或复进口的艺术品如与原批准内容不符，进出口单位应当到文化行政部门重新办理审批手续。

（三）音像制品进口管理

为了加强对音像制品的进口管理，促进国家文化交流，丰富人民群众的文化生活，我国颁布了《中华人民共和国音像制品管理条例》《音像制品进口管理办法》及其他有关规定，对音像制品实行进口许可管理制度。

1. 主管部门

国家对出版、制作、复制、进口、批发、零售音像制品，实行许可制度。音像制品成品进口业务由经批准的音像制品成品进口经营单位经营；未经批准，任何单位或者个人不得经营音像制品成品进口业务。各级海关在其职责范围内负责音像制品进口的监督管理工作。

进口用于出版的音像制品，以及进口用于批发、零售、出租等的音像制品成品，应当报主管部门进行内容审查，经审查批准并取得“进口音像制品批准单”后方可进口，进口单位持“进口音像制品批准单”向海关办理进口报关手续。

2. 管理范围

（1）进口音像制品，是指从外国进口音像制品和进口用于出版、批发、零售、出租（包括利用信息网络出版）及其他用途的音像制品，包括录有内容的录音带、录像带、唱片、激光唱盘和激光视盘等。

（2）音像制品用于广播电视播放的，适用广播电视法律、行政法规。

（3）国家禁止进口有下列内容的音像制品。

反对宪法确定的基本原则的；危害国家统一、主权和领土完整的；泄露国家秘密、危害国家安全或者损害国家荣誉和利益的；煽动民族仇恨、民族歧视，破坏民族团结，或者侵害民族风俗、习惯的；宣扬邪教、迷信的；扰乱社会秩序，破坏社会稳定的；宣扬淫秽、赌博、暴力或者教唆犯罪的；侮辱或者诽谤他人、侵害他人合法权益的；危害社会公德或者民族优秀文化传统的；有法律、行政法规和国家规定禁止的其他内容的。

3. 报关规范

（1）向海关申报进口音像制品，报关单位应当主动申报并向海关提交有效的“进口音像制品批准单”及其他有关单据。

（2）“进口音像制品批准单”内容不得更改，如需修改，应重新办理。“进口音像制品批准单”一次报关使用有效，不得累计使用。其中，属于音像制品成品的，批准单当年有效；属于用于出版的音像制品的，批准单有效期为一年。

（3）在经批准进口出版的音像制品版权授权期限内，音像制品进口经营单位不得进口该音像制品成品。

（4）随机器设备同时进口及进口后随机器设备复出口的记录操作系统、设备说明、专用软件等内容的音像制品，无须申领“进口音像制品批准单”，海关凭进口单位提供的合同、发票等有效单证验放。

（5）进口用于展览、展示的音像制品，由展览、展示活动主办单位提出申请，并将音像制品目录和样片报国家主管机关进行内容审查，海关按暂时进口货物管理。用于展览、展示的进口音像制品确需在境内销售、赠送的，在销售、赠送前，必须依照规定按成品进口重新办理批准手续。

（四）黄金及其制品进出口管理

进出口黄金管理指的是中国人民银行依据《中华人民共和国金银管理条例》等有关规定，

对进出口黄金及其制品实施监督管理的行政行为。黄金及制品进出口管理的范围包括未锻造金，黄金制品是指半制成金和金制成品等。

1. 主管部门

中国人民银行是黄金及黄金制品进出口主管部门，中国人民银行会同海关总署制定了《黄金及黄金制品进出口管理办法》并联署调整、公布《黄金及其制品进出口管理商品目录》。

2. 管理范围

“黄金及其制品进出口准许证”是我国进出口许可管理制度中具有法律效力，用来证明对外贸易经营者经营黄金及其制品合法进出口的证明文件，是海关验放该类货物的重要依据。

列入中国人民银行、海关总署联合发布的《黄金及其制品进出口管理目录》的黄金及其制品，主要包括氰化金、氰化金钾（含金40%）、非货币用金粉、非货币用未锻造金、非货币用半制成金、货币用未锻造金（包括镀铂的金）、金的废碎料、其他黄金制首饰及其零件、其他贵金属制金器及其零件、金质铸币（金质贵金属纪念币）、黄金表壳（按重量计含金量80%以上）、黄金表带（按重量计含金量80%以上）等。

3. 报关规范

（1）中国人民银行根据国家宏观经济调控需求，可以对黄金及制品进出口的数量进行限制性审批。对黄金及制品进出口实行准许证制度。列入《黄金及其制品进出口管理目录》的黄金及制品进口或出口通关时，应当向海关提交中国人民银行及其分支机构签发的“黄金及其制品进出口准许证”。黄金及其制品进出口管理属于我国进出口许可管理制度中限制进出口管理范畴。

（2）进出口单位以下列贸易方式进出口黄金及制品的，应办理“黄金及其制品进出口准许证”：一般贸易；加工贸易转内销及境内购置黄金原料以加工贸易出口黄金制品的；海关特殊监管区域、保税监管场所与境内区外进出口的；个人、法人或者其他组织因公益事业捐赠进口黄金及黄金制品的。

（3）通过加工贸易方式进出的，海关特殊监管区域、保税监管场所与境外之间进出的，海关特殊监管区域、保税监管场所之间进出的，以维修、退运、暂时进出境方式进出境的黄金及其制品免于办理“黄金及其制品进出口准许证”。

（五）民用爆炸物品进出口管理

为了加强对民用爆炸物品进出口的管理，维护国家经济秩序，保障社会公共安全，根据《中华人民共和国民用爆炸物品安全管理条例》，国家对民用爆炸物品实施进出口限制管理。

1. 主管部门

工业和信息化部（以下简称工信部）为国家进出口民用爆炸物品的主管部门，负责民用爆炸物品进出口的审批；公安机关负责民用爆炸物品境内运输安全监督管理；海关负责民用爆炸物品进出口环节的监管。

在进出口民用爆炸物品前，进出口企业应当向工信部申领“民用爆炸物品进/出口审批单”。在取得“民用爆炸物品进/出口审批单”后，进出口企业应当将获准进出口的民用爆炸物品的品种和数量等信息向收货地或者出境口岸所在地县级人民政府公安机关备案，在依法取得公安机关核发的“民用爆炸物品运输许可证”后方可运输民用爆炸物品。

2. 管理范围

管理范围包括用于非军事目的、列入我国《民用爆炸物品品名表》的各类工业炸药及其制品，工业雷管、工业索类火工品、民用爆炸器材等。

3. 报关规范

（1）企业进出口民用爆炸物品的，凭“民用爆炸物品进/出口审批单”向口岸海关办理进出口手续。报关单位应主动向海关提交有效的“民用爆炸物品进/出口审批单”及其他有关单据。“民用爆炸物品进/出口审批单”实行“一批一单”和“一单一关”管理。

（2）海关无法确定进出口物品是否属于民用爆炸物品的，由进出口企业将物品样品送交具有民用爆炸物品检测资质的机构鉴定，海关依据有关鉴定结论实施进出口管理。

（3）进出口企业申请退运民用爆炸物品时，应当向工信部办理进/出口审批手续。申请退运时需提交申请文件、退运保函、原《民用爆炸物品进/出口审批单》及相应报关单。工信部审核通过后核发《民用爆炸物品进/出口审批单》，其中“申请进/出口用途及理由”标明“退运货物”。退运报关时，海关对所退运的货物进行审核验放。

（4）民用爆炸物品在海关特殊监管区域或者保税监管场所与境外之间进出的，应当向海关提交“民用爆炸物品进/出口审批单”；民用爆炸物品在海关特殊监管区域或者保税监管场所与境内之间进出的，或者在海关特殊监管区域或者保税监管场所之间进出的，无需办理“民用爆炸物品进/出口审批单”。

（六）有毒化学品管理

有毒化学品是指进入环境后通过环境蓄积、生物累积、生物转化或化学反应等方式损害健康和环境，或者通过接触对人体具有严重危害和具有潜在危险的化学品。

为了保护人体健康和生态环境，加强有毒化学品进出口的环境管理，国家根据《关于化学品国际贸易资料交流的伦敦准则》，发布了《中国严格限制进出口的有毒化学品目录》，凡进口或出口上述目录中有毒化学品的，应向生态环境部申请办理“有毒化学品进口环境管理登记证”和“有毒化学品进（出）口环境管理放行通知单”。

进出口单位向海关申报进出口有毒化学品时应主动提交“有毒化学品进（出）口环境管理放行通知单”，进出口数量以“有毒化学品进（出）口环境管理放行通知单”所列数量为限，不允许溢装；“有毒化学品进（出）口环境管理放行通知单”实行电子数据联网核查，一份报关单对应一份通知单。

（七）农药进出口管理

农药进出口管理是国家农业主管部门依据《中华人民共和国农药管理条例》（以下简称《农药管理条例》），对进出口用于预防、消灭或者控制危害农业、林业的病、虫、草和其他有害生物，有目的的调节植物、昆虫生长的化学合成或者来源于生物、其他天然物质的一种物质或者几种物质的混合物及其制剂实施的管理。

农业农村部是国家农药进出口的主管部门，会同海关总署依据《农药管理条例》和《在国际贸易中对某些危险化学品和农药采用事先知情同意程序的鹿特丹公约》，制定、调整、公布《中华人民共和国进出口农药管理名录》（以下简称《农药名录》）。进出口列入上述目录的农药，应事先向农业农村部农药检定所申领“农药进出口登记管理放行通知单”，凭此向海关办理报关手续。

“农药进出口登记管理放行通知单”是我国进出口许可管理制度中具有法律效力，用来证明对外贸易经营者经营《农药名录》所列农药合法进出口的证明文件，是海关验放该类货物的主要依据。农业农村部与海关总署对“农药进出口登记管理放行通知单”实施联网核查，农业农村部将通知单电子数据通过中国电子口岸实时发送给海关总署，现场海关根据电子数据验核纸质通知单办理通关手续，并将通知单核销情况反馈给农业农村部。

“农药进出口登记管理放行通知单”实行“一批一证”管理，进出口一批农药产品，办理一份通知单，对应一份海关进出口货物报关单。通知单一式两联，第一联由进出口单位交海关办理通关手续，由海关留存，与报关单一并归档，第二联由农业农村部留存。

（八）兽药进口管理

兽药进口管理是指农业农村部依据《进口兽药管理办法》，对进出口兽药实施监督管理。受管理的兽药是指用于预防、治疗、诊断畜禽等动物疾病，有目的的调节其生理机能并规定作用、用途、用法、用量的物质。

进口兽药实行目录管理，《进口兽药管理目录》由农业农村部会同海关总署制定、调整公布。企业进口列入《进口兽药管理目录》的兽药，应向进口口岸所在地省级人民政府兽医行政管理部门申请办理“进口兽药通关单”，进口单位进口时，需持“进口兽药通关单”向海关申报，海关按货物进口管理的相关规定办理通关手续。“进口兽药通关单”实行“一单一关”制，在30日有效期内只能一次性使用。

进口料件或加工制成品属于兽药且无法出口的，应当按照规定办理“进口兽药通关单”，海关凭“进口兽药通关单”办理内销手续。从保税区、出口加工区及其他海关特殊监管区域和保税监管场所进入境内区外的兽药，应当办理“进口兽药通关单”。

以暂时进口方式进口的不在中国境内销售的兽药，暂时进口期满后全部复运出境的，以及从境外进入保税区、出口加工区及其他海关特殊监管区域和保税监管场所的兽药及海关特殊监管区域、保税监管场所之间进出的兽药，免于办理“进口兽药通关单”，由海关按照有关规定实施监管。

兽药进口单位进口暂未列入《进口兽药管理目录》的兽药时，应如实申报，自动向海关出具“进口兽药通关单”；对进口同时列入《进口药品目录》的兽药，海关免于验核“进口药品通关单”；对进口的兽药，因企业申报不实或伪报用途所产生的后果，企业应承担相应的法律责任。

自2016年11月1日起，农业农村部会同海关实施“进口兽药通关单”联网核查试运行。试运行期间，农业农村部对进口单位申领“进口兽药通关单”审核批准后，将签发的“进口兽药通关单”电子数据通过监管证件联网核查系统传输至海关，同时核发纸质“进口兽药通关单”。报关单位采用无纸方式向海关申报的，海关通过联网核查方式验凭“进口兽药通关单”电子数据并办理报关手续，报关单位可以免于交验纸质“进口兽药通关单”。

（九）水产品捕捞进口管理

我国已加入养护大西洋金枪鱼国际委员会、印度洋金枪鱼委员会和南极海洋生物资源养护委员会。为遏制非法捕捞活动和有效养护有关渔业资源，上述政府间渔业管理组织成员已对水产品实施合法捕捞证明制度。根据合法捕捞证明制度的规定，国际组织成员进口部分水产品时有义务验核船旗国政府主管机构签署的合法捕捞证明，没有合法捕捞证明的水产品被视为非法捕捞产品，各成员方不得进口。

为有效履行我国政府相关义务，树立我国负责任的渔业国际形象，农业农村部会同海关总署对部分水产品捕捞进口实施进口限制管理，并调整公布了《实施合法捕捞证明的水产品清单》。对进口列入《实施合法捕捞证明的水产品清单》的水产品（包括进境样品、暂时进口、加工贸易进口及进入海关特殊监管区域和海关保税监管场所等），进口单位应向农业农村部申领“合法捕捞产品通关证明”。

为加强对合法捕捞产品的进口监管，有效防范和打击非法捕鱼活动，提高通关效率，农业农村部、海关总署对“合法捕捞产品通关证明”实行联网核查。农业农村部不再签发纸质版“合法捕捞产品通关证明”，有关单位向农业农村部申领“合法捕捞产品通关证明”，办结后，农业农村部授权的中国远洋渔业协会通知申请单位，并实时将“合法捕捞产品通关证明”电子数据传输至海关，海关凭电子数据接受企业报关。

申请“合法捕捞产品通关证明”时，应提交由船旗国政府主管机构签发的合法捕捞证明原件。如在船旗国以外的国家或地区加工的上述清单所列产品进入我国，申请单位应提交由船旗国政府主管机构签发的合法捕捞产品副本和加工国或者地区授权机构签发的再出口证明原件。

本节各类许可证件及其管理列表如表 2-6 所示。

表 2-6 许可证件管理一览表

<table>
<tr><th>许可证件名称</th><th>发证机构</th><th>有效期</th><th>联网核查</th><th>代码</th><th colspan="2">管理要点</th><th>管理范围</th></tr>
<tr><td>进口许可证</td><td rowspan="2">商务部三级发证；进出口消耗臭氧层物质由地方商务主管部门凭“消耗臭氧层物质进出口审批单”发证</td><td>一年</td><td>是</td><td>1</td><td colspan="2" rowspan="2">“一批一证”，“一证一关”；“非一批一证”使用不超 12 次；出口大宗散装溢装 5%以内（油 3%以内）免证。
消耗臭氧层物质在海关特殊监管区、保税监管场所与境外之间进出应领审批单、许可证，在海关特殊监管区、保税监管场所与境内其他地区或海关特殊监管区、保税监管场所之间进出免领审批单、许可证。</td><td>重点旧机电产品；消耗臭氧层物质两类。</td></tr>
<tr><td>出口许可证</td><td>六个月内</td><td>是</td><td>4</td><td>部分农、禽、畜产品；资源性产品；贵金属；消耗臭氧层物质等。</td></tr>
<tr><td>两用物项和技术进口许可证</td><td rowspan="2">商务部授权省级商务主管部门凭相关行政主管部门批准文件发证</td><td rowspan="2">一年内</td><td></td><td>2</td><td>“非一批一证”和“一证一关”。</td><td rowspan="2">海关有权对是否属于两用物项提出质疑。</td><td>监控化学品、易制毒化学品、放射性同位素三类。</td></tr>
<tr><td>两用物项和技术出口许可证</td><td></td><td>3</td><td>“一批一证”和“一证一关”。</td><td>核、核两用品、导弹、生物、监控化学品、易制毒化学品、有关化学品、计算机八类。</td></tr>
</table>

表2-6 续1

许可证件名称	发证机构	有效期	联网核查	代码	管理要点	管理范围
密码产品和设备进口许可证	国家密码管理局	具体规定	是	M	加密传真机、加密电话机、加密路由器、非光通讯以太网交货机、密码机、密码卡。下列情形免证： 1. 加工贸易；2. 暂准进口；3. 从境外进入海关特殊监管区、保税监管场所及前述区域、场所之间进出。	
自动进口许可证（非机电产品）	商务部三级发证机构和地方机电产品进出口办公室发证	六个月	是	7	1. “一批一证”；如“非一批一证”，使用不超六次。 2. 大宗散装溢装5%以内（原油、成品油、化肥、钢材3%以内）免证。 下列情形免证： 加工贸易；外商投资额内生产自用；5000元以下货样广告品、实验品；暂准进口；进入海关特殊区域、场所。	目录一（非机电）：二十七类。目录二（机电）：商务部发证六类，地方机电办发证十六类。
自动进口许可证（机电产品）				O		
固体废物进口许可证	生态环境部	当年有效	是	p	1. “非一批一证”，“一证一关”； 2. 口岸报检； 3. 海关有权对是否属于固体废物提出怀疑等。	列入《限制类可用作原料固体废物目录》《非限制类可用作原料固体废物目录》。
关税配额证明	商务部、国家发展改革委分工发证	具体规定		1	“一证多批”制。	农产品：糖、羊毛、毛条（商务部）；小麦、玉米、大米、棉花（国家发展改革委）； 工业品：化肥（商务部）。
濒危物种允许进口证明书	国家濒管办			F	“一证一批”制。	列入《进出口野生动植物物种商品目录》。
濒危物种允许出口证明书				E		
精神药品进出口准许证	国家药监局			I	“一证一批”制。	列入《精神药品管制目录》。
麻醉品进出口准许证				W		列入《麻醉品管制目录》。
药品进出口准许证	国家药监局			L	1. “一证一批”制； 2. 从境外进入海关特殊监管区、场所或从前述区域、保税监管场所进入境内区外应领证。	蛋白同化制剂、肽类激素等。
药品进口通关单	国家药监局授权口岸药品检验所发证			Q	“一证一批”制。	1. 列入《进口药品目录》《生物制品目录》。 2. 首次在我国境内销售的药品。

表2-6 续2

许可证件名称	发证机构	有效期	联网核查	代码	管理要点	管理范围
进口音像制品批准单	国家广播电视总局	音像制品成品当年有效；出版的影像制品一年有效		Z	一次报关使用。	进口录有内容的录音带、录像带、唱片、激光唱片、激光视盘；录制的光学媒体等。
有毒化学品环境管理放行通知单	生态环境部		是	X	海关验放的依据。	列入《中国禁止或严格限制的有毒化学品名录》。
黄金及其制品进出口准许证	中国人民银行			J	海关特殊监管区、保税监管场所与境外及前述区域、场所之间进出免证。	列入《黄金及其产品进出口管理目录》
民用爆炸物品进/出口审批单	工信部		是	暂未设置	“一批一单”，“一单一关”管理。	列入《民用爆炸物品品名表》的火药、炸药、雷管、导火索等。
农药进出口登记管理放行通知单	农业农村部		是	S	“一批一证”制。	列入《农药管理名录》。
进口兽药通关单	省级政府兽医行政管理部门			R	“一单一关”，一次使用。	列入《进口兽药管理目录》。
合法捕捞产品通关证明	农业农村部		是	U	样品、暂时进口、加工贸易、进入海关特殊监管区、场所等应领证。	列入《实施合法捕捞证明的水产品清单》。

【复习思考题】

1. 试分别简述进、出口许可证管理措施中的具体管理方式。
2. 试述2018年进、出口许可证管理商品的范围。
3. 何谓“一批一证”“非一批一证”“一证一关”？
4. 实行“非一批一证”进、出口许可证管理的大宗散装货物溢装数量免证额是如何计算的？
5. 何谓进口关税配额管理？试简述我国进口关税配额管理的方式、范围。
6. 试简述我国对两用物项和技术进出口的管理方式、管理范围。
7. 海关对进出口货物是否属于两用物项和技术提出质疑时，进出口经营者应如何处置？
8. 对属于两用物项和技术的进出口货物报关单，有何特别填制要求？
9. 试述两用物项和技术进出口许可证的办理程序。
10. 哪些情形下，进口列入《自动进口许可管理货物目录》的商品可以免于交验自动进口许可证？
11. 试简述我国对进口固体废物的管理方式、管理范围。

12. 我国对进口可用作原料的固体废物的国内收货人及国外供货商实行怎样的管理制度？

13. 对向海关申报进口列入《限制进口类可用作原料的废物目录》或《非限制进口类可用作原料的固体废物目录》的固体废物分别有何要求？

14. 国家对进口固体废物的检验检疫报检有何特殊规定？

15. 试简述我国野生动植物种管理的主管部门、管理方式、允许进口证明和物种证明的适用范围及报关要求。

16. 试简述精神药品、麻醉品、兴奋剂的主要范围及我国进出口管理规范。

17. 试简述我国出入境货物通关单的适用范围。

18. 试简述我国对艺术品进出口的管理范围、管理方式、报关规范。

19. 试简述我国音像制品的进口管理范围、报关规范。

20. 试简述密码产品和含有密码技术的设备进口管理范围、管理方式。

21. 何种情形下进口密码产品和含有密码技术的设备免于交验“密码产品和含有密码技术设备进口许可证”？

22. 对进口暂未列入《密码产品和技术的设备进口管理目录》的商品，但含有密码技术，进口单位是否需要申领密码进口许可证？

23. 试简述我国艺术品进出口管理的主管部门、管理范围、报关规范。

24. 试简述我国音像制品进口管理的主管部门、管理范围、报关规范。

25. 哪些情况下进出口黄金及其制品需要申领“黄金及其制品进出口准许证”？

26. 试简述我国农药、兽药进出口管理的相关要求。

27. 何谓水产品进口管理？试简述我国水产品进口管理的相关要求。

第三章 对外贸易单证

对外贸易从签订合同直至货物装运、投保、报检、报关、货款支付及进口商提取货物的整个对外贸易业务流程中，每个环节都需要相应的单证签发、处理、交接和传递，以满足进出口企业、运输部门、银行、保险公司、海关及其他政府管理机构等多方面的需要。所以，报关人员作为通关环节的业务操作人员，掌握对外贸易单证知识十分重要。本章重点介绍与通关有关的对外贸易常用单证。

第一节 对外贸易单证概述

【学习目标】

本节旨在让学习者熟悉国际贸易流程中的各类单据、文件，使学习者掌握对外贸易单证的主要内容和作用，为通关实践打好基础。

完成本节学习，学习者应取得以下成果：

1. 了解对外贸易单证之间的相互关系、单证制作签发所涉及的经济和管理部门；
2. 了解对外贸易单证的作用，熟悉其在各业务环节的法律效力；
3. 掌握对外贸易单证的缮制规范，了解其国际通行标准的相关惯例和规则。

【基本概念】

对外贸易单证、《跟单信用证统一惯例》、正确、完整、相符

【建议学习时间】

1课时

对外贸易是不同国家（地区）之间的商品买卖，作为一种商品交换行为通常表现为货物和货款的双向交流，而在实际业务中这种交流是借助于对外贸易单证的签发、组合、流转、交换和应用来实现的。

一、对外贸易单证的含义

对外贸易单证（Foreign Trade Documents）是对外贸易中使用的各种单据、文件与证书的统称。通常凭借对外贸易单证来处理进出口货物的交付、运输、保险、报关、结汇等事宜。狭义的对外贸易单证通常指结算单证，特别是信用证结算方式下的结算单证。

对外贸易单证作为贸易文件，它的流转环节构成了贸易程序。对外贸易的各种单证除了贯穿于进出口企业相互之间的外销、进货、运输、结汇的全过程外，还必须与企业外部的银行、海关、交通运输部门、保险公司及有关行政管理机关等发生多方面的必要联系，单证量多、涉及面广，环环相扣、互为条件、互相影响。

二、对外贸易单证的作用

对外贸易单证的作用是通过进出口业务诸多具体环节体现的，较为广泛，本书仅结合通关业务实际，从以下三方面进行阐述。

（一）对外贸易结算的基本工具

进出口贸易中，买卖双方分处不同国家（地区），在绝大多数情况下，商品和货币不能简单

交换，而只能以单证作为媒介手段。国际货物贸易单证化，使得货物买卖通过单证买卖实现。卖方交货不仅要将实际货物装运出口，而且要向买方提交包括货物所有权凭证在内的全套单证以表示让渡物权。卖方交单意味着交付了货物，而买方付款是以得到物权凭证代表买到了商品。这样，尽管在交易中买卖的是货物，但在国际结算中，不以货物为依据，而是以单证作为依据，特别是按照 CIF 贸易条件成交的合同，已由一些国际交易规则订明“卖方凭单交货，买方凭单付款”，实行单据和货款对流的原则。

（二）划分贸易相关方权责利益的重要凭证

对外贸易单证贯穿于进出口贸易的全过程，各种单证的签发、组合、流转和应用不仅反映了贸易合同履行的进程，也体现了进出口货物交接过程中所涉及的贸易合同、运输合同、保险合同的当事人及银行、海关和相关政府等关系人之间的权责利益关系。当发生争议时，这些单证又是处理索赔和赔付的依据。可见，对外贸易单证是一种涉外商务和法律文件，是划分与贸易有关各方权责利益的重要凭证。

（三）办理通关手续的重要文件

对外贸易货物进出口时，进出口商必须向海关提交规定的单证，办理通关手续。这些单证在通关过程中都有其特定的作用，有的反映货物的数量、包装情况，是海关实施监管验核货物的凭证；有的表明货物的品质、价格、产地情况，是海关商品归类、确定完税价格、适用税率、依法征税的判断依据；而有关商品检验证书则证明了货物的质量、数量、卫生等状况，是海关实施监管的依据。申报单证作为法律文件，其真实、正确、齐全是办理通关手续的基本要求。

三、对外贸易单证的规范

对外贸易单证是货物买卖的证明，不但关系到商家是否能安全收货、结汇，也反映买卖的真实性、合法性等相关情况，其内容应当符合相关规范。

（一）正确、完整、相符

对外贸易单证的内容应做到正确、完整、相符。

1. 正确

对外贸易单证内容的正确性是第一要求，至少应包括两方面的内容：一方面是单证内容要客观、真实地反映交易活动，符合有关国际惯例和进出口国的法律法规，属于正当、合法的商业交易活动；另一方面是单证内容无差错，能保证安全收货、结汇及进出口贸易各环节的相关作业活动顺利进行。

2. 完整

完整是指一笔进口或者出口业务所涉及的单证齐全和完备。对外贸易单证的完整性是构成单证合法性的重要条件之一，主要表现在以下三点：

（1）单证的内容完整，即每份单证的项目、描述、用词、拼写及签署或背书都必须完整，不可或缺。

（2）单证的种类完整，即包含的范围应与双方约定、交易条件及货物进出口国的相关规定相符合。

（3）单证份数完整，即单证的份数符合合同、信用证的条款，并能满足业务操作环节和办理通关手续的需要。

3. 相符

一是指各类单证之间的相同内容相符、逻辑关系相符，即单单一致，保证单证真实地反映了交易状况；二是指单证与进出口的实际货物相符，单证对货物属性、状态的描述真实、准确、客观，代表了所出运的货物，即单货一致。

（二）符合有关国际惯例和法律规定

对外贸易单证是为贸易全过程服务的，而国际贸易之所以能在不同国家（地区）之间进行，是交易双方及与货物进出口有关各方都以相关国际惯例和进出口国（地区）法律法规为行事规则。所以，对外贸易单证的格式、单证的代码应符合国际通行标准，对外贸易单证的内容应遵循有关国际惯例和进出口国家（地区）法律法规的规定。

目前，相关的国际惯例主要是指国际商会的《跟单信用证统一惯例》（UCP600）、《跟单信用证项下单据的国际标准银行业务》（ISBP681）、《托收统一规则》（URC522）、《国际贸易术语解释通则》（INCOTERMS）等。

【复习思考题】

1. 何谓对外贸易单证？
2. 试简述对外贸易单证在对外贸易中的主要作用及其具体体现。
3. 试简述对外贸易单证的基本规范。

第二节 成交类单证

【学习目标】

本节主要介绍对外贸易中与货物成交有关的单证并提供英文相应范本，旨在让学习者理解其含义、作用和适用的相关法律规范，熟悉其内容，并在通关活动实践中参考、借鉴。

完成本节学习，学习者应取得以下成果：

1. 正确理解对外贸易书面合同和商业发票各栏目适用国际通行标准的表现形式；
2. 掌握对外贸易合同和商业发票中交易标的、相关条款、当事人权利义务等要素有关的意思表达方式及英文表现形式；
3. 能结合海关监管要求，正确获取单证信息，用于通关实践。

【基本概念】

合同、商业发票、形式发票、厂商发票

【建议学习时间】

2 课时

成交类单证主要包括合同和发票。

一、合同

延展阅读

(一) 含义和作用

贸易合同是指买方和卖方按一定的程序经过磋商，就某项交易标的达成的交易条件，用签订书面证明的形式，确认双方约定条件内容的有一定格式的书面文件。

在交易磋商过程中，一方发盘经另一方接受以后，交易即告成立，买卖双方就构成了合同关系。双方在磋商过程中的往返函电，就构成有效的书面合同。成交后，另行签署一份合同书或确认书不是合同有效成立的必备条件。《联合国国际货物销售合同公约》（本节以下简称《销售合同公约》）第十一条规定："销售合同无须以书面订立或书面证明，在形式方面也不受任何其他条件的限制。销售合同可以用人证在内的任何方法证明。"各国法律一般都承认书面合同，有的国家同时还承认口头合同。但是，在国际贸易实践中，在当事人双方经过磋商一致，达成交易以后，一般还要签订一份具有一定格式的书面合同，以进一步明确双方的权利义务。签订书面合同具有以下主要作用。

1. 合同成立的证据

根据法律要求，凡是合同必须能得到证明，提供证据，包括人证和物证。通过函电磋商时，书面证明自不成问题。但是，通过口头磋商成立的合同，举证就难以做到，所以口头合同因不能被证明而得不到法律保障。我国法律一贯认为涉外经济合同，应当采用书面形式。

我国政府在向联合国交存对《销售合同公约》的核准书时提出了保留，即我国不同意国际货物买卖合同采用书面以外的形式订立、更改或终止。因此，为证明合同的成立，订立书面合同形式是我国对外贸易的基本做法。

2. 合同生效的条件

买卖双方在交易磋商阶段就各项交易条件进行充分商讨取得共识，但承认这种共识必须以签订书面合同为准。因此，即使双方已对交易条件全部协商一致，在书面合同签订之前，合同不能生效。我国法律规定，当事人采用合同书包括确认书形式订立合同的，自双方当事人签字或者盖章时合同成立。

3. 合同履行的依据

在对外贸易实践中，货物买卖合同的履行涉及企业内外众多部门和单位，过程也很复杂。为了便于合同的履行，必须将不论是口头或书面达成的交易，并经协商一致的交易条件综合起来，全面、清楚地列明在一份有一定格式的书面文字合同上，为明确双方的权利和义务及合同的准确履行提供更好的依据。

（二）主要内容

不管是销售合同，还是购货合同，它们具有以下的相同内容。

1. 合同号码（Contract Number）；

2. 买卖双方各自名称（Name of Both the Seller and the Buyer）；

3. 品名、规格、数量、包装方式（Description of Commodity and Specification，the Quantity and Packing）；

4. 单价和总值（The Unit Price（s） and Total Value）；

5. 唛头（Shipping Marks）；

6. 保险条款（Insurance Clauses）；

7. 装运期（Time of Shipment）；

8. 装运港和目的港（Port of Shipment and Destination）；

9. 支付条款（Terms of Payment）；

10. 索赔（Claim）；

11. 不可抗力（Force Majeure）；

12. 仲裁（Arbitration）；

13. 其他条款（Other Terms）；

14. 买卖双方的签名（Signature of the Parties Concerned）；

15. 签署的时间与地点（Time and Place of Signature）。

（三）合同样本

合同样本如图 3-1 所示。

Sales Contract

No. : GD-11ATX2509

Date: Sep. 20,2011

Sellers: CHINA ARTEX SHANGHAI IMPORT AND EXPORT CORPORATION

Buyers: THE ABCDE GROUP,INC.

This contract is made by and between the Buyers and the Sellers,whereby the Buyers agree to buy and the Sellers agree to sell the under-mentioned commodity according to the terms and conditions stipulated below:

1. Description of Goods	2. Quantity	3. Unit Price	4. Amount
GARMENTS 100% COTTON JERSEY BABY'S OVERALL 100% COTTON JERSEY BABY'S BEATLE	2,000PCS 2,000PCS	CIF NEW YORK USD3. 00/PC USD3. 20/PC	USD6,000. 00 USD6. 400. 00
			USD12,400. 00

Shipping mark: JOHNSON'S
12KG05107
NEW YORK
NO. 1-80
MADE IN CHINA

5. Total Value: SAY U. S. DOLLARS TWELVE THOUSAND FOUR HUNDRED ONLY.

6. Packing: lpc/Polybag, 50pcs/Carton

Shipping mark: JOHNSON'S
12KG05107
NEW YORK
NO. 1-80
MADE IN CHINA

7. Shipment: Not later than Nov. 10th, 2011 by sea from China to New York U. S. with partial shipment and transshipment allowed. Within 24 hours immediately after completion of loading of goods on board the vessel the seller shall advice the buyer by Fax or E-mail of the contract number, the name of goods loaded, port of loading, sailing date and expected time of arrival (ETA) at the port of destination.

8. Payment: By irrevocable L/C payably by a draft at sight, to reach the seller not later than Oct. 5, 2011 and to be available for negotiation in China until the 15 days after shipment.

9. Insurance: To be effected by the seller at 110% of the invoice value covering Institue Cargo clauses<A>, the Institue War clauses as per ICC clauses.

10. Claims: Claims concerning the goods shipped, if any, shall be filed within 30 days after arrival at the destination, to be supported by a surrey report. It is understood that the Seller shall not be liable for any discrepancy of the goods shipped due to causes for which the Insurance Company, Shipping Company, other transport organization or Post Office are liable.

11. Force Majeure: If the shipment of the contracted goods is prevented or delayed in whole or in part by reason of war, earth quake, flood, fire, storm, heavy snow or other causes of force majeure, the seller shall not be liable for non-shipment or late shipment of the goods of the contract. However, the seller shall notify the buyer by phone/fax/e-mail and furnish later within 5 days by registered airmail with a certificate issued by China Chamber of International Commerce attesting such event or events.

12. Arbitration: Any dispute arising from or in connection with the performance of the Contract shall be settled through negotiation by both parties, failing which they shall be submitted for arbitration. The arbitration shall take place in China and shall be conducted by the arbitration commission of the ICC China in accordance with the rules or procedures of the said commission.

The Buyer:
THE ABCDE GROUP, INC.

The Seller:
CHINA ARTEX SHANGHAI
IMPORT AND EXPORT CORPORATION

图 3-1 合同样本

二、发票

延展阅读

在进出口业务实践中，发票主要包括商业发票、形式发票和厂商发票。

（一）含义和作用

1. 商业发票

商业发票（Commercial Invoice），简称为发票，是卖方向买方开立的，对所装运货物作出全面、详细说明，并凭此向买方收款的货款价目总清单。

商业发票是卖方结汇所需的单据之一，也是买方凭此收货、付款及报关纳税的依据。其主要作用有：

（1）商业发票是整套货运单据的中心，通过了解发票的内容，可以掌握每笔装运货物的全貌；

（2）商业发票便于进口商验收、核对出口商所发运的货物，查看是否符合合同或信用证的规定；

（3）商业发票可以作为买卖双方记账的原始凭证；

（4）商业发票可以作为报关、纳税的计税依据；

（5）在不使用汇票的情况下，商业发票可以代替汇票，作为出口商向进口商收款的凭据。

2. 形式发票

形式发票（Proforma Invoice）是在贸易合同订立之前开立的发票，主要用于进口方向当局申请批汇或进口许可证。它不是一种正式发票，不能用于托收和议付，它所列的单价、数量等也仅仅是出口方根据当时情况所作的估计，对双方都无最终约束力。

3. 厂商发票

厂商发票（Manufacturer's Invoice）是由出口货物的制造商出具的以本国货币计价的发票，其作用是供进口国海关检查是否有削价倾销行为，以便确定是否征收反倾销税。

（二）主要内容

商业发票由出口企业自行缮制，无统一、固定格式，但基本栏目大致相同，其内容主要依据合同和信用证的特定要求而拟就，分首文、本文和结文三部分。

首文部分包括发票名称、编号、出票日期、信用证或合同号码、收货人或抬头、运输工具及运输路线等。

本文部分包括唛头、货物描述、单价与总金额等。

结文部分包括许可证号、汇票出票条款、信用证要求在发票上证明或声明的其他内容、发票制作人签章等。

发票的主要内容具体如下：

1. 出票人（Issuer）的名称、地址、传真、电子邮箱、电话号码。发票的出票人一般为出口公司。

2. 商业发票号码和出票日期（Invoice No. and Date）。商业发票的号码由出口商统一编制，一般采用顺序号，便于查对。商业发票的出票日期是所有单据出单最早的，通常在签订合同或收到信用证，备妥货物后开立。

3. 抬头（To/Sold to Messrs/For Account and Risk of Messrs）。抬头人即收货人，一般注明合同买方或信用证的开证人名称、地址、联系方式。

4. 合同编号（Contrat No.）和信用证编号（L/C No.）。

5. 装运港（地）和目的港（地）名称（From/To/Via）。该栏一般注明货物运输的起讫地点。如货物需要转运，则注明转运地，有的还注明运输方式。

6. 唛头及件号（Mark & Nos/ Shipping Mark）。该栏一般注明运输标记和集装箱号。无唛头时列明“N/M”。

7. 品名和货物描述（Name and Commodity/Description of Goods）。该栏列出具体装运的货物名称、品质、规格及包装状况等内容。商业发票中的货物描述必须与合同或信用证中显示的内容相符。

8. 数量（Quantity）、单价（Unit Price）和总价（Amount/Total Price）。数量为实际装运的数量。单价包括计价货币、计价单位、单位价值数额、贸易术语四部分。总价一般由大小写组成。如果合同单价含有佣金（Commission）或折扣（Rebate/Discount/Allowance），发票上一般也会注明。另外，有时根据买方或信用证条款的要求，对按 CIF、CIP 或者 CFR、CPT 成交的，还分别列明运费（Freight）、保费（Insurance/Premium）、FOB 或 FCA 价格。

9. 特殊条款。主要是根据买方或信用证的要求，对一些特殊事项加注声明。比如加注进口许可证号、货物产地、净重和毛重（一般只列总净重和总毛重）、船名、汇票出票条款及证明单货相符的声明文句等。

10. 签章（Signed by/Signature）。签字人一般为出口公司的法人代表或授权制单人员。签字可使用印签，并注明公司名称。根据《跟单信用证统一惯例》（UCP600）的规定，商业发票无须签署。但如果信用证要求提交“已签署的商业发票”（Signed Commercial Invoice），或“手签的商业发票”（Manually Signed Commercial Invoice），则该商业发票必须签名，且后者还须由签字人手签。

（三）发票样本

发票样本如图 3-2 所示。

上海华纱进出口有限公司

CHINA ARTEX SHANGHAI IMPORT AND EXPORT CORPORATION

18 XIZANG NORTH ROAD SHANGHAI, CHINA

COMMERCIAL INVOICE

Tel：021-35788887　　　　　　Invoice No.：ATX051212

Fax：021-35788876　　　　　　Date：Oct. 08，2011

E-mail：giec@168.com　　　　　S/C No.：GD-11ATX2509

　　　　　　　　　　　　　　　L/C No.：TH5391

Sold to Messrs：

THE ABCDE GROUP，INC.

445 KENNEDY DRIVESAYREVILLE，NEW JERSEY

FROM：SHANGHAI　　　　　　　TO：NEWYORK VIA HONGKONG BY VESSEL

Marks & No. s	Description of Goods	Quantity	Unit Price	Amount
JOHNSON'S 12KG05107 NEW YORK NO. 1-80 MADE IN CHINA	GARMENTS 100% COTTON JERSEY BABY'S OVERALL 100% COTTON JERSEY BABY'S BEATLE	2,000PCS 2,0000PCS	CIF NEW YORK USD3.00/PC USD3.20/PC	USD6,000.00 USD6.400.00
				USD12,400.00

TOTAL：SAY U. S. DOLLARS TWELVE THOUSAND FOUR HUNDRED ONLY.

THE ABOVE MENTIONED GOODS ARE OF CHINESE ORIGIN.

THIS IS TO CERTIFY THAT THE ABOVE MENTIONINGS ARE TRUE AND CORRECT.

CHINA ARTEX SHANGHAI IMPORT AND EXPORT CORPORATION

WANG LIQIN

图 3-2　发票样本

【复习思考题】

1. 何谓成交类单证？
2. 试简述对外贸易合同、商业发票的主要作用。
3. 试简述对外贸易合同条款、商业发票各栏目描述内容的含义及英文表现形式。
4. 试简述对外贸易合同与发票内容的共同之处。

第三节　包装类单证

【学习目标】

本节旨在让学习者了解并掌握记载或描述国际买卖货物的包装情况的单据，为在办理通关事务实践中，正确申报货物的包装情况奠定基础。

完成本节学习，学习者应取得以下成果：

1. 了解包装单据的含义、作用及其种类；
2. 掌握包装单据国际通行标准、描述方式及其英文表现形式；
3. 掌握各类货物包装单位、包装种类的单据表现形式，能正确获取货物包装信息。

【基本概念】

装箱单、重量单、尺码单

【建议学习时间】

2 课时

包装类单证是专门用于记载或描述包装情况的单据。由于国际上货物买卖的数量较大、品种繁多，往往无法在发票上一一列明，而必须使用专门的单证加以说明，因此，包装类单证就成为发票的附属单证。它是商业单证中的重要单据，包括装箱单、重量单和尺码单等。

一、装箱单

延展阅读

（一）装箱单的含义和作用

装箱单（Packing List/Packing Specification）也称包装单、花色码单、码单，是用于说明货物包装细节的清单。除散装货物外，卖方一般都向买方提供装箱单作为发票的补充，以便在货物到达目的港后，供海关查验货物和收货人核对货物。装箱单的内容因货物不同而各异，主要载明所装货物的名称、规格、数量、花色搭配等详细情况。

（二）装箱单的主要内容

装箱单的内容应与实际货物装箱情况相符，并与商业发票上所列货物名称、数量等内容一致。装箱单无统一格式，但基本栏目相似，其内容如下。

1. 抬头。内容同发票，也有不列抬头而注明“As per Inv.”或“To whom it may concern”。

2. 品名和规格。内容同发票，但装箱单着重表现货物的包装情况和包装材料，如“Packed in seaworthy cartons”（装入适合海洋运输的纸箱），一般不显示货物价格和装运情况，对货物描述以使用统称为多。

3. 包装及数量（Packing/Packed in）。注明每种货物的包装件数和合计数，如“Packed in 100 cartons of 2 pieces each”（装 100 箱，每箱 2 件），并在装箱单的长、宽、高（Length/Width/Height）和体积（Measurement）栏内标出每个包装件的实际尺寸。

在单位包装货量或品种不固定的情况下，需注明每个包装件内的含量，并根据包装件编号，一一列出。在每一个包装件内，一般尽可能详细地列出从最小包装到最大包装所使用的包装材料、包装方式等细节，如“25kgs net in a poly woven cloth laminated with outer 2-ply kraft paper bag”（每个聚乙烯塑料袋内净装 25 千克，外套双层牛皮纸袋）。

4. 毛重（Gross Weight，G. W）及净重（Net Weight，N. W）。注明总毛重和总净重，有的也

列明货物的单件毛重、净重或皮重。不定量包装货物，通常要逐件列出单件重量。

5. 唛头。唛头内容一般与发票所列相同，有时仅在装箱单中列明。

(三) 装箱单样本

装箱单样本如图 3-3 所示。

上海华纱进出口有限公司

CHINA ARTEX SHANGHAI IMPORT AND EXPORT CORPORATION

18 XIZANG NORTH ROAD SHANGHAI, CHINA

PACKING LIST

Tel: 021-35788887 Invoice No.: ATX051212

Fax: 021-35788876 Date: Oct. 08, 2011

E-mail: giec@ 168. com S/C No.: GD-11ATX2509

L/C No.: TH5391

Sold to Messrs:

THE ABCDE GROUP, INC. Marks & No. s

445 KENNEDY DRIVESAYREVILLE, NEW JERSEY

FROM: SHANGHAI TO: NEWYORK VIA HONGKONG BY VESSEL

Case No.	Description of Goods	QTY	G. W	N. W	MEAS
1-40 41-80	GARMENTS 100% COTTON JERSEY BABY'S OVERALL 2,000PCS	50PCS/CARTONS 40CARTONS	@ 4. 00KGS 160. 00KGS	@ 5. 00KGS 200. 00KGS	@ (42×23×25) CM 0. 966CBMS
	100% COTTON JERSEY BABY'S BEATLE 2,000PCS	50PCS/CARTONS 40CARTONS	@ 8. 50KGS 340. 00KGS	@ 10. 00KGS 400. 00KGS	@ (55×30×34) CM 2. 244CBMS
TOTAL:	4,000PCS	80CARTONS	500. 00KGS	600. 00KGS	3. 210CBMS

TOTAL QUANTITY:4,000PCS;PACKING 80 CARTONS.

TOTAL PAKED IN EIGHTY CARTONS ONLY.

WE HEREBY CERTITY THAT ABOVE MENTIONED GOODS ARE OF CHINESE ORIGIN

CHINA ARTEX SHANGHAI IMPORT AND EXPORT CORPORATION

WANG LIQIN

图 3-3 装箱单样本

二、其他包装单据

（一）重量单

重量单是详细记载货物重量情况的单据。除装箱单上的内容外，重量单上必须尽量清楚地列明货物的毛重、净重及总的毛重和净重情况，供买方安排运输、存仓、销售时参考。重量单总的毛重和净重必须与商业发票、运输单据、原产地证书等的描述一致。

重量单样本如图 3-4 所示。

WEIGHT LIST

Shipper/Export/Manufacturer Shipper/Export/Manufacturer ABCDEF TRADING, LTD. 9/F, SOUTHERN B/D 13 PERTH WA AUSTRALIA		NO. & date of invoice AJS-038 Feb. 06, 2009 CONTRACT NO. PZ-AB54201	
Ship to ZHEJIANG MINERAL(GRO UP) CO. LTD. ××××RD, CHINATING INDU CAMPUS		TEL: 42-2-783-××× FAX: 42-2-783-××××	
HANGZHOU, CHINA			
Notify Party SAME AS CONSIGNEE			
Port of loading DAMPIER, AUSTRALIA	Port of Discharge NINGBO, CHINA	Marks and Numbers IN NUDE PACKING	
Carrier NEW ORIENT V -423S	Final destination NINGBO, CHINA		
Nos. of Package	Description of Goods	Net-weight(kgs)	Gross-Weight(kgs)
30 BUNDLES	ELECTROLYTIC REFINED COPPER	16,101.680	17,001.680

Details:

B/No.	N. W(kgs)	G. W(kgs)	B/No.	N. W(kgs)	G. W(kgs)	B/No.	N. W(kgs)	G. W(kgs)
1	523.500	553.500	11	515.550	545.550	21	540.000	570.000
2	523.500	553.000	12	530.500	560.570	22	540.000	570.000
3	530.000	560.000	13	530.570	560.570	23	540.000	570.000
4	510.800	540.800	14	524.000	554.000	24	530.000	560.400
5	570.000	600.000	15	590.000	620.000	25	530.000	560.000
6	550.000	580.000	16	582.000	612.000	26	525.000	555.750
7	550.000	580.000	17	515.550	545.550	27	523.680	553.680
8	550.000	580.000	18	530.255	560.255	28	510.500	540.500
9	545.000	575.000	19	530.255	560.255	29	520.000	550.000
10	545.000	575.000	20	550.300	580.300	30	545.200	575.200

PACKED IN BUNDLES BY BINDING STEEL RIBBON;
LOADED ON BOARD THE VESSEL WITH 3% MAX. MORE OR LESS ALLOWED ACCORDING TO THE CONTRACT NO. PZ-AB54201

Signed by ABCDEF TRADING, LTD
JAMES ABOT

图 3-4 重量单样本

（二）尺码单

尺码单是侧重于说明货物每件的尺码和总尺码的包装单据，即在装箱单内容的基础上再重点说明每件、每个不同项目货物的尺码和总尺码。如果不是统一尺码应逐件列明。

尺码单样本如图 3-5 所示。

PACKING LIST

Shipper：MC PACKING（JIADING）CO.，LTD（measurement）
12，TACHENG ROAD JIADING DIC.
SHANGHAI CHINA

Invoice Number/Invoice Date：
N32714/04/01/2012
Mode of transport：SEA

Consignee：LUCEN TRADING（PTE）LTD.
29 GUL CIRCLE，JURON TOWN
SINGAPORE 623617

FOB SHANGHAI

No.	Material Description	Quantity	Unit	N. W（kgs）	G. W（kgs）
	Grand-total	17	Pcs	29192. 86	29543. 90

Measurement

Pallet No.	Pallet Dimension（M）	Measurement（CBM）
1	8258×999. 5×300	0. 25
2	8258×999. 5×300	0. 25
3	8258×999. 5×370	0. 30
4	8258×999. 5×370	0. 30
5	8258×999. 5×370	0. 30
6	8258×999. 5×370	0. 30
7	8258×999. 5×370	0. 30
8	8258×999. 5×370	0. 30
9	8258×999. 5×370	0. 30
10	8258×999. 5×215	0. 18
11	8258×999. 5×215	0. 18
12	8258×999. 5×215	0. 18
13	8258×999. 5×355	0. 29
14	8258×999. 5×355	0. 29
15	8258×999. 5×210	0. 17
16	8258×999. 5×210	0. 17
17	8258×999. 5×210	0. 17

Grand-total　　4. 23CBM

DAVID LI MING

图 3-5　尺码单样本

【复习思考题】

1. 试简述包装类单证的主要作用。
2. 试简述装箱单、重量单、尺码单各栏目描述内容的含义及英文表现形式。

第四节 运输类单证

【学习目标】

本节旨在让学习者了解海洋运输和航空运输方式的单证内容，为学习者在办理通关事务实践中，正确申报国际买卖货物运输状况奠定基础。

完成本节学习，学习者应取得以下成果：

1. 了解海运提单、海运单、航空运单、铁路运单、邮包收据的含义、性质及承托双方当事人的权利与义务；
2. 熟悉各类提单的表现形式、作用及其意义；
3. 掌握提单、运单各栏目的内容，熟悉其英文表现形式，能按通关要求正确获取国际买卖货物的运输信息。

【基本概念】

海运提单、海上货运单、航空运单、铁路运单、邮政收据

【建议学习时间】

2 课时

运输单证是证明货物已经交付承运人接管或已装上运输工具或已发运的书面证明。国际贸易货物采用不同的运输方式，承运人或无船承运人签发不同的运输单证。这些运输单证中，有的作为交接货物的依据，有的用作结算货款的凭据，也有的代表货物的所有权凭证，可流通转让。

按照不同的运输方式，运输单证主要有海洋运输单证、航空运输单证、陆路运输单证、邮政运输单证、联合运输单证等。本节主要介绍海运提单、海上货运单、航空运单、铁路运单和邮政收据。

一、海运提单

延展阅读

(一) 含义和作用

海运提单（Ocean Bill of Lading）简称提单，是指用以证明海上货物运输合同和货物已经由承运人接管或者装船，以及承运人保证据以交付货物的单据。

实际业务中，海运提单的性质和作用表现为三方面：

1. 海运提单是承运人应托运人的要求所签发的货物收据，表明承运人已按提单所列内容收

到了货物。

2. 海运提单是承运人和托运人之间订立运输合同的证明。提单条款明确规定了承运人与托运人之间的权利与义务、责任与豁免，是处理双方之间有关海洋运输方面争议的主要依据。

3. 海运提单是物权凭证。它是代表货物所有权的凭证，收货人或提单的合法持有人有权向承运人提取货物。作为一种物权证明，持有人还可在载货船舶到达目的港之前先行转让，也可向银行押汇。

（二）种类

提单可从不同的角度进行分类，常见的提单如表 3-1 所示。

表 3-1　海运提单分类表

分类角度	名称	含义	表示方法	备注
根据货物外包装状况进行分类	清洁提单（Clean B/L）	货物装船时表面状况良好，承运人未加有不良批注的提单。	一般印有“在提单内所列货物表面状况良好”一类词句，未加有其他不良批注。	UCP600 规定，银行只接受未载有明确宣称货物及（或）包装有缺陷的条款或批注的清洁运输提单。
	不清洁提单（Unclean B/L）	承运人在提单上另加有货物及（或）包装有缺陷的批注的提单。	承运人在提单上批注“外箱破裂”“雨淋”“唛头不清”等。	
根据货物是否已装船进行分类	已装船提单（On Board B/L）	承运人在货物已装船后签发给托运人的提单。	1. 预先印就表明货物已被装上指名船只或已装运于指名船只的文字。此时装运日期和装船日期为签发日期。 2. 在收妥备运提单上加批注，即装船结束时在此类提单上批注货物装船日期和实际装货船名，则成为已装船提单。此时，批注日期即装运日期和装船日期。	一般信用证均要求提交已装船提单。备运提单由于在装货前已经签发，因此不利于收货人安全收货，信用证项下银行一般不接受此种提单。
	备运提单（亦称收货提单）（Received for Shipment B/L）	承运人应托运人要求，在收货后等待装船期间先行签发的一种提单。	提单开头一般有如下声明文句：“兹有……收到下列货物……”未载明船名、装船日期。	
根据收货人抬头不同分类	记名提单（Straight B/L）	必须有收货人本人持单提货的提单，一般不可转让。	“收货人”一栏载有收货人名称。	在实际业务中使用最多的是指示提单。
	不记名提单（Blank B/L）	未指明收货人，任何人持有该提单均可提货的提单，无须背书即可转让。	“收货人”一栏留空不填或填“持有人（To Bear）”。	
	指示提单（Order B/L）	按记名人或非记名人的指示提货的提单，可背书转让。	在“收货人”一栏填有“凭指示（To Order）或“凭某人指示（To Order of…）”字样。	

表3-1 续

分类角度	名称	含义	表示方法	备注
根据货物运输方式分类	直达提单（Direct B/L）	同一船舶将货物自装运港一直运送到目的港条件下签发的提单。	仅列有装运港和目的港。	在实际业务中很多提单既适用于直达运输，也适用于转船和联运。
	转船提单（Transshipment B/L）	在运输全程中货物自装运港到最终目的港中途需要换船转运条件下签发的提单。	列明了装运港、目的港和转运港，有的注明了二程船或者三程船的名称。	
	联运提单（Through B/L）	在运输全程中需有两种以上运输方式才能将货物自装运港运至最终目的港条件下，由第一承运人（船公司）签发的提单。	列明了装运港、目的港和交货地（表明第一程运输为海运，到达目的港后高位其他运输方式）。	
根据使用效力分类	正本提单（Original B/L）	在法律和商业上都是公认有效的单证。	提单上须注明“Original”字样，并载有承运人、船长或代理人签字盖章及提单签发日期。	在实际业务中只有正本提单才能提货。
	副本提单（Copy B/L）	仅作业务参考用。	没有承运人、船长或代理人签字盖章，一般注明“Copy”或“Nonnegotiable”。	

（三）主要内容

海运提单的内容可分为固定部分和可变部分。固定部分是指海运提单背面的运输契约，这一部分一般不做更改。可变部分是指海运提单的正面各个栏目须填写的内容，要根据运输货物、运输时间、托运人及收货人的不同情况填写。

提单的格式很多，每个船公司都有自己的提单格式，但基本内容大同小异，主要包含以下项目。

1. 承运人名称（Carrier）

提单是承运人签发的，因此承运人的名称一般事先印制在提单的显著位置。

2. 提单号码（B/L No.）

本栏注明提单的顺序号，该编号与装货单一致。提单号是货物查询、货物跟踪、收运杂费、报检、报关等环节中不可或缺的一项重要内容。

3. 托运人（Consigner/Shipper）

本栏注明与承运人签订运输契约的人，一般为出口人。有时出口人是实际供货商的代理，此时实际供货商也可以是托运人。

4. 收货人（Consignee）

本栏有记名式、指示式、不记名式三种方式。

（1）记名式，收货人的名称和地址被记载在该栏目。

（2）指示式，收货人栏有两种：一是记载“To Order”（凭指示），称为托运人指示提单。记载“To Order of Shipper”时与“To Order”一样，也是托运人指示提单。在托运人未指定收货人或受让人以前，货物仍然属于托运人。二是记载“To Order of…”（凭……的指示），则称为记名指示提单，由被记名的指示人指定收货人或受让人，被记名的指示人可以是银行也可以是商家。

（3）不记名式，收货人一般为“To Bear”（交持票人），即空白抬头。

5. 被通知人（Notify Party）

被通知人是接受船方发出货到通知的人，它是收货人的代理人。如果收货人栏采用指示式、不记名式，此栏一般为实际的收货人，通常为进口人。

6. 前段运输（Pre-carriage by）

本栏记载正式装上海轮前在收货地采用的运输工具，如“By Train No. …”（火车）或“Truck”（汽车）；如果前段运输采用船舶，则记载该船名称。

7. 收货地点（Place of Receipt）

本栏填写货物需转运时运抵装运港前一段收货的地点。若不需要转运，此栏空白不填。

8. 船名及航次（Ocean Vessel/Voyage No.）

根据实际装运的船名和航次填写。若是收妥待运提单，在货物实际装船完毕后再填写船名。

9. 装运港（Por of Loading）

本栏填写直接装运货物上船的港口。如果货物需要转运，列明转运港口名称。

10. 卸货港（Port of Discharge）

本栏填写货物最后卸货的港口。若货物直达目的港，卸货港为最后目的港。如果货物需转运，装运港后面没有注明中转港，则可在目的港之后加注。

11. 交货地点（Place of Delivery）

本栏填写最终目的港名称。如果货物的目的地就是目的港，则这一栏可填写为目的港或者空白不填。

12. 标记与号码、集装箱号及封志号（Marks & Nos/Container No. & Seal No.）

提单上的标记唛头应与本批货物的其他单证一致，没有唛头时，用“N/M”表示。如果货物采用集装箱运输，所使用的每一个集装箱的号码、封号等列明在集装箱号及封志号栏中。

13. 件数、包装种类（Number and Kind of Packages）

本栏的件数指本海运提单项下装船出口的货物包装件的数量，而非货物的数量。对不同货物的运输，本栏可作如下记载。

（1）包装货物，应注明最大包装数量和单位，例如，“1000 Bales”“250Drums”等。

（2）散装货物，应注明“In Bulk”字样。裸装货物应注明件数，如一台机器或一辆汽车，填“1Unit”；100 头牛，填“100 Heads”等。

（3）货物有两种或多种包装，且包装方式、包装材料不同，如“5 Cartons”“10 Bales”“12 Cases”等，件数栏内容要逐项列明，同时应注明合计数量，如上述包装数量可合计为“27 Packages”。

（4）托盘装运，列明托盘数量，同时用括号加注货物包装件数，如“5 Pallets”（60 Cartons），提单内还应加注“Shipper's Load and Count”。

（5）合计栏，列明各种包装方式最大包装件合计数的英文大写（Total Number of…）。

14. 货物描述（Description of Goods）

货物的名称一般为大类统称，而无货物的详细品名及规格，但用途不同的大类产品一般分别列明。

15. 毛重（Gross Weight）和体积（Measurement）

一般以“公吨”作为重量单位，以“立方米”作为体积单位，小数点后保留三位。

（四）海运提单样本

海运提单样本如图 3-6 所示。

Shipper CHINA ARTEX SHANGHAI IMPORT AND EXPORT CORPORATION					
Consignee TO ORDER OF ISRAEL DISCOUNTBANK OF NEW YORK N. Y.					
Notify Party THE ABCDE GROUP, INC. 445 KENNEDY DRIVESAYREVILLE , NEW JERSEY					
Pre-Carriage by	Place of Receipt	Ocean Vessel & Voy.No. MAYER 05W	Port of Loading SHANGHAI CHINA	Port of Discharge HONGKONG	Place of Delivery NEW YORK USA
Container No.	Marks & Nos	Number & Kind of Packages Description of Goods		Gross weight Kgs	Measurement m³
Total Number of Containers and/or Pakages(In Words) SAY EIGHTY CARTONS ONLY.					

Freight & Charges	Revenue Tons	Rate	Per	Prepaid	Collect
Ex.Rate	Prepaid at	Payable at		Place and date of Issue SHANGHAI, CHINA	
	Total Prepaid No.of original B (s)/l THREE			Signed for the Carrier ×××	

图 3-6 海运提单样本

二、海上货运单

（一）含义和作用

海上货运单（Sea Waybill/Ocean Waybill），简称海运单，是证明海上货物运输合同和货物由承运人接管或装船，以及承运人保证据以将货物交付给单证所载明的收货人的一种不可流通的单证，因此又称“不可转让海运单”（Non-negotiable Sea Waybill）。

在实际业务中海运单的性质和作用主要表现在：

1. 海运单是承运人和托运人之间的海上运输合同证明。

2. 海运单是出运货物的收据。不同于海运提单的是，海运单不是物权凭证，不可以背书转让。收货人不凭海运单提货，承运人也不凭海运单而是凭海运单载明的收货人的提货或收货凭条交付货物，只要该凭条能证明其为海运单上指明的收货人即可。

由于对进口商而言，海运单提货方便、及时、费用节省，能有效防止假单据欺诈，而且有利于推行 EDI 电子数据交换，所以海运单的使用范围正在逐步扩大。但是，目前海运提单仍然是最主要的海运单据。

（二）主要内容

海运单的内容和含义与提单基本相同，在此不再赘述。但需要指出的是，由于海运单是不可转让的，亦不能作为物权凭证，所以海运单的“收货人”一栏必须是实际的收货人，而不能做成可转让形式的抬头，如“凭指示”（To Order）或“凭××指示”（To Order of…）。

三、航空运单

（一）含义和作用

航空运单（Air Waybill）是承运人签发给托运人表示已经收妥货物接受空运的货运单据，是承运人和托运人之间的运输合同和货物收据。航空运单与海运提单不同，它不是物权凭证，不能凭此提货或转让。货到目的地后，收货人凭承运人发出的到货通知书提货。航空运单依签发人不同可分为总运单（Master Air Waybill/MAWB）和分运单（House Air Waybill/HAWB）。总运单是航空公司签发的，分运单是航空货运代理公司签发的，两者的内容基本相同，法律效力相当，对于托运人或发货人而言，只是承担货物运输的当事人不同。

（二）主要内容

不同的航空公司和航空货运代理公司的航空运单各有不同，但大多借鉴 IATA（国际航空运输协会）推荐的标准格式，差别并不大，其基本内容如下。

1. 收发货人名称及地址。一般发货人栏填写出口方的名称及地址（Shipper's Name and Address），收货人栏填写进口方的名称和地址（Consignee's Name and Address）。因航空运单不能转让，所以收货人栏不能出现“To Order”（凭指示）之类的字样。

2. 承运人代理的名称及所在城市（Issuing Carrier's Agent Name and City）。若运单由承运人代理人签发时，此栏为实际名称及城市。如航空运单由承运人签发，此栏可空白不填。

3. 始发站机场名称、第一承运人地址和所要求的运输路线 [Airport of Departure (Add. of First Carrier) and Requested Routing]。

4. 目的站机场名称 (Airport of Destination)。货物如需转运，则在栏目“To”(至)中填转运点的名称，并注明由谁承担第一程运输 (By Fist Carrier)。

5. 会计结算情况 (Accounting Information)。一般根据实际情况填写运费预付或运费到付等内容。

6. 费用币制 (Currency)。注明始发国的货币国际标准代码，如“CNY”(人民币)。

7. 运费及声明价值费 (WT/VAL, Weight Charge/Valuation Charge)。航空运费“WT/VAL”，指根据货物计费重量乘以适用的运价收取的运费。声明价值费是指下列第八条所列向承运人申报价值时，必须与运费一起交付的声明价值费。

8. 供运输使用的声明价值 (Declared Value for Carrier)。按国际公约规定，托运人在交付托运时需声明货物价值，如发生货损，承运人按其声明价值赔偿。声明价值必须标明币制。如不声明价值，此栏则填写“N. V. D.”(No Value Declared)。

9. 供海关适用的申报价值 (Declared Value for Customs)。此栏所填数据为海关征税依据。如本地以商业发票或出口货物报关单申报价值为征税依据时，可留空不填或填“As Per INV.”(根据发票)。如作为货样等极少数量货物，可填“N. C. V.”(No Commercial Value)，表明没有商业价值。

10. 商品名称、包装件数、毛重 (Commodity, No. of Pieces, Gross Weight)。

11. 费率及运费总额 (Rate/Charge, Total)。

12. 发货人或代理人签名 (Signature of Shipper or Its Agent)。由发货人或代理人在此栏签名，保证该货物并非危险货物。

13. 承运人或其代理签字及签发运单日期、地点 [Exwcuted on … (Date) at… (Place), Signature of Issuing Carrier or Its Agent]。正本航空运单必须由承运人或其代理人签章后才能生效。

按照国家惯例，承运人或其代理人签发的航空运单正本有三份，分别由航空公司、发货人和收货人留存。

(三) 航空运单样本

航空运单样本如图 3-7 所示。

Shipper's Name and Address

Shipper's Account Number

Not Negotiable

Air Waybill 中国东方航空公司

Issued by CHINA EASTERN AIRLINES

2250 HONGQIAO ROAD

SHANGHAI CHINA

Consignee's Name and Address

Consignee's Account Number

Copies 1,2 and 3 this Air Waybill are originals and have the same validity

It is agreed that goods described herein are accepted in apparent good order and condition (except as noted) for carriage SUBJECT TO THE CONDITIONS OF CONTRACT ON THE REVERSE HEREOF. ALL GOODS MAY BE CARRIED BY ANY OTHER MEANS INCLUDING ROAD OR ANY CARRIER UNLESS SPCIFIC CONTRARY INSCTRCTIONS ARE GIVEN HEREIN BY THE SHIPPER, AND SHIPPER AGREES THAT THE SHIPMENT MAY BE CARRIED DEEMS APPROPRIATE. THE SHIPPER'S ATTENTION IS DRAWN TO THE NOTICE CONCERNING CARRIER'S LIMITATION OF LIABILITY. Shipper may increase such limitation of liability by declaring a higher value for carriage and paying a supplemental charge of required.

Issuing Carrier's Agent Name and City

Accounting Information

Agents IATA Code

Account No.

Airport of Departure (Add. of First Carrier) and Requested Routing

To	By First Carrier	Routing and Destination	To	By	To	By	Currency	Chgs Code	WT/VAL		Order		Declared val for Carrier	Declared val for Customs
									PPD	COLL	PPD	COLL		

Airport of Destination

Requested Flight/Date

Amount of Insurance

If shipper requests insurance in accordance with the conditions thereof indicate amount to be insures in figures in box marked "Amount of Insurance".

Handling Information

No. of Place RCP	Gross Weight	kg lb	Rate Class Commodity Item No.	Chargeable Weight	Rate Charge	Total	Nature and Quantity of Goods (Incl. Dimensions or Volume)

Prepaid | Weight Charge | Collect

Other Charges

Valuation Charge

Tax

Total other Charges Due Agent

Shipper certifies that particular's on the face hereof are correct and agree THE CONDITIONS ON REVERSE HEREOF:

Signature Shipper or his Agent

Total Charges Due Carrier

Total Prepaid | Total Collect

Carrier certifies that the goods described hereon are accepted for carriage subject to THE CONDITION OF CONTRACT ON THE REVERSE HEREOF. The goods then being in apparent good order and condition except as noted hereon.

Currency Conversion Rate | CC Charges in Dest. Currency

Executed (date) at (place) Signature of issuing Carrier

For Carriers Use only at Destination | Charges at Destination | Total Collect Charges

789-3905 0933

图 3–7 航空运单样本

四、铁路运单

铁路运单（Railway Bill）是铁路承运人收到货物后所签发的铁路运输单据。我国对外贸易铁路运输按营运方式分为国际铁路联运和国内铁路运输两种方式。前者使用铁路运单，后者使用承运货物收据。

1. 国际铁路联运运单

国际铁路联运运单是国际铁路联运的主要运输单据，它是参加联运的发送国铁路与发货人之间订立的运输契约，其中规定了参加联运的各国铁路和收、发货人的权利和义务，对收、发货人和铁路都具有法律约束力。当发货人向始发站提交全部货物，并付清应由发货人支付的一切费用，经始发站在运单和运单副本上加盖始发站承运日期戳记，证明货物已被接管承运后，即认为运输合同已经生效。

铁路运单一式五联，第一联为运单正本，随同货物到达终点站，并交给收货人，它既是铁路承运货物出具的凭证，也是铁路与货主交接货物、核收运杂费和处理索赔与理赔的依据；第二联为运行单，随货走，是铁路办理货物交接、清算运费、统计运量和收入的原始凭证，由铁路留存；第三联为运单副本，由始发站盖章后交发货人，是卖方凭此向收货人结算货款的主要证件；第四联为货物交付单，随货走，由终点站铁路留存；第五联为到达通知单，由终点站随货物交收货人。

2. 承运货物收据

承运货物收据（Cargo Receipt）是对港澳铁路运输中使用的一种结汇单据。该收据包括大陆段和港段两段运输，是代办运输的外运公司向出口人签发的货物收据，也是承运人与托运人之间的运输契约，同时还是出口人办理结汇手续的凭证。

五、邮政收据

邮政收据（Parcel Post Receipt）是邮政运输的主要单据，它既是邮局收到寄件人的邮包后所签发的凭证，也是收件人凭此提取邮件的凭证，当邮包发生损坏或丢失时，它还可以作为索赔和理赔的依据，但邮政收据不是物权凭证。

【复习思考题】

1. 试简述运输类单证的主要作用。
2. 海运提单与海运单有何区别？
3. 海运提单可以从哪些角度分类，各包括哪些提单，表现形式如何，意义何在？
4. 正确表述海运提单、航空运单各栏目描述内容的含义及英文表现形式。

第五节　结算类单证

【学习目标】

本节旨在让学习者了解国际货物买卖中以银行信用保证作为货款结算方式的信用文件和常用支付工具汇票的单证内容，以便学习者正确、全面理解与交易双方切身利益相关的单据表现形式。

完成本节学习，学习者应取得以下成果：

1. 了解信用证的含义和作用，掌握 SWIFT 信用证的特点和结构；
2. 掌握信用证与汇票的内容。

【基本概念】

信用证、汇票

【建议学习时间】

2 课时

国际货物买卖中，由于交易双方分处不同的国家和地区，货款结算通常会涉及支付方式、支付工具等问题，这些问题直接关系到交易双方的切身利益。在实际业务中，为了收汇安全，大都采用属于银行信用的信用证结算方式来降低收汇风险，并以外汇票据而非现金作为主要工具来流通。

一、信用证

信用证的含义、特点、作用已在本篇第一章第六节作了较详细的描述，此处仅介绍信用证业务中应用较广泛的 SWIFT 信用证。

（一）SWIFT 简介

“SWIFT”是对“环球金融银行电讯协会（Society for Worldwide Interbank Telecommunication）的简称。它是一个国际银行同业间非盈利性的国际合作组织，专门从事传递各国之间非公开性的国际金融电讯业务，其中包括外汇买卖、证券交易、开立信用证、办理信用证项下的汇票和托收等，同时还兼理国际账务清算和银行资金调拨。

SWIFT 于 1973 年 5 月在比利时成立，总部设在布鲁塞尔，在荷兰阿姆斯特丹和美国纽约分别设有交换中心（Swifting Center），并为各参加国开设集线中心（National Concentration），为国际金融业务提供快捷、准确、优良的服务。目前，已由 2000 多家分设在包括我国在内的不同国家和地区的银行参加该协会并采用其信息网络系统。

在国际贸易信用证方式结算中，都采用电报和电传开证，各国银行标准不一，条款和格式也各不相同，而且文字繁琐。采用 SWIFT 信用证后，使信用证具有标准化、固定化和统一格式的特性，且文字简洁、传递速度快、成本也较低，已被世界大部分国家和地区的银行广泛使用。在我国银行的电开信用证或收到的信用证电开本中，也以 SWIFT 信用证为多。

（二）SWIFT 信用证的特点

凡依据国际商会所制定的电讯信用证格式设计，利用 SWIFT 网络系统设计的特殊格式（Format）并传递的信用证信息（Message），即通过 SWIFT 开立或通知的信用证称为 SWIFT 信用证，也称为“环银电协信用证”。其主要特点如下：

1. 格式标准化，安全性高。对于 SWIFT 电文，该系统有统一的要求和格式，使用规定的代码（Tag），做到用语标准化；电文的收发均有使用者的代号（User I/D）及密码（Password）对全证加密控制，且密码定时更换，保障 SWIFT 电文的安全性。

2. 解释统一，费用较低。采用 SWIFT 信用证，必须遵守 SWIFT 使用手册的规定，按国际商会制定的《跟单信用证统一惯例》（UCP600）的规定处理，证中可以省去银行的承诺条款（Undertaking Clause），但并不因此免去银行所应承担的义务。与传统电讯开证方式相比较，同样多的内容，SWIFT 的费用只有电传（Telex）的 18%、电报（Cable）的 2.5%左右，费用较低。

3. 服务范围广，处理业务快。除信用证外，凡会员银行的有关国际银行业务的电讯均可使用 SWIFT 系统。每笔交易从发出电讯到收到对方确认只需 1~2 分钟，并可 7 天 24 小时连续不停地运转。

（三）SWIFT 信用证的结构

SWIFT 信用证因使用系统设计的特殊格式传送，有其特殊的固定结构，目前使用的格式代号为 MT700 和 MT701。以下是格式结构简介：

1. 电文表现形式。SWIFT 信用证电文由“项目”（Field Name）、“项目代号”（Tag）和“项目内容”（Content）三栏组成。项目是开证人申请开立信用证时按规定提出的，不同交易的信用证项目数量并不一致。每个项目的代号由两位固定的数字或两位数字加英文字母组成，如项目“Latest Date of Shipment 44C”（最后装运日，代号 44C）。代号不同，其含义不同，如“Applicant 50（申请人，代号 50）”“Documents Required 46A（应具备单据，代号 46A）”。

2. 项目的选用。SWIFT 手册规定的信用证项目分为必选项目（Mandatory Field）和可选项目（Optional Field）两类。选用必选项目是构成信用证合法性的必要条件，如“31 Date and Place of Expiry”（信用证有效期和到期地点）；可选项目亦称备选项目，是另外增加的，开证人可根据合同等实际情况选用若干项，如“39B Maximum Credit Amount”（信用证最大限制金额）。

3. 项目内容表示。项目内容的本质是开证银行承诺付款的条件，属于信用证条款。它也是信用证结算货款方式下受益人（出口商）制作单据的依据。其内容涉及业务面广、专业性强并应符合《跟单信用证统一惯例》（UCP600）的规则，是信用证的核心部分，表述时必须准确、全面、详尽。但是，SWIFT 信用证电讯格式对项目内容描述的数字和文字都有字数限制，电文一般以商务英语短句形式出现，且通常无主语和标点符号。这种表示方式，对相关业务人员提出了较高的专业素养要求。

（四）SWIFT 信用证的内容

信用证的内容除涉及该结算方式下整个贸易各环节业务外，还牵涉银行信用证业务的相关做法，以下以格式 MT700 为例，介绍 SWIFT 信用证主要项目内容。

1. 信用证的通知行（To：…）。

2. 信用证的开证银行（Fm：…）。

3. 信用证的性质（40A：Form of Doc. Credit）。例如“可撤销”或“不可撤销”，如果在所开信用证中未明确表示该证是否可被撤销，则按《跟单信用证统一惯例》（UCP600）的规定，一律视作不可撤销信用证。

4. 该信用证的号码（20：Doc. Credit Number）。

5. 信用证的开证日期（31C：Date of Issue）。SWIFT 格式表达日期的顺序是“年月日”，共六位数。

6. 该证的到期日和到期地点（31D：Date and Place of Expiry）。信用证的到期地点可以是开证行所在地，也可以是受益人所在地。如果是开证行所在地，受益人应提出修改，否则要把握好向开证行交单的时间和邮程，防止信用证失效。

7. 开证人（50：Applicant）。一般由订立买卖合同的买方申请开证，在该栏记载名称和地址信息。

8. 受益人（59：Beneficiary）。受益人是订立买卖合同的买方，在该栏记载名称和地址信息。

9. 信用证币种和金额（32B：Currency Code，Amount）。在 SWIFT 格式中，金额的小数点用逗号“,”表示。

10. 信用证总金额允许上下浮动的比率（39A：Percentage Credit Amount Tolerance）。例如，允许上下浮动 5%，则表示成“05/05”。

11. 押汇银行及押汇方式（41A：Available with…by…）。该项目实际上反映的是信用证的使用范围和银行付款的类型。如证上显示“Available with…bank”，则表示此证应在有效期内交到指定的“……银行”：如果显示“Available with any bank”，则表示此证中的单据可被交到任何银行。“By”后面跟的是银行付款类型，如即期付款、延期付款、承兑和议付等。

12. 信用证中汇票付款的期限（42C：Drafts at…）。如是“即期”，则表示成“At…sight”。

13. 汇票的付款人（42A：Drawee）。一般情况下是开证行，但有时也会是一个开证行指定的偿付行。

14. 货物是否允许分批出运（43P：Partial Shipment）。如是则显示“Allowed”，如否则显示“Prohibited”。

15. 货物在运输途中是否允许转运（43T：Transshipment）。如是则显示“Allowed”，如否则显示“Prohibited”。

16. 装船、发运或接受监管的地点（44A：Loading on board/Dispatch/Taking in charge at/from…）。

17. 货物装于至最终的目的地（44B：For Transportation to）。

18. 最后装运日（44C：Latest Date of Shipment）。表明该证项下的货物不能迟于此日期出运。

19. 货物描述及/或交易条件（45A：Description of Goods and/or Serice）。显示该证项下货物名称、规格、单价、数量等具体情形及相关交易条件。

20. 应具备的单据（46A：Documents Required）。表明该信用证要求提交哪些单据及对单据制作的要求，受益人所递交的单据和内容应符合的要求。

21. 附加条款（47A：Additional Condition）。通常是受益人的补充要求，有的需要在相关单据中显示出来，有的则是非单据化条件，需要受益人认真审核、对待。

22. 费用（71B：Charges）。表明受益人承担的信用证费用，如果该项目缺省，则表明除了议付费、转让费外，所有费用由开证申请人承担。

23. 交单的期限（48：Period of Presentation）。受益人向银行交单的期限，该项目是可选项目，如果缺省，按《跟单信用证统一惯例》（UCP600）规定，交单的期限为提单出单日后的 21 天内，但是无论如何不能超过信用证的有效期。

24. 该证有无被开证行要求加具保兑（49：Confirmation Instruction）。

25. 该证有无偿付行（53A：Reimbursing Bank）。

26. 开证行对付款行、承兑行或议付行的指示（79：Instruction to the Paying /Accepting / Negotiating Bank）。

（五）SWIFT 信用证样本

SWIFT 信用证样本如图 3-8 所示。

HONGKONG & SHANGHAI BANKING CORP
Incorporated in Hong Kong with Limited Liability
P. O. Box 085-151,
186 Yuan Ming Yuan Road, Shanghai
To:
CHINA ARTEX SHANGHAI IMPORT AND Our ref: 464311
EXPORT CORPORATION 04 OCT 2011
18 XIZANG NORTH ROAD
SHANGHAI, CHINA

Dear Sirs,

IRREVOCABLE DOCUMENTARY CDEDIT NO TH5391
In accordance with the terms of Article 7a of UCP600 we advise,
without any engagement on our part, having received the following
Teletransmission, Dated 03 OCT. 2011
From ISRAEL DISCOUNT BANK OF NEW YORK
NEW YORK BRANCH
MT 700

40A FORM OF DC:	IRREVOCABLE
20 DOC. NO:	TH5391
31C DATE OF ISSUE:	03 OCT. 2011
31D EXPIRY DATE AND PLACE:	30 NOV. 2011 CHINA
50 APPLICANT:	THE ABCDE GROUP, INC.
445 KENNEDY DRIVE	
SAYREVILLE, NEW JERSEY	

图 3-8 信用证样本

59 BENEFCIARY: CHINA ARTEX SHANGHAT IMPORT AND EXPORT CORPORATION 18 XIZANG NORTH ROAD SHANGHAI, CHINA

32 DC AMT: USD12, 400.00

41D AVAILABLE WITH/BY: ANY BANK IN CHINA BY NEGOTIATION

42C DRAFTS AT: SIGHT

42D DRAWEE: OURSELVES FOR 100.00PCT INVOICE VALUE

43P PARTIAL SHIPMENT: ALLOWED

43T TRANSSHIPMENT: ALLOWED

44A LOADING/DISPATCH AT/FROM: CHINA

44B FOR TRANSPORTATION TO: NEW YORK

44C LATEST DATE OF SHIPMENT: 10 NOV 2011

45A DESCRIPTION OF GOODS AND/OR SERVICE:

100% COTTON BABY GARMENTS

SPEC.	QNTY	UNIT PRICE	AMOUNT
1) JERSEY BABY'S OVERALL	2,000PCS	USD3.00/PC	USD6,000.00
2) JERSEY BABY'S BEATLE	2,0000PCS	USD3.20/PC	USD6,400.00

UNDER SALES CONTRACT GD-11ATX2509

TERMS CIF NEW YORK

46B DOCUMENT REQUIRED:

√COMMERCIAL INVOICE IN QUINTUPLICATE, MENTIONING COUNTRY OF ORIGIN, AND ALSO STATING "THIS IS TO CERTIFY THAT THE ABOVE MENTIONINGS ARE TRUE AND CORRECT".

√PACKING LIST IN TRIPLICATE.

√INSURANCE POLICE AND/OR CERTIFICATE IN IN DUPLICATE ENDORSED IN BLANK FOR 110 PCT OF THE INVOICE VALUE INCLUDING THE INSTITUTE CARGO CLAUSES<A>, THE INSTITUTE WAR CLAUSES, IN SURANCE CLAIMS TO BE PAYABLE IN USA IN THE CURRENCY OF THE DRAFTS INDICATING INSURANCE CHARGES.

√FULL SET OF ON BOARD MARINE BILLS LADING MADE OUT TO ORDER OF ISRAEL DISCOUNTBANK OF NEW YORK N. Y. L/C TH5391 MARKED FREGHT PREPAID AND NOTIFY APPLICANT.

√CETIFICATE OF ORIGIN ISSUED BY CIQ.

49 CONFIRMATION INSTRUCTION: WITHOUT

48 PERIOD FOR PRESENTATION:

DOCUMENTS TO BE PRESENTED WITHIN 15 DAYS AFTER DATE OFSHIPMENT BUT WITHIN THE VALIDITY OF THE CREDIT.

47A ADDITIONAL CONDITIONS:

+THE GOODS TO BE PACKED IN EXPORT CARTONS.

+EACH SET OF DISCREPANT DOCUMENTS WILL BE ASSESSED USD70.00 PRESENTING OUR FEES FOR HANDLING DISCRPANCIES. THESE FEES ARE FOR THE BENEFICIARYS ACCOUNT AND WILL BE AUTOMTICALLY DUDUCTED FROM THE PROCEEDS OF THE PAYMENT WHEN EFFECTED.

+ALL DRAFTS MUST BE MARKED DRAWN UNDER ISRAEL DISCOUNT BANK OF NEW YORK, NEW YORK STATING THE DOCUMENTARY CDEDIT NUMBER AND THE DATE OF THIS CREDIT.

图 3-8 信用证样本（续 1）

71B	ALL BANK CHARGES OUTSIDE USA AND INCLUDING REIMBURSEMENT COMMISSION ARE FOR ACCOUNT OF BENEFICARY.
78	INFO TO PRESENTING BK: +ALL DOCUMENTS ARE TO BE DESPATCHED TOUS AT 511 FIFTH AVENUE NEW YORK, NY 10017 IN ONE LOT BY AIRMAIL James C M Wong (0687)　　Rapheal Z F YIN (4431)

Except so far as otherwise expressly stated, this documentary credit is subject to Uniform Customs and Practice for Documentary Credit (2007 Revision), International Chamber of Commerce Publication No. 600.

图 3-8　信用证样本（续 2）

二、汇票

国际贸易货款结算，作为支付工具使用的有货币和票据。货币用于计价和支付。票据用于结算和支付。在实际业务中，以现金结算货款使用较少，仅限于小额交易，大多采用票据进行结算。票据是以支付一定金钱为目的，可以转让流通的证券。票据有汇票、支票和本票三种。在国际货款结算中，以汇票的使用最为广泛。

（一）含义和作用

汇票（Bill of Exchange，简称 Draft 或 Bill），属于资金单据，是一种很重要的有价证券，可以代替货币进行转让或流通。我国《票据法》对汇票的定义是："汇票是出票人签发的，委托付款人在见票时或者在指定日期无条件支付确定金额给收款人或者持票人的票据。"

按照各国广泛引用或参照的英国票据法所下的定义，汇票是"由一人签发给另一人的无条件书面命令，要求受票人见票时或于未来某一规定的或可以确定的时间，将一定金额的款项支付给某一特定的人或其指定人，或持票人"。

汇票从不同角度可进行多种分类，就其作用而言都在于支付流通，具体如下：

1. 由银行出票的银行汇票，银行既是出票人，也是付款人。在国际结算中，银行签发汇票后，一般交给汇款人，由汇款人寄交国外收款人向指定的付款银行取款，汇付结算方式中的票汇属于这种情况。

2. 出票人如果是工商企业或个人，属于商业汇票。在国际贸易托收方式结算中，使用商业汇票居多，通常由出口人开立委托银行向国外进口人收取货款使用。如果开立汇票后再附有货运单据，称为跟单托收。

3. 在信用证结算业务中，受益人（出口人）也需要根据信用证的要求开立以银行为付款人的汇票取得资金收益。仅要求受益人出具汇票的信用证称为光票信用证，而要求出具汇票并附有货运单据的信用证则属于跟单信用证。

4. 汇票作为一种有价证券具有流通性，在国际金融市场上可以通过"背书"转让汇票。汇票一经背书，汇票上的收款权利就转让给了受让人，汇票可以多次转让，直至付款期限到达，付款人付款。因此，收款人可将远期汇票向银行押汇。

（二）内容

国际贸易中使用的汇票并无统一的格式，但必须按国际票据法的规定记载有关内容。我国《票据法》规定，汇票必须记载下列事项：表明“汇票”的字样、无条件地支付委托、确定的金额、收款人名称、出票日期、出票人签章。未记载规定事项之一的，汇票无效。汇票的主要内容如下：

1. 出票条款。注明出票人开立汇票的依据，一般应具备以下三项内容：

（1）开证行名称、地点（Drawn under）；

（2）信用证编号（L/C No.）；

（3）信用证的开证日期（Dated）。

出票条款是说明开证行在一定期限内对汇票的金额履行保证付款的法律依据，是信用证项下的汇票不可缺少的主要内容之一。如采用托收方式结算货款，该栏列明有关买卖合同编号。

2. 利息条款（Payable With Interest@…%…）。汇票金额的利率，应根据双方事先约定列明。

3. 汇票号码（No.）。由出票人自行编号列明，在实际业务中，一般都以相应的发票号码兼作汇票号码。

4. 汇票的金额（Exchang for）。

5. 出票地点和时间（Place and Date of Issue）。汇票的出票地点一般在汇票上印就，如“Shanghai China”。汇票必须注明出票地点，表明汇票的生效和适用以该地点所在国的法律为依据。汇票的出票时间是所有单据中开立最晚的，一般为到银行交单议付的日期。

6. 付款期限（At…Sight）。通常为“即期付款”和“远期付款”两种。没有付款期限的汇票是无效的。

7. 收款人（Pay…）。注明受款人（Payee），即汇票的抬头人，通常有三种形式。

（1）限制性抬头，如“Pay…Co. only”；

（2）指示性抬头，如“Pay to the order of…”或“Pay…Co. or order”；

（3）持票人抬头，如“Pay to Bearer”。

实际业务中，汇票的收款人较多地采用指示性抬头。信用证项下，通常以议付行（出口地银行）为受款人，亦可做成受益人为收款人。托收项下的汇票，一般以托收行或出口方为收款人。

8. 汇票金额的大写（The Sum of）。汇票的金额有大小写之分，大小写金额必须保持一致。

9. 付款人的名称和地址（To…）。信用证规定付款人的，按信用证规定填入。信用证未作规定的，则列明开证行为付款人。托收项下汇票的付款人为进口方。

10. 出票人签名（Signed）。托收和信用证项下，汇票的出票人均为出口方。

（三）汇票样本

汇票样本如图 3-9 所示。

Bill of exchange
Draw underISRAEL DISCOINT BANK OF NEW YORK AER YORK BRANCH L/C No. TH5301
Dated 03 OCT. 2011 Payable with interest@ ××× % ______
No. ATX051212 Exchange for USD12, 400.00 Shanghai China Oct. 18 2011
At. * * * sight of this SBCOND of Exchange (First Exchange Being Unpaid)
Pay to the order of Bank of China, Shanghai Branch
The sum of U. S. DOLLARS TWELVE THOUSAND FOUR HUNDRED ONLY
To ISRAEL DISCOUNT BANK OF NEW YORK
NEW YORK BRANCH
CHINA ARTEX SHANGHAI IMPORT AND EXPORT CORPORATION
WANG LIQIN

图 3-9 汇票样本

【复习思考题】

1. 何谓 SWIFT 信用证？
2. SWIFT 信用证电文由哪些栏目组成？
3. SWIFT 信用证的项目分为哪两大类，分别表明什么？
4. 试简述 SWIFT 信用证各项目描述内容的含义及电文表现形式。
5. 试简述汇票的作用、内容及英文表现形式。

第六节 其他单证

【学习目标】

本节旨在让学习者更多地了解与国际货物买卖行为有关的相关单证，以供学习者在办理通关事务中参考、借鉴。

完成本节学习，学习者应取得以下成果：

1. 了解原产地证书、保险单的类型，熟悉其内容及英文表现形式；
2. 掌握原产地证书、保险单各栏目的内容；
3. 了解并掌握检验检疫证书等其他单证的种类和作用。

【基本概念】

原产地证书、保险单、检验检疫证书、舱单

【建议学习时间】

1 课时

一、原产地证书

延展阅读

（一）含义、种类和作用

原产地证是证明货物生产地或制造地的具有法律效力的书面文件。在对外贸易中原产地证书通常是应进口国（地区）政府或进口商的要求，由出口商向出口国（地区）政府的签证机构申请取得后，向进口商提供的。各国（地区）通常依据进口货物原产国的不同而提供不同的待遇。原产地证书签发的依据称为原产地规则。目前，我国对出口货物所签发的原产地证书主要如下。

1. 一般原产地证书

一般原产地证书（Certificate of Origin），简称“产地证”，又称“普通产地证书”，通常用于不使用海关发票或领事发票的国家（地区）。根据《中华人民共和国进出口货物原产地条例》（以下简称《原产地条例》）的规定，一般原产地证书主要适用于实施最惠国待遇、反倾销、反补贴、保障措施、原产地标记管理、国别数量限制、关税配额等非优惠性贸易管理措施及政府采购、贸易统计等活动对进出口货物原产地的证明。

我国一般原产地证书（Certificate of Origin of the People's Republic of China），根据进口商的不同要求可由海关或中国国际商会签发。有时进口商认可，由出口商、生产厂家出具的厂商产地证，也属于一般原产地证书范围。

2. 普惠制原产地证书

普惠制原产地证书（Generalized System of Preference Certificate of Origin），简称“GSP 产地证”，又称“FORM A”（格式 A）。

普遍优惠制度是发达国家给予发展中国家出口制成品和半制成品（包括某些初级产品）普遍的、非歧视性的、非互惠的一种关税优惠制度。普惠制原产地证书是一种受惠国有关机构就本国出口商向给惠国出口受惠商品而签发的用以证明原产地的证明文件。

目前，给予我国出口产品普惠制待遇的国家共有 39 个，出口商在对给惠国出口“可受惠商品”时，不管信用证是否要求提供普惠制原产地证书，都应申领此证交收货人，使其能享受普惠制待遇。普惠制产地证书由各口岸的海关办理签证、发证和管理工作。

3. 专用原产地证书

专用原产地证书是基于我国与有关国家（地区）签订的单边或多边优惠贸易协定，按要求和格式签发的，专门用于享受优惠贸易协定税率的原产地证明文件。该原产地证书由我国海关签发。

（二）原产地证书的内容

一般原产地证书和普惠制原产地证书的栏目有较多相同之处，但普惠制原产地证书根据普惠制原产地规则，对原产地标准的描述方式是该证书的核心项目，故本节主要介绍该证书的相关项目。

1. 货物发运信息（Goods Consigned From…）。此栏具有强制性，必须列明出口商全称、详细地址和国家（地区）。

2. 货物运至信息（Goods Consigned to…）。一般应列明在给惠国的收货人名称，中间转口商不得填入。

3. 运输方式和路线 [Means of Transport and Route (as far as known)]。记载本批货物的装运港、目的港或到货地点，并说明运输方式，如运输路线后面加注“By Vessel/Air/Train”等。如果中途需要转运还应加上转运港，如“Via Hongkong”等。

4. 发证机构根据需要作批注 (For Official Use)。

5. 内容序号 (Item Number)。对同一批出口货物有不同品种的，可按品种、发票号分别列明“1”“2”“3”等，只有单项商品，此栏可为空。

6. 包装件号和唛头 (Marks and Numbers of Packages)。应按发票列明完整的唛头和包装件号。若货物无唛头，则显示“No Mark”或“N/M”。

7. 包装种类及件数、货物描述 (Number and Kind of Packages; Description of Goods)。列明货物的包装件数值及大写，货物描述应完整、具体。此栏内容缮制完毕后应注上结束符号“******”，以防添加其他内容。

8. 原产地标准 (Origin Criterion)。此栏是给惠国海关审核的重点项目，应如实列明。有关规定简要说明如下：

(1)“P”——完全产自于出口国，无进口成分；

(2)“W”——含有进口成分，但已经出口国充分加工或制作，符合原产地标准；

(3)“F”——出口加拿大的商品，含有进口成分（占产品出厂价的40%以下）。

9. 毛重或其他数量 (Gross Weight or Quantity)。填写完毕后应注上“*******”符号，表示结束。

10. 商业发票号码和签发日期 (Number and Date of Invoice)。

11. 签证当局的证明 (Certification)。此栏加盖海关的公章，并由授权的签字人手签。

12. 出口商声明 (Declaration by the Exporter)。出口国填“China”，进口国必须是给惠国，应与收货人的目的港及其国别一致。此栏应加盖出口公司的公章，并由公司授权的人手签。

（三）原产地证书样本

1. 一般原产地证书

一般原产地证书样本如图3-10所示。

<table>
<tr><td colspan="2">1.Export</td><td colspan="3" rowspan="2">Certificate No.

CERTIFICATE OF ORIGIN
OF
THE PEOPLE'S REPUBLIC OF CHINA</td></tr>
<tr><td colspan="2">2.Consignee</td></tr>
<tr><td colspan="2">3.Means of transport and route</td><td colspan="3" rowspan="2">5.For certifying authority use only</td></tr>
<tr><td colspan="2">4.Country/region of destination</td></tr>
<tr><td>6.Marks and numbers</td><td>7.Number and kind of packages;description of goods</td><td>8.H.S Code</td><td>9.Quantity</td><td>10.Number and date of invoice</td></tr>
<tr><td colspan="2">11.Declaration by the export
The undersigned hereby that the above details and statements are correct,the all goods produced in China and that they comply with the Rules of the People's republic of China.</td><td colspan="3">12.Certification
It is hereby certified that the declaration by the export is correct.</td></tr>
<tr><td colspan="2">Place and date.signature of authorized signatory</td><td colspan="3">Place and date , signature of certifying authority</td></tr>
</table>

图 3-10　一般原产地证书样本

2. 普惠制原产地证书

普惠制原产地证书样本如图 3-11 所示。

ORIGINAL

1.Goods consigned from (Exporter' s business name, address, country)	Reference No. GENERALIZED SYSTEM OF PREFERENCES CERTIFICATE OF ORIGIN (Combined declaration certificate) FORM A Issued in THE PEOPLE' S REPUBLIC OF CHINA (country) See Notes overleaf
2 Goods consigned to (Conignee' s name, address, country)	
3.Means of transport and route (as far as known)	4.For official use

5.Item numbers	6.Marks and Numbers of packages	7.Number and kind of packages; description of goods	8.Origin criterion (see Notes overleaf)	9.Gross weight or other quantity	10. Number and date of invoice

11. Certification It is hereby certified, on the basis of control carried out, that the declaration by the export is correct. Place and date, signature and stamp of certifying authority	12.Declaration by the export The undersigned hereby that the above details and statements are correct ; the all goods produced in China and that they comply with the origin requirements specified for those goods in the Generalized system of Preference for goods exported to .... (importing country) Place and date. signature of authorized signatory

图 3-11 普惠制原产地证书样本

二、保险单

(一) 含义、作用和种类

保险单（Insurance Policy）又称“大保单”，是被保险人与保险公司订立保险合同的一种正式证明。

保险单的作用在于，当保险标的发生保险责任范围内的损失时，保险单是被保险人依保险条款向保险公司进行索赔的凭证，也是保险公司按保险责任进行理赔的依据。

除了保险单以外，我国进出口业务中还使用以下三种保险单据：

1. 保险凭证（Insurance Certificate），又称“小保单”。实质上是一种简化的保险单，法律效力与保险单相同。

2. 预约保险单（Open Policy）。适用于经常有相同类型货物需要装运的保险，可简化逐笔签订保险合同的手续。

3. 保险批单（Endorsement）。保险公司在保险单出立后，根据保险人的要求，对保险内容补充或变更而出具的一种凭证，是保险单的组成部分。

（二）主要内容

海上保险单在对外贸易保险业务中使用最为广泛，其内容也比较详尽，各家保险公司根据自身印制的固定格式和投保要求制作保险单，但就其内容而言基本相似。本节以中国人民保险公司中英文格式保险单为例，由于其各栏目内容及相关条款已经较为清晰，此处仅就个别栏目作相应介绍。

1. 被保险人（Insured），又称保险单的抬头人，通常有以下几种列明方式。

（1）托收、T/T 汇款或信用证无特别规定时，列明出口商（受益人），并由出口商在空白背书。

（2）如果信用证规定保险单背书给特定方，则此栏列明出口商，并在背书中注明“claims, if any, payable to order of. …（特定方）”。

（3）如果信用证规定某特定方为被保险人，则此栏列明出口商（受益人）名称，后接“held in favour of…（特定方）”，或直接显示“in favour of…（特定方）”，受益人不需要背书。

（4）如果信用证要求做成指示式抬头，则列明“To Order”，再由受益人背书。

2. 保险货物描述（Description of Goods）。因随附发票，此栏的商品可列统称，与提单保持一致。

3. 保险金额（Amount Insured）。保险人承担赔偿或者给付保险金责任的最高限额，是保险费计收的基础。保险金额应按合同和信用证上的要求列明，至少是货物 CIF 或 CIP 价的 110%。如信用证规定投保金额加成比率的，则按信用证规定。所计算出的保险金额有小数的，按“进一法”取整。

4. 承保险别（Conditions）。列明合同或信用证上保险条款选用的险别、加成率，并写明保险公司保险条款的名称。

5. 赔款偿付地点和赔付货币名称（Claims Payable at/in…）。通常将运输目的地作为赔偿地点，以合同规定的币种作为赔偿货币。

6. 保险单签发日期和地点（Date and Place）。保险单签发日期一般在货物装上运输工具之前。

（三）保险单样本

保险单样本如图 3-12 所示。

中 国 人 民 保 险 公 司

THE PEOPLE'S INSURANCE COMPANY OF CHINA

总公司设于北京　　一九四九年创立

HEAD OFFICE：BEIJING　　ESTABLISHED IN 1949

发票号码　　保险单　　保险单号次

INVOICE No.　　INSURANCE POLICY　　POLICY No.

中国人民保险公司（以下简称本保险公司）

This Policy of Insurance witnesses that People' Insurance Company of China (hereinafter Called "The Company")

根据＿＿＿＿＿＿＿＿＿＿（以下简称被保险人）的要求，由被保险人向本公司缴付约定的保险费，按照本保险单承保险别和背面所载条款与下列条款承保下述货物运输保险，特立本保单

At the request of ＿＿＿＿＿ (hereinafter called " the Insured ") and in consideration of the agreed premium paid to the company By the Insured undertakes to insure the undermentioned goods in transportation subject to the condition of this policy as per the clauses printed overleaf and other special clauses at attached hereon.

标记 Marks & Nos.	包装及数量 Quantity	保险货物项目 Description of goods	保险金额 Amount Insured

总保险金额

Total Amount Insured ＿＿＿＿＿＿＿＿＿＿＿＿＿＿

保费　　费率　　装载运输工具

Rate：As arranged　　Rate：As arranged　　Per conveyance S. S

开航日期　　自　　至

SLg. on or abt ＿＿＿＿＿＿ From ＿＿＿＿＿＿ To ＿＿＿＿＿＿

承保险别：

Conditions

所保货物，如遇出险，本公司凭本保险单及其他有关证件给付赔款

Claims, if any, payable on surrender of this Policy together with other relevant documents

所保货物，如发生本保险单项下负责赔偿的损失或事故，应立即通知本公司下述代理人查勘

In the event of accident whereby loss or damage may result in a claim under this Policy immediate notice applying for Survey must be given to the Company's Agent as mentioned hereunder

赔款偿付地点：　　中国人民保险公司上海分公司

Claims payable at/in　　THE PEOPLE'S INSURANCE CO. OF CHINA

日期　　地址　　SHANGHAI BRANCH

Date ＿＿＿＿ Address ＿＿＿＿＿＿

图 3-12　保险单样本

三、检验检疫证书

海关对出口商品检验检疫或鉴定后，根据不同的要求和项目，签发各种检验检疫证书。

（一）种类

国际货物买卖中，常见的检验检疫证书有：

1. 品质检验证书（Inspection Certificate of Quality）；
2. 重量检验证书（Inspection Certificate of Weight）；
3. 数量检验证书（Inspection Certificate of Quantity）；
4. 包装检验证书（Inspection Certificate of Packing）；
5. 产地检验证书（Inspection Certificate of Origin）；
6. 植物检疫证书（Inspection Certificate of Phytosanitary）；
7. 卫生检验证书（Inspection Certificate of Sanitary）；
8. 动物卫生证书（Inspection Certificate of Animal Health）；
9. 熏蒸/消毒证书（Fumigation/Disinfection Certificate）；
10. 兽医检疫证书（Veterinary Inspection Certificate）。

在实际业务中，究竟提供何种检验检疫证书，买卖双方应根据货物的实际情况事先加以确定，并在合同中加以明确。

（二）作用

检验检疫证书的作用主要表现为：

1. 作为买卖双方交接货物的依据；
2. 作为结算货款的依据；
3. 作为索赔、理赔的依据。

我国现行外贸业务中使用的检验检疫证书统一单证抬头名称，参照国际通行的做法，加注了免责条款，采取了手签名方式，并按照责权一致的原则，一律由实施检验检疫的海关，签发单证并承担法律责任。

经检验检疫合格发给检验证书或者通关单的出口货物，应在规定的期限内装运出口，超过期限的应重新报检。

（三）品质检验证书样本

品质检验证书样本如图3-13所示。

正 本

ORIGINALL

编号 No.

品质证书

QUALITY CERTIFICATE

发货人 Consignor	×××进出口有限公司 ××× IMPORT & EXPORT COMPANY LTD		
收货人 Consignee	××××		
品名 Description of goods	100%棉染织物 44” 108×5 & 21×21 100% Cotton dyed fabric		标记及号码 Marks & Nos. ××××××× C/No. 1-120
报检数量/重量 Quantity	-12000-码 -12000-yds		
包装种类及数量 Number and type of Package	全幅卷筒，每卷用聚乙烯袋装 Full width rolled on tube，each roll in an poly bag		
运输工具 Means of Conveyance	货车 By Truck		

检验结果

RESULTS OF INSPECTION：

从全批货物中，按×××标准抽取样品并按×××标准规定进行检验，结果如下：

From the whole lot of goods，sample were drawn according to Standard ××× and inspected according to the stipulation of standard ×××× with the results as follows：

幅宽（英寸）：

Width（inch）：44

经纬密度（根/英寸）：

Density of warp & weft（per inch）：116. 9×56. 6

经纬断裂强力（牛顿/5 厘米）

Breaking strength of warp & weft（N/5cm）：1210×90B

水洗尺寸变化（%）：

Dimensional change after washing（%）：0. 8×0. 1

耐洗色牢度（等级）：

Color fastness to washing（grade）：cc：3；cs：4

耐摩擦色牢度（等级）：

Color fastness to rubbing（grade）：dry：4-5；wet：4

原料成分：100% 棉

Appearance：Grade A

外观（等级）：A 级

Composition（%）：100% cotton

结论：上述检验结果符合×××标准对 A 级产品的要求。

Conclusion：The above result of inspection in conformity with requirement of Standard ××× grade A products.

本证书印刷号：×××××××××××

印章 签证地点 Place of Issue GUANGZHOU　　签证日期 Date of Issue 05 APR. 2010

Official Stamp

授权签字人 Authorized Officer ________　　签名 Signature ________

图 3-13　品质检验证书样本

（四）数量检验证书样本

数量检验证书样本如图 3-14 所示。

数量检验证书

QUANTITY CERTIFICTE

发货人：

Consignor ABC IMPORT & EXPORT CORPORATION

收货人：

Consignee ………WHITE BROWN & SONS CO. , LTD. ……………

品名：

Description of Goods ……100% COTTON DISHCLOTHS　　报检数量/重量

Quantity/Weight Declared 33350DOZ/19911KG……

包装种类及数量：

Number and Type of Package 367 BALES……

运输工具：

Means of Conveyance ……MOON RIVER V. 063……

检验结果：

Result of Inspection 14" ×14" PACKED IN 80 BALES OF 200 DOZ. EACH

15" ×25" PACKED IN 60 BALES OF 100 DOZ. EACH

22" ×32" PACKED IN 227 BALES OF 50 DOZ. EACH

TOTAL：33350 DOZENS

TOTAL：367BALES

我们已尽所知和最大能力实施上述检验，不能因我们签发本证而免除卖方或其他方面根据合同和法律所承担的产品数量责任和其他责任。

All inspection are carried out conscientiously to the best of our knowledge and ability. This certificate does not in any respect absolve the seller and other related parties from his contractual and legal obligations espetially when product quantity is concerned.

Chuang Yunjie

JUN. 15. 2011

图 3-14　数量检验证书样本

四、舱单

延展阅读

进出境运输工具“舱单”（Manifest）指进出境船舶、航空器、铁路列车、公路车辆等运输工具负责人或其代理人向海关递交或传输的真实、准确反映运输工具所载货物、物品情况的纸质载货清单或电子数据。

舱单包括原始舱单、预配舱单和装（乘）载舱单。原始舱单是指舱单传输人向海关传输的反映进境运输工具装载货物、物品或者乘载旅客的信息的舱单。预配舱单是指反映出境运输工具预计装载货物、物品或者旅客信息的舱单。装（乘）载舱单是指反映出境运输工具实际配载货物、物品或者旅客信息的舱单。

【复习思考题】

1. 试简述原产地证书的种类、作用、内容及英文表现形式。
2. 试简述保险单的种类、作用、内容及英文表现形式。
3. 试简述检验检疫证书的种类、作用、内容及英文表现形式。

第二篇 海关及海关管理

2

导　读

一、关于报关服务与海关管理之间的交集关系

《报关服务作业规范》明确界定了代理报关服务作业的范围，涉及如实申报、递交单证、配合查验、缴纳税费、提装货物、报批报核等诸多进出境即时性关务服务项目。随着外贸发展方式变革与海关全面深化改革，跨境贸易对通关安全与便利的要求不断提高，进出口企业在应对进出境通关模式与程序调整，在关务合规与风险防控筹划、贸易管制评估与知识产权事务处置、应对海关“三查”、应对海关处罚与实施救济等方面的服务需求逐渐增多，报关服务的转型升级及扩大服务范围是一个必然趋势。而本篇“海关管理制度”的内容可以帮助学习者系统了解在对外贸易跨境通关领域的海关管理制度及其与报关服务之间的交集关系（参见图1），为报关服务的创新发展提供智力支持。

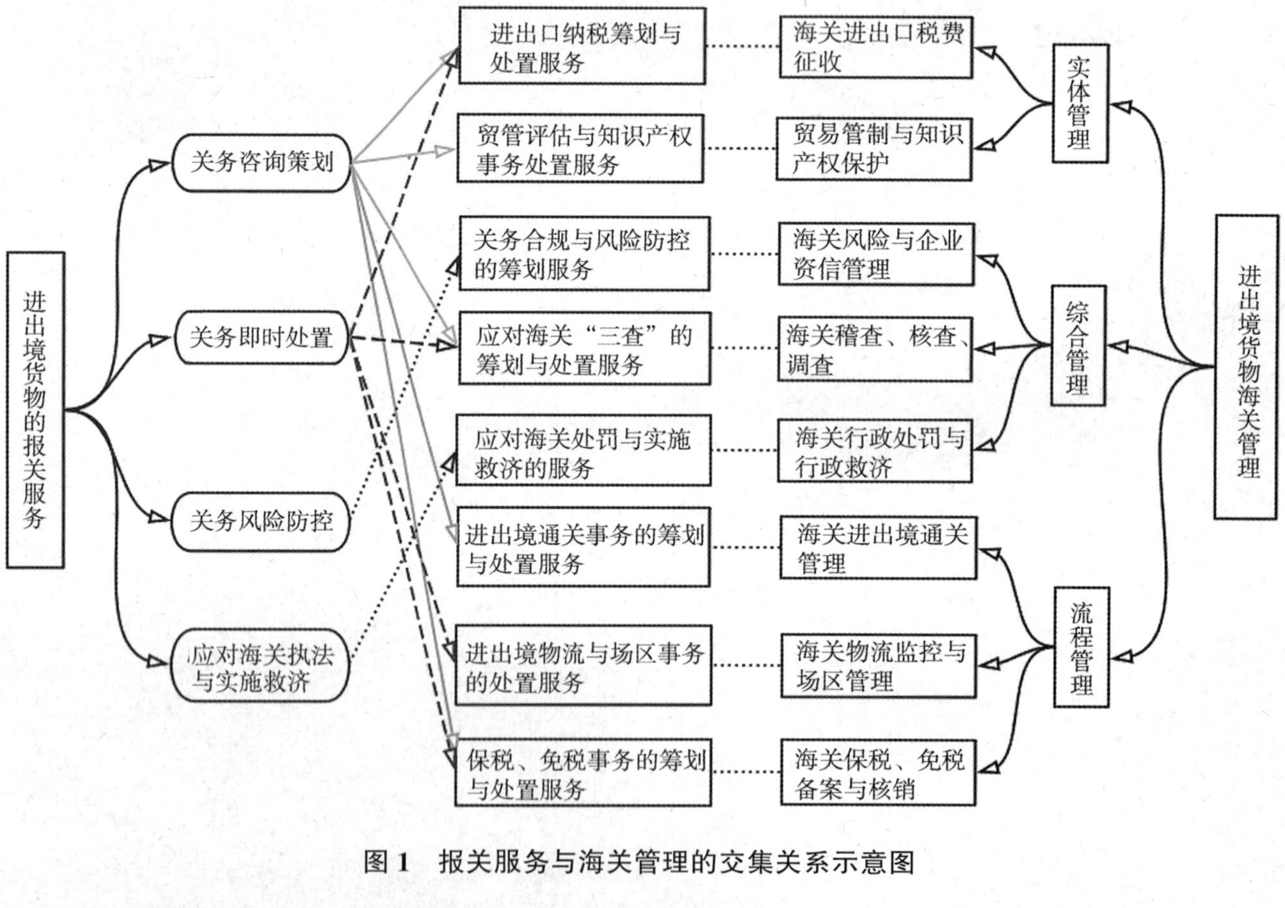

图1　报关服务与海关管理的交集关系示意图

二、本篇的内容及逻辑结构

本篇分设第四章“海关基础知识”与第五章“海关管理制度”。

“海关基础知识”主要涉及海关的性质与任务、权力、管理体制及改革与发展现状与趋势等

内容，其结构基本上按照通常人们认识事物的逻辑顺序来编排，从海关——海关任务——海关权利——海关体制——海关改革发展。

“海关管理制度”则在对海关管理与管理制度的含义、特点作了解读后，主要围绕与进出境货物相关的海关管理制度进行相对详尽的平行介绍。对这些海关管理制度的熟悉了解，应该成为学习者学习掌握报关作业技能的最重要基础。与此同时，学习者还有必要针对这些制度在海关进出境管理中的功能目标，从多维多元的视角理顺制度之间的相互关系，使大家对海关管理制度的内容结构有一个更科学的认识，以促进报关服务质量的提升（参见图2）。

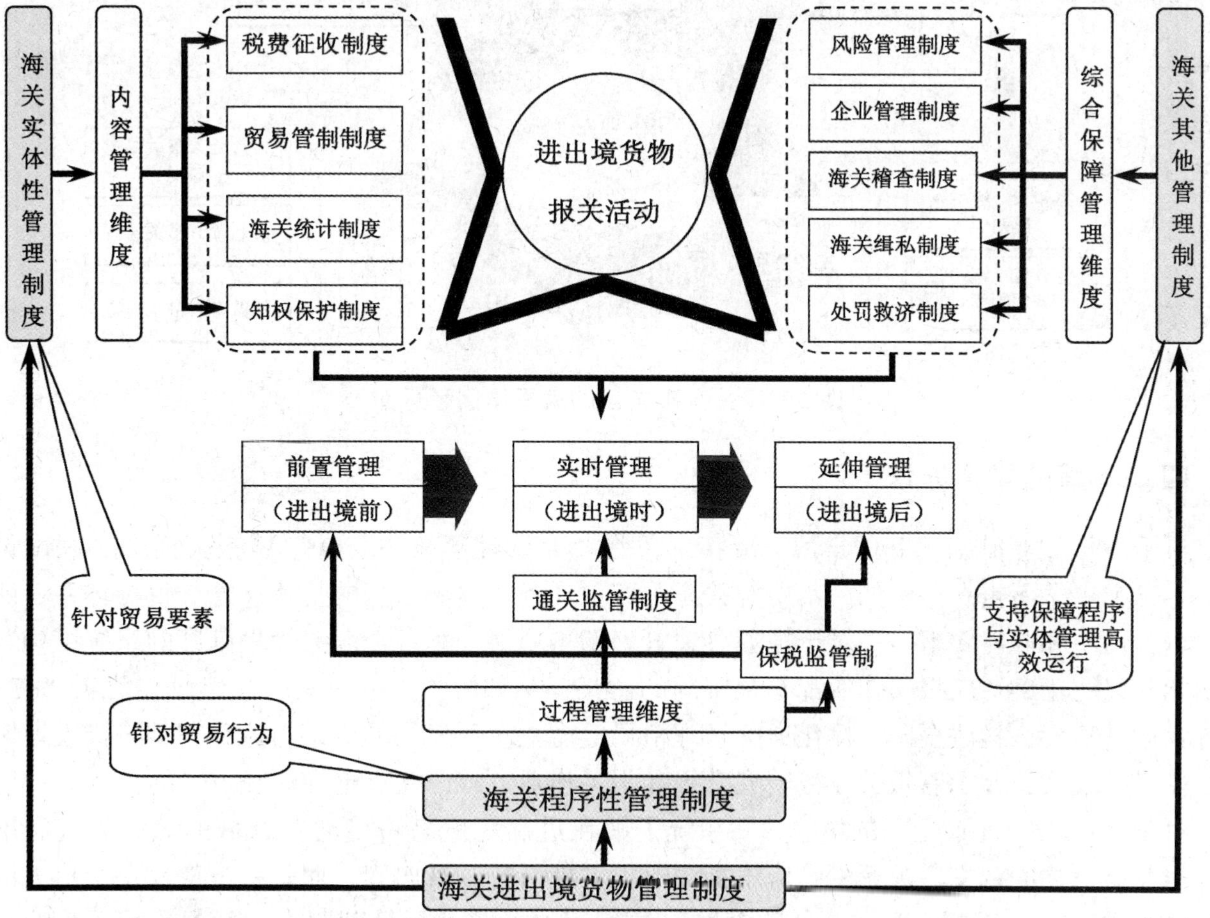

图2 海关进出境货物的管理制度与管理维度示意图

三、本篇的编写体例

本篇的编写体例按照“类别”—“模块”—“点”的层次结构来搭建：

第一层次为“海关”专业知识类别。

贸易引发海关管理、海关规范报关活动，报关为贸易的跨境通关服务。《关务基础知识》全书分设“贸易篇”“海关篇”“报关篇”，成为相互关联、相辅相成的报关业务知识链。第二篇“海关及海关管理”即为整个报关业务知识链中的海关专业知识类别。

第二层次为“海关”知识专业类别所属的知识模块。本篇分设两“章”，即第四章“海关基础知识”与第五章“海关管理制度”。

第三层次为“海关基础知识”与“海关管理制度”知识模块所属的具体知识点。对具体且与报关业务知识链关系最为紧密的海关专业知识进行归纳。"海关基础知识"的知识点涉及海关的性质与任务、权力、管理体制及改革与发展现状与趋势；"海关管理制度"的知识点则对与报关活动息息相关的进出境货物海关管理规范进行系统介绍（参见图3）。

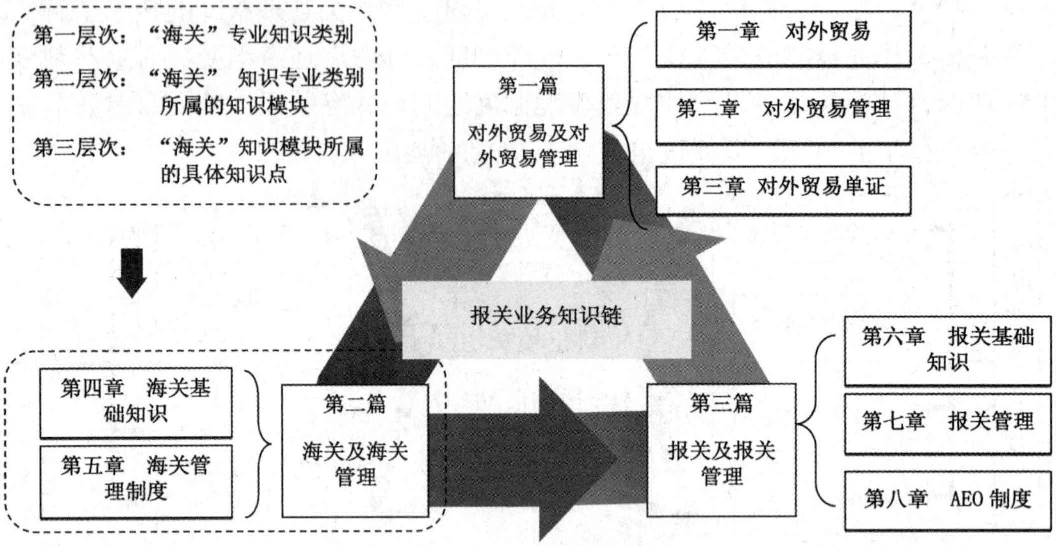

图3 海关基础知识的编写体例示意图

四、本篇的学习方法

对于"海关基础知识"的学习，要特别关注、充分理解其中与进出境报关业务关联度最大的内容，突出学习重点。例如，其中有关海关四项任务的内涵，它的整体概念、目标体系，所反映的海关性质和职能要求等，对于把握海关管理的本质属性和各类海关管理制度的系统结构与多维功能并以此正确对应报关作业都有很实际的意义；又如海关"单一窗口"建设，落实"三互"推进大通关建设，构建全国一体化通关管理格局等海关改革发展的成果与进程，都将极大地影响报关业务的发展，预示着报关业务转型升级和报关作业方式的变革迫在眉睫。

对于"海关管理制度"的学习，除系统了解在进出境贸易跨境通关领域的海关管理制度及其与报关服务之间的交集关系外，应不拘泥于孤立地看待本章内容，而是将其放在一个更大的系统范围，进行循序渐进的学习（参见图4）。同时又必须将海关管理制度的学习与报关作业技能的学习与演练更紧密地联系起来，让海关知识与报关实践结合，用管理的政策理论来指导实际报关操作。

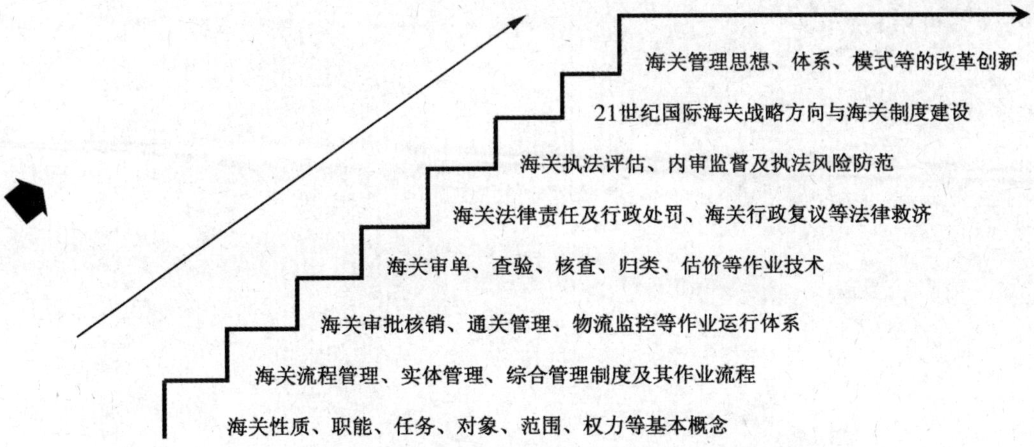

图4 学习、研究海关管理业务的阶梯示意图

第四章

海关基础知识

本章主要介绍海关的含义、我国海关的性质和任务、海关的权力、海关的管理体制与组织机构等。学习者通过本章的学习，应该从上述几个方面对海关有全面、准确的了解。

第一节　海关概述

【学习目标】

本节内容旨在让学习者掌握海关的概念，了解我国海关的地位和作用。

完成本节学习，学习者应获得以下成果：

1. 了解海关的起源；
2. 认识我国海关的地位和作用；
3. 掌握关境和国境的概念；
4. 了解世界海关组织。

【基本概念】

海关、关境、中国海关、世界海关组织

【建议学习时间】

1 课时

一、海关

一国（地区）为了在国际经济交往中保护本国（地区）企业和公民的利益，同时维护一个良好、公平的进出境秩序必然要对进出境活动进行管理。通常来说国家（地区）对进出境经济活动的管理有两种手段：经济手段和行政手段。经济手段主要有关税、汇率、利率等，行政手段则主要有进出口许可、出入境检验检疫等。

在世界贸易组织（World Trade Organization，简称 WTO）的框架制度下除一般例外规定之外①，关税是保护国内经济的唯一合法手段，且各国（地区）均由海关行使这一主权。从上述基本认识出发国际上对海关的经济管理职能具有高度一致的认识。目前世界多数国家（地区）普遍接受《京都公约》② 中关于海关的解释。据 1999 年 6 月世界海关组织理事会通过的《京都公约》总附约第二章 E6 条："'海关'指负责海关法的实施、税费的征收并负责执行与物的进口、出口、移动或储存有关的其他法律、法规和规章的政府机构。"也就是说海关是依据本国（地区）的海关法律法规和本国（地区）所承担的国际义务代表国家（地区）统一行使关税征收和进出关境监督管理职权的行政机关。

---

① 根据《1944 年关税与贸易总协定》（GATT1994）第 20 条的一般例外规定，对诸如保护国家安全，维护公共道德，保障人民、动植物的生命或健康，保护本国文物，以及保护可能用竭的天然资源等目的，可以作为例外采取禁止或者限制进出口的措施。

② 《京都公约》（Kyoto Convention），全称是《关于简化和协调海关制度的国际公约》，于 1973 年 5 月 18 日由海关合作理事会（现为世界海关组织）在京都完成，并于 1974 年 9 月 25 日正式生效，又于 1996 年 6 月针对经贸环境的变化，信息科技快速发展的需要，重新修正，被世界海关组织称为"21 世纪关务程序现代化及效率的蓝图"。

海关的基本职责是保证国家以关税为代表的经济手段和以贸易管制为代表的涉外经济管理措施的有效实施。为此，国家需要设立一系列的海关管理制度将进出境活动置于海关的有效控制之下。例如：要求一切进出境的人员、运输工具、货物和个人行李及邮递物品除另有规定者外，都必须从设立海关的地点进出境，并接受海关的监管。报关人员无论是自理性质还是代理性质都必须遵守各项海关管理的法律要求。

应注意的是，就进出境监督管理职权而言，海关并不完全等同于国家的出入境管理部门，如中华人民共和国公安部出入境管理局亦属于出入境管理部门，负责对出入境个人的管理，行使检查旅客旅行相关文件、逮捕国际通缉在逃犯以及阻止被视为危险人物的个人进入国境等职权。海关通常属于政府的财政部门，例如，日本就称海关为“税关”并设在大藏省（财政部）之下。当今世界各国海关的职能与隶属关系除征收关税一致之外，其余各异。例如，美国在“9·11”恐怖袭击后改组涉及国土安全和反恐的各个联邦政府部门，海关被分为两个部分设在国土安全部之内，即海关与边境保护局（U. S. Customs and Border Protection. CBP）、移民与海关执法局（U. S. Immigration and Customs Enforcement，ICE），分别负责边境执法与案件调查，但出入境管理和海关管理仍是由不同的公务员负责。

由于近代航空和铁路运输的发展，对外贸易货物、行李物品、邮递物品可以从国外直达内地，因而在有国际航空站、国际联运火车站的内地也设置了海关，或在国际邮包邮件交换地点设置了海关办事机构。这些设在开放口岸的沿海海关、边境陆关或内地陆关，凡是对进出境货物、物品、运输工具和人员执行监督检查及征收关税等职能的，一般都统称为海关。

二、中国海关

我国的“关”起初建立于内陆交通要道，是指关塞，也就是具有军事和商贸意义的交通要道。其后随着社会经济的发展，逐渐从边疆移往内地、从陆地推向沿海。

在海上对外贸易比较发达的唐宋元时期，东南沿海各口岸均设立有专管对外贸易、检查进出境船舶并征收商税的机构。康熙二十三年（1684 年），清政府在广州、漳州（今厦门）、宁波、江南（今上海）四处设关，分别称粤海关、闽海关、浙海关、江海关。这是我国历史上首次开始使用“海关”一词。

第一次鸦片战争后，《中英南京条约》强行开放上海、福州、厦门、宁波、广州五地为对外通商口岸，订立片面协定税则，剥夺了我国海关的关税自主权。自 1859 年英国人李泰国出任中国海关总税务司起至 1949 年新中国成立之前历任海关总税务司均为外国人，中国海关的控制权被帝国主义国家掌握了将近 100 年之久。这一时期的海关也被称为“洋关”。

新中国成立之后，在周总理和陈云同志的直接领导下，中华人民共和国海关总署于 1949 年 10 月 25 日正式成立，标志着中国经济大门的金钥匙回到了人民的手中。1951 年 3 月 23 日，周总理主持政务院第 77 次会议讨论通过《中华人民共和国暂行海关法》，并于 5 月 1 日起正式施行。这是新中国成立后最早颁布的正式法令之一。

新中国成立后，随着国内外政治、经济形势的发展变化，中国海关经历了曲折的发展过程。尤其是随着不同时期海关职能的调整和变化，海关的内涵也有所变化和发展。党的十一届三中全会后，1980 年 2 月，在《国务院关于改革海关管理体制的决定》中指出：“海关是代表国家在口岸行使监督管理职权的机关。”

1987 年 7 月 1 日开始实施的《海关法》第二条规定："中华人民共和国海关是国家的进出关境监督管理机关。海关依照本法和其他有关法律、行政法规监管进出境的运输工具、货物、行李物品、邮递物品和其他物品，征收进出口关税和其他税费，查缉走私，并编制海关统计和其他海关业务。"该法律条文对海关的性质、执法依据和职能任务进行了明确的表述。

对于这一表述的理解将在本章第二节详细讲述。

三、世界海关组织

世界海关组织（World Customs Organization，WCO）是其成员方在国际海关事务方面进行沟通和协作的政府间国际组织。该组织成立于 1952 年 1 月 26 日，总部位于比利时布鲁塞尔，当时称海关合作理事会（Customs Cooperation Council，CCC）。1994 年 10 月后，正式工作名称改为世界海关组织，而 CCC 则仍作为官方名称保留。中国政府于 1983 年 7 月 18 日加入《关于成立海关合作理事会公约》（CCC 公约），成为海关合作理事会的成员方。

世界海关组织不负责处理关税及贸易争端，这些事务都由世界贸易组织管辖。但世界海关组织为国际贸易和各国海关的发展做出了极其重要的贡献。例如，世界海关组织建立了一套国际标准的商品分类原则，称为《商品名称及编码协调制度》（Harmonized Commodity Nomen Clature and Coding System），各成员方进出口税则的制定都以该制度为基础，保证了国际范围内货物贸易统计的一致和规范。世界海关组织将每年的 1 月 26 日定为国际海关日，推广海关合作、促进国际贸易，以及建立各国海关组织间的紧密联系。

世界海关组织的战略目标有 7 项，分别是：

1. 促进安全和国际贸易的便利化，包括简化和统一海关手续；
2. 促进公平有效率和有效益的税收收入；
3. 保护社会公众的健康和安全；
4. 加强各国海关能力建设；
5. 促进包括成员方海关管理机构、其他政府机构、国际组织、私营部门和其他利益相关者之间的信息交流；
6. 提高海关的表现和形象；
7. 进行研究和分析。

四、关境与国境

关境是海关领域的一个重要基础概念。关境是指实施同一海关法规和关税制度的境域，即国家（地区）行使海关主权的执法空间。世界海关组织对关境的定义是"完全实施同一海关法的地区"。一般情况下关境等于国境，但在某些特殊情况下关境与国境并不一致。

（一）关境大于国境

如果几个国家（地区）结成关税同盟，实施统一的海关法规和关税制度，组成一个共同关境，其成员方的货物在彼此之间的国境进出不征收关税，此时关境大于其成员方的各自国境。例如，欧盟与独联体关税同盟。

（二）关境小于国境

关境小于国境的情况多数具有历史或者地理的原因。例如，我国的香港特别行政区、澳门特别行政区和台湾地区目前都有其单独的海关法，我国《海关法》在这些地区不适用。因此，我国的关境小于国境。美国远在太平洋中的关岛、法国的圣皮埃尔和密克隆岛等海外领土，在美、法两国海关法中也都被列入各自关境以外地区。

（三）单独关境

针对原为殖民地的国家或地区，世界贸易组织的前身《关税及贸易总协定》（GATT）规定，经其宗主国声明和证实，可以单独成为《关税及贸易总协定》的一个成员。由此产生了所谓的“单独关境”（又称单独关税地区）。例如，1986 年英国政府发表声明允许香港作为单独关境成为《关税及贸易总协定》的一个成员。后来，中国政府也发表声明承诺在 1997 年 7 月 1 日香港回归中国后保留其单独关境的地位，以“中国香港”的名义继续作为《关税及贸易总协定》的一个成员。

【复习思考题】

1. 海关是怎样一种机构其，基本管理手段和管理职责是什么？
2. 我国历史上首次开始使用“海关”一词是何时？中华人民共和国海关总署何时正式成立？
3. 《海关法》对海关的性质、执法依据和职能任务进行了怎样的表述？
4. 世界海关组织的战略目标有哪 7 项？
5. 关境的概念如何理解？关境与国境又是怎样一种关系？

第二节　我国海关的性质与任务

【学习目标】

本节内容旨在让学习者掌握我国海关的性质和任务相关知识。

完成本节学习，学习者应获得以下成果：

1. 了解我国海关的性质；
2. 了解我国海关的任务；
3. 理解我国海关四项传统任务之间的关系。

【基本概念】

海关的性质、我国海关的任务、海关监管、海关征税、查缉走私、编制海关统计

【建议学习时间】

1 课时

一、我国海关的性质

《海关法》第一条，开宗明义地对制定《海关法》的目的和原则进行了全面的规定。这从法律的形式确立了海关作为国家守门人的地位。它包含了四个方面内容：第一，是维护国家的主权和利益。国家设立海关，根本目的是为了维护本国的主权和政治、经济、文化等方面的利益，代表国家行使主权，执行国家的对外经济贸易政策，禁止侵害国家利益的货物、物品进出境，保护国家的财政收入。第二，是加强海关监督管理。通过海关实施监督管理，实现维护国家的主权和利益的目标，并且用法律形式加以确定并保证有效实施。第三，是促进对外经济贸易和科技文化交往。第四，是保障社会主义现代化建设。

《海关法》第二条规定："中华人民共和国海关是国家的进出关境（以下简称进出境）监督管理机关。海关依照本法和其他有关法律、行政法规，监管进出境的运输工具、货物、行李物品、邮递物品和其他物品（以下简称物品）征收关税和其他税费，查缉走私，并编制海关统计和办理其他海关业务。"这是《海关法》上非常重要的一个条文，可以作以下理解。

（一）我国海关是中央国家行政机关的组成部分

根据《海关法》第三条规定，国务院设立海关总署，统一管理全国海关。海关在国务院机构序列中属于国务院直属机构。关于海关属于国务院直属机构的知识，还可以参考本章第四节的相关内容。

《海关法》中通过"海关是国家的进出关境监督管理机关"明确了海关的主管事项是"进出关境"的"监督管理"，并对监督管理的对象进行了规定，明确了海关"进出关境监督管理"的职能、职权和职责。

（二）我国海关是具备行政执法职能的国家行政机关

作为国家行政机关的一个部门，海关具有行政管理职能；同时，海关也具备非常明显的行政执法职能，故亦可称之为行政执法机关。值得注意的是，《海关法》中关于海关的性质和职能使用了"监督管理"的文字描述，"监督管理"一词就更加突显了海关的行政执法机关的性质。此外，《海关法》中关于执法监督和法律责任的规定，以及海关法律法规体系中关于行政处罚、行政许可、行政强制、行政复议、行政诉讼等相关法律法规，也共同建立了我国海关行政执法的体制和程序，严格规范了我国海关的行政执法行为。

《海关法》第二条规定的"海关依照本法和其他有关法律、行政法规"，涉及海关行政执法的法律渊源和范围。这里的"其他有关法律、行政法规"是指由全国人民代表大会或者全国人民代表大会常务委员会制定的与海关进出境监督管理相关的法律规范，如《中华人民共和国宪法》《中华人民共和国刑法》《对外贸易法》《进出口商品检验法》《固体废物污染环境防治法》等。行政法规是指由国务院制定的法律规范，包括专门适用于海关执法活动的行政法规和其他与海关管理相关的行政法规。①

（三）我国海关是国家进出境监督管理机关

海关履行国家行政制度的监督职能，是国家宏观管理的一个重要组成部分。海关机构和海关人员由法律授权并通过法律明确，代表国家行使进出境监督管理职权。更重要的是，海关具有对其他进出口行政管理的再管理和最后审查管理的职能②。海关是代表国家专职负责对进出境运输工具、货物、物品及其相关海关事务实施监督管理，并承担相应职责的行政机关。这是海关与其他行政机关的不同之处。

二、我国海关的任务

《海关法》第二条规定："中华人民共和国海关是国家的进出关境监督管理机关。海关依照本法和其他有关法律、行政法规，监管进出境的运输工具、货物、行李物品、邮递物品和其他物品，征收进出口关税和其他税费，查缉走私，并编制海关统计和其他海关业务。"因此，海关有四项基本任务，即监管进出境的运输工具、货物、物品（以下称为海关监管），征收关税和其他税费（以下简称海关征税），查缉走私（以下简称海关缉私），编制海关统计（以下简称海关统计）。随着社会发展和国家形势的变化，尤其是我国加入世界贸易组织以后，海关履职的任务更加艰巨，维护贸易安全与便利、保护知识产权、履行原产地管理职责、协助解决国际贸易争端、实施贸易救济和贸易保障、参与反恐和防止核扩散等非传统职能任务不断加重。

（一）海关监管

海关监管③是指海关在规定的时间期限和特定地域范围内，依法对进出关境的货物、物品和运输工具进出境活动，通过采取审查单证数据、检查及监控客观事物等措施，对其合法性、真实性进行审查并实施全过程监控的行政执法活动。

传统的海关监管主要是在货物、物品、运输工具实际进出境时，通过货物、物品的申报、查验等管理行为实现的。现代的海关监管建立在海关对进出口货物供应链的风险控制基础之上，除了传统的海关监管以外，还延伸到保税、减免税等货物在海关放行后的后续管理，以及对进出口货物收发货人、报关企业等经营活动实施的规范性风险评估、海关稽查等措施。

根据监管对象的不同，监管制度可分为运输工具监管、货物监管和物品监管三大制度体系；根据监管措施的不同，监管制度可分为通关监管、保税监管、海关稽查、企业管理等制度体系。每个体系都有一整套规范的管理程序与方法。海关为了实现"严密监管与高效运作"的统一，还不断从监管的工作模式、组织机构及人员、监管的技术设备、计算机网络科技等方面进行改革和科学配置，以增强监管的能力和水平，提高监管的工作质量保证履行监管的职能。

---

① 海关事务属于中央立法事权，立法者为全国人大及其常委会以及国务院。除此以外，海关总署可以根据法律和国务院的法规、决定、命令制定规章，作为执法依据的补充。省、自治区、直辖市人民代表大会和人民政府不得制定海关法律规范，其制定的地方法规、地方规章也不是海关执法的依据。

② 这一职能可形象地称之为"闭环式管理"。

③ 需要强调的是，这里所讲的"海关监管"不是海关监督管理的简称，仅是一个狭义的业务概念。

（二）海关征税

海关征税的主要内容是依据《海关法》、《中华人民共和国进出口税则》（以下简称《进出口税则》）及其他有关法律、行政法规规定来确定税率、计税办法和完税价格，征收关税和进口环节海关代征税。国家通过对境外生产的货物征收进口关税，提高其进口成本，降低其竞争能力，从而达到保护国内经济的目的。各国对出口货物基本不征收出口关税，通常只对资源性产品征收以达到保护的目的。所以，通常说的关税都是指进口关税。

关税可以分为正税和附加税。正税，即我们通常说的关税，是按照《进出口税则》中的规定，对不同种类的货物按不同的税率征收的。附加税是在正税的基础上征收的，一般也只对进口货物征收。进口附加税包括反倾销税、反补贴税、保障措施特别关税和报复关税等。

反倾销税（Anti-dumping Duty）是为了对付和抵制倾销货物进口而征收的一种进口附加税。所谓“倾销”，是一国的出口商以低于其在本国市场价格在外国市场竞销，以便占领该市场，通过垄断国内国外两个市场的价格，谋取超额利润。对倾销行为，人们一般认为它是一种不公平竞争行为，根据世界贸易组织有关协议的规定，如果存在倾销，且倾销对进口国国内产业造成实质性损害或损害威胁，则可以对倾销的进口货物征收不超过倾销幅度的反倾销税。

反补贴税（Countervailing Duty）是对接受补贴的进口货物征收的一种税。反补贴税是为了抵消出口国政府或公共机构对出口产品给予的补贴从而形成与进口国产品的不公平竞争。根据世界贸易组织有关协议的规定，如果存在出口补贴，且对进口国国内产业造成实质性损害或损害威胁，则可以对接受补贴的进口货物征收不超过给予补贴接受者的利益的反补贴税。

保障措施特别关税是由于某一产品在短时间内进口产品数量增加，以致对进口国生产的同类产品或者直接竞争产品的国内产业造成严重损害或者严重损害威胁时，进口国可以采取提高关税、限制数量等限制该产品进口数量的措施。为了防止一些国家滥用这些措施，乌拉圭回合贸易谈判过程中，专门为这些被称为“保障措施”（Safeguards Measures）的措施达成了一个协议。

报复关税（Retaliatory Duty）原来是指他国对本国输出的货物有不利的或歧视性待遇时，则对从该国输入的货物加以报复，加重征收的惩罚性关税。现在已经扩大到更为广泛的贸易领域。

《中华人民共和国进出口关税条例》（以下简称《进出口关税条例》）明确规定，任何国家或者地区违反与我国签订或者共同参加的贸易协定及相关协定，对我国在贸易方面采取禁止、限制、加征关税或者其他影响正常贸易的措施的，对原产于该国家或者地区的进口货物可以征收报复性关税，适用报复性关税税率。有关征收报复性关税的货物、适用国别、税率、期限和征收办法，由国务院关税税则委员会决定并公布。

根据世界贸易组织的国民待遇原则，进口货物、物品在征收关税后应享有与国产货物相同的待遇。由于国产货物在境内流通要征收国内税（我国为增值税、消费税），故对进口货物也应征收与国产货物相同的国内税。考虑到海关对进口品征收关税的同时征收国内税比较方便，同时也可避免货物进入境内后另行征收可能造成的漏征，各国大都由海关在进口环节对进口货物征收国内税。我国海关总署与国家税务总局均为国务院直属机构，均不隶属于财政部，因此，海关征收的进口环节国内税是代国内税务部门征收，称为进口环节海关代征税。我国进口环节海关代征税包括增值税、消费税。

需要指出的是，海关开展征税业务还依赖商品归类、原产地规则适用、海关估价等基础工作。

(三) 查缉走私

走私就是指违反海关法律、法规，逃避海关监管，非法运输、携带、邮寄国家禁止或限制进出境，或依法应当征收关税和进口环节海关代征税的货物、物品进出境，从而逃避国家贸易管制，偷逃应纳税款，或者未经海关批准并缴纳税款，将保税货物、特定减免税货物等海关监管货物、物品，进境的境外运输工具在境内销售的行为。海关查缉走私的任务是海关监管的延续。

《海关法》规定："国家实行联合缉私、统一处理、综合治理的缉私体制。海关负责组织、协调、管理查缉走私工作。"这从法律上明确了海关打击走私的主导地位及与有关部门的执法协调。为了严厉打击走私犯罪活动，根据党中央、国务院的决定，国家在海关总署设立专门侦察走私犯罪的公安机构，配备专职缉私警察，负责对其管辖的走私犯罪案件的侦查、拘留、执行逮捕和预审工作。根据我国的缉私体制，除了海关以外，公安、税务、烟草专卖等部门也有查缉走私的权力，但这些部门查获的走私案件必须按照法律规定统一处理。各有关行政部门查获的走私案件，应当给予行政处罚的，移送海关依法处理；涉嫌犯罪的，应当移送海关缉私部门或地方公安机关依据案件管辖分工和法定程序办理。

(四) 海关统计

国家为了对宏观经济进行调控，对对外贸易活动进行分析，制定对外贸易政策，需要编制对外贸易统计。对外贸易统计是国民经济统计的重要组成部分，包括对外货物贸易统计和对外服务贸易统计。由于海关在对进出口货物征收关税、进口环节海关代征税和实施对外贸易管制措施的过程中，获取的进出口商品的品种、数量、金额、贸易方式等信息，基本能够满足对外货物贸易统计的需要，因此，世界各国都将对外货物贸易统计交由海关承担，故称为海关统计。我国海关不仅负责收集、汇总和整理进出口统计数据，而且负责海关统计资料的编制、发布和分析。

海关统计工作包含三方面的内容：一是海关统计资料，即通过海关实际进出口的货物的数字数据；二是海关统计工作，即收集、整理和分析海关统计资料的过程，或者说是对海关实际进出口的数量方面的调查、整理和分析研究；三是海关统计原则和方法，此为部门统计学的一个组成部分，即统计学原理在海关监管领域内的运用，是统计学原理与海关管理理论及业务的结合。

总之，海关的四项基本任务是一个有机统一的整体，构成了海关任务的目标体系，反映了海关的性质和职能要求，也为海关各部门分工合作、有序履职规定了工作方向和内容。监管工作通过监管进出境运输工具、货物、物品的合法进出，保证国家有关进出口政策、法律、行政法规的贯彻实施，是海关四项基本任务的基础。征税工作所需的数据是在海关监管的基础上获取的，征税与监管有着十分密切的关系。缉私工作则是监管、征税两项基本任务的延伸，对在监管、征税工作中发现的逃避监管和偷漏税款的行为，必须运用法律手段予以制止和打击。统计工作是在监管、征税工作的基础上完成的，它为国家宏观经济调控提供了准确、及时的信息，同时又对监管、征税等业务环节的工作质量起到检验评估的作用。

【复习思考题】

1. 海关作为国家经济守门人的地位，包含了哪几个方面的含义？
2. 应如何全面理解“海关是国家进出境的监督管理机关”？
3. 海关的几项基本任务各是什么含义？相互之间是怎样的关系？
4. 海关监管的现代化表现有哪些？
5. 海关征收的关税有哪些种类？其含义各是什么？
6. 中国的缉私体制是怎样的？规定了怎样的执法协调机制？

第三节　我国海关的权力

【学习目标】

本节内容旨在让学习者掌握我国海关的权力相关知识。

完成本节学习，学习者应获得以下成果：

1. 了解我国海关权力的特点；
2. 理解我国海关权力的内容；
3. 掌握我国海关权力行使的原则。

【基本概念】

行政许可权、税费征收权、进出境监管权、行政强制权、行政处罚权、走私犯罪侦查权

【建议学习时间】

1 课时

为了保证海关依法行使职权，严格履行职责《海关法》，作为管理海关事务的基本法律规范，于 1987 年 1 月 22 日由第六届全国人民代表大会常务委员会第十九次会议通过，同年 7 月 1 日起实施。为了适应形势发展的需要，2000 年 7 月 8 日第九届全国人民代表大会常务委员会第十六次会议审议通过了《关于修改〈中华人民共和国海关法〉的决定》，对《海关法》进行了较大范围的第一次修改，修正后的《海关法》于 2001 年 1 月 1 日起实施。根据 2013 年 6 月 29 日第十二届全国人民代表大会常务委员会第三次会议《关于修改（中华人民共和国文物保护法）等十二部法律的决定》，对《海关法》进行第二次修正。根据 2013 年 12 月 28 日第十二届全国人民代表大会常务委员会第六次会议《关于修改〈中华人民共和国海洋环境保护法〉等七部法律的规定》，对《海关法》进行了第三次修正。修正后的《海关法》于 2014 年 3 月 1 日起施行。国家立法机关通过对《海关法》的修订和不断完善，使人民的权力始终参与海关事务的管理，体现国家的意志和人民的愿望，以适应海关执法和监督的形势需要。

一、我国海关权力的特点

我国海关权力的来源主要是宪法、法律及行政法规的规定。我国宪法虽然没有直接涉及海关权力的规定，但它作为国家的最高法律对海关权力的行使有法定的效力。宪法规定："一切法律、行政法规和地方性法规都不得同宪法相抵触。"这一禁止性规定实际上为其他各项法律规定，包括海关法律，对海关权力的授予提出了先决条件。作为海关权力重要渊源的法律主要是指《海关法》、《中华人民共和国行政诉讼法》、《中华人民共和国行政处罚法》（以下简称《行政处罚法》）等；海关行政法规是指依据宪法、法律制定的规范性法律文件，如《进出口关税条例》、《中华人民共和国海关行政处罚实施条例》（以下简称《海关行政处罚实施条例》）、《中华人民共和国海关稽查条例》（以下简称《海关稽查条例》）等。海关权力主要有以下特点。

（一）特定性

海关权力的特定性是指海关依法具有行使进出境监督管理职权的资格。《海关法》明确了海关管理进出境活动的主体资格，决定了海关权力具有的特定性。其特定性表现在：第一，海关具有进出境的监督管理权，其他任何机关、社会团体、个人都不具备，不拥有这种权力；第二，海关以自己的名义行使权力，在法律范围内依照自己的判断作出决定，发布命令，独立地组织和实施行政行为；第三，海关能够独立参加行政复议和行政诉讼活动，独立承担因实施权力而产生的法律责任。

（二）复合性

海关权力的复合性是指海关依据法律授权行使行政职权的同时，还可以依据法律授权行使一定的立法权和司法权。传统政治理论认为立法、司法和行政权力应由不同部门分别执行，但是现代社会的发展客观导致了大量复合型权力部门的产生。这些部门除原有的传统行政权力之外，还具有一定的立法权和司法权，海关权力就是一种典型的复合型权力。当前，行政和司法、立法的相互融合在海关工作领域显得尤为突出。随着世界经济一体化的不断深入发展，海关权力的复合性不仅是必要的，而且将迅速发展，以促进海关行政效率的提高，有利于维护国际经济贸易秩序。

（三）强制性

海关管理的相对人对于海关依法所实施的管理活动有服从、接受和协助的义务。如果海关管理的相对人不服从海关监督管理或妨碍海关行使职权，海关可以运用其权力强制海关管理的相对人执行和服从自己的行政决定，以保障行政行为的有效实施。海关管理的相对人如果拒不履行海关的行政命令或行政处理，海关可以依法强制其履行或者依法申请人民法院强制执行。即使相对人认为海关具体行政行为侵犯了其合法权益，也只能通过行政复议、行政诉讼等行政救济程序解决，但在相应机关未作出裁决前，海关行使职权行为推定为合法，相对人必须履行义务，服从海关行政决定。

（四）自由裁量性

自由裁量性是指海关在法律所允许的范围内自行判断和选择自己认为正确的行为，从而更加准确地贯彻法律意图和体现公正。无论如何严密，任何一部行政法规范都不可能将行政机关的每一个行政行为的每一个细节都予以规定，海关也是如此。因此，自由裁量是有必要的。由于海关行政管理的客体非常广泛，内容和形式也常有变化，在监管和处罚的过程中往往有许多不可预见的因素，这就需要海关执法人员在法律许可的幅度范围内具体灵活地掌握、运用和处理。如对违规、走私的处理上，特别是在没收、罚款和罚没并处的量罚上，不可否认其自由裁量往往伸缩性较大，这既是对海关的一种信任授权，同时也带来了一定的执法难度。

（五）广泛性

海关在口岸代表国家对进出境的货物、物品和运输工具及其相关事务实施监督管理，其管理内容涉及政治、经济、文化、社会等诸多方面。海关不仅要面对中国公民，又要面对外国公民或无国籍人；既要面对自然人，也要面对机关、团体、企事业单位等法人，其职能具有广泛性。面对如此复杂的对象和艰巨的任务，国家赋予了海关比较广泛的权力，细分起来有九大类之多。

二、我国海关权力的内容

（一）行政许可权

行政许可权是指海关依据《中华人民共和国行政许可法》、《海关法》及《海关实施〈中华人民共和国行政许可法〉办法》的规定，对公民、法人或者其他组织的申请，经依法审查所示准予其从事与海关进出境监督管理相关的特定活动的权力。海关系统主要行政许可事项如表 4-1 所示。

表 4-1 海关总署行政审批事项公开目录（截至 2018 年 4 月）

项目编码	审批部门	项目名称	子项	审批类别	设定依据	共同审批部门	审批对象	备注
23001	海关总署	报关企业注册登记	无	行政许可	《中华人民共和国海关法》（2013 年 12 月 28 日第十二届全国人民代表大会常务委员会第六次会议修订）第十一条："进出口货物收发货人、报关企业办理报关手续，必须依法经海关注册登记……未依法经海关注册登记的企业……不得从事报关业务。" 《中华人民共和国海关对报关单位注册登记管理规定》（海关总署令第 127 号，自 2005 年 6 月 1 日起施行）第五条第二款："报关企业应当经直属海关注册登记许可后，方能办理注册登记。"	无	企业	直属海关审批
23003	海关总署	出口监管仓库、保税仓库设立审批	1. 出口监管仓库设立审批	行政许可	《中华人民共和国海关法》（2013 年 12 月 28 日第十二届全国人民代表大会常务委员会第六次会议修订）第三十二条："经营保税货物的储存、加工、装配、展示、运输、寄售业务和经营免税商店，应当符合海关监管要求，经海关批准，并办理注册手续。" 《中华人民共和国海关对出口监管仓库及所存货物的管理办法》（海关总署令第 133 号，自 2006 年 1 月 1 日起施行）第二条："本办法所称出口监管仓库，是指经海关批准设立，对已办结海关出口手续的货物进行存储、保税物流配送、提供流通性增值服务的海关专用监管仓库。"第六条："出口监管仓库的设立，由出口监管仓库所在地主管海关受理，报直属海关审批。"	无	企业	直属海关审批
			2. 保税仓库设立审批	行政许可	《中华人民共和国海关对保税仓库及所存货物的管理规定》（海关总署令第 105 号，自 2004 年 2 月 1 日起施行）第二条："本规定所称保税仓库，是指经海关批准设立的专门存放保税货物及其他未办结海关手续货物的仓库。"第十条："保税仓库由直属海关审批，报海关总署备案。"	无	企业	直属海关审批
23004	海关总署	免税商店设立审批	无	行政许可	《中华人民共和国海关法》（2013 年 12 月 28 日第十二届全国人民代表大会常务委员会第六次会议修订）第三十二条："……经营免税商店，应当符合海关监管要求，经海关批准，并办理注册手续。" 《中华人民共和国海关对免税商店及免税品监管办法》（海关总署令第 132 号，自 2006 年 1 月 1 日起施行）第八条："海关总署按照《中华人民共和国行政许可法》及《中华人民共和国海关实施〈中华人民共和国行政许可法〉办法》规定的程序和期限办理免税商店的审批事项。"	无	企业	海关总署审批

表4-1　续1

项目编码	审批部门	项目名称	子项	审批类别	设定依据	共同审批部门	审批对象	备注
23005	海关总署	海关监管货物仓储审批	无	行政许可	《中华人民共和国海关法》（2013 年 12 月 28 日第十二届全国人民代表大会常务委员会第六次会议修订）第三十八条：“经营海关监管货物仓储业务的企业，应当经海关注册，并按照海关规定，办理收存、交付手续。在海关监管区外存放海关监管货物，应当经海关同意，并接受海关监管。”	无	企业	直属海关审批
23006	海关总署	常驻机构及非居民长期旅客公私用物品进出境核准	无	行政许可	《国务院对确需保留的行政审批项目设定行政许可的决定》（国务院令第 412 号，自 2004 年 7 月 1 日起施行）第 226 项“常驻机构及非居民长期旅客公私用物品进出境核准”，实施机关为“海关总署各直属海关”。	无	常驻机构和非居民长期旅客	直属海关审批
23007	海关总署	小型船舶往来香港、澳门进行货物运输备案	无	行政许可	《国务院对确需保留的行政审批项目设定行政许可的决定》（国务院令第 412 号，自 2004 年 7 月 1 日起施行）第 227 项“小型船舶往来香港、澳门进行货物运输备案”，实施机关为“海关总署各直属海关”。	无	企业或公民个人	直属海关审批
23008	海关总署	承运境内海关监管货物的运输企业、车辆注册	无	行政许可	《国务院对确需保留的行政审批项目设定行政许可的决定》（国务院令第 412 号，自 2004 年 7 月 1 日起施行）第 228 项“承运境内海关监管货物的运输企业、车辆注册”，实施机关为“海关总署各直属海关”。	无	企业	直属海关审批
23009	海关总署	获准入境定居旅客安家物品审批	无	行政许可	《国务院对确需保留的行政审批项目设定行政许可的决定》（国务院令第 412 号，自 2004 年 7 月 1 日起施行）第 231 项“获准入境定居旅客安家物品审批”，实施机关为“海关总署各直属海关”。	无	入境定居旅客	直属海关审批
23010	海关总署	长江驳运船舶转运海关监管的进出口货物审批	无	行政许可	《国务院对确需保留的行政审批项目设定行政许可的决定》（国务院令第 412 号，自 2004 年 7 月 1 日起施行）第 234 项“长江驳运船舶转运海关监管的进出口货物审批”，实施机关为“海关总署各直属海关”。	无	企业或公民个人	直属海关审批

表4-1 续2

项目编码	审批部门	项目名称	子项	审批类别	设定依据	共同审批部门	审批对象	备注
23017	海关总署	保税物流中心（A型）设立审批	无	行政许可	《中华人民共和国海关法》（2013年12月28日第十二届全国人民代表大会常务委员会第六次会议修订）第三十二条：“经营保税货物的储存、加工、装配、展示、运输、寄售业务和经营免税商店，应当符合海关监管要求，经海关批准，并办理注册手续。” 《中华人民共和国海关对保税物流中心（A型）的暂行管理办法》（海关总署令129号，自2005年7月1日起施行）第二条：“本办法所称保税物流中心（A型）（以下简称物流中心），是指经海关批准，由中国境内企业法人经营、专门从事保税仓储物流业务的海关监管场所。”第九条：“设立物流中心的申请由直属海关受理，报海关总署审批。”	无	企业	海关总署审批
23018	海关总署	保税物流中心（B型）设立审批	无	行政许可	《中华人民共和国海关法》（2013年12月28日第十二届全国人民代表大会常务委员会第六次会议修订）第三十二条：“经营保税货物的储存、加工、装配、展示、运输、寄售业务和经营免税商店，应当符合海关监管要求，经海关批准，并办理注册手续。” 《中华人民共和国海关对保税物流中心（B型）的暂行管理办法》（海关总署令130号，自2005年7月1日起施行）第二条：“本办法所称保税物流中心（B型）（以下简称物流中心），是指经海关批准，由中国境内一家企业法人经营、多家企业进入并从事保税仓储物流业务的海关集中监管场所。”第九条：“设立物流中心的申请由直属海关受理，报海关总署审批。”	财政部、税务总局、外汇局	企业	海关总署审批

（二）税费征收权

税费征收权是指海关依据《海关法》、《进出口税则》、《进出口关税条例》及《中华人民共和国海关进出口货物征税管理办法》的规定，所具有的对进出境的货物、物品和运输工具行使征收税费的职权。海关税费征收权的具体内容如表 4-2 所示。

表 4-2　海关税费征收权具体内容列表

序号	名称	内容
1	价格审定	海关有权依据关税法规对进出口货物的价格进行审查，以确定完税价格，制止价格瞒骗、偷逃关税行为。
2	化验鉴定	根据海关总署的规定，海关在监管过程中如果对申报进出口货物、物品的属性有疑问，经现场查验不能确认的，有权提取货样进行化验鉴定，以正确地进行商品归类，为揭露、证实伪报货物品名，涉嫌价格瞒骗的案件提供监督证据。
3	补征、追征	在法定期限内，对海关放行后的有关进出口货物、物品发现少征或者漏征税款的，海关有权依法进行补征、追征税款。
4	减征或免征	海关有权依法对特定的进出口货物、物品减征或免征关税。

（三）进出境监管权

进出境监管权是指海关依据《海关法》及有关法律、行政法规的规定，所具有的对货物、物品、运输工具进出境活动实施监管的职权。海关进出境监管权的具体内容如表 4-3 所示。

表 4-3　海关进出境监管权具体内容列表

序号	名称	内容
1	检查权	有权检查进出境运输工具； 海关对进出境运输工具的检查不受海关监管区域的限制。
		检查有走私嫌疑的运输工具和有藏匿走私货物、物品的场所； 对于有走私嫌疑的运输工具和有藏匿走私货物、物品嫌疑的场所，在海关监管区和海关附近沿海沿边规定地区内，海关人员可直接进行检查。 超过以上范围，在调查走私案件时，应经直属海关关长批准或经授权的隶属海关关长批准，才能进行检查，但不能检查公民住宅。
		检查走私嫌疑人的身体； 对走私嫌疑人身体的检查，应在海关监管区和海关附近沿海沿边规定地区内进行，并应得到直属海关关长的批准或经授权的隶属海关关长批准。
2	查阅、复制权	查阅进出境人员的证件，查阅、复制与进出境运输工具、货物、物品有关的合同、发票、账册、单据、记录、文件、业务函电、录音录像制品和其他有关数据。
3	查问权	海关有权对违反《海关法》或者其他有关法律、行政法规的嫌疑人进行查问，调查其违法行为。

表4-3 续

序号	名称	内容
4	查验权	海关有权查验进出境货物、个人携带进出境的行李物品、邮寄进出境的物品。海关查验货物认为必要时，可以径行提取货样。
5	查询权	海关在调查走私案件时，经直属海关关长或者其授权的隶属海关关长批准，可以查询案件涉嫌单位和涉嫌人员在金融机构、邮政企业的存款、汇款。
6	稽查权	海关在法律规定的年限内，对企业进出境活动及与进出口货物有关的账务、记账凭证、单证资料等有权进行稽查。
7	扣留权	海关有权扣留违反《海关法》和其他有关法律法规的进出境运输工具、货物、物品，扣留与走私违规行为有关的合同、发票、账册、单据、记录、文件、业务函电、录音录像制品，海关还有权扣留走私犯罪嫌疑人。

（四）行政强制权

海关行政强制包括海关行政强制措施和海关行政强制执行。海关行政强制措施是指海关在行政管理过程中为制止违法行为、防止证据损毁、避免危害发生、控制危险扩大等情形，依法对公民的人身自由实施暂时性限制，或者对公民、法人或者其他组织的财物实施暂时性控制的行为。海关行政强制执行是指海关在有关当事人不依法履行义务的前提下，为实现监督管理职能，依法强制当事人履行法定义务的行为。海关行政强制权的具体内容如表 4-4 所示。

表 4-4 海关行政强制权具体内容列表

类别	序号	名称	内容
海关行政强制措施	1	限制公民人身自由	在海关监管区和海关附近沿海沿边规定地区，对走私犯罪嫌疑人，经直属海关关长或者其授权的隶属海关关长批准，可以扣留，扣留时间不得超过 24 小时，在特殊情况下可以延长至 48 小时。
			个人违抗海关监管逃逸的，海关可以连续追至海关监管区和海关附近沿海沿边规定地区以外，将其带回。
			受海关处罚的当事人或者其法定代表人、主要负责人在出境前未缴清罚款、违法所得和依法追缴的货物、物品、走私运输工具的等值价款，又未提供担保的，海关可以通知出境管理机关阻止其出境。

表4-4 续1

类别	序号	名称	内容
海关行政强制措施	2	扣留财物	对违反海关法的进出境运输工具、货物、物品及与之有牵连的合同、发票、账册、单据、记录、文件、业务函电、录音录像制品和其他数据，可以扣留。
			在海关监管区和海关附近沿海沿边规定地区，对有走私嫌疑的运输工具、货物、物品，经直属海关关长或者其授权的隶属海关关长批准，可以扣留。
			在海关监管区和海关附近沿海沿边规定地区以外，对有证据证明有走私嫌疑的运输工具、货物、物品，可以扣留。
			有违法嫌疑的货物、物品、运输工具无法或者不便扣留，当事人或者运输工具负责人未提供等值担保的，海关可以扣留当事人等值的其他财产。
			海关不能以暂停支付方式实施税收保全措施时，可以扣留纳税义务人其价值相当于应纳税款的货物或者其他财产。
			进出口货物的纳税义务人、担保人自规定的纳税期限届满之日起超过三个月未缴纳税款的，经直属海关关长或者其授权的隶属海关关长批准，海关可以扣留其价值相当于应纳税款的货物或者其他财产。
			对涉嫌侵犯知识产权的货物，海关可以依法申请扣留。
	3	冻结存款、汇款	进出口货物的纳税义务人在规定的纳税期限内有明显的转移、藏匿其应税货物及其他财产迹象，不能提供纳税担保的，经直属海关关长或者其授权的隶属海关关长批准，海关可以通知纳税义务人开户银行或者其他金融机构暂停支付纳税义务人相当于应纳税款的存款。
	4	封存货物或者账簿、单证	海关进行稽查时，发现被稽查人的进出口货物有违反《海关法》和其他法律、行政法规嫌疑的，经直属海关关长或者其授权的隶属海关关长批准，可以封存有关进出口货物。
			海关进行稽查时，发现被稽查人有可能篡改、转移、隐匿、毁弃账簿和单证等数据的，经直属海关关长或者其授权的隶属海关关长批准，在不妨碍被稽查人正常的生产经营活动的前提下，可以暂时封存其账簿、单证等有关资料。
	5	其他强制措施	进出境运输工具违抗海关监管逃逸的，海关可以连续追至海关监管区和海关附近沿海沿边规定地区以外，将其带回。

表4-4 续2

类别	序号	名称	内容
海关行政强制执行	1	加收滞纳金	进出口货物的纳税义务人逾期缴纳税款的，由海关依法征收滞纳金。
			进出口货物和海关监管货物因纳税义务人违反规定造成少征或者漏征税款的，海关可予以追征并加征滞纳金。
	2	加收滞报金	进口货物收货人未按照规定期限向海关申报产生滞报的，由海关依法征收滞报金。
			进口货物收货人向海关传送报关单电子数据申报的，未在规定期限或者核准期限内递交纸质报关单及随附单证，海关予以撤销报关单电子数据处理。进口货物收货人重新向海关申报，产生滞报的，由海关依法征收滞报金。
			滞报金应当由进口货物收货人于当次申报时缴清。进口货物收货人要求在缴清滞报金前先放行货物的，海关可以在其提供与应缴滞报金等额的保证金后放行。
	3	扣缴税款	进出口货物的纳税义务人、担保人自规定的纳税期限届满之日起超过三个月未缴纳税款的，经直属海关关长或者其授权的隶属海关关长批准，海关可以书面通知其开户银行或者其他金融机构从其暂停支付的存款中扣缴税款。
	4	抵缴、变价抵缴	当事人逾期不履行海关的处罚决定又不申请复议或者提起诉讼的，海关可以将其保证金抵缴或者将其被扣留的货物、物品、运输工具依法变价抵缴。
			进出口货物的纳税义务人、担保人自规定的纳税期限届满之日起超过三个月未缴纳税款的，经直属海关关长或者其授权的隶属海关关长批准，海关可以依法变卖应税货物，或者依法变卖其价值相当于应纳税款的货物或者其他财产，以变卖所得抵缴税款。
			海关以扣留方式实施税收保全措施，进出口货物的纳税义务人在规定的期限内未缴纳税款的，经直属海关关长或者其授权的隶属海关关长批准，海关可以依法变卖所扣留的货物或者其他财产，以变卖所得抵缴税款。
			进口货物的收货人自运输工具申报进境之日起超过三个月未向海关申报的，其进口货物由海关提取依法变卖处理。
			确属误卸或者溢卸的进境货物，原运输工具负责人或者货物的收发货人逾期未办理退运或者进口手续的，由海关提取依法变卖处理。

（五）行政处罚权

海关有权对不予追究刑事责任的走私行为和违反海关监管规定行为，以及法律、行政法规规定由海关实施行政处罚的行为进行处罚。主要包括对走私货物、物品、运输工具及违法所得处以没收，对有走私行为和违反海关监管规定行为的当事人处以罚款，对有违法情事的报关单位处以罚款或暂停其从事有关业务，直至撤销报关注册登记等。

（六）走私犯罪侦查权

海关走私犯罪侦查权的具体内容如表 4–5 所示。

表 4–5 海关走私犯罪侦查权具体内容列表

序号	名称	内容
1	侦查权	海关缉私部门有权侦查有走私犯罪嫌疑的人员、货物、物品和行为，包括扣留有关货物、物品、运输工具及人员。侦查这类案件，一是根据举报或其他有关线索直接开展侦查；二是接受有关执法单位移送的案件，继续侦查，以初步认定案件的性质和有关证据。
2	拘留权	对有走私犯罪嫌疑的人员予以拘留，进行审查。
3	执行逮捕权	对经确认有重大走私犯罪嫌疑的当事人执行逮捕，以进一步审查其行为。
4	预审权	对走私犯罪嫌疑人进行初步审讯，确定有关犯罪事实与证据，为移送检察机关提起诉讼作准备。

（七）佩带和使用武器权

履行职责时，海关工作人员可以依法佩带武器并使用武器。根据 1989 年 6 月海关总署、公安部联合发布的《海关工作人员使用武器和警械的规定》，海关使用的武器包括轻型枪支、电警棍、手铐及其他经批准可使用的武器和警械；使用范围为执行缉私任务时；使用对象为走私分子和走私犯罪嫌疑人；使用条件必须是在不能制服被追缉逃跑的走私团体或遭遇武装掩护走私，不能制止以暴力掠夺查扣的走私货物、物品和其他物品，以及以暴力抗拒检查、抢夺武器和警械、威胁海关工作人员生命安全非开枪不能自卫时。

（八）连续追缉权

进出境运输工具或个人违抗海关监管逃逸的，海关可以连续追至海关监管区和海关附近沿海沿边规定地区以外，将其带回处理。

（九）其他海关权力

除上述海关权力外，海关还有行政裁定权、行政复议权、行政命令权、行政奖励权、对知识产权实施边境海关保护权等权力。

三、海关权力的行使应遵循的原则

（一）合法性原则

合法性原则是指海关权力的存在、行使都必须于法有据，符合法律规定。也就是说，法律法规规定为海关行使的职权，海关及其工作人员才能行使，法律法规对海关权力规定到什么范围和幅度，海关及其工作人员就只能在法定范围和幅度内去行使。海关权力行使的合法性原则，规定了海关权力行使所依据的准则或标准，是海关行政执法的基础。

（二）合理性原则

合理性原则是指海关在执法时必须公平、正当、合理地行使权力，是合法性原则不可或缺的补充。因国家管理的需要，海关在验、放、征、减、免、罚的管理活动中，拥有相应的自由裁量权。但自由裁量权不是任意裁量权，它是海关执法的一柄“双刃剑”，运用得当，有利于实现公正和效率，反之，便会导致权力滥用、越权执法、侵犯当事人的合法权益，并严重损害法律的尊严。为了防止自由裁量权的滥用，目前我国对海关自由裁量权进行执法监督（主要有社会监督、行政监督和司法监督），即依法对海关及其工作人员的执法活动进行监察、检查、督促等，以确保海关权力在法定范围内行使。

（三）程序法定原则

程序法定原则是指海关的职权、海关行政执法的权力及海关调查相对人违法行为、处理相对人的程序等，都只能由法律法规明确规定，法律法规没有明确赋予的职权海关不得行使；即使是法律法规授予的职权，也必须在法定的授权范围内，依照法定的条件和程序行使。

（四）独立行使原则

独立行使原则是指海关可以以自己的名义行使权力，在法律法规规定的范围内，依照自己的判断和意志作出决定，发布命令，独立地采取行政行为，并可以独立地参加行政复议和行政诉讼活动，独立承担因实施权力而产生的法律责任。

海关实行的是集中统一管理的垂直领导体制，地方海关只对海关总署负责。海关无论级别高低，都是代表国家行使管理权的国家机关，各地方、各部门应当支持海关依法行使职权，不得非法干预海关的执法活动。《海关法》第十二条规定：“海关依法执行职务，有关单位和个人应当如实回答询问，并予以配合，任何单位和个人不得阻挠；海关执行职务受到暴力抗拒时，执行有关任务的公安机关和人民武装警察部队应当予以协助。”

【复习思考题】

1. 我国海关权力的特定性、复合性、强制性、自由裁量性、广泛性各有什么内涵？
2. 什么是海关行政许可权？现行的海关总署行政审批事项有哪些？
3. 什么是税费征收权？其具体内容有哪些？
4. 什么是进出境监管权？其具体内容有哪些？
5. 什么是行政强制权？其具体内容有哪些？
6. 什么是走私犯罪侦查权？其具体内容有哪些？
7. 什么是行政处罚权？
8. 如何正确理解我国海关权力的行使原则？

第四节　我国海关的管理体制

【学习目标】

本节内容的学习旨在让学习者掌握我国海关的管理体制相关知识。

完成本节学习，学习者应获得以下成果：

1. 了解我国海关的垂直领导体制；
2. 了解我国海关的组织机构；
3. 了解我国海关缉私警察；
4. 了解我国海关关徽；
5. 了解我国海关关衔。

【基本概念】

垂直领导体制、海关总署、直属海关、隶属海关机构、海关缉私警察、海关关徽、关衔制度

【建议学习时间】

1 课时

一、海关管理体制

海关管理体制是海关组织结构中各层次、各部门之间的行政关系制度化的表现。目前，在我国行政组织结构中，仅有海关等少数几个部门实行垂直领导体制。

（一）垂直领导体制

《海关法》规定我国海关实行集中统一管理的垂直领导体制。《海关法》第三条规定："国务院设立海关总署，统一管理全国海关。国家在对外开放的口岸和海关监管业务集中的地点设立海关。海关的隶属关系，不受行政区划的限制。海关依法独立行使职权，向海关总署负责。"

（二）海关组织机构

目前，海关组织机构分为海关总署、直属海关单位和隶属海关机构三个层级。

第一层级为海关总署。海关总署是中华人民共和国国务院下属的正部级直属机构，统一管理全国海关。截至 2018 年 4 月，海关总署有 18 个内设部门、8 个在京直属企事业单位，并在欧盟、俄罗斯、美国、中国香港等派驻海关机构。中央纪委在海关总署派驻纪检组。

第二层级为直属海关单位。全国海关目前共有 47 个直属海关单位（广东分署，天津、上海特派办，42 个直属海关，2 所海关院校）。目前，全国各省、直辖市、自治区都设有直属海关，

其中广东省有7个直属海关（广州海关、深圳海关、拱北海关、汕头海关、黄埔海关、江门海关、湛江海关），福建（福州海关、厦门海关）、内蒙古（呼和浩特海关、满洲里海关）、辽宁（沈阳海关、大连海关）、浙江（杭州海关、宁波海关）、山东（济南海关、青岛海关）都有2个直属海关。直属海关的地域管辖范围称为关区。直属海关由海关总署领导，向海关总署负责。直属海关承担着在关区内组织开展海关各项业务，全面有效地贯彻执行海关各项政策、法律、法规、管理制度和作业规范的重要职责，在海关三级业务职能管理中发挥着承上启下的作用。

第三层级是各直属海关下辖的隶属海关机构。隶属海关机构由直属海关领导向直属海关负责，目前有700多个隶属海关和办事处（含现场业务处）。隶属海关是指由直属海关领导，负责办理具体海关业务的海关，是海关进出境监督管理职能的基本执行单位，一般设在口岸和海关业务集中的地点。

（三）海关缉私警察

1998年，中央决定由海关总署、公安部联合组建海关缉私警察队伍，实行“联合缉私，统一处理，综合治理”的反走私斗争新体制。1999年1月5日，我国第一支以缉私为主要职责的警察队伍正式成立。海关总署成立走私犯罪侦查局，2002年12月更名为缉私局。根据《海关法》的规定：“国家在海关总署设立专门侦查走私犯罪的公安机构，配备专职缉私警察，负责对其管辖的走私犯罪案件的侦查、拘留、执行逮捕、预审。”缉私局既是海关总署的一个内设局，又是公安部的一个序列局，实行海关总署和公安部双重领导，以海关领导为主的体制。海关总署缉私局下辖广东分署缉私局、各直属海关缉私局，直属海关缉私局下辖隶属海关缉私分局。

二、海关关徽

作为代表国家履行进出境监督管理职能的行政机关，海关关徽是我国海关的专用标志，具有高度的辨识性和直观特征。我国海关的关徽图案自1953年9月开始颁布使用，海关总署也于1997年7月1日颁布了《中华人民共和国海关关徽使用管理办法》来保证海关关徽的正确使用与维护关徽的尊严。海关关徽如图4-1所示。

我国海关关徽由金黄色钥匙与商神手杖交叉组成。关徽上的两蛇相缠的商神杖是古希腊神话中商神赫尔墨斯的手杖，商神杖在国际上也被视为商业及国际贸易的象征。金钥匙寓意国门钥匙，具有海关掌管国家经济大门的含义，被视为维护国家主权的象征。所以，金钥匙寓意着海关为国把关，维护国家的主权和利益。钥匙上的三个锁齿在当时分别代表海关的监管、征税、缉私三大任务（1987年7月1日起实施的《海关法》明确任务为监管、征税、缉私、统计四项）。

图4-1 关徽

三、海关关衔

世界上绝大多数海关都实行了关衔制。各国关衔制度在做法上可分为两类：一类是实行与本国军队相同的军衔制，如俄罗斯；另一类是实行专门的海关关衔制度，如英国、法国、日本、越南等。2003年2月28日，《中华人民共和国海关关衔条例》由第九届全国人民代表大会常务委员会第32次会议审议通过，并以第85号主席令公布实施。

关衔制度是我国继军衔、警衔后实行的第三种衔级制度。海关系统的国家公务员可以被授予海关关衔，海关缉私警察适用警衔制度。海关关衔设5等13级。

我国海关通过实行关衔制度建立了一支准军事化的海关队伍，有利于强化海关垂直领导和监督管理职能。实行关衔制度不仅是一种崇高的荣誉，更是一种神圣的责任。海关关衔制度的全面实施，是推进海关干部队伍的正规化、规范化建设的重大措施，也是现代海关制度建设的一个重要里程碑。

【复习思考题】

1. 海关的垂直领导体制怎样理解？
2. 海关组织机构的层级及各层级的工作职责（任务）是什么？
3. 海关缉私警察有怎样的体制安排？
4. 海关关徽图案中的金黄色钥匙与商神手杖各有怎样的寓意？
5. 海关实行关衔制度的意义何在？

第五节　海关通关一体化改革

【学习目标】

本节内容旨在让学习者掌握我国海关深化改革、强化监管、优化服务的相关知识。

完成本节学习学习者应获得以下成果：

1. 了解我国海关通关一体化改革的背景和过程；
2. 掌握“两中心、三制度”的内容和功能；
3. 掌握“单一窗口”的概念和我国的实施情况。

【基本概念】

全国通关一体化、两中心、三制度、单一窗口

【建议学习时间】

2课时

一、全国通关一体化改革背景

为适应经济一体化的发展趋势，整合海关管理资源，为企业创造一个守法便利、统一规范、快捷高效的经济环境，我国海关很早就开始探索打破行政区划和关区设置所造成的体制机制障碍，充分利用现代化、信息化手段，实现进出口货物通关的一体化。长期以来，海关业务条线、关区间存在藩篱，管理“蜂窝煤”、系统“烟囱林立”和执法不统一现象较为突出；各海关机构功能同质化；各部门协调配合不够紧密等。解决这些问题，基本前提是优化三级事权，打破上下

级海关内设机构间的简单对应关系，简化管理条线。真正实现“全国海关一盘棋”，做到“全国是一关”。

2016 年 3 月，海关总署审议通过了《全国通关一体化改革框架方案》（以下简称《通关一体化方案》）。《通关一体化方案》的基础框架是：构建一体化通关管理格局，即全国通关一体化改革。主要内容：《通关一体化方案》提出通过机构重组和流程再造，破除业务条线和关区间藩篱；建立风险防控、税收征管两个中心（两中心），实施货物通关“一次申报、分步处置”、改革税收征管方式、实施优化协同监管（三制度），构建结构扁平、管理集约、协调统一的全国海关一体化通关管理格局。

2017 年 7 月 1 日，海关总署启用风险防控中心和税收征管中心，实现全部运输方式和税则各章节的全覆盖。2017 年 8 月 22 日起，取消区域通关一体化通关模式，全国通关一体化全面实施。

二、改革内容

（一）两中心

在总署层面，设立总署直管的一级风险防控中心、税收征管中心，强化决策指挥的“大脑”功能，强化对业务运行的直接指挥。直属海关层面，加强对本关区业务运行实际状况的日常管理和监控，避免直属海关职能部门成为总署“二传手”，以及过多地干预业务具体执行。隶属海关层面，强化对两个中心下达作业要求的执行和反馈。

两个中心：建立风险防控中心和税收征管中心。建立两个中心目的是实施集约化管理，充分发挥信息的集聚效应，集中全国海关的监管信息资源，整合全国海关风险分析研判处置作业，形成风险防控中心侧重安全准入风险管理、税收征管中心侧重税收安全风险管理，两者错位防控、相互协调的一体化风险防控体系。两个中心的建设也有利于优化三级事权管理模式，使海关总署、直属海关、隶属海关在决策指挥、运行监控、执行反馈等方面事权划分更加科学，增强海关总署对业务运行的直接指挥，减少管理的中间环节，实现扁平化管理。

1. 风险防控中心

风险防控中心所要防控的安全准入风险，不是为偷逃税款目的逃避海关监管的行为，而是主要包括毒品、文物、非法出版物、濒危动植物、洋垃圾等走私，侵权商品跨境流动，以及暴力恐怖主义等安全威胁行为。

风险防控中心职责：融合风险与情报管理工作，广泛搜集、全面整合海关内外部信息资源，统筹管理物流监控、风险布控、选择查验、现场指挥、业务协调等，开展安全准入风险分析、研判和处置，指挥现场监管，发布业务运行状况报告。

海关风险防控中心由海关总署和直属海关两级风险防控中心组成。目前全国有三个一级风险防控中心。

（1）海关总署风险防控中心（上海）：承担空运货物的安全准入风险防控工作；负责空运渠道供应链企业的风险评估；负责报关单安全准入风险参数设置及后续处置；对接各税收征管中心，加载风险参数，统一下达放行前实货验估指令。

（2）海关总署风险防控中心（青岛）：承担水运货物（小型船舶水运货物除外）安全准入风险防控工作；负责水运渠道供应链企业的风险评估。

（3）海关总署风险防控中心（黄埔）：承担全国陆运（公路、铁路运输）货物的安全准入风险防控工作；负责陆运供应链企业的风险评估。承担小型船舶水运货物的安全准入风险防控工作；承担专项业务风险分析。

直属海关风险防控中心又称“二级风险防控中心”，分设在42个直属海关。

2. 税收征管中心

延展阅读

税收征管中心是全国海关通关一体化改革所建立的“两中心”之一，主要按照商品和行业分工，对涉税申报要素的准确性进行验证和处置，重点防控报关数据中的涉及归类、价格、原产地等税收征管要素的税收风险，并根据审核情况对可能存在税收风险的，要求企业补充申报或下达放行后稽查指令。

根据“一次申报、分步处置”流程，税收征管作业主要在货物放行后实施。税收征管中心前置税收风险分析，按照商品分工，加工（研发）、设置参数、指令和模型；对少量存在重大税收风险且放行后难以有效稽（核）查或追补税的，实施必要的放行前排查处置；对存在一定税收风险，但通过放行后批量审核、验估或稽（核）查等手段，能够进行风险排查处置及追补税的，实施放行后风险排查处置。

1. 税收征管中心的作业单元基于整个全国同行业和同类商品报关数据库，审核中可以通过设定品名、税号、经营单位、进出口口岸、进出口日期等不同的组合条件进行筛选，对批量报关数据实施横向、纵向的审核和比对。

2. 税收征管中心的审核时空以货物放行之后为主，同时开展前置的税收风险分析和参数设置，实施通关中的货物验估。

3. 税收征管中心将在全国范围内选址设立若干个，但与所在地直属海关不构成隶属关系，即税收征管中心坐落于所在地，代表海关总署履行职责。税收征管中心作为海关总署加强对业务运行直接指挥的重要实现方式，突破了区域分工理念，确保全国范围内的执法统一。

4. 目前全国有三个税收征管中心。

海关总署税收征管中心（上海）：负责机电大类（机电、仪器仪表、交通工具类等）商品，包括税则共8章（第84~87章、89~92章）2286个税号；

海关总署税收征管中心（广州）：负责化工大类（化工原料、高分子、能源、矿产、金属类等）商品，包括税则共30章（第25~29、31~40、68~83章）2800个税号；

海关总署税收征管中心（京津）：负责杂项大类（农林、食品、药品、轻工、杂项、纺织类及航空器等）商品，包括税则共58章（第1~24章、30章、41~67章、88章、93~97章）3461个税号。

（二）三制度

“三制度”就是实施货物通关“一次申报、分步处置”、改革税收征管方式和实施优化协同监管。

1. 实施货物通关“一次申报、分步处置”的管理模式

“一次申报、分步处置”是指改变海关现行接受申报、审单、查验、征税、放行的“串联式”作业流程，基于舱单提前传输，通过风险防控中心、税收征管中心对舱单和报关单风险甄别和业务现场处置作业环节的前推后移，在企业完成报关和税款自报自缴手续后，安全准入风险主要在口岸通关现场处置，税收风险主要在货物放行后处置的新型通关管理模式。

海关在“分步处置”模式下，第一步，由风险防控中心分析货物是否存在禁限管制、侵权、品名规格数量伪瞒报等安全准入风险并下达布控指令，由现场查验人员实施查验。对于存在重大税收风险且放行后难以有效稽（核）查或追补税的，由税收征管中心实施货物放行前的税收征管要素风险排查处置；需要在放行前验核有关单证，留存相关单证、图像等资料的，由现场验估岗进行放行前处置；需要实施实货验估的，由现场查验人员根据实货验估指令实施放行前实货验估处置。货物经风险处置后符合放行条件的可予放行。第二步，由税收征管中心在货物放行后对报关单税收征管要素实施批量审核，筛选风险目标，统筹实施放行后验估、稽（核）查等作业。

推动税收征管要素，由海关在通关环节审查确定后向全过程抽查审核转变，实现税收征管的前推后移。

前推：一是发挥行政裁定、海关预归类预审价等优质公共服务和社会化预归类服务的协同作用；二是企业自报、自缴税款，海关受理后，不再开具税单进行缴款告知，由企业缴税后自行打印税单，办理税款缴付、担保。

后移：一是归类、审价、原产地的人工专业审单作业后移，改变通关中逐票审核为放行后批量审核，实现审单作业既见“树木”又见“森林”；二是放行前需要现场验估的，可通过取样、留像等手段存证后放行；三是税收稽查和其他合规性管理后移。这样有利于提高通关速度，明确征纳双方责任边界，强化企业申报责任。

2. 改革税收征管方式：企业自报自缴

以“保障税收安全，促进贸易便利”改革为目标，创新由企及物、由物及企、物企结合的税收风险管理理念，以建立专业化和集约化税收征管中心为契机，创新实施属地纳税人管理，构建职责明晰的税收征管体制、业务运行与监督机制和税收风险防控体系，实现海关税收治理体系与治理能力的现代化。

原有的税收征管方式，就是由企业在货物通关时申报商品归类、完税价格、原产地等征管要素，海关逐票审查确定之后开具税款缴款书，企业缴纳税款。这种方式需要投入大量人力物力，且征管时空集中在现场通关环节，行政成本高、作业效率低，快速通关与有效监管的矛盾突出。

改革后，进出口企业办理海关预录入时，自行填报报关单各项目，利用预录入系统的海关计税（费）服务工具计算应缴纳的相关税费，并对系统显示的税费计算结果进行确认，连同报关单预录入内容一并提交海关。进出口企业、单位在收到海关受理回执后，自行办理相关税费缴纳手续。

同时，推进财关库银横向联网系统，实现税款划账、信息发送的及时电子传输，保证税收及时入库；海关受理企业申报后不再开具税单进行缴款告知，由企业缴税后自行选择在海关现场打印税单或由商业银行打印完税凭证。

3. 优化协同监管制度：隶属海关功能化改造

改变以往以关区为区块的监管模式，原来42个直属海关，每一个关都是自成体系，所有业务都是一个关完成。下一步按照全国不同的类型，建立若干功能型海关。通过海关的改革，一个是体现货物通关进一步提速，企业办事手续进一步简化，成本进一步降低，同时海关的执法也更加统一。

根据隶属海关的业务特点、区位优势等实际情况，按照业务布局和监管链条所处的位置，对海关系统隶属海关进行功能定位和职责分工，划分为口岸型、属地型、综合型三大类。

（1）口岸型海关

处在沿海、沿边出入国境的港口、车站、国界孔道，或国际机场、国际邮件互换局（交换站）、国际多式联运监管点上的海关，管辖范围限定为港口、车站、国界孔道、国际机场、国际邮件互换局（交换站）的海关监管区和海关附近沿海沿边规定地区。口岸型海关主要负责“一次申报、分步处置”第一步处置的执行反馈，具体职责包括运输工具检查、货物查验和物品监管、现场验估（通关）、海关监管作业场所规范管理、口岸应急事务处理等（以下简称口岸通关职责）。口岸型海关执行“两中心”下达的查验（检查）、验估等指令，并将指令执行结果反馈“两中心”。口岸型海关侧重于现场实际监管，突出正面拦截作用，重点承担口岸通关中的安全准入风险处置作业，压缩通关时间，降低物流成本。

（2）属地型海关

处在非沿海、沿边及非国际机场、国际邮件互换局（交换站）、国际多式联运监管点上的海关，管辖除口岸型海关管辖范围以外的区域。属地型海关主要负责“一次申报、分步处置”第二步处置的执行反馈，具体职责包括稽（核）查、企业管理、现场验估（后续）、减免税审核等（以下简称属地管理职责）。属地型海关执行“两中心”下达的报关单修撤、退补税、验估、稽（核）查等指令，并进行指令后续处置。根据工作需要，执行直属海关范围内稽查等后续管理专项任务。属地型海关侧重于后续监管和属地企业管理，发挥熟悉本地企业情况的优势，重点承接口岸通关后的税收风险处置作业，加强企业信用管理、稽（核）查等手段运用，积极反馈风险信息和处置建议，将属地管理结果以风险参数、布控指令建议等方式，作用于口岸通关。

（3）综合型海关

兼有口岸型海关和属地型海关业务的海关，管辖区域包含口岸型海关和属地型海关的管辖区域。综合型海关分为偏口岸综合型海关和偏属地综合型海关。偏口岸综合型海关一般是口岸型海关兼有属地管理职责，如保税港区海关等。偏属地综合型海关一般是属地型海关兼有口岸通关职责，如特殊监管区域海关和市场采购、跨境电商等新型贸易业态所在地海关等。

三、“单一窗口”建设

为适应国际贸易及国际物流业的快速发展，“单一窗口”成为被世界各国和国际经济合作组织广泛接受并推行的管理模式。东盟、联合国、世界贸易组织、亚太经合组织先后提出了在各自范围内建立“单一窗口”管理模式的构想，世界海关组织也在《全球贸易安全与便利标准框架》中充分表达了推行“单一窗口”的愿望。

延展阅读

“单一窗口”最早是2005年由联合国发起的一种旨在促进贸易便利化的口岸管理措施。通过对国际贸易信息的集约化和自动化处理，达到国际贸易数据共享和大大提高国际贸易效率和效益的目的。世界海关组织认为，“单一窗口”是通过实现单一电子信息递交来满足口岸执法所有要求，以简化对贸易商和其他经济活动经营者的跨境手续[①]。联合

① 参见世界海关组织（2007年）世界海关组织数据模型，单一窗口数据协调第二版，2007年2月，网址：http://www.wcoomd.org/sw_guidelines.htm；以及世界海关组织（2008年）单一窗口：对海关的影响（世界海关组织，2008年12月），网址：http://www.wcoomd.org/sw_guidelines.htm。

国对“单一窗口”的定义是使国际贸易和运输相关各方面在单一登记点，递交满足全部进口、出口和转口相关监管规定的标准资料和单证的一项措施。联合国贸易便利化和电子商务中心（UN/CEFACT）的33号建议书将“单一窗口”（Single Window）解释为：“参与国际贸易和运输的各方，通过单一的切入点提交标准化的信息和单证，以满足相关法律、法规及管理要求的平台。如所提交的信息为电子数据则单个的数据元素应只提交一次。‘单一窗口’要求参与贸易管理的政府部门通过一个平台协调各自的管理职责并为办理相关手续提供便利。”[①]世界贸易组织《贸易便利化协定》第十条第四款要求各成员应努力建立或设立“单一窗口”，使贸易商能够通过一个单一接入点向参与的主管机关或机构提交货物进口、出口或过境的单证和（或）数据要求。待主管机关或机构审查单证和（或）数据后，审查结果应通过该单一窗口及时通知申请人。

目前国际上“单一窗口”的运行模式主要有三种：一是“单一机构”式，即通过一个机构来协调并执行所有与进出境相关的监管职能，典型国家为瑞典。二是“单一系统”式，即通过一个系统整合、收集、使用并分发与进出境相关的国际贸易电子数据，典型国家为美国。美国的“单一窗口”系统称为“国际贸易信息系统”（International Trade data System，ITDS），是美国海关和边境保护局的进出口管理系统“自动商务环境”（Automated Commercial Environment，ACE）的基础组成部分。三是“公共平台”式，贸易商通过一个公共平台向不同监管机构一次性申报，上述机构使用各自系统分头处理，并通过该平台，将处理结果传输给贸易商，典型国家（地区）为新加坡、中国香港。新加坡于1989年启用“贸易网”公共平台，将涉及贸易界管理的35个政府机构和企业联结到一个单一的处理平台，为贸易商提供一站式服务。

党的十八届三中全会提出“实现口岸管理相关部门信息互换、监管互认、执法互助”要求，建设“单一窗口”随即提上日程。在我国先后建立了和实施“单一窗口”制度，能够使企业在多个口岸管理部门间通过一个平台实现一次申报，技术层面的问题较易解决，主要困难来自于各政府管理部门间的互联互通和协作。建成“单一窗口”不仅能推动口岸执法简政放权，减轻企业负担，也有利于平均放行时间的统计和公布。2014年2月份，国家口岸管理办公室牵头在部委层面成立了由中央各口岸查验监管部门（公安部、交通运输部、海关总署、国家质检总局）共同组成的“单一窗口”试点工作组。2014年6月18日，“上海国际贸易单一窗口”试点启动。2014年下半年，开始分阶段推进沿海口岸“单一窗口”建设。2014年12月，国务院印发《落实“三互”推进大通关建设改革方案》，明确要求实现申报人通过“单一窗口”向口岸管理相关部门一次性申报，执法结果通过“单一窗口”反馈申报人。

2015年4月，国务院在《关于改进口岸工作支持外贸发展的若干意见》中，提出2015年底在沿海口岸、2017年在全国所有口岸建成“单一窗口”的目标。2015年6月，国务院建立了国务院口岸工作部际联席会议制度。截至2016年底，沿海口岸“单一窗口”已经全部建成启用。

① 参见联合国贸易便利及电子商务中心（2005年）第33号建议书“关于建设单一窗口的建议和指南”，网址：http：//www.unece.org/cefact/recommendations/rec_ index.htm；以及联合国贸易便利及电子商务中心（2010年）第35号建议书“建立国际贸易单一窗口的法律框架”，网址：http：//www.unece.org/cefact/recommendations/rec_ index.htm。

【复习思考题】

1. 什么是全国通关一体化改革的“两中心、三制度”?
2. 什么是全国通关一体化改革的“一次申报、分步处置”?
3. “单一窗口”的运行模式是怎样的?其意义何在?

第五章

海关管理制度

本章主要介绍我国海关管理制度的基础知识，以及海关监管制度、海关税收征管制度、海关统计制度、海关稽查制度、海关行政处罚制度、知识产权保护制度、海关事务担保制度等各项制度内容。学习者通过本章的学习，应该掌握上述制度相关知识，为实际业务操作奠定良好的基础。

第一节　海关管理制度概述

【学习目标】

本节内容旨在让学习者掌握海关的概念，了解我国海关的管理制度相关基础知识。

完成本节学习，学习者应获得以下成果：

1. 了解海关管理的含义；
2. 了解海关管理的特点；
3. 掌握海关管理制度的含义和特点。

【基本概念】

海关管理、海关管理主体与相对人、海关管理对象或目标、海关依法行政、国家经济守门人、海关组织管理系统、海关管理方式和手段、海关管理制度

【建议学习时间】

1 课时

一、海关管理的含义和特点

（一）含义

从广义上讲，海关管理是指海关为履行法定职能，运用法律赋予的权力和手段，凭借国家强制力，通过一系列管理制度和程序依法对进出境货物、物品、运输工具及其相关人员、海关监管场所和海关自身所实施的一种行政管理活动。从狭义上讲，海关管理是指海关对货物、物品、运输工具的进出境活动是否符合海关法律规范的管理，是行政机关的一种行政执法行为。无论是对进出境事务的管理，还是对海关自身事务的管理，海关管理都是以海关为主体的组织管理活动，都是为了执行国家意志和履行社会公共管理职能，都属于行政管理的范畴。

掌握海关管理的含义，需要注意以下几个方面。

1. 实施管理的主体是海关。海关属于国家管理机关，其工作性质是代表国家行使权力；与海关相对应的另一方当事人称为“相对人”，处于被管理的法律地位。管理相对人必须按规定接受海关管理，包括如实申报、接受查验、缴纳关税、违反海关法应当接受海关处罚等。在这种情况下，管理相对人即使是国家机关、国际组织，在办理进出境手续过程中，其法律地位都等同于其他公民和社会组织。

2. 海关管理职权所指向的对象或目标，包括：进出境的物质财富及与其相关的智力成果，即进出境货物、物品和运输工具及附着在进出境货物上的知识产权；进出境活动当事人的行为，即一切由海关管理法律规范所规定、调整的进出境活动当事人在进出境过程中的行为。与此同时，进出境活动当事人因在进出境过程中处于被管理的法律地位，故可视为海关管理职权所指向

的工作对象或目标。

3. 海关管理的本质特征是依法行政。因此，海关管理也是一种法律管理，必须以法律为根本的活动准则，遵循法律所规定的条件、程序、方式和形式等，在法律规定的范围内实施管理。违反法律，属行政违法的行政显然就没有法律效力。海关及其工作人员都只有依法行事的义务而没有超越宪法和法律的特权。

4. 海关管理是一种有组织系统的行为。根据《海关法》《中华人民共和国国务院组织法》的规定，海关管理实行集中统一的垂直领导体制，建立了以海关总署及各业务司局为核心、各地海关为骨干力量的组织管理系统，以保证海关管理的各项工作有序开展。

（二）特点

海关管理在规范进出境活动，维护对外经济贸易秩序，方便合法进出，惩处违法行为上发挥积极作用的同时，也具有其自身的显著特点。

1. 辐射面广，政策性强

作为国家法律政策的执行机关，执行政策是海关管理的生命线。海关围绕进出境货物、物品、运输工具及其相关事务的各项管理，包括海关的监管、征税、缉私、统计等，都是因“物”的进出而进行的，对物和人的行为并重的管理会涉及外汇管理、税务等众多管理部门和“物”的关系人，需要执行国家的政治、经济、文化等众多政策。海关的税收征管需要执行国家的税收政策，特别是通过关税的调节作用保护国内民族工业，体现对国内产业的扶植政策，以及鼓励产业转型升级和西部大开发政策等。海关的统计管理为国家制定对外贸易政策、进行宏观经济调控提供重要依据。海关依法查缉进出口涉税案件，保护国家税收，执行国家对外贸易管理政策；依法查缉非涉税案件，如武器、毒品、反动宣传品等，贯彻落实国家禁止进出口政策，履行边境保护和社会稳定的职能，维护国家的主权和安全。还有关系到国民经济和社会生活的环境保护、食品管理、药品管理政策；防止固体废料、假冒伪劣食品药品走私进口，等等。这些政策涉及众多领域，关系国计民生，需要海关通过检查、监督、规范等管理活动进行严格把关，因此，海关扮演了国家经济守门人的角色。

2. 知识面广，专业性强

海关在办理进出境货物、物品、运输工具及其相关事务的各项管理过程中，会涉及国际贸易、国际物流与运输、海关业务知识、商品知识、外语及相关法律法规等多方面知识，是众多知识综合运用的交汇点。特别是在税费征管上的海关估价、商品归类、原产地确定等方面，以及缉私案件上的法律适用等方面，需要有较强的专业知识和技能。为了满足工作要求，海关专业人员应当具有法律和相关专业知识，符合海关规定的专业岗位任职要求。海关招收工作人员应当按照国家规定，公开考试，严格考核，择优录用。同时，海关工作人员的知识结构和技能水平还需要不断更新和提高，及时跟踪海关业务的新发展，必须定期接受培训和考核，经考核不合格的不得继续上岗执行职务。

3. 规制体系健全，法制性强

依法行政是海关管理的本质特征，也是法与管理之间关系的一个显著特点。海关管理的质量和水平受海关管理的法制化程度的影响和制约。通常，法制化程度越高，管理的质量和水平就越高。自 20 世纪 90 年代，随着我国提出建立社会主义市场经济体制的形势发展，海关开始着手建立现代海关制度。目前，海关已建立起以《海关法》为核心，包括《海关法》、行政法规、海关规章、海关规范性文件，以及我国签订或缔结的海关国际公约或海关行政互助协议在内的法律体系，为海关管理活动的正规化、规范化和法制化提供了重要依据和保障。特别是《海关法》及有关法律、法规对海关的权力、法律责任和执法监督，对具体办理程序、申报、关税征收和减免、查验、海关事务担保、放行、违法处理、复议、走私犯罪案件办理等都作了具体明确的规定，确保海关的各项管理工作以法律为根本活动准则，在法律规定的范围内进行，真正做到有法可依、有法必依、违法必究。

4. 管理手段先进，科技应用性强

海关管理方式和手段的现代化决定着海关管理工作的效能。特别是现代电子计算机及其他科技手段大规模地应用于海关管理活动，这已成为海关管理的显著特点。目前，海关在信息化建设上，已建立了全国统一的 H2010 通关管理系统、税费网上支付系统、监管类通关业务管理信息化系统、加工贸易联网监管系统、缉私管理类业务管理系统等；在监控检查技术应用上，海关大规模引进安装监控检查设备，建立了集装箱检查管理系统、卡口联网与监控系统、物流监控系统等；在化验技术应用上，海关总署在广州、天津、上海和大连成立了海关化验中心，在昆明成立了刑事技术鉴定中心，建立了海关进出口商品数据库，等等。海关依托科技优势，先后推出快速通关、便捷通关、无纸通关等一系列业务改革，使海关管理在反对腐败、海关通关时间、海关选择性管制、执法及税收等方面取得明显成效。海关科技的广泛应用和手段的现代化，既强化了海关内部管理，提升了海关整体管理能力和服务水平，同时也保障了海关各项业务职能的履行。

二、海关管理制度的含义和特点

（一）含义

海关管理制度是指调整海关管理活动的全部法律规范的总称。具体讲，是指我国现行的，规定我国海关性质、职能、海关机构设置和领导关系，海关的权力及限制，海关的工作原则、工作制度和工作方法，海关管理活动的基本内容，海关行政管理相对人的权利与义务，用以调整我国海关同其他国家机关、企业事业单位、我国公民及外国人、国际组织之间，海关系统内部机构及其人员上下级之间、平级之间在海关行政管理活动中发生的关系的所有法律规范的总称。从狭义上讲，海关管理制度主要是指与进出境业务相关的管理制度，原则上是以海关行政法规为主要内容，如《进出口关税条例》、《知识产权海关保护条例》、《中华人民共和国海关统计条例》（以下简称《海关统计条例》）、《海关稽查条例》、《中华人民共和国海关事务担保条例》（以下简称《海关事务担保条例》）、《海关行政处罚实施条例》等。

这里所讲的“法律规范”是广义上的法律规范，包括法律、行政法规、行政规章，以及我国参加或签订的国际条约或双边协议、国际公约四个层次，而广义上的法律、行政法规、行政规章或国际条约、国际公约又各自包括相关的规范性文件。

海关管理制度不仅综合性强、法规数量多、内容繁杂，也具有分支清楚、层次明显和相互关系协调、联系密切的特点。各分支、各层次的海关管理制度相互区分又相互联系，构成了自己相对独立、完整、严密的法律规范体系。从法律层级、效力和地位上讲，可分为：第一，基本法，即《海关法》；第二，专门适用于海关执法的行政法规，如《进出口关税条例》《海关行政处罚实施条例》《海关稽查条例》等；第三，为执行《海关法》及海关行政法规而制定的海关规章。海关规章弥补了《海关法》及有关海关行政法规过于概括，或者有些行政法规尚未出台的不足，满足了海关监督管理活动复杂、多变的需要。海关规章的数量多、内容具体、制定或修订及时，是海关执法最常用的依据，也是广义海关法律制度的重要组成部分。

（二）特点

海关管理制度作为海关管理活动的依据和行动准则，在保障海关严格履行进出境监督管理职能，保护相对人合法权益，维护进出境秩序的同时，也体现出自己鲜明的特点。

1. 综合性

海关管理制度是一种“诸法合体”的法，既有组织法又有业务活动法，既有实体法又有程序法，还有与业务活动密切联系的人事、教育、财务、科技装备管理法。我国参加的世界海关组织诸公约、我国与外国政府或外国海关缔结的条约、协议，也是广义上的海关管理制度的组成部分。

就业务活动而言，海关管理制度既调整海关对进出口货物、物品的验放，又调整海关对应税货物的关税征收、减免；既调整海关与国内机关、团体、企业事业单位间的关系，也调整海关与外国人、外国组织间的关系。由于海关管理涉及政治、经济、文化生活等诸多方面，根据海关管理活动的需要，海关管理制度不仅要与国家的宪法、刑法、民法、刑事诉讼法、民事诉讼法、行政诉讼法、行政处罚法、行政复议法等进行传承和有序衔接，还要与公安、税务、外贸、外交、边防、文化、文物、卫生、交通、邮电、铁路、民航、交通、外汇、知识产权等部门法有一定的联系，甚至内容交叉，形成了自己内容庞杂，但又层次清晰、完整的体系，并体现出综合性的特点。

2. 涉外性

由于国家赋予海关的基本职责是监管货物、物品（行李物品、邮递物品）、运输工具进出境，因而调整海关监督管理活动的法律规范大多带有明显的涉外性。特别是构成海关管理制度的主体内容的业务活动法律规范，其制定和实施既要考虑到国家的主权和利益，也要兼顾到与国际惯例接轨；既要维护国家主权和尊严、维护、促进国家经济建设和精神文明建设，维护我国公民、法人的合法权益，也要保护外国人、外国组织的正常利益，维护和促进与世界各国人民的正常交往和经济合作关系。随着我国进一步对外开放和对国际经济合作的参与越来越广泛，特别是成为世界贸易组织成员，我国与外国缔结越来越多的涉及国际海关合作的条约、协议，我国海关管理制度的涉外性更加明显。

3. 统一性

我国幅员辽阔，地广人多，地区差别、民族差别很大，但又是一个不可分割的统一体。全国各地区、各部门、各行业、各民族的任何单位和个人，以及在我国居住、旅行或从事公务、商务活动的外国人、外国组织，都应当遵守国家统一制定的法律，法律对所有组织、个人平等地适用。

海关是国家的进出境监督管理机关，各级海关单位级别有高有低，人员配备有多有少，业务繁简不同，但都同样代表国家独立行使权力，都要统一执行海关法律、法规、规章，绝不允许存在各行其是的现象。同时，由于海关监管的进出境货物、物品又千差万别，以及伴随着国家经济贸易等政策的调整和变化，海关在征、免（税）、验、放（货）、罚（款）、没（收）、扣（留）、退（运）等管理上，也面临着相应的调整和变化。这就需要海关根据国家政策及海关管理的变化需要，随时制定出行政规章，保障全国海关执法的统一性，以使海关的各项业务管理都能直接找到作业依据，并遵循相应的程序和标准，统一办理业务。

【复习思考题】

1. 掌握海关管理的含义，需要注意哪几个方面？
2. 海关管理在发挥积极作用的同时，也具有其自身的哪些显著特点？
3. 从狭义上讲，海关管理制度主要指的是什么？
4. 如何从法律层级、效力和地位上正确理解海关的“法律规范”？
5. 海关管理制度的鲜明特点指什么？

第二节　海关监管制度

【学习目标】

本节内容旨在让学习者掌握我国海关对进出口货物监管制度的相关知识。

完成本节学习，学习者应获得以下成果：

1. 理解海关监管制度的含义；
2. 了解海关监管制度的法律形式；
3. 了解海关监管制度的体系；
4. 理解海关监管货物的含义及特征；
5. 理解海关监管相关人的含义；
6. 掌握海关监管制度的内容及管理措施。

【基本概念】

海关监管制度及其法律形式与体系、海关监管货物、海关监管相对人

【建议学习时间】

1 课时

一、海关监管制度概述

（一）海关监管制度的含义

海关监管制度是规定和调整海关在对进出境的货物、物品、运输工具及监管场所进行实际监管过程中发生的，海关与进出境货物、物品、运输工具的当事人和他们的代理人、担保人之间的

管理与被管理的关系，以及海关与其他行政部门或企业事业单位之间业务合作、配合关系的法律规范的总称。它作为规定海关和相对人在进出境监管中权利、义务的法律规范，既规范海关监管行为又规范相对人进出境行为，特别是规范相对人的报关行为、纳税行为、代理行为、承运行为、担保行为等，以及实现权利和履行义务的步骤，是海关实施进出境监管活动的基本制度保障，同时也是监督海关依法行政的主要依据。

（二）海关监管制度的法律形式

海关监管制度的法律形式主要有：

1.《海关法》关于海关对进出境货物、物品、运输工具监管的规定；

2. 其他国家法律如《文物保护法》《对外贸易法》《中华人民共和国道路安全法》《中华人民共和国民用航空法》等涉及海关对进出境货物、物品、运输工具监管的规定；

3. 国务院各有关行政法规涉及海关对进出境货物、物品、运输工具监管的规定；

4. 海关总署制定、颁布或海关总署与其他各机关联合制定、颁布的有关行政规章；

5. 我国参加或缔结的国际公约、条约及海关行政互助协议。

（三）海关监管制度的体系

在海关法律体系中，涉及海关监管的法规、规章数量最多，可分为进出境货物监管制度、进出境运输工具监管制度、进出境旅客行李物品监管制度、进出境邮递物品监管制度、海关监管场所监管制度等分支。

由于进出境货物的贸易形态与营销方式复杂、进出境物品的携运途径多样、运输工具的种类繁多等，使海关须具有与其管理目标相适应且各具针对性的监管方式。如进出境货物的一般进出口、保税进出口、暂时进出口，进出境物品的旅客携带、邮局寄递，运输工具的船舶、航空器进出境等。此外，海关在构建进出境货物的大监管体系中，全面推行综合监管模式，针对监管对象的不同形态、海关监管程序的不同时段，采用不同的监管措施，如货物进出境过程中应办理的通关监管、保税或免税监管手续，货物结关后或在后续监管期间海关实施的稽查，海关对进出境企业的资信管理，以及海关对特殊监管区域、监管场所的管理等。由此，海关监管制度就形成了一个层次分明且又各有分支的相对完整的体系，如图5-1所示。其中，海关通关监管、保税监管等进出境货物的程序性管理制度具有海关监管“证实进出境实际状态”及“全过程监控”的基本要素，且能为海关开展其他业务提供主要依据，应属进出境货物海关监管制度中的基础性制度，并与本教材的其他业务内容关联度最大。

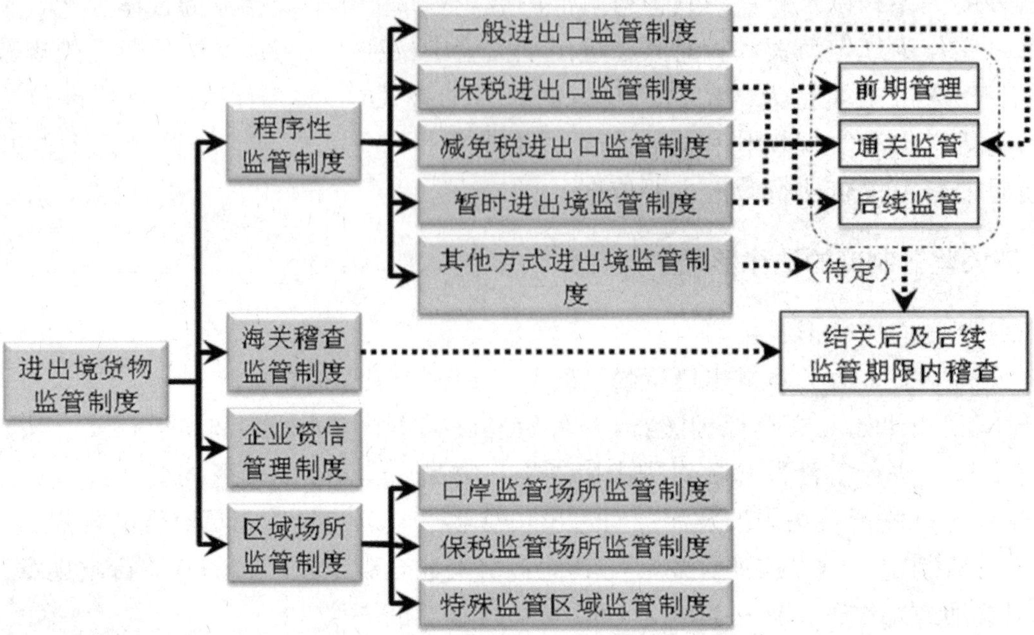

图 5-1　海关综合监管模式下的海关进出境货物监管制度体系示意图

（四）海关监管货物

1. 海关监管货物的含义

简单地说，海关监管货物是指以各种贸易或非贸易形态进出境，在尚未办结海关手续的情形下，其处置及物流应受海关监督控制的商品。

2. 海关监管货物的特征

（1）法律授权海关可以对实际进出境的货物在规定期限内实施有效监管

《海关法》第二十三条规定："进口货物自进境起到办结海关手续止，出口货物自向海关申报起到出境止，过境、转运和通运货物自进境起到出境止，应当接受海关监管。"

"进口货物自进境起"是指载运进口货物的运输工具进入我国关境之时起。"办结海关手续"简称结关，是指报关人已经在海关办理完进出口货物通关所必需的所有手续，完全履行了法律规定的与进出口有关的义务，包括纳税、提交许可证件及其他单证等，进口货物可以进入国内市场自由流通，出口货物可以运出境外。这是海关对进出境货物实施监管法律意义上的时间和范围，是海关对进出境货物实施监管的基础。

置于海关监管下的货物，办结海关手续的时限分别如下。

①直接进入境内市场自由流通的进口货物，办结海关手续的时限是：自货物进境之时起到办理海关申报、查验、征税、放行手续止；

②暂时进口、保税进口货物，办结海关手续的时限是：自货物进境起，到原货或加工成品复运出境并由海关予以注销或核销，或向海关补办正式进口的补证、纳税手续止；

③特定减免税货物，办结海关手续的时限是：自货物进境起，到海关监管年限期满止，或向海关办理补证、补税手续止；

④超期未报进口货物，办结海关手续的时限是：自货物进境起到由海关提取变卖止；

⑤过境、转运、通运货物，办结海关手续的时限是：自进境起至出境止；

⑥出口货物，办结海关手续的时限是：自向海关申报起至出境止。

（2）海关实施有效监管的程序、目标、方式是以进出境货物适用的程序性监管制度为基本依据

从不同的监管要求出发可以将海关监管货物分为不同种类。按国家贸易管制政策分，可以分为禁止进出口货物、限制进出口货物和自由进出口货物。按监管货物的流向分，可分为出口货物、进口货物、通过关境货物及暂时进出境货物等。按海关监管时限分，可以分为放行即结关货物、放行未结关待监管时限到期核销结关货物、通过关境货物、超期未报货物等。

可见，海关监管货物实际上包含了所有进出境货物，许多进出境货物在进出境放行后因为仍在海关监管年限内，所以仍是海关监管货物。

《海关法》第一百条所作规定即是从海关实施有效监管的程序、目标、方式出发，并以进出境货物适用的程序性监管制度为具体的执法依据。由此，海关监管货物包括一般进出口货物，过境、转运、通运货物，特定减免税货物，以及暂时进出口货物、保税货物和其他尚未办结海关手续的进出境货物。

一般进出口货物，是指在进出境环节缴纳进出口税费并在办结各项海关手续后可以直接在境内自行使用、销售的货物。我国《海关法》对一般进出口货物的规定与世界海关组织《京都公约》中的“结关内销”和“直接出口”两项附约基本吻合。

保税货物，是指经海关批准暂缓办理纳税手续进境，在境内储存、加工、装配后复运出境或转为进口的货物。保税货物又可分为保税加工货物和保税物流货物。

暂时进出境货物，是指为特定的目的进境或出境，按规定的期限原状复运出境或进境的货物。主要包括在展览会、交易会展示和使用的货物、货样；文化、体育交流活动使用的表演、比赛用品，进行新闻报道使用的仪器、设备及用品等。

特定减免税货物，是指《海关法》第五十七条规定适用的减免税范围的货物。主要有特定地区、特定企业和特定用途的进出口货物。所谓“特定地区”是指我国关境内，由国家规定的某一特别限定区域。享受减免税的货物只能在这一专门规定的区域内使用。“特定企业”是指国家专门规定的企业，享受减免税优惠的货物只能由这些规定的企业使用。“特定用途”是指货物用于国家规定的用途，如残疾人康复用的训练设备等。

过境、转运和通运货物，是指由境外起运、通过中国境内继续运往境外的货物。其中，通过境内陆路运输的称过境货物；在境内设立海关的地点换装运输工具，而不通过境内陆路运输的，称转运货物；由船舶、航空器载运进境并由原运输工具载运出境的，称通运货物。

除上述货物以外，尚未办结海关手续的进出境货物还包括溢卸货物、误卸货物、退运货物、租赁货物、进出境修理货物、无代价抵偿货物等。

（五）海关监管相对人

海关监管相对人是指与海关监管主体相对应的另一方当事人，即进出境活动中处于被管理地位上的公民、法人和其他组织。通常与海关监管活动比较密切的，且与海关打交道比较频繁的，主要有报关人和报关活动相关人等。

1. 报关人

报关人，顾名思义，就是向海关办理进出境手续的人，包括自然人、法人和其他组织。进出

境货物的报关人包括进出口货物收发货人和报关企业；进出境运输工具的报关人为进出境运输工具负责人或其代理人；进出境物品的报关人为物品所有人或其代理人。

2. 报关活动相关人

报关活动相关人是指从事与海关监管货物相关的运输、储存、加工等业务的人，包括自然人、法人和其他组织。主要有承接保税加工、物流、仓储业务的企业，转关运输承运人等。报关活动相关人须按规定向海关报告其与海关监管货物相关的运输、储存、加工等情况，保证海关监管货物始终置于海关监管之下。未经海关许可不得擅自开拆、提取、交付、发运、调换、改装、抵押、挪作他用或转让。

二、海关监管制度的基本内容

本教材主要介绍海关对进出境货物的程序性监管制度，包括一般进出口、保税进出口、特定减免税进口、暂时进出境和其他进出境监管制度。

（一）一般进出口监管制度

1. 一般进出口监管制度的含义

一般进出口监管制度，是指货物应在进出境环节[①]完纳进出口税费，经海关放行，进口货物可以在境内自行处置，出口货物运离关境，可以自由流通的监管规程或准则。

适用一般进出口监管制度办理进出境手续的货物可称为“一般进出口货物”。

“一般”一词是海关监管业务中的一种习惯用语，意指正常适用进出口税收与贸易管制制度。作为一种程序性监管制度的标志，主要是易于与适用进出口保税或免税管理，以及实施有限贸易管制的其他程序性监管制度相区别。

2. 一般进出口监管制度的主要内容

一般进出口监管制度是由一系列具体的法律规范组成，其中既有货物进出口的基本通关规则，也有办理通关手续的程序性要求。其主要内容如下：

（1）进出境时完纳进出口税费

适用一般进出口监管制度的进出境货物，纳税义务人在货物进出境时须依法缴纳进出口关税、进口环节海关代征税。

（2）进出境时提交国家实施贸易管制许可证件和其他相关证件

适用一般进出口监管制度的进出境货物，若涉及国家贸易管制的，进出口货物收发货人或其代理人在向海关申报时，应向海关提交相关的进出口许可证件和其他相关证件。

（3）进出境放行（或离境）后结关

结关是指进出境货物达到完全履行海关监管义务、办清海关手续的状态。适用一般进出口监管制度的进出境货物，经海关审核申报单证、查验货物、征收税费、签章放行后，进口货物可以由报关人提离海关监管场所，出口货物可以由报关人安排装运。进口货物提离海关监管场所、出口货物运离关境后，不再接受海关监管，海关手续即全部办结[②]。

---

① 这里所指进出境环节是指海关办理货物进境或出境手续的现场通关环节。

② 一般出口货物的结关比较特殊，必须等到货物实际运离关境后，海关才签发相关报关单证明联，方视为结关。

3. 一般进出口监管制度的适用

(1) 适用原则

通常情况下，一般进出口监管制度适用于不享有特定减免进口税优惠的实际进出口货物。已按保税或暂准进口办理了进境手续的货物，在未结关状态下经批准转为内销且不享有特定减免进口税优惠的，须转按一般进出口监管制度重新办理进口通关手续。

(2) 适用的货物种类

下列货物适用一般进出口监管制度办理进出口海关手续：

①以一般贸易方式成交进出口的货物（享受特定减免税优惠的除外）；

②以易货、补偿方式成交进出口的货物；

③不予保税的寄售代销贸易货物；

④其他方式进出口的货物。如随展览品进境的小卖品、超过限额的经贸往来赠送品、进料加工贸易中对方有价提供的机器设备等。

（二）保税进出口监管制度

1. 保税进出口监管制度的含义

保税进出口监管制度，是指经海关批准，货物进境时未办理纳税手续，在境内加工、储存后复运出境，经核销办结海关手续的监管规程或准则。

在实践中，保税进出口监管制度又可具体分为保税加工进出口监管制度和保税物流进出口监管制度。保税加工过程属产业链过程，保税物流过程属供应链过程，海关对两者在管理要求上有较大区别。适用保税加工进出口监管制度办理海关手续的货物称为保税加工货物。保税加工货物一般以在境内加工增值为目的，主要包括进料加工货物、来料加工货物。适用保税物流进出口监管制度办理海关手续的货物称为保税物流货物。保税物流货物以在境内储存与流转为目的，主要包括在海关保税监管场所和在海关特殊监管区域储存、流转的保税货物。

2. 保税加工进出口监管制度

保税加工进出口监管制度主要是针对进料加工、来料加工方式下的料件进口、成品出口而设定的监管规程或准则。其中，加工贸易料件这里也可以采用国内部分料件，而且目前国内料件的比例在提高。加工成品的购销市场均在境外的特性，成为保税加工进出口监管制度的构建基础。

（三）特定减免税进口监管制度

1. 特定减免税进口监管制度的含义

特定减免税进口监管制度，是指根据国家政策规定，货物进口时减纳或免纳进口关税，进口后在特定地区、特定企业、特定用途上使用，在规定的期限内接受海关监管的监管规程或准则。

适用特定减免税进口监管制度办理进口手续的货物可称为“特定减免税进口货物”。特定减免税是我国关税优惠政策的重要组成部分，是国家无偿向符合条件的进口货物使用单位提供的税收优惠，其目的是为了鼓励与支持某些产业项目的开发与成熟，促进科学、教育、文化、卫生事业的建设发展等。

2. 特定减免税进口监管制度的适用

（1）适用原则

①减免税申请人应具备规定的资格；

②进口货物的使用范围或用途符合规定的要求；

③进口货物不属于国家规定《不予免税的进口商品目录》的范围。

（2）适用范围

目前，特定减免税进口监管制度主要适用于符合国家特定减免税优惠政策的特定地区、特定企业、特定用途进口的货物。

①特定地区的进口货物

主要包括保税区、出口加工区、保税物流园区、保税港区、自贸试验区等特定区域进口的区内生产性基础设施项目所需的机器、设备和基建物资等，区内企业进口企业自用的生产、管理设备等，区内管理机构自用合理数量的管理设备和办公用品等。

②特定企业的进口货物

主要包括外商投资项目[①]投资额度内进口自用设备及随设备进口的配套技术、配件、备件，国家重点鼓励发展产业的国内投资项目在投资总额内进口的自用设备，外国政府贷款和国际金融组织贷款项目进口的自用设备等。

③特定用途的进口货物

主要包括具备资格的科研机构和大专院校进口的国内不能生产或者性能不能满足需要的科学研究和教学用品，残疾人专用品及残疾人组织和单位进口的货物等。

（四）暂时进出境监管制度

暂时进出境监管制度是指经海关批准，货物在规定范围内[②]暂予免纳进出口税款进境或出境，在规定期限内除因正常使用而产生的折旧或者损耗外原状复运出境、进境，并办结海关手续的监管规程或准则。

适用暂时进出境监管制度办理进出境手续的货物称为“暂时进出境货物”，包括须暂时进境货物和暂时出境货物两类。

（五）过境、转运、通运进出口监管制度

适用过境、转运、通运进出口监管制度的货物都是由境外起运通过我国境内继续运往境外的货物。这类货物特点是仅在我国境内运输及短暂停留不作销售、加工、使用及贸易性储存。

过境货物，是指从境外起运，在我国境内不论是否换装运输工具，通过陆路运输继续运往境外的货物。

转运货物，是指从境外起运，通过我国境内设立海关的地点换装运输工具，不通过境内陆路运输继续运往境外的货物。

通运货物，是指由境外起运，不通过我国境内陆路运输，进境后由原运输工具载运出境的

① 指《外商投资产业指导目录》中鼓励类项目或《中西部地区外商投资优势产业目录》的产业条目。

② 范围详见《进出口关税条例》第四十二条。

货物。

根据定义三种货物的区别如表5-1所示。

表5-1 过境、转运、通运货物比较表

货物类型	是否经过陆路运输	是否转换运输工具
过境货物	是	均可
转运货物	否	是
通运货物	否	否

【复习思考题】

1. 怎样全面理解海关监管制度的含义？
2. 海关监管制度体系有怎样一种类别结构？各类、各种监管制度的内涵应如何理解？
3. 什么是海关监管货物？以怎样的方式分类？
4. 依据《海关法》第一百条所作规定，海关监管货物包括哪些？
5. 应如何理解海关监管相对人？
6. 各类海关程序性监管制度的含义、内容、适用范围是什么？

第三节 海关税收征管制度

【学习目标】

本节内容旨在让学习者掌握我国进出口关税和进口环节海关代征税的基本知识，了解海关的相关制度。

完成本节学习，学习者应获得以下成果：

1. 理解海关税收征管制度的含义；
2. 了解进出口关税及其特点；
3. 掌握关税税率的设置和适用；

【基本概念】

海关税收，关税及关税税率，完税价格，海关纳税期限及从价计征、从量计征，关税的法定减免、特定减免、临时减免，关税的追征、补征，海关税收的保全措施和强制措施

【建议学习时间】

1课时

一、海关税收征管概述

税收又称赋税、租税或捐税，简称税，是指国家凭借其行政权力，运用法律手段向社会组织和个人无偿、强制征收实物或货币的行为及与其有关的一切活动。海关税收是指海关代表国家对进出境货物、物品、运输工具所征的税，主要包括关税进口环节代征的增值税、消费税、船舶吨税等。依法征收关税和其他税费，是《海关法》规定的海关基本任务之一。由于进口环节海关代征的税，在征收中所适用的程序性制度与海关关税征收的程序性制度基本一致，《进出口关税条例》第六十五条规定，"进口环节海关代征税的征收管理，适用关税征收管理的规定"。所以，通常我们所讲的海关税收征管制度主要是指关税制度。

二、海关征税的特征

关税征收的对象是进出境的货物和物品，而不是其他货物和物品或行为；货物和物品也只有在进出境的时候才能征收关税，在关境内流通时就不再征收关税。和其他征税一样，海关征税具有无偿性、强制性、固定性、涉外性等特征。进出口货物的收发货人、进出境物品的所有人，进出口运输工具的经营人应依法缴纳应缴纳的税费，逾期不履行的，海关可以直接向法院申请强制执行。

三、海关征税的种类

（一）关税

关税是由海关代表国家，按照国家制定的关税政策、公布实施的进出口税则，对进出境的货物和物品征收的一种流转税。

关税是一种国家税收，这是它最基本的属性。关税的征税主体是国家，并通过《海关法》将征收关税的权力授予海关，由海关代表国家向纳税义务人征收。未经法律授权，其他任何单位和个人均不得行使征收关税的权力。

关税的征税对象是准许进出口的货物和进出境的物品，但并不意味着对所有的进出境货物和物品都征税，例如，零税率货物和物品、免税货物和物品、保税货物等其进出境时并不征收关税。另外，因国家贸易管制的需要，国家有限制性规定的进出口货物和进出境物品，没有获取许可证件的，除法律另有规定外，不能进入或者运出中华人民共和国关境，也就不能成为关税的征收对象。因此，从是否涉税的角度来讲，关税的征税对象是进出境的应税货物和物品。

（二）进口环节海关代征税

进口货物、物品在办理海关手续放行后，进入国内流通领域，与国内货物同等对待，所应缴纳应征的国内税。但为了简化进口货物、物品的再次申报手续，这部分税依法由海关在进口环节代为征收，这就叫进口环节海关代征税。

目前，进口环节海关代征税主要有增值税、消费税两种。

1. 增值税

增值税是以商品（含应税劳务）在流转过程中产生的增值额作为计税依据而征收的一种流

转税。从计税原理上说，增值税是对商品生产、流通、劳务服务中多个环节的新增价值或商品的附加值征收的一种流转税。

在中华人民共和国境内销售货物或者提供加工、修理修配劳务，以及进口货物的单位和个人，为增值税的纳税义务人，应当依照增值税条例缴纳增值税。进口货物由纳税义务人（进口人或者其代理人）向办理进口手续的海关申报纳税。

我国增值税的征收原则是中性、简便、规范，采取基本税率再加一档低税率的征收模式。根据《中华人民共和国增值税暂行条例》我国增值税税率分为以下五档。

（1）纳税人销售货物、劳务、有形动产租赁服务或者进口货物，除（2）、（4）、（5）条另有规定外，税率为16%。

（2）纳税人销售交通运输、邮政、基础电信、建筑、不动产租赁服务，销售不动产，转让土地使用权，销售或者进口下列货物，税率为10%。

①粮食等农产品、食用植物油、食用盐；

②自来水、暖气、冷气、热水、煤气、石油液化气、天然气、二甲醚、沼气、居民用煤炭制品；

③图书、报纸、杂志、音像制品、电子出版物；

④饲料、化肥、农药、农机、农膜；

⑤国务院规定的其他货物。

（3）纳税人销售服务、无形资产，除本条（1）、（2）、（5）另有规定外，税率为6%。

（4）纳税人出口货物，税率为零；但是，国务院另有规定的除外。

（5）境内单位和个人跨境销售国务院规定范围内的服务、无形资产，税率为零。

2. 消费税

消费税是以消费品或消费行为的流转额作为课税对象种税，属于流转税的范畴。在对货物普遍征收增值税的基础上，选择部分消费品再征收一道消费税，目的是为了调节产品结构，引导消费方向，保证国家财政收入。

消费税的纳税人是在中华人民共和国境内生产、委托加工和进口《中华人民共和国消费税暂行条例》规定的消费品的单位和个人，以及国务院确定的销售本《中华人民共和国消费税暂行条例》规定的消费品的其他单位和个人。

消费税的征税范围，主要是根据我国经济社会发展现状和现行消费政策、人民群众的消费结构及财政需要，并借鉴国外的通行做法确定的。

消费税的征收范围，仅限于少数消费品。应税消费品大体可分为以下四种类型。

（1）一些过度消费会对人的身体健康、社会秩序、生态环境等方面造成危害的特殊消费品，如烟、酒、酒精、鞭炮、焰火等；

（2）奢侈品、非生活必需品，如贵重首饰及珠宝玉石、化妆品等；

（3）高能耗的高档消费品，如小轿车、摩托车、汽车轮胎等；

（4）不可再生和替代的资源类消费品，如汽油、柴油、一次性筷子、实木地板等。

消费税实行从价定率、从量定额，或者价定率和从量定额复合计税（简称复合计税）的办法计算应纳税额。从量计征进口环节消费税的商品包括黄酒、啤酒、成品油；复合计征进口环节消费税的商品包括卷烟、白酒；从价计征进口环节消费税的商品包括化妆品、贵重首饰及珠宝玉石、鞭炮、焰火、汽车轮胎、摩托车、小汽车、高尔夫球及球具、高档手表、木制一次性筷子、实木地板。

四、进出口货物完税价格的确定

进出口货物的完税价格是海关凭借从价计征关税和其他进口环节海关代征税确定的价格。《海关法》采用了世界贸易组织《海关估价协定》规定的价格准则，对进出口货物的完税价格作出了原则性规定。《进出口关税条例》、《中华人民共和国海关审定进出口货物完税价格办法》（以下简称《海关审价办法》）从实体上和程序上对进出口完税价格作出了具体规定。

《海关法》第五十五条规定，进出口货物的完税价格，由海关以该货物的成交价格为基础审查确定。成交价格不能确定的，完税价格由海关确定。

（1）进口货物的完税价格包括：

①货物的货价；

②货物运抵到我国境内输入地点起卸前的运输费及相关费用；

③保险费。

（2）出口货物的完税价格包括：

①货物的货价；

②货物运至我国境内输出地点装载前的运输及相关费用；

③保险费。

但是其中包含的出口关税税额应当予以扣除。

五、关税的征收

（一）纳税期限和滞纳金

为使海关作出的征税决定得到执行，保证税款及时入库，还须规定纳税义务人缴纳税款的时间限制，逾期缴纳即构成滞纳。

1. 法定纳税期限

《进出口关税条例》规定：“进出口货物的纳税义务人，应当自海关填发税款缴款书之日起15日内向指定银行缴纳税款。”

2. 延期纳税期限

纳税义务人因不可抗力或者国家税收政策调整不能按期缴纳税款的，应当在货物进出口前向办理进出口申报纳税手续所在地直属海关或者其授权的隶属海关提出延期缴纳税款的书面申请并随附相关材料，同时还应当提供纳税计划，由直属海关或者其授权的隶属海关在规定期限内审核批准。货物实际进出口时，纳税义务人要求海关先放行货物的，应当向海关提供税款担保。延期缴纳税款的期限，自货物放行之日起最长不超过六个月。

3. 滞纳金

滞纳金是海关对纳税义务人由于不能按海关规定的期限缴清税款而采取的一种行政强制措施。其目的是使纳税义务人承担增加的经济制裁责任，促使其尽早履行纳税义务。征收滞纳金并不影响海关采取的其他税收强制措施的执行。

按照规定，关税、进口环节海关代征税的纳税义务人或其代理人，应当自海关填发税款缴款书之日起 15 日内向指定银行缴纳税款，逾期缴纳的海关依法在原应纳税款的基础上，按日加收滞纳税款万分之五的滞纳金。纳税义务人经批准延期缴纳税款的不征收滞纳金；逾期缴纳税款的，自延期缴纳税款期限届满之日起至缴清税款之日止，按日加收滞纳税款万分之五的滞纳金。

（二）汇率的适用

海关按照货物适用税率之日所适用的计征汇率折合为人民币计算完税价格。进出口关税、进口环节海关代征税的完税价格均以人民币计征，采用四舍五入法计算至分。

海关每月使用的计征汇率为上一个月第三个星期三（第三个星期三为法定节假日的顺延采用第四个星期三）中国人民银行公布的外币对人民币的基准汇率；以基准汇率币种以外的外币计价的，采用同一时间中国银行公布的现汇买入价和现汇卖出价的中间值（人民币元后采用四舍五入法保留四位小数）。如果上述汇率发生重大波动，海关总署认为必要时，可另行规定计征汇率，并对外公布。

（三）关税的计算及缴纳

1.《进出口关税条例》规定，进出口货物关税以从价计征、从量计征或者国家规定的其他方式征收。从价计征、从量计征的计算公式分别如下。

（1）从价计征：

应纳税额=完税价格×关税税率

（2）从量计征：

应纳税额=货物数量×单位税额

2. 关税的缴纳方式有两种：一是在银行柜台支付，二是电子支付。进出口货物的纳税义务人应当向货物申报进出口地海关办理纳税手续。

六、进出口税费的减免

关税减免是减征关税和免征关税的简称，是全部或部分免除应税货物纳税义务人的关税给付义务的一种行政措施。减免税制度是关税制度中的一项重要内容。国家通过对某些进出境货物给予减征或者免征关税的优惠，体现国家的政策取向。同时，对某些进出境货物给予减免税待遇也是我国加入国际公约、协定应当承担的义务。我国《海关法》《进出口关税条例》将减免税分为三类，即法定减免税、特定减免税和临时减免税。

（一）法定减免税

法定减免税是指按照《海关法》《进出口关税条例》和其他法律、行政法规的规定，对进出境货物和物品可以享受的减免关税优惠。海关对法定减免税货物和物品一般不进行后续管理。

（二）特定减免税

特定减免税是指海关根据国家规定，对特定地区、特定用途和特定企业给予的减免关税和进口环节海关代征税的优惠，也称政策性减免税。

（三）临时减免税

临时减免税是指法定减免税和特定减免以外的其他减免税，国务院根据某个单位、某类商品、某个时期或某批货物的特殊情况和需要，给予特别的临时性减免税优惠。临时减免税与特定减免税一样，《海关法》第五十八条授权国务院根据具体情况决定实施范围和具体办法，其他任何机关、单位或者个人均无权批准《海关法》规定以外的关税减免。

七、关税的追补和退还

（一）关税的追征、补征

1. 含义

所谓“少征”关税，是指海关已经作出征税决定，但征税决定中确定征收的税额比应当征收的税额少；“漏征”关税，是指海关误将货物免税放行或者因其他原因对应予以征税货物未征收税款。少征和漏征关税一般统称为短征关税。

根据造成短征关税的原因，将海关征收短征关税的行为分为追征和补征两种。“追征”是由于纳税义务人违反规定造成短征关税的，海关对短征的税款予以征税的行为；“补征”是指非因纳税义务人违反海关规定原因造成短征关税的，海关对短征税款予以征税的行为。

2. 期限

《海关法》《进出口关税条例》规定，进出口货物、进出境物品放行后，海关发现少征或者漏征税款的，应当自缴纳税款或者货物、物品放行之日起一年内，向纳税义务人补征税款。因纳税义务人违反规定而造成的少征或者漏征税款的，海关在纳税义务人应缴纳税款之日起三年以内可以追征，并从应缴纳税款之日起按日加收少征或漏征税款万分之五的滞纳金。

（二）关税的退还

1. 含义

关税退还是指在关税的纳税义务人缴纳关税后，发现多征税款，由海关主动或者经纳税义务人申请，由海关将已经缴纳的部分或者全部税款退还给纳税义务人的一种制度。

2. 范围和时限

（1）造成海关实征税款多于应征税款的原因，主要包括：海关误征、多纳税款；已征进口关税的货物，因品质或者规格原因，原状退货复运出境的；已征出口关税货物，因品质或者规格原因，原状退货复运进境，并已重新缴纳因出口而退还的国内环节有关税收的；已征出口关税的货物，因故未装运出口，申报退关的，等等。无论是纳税义务人失误还是海关关员失误，造成的或者其他原因，海关发现多征税款的，应当立即退还；纳税义务人也可以申请退还。

（2）纳税义务人申请退税受到时效限制，即应自缴纳税款之日起一年内书面提出退税申请并提供相应的证明材料。海关应当自受理退税申请之日起 30 日内查实并通知纳税义务人办理退还手续。纳税义务人应当自收到通知之日起三个月内办理有关手续。

进口环节增值税已抵缴的，除国家另有规定外不予退还。已征收的滞纳金不予退还。

八、税收的保全措施和强制措施

《海关法》《进出口关税条例》所规定的税收强制措施，包括税收征缴的强制措施和税收保全措施。

（一）保全措施

进出口货物的纳税义务人在《海关法》《进出口关税条例》规定的纳税期限内有明显的转移、藏匿其应税货物及其他财产迹象的，海关可以要求纳税义务人在海关规定的期限内提供海关认可的担保。纳税义务人不能在海关规定的期限内，按照海关要求提供担保的，经直属海关关长或者其授权的隶属海关关长批准，海关应当采取税收保全措施。

1. 暂停支付存款

海关书面通知纳税义务人开户银行或者其他金融机构（以下统称金融机构）暂停支付纳税义务人相当于应纳税款的存款。

纳税义务人在规定的纳税期限内未缴纳税款的，海关书面通知金融机构从暂停支付的款项中扣缴相应税款。海关确认金融机构已扣缴税款的，书面告知纳税义务人。

纳税义务人在规定的纳税期限内缴纳税款的，海关书面通知金融机构解除对纳税义务人相应存款实施的暂停支付措施。

2. 暂扣货物或财产

因无法查明纳税义务人账户、存款数额等情形，不能实施暂停支付措施的，书面通知（随附扣留清单）纳税义务人扣留其价值相当于应纳税款的货物或者其他财产。货物或者其他财产本身不可分割，又没有其他财产可以扣留的，被扣留货物或者其他财产的价值可以高于应纳税款。

纳税义务人在规定的纳税期限内缴纳税款的，海关书面通知纳税义务人解除扣留措施，随附发还清单，办理确认手续后将有关货物、财产发还纳税义务人。

纳税义务人在规定的纳税期限内未缴纳税款的，海关书面通知纳税义务人依法变卖被扣留的货物或者其他财产，并以变卖所得抵缴税款。变卖所得不足以抵缴税款的，海关继续采取强制措施抵缴税款差额部分；变卖所得抵缴税款及扣除相关费用后仍有余款的，发还纳税义务人。

（二）强制措施

进出口货物的纳税义务人、担保人自《海关法》《进出口关税条例》规定的纳税期限届满之日起超过三个月未缴纳税款或经海关总署批准延期缴纳税款的，自延期缴税期限届满之日起超过三个月仍未缴纳税款的，经直属海关关长或其授权的隶属海关关长批准，依次采取下列强制措施：

1. 书面通知金融机构从其存款中扣缴税款；
2. 将应税货物依法变卖，以变卖所得抵缴税款；
3. 扣留并依法变卖其价值相当于应纳税款的货物或者其他财产，以变卖所得抵缴税款。

实施强制措施的，海关书面通知金融机构从纳税义务人、担保人的存款中扣缴相应税款，同时书面告知纳税义务人、担保人。海关采取强制措施时，对纳税义务人未缴纳的税款滞纳金同时采取强制执行。

海关决定以应税货物、被扣留的价值相当于应纳税款的货物或者其他财产变卖并抵缴税款的，书面告知纳税义务人、担保人。变卖所得不足以抵缴税款的，海关继续采取强制措施抵缴税款的差额部分；变卖所得抵缴税款及扣除相关费用后仍有余款的，发还纳税义务人、担保人。

九、纳税争议的解决

纳税争议是指纳税义务人、担保人对海关征收关税的行为产生异议而引发的行政争议。这类争议的解决，适用我国解决行政争议的特别法律制度——行政复议制度和行政诉讼制度。

（一）纳税争议的范围

纳税争议的范围主要包括海关在关税征收管理过程中作出的确定纳税义务人、确定完税价格、商品归类、确定原产地、适用税率和汇率、减征或者免征税款、补税、退税、征收滞纳金、确定计征方式及确定纳税地点等行为，而与行政管理相对人发生的关于纳税问题的争议。

（二）纳税争议适用复议前置程序

我国解决行政争议的法律途径有两种：由行政机关按照行政程序解决行政争议的行政复议程序和由人民法院按照司法程序解决行政争议的行政诉讼程序。

但是，由于纳税争议涉及商品归类、海关估价和确定商品原产地等方面，业务性、专门性和技术性都很强，如果这些争议都直接向人民法院起诉，将会给法院审理案件增加很大难度，也不利于提高效率。因此，依据《海关法》和《中华人民共和国行政复议法》（以下简称《行政复议法》）的有关规定，纳税争议应遵循行政复议前置的原则，即发生纳税争议时，应当先申请行政复议，对复议结果不服的，再向人民法院提起行政诉讼。

（三）海关实行上一级行政机关复议制度

海关是实行垂直领导的行政机关，除接受其上级主管部门的领导外，不受地方各级人民政府的领导。根据《行政复议法》的规定，海关实行上一级行政机关复议制度，即纳税义务人、担保人与海关发生纳税争议时，应当先向作出具体行政行为的海关的上一级海关申请行政复议（其中对海关总署作出的具体行政行为不服的，仍向海关总署申请行政复议），对复议决定不服的，即可向人民法院提起诉讼。

（四）复议期间具体行政行为不停止执行

具体行政行为在理论上具有效力先定性，一经作出，在没有被有权机关经过法定程序依法撤销、变更或者确认违法以前，始终被认为是合法的，仍然对相对人发生约束力。但这并不表示只有具体行政行为被执行完毕后，才能受理行政复议申请。纳税义务人、担保人与海关发生纳税争议时，应当缴纳税款，但并不表示应先缴纳税款才可以申请行政复议。但纳税义务人因纳税争议提出复议申请时，也应当在法律规定的期限内，按海关确定的数额履行缴纳税款的义务，逾期则构成滞纳，海关有权依法征收滞纳金。

【复习思考题】

1. 关税的含义可以从哪几方面来理解？
2. 关税的特点是什么？
3. 对于关税纳税义务《海关法》《进出口关税条例》是如何规定的？
4. 如何区别不同情况确定税率的适用时间？
5. 什么是进出口货物的完税价格，各应包括哪些价格与费用？
6. 滞纳金如何征收？
7. 有哪些关税减免方式？
8. 什么是关税的追征、补征？各适用怎样的范围和时限？
9. 什么情形下将采用税收征缴的强制措施和税收保全措施？各有哪些手段？
10. 什么是纳税争议？其解决途径有哪些？

第四节　海关统计制度

【学习目标】

本节内容旨在让学习者掌握我国海关统计制度的基本知识。

完成本节学习，学习者应获得以下成果：

1. 理解海关统计制度的概念；
2. 了解海关统计的范围；
3. 掌握海关统计项目的规范要求。

【基本概念】

海关统计、海关统计资料、海关统计范围、海关统计项目、海关统计商品、海关统计数（重）量、海关统计价格、海关统计国别（地区）、海关统计经营单位、海关统计贸易方式

【建议学习时间】

1 课时

一、海关统计概述

（一）海关统计的含义

《海关统计条例》第二条对海关统计作了明确定义，即海关统计是海关依法对进出口货物贸易的统计，是国民经济统计的组成部分。而海关统计工作、海关统计资料和海关统计理论则是理解“海关统计”含义的三个重要概念。

海关统计工作是指收集、整理、分析我国对外贸易进出口货物原始资料，并形成海关统计资料的工作过程。

海关统计资料是指反映我国对外贸易进出口货物情况的数据。它是国家制定对外贸易政策和检查、监督政策执行情况，以及进行宏观经济调控的重要依据，也是研究对外贸易发展和国际经济贸易关系的重要资料。

海关统计理论是指我国海关统计在实践中不断总结，逐步形成并不断完善的一整套较为系统的制度、原则和方法，是统计学原理、海关管理理论和海关具体业务的有机结合。

（二）海关统计的特点

我国的海关统计除具有社会经济统计的一般特点外，还具有全面性、可靠性和国际可比性等特点。

1. 全面性

《海关法》明确规定，进口货物的收货人、出口货物的发货人，应当向海关如实申报，接受海关监督管理，从而为海关及时收集全面的进出境货物统计资料提供法律依据和根本保证。

2. 可靠性

海关统计的原始资料是经海关实际监管的进出口货物报关单及有关单证。海关统计是海关监管过程和结果的记录，因此，其可靠性是由海关在对外贸易活动中所处的客观地位所决定的。

3. 国际可比性

海关统计全面采用国际标准，统计方法与统计口径同各国通行的贸易统计方法是一致的，因此，海关统计资料具有国际可比性。

二、海关统计制度的基本内容

国务院以国务院令的形式发布实施的《海关统计条例》，以及海关总署以海关总署令的形式发布实施的《中华人民共和国海关统计工作管理规定》是关于海关统计的法律规范，它们明确了进出口货物统计的性质、任务、组织机构、职责、统计范围、统计项目、海关及当事人的权利和义务等，是指导海关统计工作的行政法规和海关规章。其基本内容如下。

（一）海关统计资料的管理

1. 海关统计数据的收集

（1）海关统计数据的原始资料

《海关统计条例》第十五条规定，海关统计的原始资料是经海关确认的进出口货物报关单及其他有关单证。进出口货物报关单和其他申报单证是由进出口货物收发货人或其代理人填制，并向海关提交的申报货物状况的法律文书，是编制海关统计的重要凭证。

（2）海关统计数据的收集方式

《海关法》规定，进口货物的收货人、出口货物的发货人应当向海关如实申报，接受海关的监督管理。这为海关及时收集全面、准确的进出境货物统计资料提供了法律依据和根本保证。海关统计数据是从通关管理系统报关单数据库中提取的。

2. 海关统计数据的审核

海关统计数据的审核是指通过利用计算机的各种检控条件对已转入统计数据库的数据进行检查，并打印出各种统计数据审核表供统计人员进行复核。

海关统计数据的审核主要是由各直属海关与海关总署综合统计司共同来完成的。各直属海关通过电子审核、人工专业化审核、现场接单审核、通关数据综合复核、统计数据最终审核；海关总署综合统计司负责对各直属海关上报数据进行最终复核和检查，重点是对错误信息进行检控。

3. 海关统计数据的报送

各直属海关的统计部门负责对本关区统计库中的统计数据进行审核，每月初将上月审核后的统计数据通过网络传到海关总署。

4. 海关统计资料的编制

海关统计资料的编制是指对所收集的统计数据进行科学的汇总与加工整理，使之系统化、条理化，成为能够反映进出口货物贸易和物品特征的综合统计资料。其范围为列入海关统计的货物、物品及海关统计项目。

海关统计资料的来源是经过海关各业务环节审核，并通过统计合法性和可靠性检查的“中华人民共和国海关进（出）口货物报关单”“中华人民共和国海关保税区进（出）境货物备案清单”“中华人民共和国海关出口加工区进（出）境货物备案清单”等报关单、随附单证及有关的电子数据。

5. 海关综合统计资料的发布和提供

海关综合统计资料的发布是指海关总署及各直属海关统计部门对经汇总加工编制的海关统计资料，通过出版发行统计书刊、电子数据交换、新闻媒介等形式，定期地向地方政府通报和向社会各界公开发布。其中，海关总署应当定期、无偿地向国务院有关部门提供有关综合统计资料，直属海关应当定期、无偿地向所在地省、自治区、直辖市人民政府有关部门提供有关综合统计资料。开展统计服务是海关统计的工作任务之一，其目的是充分开发和利用海关统计信息资源，及时向各级政府和社会各界提供海关统计资料，为国家外贸政策的制定提供决策依据，帮助企业了解市场、占领市场和参与国际竞争。公众可以通过查阅《海关统计快讯》《海关统计月刊》《中国海关统计年鉴》等统计出版物来获取有关信息。

海关综合统计资料包括下列内容：

（1）各地区进出口总值表；

（2）进出口商品贸易方式总值表；

（3）国别（地区）进出口总值表；

（4）主要商品进出口总值表；

（5）进出口贸易方式企业性质总值表；

（6）运输方式进出口总值表；

（7）反映进出口总体进度的分析报告、进出口监测预警信息等。

（二）海关统计范围

《海关统计条例》规定，实际进出境并引起境内物质存量增加或减少的货物列入海关统计；进出境货物超过自用合理数量的列入海关统计。这表明列入我国海关统计范围的货物必须同时具备两个条件：一是跨越我国经济领土边界的物质商品流动，二是改变我国的物质资源存量。

根据联合国关于国际货物贸易统计的原则，我国将进出口货物分为列入海关统计的进出口货物、不列入海关统计的货物和不列入海关统计但实施单项统计的货物三类。

1. 列入海关统计的进出口货物

列入海关统计的进出口货物以海关的监管方式为基础进行分类。列入海关统计的货物主要包括：我国境内法人和其他组织以一般贸易、易货贸易、加工贸易、补偿贸易、寄售代销贸易等方式进出口的货物，保税区和保税仓库进出境货物，租赁期一年及以上的租赁进出口货物，边境小额贸易货物，国际间或国际组织间无偿援助、赠送的物资等。

2. 不列入海关统计的货物

根据国际惯例和我国确定的海关统计范围，对于没有实际进出境或虽然实际进出境，但没有引起境内物质资源存量增加或减少的货物、物品不列入海关统计（即不列入我国进出口统计）。

（1）不列入海关统计的货物主要有：过境货物、转运货物和通运货物；暂时进出货物；用于国际收支手段的流通中的货币及货币用黄金；租赁期在一年以下的租赁货物；由于货物残损、短少、品质不良或者规格不符，而由该进出口货物的承运人、发货人或者保险公司免费补偿或者更换的同类货物；退运货物；边民互市贸易进出口货物；中国籍船舶在公海捕获的水产品；中国籍船舶或者飞机在境内添装的燃料、物料、食品；中国籍或者外国籍的运输工具在境外添装的燃料、物料、食品，以及放弃的废旧物料等；无商业价值的货样或者广告品；海关特殊监管区域之间、保税监管场所之间，以及海关特殊监管区域或保税监管场所之间转移的货物；其他不列入海关统计的货物。

（2）不列入海关统计的物品主要有：修理物品；打捞物品；进出境旅客的自用物品（汽车除外）；我国驻外国和外国驻我国使领馆进出境的公务物品，以及使领馆人员的自用物品；我国驻香港和澳门特别行政区军队进出境的公务物品，以及军队人员的自用物品；其他不列入海关统计的物品。

3. 不列入海关统计但实施单项统计的货物

为了更好地发挥海关统计在国民经济核算和海关管理中的作用，对于部分不列入海关统计的货物，海关可以根据管理需要对其实施单项统计，尽管其统计数值不列入国家进出口货物贸易统计的总值。海关实施单项统计的货物包括：免税品，进料与来料加工以产顶进，进料与来料加工转内销货物，加工贸易转内销设备，进料与来料加工深加工结转货物及余料，加工贸易结转设备，退运货物，进料与来料加工复出口料件等。

（三）海关统计项目

海关对进出口货物的统计项目包括：品名及编码，数量、价格，经营单位，贸易方式，运输方式，进口货物的原产国（地区）、起运国（地区）、境内目的地，出口货物的最终目的国（地区）、运抵国（地区）、境内货源地，进出口日期，关别，海关总署规定的其他统计项目。

其中，进出口货物的品种、数（重）量、价格、国别（地区）和运输方式是各国对外贸易统计的常规项目，在海关统计中对这些项目的定义和统计方法是全面采用了联合国建议的国际标准制定的；而经营单位、境内目的地、境内货源地、贸易方式和关别等，则是为满足国家对外贸实施有效的宏观调控和海关对进出口货物实施有效监督管理的需要而设置的项目，对这些项目的定义和统计方法是以相关的海关法规和海关业务制度为基础制定的。

对上述海关统计项目，规范要求具体如下。

1. 海关统计商品分类

凡列入海关统计范围的进出口货物均应依照《海关统计商品目录》归类统计。《海关统计商品目录》是以《协调制度》为基础编制的，采用八位数编码的结构。《海关统计商品目录》分为九十八章，其中第一章至第九十七章（前六位数编码及商品名称）与《协调制度》完全一致（第七十七章为空章），第九十八章是根据我国海关统计的需要设置的。

2. 海关统计数（重）量

海关统计数（重）量是指商品的实物量，用以反映实际进出口商品的规模和发展变化情况。

（1）商品计量单位的规定

我国海关在《海关统计商品目录》中为每一个八位数编码商品设置了国际标准计量单位，当进出口货物收发货人或其代理人报关时，必须在进出口货物报关单上填报八位数的商品编码和目录规定的重量或数量。凡《海关统计商品目录》中列有第二计量单位的货物，应当同时按照第二计量单位统计其第二数（重）量。为便于计算机的汇总，海关统计的计量单位采用代码形式统计，代码采用两位数。

（2）数（重）量统计的规定

①进出口货物的统计重量和数量应以海关查验放行的实际重量和数量为依据，对免于查验的可根据合同、发票等有关单证确定；根据合同、发票等单证不能确定重量的货物可估重统计。

②成套设备、减免税货物如需分批进口，货物实际进口时应按照实际报验状态确定数量。如经批准分批进出口货物按完整品归类的，且法定计量单位是非重量的，其各批次统计数量之和应等于完整品数量。

③具有完整品或制成品基本特征的不完整品、未制成品，根据《协调制度》归类规则应按完整品归类的，按照构成完整品的实际数量申报和统计。

④法定计量单位为“立方米”的气体货物，应折算成标准状况（0℃及 1 个标准大气压）下的体积进行申报和统计。

⑤法定计量单位为“千克”的商品，其重量统计要求如下：

A. 装入可重复使用的包装容器的货物，应按货物扣除包装容器后的重量统计，如罐装同位素、罐装氧气及类似品等。

B. 使用不可分割包装材料和包装容器的货物，按货物的净重统计（包括内层直接包装的净重重量），如采用供零售包装的罐头、化妆品、药品及类似品等。

C. 有些商品按照商业惯例是以公量重而不是净重统计的，公量重的计算方法是用科学方法抽去商品中的水分，再加上标准含水量所求得的重量，这种计算方法适用于经济价值较高而含水量又极不稳定的商品，如未脱脂羊毛、羊毛条等。对这类商品应按公量统计而不按净重统计。

D. 国际贸易中，有些商品因包装本身不便分别计量，或因包装同商品价格相差不大如粮食、饲料等价格较低的农副产品，采用以毛重作为净重计价的货物，可按毛重统计。

E. 采用零售包装的酒类、饮料，按照液体部分的重量统计。

值得注意的是，报关单上的成交计量单位或成交数量栏目不是统计指标，可以不按照法定计量单位填报。比如，加工贸易等已备案的货物，成交计量单位必须与加工贸易手册中同项号下货物的计量单位一致；优惠贸易协定项下进出口商品的成交计量单位必须与原产地证书上对应商品的计量单位一致。

3. 海关统计价格

对外贸易进出口商品品种繁多，商品数量反映的只是商品的实物量，难以用于不同商品的比较，商品的价值可以综合反映进出口商品的贸易流量。因此，统计价值是所有海关统计项目的核心内容，其他海关统计项目一般需同价值相结合来反映对外贸易的情况。

（1）按统计价格的货币计算

我国在海关统计价值的货币计算和汇率折算方面，进出口货物的价格分别按照人民币和美元统计。进出口货物的价格以其他外币计价的，应当分别按照国家外汇管理部门按月公布的各种外币对美元的折算率及海关征税适用的中国银行折算价，折算成美元值和人民币值进行统计。

（2）价格统计的规定

进出口货物的价格以海关审定的完税价格为基础进行统计。根据《海关统计条例》第八条的规定：进口货物的价格，按照货价、货物运抵中华人民共和国境内输入地点起卸前的运输及其相关费用、保险费之和统计；出口货物的价格，按照货价、货物运抵中华人民共和国境内输出地点装卸前的运输及其相关费用、保险费之和统计，其中包含的出口关税税额，应当予以扣除。此即进口货物的价格按照 CIF 价格进行统计，出口货物的价格按照 FOB 价格进行统计。

4. 海关统计国别（地区）

海关统计国别（地区）是指国际货物贸易统计资料的报告国（地区），接收其进口货物的对象国家（地区），或报告国（地区）出口货物发往的对象国家（地区）。在国际货物贸易中，通过国别统计可以反映各国间（地区）的经济贸易关系，反映一国（地区）与世界其他国家（地区）的贸易情况，以及一国（地区）在世界经济交往中所处的地位。

（1）国别（地区）统计的规定

我国进出口货物的国别（地区）统计，按照原产/最终目的国（地区）和起运/运抵国（地区）分别进行编制。对外发布的国别（地区），海关统计数字时，遵循国际规范，使用原产/最终目的国（地区）统计。

（2）原产/最终目的国（地区）

进口货物统计原产国（地区），出口货物统计最终目的国（地区），反映的是世界经济关系的实质性结构，即商品生产和消费在世界范围的分布。同时，这一统计标准符合国际贸易中备受关注的贸易国别政策的要求，如最惠国待遇、普惠制、配额、反倾销等关税和非关税措施都是针对商品的原产国别实施的，而贸易禁运、某些产品的限制出口等则涉及有关出口货物的目的国（地区）。

①原产国（地区）

原产国（地区）指进口货物的生产、开采或加工制造的国家（地区）。对经过几个国家（地区）加工制造的进口货物，以最后一个对货物进行经济上可以视为实质性加工的国家（地区）作为该货物的原产国（地区）。

进口货物的原产国（地区）按照《原产地条例》及海关总署有关规定进行统计。进口货物原产国（地区）无法确定的，按照“国别不详”进行统计。

②最终目的国（地区）

最终目的国（地区）是指出口货物已知的消费、使用或进一步加工制造的国家（地区）。

出口货物的最终目的国（地区）按照出口货物已知的消费、使用或者进一步加工制造的国家（地区）进行统计。

不经过第三国（地区）转运的出口直接运输货物，以直接运抵的国家（地区）为最终目的国（地区）。经过第三国（地区）转运的出口货物，以最后运往国（地区）为最终目的国（地区）。出口货物不能确定最终目的国（地区）的，按照出口时尽可能预知的最后运往国（地区）进行统计。

（3）起运/运抵国（地区）

进口货物统计起运国（地区），出口货物统计运抵国（地区），可以反映进出口货物的整个流程，它比按照原产/最终目的国（地区）标准统计更容易达到与国际贸易统计中伙伴国（地区）记录一一对应的要求，为获得准确的统计和合理的可比性提供了最大的可能。

①起运国（地区）

进口货物的起运国（地区）按照货物起始发出直接运抵我国或者在运输中转国（地区）未发生任何商业交易的情况下运抵我国的国家（地区）进行统计。

不经过第三国（地区）转运的直接运输货物，以进口货物的装货港所在国（地区）为起运国（地区）。

经过第三国（地区）转运的进口货物，未在中转国（地区）发生商业交易的，以进口货物的始发国（地区）为起运国（地区）；在中转国（地区）发生商业交易的，以中转国（地区）作为起运国（地区）。

②运抵国（地区）

出口货物的运抵国（地区）按照出口货物从我国直接运抵或者在运输中转国（地区）未发生任何商业交易的情况下，最后运抵的国家（地区）进行统计。

不经过第三国（地区）转运的直接运输货物，以出口货物的指运港所在国（地区）为运抵国（地区）。

经过第三国（地区）转运的出口货物，未在中转国（地区）发生商业交易的，以出口货物的最终目的国（地区）为运抵国（地区）；在中转国（地区）发生商业交易的，以中转国（地区）作为运抵国（地区）。

5. 海关统计经营单位

海关统计经营单位是按照已在海关注册登记的，从事进出口经营活动的境内法人、其他组织或者个人进行的统计。经营单位统计可以反映各地区、各种经济类型的企业进出口情况及其在我国对外贸易中所占比重的变化情况，为国家制定有关政策和经济发展规划提供重要依据。同时，海关为每个进出口企业都设置全国适用的经营单位代码，有助于进出口货物快捷通关，提高海关通关管理的工作效率。

在海关注册登记、有权经营进出口业务的经营单位，注册登记的海关应当为其设置全国通用的经营单位代码。经营单位代码由经营单位所在地主管海关负责管理。

6. 海关统计贸易方式

海关统计的贸易方式及单项统计的货物，按照进出口货物买卖双方交易形式及海关监管要求进行分类统计。

为了使海关统计资料进一步与国家对进出口的宏观调控和海关实施有效监督管理相结合，与有关的海关法规和海关业务管理办法相衔接，进出口货物的贸易方式以海关的监管方式为基础进行分组。按贸易方式分组的海关统计资料，可以反映各种贸易方式进出口货物情况及其在我国对外贸易中所占比重，为研究和分析对外贸易发展变化提供资料，为有关部门制定外贸政策及检查执行情况提供参考依据。海关根据国民经济发展的变化和海关监管需要对贸易方式进行调整，由海关总署发布公告。

7. 海关统计境内目的地、境内货源地

（1）境内目的地

进口货物的境内目的地按照进口货物在我国境内的消费、使用地或者最终运抵地进行统计，其中最终运抵地为最终使用单位所在的地区。

最终使用单位难以确定的，按照货物进口时预知的最终收货单位所在地进行统计。

（2）境内货源地

出口货物的境内货源地按照出口货物在我国境内的产地或者原始发货地进行统计。

出口货物在境内多次转换运输工具、难以确定其生产地的，按照最早发运该出口货物的单位所在地进行统计。境内目的地和境内货源地采用五位数代码，其结构及编码原则与经营单位的前五位数代码完全一致。

8. 海关统计运输方式

在国际贸易中，货物的买卖合同签订后，卖方就要按照合同规定的时间、地点和方式将货物运交指定的承运工具，买卖货物的交接是通过运输来实现的。

进出口货物的运输方式，按照货物进出境时的运输方式统计包括“水路运输”“铁路运输”“公路运输”“航空运输”“邮件运输”及“其他运输方式”。进境货物的运输方式，应当按照货物运抵我国关境第一个口岸时的运输方式进行统计；出境货物的运输方式，应当按照货物运离我国关境最后一个口岸时的运输方式进行统计。

进出境旅客随身携带的货物，按照旅客所乘运输工具进行统计。非邮政方式进出口的快递货物，按照实际运输方式统计。

以人扛、畜驼、管道、电缆、输送带等方式运输的货物，按照“其他运输方式”进行统计。

9. 海关统计关别

海关统计关别是为了反映一个时期内各口岸进出口货物的情况及货物进出关境的路线分布，便于对各口岸监管验放货物的执法水平进行比较分析。同时，也可以结合其他统计指标分析进出口货物的流向。

海关统计关别由接受申报的海关进行统计。进口转关运输货物由接受申报的指运地海关进行统计；出口转关运输货物由接受申报的起运地海关进行统计；进出海关特殊区域的货物由特殊区域所在地海关进行统计。

10. 海关统计时间

海关统计时间是指海关对进出口货物实施统计的时间。为了便于联合国各成员国统计资料的汇总对比，联合国统计局在《国际货物贸易统计的概念和定义》中，建议将货物进入或离开一国经济领土的时间作为统计的时间。

我国进口货物按海关的放行日期进行统计，出口货物按海关结关的日期进行统计。进口转关运输货物按照指运地海关放行的日期进行统计，出口转关运输货物按照起运地海关的结关日期进行统计。

（四）海关统计的权利、义务及法律责任

1. 海关统计部门对统计原始资料中的申报内容有疑问的，可以直接向当事人提出查询，核实有关内容，当事人应当及时据实作出答复。

2. 海关统计人员对在统计过程中知悉的国家秘密、商业秘密和海关工作秘密负有保密义务。

3. 海关统计人员有权拒绝、揭发、制止影响海关统计客观性和真实性的人为干扰。

4. 海关统计人员应当遵守《海关法》和《中华人民共和国统计法》的规定，不得自行、参与或者授意篡改海关统计资料，编造虚假数据。

5. 海关统计人员玩忽职守、滥用职权、徇私舞弊的，依法给予处分；构成犯罪的，依法追究刑事责任。

6. 未经海关授权，任何单位或者个人不得擅自销售海关统计资料和海关统计电子数据。

7. 依法应当申报的项目未申报或者申报不实影响海关统计准确性的，除责令当事人予以更正外，对违反《海关行政处罚实施条例》的，可按相关规定予以处罚。

【复习思考题】

1. “海关统计”含义的三个重要概念是什么？

2. 海关综合统计资料是如何对外发布和提供的？它包括哪些内容？

3. 列入我国海关统计范围的货物必须同时具备哪两个条件？

4. 列入海关统计、不列入海关统计和不列入海关统计但实施单项统计的货物各有哪些？

5. 海关对进出口货物的统计项目有哪些？

6. 海关统计数（重）量、价格、国别（地区）、经营单位、贸易方式等指标的统计要求各是什么？

第五节　海关稽查制度

【学习目标】

本节内容旨在让学习者掌握我国海关稽查制度的基本知识。

完成本节学习，学习者应获得以下成果：

1. 了解海关稽查制度的概念和基本特征；

2. 掌握海关稽查制度的内容；

3. 了解海关稽查制度的实施。

【基本概念】

海关稽查的含义、特征、目标、对象、方式，稽查通知，稽查实施，延伸稽查，稽查报告，稽查结论，符合性测试，实质性测试，海关稽查的职权

【建议学习时间】

1 课时

一、海关稽查概述

（一）海关稽查的含义

海关稽查是指海关自进出口货物放行之日起三年内或者在保税货物、减免税进口货物的海关监管期限内及其后的三年内，对与进出口货物直接有关的企业、单位的会计账簿、会计凭证、报关单证，以及其他有关资料（以下统称账簿、单证等有关资料）和有关进出口货物进行核查，监督其进出口活动的真实性和合法性。

对此，我们可从以下几方面来理解海关稽查的含义：

1. 海关享有依法实施稽查的权力。海关稽查的执法主体是海关本身，而不能为其他机关、组织所代替。《海关法》第四十五条将海关稽查制度以法律形式予以确认，使海关稽查有了法律授权。而《海关稽查条例》则是对实施稽查时，海关享有的权利、义务等实体性和程序性规范的内容作出的具体规定。

2. 海关稽查具有特定期限。海关稽查必须在法定的期限内，对与进出口货物直接有关的企业、单位实施，才具有法律效力，才能产生合法的法律效果。对于一般进出口货物海关的稽查期限是自货物放行之日起三年内；对于保税货物和特定减免税进口货物等，海关的稽查期限是海关监管期限内及其后的三年内。

3. 海关稽查针对特定的对象。海关稽查的相对人是与进出口活动直接有关的企业、单位。只有与海关在进出口监督管理活动中产生法律关系的当事人，海关才能对其实施稽查。

4. 海关稽查具有特定的内容。海关稽查的内容主要是账簿、单证等有关资料和有关进出口货物。

5. 海关稽查具有特定的目的。海关实施稽查是为了评估被稽查人进出口信用状况和风险状况，检查其进出口活动的真实性、合法性和规范性。

（二）海关稽查的特征

从本质上看，海关稽查是海关监督管理职能的实现方式，也是海关监管制度的主要组成部分。然而，海关稽查与传统的海关监管相比又有着显著的区别，其特征主要表现在：

1. 海关监管“前推后移”，将原有海关监管的时间、空间进行了大范围的延伸和拓展。海关监管不仅局限于进出口的实时监控和进出境口岸，而是通过评估验证企业守法状况或贸易安全情况，有针对性地规范企业内部经营管理，引导企业守法自律，保障其更好地享受海关监管便利。

海关对放行未结关货物的使用、管理情况和在货物结关放行之后的一定期限内，对与进出口

货物直接有关的企业和单位的会计资料、报关单证及其他相关资料进行稽查。

2. 海关监管“由企及物”，将海关监管的主要目标从控制进出口货物转变为控制货物的经营主体——进出口企业，不再人为地将企业与货物割裂开来。海关围绕企业的进出口活动，实施动态和全方位的监管，通过监管企业的进出口行为来达到监管进出口货物的目的。

（三）海关稽查的目标

根据海关实施稽查针对的内容和产生的影响，海关稽查的目标可以分为直接目标和最终目标。

1. 直接目标

直接目标即海关稽查直接作用于被稽查人（企业、单位），通过对被稽查人的会计资料、报关单证及其他相关资料和进出口货物的稽核，监督被稽查人进出口活动的真实性、合法性。因而，所追求的目标是具体的、有形的、现实的。

2. 最终目标

最终目标即通过有计划、分步骤的海关稽查，全面规范企业的进出口行为，提高进出口企业守法自律意识，防范或减少企业违法行为的发生，维护正常的进出口秩序。因而，所追求的目标是整体的、无形的、长远的。

为了防范和查究，在进出口货物的通关过程中和在保税货物、减免税货物的海关监管期间可能发生或者已经发生的各种走私违法情事，引导和规范从事进出口活动的企业守法经营，海关在进出口货物已实现脱离其控制后的规定期限内，以稽查的方式有针对性稽核与进出口货物直接有关的企业账册、文件单证等商业记录，并实地核查有关进出口货物的使用情况或实际去向，以此保证海关对企业进出口活动的合法性、真实性进行有效监管。

二、海关稽查制度的基本内容

（一）海关稽查的对象及范围

1. 稽查对象

根据《海关稽查条例》第三条的规定，海关对下列与进出口货物直接有关的企业、单位实施稽查：

（1）从事对外贸易的企业、单位，包括具备进出口业务经营权的专业对外贸易公司、工贸公司和有进出口业务经营权的企业、单位；

（2）从事保税加工业务的企业，包括承接来料加工业务的企业、承接进料加工业务的企业等；

（3）经营保税物流及仓储业务的企业；

（4）使用或者经营减免税进口货物的企业、单位，包括外商投资企业、使用减免税进口物资的企业、单位；

（5）报关企业，包括专业从事报关服务的企业，经营对外贸易仓储、运输、国际运输工具或国际运输工具服务及代理等业务又兼营报关服务的企业；

（6）海关总署规定的从事与进出口货物直接有关的其他企业、单位。

上述企业、单位是海关稽查的对象亦称为被稽查人。

2. 稽查范围

根据《〈中华人民共和国海关稽查条例〉实施办法》(以下简称《〈海关稽查条例〉实施办法》)的规定，海关对被稽查人实施稽查，所涉及的进出口活动包括：

(1) 进出口申报；

(2) 进出口关税和其他税费的缴纳；

(3) 进出口许可证件的交验；

(4) 与进出口货物有关资料的记载、保管；

(5) 保税货物的进口、使用、储存、加工、销售、运输、展示和复出口；

(6) 减免税进口货物的使用、管理；

(7) 转关运输货物的承运、管理；

(8) 暂准进出境货物的使用、管理；

(9) 其他进出口活动。

(二) 海关稽查的方式

海关稽查的方式有以下三种：

1. 常规稽查

常规稽查是指海关根据关区的实际情况，以监督企业进出口活动，提高海关后续管理效能为目标，以中小型企业为重点，采取计划选取与随机抽取相结合的方式，对企业开展的全面性稽查。

2. 专项稽查

专项稽查是指海关根据关区的实际情况，以查缉企业各类问题，为税收和防范走私违法活动提供保障为目标，以风险程度较高或政策敏感性较强的企业或行业为重点，采用风险分析、贸易调查等方式，对某些企业或某些商品实施的行业式、重点式、通关式稽查。

3. 验证稽查

验证稽查是指海关以验证企业守法状况或贸易安全情况，动态监督企业进出口活动，规范企业内部管理，促进企业守法自律为目标，对申请海关企业信用管理认证企业实施的稽查。

与其他稽查方式相比，验证稽查的“工作目标”特殊，是海关企业信用管理工作的配套措施；“管理对象”特殊，是海关信用管理认证申请企业；“管理方式”特殊，是“事前验证”与“后续监控管理”两种方式的有机结合；“验证内容”特殊，不仅要验证企业的守法状况，还要验证其贸易安全等情况。

(三) 海关稽查的常用方法

海关稽查方法是指海关稽查人员采用审计、稽核、检查等方式和技术手段，对特定的稽查对象进行核查，以核实被稽查人的进出口行为是否合法、规范，有无违反海关法行为。海关稽查常用的方法有以下几种。

1. 查账法

查账法是海关稽查最主要、最基本的方法。海关稽查人员根据会计凭证、会计账簿和财务报表等的内在关系，通过对被稽查人会计资料记录及其所反映的经济业务的稽核、检查，以核查被稽查人的进出口行为是否合法、规范。它以被稽查人的各种会计资料为稽查的直接对象。

查账法按照检查会计资料的记账顺序的不同划分，可分为顺查法和逆查法；按照检查会计资料的数量（范围）的大小划分，可分为详查法和抽查法；按照检查会计资料的技术内容划分，可分为核对法和审阅法。

2. 调查法

调查法是指海关稽查人员通过观察、询问、检查、比较等方式，对被稽查人的进出口活动进行全面综合的调查了解，以核实其进出口行为是否真实合法、规范的方法。

3. 盘存法

盘存法是指海关在检查进出口货物的使用状况时，通过盘点实物库存等方法，具体查证核实现金、商品、材料、在产品、产成品、固定资产和其他商品的实际结存量的方法。

4. 分析法

分析法是指海关利用现有的各种信息数据系统，充分依靠现代信息技术，对海关监管对象及其进出口活动全面综合统计、汇总，进行定量定性分析、评估，以确定被分析对象进出口活动的风险情况的基本方法。

此外，海关可以委托具有法定资质的社会中介机构就有关事项出具专业评估报告。专业评估报告经海关认可的，可以作为海关稽查的参考依据。

（四）对企业管理账簿、单证等有关资料的规范性要求

1. 账簿、单证等有关资料的真实性

与进出口活动直接有关的企业、单位所设置和编制的会计账簿、会计凭证、会计报表及其他会计资料，应当真实、准确、完整地记录和反映进出口业务的有关情况。与进出口货物直接有关的企业、单位会计制度健全，能够通过计算机正确、完整地记账、核算的，其计算机储存和输出的会计记录视同会计资料。

2. 账簿、单证等有关资料的保管

（1）会计资料的保管

与进出口活动直接有关的企业、单位应当按照有关法律和行政法规规定的保管期限，保管会计账簿、会计凭证、会计报表和其他会计资料。

（2）与进出口业务有关的海关统计原始资料的保管

经海关确认的进出口货物报关单，以及与进出口业务直接有关的其他资料的保管期限按照海关稽查期限确定。

（五）海关稽查的实施

1. 海关稽查实施的基本规则

（1）海关稽查由被稽查人注册地海关实施。被稽查人注册地与货物报关地或者进出口地不一致的，也可以由报关地或者进出口地海关实施。海关总署可以指定或者组织下级海关实施跨关区稽查。直属海关可以指定或者组织下级海关在本关区范围内实施稽查。

（2）海关将按照海关监管的要求，根据与进出口货物直接有关的企业、单位的进出口信用

状况和风险状况，以及进出口货物的具体情况，确定海关稽查重点，制订稽查工作计划。

（3）海关稽查应当由具备稽查执法资格的人员实施实施，稽查时应当向被稽查人出示海关稽查证。海关进行稽查时将组成稽查组，其成员不少于两人。

（4）海关根据稽查工作需要，可以向有关行业协会、政府部门和相关企业等收集特定商品、行业与进出口活动有关的信息。收集的信息涉及商业秘密的海关应当予以保密。

（5）海关进行稽查时，可以委托会计、税务等方面的专业机构就相关问题作出专业结论。被稽查人委托会计、税务等方面的专业机构作出的专业结论，可以作为海关稽查的参考依据。

（6）海关稽查人员实施稽查时，有下列情形之一的，应当回避：

①海关稽查人员与被稽查人的法定代表人或者主要负责人有近亲属关系的；

②海关稽查人员或者其近亲属与被稽查人有利害关系的；

③海关稽查人员或者其近亲属与被稽查人有其他关系，可能影响海关稽查工作正常进行的。

被稽查人有正当理由，可以对海关稽查人员提出回避申请。但在海关作出回避决定前，有关海关稽查人员不停止执行稽查任务。

2. 海关稽查的实施程序

按照《海关稽查条例》和《〈海关稽查条例〉实施办法》的有关规定，海关稽查的实施由下列环节组成。

（1）稽查通知

海关实施稽查三天前应当向被稽查人制发“海关稽查通知书”。海关不经事先通知实施稽查的，应当在开始实施稽查时向被稽查人制发“海关稽查通知书”。被稽查人在收到稽查通知书后，正本留存，副本加盖被稽查人印章并由被稽查人代表签名后交海关留存。在被稽查人有重大违法嫌疑，其账簿、单证等有关资料以及进出口货物可能被转移、隐匿、毁弃等紧急情况下，经直属海关关长或者其授权的隶属海关关长批准，海关可以不经事先通知进行稽查。

（2）稽查实施

稽查实施是指海关依照稽查的程序，采用各种有效的稽查方法，对被稽查人进出口活动的合法性、真实性和规范性进行核查的行政执法活动。稽查实施主要包括以下几项内容。

①查阅和复制被稽查人账簿、单证等有关资料

海关稽查人员查阅、复制被稽查人的账簿、单证等有关资料时，被稽查人的法定代表人或者主要负责人或者其指定的代表（以下统称被稽查人代表）应当到场，按照海关要求如实提供并协助海关工作海关稽查人员复制被稽查人的账簿、单证等有关资料；或对计算机文件进行拷贝时，被稽查人代表应当到场，按照海关要求如实提供并协助海关工作。

对被稽查人的账簿、单证等有关资料进行复制的，被稽查人代表应当在确认复制资料与原件无误后，在复制资料上注明出处、页数、复制时间，以及“本件与原件一致，核对无误”并签章。

被稽查人以外文记录账簿、单证等有关资料的，应当提供符合海关要求的中文译本。被稽查人利用计算机、网络通信等现代信息技术手段进行经营管理的，应当向海关提供账簿、单证等有关资料的电子数据并根据海关要求开放相关系统、提供使用说明及其他有关资料。对被稽查人的电子数据进行复制的，应当注明制作方法、制作时间、制作人、数据内容，以及原始载体存放处等，并由制作人和被稽查人代表签章。

②异地查阅或者复制账簿、单证等有关资料

被稽查人所在场所不具备查阅、复制工作条件的，经被稽查人同意，海关可以在其他场所查阅、复制。海关需要在其他场所查阅、复制的，应当填写“海关稽查调审单”经双方清点、核对后，由海关稽查人员签名和被稽查人代表在“海关稽查调审单”上签章。

③检查与进出口有关的生产经营和货物情况

海关稽查人员进入被稽查人的生产经营场所、货物存放场所，检查与进出口活动有关的生产经营情况和货物时，被稽查人代表应当到场，按照海关的要求开启场所、搬移货物开启、重封货物的包装等。检查结果应当由海关稽查人员填写“检查记录”由海关稽查人员签名和被稽查人代表在“检查记录”上签章。

④向被稽查人询问与进出口活动有关的情况和问题

海关稽查人员询问被稽查人的法定代表人、主要负责人和其他有关人员时，应当制作“询问笔录”，并由询问人、记录人和被询问人签名确认。

⑤收集与进出口活动有关的资料和证明材料

海关实施稽查时，可以向与被稽查人有财务往来或者其他商务往来的企业、单位收集与进出口活动有关的资料和证明材料，有关企业、单位应当配合海关工作。

⑥查询被稽查人在商业银行或者其他金融机构的存款账户

经直属海关关长或者其授权的隶属海关关长批准，海关可以凭“协助查询通知书”向商业银行或者其他金融机构查询被稽查人的存款账户。

⑦查封、扣押被稽查人账簿、单证等资料或者进出口货物

海关实施稽查时，发现被稽查人有可能转移、隐匿、篡改、毁弃账簿、单证等有关资料的，经直属海关关长或者其授权的隶属海关关长批准，可以查封、扣押其账簿、单证等有关资料及相关电子数据存储介质。

海关实施稽查时，发现被稽查人的进出口货物有违反《海关法》或者其他有关法律、行政法规嫌疑的，经直属海关关长或者其授权的隶属海关关长批准可以查封、扣押有关进出口货物。海关实施查封、扣押应当依据《中华人民共和国行政强制法》，以及其他有关法律、行政法规。海关发现被稽查人未按照规定设置或者编制账簿，或者转移、隐匿、篡改、毁弃账簿的，应当将有关情况通报被稽查人所在地的县级以上人民政府财政部门。

（3）稽查报告与稽查结论

海关稽查组实施稽查后，应当向海关报送稽查报告。稽查报告认定被稽查人涉嫌违法的，在报送海关前应当就稽查报告认定的事实征求被稽查人的意见。被稽查人应当自收到相关材料之日起七天内，将其书面意见送交海关。海关应当在收到稽查报告之日起三十天内作出“海关稽查结论”，并送达被稽查人。海关应当在稽查结论中说明作出结论的理由，并告知被稽查人的权利。

（4）稽查终结

有下列情形之一的，经直属海关关长或者其授权的隶属海关关长批准海关可以终结稽查。

①被稽查人下落不明的；

②被稽查人终止，无权利义务承受人的。

（六）主动披露

1. 进出口企业、单位主动向海关书面报告其违反海关监管规定的行为并接受海关处理的，

海关可以认定有关企业、单位主动披露。但有下列情形之一的除外：

（1）报告前海关已经掌握违法线索的；

（2）报告前海关已经通知被稽查人实施稽查的；

（3）报告内容严重失实或者隐瞒其他违法行为的。

2. 进出口企业、单位主动披露应当向海关提交账簿、单证等有关证明材料，并对所提交材料的真实性、准确性、完整性负责。海关应当核实主动披露的进出口企业、单位的报告，可以要求其补充有关材料。

3. 对主动披露的进出口企业、单位，违反海关监管规定的，海关应当从轻或者减轻行政处罚；违法行为轻微并及时纠正，没有造成危害后果的不予行政处罚。对主动披露并补缴税款的进出口企业、单位，海关可以减免滞纳金。

（七）海关稽查发现问题的处理

海关稽查是海关监督被稽查人进出口活动真实性和合法性的一种措施。稽查中发现税款少征或漏征或者被稽查人存在违法活动的，应按《海关稽查条例》的规定分别作出相应的处理。

1. 经海关稽查发现关税或者其他进口环节的税收少征或者漏征的，由海关依照《海关法》和有关税收法律、行政法规的规定向被稽查人补征；因被稽查人违反规定而造成少征或者漏征的，由海关依照《海关法》和有关税收法律、行政法规的规定追征。被稽查人在海关规定的期限内仍未缴纳税款的，海关可以依法采取强制执行措施。

2. 封存的有关进出口货物，经海关稽查排除违法嫌疑的，海关应当立即解除封存；经海关稽查认定违法的，由海关依照《海关法》和《海关行政处罚实施条例》的规定处理。

3. 经海关稽查，认定被稽查人有违反海关监管规定的行为的，由海关依照《海关法》和《海关行政处罚实施条例》的规定处理。与进出口货物直接有关的企业、单位主动向海关报告其违反海关监管规定的行为并接受海关处理的，应当从轻或者减轻行政处罚。

4. 经海关稽查，发现被稽查人有走私行为构成犯罪的，依法追究刑事责任；尚不构成犯罪的，由海关依照《海关法》和《海关行政处罚实施条例》的规定处理。

5. 海关通过稽查决定补征或者追征的税款、没收的走私货物和违法所得及收缴的罚款，全部上缴国库。

6. 被稽查人同海关发生纳税争议的，依照《海关法》的规定办理。

（八）与海关稽查相关的法律责任

1. 被稽查人的法律责任

（1）被稽查人有下列行为之一的，由海关责令限期改正，逾期不改正的，处 2 万元以上 10 万元以下的罚款；情节严重的撤销其报关注册登记；对负有直接责任的主管人员和其他直接责任人员处 5000 元以上 5 万元以下的罚款；构成犯罪的依法追究刑事责任。

①向海关提供虚假情况或者隐瞒重要事实的；

②拒绝、拖延向海关提供账簿、单证等有关资料，以及相关电子数据存储介质；

③转移、隐匿、篡改、毁弃报关单证、进出口单证、合同、与进出口业务直接有关的其他资料，以及相关电子数据存储介质；

（2）被稽查人未按照规定编制或者保管报关单证、进出口单证、合同，以及与进出口业务直接有关的其他资料的，由海关责令限期改正，逾期不改正的，处1万元以上5万元以下的罚款；情节严重的，撤销其报关注册登记，并对负有直接责任的主管人员和其他直接责任人员处1000元以上5000元以下的罚款。

（3）被稽查人未按照规定设置或者编制账簿，或者转移、隐匿、篡改、毁弃账簿的，依照会计法的有关规定追究法律责任。

被稽查人有上述（1）、（2）所列行为之一的，海关应当制发“海关限期改正通知书”告知被稽查人改正的内容和期限，并对改正情况进行检查。被稽查人逾期不改正的，海关可以依据海关相关规定调整其信用等级。

2. 海关工作人员的法律责任

海关工作人员在稽查中玩忽职守、徇私舞弊、滥用职权或者利用职务上的便利收受、索取被稽查人的财物，构成犯罪的，依法追究刑事责任；不构成犯罪的，由海关依照《中华人民共和国公务员法》《海关法》和其他有关法律、行政法规予以处理。

【复习思考题】

1. 什么是海关稽查？可从哪几方面来理解海关稽查的含义？
2. 与传统海关监管相比较，海关稽查的特征主要表现在哪些方面？
3. 海关稽查的对象有哪些？
4. 海关稽查的三种方式各针对哪种目标？适用怎样的对象？采用什么方式？
5. 海关稽查的常用方法有哪些？各适用哪种特定的情形？
6. 海关稽查的实施程序由哪些环节组成？
7. 海关稽查实施主要包括哪几项工作内容？
8. 何为主动披露？哪些情形除外？
9. 海关稽查发现的问题会怎样处理？
10. 被稽查人可能要承担的法律责任有哪些？

第六节　海关行政处罚制度

【学习目标】

本节内容旨在让学习者掌握我国海关行政处罚制度的基本知识。

完成本节学习，学习者应获得以下成果：

1. 了解海关行政处罚制度的概念；
2. 掌握海关行政处罚制度的适用范围；
3. 了解海关行政处罚的管辖；
4. 了解海关行政处罚的形式；
5. 了解海关行政处罚的执行及简单案件的处理程序。

【基本概念】

海关行政处罚、依法不追究刑事责任的走私行为、违反海关监管规定的行为、海关行政处罚形式、海关行政处罚决定执行、简单案件处理、海关行政处罚程序

【建议学习时间】

1 课时

一、海关行政处罚概述

（一）海关行政处罚的含义

海关行政处罚是指海关根据法律授予的行政处罚权力对公民、法人或者其他组织违反海关法律、行政法规、依法不追究刑事责任的走私行为和违反海关监管规定的行为，以及法律、行政法规、国务院规范性文件规定由海关实施行政处罚的行为所实施的一种行政制裁。

（二）海关行政处罚的性质

海关行政处罚作为一种行政制裁行为，通过对违反《海关法》的当事人财产、资格或声誉予以一定的剥夺或者限制，以达到规范进出境监管秩序、保护国家利益和他人合法权益的目的。海关行政处罚以当事人的行为违反海关法律、行政法规并需要追究当事人的行政法律责任为前提，因此不能把海关行政处罚和海关行政强制措施相混淆。同时，对于应追究刑事法律责任的，违反《海关法》的行为也不能以罚代刑，即不能用海关行政处罚代替刑事惩罚。

（三）海关行政处罚的基本原则

1. 公正、公开原则

（1）公正原则

公正原则是指海关对公民、法人或者其他组织的行政处罚，应当同其违反《海关法》行为的事实、性质、情节及危害程度相当；对有基本相同的违法行为的两个以上的公民、法人或者其他组织，如果其违法行为发生的环境条件、危害程度基本相同，受到的处罚也应基本相同。

（2）公开原则

公开原则是指有关海关行政处罚的法律、行政法规及规章应当公布；海关执法人员应当公开执法身份，出示执法证件；海关行政处罚的依据、证据、理由等应当向当事人公开。

2. 法定原则

法定原则包括海关行政处罚的法律依据是法定的，海关行政处罚的程序是法定的，海关行政处罚的主体及其职权是法定的，等等。

3. 处罚与教育相结合的原则

海关行政处罚的功能不只是单纯的处罚和惩戒，而是通过制裁手段使违法者改正违法行为，形成守法自律意识，因此海关行政处罚的过程包含着教育的内容。

4. 救济原则

按照现代行政法治的要求“有处罚即有救济”。也就是说，行为人受到处罚的同时也应具有

救济手段。海关行政处罚中的救济手段包括行政申诉、行政复议、行政诉讼和行政赔偿。

二、海关行政处罚制度的基本内容

（一）海关行政处罚的范围

《海关行政处罚实施条例》仅适用于应受海关行政处罚行为的处理。应受海关处罚行为包括不予追究刑事责任的走私行为和违反海关监管规定行为，以及法律、行政法规规定由海关实施行政处罚的行为。

根据《海关法》的规定，走私情节严重的（主要以走私物的品种、数量和逃税额为标准）构成走私罪。认定和惩罚走私罪（追究刑事责任）属于司法机关的职能，不在海关行政处罚范围内。而依法不追究刑事责任的走私行为，以及涉嫌走私罪但人民检察院依法不追究刑事责任、构成走私罪但人民法院依法决定免于追究刑事责任的，应由海关依据《海关行政处罚实施条例》进行行政处罚。

1. 依法不追究刑事责任的走私行为

（1）走私行为

①走私行为的含义

根据《海关行政处罚实施条例》的规定，违反《海关法》及其他有关法律、行政法规，逃避海关监管，偷逃应纳税款，逃避国家有关进出境的禁止性或者限制性管理，并且符合《海关行政处罚实施条例》第七条所列行为之一的，即走私行为。

《海关行政处罚实施条例》第七条所列行为包括：

A. 未经国务院或者国务院授权的机关批准，从未设立海关的地点运输、携带国家禁止或者限制进出境的货物、物品或者依法应当缴纳税款的货物、物品进出境的；

B. 经过设立海关的地点，以藏匿、伪装、瞒报、伪报或者其他方式逃避海关监管，运输、携带、邮寄国家禁止或者限制进出境的货物、物品或者依法应当缴纳税款的货物、物品进出境的；

C. 使用伪造、变造的手册、单证、印章、账册、电子数据或者以其他方式逃避海关监管，擅自将海关监管货品、物品、进境的境外运输工具，在境内销售的；

D. 使用伪造、变造的手册、单证、印章、账册、电子数据或者以伪报加工贸易制成品单位耗料量等方式，致使海关监管货物、物品脱离监管的；

E. 以藏匿、伪装、瞒报、伪报或者其他方式逃避海关监管，擅自将保税区、出口加工区等海关特殊监管区域内的海关监管货物、物品运出区外的；

F. 有逃避海关监管，构成走私的其他行为的。

走私行为在客观上首先表现为违反《海关法》及其他有关法律、行政法规，其次表现为逃避海关监管，这是构成走私行为必不可少的两个前提条件，两者缺一不可。

②走私行为的构成特征

走私行为的构成特征可以从四个方面来理解：

A. 违反的法律是《海关法》及其他有关法律、行政法规；

B. 走私的目的是偷逃应纳税款、逃避国家有关进出境的禁止性或者限制性管理；

C. 走私的行为特征是逃避海关监管，非法运输、携带、邮寄进出境或者擅自在境内销售等；

D. 走私对象是国家禁止、限制进出口或者依法应当缴纳税款的货物、物品或者是未经海关许可并且未缴应纳税款、交验有关许可证件的保税货物、特定减免税货物，以及其他海关监管货物、物品、进境的境外运输工具等。

（2）按走私行为论处的行为

①按走私行为论处的行为范围及条件

有下列行为之一的按走私行为论处。

A. 明知是走私进口的货物、物品，直接向走私人非法收购的。

该项行为要以走私行为论处必须同时符合三个条件：一是行为人必须明知收购的货物、物品是走私进口的货物、物品。二是行为人必须明知对方是走私人而直接向走私人非法收购走私进口的货物、物品，即所谓的"第一手交易"，如果不是直接向走私分子收购走私进境的货物、物品，而是经过第二手、第三手，甚至更多的收购环节则不能以走私行为论处。三是收购的行为是非法进行的。

B. 在内海、领海、界河、界湖，船舶及所载人员运输、收购、贩卖国家禁止或者限制进出境的货物、物品，或者运输、收购、贩卖依法应当缴纳税款的货物没有合法证明的。

该项行为要以走私行为论处必须符合四个条件：一是区域行为人必须是在特定的区域，即在内海、领海、界海、界湖，运输、收购、贩卖国家禁止或者限制进出境的货物、物品，或者运输、收购、贩卖依法应当缴纳税款的货物，如果是在内地运输、收购、贩卖则不是本项规定的以走私论处的行为。二是行为方式，即运输、收购、贩卖。三是运输、收购、贩卖的对象是国家禁止、限制进出境的货物、物品，或者是依法应当缴纳税款的货物。四是在上述特定区域运输、收购、贩卖上述货物、物品没有合法证明。"合法证明"是指船舶及其所载人员依照国家有关规定或者依照国际运输惯例所必须持有的证明其运输、携带、收购、贩卖所载货物、物品真实、合法、有效的商业单证、运输单证及其他有关证明、文件。

②按走私行为论处的行为特征

《海关行政处罚实施条例》规定了上述两项以走私行为论处的行为。这些行为不具有典型的走私特征，但这些行为与走私行为联系密切，为走私货物、物品提供了销售、流通渠道，成为完成走私的一个重要环节。其违反性质、危害后果与直接走私行为相近，因此，为严厉打击走私违法行为，《海关法》规定应当按走私行为论处。

（3）以走私的共同当事人论处的行为

与走私人通谋为走私人提供贷款、资金、账号、发票、证明、海关单证的，与走私人通谋为走私人提供走私货物、物品的提取、发运、运输、保管、邮寄或者其他方便的，以走私的共同当事人论处。

2. 违反海关监管规定的行为

（1）违反海关监管规定的行为的含义及范围

违反海关监管规定的行为是指海关管理相对人在从事运输工具、货物、物品的进出境活动或从事海关监管货物的运输、储存、加工、装配、寄售、展示等业务活动中，违反《海关法》及其他有关法律、行政法规的规定，且未构成走私的行为。主要是违反海关关于进出境监管的具体要求、监管程序和监管手续，没有按照海关规定履行应尽的义务，执法实践中简称为"违规"

行为。

根据《海关行政处罚实施条例》，违反海关监管规定的行为主要有：

①违反国家进出口管理规定，进出口国家禁止进出口货物的；

②违反国家进出口管理规定，进出口国家限制进出口的货物或属于自动进出口许可管理的货物，进出口货物的收发货人向海关申报时不能提交许可证件的；

③进出口货物的品名、税则号列、数量、规格、价格、贸易方式、原产地、起运地、运抵地、最终目的地或者其他应当申报的项目未申报或者申报不实的；

④擅自处置监管货物，违规存放监管货物，监管货物短少灭失且不能提供正当理由的，未按规定办理保税手续，单耗申报不实，过境、转运、通运货物违规，暂时进出口货物违规的；

⑤报关单位违规（非法代理、行贿、未经许可从事报关业务、骗取许可）；

⑥其他违法（中断监管程序，伪造、变造、买卖单证，进出口侵犯知识产权货物等）。

（2）走私行为与违规行为的区别

《海关法》和《海关行政处罚实施条例》将违反《海关法》及其他有关法律、行政法规的行为分为走私行为和违规行为。这是两类性质完全不同的行为，有着本质的不同。

①主观故意不同

走私具有很强的主观目的性，其行为的目的就是在于偷逃国家应缴税款或逃避国家对进出境运输工具、货物、物品的禁止或限制性管制，并往往有针对性地采取各种伪装欺骗手法企图逃避海关监管。而违规行为在主观认识上通常表现为“过失”状态，没有很明确的追求逃税、逃证的主观目的性，通常也不会采取有针对性的欺骗手法来逃避海关监管。

②客观行为不同

走私是为了达到逃税、逃证的目的，通常会采取欺骗手法逃避海关监管而且这种逃避海关监管的手法是行为人在明知或应知条件下有针对性采取的。而违规行为一般都不会采取欺骗手法来掩饰自己的过失行为，其行为往往没有明确的逃税、逃证的针对性和目的性，发生的环节也多是在程序和手续方面不履行海关规定的义务。

③行为危害结果不同

走私行为侵害的主体是国家关于运输工具、货物、物品进出境税收和管制的实体性规定，通常会产生逃税、逃证的实质性危害。《海关行政处罚实施条例》规定的走私行为和以走私行为论处的行为都会直接产生逃税、逃证的结果。而违规行为侵害的是海关监管的程序、手续，以及具体要求等进出境管理秩序。

走私与违规还有很多不同之处，但上述三个方面的区别是最基本、最直观并易于把握的。

3. 法律、行政法规规定由海关实施行政处罚的行为

除《海关法》规定了走私行为和违反海关监管规定的行为由海关处理外，还包括其他法律、行政法规，以及国务院的规范性文件规定由海关实施处罚的行为。

（二）海关行政处罚的管辖

海关行政处罚的管辖是指海关实施行政处罚权限的划分和分工。根据《海关行政处罚实施条例》，海关行政处罚的管辖主要有以下几种情况。

1. 由发现违法行为的海关管辖，也可以由违法行为发生地海关管辖。

2. 两个以上海关都有管辖权的案件，由最先发现违法行为的海关管辖。

3. 管辖不明确的案件，由有关海关协商确定管辖，协商不成的，报请共同的上级海关指定管辖。

4. 重大、复杂的案件可以由海关总署指定管辖。

上述第 1、2 点针对的是明确规定的管辖；第 3 点针对的是不明确的情况，规定协商或指定管辖；第 4 点针对的是特殊情况，规定由海关总署指定管辖。一个海关只有同时具有地域管辖、级别管辖、职权管辖三个权能才具有行政处罚权。

（三）海关行政处罚的形式

海关行政处罚的违法标的物分别为禁止、限制进出口的货物及物品，应缴纳税款的货物，既属限制进出口又属应税的货物，以及法律规定的其他特殊货物（固体废物）等。由于其造成的危害后果是不同的，因此，《海关行政处罚实施条例》对上述不同违法行为所涉的违法标的作出了不同的处罚规定。

1. 海关处罚的基本形式

海关处罚的基本形式主要包括：

（1）警告；

（2）罚款；

（3）没收走私货物、物品、运输工具及违法所得；

（4）撤销报关等企业的注册登记，暂停从事有关业务或者执业；

（5）取缔未经注册登记和未取得海关备案从事报关业务的企业和人员的有关活动。

2. 海关行政处罚的具体方式

（1）对走私行为的行政处罚

《海关行政处罚实施条例》对走私行为的处罚规定了下列处罚方式：

①没收走私货物、物品及违法所得；

②可以并处罚款；

③专门用以走私的运输工具或者用于掩护走私的货物、物品应当予以没收；

④两年内三次以上用于走私的运输工具或者用于掩护走私的货物、物品应当予以没收；

⑤藏匿走私货物、物品的特制设备、夹层、暗格，应当予以没收或者责令拆毁，使用特制设备、夹层、暗格实施走私的，应当从重处罚；

⑥在海关注册的企业、报关人员构成走私犯罪或者一年内有两次以上走私行为的，海关可以撤销其注册登记。

（2）对违反海关监管规定（以下简称违规）的行为的行政处罚

《海关行政处罚实施条例》对违规行为的处罚，规定了下列处罚方式：

①警告。这作为一种正式的海关行政处罚类型，在依据《海关行政处罚实施条例》的规定对有关违法行为给予警告处罚时，应严格按照《行政处罚法》所规定的程序实施（单独给予警告处罚的，可以适用行政处罚简单程序）。

②罚款。这是对违规行为的一种重要的处罚种类，几乎涉及违反《海关行政处罚实施条例》关于海关监管行为处罚的所有条款。同时，《海关行政处罚实施条例》在处罚幅度上还作了上下

限规定，减少了处罚的随意性。

③没收违法所得。这是《海关行政处罚实施条例》中增加的对违规行为的处罚种类，使处罚更加具有针对性。

④暂停有关企业从事有关业务、撤销海关注册登记。这使海关对违规行为的处罚有更多的选择性和针对性，对整顿和规范企业行为具有深远影响。

⑤未经海关注册登记和未取得海关备案从事报关业务的，予以取缔。

（四）海关行政处罚的程序

1. 一般规定

（1）案件移交

海关发现的依法应当由其他行政机关或者刑事侦查部门处理的违法行为，应当制作案件移送函，及时将案件移送有关行政机关或者刑事侦查部门处理。

（2）双人办案

海关在调查、搜集证据时，办理行政处罚案件的海关工作人员（以下简称办案人员）不得少于两人，并且应当向当事人或者有关人员出示执法证件。

（3）回避

办案人员有下列情形之一的，应当回避当事人及其代理人有权申请其回避：

①当事人的近亲属；

②本人或者其近亲属与本案有利害关系；

③与本案当事人有其他关系，可能影响案件公正处理的。

2. 案件调查

（1）立案

海关发现公民、法人或者其他组织有依法应当由海关给予行政处罚的行为的，应当立案调查。

海关受理或者发现的违法线索，经核实有下列情形之一的不予立案：

①没有违法事实的；

②违法行为超过法律规定的处罚时效的；

③其他依法不予立案的情形。

海关决定不予立案的，应当制作不予立案通知书及时通知举报人、线索移送机关或者主动投案的违法嫌疑人。

（2）调查取证

①调查取证的基本要求

海关立案后应当全面、客观、公正、及时地进行调查、搜集证据。海关调查、搜集证据，应当按照法律、行政法规及其他有关规定的要求办理。调查、搜集证据涉及国家秘密、商业秘密或者个人隐私的，海关应当保守秘密。

②调查取证的手段

调查取证的手段包括查问违法嫌疑人，询问证人，依法检查运输工具和场所查验货物、物品，对有关货物、物品进行取样化验和鉴定，查询案件涉嫌单位和嫌疑人员在金融机构、邮政企业的存款及汇款，依法扣留货物、物品、运输工具、其他财产及账册、单据等资料。

③调查获取的证据种类

海关办理行政处罚案件的调查，所获取的证据主要有：书证、物证、视听资料、电子数据、证人证言、化验报告、鉴定结论、当事人的陈述、查验与检查记录等。证据应当经查证属实，才能作为认定事实的根据。

（3）调查中止和终结

①中止调查

海关办理行政处罚案件，在立案后发现当事人的违法行为应当移送其他行政机关或者刑事侦查部门办理的，应当及时移送。行政处罚案件自海关移送其他行政机关或者刑事侦查部门之日起中止调查。

②恢复调查

海关中止调查的行政处罚案件，有下列情形之一的应当恢复调查：

A. 其他行政机关或者刑事侦查部门已作出处理的海关移送案件，仍需要海关作出行政处罚的；

B. 其他行政机关或者刑事侦查部门不予受理或者不予追究刑事责任退回海关处理的。

③终结调查

经调查后行政处罚案件有下列情形之一的，可以终结调查：

A. 违法事实清楚，法律手续完备，据以定性处罚的证据充分；

B. 没有违法事实的；

C. 作为当事人的自然人死亡的；

D. 作为当事人的法人或者其他组织终止，无法人或者其他组织承受其权利义务又无其他关系人可以追查的；

E. 其他行政机关或者刑事侦查部门已作出处理的海关移送案件，不需要海关作出行政处罚的；

F. 其他依法应当终结调查的情形。

（4）案件审查

①海关对已经调查终结的行政处罚案件，应当经过审查；未经审查程序，不得作出撤销案件、不予行政处罚、予以行政处罚等处理决定。

②海关对行政处罚案件进行审查时，应当审查案件的违法事实是否清楚，定案的证据是否客观、充分，调查取证的程序是否合法、适当，以及是否存在不予行政处罚或者减轻、从轻、从重处罚的情节，并且提出适用法律和案件的处理意见。

有关案件违法事实不清、证据不充分或者调查程序违法的，应当退回补充调查。

③不满 14 周岁的人有违法行为，不予行政处罚，但是应当责令其监护人加以管教。已满 14 周岁不满 18 周岁的人有违法行为的，从轻或者减轻行政处罚。

④精神病人在不能辨认或者不能控制自己行为时有违法行为的，不予行政处罚，但应当责令其监管人严加看管和治疗。间歇性精神病人在精神正常时有违法行为的，应当给予行政处罚。

（5）告知、复核和听证

①告知

海关在作出行政处罚决定前，应当告知当事人作出行政处罚决定的事实、理由和依据，并且告知当事人依法享有的权利。在履行告知义务时，海关应当制发行政处罚告知单送达当事人。

除因不可抗力或者海关认可的其他正当理由外，当事人应当在收到行政处罚告知单的三个工作日内提出书面陈述、申辩和听证申请。逾期视为放弃陈述、申辩和要求听证的权利。

当事人当场口头提出陈述、申辩的，海关应当制作书面记录，并且由当事人签字或者盖章确认。

当事人放弃陈述、申辩和听证权利的，海关可以直接作出行政处罚决定。当事人放弃陈述、申辩和听证权利应当有书面记载，并且由当事人或者其代理人签字或者盖章确认。

②复核

海关在收到当事人的书面陈述、申辩意见后，应当进行复核；当事人提出的事实、理由或者证据成立的，海关应当采纳。

海关不得因当事人的申辩而加重处罚，但是海关发现新的违法事实的除外。

经复核后，变更原处罚告知事实、理由、依据、处罚幅度的，应当重新制发海关行政处罚告知单。

③听证

A. 举证听证的范围。

根据《行政处罚法》《海关行政处罚实施条例》的规定，海关在作出暂停从事有关业务、暂停报关执业，撤销海关注册登记，对公民处以 1 万元以上罚款，对法人或者其他组织处以 10 万元以上罚款没，收有关货物、物品、走私运输工具等行政处罚决定之前，应当告知当事人有要求举行听证的权利。当事人要求听证的，海关应当组织听证，听证的费用由海关承担。

B. 举行听证的组织。

海关行政处罚案件的听证由海关行政处罚案件审理部门负责组织；涉及知识产权处罚案件的听证，由海关法制部门负责组织；涉及资格罚案件的听证，由海关作出资格罚处罚决定的部门负责组织。组织听证应指定一名听证主持人和一名记录员，必要时可以另外指定一至四名听证员协助听证主持人组织听证。

C. 举行听证的申请。

当事人应当在海关告知其听证权利之日起三日以内，以书面形式向海关提出听证申请。以邮寄方式提出听证申请的，以寄出的邮戳日期为申请日期。因不可抗力或者其他特殊情况不能在规定期限内提出听证申请的，申请并经海关同意，可以在障碍消除后三日以内提出听证申请。

D. 举行听证的决定。

海关决定组织听证的，应当自收到听证申请之日起三十日以内举行听证，并在举行听证的七日以前将“海关行政处罚听证通知书”送达当事人；决定不予听证的，海关应当在收到听证申请之日起五日以内制作“海关行政处罚不予听证通知书”并及时送达申请人。

3. 处理决定

海关应当根据对行政处罚案件审查的不同结果，依法作出以下决定：

（1）确有违法行为，应当给予行政处罚的，根据其情节和危害后果的轻重，作出行政处罚决定；

（2）依法不予行政处罚的，作出不予行政处罚的决定；

(3) 符合撤销案件规定的，予以撤销；

(4) 符合《海关行政处罚实施条例》规定的收缴条件的，予以收缴；

(5) 违法行为涉嫌犯罪的，移送刑事侦查部门依法办理。

海关依法作出行政处罚决定或者不予行政处罚决定的，应当制发行政处罚决定书或者不予行政处罚决定书。

行政处罚决定书应当在宣告后，当场交付当事人；当事人不在场的，海关应当在七日内将行政处罚决定书送达当事人。

根据《海关行政处罚实施条例》的规定，收缴有关货物、物品、违法所得、运输工具、特制设备的，应当制作收缴清单送达被收缴人。

4. 行政处罚决定的执行

(1) 执行

海关作出行政处罚决定后，当事人应当在行政处罚决定书规定的期限内予以履行。海关对当事人依法作出暂停从事有关业务、撤销其注册登记等行政处罚决定的，执行程序由海关总署另行制定。

当事人确有经济困难向海关提出延期或者分期缴纳罚款的，应当以书面方式提出申请。海关在收到当事人申请延期、分期执行申请后，应当在十个工作日内作出是否准予延期、分期缴纳罚款的决定，并且制发通知书送达申请人。海关同意当事人延期或者分期缴纳的，应当及时通知收缴罚款的机构。同意当事人延期或者分期缴纳罚款的，执行完毕的期限自处罚决定书规定的履行期限届满之日起不得超过180日。

当事人逾期不履行行政处罚决定的，海关可以采取下列主要措施：

①到期当事人不缴纳罚款的，每日按照罚款数额的3%加处罚款。

②当事人逾期不履行海关的处罚决定又不申请复议或者向人民法院提起诉讼的，海关可以将扣留的货物、物品、运输工具变价抵缴，或者以当事人提供的担保抵缴，也可以申请人民法院强制执行。采取加处罚款、抵缴措施之前，应当制发执行通知书并且送达当事人。

③受海关处理的当事人或者其法定代表人、主要负责人在出境前未缴清罚款及违法所得，以及依法追缴的货物、物品、走私运输工具的等值价款的，也未向海关提供相当于上述款项担保的，海关可以制作阻止出境协助函，通知出境管理机关阻止其出境。

(2) 中止执行

有下列情形之一的应当中止执行：

①处罚决定可能存在违法或者不当情况的（应当经直属海关关长或者其授权的隶属海关关长批准）；

②申请人民法院强制执行，人民法院裁定中止执行的；

③行政复议机关、人民法院认为需要中止执行的；

④其他依法应当中止执行的。

(3) 恢复执行

中止执行的情形消失后，应当恢复执行。

(4) 终结执行

有下列情形之一的，应当终结执行；

①据以执行的法律文书被撤销的；

②作为当事人的自然人死亡的；

③作为当事人的法人或者其他组织被依法终止，又无权利义务承受人的，也无其他财产可供执行的；

④海关行政处罚决定履行期限届满超过两年，海关依法采取各种执行措施后仍无法执行完毕的，但是申请人民法院强制执行的情形除外；

⑤申请人民法院强制执行的，人民法院裁定中止执行后超过两年仍无法执行完毕的；

⑥申请人民法院强制执行后，人民法院裁定终结执行的；

⑦其他依法应当终结执行的。

5. 简单案件处理程序

（1）简单案件的含义

简单案件是指海关在行邮、快件、货管、保税监管等业务现场，以及其他海关监管、统计业务中发现的违法事实清楚、违法情节轻微，经现场调查后，可以当场制发行政处罚告知单的违反海关监管规定的案件。

（2）简单案件程序的适用

简单案件程序适用于以下案件：

①适用《海关行政处罚实施条例》第十五条第一、二项规定进行处理的；

②适用《海关行政处罚实施条例》第二十条至第二十三条规定进行处理的；

③违反海关监管规定携带货币进出境，金额折合人民币 20 万元以下的；

④其他违反海关监管规定案件货物价值在人民币 20 万元以下，物品价值在人民币 5 万元以下的。

（3）适用简单案件程序的告知、调查取证和制发行政处罚告知单

适用简单案件程序办理案件的，海关应当告知当事人。当事人应当根据海关要求提交有关单证材料。办理案件的，海关应当当场立案，立即开展调查取证工作。

海关进行现场调查后，应当当场制发行政处罚告知单，并将行政处罚告知单交由当事人或者其代理人当场签收。符合《行政处罚法》第三十三条规定的简单案件，可以不制发行政处罚告知单。

（4）行政处罚决定书的制发

海关依法作出行政处罚决定或者不予行政处罚决定的，应当制发行政处罚决定书或者不予行政处罚决定书，送达当事人或者其代理人。

有下列情形之一的，海关可以当场制发行政处罚决定书，并当场送达当事人或者其代理人：

①当事人对被告知的事实、理由及依据无异议，并填写“放弃陈述、申辩、听证权利声明”的；

②当事人对海关告知的内容提出陈述、申辩意见，海关能够当场进行复核且当事人对当场复核意见无异议的。

（5）适用简单案件程序的终止

适用简单案件程序办理的案件有下列情形之一的，海关应当终止适用简单案件程序适用一般程序，规定办理并告知当事人：

①海关发现新的违法事实，认为案件需要进一步调查取证的；
②当事人对海关告知的内容提出陈述、申辩意见，海关无法当场进行复核的；
③海关当场复核后，当事人对海关的复核意见仍然不服的；
④当事人向海关提出听证申请的。

【复习思考题】

1. 什么是海关行政处罚？为什么不能把海关行政处罚和海关行政强制措施相混淆？
2. 海关行政处罚适用于什么情形？
3. 什么是走私行为？哪些行为属走私行为？其构成特征有哪些？
4. 哪些行为须按走私行为论处？其行为特征是什么？
5. 什么是以走私的共同当事人论处的行为？
6. 什么是违反海关监管规定的行为？主要有哪些？
7. 走私行为与违反海关监管规定行为的区别在哪里？
8. 海关行政处罚主要包括哪几种基本形式？
9. 对走私行为和对违反海关监管规定行为的具体处罚方式分别有哪些？
10. 海关行政处罚按顺序有哪些基本环节及实施要求？

第七节　知识产权海关保护制度

【学习目标】

本节内容旨在让学习者掌握我国知识产权海关保护制度的基本知识。
完成本节学习，学习者应获得以下成果：
1. 理解知识产权海关保护制度的概念；
2. 了解知识产权海关保护制度的范围；
3. 了解知识产权海关保护的模式；
4. 了解知识产权海关保护的备案及担保；
5. 了解海关对侵权嫌疑货物的调查处理。

【基本概念】

知识产权海关保护概念及范围、知识产权海关保护备案、知识产权权利人、“依申请保护”和“被动保护”、“依职权保护”和“主动保护”

【建议学习时间】

1 课时

一、知识产权海关保护概述

（一）知识产权海关保护的含义

知识产权，概括地说是指公民、法人或其他组织对其在科学技术和文学艺术等领域内，主要基于脑力劳动创造完全的智力成果所依法享受的专有权利，因此又称智力成果权。

知识产权海关保护则是指海关依法禁止侵犯知识产权的货物进出口的措施，在世界贸易组织《与贸易措施有关的知识产权协议》中被称为知识产权的边境措施。

（二）知识产权海关保护的范围

知识产权具有无形性、专有性、地域性、时间性和可复制性的特点。世界贸易组织关于《与贸易有关的知识产权协议》将与贸易有关的知识权的范围确定为：著作权和与著作权有关的权利、商标权、地理标志权、工业品外观设计权、专利权、集中电路布图设计权、未披露过的信息专有权。

根据《知识产权海关保护条例》及其他法律、行政法规的规定，我国知识产权海关保护的适用范围为：与进口货物有关并受中华人民共和国法律、行政法规保护的知识产权，包括商标专用权、著作权和与著作权有关的权利、专利权、奥林匹克标志专有权、世界博览会标志专有权。

《知识产权海关保护条例》同时规定，侵犯受法律、行政法规保护的知识产权的货物禁止进出口。

（三）知识产权海关保护的模式

中国海关对知识产权的保护可以划分为“依申请保护”和“依职权保护”两种模式。

1. 依申请保护

依申请保护，是指知识产权权利人发现侵权嫌疑货物即将进出口时，根据《知识产权海关保护条例》第十二、十三和十四条的规定向海关提出采取保护措施的申请，由海关对侵权嫌疑货物实施扣留的措施。由于海关对依申请扣留的侵权嫌疑货物不进行调查，知识产权权利人需要就有关侵权纠纷向人民法院起诉，所以依申请保护也被称作海关知识产权“被动保护”模式。

2. 依职权保护

依职权保护，是指海关在监管过程中发现进出口货物有侵犯在海关总署备案的知识产权的嫌疑时，根据《知识产权海关保护条例》第十六条的规定，主动中止货物的通关过程并通知有关知识产权权利人，并根据知识产权权利人的申请对侵权嫌疑货物实施扣留的措施。由于海关依职权扣留侵权嫌疑货物属于主动采取措施制止侵权货物进出口，而且海关还有权对货物的侵权状况进行调查和对有关当事人进行处罚，所以依职权保护也被称作海关对知识产权的“主动保护”模式。

知识产权权利人向海关申请采取依职权保护措施前，应当按照《知识产权海关保护条例》第七条的规定，将其知识产权及其他有关情况向海关总署进行备案。

（四）知识产权海关保护的作用

1. 通过保护与进出口货物有关的知识产权来履行我国作为世界贸易组织成员应尽的义务

我国加入世界贸易组织之后一个全方位、宽领域、多层次的对外开放的格局逐渐形成，中国与世界各国在科技、经济、文化等方面的合作与交流日益频繁。为给开展国际科技、经济、文化等方面的合作与交流创造一个良好的环境和提供有利的条件，我国通过建立和完善既符合国际通行做法，又具有中国特色的知识产权海关保护法律制度，以及严格遵循《与贸易有关的知识产权协议》的各项规定，从而全面履行了我国在双边协议中承诺的知识产权保护义务。

2. 通过保护与进出口货物有关的知识产权来规范进出口秩序

随着国家逐渐放开对进出口经营权和进出口商品经营品种的限制，越来越多的企业可以直接从事进出口贸易，这对促进对外贸易的发展产生了十分重要的作用。但同时一些企业为抢占市场不惜采取低价竞销和冒用他人注册商标的手段大肆进出口侵权商品。针对在对外贸易中侵犯知识产权比较严重的状况，国家通过立法授权海关在进出境环节保护知识产权，对与进出口货物有关的知识产权进行保护，从而有效地规范了进出口秩序。

二、知识产权海关保护制度的基本内容

（一）知识产权海关保护备案

1. 含义

知识产权海关保护备案，是指知识产权权利人按照《知识产权海关保护条例》的规定，将其知识产权的法律状况、有关货物的情况、知识产权合法使用情况和侵权货物进出口情况以书面形式通知海关总署，以便海关在对进出口货物的监管过程中能够主动对有关知识产权实施保护。

2. 意义

根据《知识产权海关保护条例》，知识产权权利人在向海关申请保护前不要求必须进行知识产权备案。但是对商标专用权权利人等某些知识产权权利人而言，备案与否有很大的差异，主要体现在以下几个方面。

（1）备案是海关采取主动保护措施的前提条件

根据《知识产权海关保护条例》的规定，知识产权权利人如果事先没有将其知识产权向海关备案，海关即便发现侵权货物即将进出境，也没有权利主动中止其进出口，也无权对侵权货物进行调查处理。

（2）有助于海关发现侵权货物

由于知识产权权利人在备案时，需要提供有关知识产权的法律状况、权利人的联系方式、合法使用知识产权情况、侵权嫌疑货物情况、有关图片和照片等情况，使海关有可能在日常监管过

程中发现侵权嫌疑货物并主动予以扣留。所以，事先进行知识产权备案可以使权利人的合法权益得到及时的保护。

（3）知识产权权利人的经济负担较轻

根据海关总署有关《知识产权海关保护条例》的实施办法规定，在海关依职权保护模式下，知识产权权利人向海关提供的担保最高不超过人民币 10 万元。如果知识产权权利人事先未进行知识产权备案，则不能享受上述待遇，必须提供与其要求扣留的货物等值的担保。

（4）可以对侵权人产生震慑作用

由于海关对进出口侵权货物予以没收并给予进出口企业行政处罚，尽早进行知识产权备案，可以对那些过去毫无顾忌地进出口侵权货物的企业产生警告和震慑作用，促使其自觉地尊重有关知识产权。此外，有些并非恶意出口侵权产品的企业也可以通过查询备案，了解其承揽加工和出口的货物是否可能构成侵权。

3. 备案申请

（1）知识产权海关保护备案的申请人

知识产权海关保护备案的申请人应为知识产权权利人，知识产权权利人可以委托代理人办理知识产权海关保护备案。

（2）知识产权海关保护备案申请的文件及证据

①申请书

知识产权权利人向海关总署申请知识产权海关保护备案的，应当向海关总署提交申请书。知识产权权利人应当就其申请备案的每一项知识产权单独提交一份申请书。知识产权权利人申请国际注册商标备案的，应当就其申请的每一类商品单独提交一份申请书。

申请书应当包括下列内容。

A. 知识产权权利人的名称或者姓名、注册地或者国籍、通信地址、联系人姓名、电话和传真号码、电子邮箱地址等。

B. 注册商标的名称，核定使用商品的类别和商品名称，商标图形，注册有效期，注册商标的转让、变更、续展情况等；作品的名称，创作完成的时间，作品的类别，作品图片，作品转让、变更情况等；专利权的名称、类型，申请日期，专利权转让、变更情况等。

C. 被许可人的名称、许可使用商品、许可期限等。

D. 知识产权权利人合法行使知识产权的货物的名称、产地、进出境地海关、进出口商、主要特征、价格等。

E. 已知的侵犯知识产权货物的制造商、进出口商、进出境地海关、主要特征、价格等。

②随附文件、证据

知识产权权利人向海关总署提交备案申请书，应当随附以下文件、证据。

A. 知识产权权利人个人身份证件的复印件、营业执照的复印件或者其他注册登记文件的复印件。

B. 商标注册、著作、专利权证明或证书：

——商标注册证的复印件。申请人经核准变更商标注册事项、续展商标注册、转让注册商标或者申请国际注册商标备案的，还应当提交有关证明。

——著作权登记部门签发的著作权自愿登记证明的复印件和经著作权登记部门认证的作品照

片。申请人未进行著作权自愿登记的，提交可以证明申请人为著作权人的作品样品及其他有关著作权的证据。

——专利证书复印件。专利授权自公告之日起超过一年的，还应当提交备案申请前六个月内出具的专利登记簿副本；申请实用新型专利或者外观设计专利备案的，还应当提交专利权评价报告。

C. 知识产权权利人许可他人使用注册商标、作品或者实施专利，签订许可合同的，提供许可合同的复印件；未签订许可合同的，提交有关被许可人、许可范围和许可期间等情况的书面说明。

D. 知识产权权利人合法行使知识产权的货物及其包装的照片。

E. 已知的侵权货物进出口的证据。知识产权权利人与他人之间的侵权纠纷已经通过人民法院或者知识产权主管部门处理的，还应当提交有关法律文书的复印件。

F. 海关总署认为需要提交的其他文件或者证据。

知识产权权利人向海关总署提交的上述文件和证据应当齐全、真实和有效。有关文件和证据为外文的，应当另附中文译本。海关总署认为必要时，可以要求知识产权权利人提交有关文件或者证据的公证、认证文书。

（3）知识产权海关保护备案申请的受理

海关总署应当自收到申请人全部申请文件之日起三十个工作日内作出是否准予备案的决定，并书面通知申请人。不予备案的，海关需说明理由。

有下列情形之一的，海关总署不予受理：

①申请文件不齐全或者无效的；

②申请人不是知识产权权利人的；

③知识产权不再受法律、行政法规保护的。

4. 备案的时效

（1）备案有效期

知识产权海关保护备案自海关总署核准备案之日起生效，有效期为十年。自备案生效之日起知识产权的有效期不足十年的，备案的有效期以知识产权的有效期为准。

（2）续展备案有效期

在知识产权海关保护备案有效期届满前六个月内，知识产权权利人可以向海关总署提出续展备案的书面申请并随附有关文件。海关总署应当自收到全部续展申请文件之日起十个工作日内作出是否准予续展的决定，并书面通知知识产权权利人；不予续展的，将说明理由。

续展备案的有效期自上一届备案有效期满次日起算，有效期为十年。知识产权的有效期自上一届备案有效期满次日起不足十年的，续展备案的有效期以知识产权的有效期为准。

知识产权海关保护备案有效期届满而不申请续展或者知识产权不再受法律、行政法规保护的，知识产权海关保护备案随即失效。

5. 备案的变更

向海关提交的申请书内容发生改变的，知识产权权利人应当自发生改变之日起三十个工作日内向海关总署提出变更备案的申请并随附有关文件。

6. 备案的注销

（1）注销备案的适用范围

知识产权在备案有效期届满前不再受法律、行政法规保护或者备案的知识产权发生转让的，以及知识产权权利人在备案有效期内放弃备案的，应向海关总署申请注销备案。

（2）权利人注销备案的申请

原知识产权权利人应当自备案的知识产权不再受法律、行政法规保护或者转让生效之日起三十个工作日内，向海关总署提出注销知识产权海关保护备案的申请并随附有关文件。

（3）海关注销备案的通知

海关总署注销备案应当书面通知有关知识产权权利人，知识产权海关保护备案自海关总署注销之日起失效。

7. 备案的撤销

（1）撤销备案的适用范围

海关发现知识产权权利人申请知识产权备案未如实提供有关情况或者文件的，海关总署可以撤销其备案。

知识产权备案情况发生改变，但知识产权权利人自发生改变之日起三十个工作日内未向海关总署办理备案变更或者注销手续，给他人合法进出口或者海关依法履行监管职责造成严重影响的，海关总署可以根据有关利害关系人的申请撤销有关备案，也可以主动撤销有关备案。

（2）利害关系人撤销备案的申请

知识产权海关保护的利害关系人申请撤销备案的，应当向海关总署提交申请书。申请书应当有明确的申请人和被申请人、请求事项、基本事实和理由，并随附相关证明文件。

（3）海关作出撤销或者维持备案决定前的调查

海关总署作出撤销或者维持备案的决定，应当事先对有关情况进行调查。海关总署进行调查可以要求有关知识产权权利人在规定期限内提交书面的申辩意见。

（4）海关撤销或者维持备案决定及其通知

海关总署作出撤销备案的决定，应当书面通知有关知识产权权利人。其中，根据利害关系人的申请作出撤销的，决定的还应当书面通知有关申请人。

对利害关系人申请撤销备案的，海关总署作出维持备案的决定应当书面通知有关申请人。

（5）撤销备案决定的效力

备案自海关总署作出撤销决定之日起失效。备案被撤销且有关知识产权仍属于原申请备案的知识产权权利人的，该知识产权权利人自备案被撤销之日起在一年内再次向海关总署备案该知识产权的，海关总署可不予受理。

（二）权利人申请扣留侵权嫌疑货物及提供担保

知识产权权利人发现侵权嫌疑货物即将进出口，或者接到海关就实际监管中发现进出口货物涉嫌侵犯在海关总署备案的知识产权而发出书面通知的，可以向货物进出境地海关提出扣留侵权嫌疑货物的申请，并按规定提供相应的担保。

1. 知识产权权利人发现侵权嫌疑货物的扣留申请（海关依申请保护）

（1）申请扣留侵权嫌疑货物的文件

知识产权权利人发现侵权嫌疑货物即将进出口并要求海关予以扣留的，应当向货物进出境地海关提交申请书及相关证明文件。有关知识产权未在海关总署备案的，知识产权权利人还应当随附有关知识产权的证明文件及证据。申请书应当包括下列主要内容：

①知识产权权利人的名称或者姓名、注册地或者国籍等；

②知识产权的名称、内容及其相关信息；

③侵权嫌疑货物收货人和发货人的名称；

④侵权嫌疑货物名称、规格等；

⑤侵权嫌疑货物可能进出境的口岸、时间、运输工具等；

⑥侵权嫌疑货物涉嫌侵犯备案知识产权的，申请书还应当包括海关备案号。

（2）申请扣留侵权嫌疑货物的证据

权利人或其代理人提出申请时，除填具申请书外还应提供足以证明侵权事实明显存在的证据。知识产权权利人提交的证据，应当能够证明以下事实：

①请求海关扣留的货物即将进出口；

②在货物上未经许可使用了侵犯其商品专用权的商标标志、作品或者实施了其专利。

（3）请求扣留侵权嫌疑货物的担保

知识产权权利人发现侵权嫌疑货物即将进出口，请求海关扣留侵权嫌疑货物，应当在海关规定的期限内，向海关提供相当于货物价值的担保。知识产权权利人提出的申请不符合规定或者未按规定提供担保的，海关应驳回其申请并书面通知知识产权权利人。

2. 知识产权权利人接到海关发现侵权嫌疑货物通知的扣留申请（海关依职权保护）

（1）海关书面通知知识产权权利人

海关对进口货物实施监管，发现进出口货物涉及在海关总署备案的知识产权且进出口商或者制造商使用有关知识产权的情况未在海关总署备案的，可以要求收发货人在规定期限内申报货物的知识产权状况和提交相关证明文件。

收发货人未按照有关规定申报货物知识产权状况和提交相关证明文件，或者海关有理由认为货物涉嫌侵犯在海关总署备案的知识产权的，海关应当中止放行货物并书面通知知识产权权利人。

（2）知识产权权利人的回复及其扣留申请

知识产权权利人在接到海关书面通知送到之日起三个工作日内应予以回复。

①认为有关货物侵犯其在海关总署备案的知识产权并要求海关予以扣留的，向海关提出扣留侵权嫌疑货物的书面申请。其扣留申请办法与知识产权权利人发现侵权嫌疑的扣留申请相同。

②认为有关货物未侵犯其在海关总署备案的知识产权或者不要求海关扣留的，向海关书面说明理由。经海关同意知识产权权利人可以查看有关货物。

（3）请求扣留货物的担保

知识产权权利人在接到海关发现侵权嫌疑货物通知后，认为有关货物侵犯其在海关总署备案的知识产权并提出申请要求海关扣留侵权嫌疑货物的，应当按照以下规定向海关提供担保：

①货物价值不足人民币2万元的，提供相当于货物价值的担保；

②货物价值为人民币2万至20万元的，提供相当于货物价值50%的担保，但担保金额不得少于人民币2万元；

③货物价值超过人民币20万元的，提供人民币10万元的担保。

（4）请求扣留货物的总担保

①总担保适用范围

知识产权权利人根据规定请求海关扣留涉嫌侵犯商标专用权货物的，可以向海关总署提供总担保。

在海关总署备案的商标专用权的知识产权权利人，经海关总署核准可以向海关总署提交银行或者非银行金融机构出具的保函，为其向海关申请商标专用权海关保护措施提供总担保。

自海关总署核准其使用总担保之日至当年 12 月 31 日，知识产权权利人在接到海关发现侵权嫌疑货物通知后，请求海关扣留涉嫌侵犯其已在海关总署备案的商标专用权的进出口货物的，无须另行提供担保，但知识产权权利人未按规定支付有关费用或者未按规定承担赔偿责任，海关总署向担保人发出履行担保责任通知的除外。

②总担保的申请及随附材料

知识产权权利人申请使用总担保，应向海关总署提交“知识产权海关保护总担保申请书”，并随附已获准在中国大陆境内开展金融业务的银行出具的为知识产权权利人申请总担保承担连带责任的“总担保保函”和知识产权权利人上一年度向海关申请扣留侵权嫌疑货物后发生的仓储处置费的清单。

③总担保的金额

总担保的金额应相当于知识产权权利人上一年度向海关申请扣留侵权嫌疑货物后发生的仓储、保管和处置等费用之和；知识产权权利人上一年度未向海关申请扣留侵权嫌疑货物或者仓储处置费不足人民币 20 万元的，总担保的保证金资金额为人民币 20 万元。

④总担保保函的有效期及担保事项发生期间

总担保保函的有效期是指作为担保人的银行承担履行担保责任的期间，即总担保保函签发之日起至第二年 6 月 30 日。

担保事项发生期间是指知识产权权利人在向海关提出采取保护措施申请时无须另行提供担保的期间，即自海关总署核准之日起至当年 12 月 31 日。

知识产权权利人未提出申请或者未提供担保的，海关将放行货物。

（三）海关对侵权嫌疑货物的调查处理

1. 扣留侵权嫌疑货物并制发通知和扣留凭单

知识产权权利人申请扣留侵权嫌疑货物并提供担保的，海关应当扣留侵权嫌疑货物并将扣留侵权嫌疑货物的扣留凭单送达收发货人。经海关同意收发货人可以查看海关扣留的货物。

2. 海关对扣留侵权嫌疑货物的调查

海关依职权扣留侵权嫌疑货物属于主动采取制止侵权货物进出口的措施，海关扣留侵权嫌疑货物后，应当依法对侵权嫌疑货物及其他有关情况进行调查。收发货人和知识产权权利人应当对海关调查予以配合，如实提供有关情况和证据。海关对依申请扣留的侵权嫌疑货物不进行调查，知识产权权利人需要就有关侵权纠纷向人民法院起诉。海关对侵权嫌疑货物进行调查，可以请求有关知识产权主管部门提供咨询意见。

知识产权权利人与收发货人就海关扣留的侵权嫌疑货物达成协议，向海关提出书面申请并随附相关协议，要求海关解除扣留侵权嫌疑货物的，海关除认为涉嫌构成犯罪外，可以终止调查。

3. 放行被扣留的侵权嫌疑货物

（1）海关对扣留的侵权嫌疑货物进行调查，不能认定货物是否侵犯有关知识产权的，应当自扣留侵权嫌疑货物之日起三十个工作日内书面通知知识产权权利人和收发货人。海关不能认定货物是否侵犯有关专利权的，收发货人向海关提供相当于货物价值的担保后，可以请求海关放行货物。海关同意放行货物的，应当书面通知知识产权权利人。

知识产权权利人就有关专利侵权纠纷向人民法院起诉的，应当在海关放行货物的书面通知送达之日起三十个工作日内，向海关提交人民法院受理案件通知书的复印件。

（2）对海关不能认定有关货物是否侵犯其知识产权的，知识产权权利人可以依法在起诉前向人民法院申请采取责令停止侵权行为或者财产保全的措施。

海关自扣留侵权嫌疑货物之日起五十个工作日内收到人民法院协助扣押有关货物书面通知的，应当予以协助；未收到人民法院协助扣押通知或者知识产权权利人要求海关放行有关货物的，海关应当放行货物。

4. 没收被扣留的侵权货物

（1）没收侵权货物并通知知识产权权利人

被扣留的侵权嫌疑货物，海关经调查后认定侵犯知识产权的，予以没收，并应当将侵犯知识产权货物的下列情况书面通知知识产权权利人：

①侵权货物的名称和数量；

②收发货人名称；

③侵权货物申报进出口日期、海关扣留日期和处罚决定生效日期；

④侵权货物的起运地和指运地；

⑤海关可以提供的其他与侵权货物有关的情况。

进出口货物或者进出境物品经海关调查认定侵犯知识产权，根据规定应当由海关予以没收但当事人无法查清的，自海关制发有关公告之日起满三个月后可由海关予以收缴。

（2）侵权货物没收后的处理

对没收的侵权货物海关应当按照下列规定处置：

①有关货物可以直接用于社会公益事业或者知识产权权利人有收购意愿的，将货物转交给有关公益机构用于社会公益事业或者有偿转让给知识产权权利人。

②有关货物不能转交给有关公益机构用于社会公益事业或者有偿转让给知识产权权利人，且侵权特征能够消除的，在消除侵权特征后依法拍卖；但对进口假冒商标货物，除特殊情况外，不能仅清除货物上的商标标识即允许其进入商业渠道。拍卖货物所得款项上交国库。

③有关货物不能按照上述①、②项规定处置的，应当予以销毁。

海关拍卖侵权货物，应当事先征求有关知识产权权利人的意见。海关销毁侵权货物，知识产权权利人应当提供必要的协助。有关公益机构将海关没收的侵权货物用于社会公益事业，以及知识产权权利人接受海关委托销毁侵权货物的，海关应当进行必要的监督。

（四）知识产权权利人应承担的责任

1. 海关协助人民法院扣押侵权嫌疑货物或者放行被扣留货物的，知识产权权利人应当支付货物在海关扣留期间的仓储、保管和处置等费用。

2. 海关没收侵权货物的，知识产权权利人应当按照货物在海关扣留后的实际存储时间支付仓储、保管和处置等费用。但海关自没收侵权货物的决定送达收发货人之日起三个月内不能完成货物处置，且非因收发货人申请行政复议、提起行政诉讼或者货物处置方面的其他特殊原因导致的，知识产权权利人不需支付三个月后的有关费用。

3. 知识产权权利人未支付有关费用的，海关可以从其向海关提供的担保金中予以扣除或者要其担保人履行有关担保责任。侵权嫌疑货物被认定为侵犯知识产权的，知识产权权利人可以将其支付的有关仓储、保管和处置等费用计入其为制止侵权行为所支付的合理开支。

4. 海关接受知识产权保护备案和采取知识产权保护措施的申请后，因知识产权权利人未提供确切情况而未能发现侵权货物，未能及时采取保护措施或者采取保护措施不力的，由知识产权权利人自行承担责任。

5. 知识产权权利人请求海关扣留侵权嫌疑货物后，海关不能认定被扣留的侵权嫌疑货物侵犯知识产权权利人的知识产权或者人民法院判定不侵犯知识产权权利人的知识产权的，知识产权权利人应当依法承担赔偿责任。

（五）海关对当事人所提供担保的处理

1. 海关没收侵权货物的，应当在货物处置完毕并结清有关费用后，向知识产权权利人退还担保金或者解除担保人的担保责任。

2. 海关协助人民法院扣押侵权嫌疑货物或者根据规定放行被扣留货物的，收发货人可以就知识产权权利人提供的担保向人民法院申请财产保全。海关自协助人民法院扣押侵权嫌疑货物或者放行货物之日起二十个工作日内，未收到人民法院就知识产权权利人提供的担保采取财产保全措施的协助执行通知的，海关应当向知识产权权利人退还担保金或者解除担保人的担保责任；收到人民法院协助执行通知的，海关应当协助执行。

3. 海关放行被扣留的涉嫌侵犯专利权的货物后，知识产权权利人向海关提交人民法院受理案件通知书复印件的，海关应当根据人民法院的判决结果处理收发货人提交的担保金；知识产权权利人未提交人民法院受理案件通知书复印件的，海关应当退还收发货人提交的担保金。对知识产权权利人向海关提供的担保，收发货人可以向人民法院申请财产保全，海关未收到人民法院对知识产权权利人提供的担保采取财产保全措施的协助执行通知的，应当自处理收发货人提交的担保金之日起二十个工作日后，向知识产权权利人退还担保金或者解除担保人的担保责任；收到人民法院协助执行通知的，海关应当协助执行。

【复习思考题】

1. 何谓知识产权海关保护？我国知识产权海关保护的适用范围是什么？
2. “依申请保护”和“依职权保护”为什么被称为“被动保护”模式和“主动保护”模式？
3. 为什么说对商标专用权权利人等某些知识产权权利人而言，备案与否有很大的差异？
4. 知识产权权利人应如何办理知识产权备案申请手续？
5. 在哪两种情形下，知识产权权利人可向海关申请扣留侵权嫌疑货物？
6. 知识产权权利人申请扣留侵权嫌疑货物，应怎样向海关提交文件、证据及提供担保？
7. 什么情形下海关放行或没收被扣留的侵权嫌疑货物？
8. 海关对没收的被扣留的侵权嫌疑货物将如何处置？
9. 知识产权权利人应承担的责任有哪些？

第八节 海关事务担保制度

【学习目标】

本节内容旨在让学习者掌握我国海关事务担保的基本知识和基本程序。

完成本节学习，学习者应获得以下成果：

1. 了解海关事务担保的适用范围；
2. 了解海关事务担保的免除；
3. 了解海关事务担保的方式；
4. 了解海关事务担保的金额；
5. 了解海关事务担保的销案。

【基本概念】

当事人申请提前放行货物的担保、当事人申请办理特定海关业务的担保、税收保全担保、免于扣留财产的担保、海关事务总担保、担保人和担保责任、海关事务担保的方式、税款类保证金、风险类保证金、案件类保证金

【建议学习时间】

1 课时

一、海关事务担保概述

（一）海关事务担保的含义

所谓海关事务担保，是指与进出境活动有关的自然人、法人或者其他组织（以下统称当事人）在向海关申请从事特定的经营业务或者办理特定的海关事务时，以向海关提交保证金、保证函等担保，承诺在一定期限内履行其法律义务的法律行为。

（二）海关事务担保的性质

1. 履行性

当事人提供的担保，具有在规定期限内由当事人履行其在正常情况下应当履行其承诺义务的性质。

2. 惩罚性

若由于当事人的过错，不能履行担保事项所列明的义务，海关将依法对当事人给予惩罚，让其承担一定的法律责任以达到惩戒和教育的目的。

3. 补偿性

对涉及税款的担保，无论是责令补缴税款还是将保证金抵作税款或是通知银行扣缴税款，主

要目的还是在于补偿进出口税的收入。

（三）海关事务担保的作用

海关事务担保制度从本质上讲，是海关支持和促进对外贸易发展和科技文化交流的措施，既保障国家利益不被侵害又便利进出境活动，促进对外贸易效率的提高。同时，担保制度对进出境活动的当事人也产生较强的制约作用，促进企业守法自律，按时履行其承诺的诸如补交单证、补纳税款、按规定复出（进）口等义务。

二、海关事务担保制度的基本内容

（一）海关事务担保的适用

1. 海关事务担保的一般适用

为使当事人获得提前放行、办理特定海关业务及免于扣留财产等便利，《海关事务担保条例》主要规定了四种情形下的海关事务担保。

（1）当事人申请提前放行货物的担保

当事人申请提前放行货物的担保是指在办结商品归类、估价和提供有效报关单证等海关手续前，当事人向海关提供与应纳税款相适应的担保，申请海关提前放行货物。

有下列情形之一的，当事人可以在办结海关手续前向海关申请提供担保，要求提前放行货物：

①进出口货物的商品归类、完税价格、原产地尚未确定的；

②有效报关单证尚未提供的；

③在纳税期限内税款尚未缴纳的；

④滞报金尚未缴纳的；

⑤其他海关手续尚未办结的。

国家对进出境货物、物品有限制性规定，应当提供许可证件而不能提供的，以及法律、行政法规规定不得担保的其他情形，海关不予办理担保放行。

（2）当事人申请办理特定海关业务的担保

当事人申请办理特定海关业务的担保是指当事人在申请办理内地往来港澳货物运输，办理货物、物品暂时进出境，将海关监管货物抵押或者暂时存放在海关监管区外等特定业务时，根据海关监管需要或者税收风险大小向海关提供的担保。

当事人申请办理下列特定海关业务的，按照海关规定提供担保：

①运输企业承担来往内地与港澳公路货物运输、承担海关监管货物境内公路运输的；

②货物、物品暂时进出境的；

③货物进境修理和出境加工的；

④租赁货物进口的；

⑤货物和运输工具过境的；

⑥将海关监管货物暂时存在海关监管区外的；

⑦将海关监管货物向金融机构抵押的；

⑧为保税货物办理有关海关业务的。

当事人不提供或者提供的担保不符合规定的，海关不予办理所列特定海关业务。

（3）税收保全担保

进出口货物的纳税义务人在规定的纳税期限内有明显的转移、藏匿其应税货物及其他财产迹象的，海关可以责令纳税义务人提供担保；纳税义务人不能提供担保的，海关依法采取税收保全措施。

（4）免于扣留财产的担保

①有违法嫌疑的货物、物品、运输工具应当或者已经被海关依法扣留、封存的，当事人可以向海关提供担保，申请免于或者解除扣留、封存。

②有违法嫌疑的货物、物品、运输工具无法或者不便扣留的，当事人或者运输工具负责人应当向海关提供等值的担保；未提供等值担保的，海关可以扣留当事人等值的其他财产。有违法嫌疑的货物、物品、运输工具属于禁止进出境，或者必须以原物作为证据，或者依法应当予以没收的，海关不予办理担保。

③法人、其他组织受到海关处罚，在罚款、违法所得或者依法应当追缴的货物、物品、走私运输工具的等值价款未缴清前，其法定代表人、主要负责人出境的，应当向海关提供担保；未提供担保的，海关可以通知出境管理机关阻止其法定代表人、主要负责人出境（受海关处罚的自然人出境的适用上述规定）。

2. 海关事务担保的其他适用

进口已采取临时反倾销措施、临时反补贴措施的货物应当提供担保的，或者进出口货物收发货人、知识产权权利人申请办理知识产权海关保护相关事务等，依照海关事务担保一般适用的规定办理海关事务担保。法律、行政法规有特别规定的，从其规定。

3. 海关事务担保的免除

《海关法》的有关条款规定，如其他法律、行政法规根据实践需要规定在特定情形下可以免除担保提前放行货物的，这种“免除担保”的特别规范优先于“凭担保放行”的一般规范。因此，在这种特别规范的适用范围内，因各种原因未办结海关手续的货物，可以免除担保而被收发货人先予提取或装运出境。但同时规定海关对享受免除担保待遇的进出口企业实行动态管理，当事人不再符合规定条件的，海关应当停止对其适用免除担保。

当事人连续两年同时具备通过海关验证稽查、年度进出口报关差错率在3%以下，没有拖欠应纳税款，没有收到海关行政处罚且在相关行政管理部门无不良记录、没有被追究刑事责任等行为，可以向直属海关申请免除担保，并按照海关规定办理有关手续。

4. 海关事务总担保

为了使进出口货物品种、数量相对稳定且业务频繁的企业免于反复办理担保，《海关事务担保条例》规定当事人在一定期限内多次办理同一类海关事务的，可以向海关申请提供总担保。

提供总担保后，当事人办理该类海关事务不再单独提供担保。同时规定，总担保的适用范围、保证金资金额、担保期限、终止情形等由海关总署规定。

可申请总担保的常见情形有以下三种。

（1）ATA单证册项下暂准出口货物由中国国际商会统一向海关总署提供总担保；

（2）经海关同意知识产权权利人可以向海关提供总担保，总担保保证金资金额不得低于人民币20万元；

（3）由银行对纳税义务人在一定期间内通过网上支付方式申请缴纳的进出口税费提供总担保。

（二）海关事务担保担保人的资格及担保责任

1. 担保人的资格

《海关法》规定："具有履行海关事务担保能力的法人、其他组织或者公民可以成为担保人。法律规定不得为担保人的除外。"

具有履行海关担保义务能力是对自然人、法人或其他组织作为担保人的基本要求。对于担保人而言，其履行义务的能力主要表现在应当拥有足以承担担保责任的财产。公民作为担保人还应当具有民事行为能力，无民事行为能力或者限制行为能力的公民即使拥有足以承担担保责任的财产也不能作为担保人。如其他有关法律对担保人资格已作出限制性规定的，则这种法人、其他组织或公民就不能作为担保人。

2. 担保人的担保责任

《海关法》规定："担保人应当在担保期限内承担担保责任。担保人履行担保责任的，不免除被担保人应当办理有关海关手续的义务。"海关则应当及时为被担保人办理有关海关手续。

（1）担保责任的含义

担保人应承担的担保责任主要是指被担保人应当在规定的期限内全面、正确地履行其承诺的海关义务。根据担保个案的不同情况，其责任范围也有区别。

（2）担保的期间

这是指担保人承担担保责任的起止时间。担保人在规定的担保期间内承担担保责任，逾期，即使被担保人未履行海关义务，担保人也不再承担担保责任。鉴于法律规定可适用担保的范围内所涉及的事项千差万别，不可能对此统一规定，因而担保期间主要由海关行政法规及海关规章来规定。

（3）担保责任的解除

被担保人如能在规定的期间内履行担保承诺的义务或者规定的担保期间届满，担保人的担保责任则应依法予以解除，由海关及时办理销案手续，退还有关保证金等。

（三）海关事务担保的方式

《海关法》明确规定的海关事务担保方式分为如下四种。

1. 以人民币、可自由兑换的货币提供担保

人民币是我国的法定货币，支付我国境内的一切公共的和私人的债务，任何单位或者个人均不能拒收。可自由兑换货币指国家外汇管理局公布挂牌的，作为国际支付手段的外币现钞。

2. 以汇票、本票、支票、债券、存单提供担保

汇票是指由出票人签发的，委托付款人在见票时或者在指定日期无条件支付确定的金额给收款人或持票人的票据，分为银行承兑汇票和商业承兑汇票两种。

本票是由出票人签发的，承诺自己在见票时无条件支付确定的金额给收款人或持票人的票据。

支票是指出票人签发的，委托办理支票存款业务的银行或者其他金融机构在见票时无条件支付确定的金额给收款人或者持票人的票据。

债券是指依照法定程序发行的，约定在一定期限还本付息的有价证券，包括国库债券、企业债券、金融债券等。

存单是指存储机构发给存款人的，证明其债权的单据。

3. 以银行或非银行金融机构出具的保函提供担保

保函即法律上的保证，属于个人的担保范畴。保函不是以具体的财产提供担保，而是以保证人的信誉和不特定的财产为他人的债务提供担保。保证人必须是第三人。保证人应当具有清偿债务的能力。

根据《中华人民共和国中国人民银行法》的规定，中国人民银行作为中央银行不能为任何单位和个人提供担保，故不属于担保银行的范畴。

对于ATA单证册项下进出口货物，可由中国国际商会这一特殊的第三方作为担保人，为展览品等暂准进出口货物提供保函方式的担保。

4. 以海关依法认可的其他财产、权利提供担保

具体指除上述财产、权利外的其他财产和权利。

（四）海关事务担保的实施

1. 保证金分类及资金额

（1）保证金资金的分类及适用

海关依法收取的保证金资金，根据担保业务性质的不同分为税款类保证金、风险类保证金和案件类保证金三种。

①税款类保证金

税款类保证金适用于下列情形：

A. 海关尚未确定商品归类、完税价格、原产地、进口货物物品数量等征税要件的；

B. 正在海关办理减免税审批手续的；

C. 申请延伸缴纳税款的；

D. 暂时进出境的；

E. 进境修理和出境加工的；

F. 因残损、品质不良或者规格不符纳税义务人申报进口或者出口无代价抵偿货物时，原进口货物尚未退运出境或者尚未放弃交由海关处理的，或者原出口货物尚未退运进境的；

G. 对缉私、稽查查获的执行风险较大的追征补征税款情事的；

H. 其他按照有关规定应当收取税款类保证金的情形。

②风险类保证金

风险类保证金包括：

A. 对加工贸易企业收取的保证金；

B. 对加工贸易货物备案征收的保证金；

C. 对同一经营单位申请将剩余料件结转到另一加工厂收取的保证金；

D. 对从事转关运输的企业收取的保证金；

E. 对加工区之间往来的货物、物品不能按照转关运输办理的企业收取的保证金；

F. 对进口货物收货人在申请减免滞报金期间因故需先行提取货物收取的保证金；

G. 对租赁进出口货物、物品收取的保证金；

H. 其他按照有关规定收取的保证金。

③案件类保证金

案件类保证金包括：

A. 对无法或者不便扣留的货物、物品或者运输工具收取的等值保证金；

B. 对受海关处罚，在出境前未缴清罚款、违法所得和依法追缴的货物、物品、走私运输工具的等值价款的当事人收取的保证金；

C. 对涉及知识产权保护收取的保证金；

D. 其他按照有关规定收取的保证金。

（2）保证金资金额

当事人提供的担保应当与其需要履行的法律义务相当，其保证金资金额按照下列标准确定：

①为提前放行货物提供的担保，保证金资金额不得超过可能承担的最高税款总额；

②为办理特定海关业务提供的担保，保证金资金额不得超过可能承担的最高税款总额或者海关总署规定的金额；

③因有明显的转移、藏匿应税货物及其他财产迹象被责令提供的担保，保证金资金额不得超过可能承担的最高税款总额；

④为有关货物、物品、运输工具免于或者解除扣留、封存提供的担保，保证金资金额不得超过该货物、物品、运输工具的等值价款；

⑤为罚款、违法所得或者依法应当追缴的货物、物品、走私运输工具的等值价款未缴清前出境提供的担保，保证金资金额应当相当于罚款、违法所得数额或者依法应当追缴的货物、物品、走私运输工具的等值价款。

此外，有违法嫌疑的货物、物品、运输工具无法或者不便扣留的当事人或者运输工具，负责人根据《1994 年关税与贸易总协定》（GATT1994）第二十条的一般例外规定，对诸如保护国家安全，维护公共道德，保障人民、动植物的生命或健康，保护本国文物以及保护可能用竭的天然资源等目的，可以作为例外，采取禁止或者限制进出口的措施。

【复习思考题】

1. 什么是海关事务担保？其性质主要体现在哪几个方面？
2. 海关事务担保一般适用于哪几种情形？
3. 什么情形下可以免除海关事务担保？
4. 什么情形下可以适用海关事务总担保？
5. 海关事务担保人应具备怎样的资格，并应承担怎样的担保责任？
6. 《海关法》明确规定的海关事务担保方式有哪几种？各适用哪些情形？

第九节 海关行政预裁定

【学习目标】

本节内容旨在让学习者掌握我国海关行政预裁定的基本知识和基本程序。

完成本节学习，学习者应获得以下成果：

1. 了解海关行政预裁定的适用范围；
2. 了解海关行政预裁定的程序；
3. 了解海关行政预裁定的失效与撤销；
4. 了解海关行政预裁定决定书的使用。

【基本概念】

行政预裁定的基本内容、范围、申请的程序、审查、受理、失效、撤销，预裁定决定书的使用

【建议学习时间】

1 课时

一、海关行政预裁定的基本内容

海关行政预裁定是指海关在货物实际进出口前，应对外贸易经营者的申请，依据《中华人民共和国海关预裁定管理暂行办法》，对实际进出口活动有关的海关事务作出的具有普遍约束力的决定。

二、海关行政预裁定的适用范围

1. 进出口货物的商品归类。

进出口货物的商品归类是指海关对其与拟进出口货物的商品编码进行归类，确定八位税则号列作出预裁定。

2. 进出口货物的原产地或者原产资格。

海关根据进出口货物的原产地或者原产资格对拟进出口货物是否具备享受优惠贸易协定税率或特惠税率的资格作出预裁定。

3. 进口货物完税价格相关要素、估价方法。

进口货物完税价格相关要素、估价方法是指海关根据拟进口的进口货物价格是否符合成交价格条件、价格相关要素，包括：特许权使用费、佣金、运保费、特殊关系，以及其他与审定完税价格有关的要素作出预裁定。

4. 海关总署规定的其他海关事务。

三、海关行政预裁定的程序

海关行政预裁定分为申请、受理、审查、作出裁定几个环节。

（一）海关行政预裁定的申请

申请人应当是进口货物收货人或出口货物发货人，在货物拟进出口三个月前向其注册地直属海关提出预裁定申请（申请企业在海关注册时间少于三个月，或因不可抗力或政策调整原因造成申请时间距实际进出口时间少于三个月的，经直属海关批准，可在货物拟进出口三个月内提出预裁定申请）。

申请人申请预裁定的，应当通过电子口岸提交“中华人民共和国海关预裁定申请书”（以下简称“预裁定申请书”），以及海关要求的有关材料。

一份“预裁定申请书”应当仅包含一类海关事务，如果申请人有多项海关事务要求裁定的，必须逐项申请。

（二）审查和受理

海关应当自收到“预裁定申请书”以及相关材料之日起十日内审核决定是否受理该申请，制发“中华人民共和国海关预裁定申请受理决定书”或者“中华人民共和国海关预裁定申请不予受理决定书”。

申请材料不符合有关规定的，海关应当在决定是否受理前一次性告知申请人在规定期限内进行补正，制发“中华人民共和国海关预裁定申请补正通知书”。补正申请材料的期间，不计入货物拟进出口三个月之前期限内。

申请人应当在收到“中华人民共和国海关预裁定申请补充材料通知书”起五日内提交相关材料，申请人未在规定期限内提交材料进行补正的，视为未提出预裁定申请。

对于申请超出行政预裁定范围的、申请人不具备资格的、未在规定时间内提出申请的、申请不符合有关规定要求的，申请与实际进出口活动无关的，海关规章、海关总署公告已经对申请预裁定的海关事务有明确规定的、申请人就同一事项已经提出预裁定申请并且被受理的，以及经海关认定不予受理的其他情形，海关有权不予受理。

海关自收到“预裁定申请书”以及相关材料之日起十日内未作出是否受理的决定，也没有一次性告知申请人进行补正的，自收到材料之日起即视为受理。

申请人就海关对其作出的预裁定决定所涉及的事项，在有效期内不得再次申请预裁定。

（三）作出裁定

海关应当自受理之日起六十日内制发“预裁定决定书”，并送达申请人，且自送达之日起生效。

有下列情形之一的，海关可以终止预裁定，并且制发“中华人民共和国海关终止预裁定决定书”。

1. 申请人在预裁定决定作出前以书面方式向海关申明撤回其申请，海关同意撤回的；
2. 申请人未按照海关要求提供有关材料或者样品的；

3. 由于申请人原因致使预裁定决定未能在规定的期限内作出的。

预裁定决定有效期为三年。

四、海关行政预裁定的失效与撤销

(一) 海关行政预裁定的失效

预裁定决定所依据的法律、行政法规、海关规章，以及海关总署公告相关规定发生变化，影响其效力的，预裁定决定自动失效。

(二) 海关行政预裁定的撤销

已生效的预裁定决定有下列情形之一的，由海关予以撤销，并且通知申请人：

1. 因申请人提供的材料不真实、不准确、不完整，造成预裁定决定需要撤销的；
2. 预裁定决定错误的；
3. 其他需要撤销的情形。

预裁定决定对于其生效前已经实际进出口的货物没有溯及力。

五、预归类裁定书的使用

申请人在预裁定决定有效期内进出口与预裁定决定书列明情形相同的货物，应当按照预裁定决定申报，并在报关单备注栏内填写“预裁定+‘预裁定决定书’编号”（例如：某份预裁定决定书编号为 R-2-0100-2018-0001，则应当在备注栏内填写“预裁定 R-2-0100-2018-0001”），海关予以认可。其中，价格预裁定的“情形相同货物”是指申请价格预裁定合同项下的进口货物。

六、海关行政预裁定的异议审查

申请人对预裁定决定不服的，可以向海关总署申请行政复议；对复议决定不服的，可以依法向人民法院提起行政诉讼。

【复习思考题】

1. 什么是海关行政预裁定？
2. 海关行政预裁定的适用范围是什么？
3. 海关行政预裁定的申请程序是什么？

3

第三篇

报关及报关管理

导　读

本篇从报关企业和从业人员的角度介绍和描述了报关职业工作的宏观、微观环境。在这样的环境中，报关企业和报关从业人员应当在具体的报关行业管理规范中从事报关业务。

本篇教材内容同往年相比作了较大改动，学习者应注意到报关微观环境目前正在发生的变化和方向。这一具体内容体现在第七章中，当前，我国报关单位的信用管理全面与国际标准对接，中国 AEO 制度方兴未艾，在可预见的时间里，AEO 认证不仅提高了报关单位的贸易合规管理水平，也带来了贸易便利化的制度红利，同时，成为目前报关行业增值咨询服务的一个重要领域。因此，报关行业的从业者需要从更宏观的视角深刻地理解和掌握 AEO 制度，这一制度将成为报关作业活动的一个重要基础。

第六章

报 关

本章主要介绍报关的基本概念、报关单位、报关员等。学习者通过本章的学习，应该掌握报关的含义及分类、报关单位的分类及报关实务管理、报关员的备案及职业守则、职业风险等内容，为从事报关职业做好准备。

第一节　报关概论

【学习目标】

本节内容旨在让学习者了解报关、通关的概念和内容。

完成本节学习，学习者应获得以下成果：

1. 理解报关的概念；
2. 理解通关的概念；
3. 理解报关与通关的区别与联系；
4. 了解报关的分类；
5. 了解报关的几种形式；
6. 认识报关的变革与发展历程；
7. 了解报关所包含的服务内容。

【基本概念】

报关、通关、运输工具报关、货物报关、物品报关、进境报关、出境报关、转关、自理报关、代理报关、有纸报关、无纸报关、口岸报关、一体化报关、逐票报关、集中报关、提前报关、运抵报关、属地申报、区域通关一体化、全国通关一体化

【建议学习时间】

1 课时

一、报关的概念

报关是与进出境运输工具、货物和物品的进出境密切相关的职业服务行为。在国际贸易和国际交往中，存在着大量的运输工具、货物和物品进出境的活动。通过设立海关的地点进出境并依法办理海关手续是国际通行规则，也是进出境运输工具负责人、进出口货物收发货人和进出境物品所有人应尽的义务。

我国《海关法》规定：进出境运输工具、货物和物品必须通过设立海关的地点进境或出境，并向海关办理相关申报、纳税等通关手续，由于办理进出境货物的通关手续需要由熟悉国际贸易业务、精通海关法律法规、海关业务制度和业务流程的专业人员办理。因此，在社会实践过程中，逐渐形成了为社会提供专门办理通关手续的专业技能服务——报关。

（一）什么是报关

本书中论述的报关，是指进出口货物的收发货人或其代理人（或称受委托的报关企业）在货物进出境时，依法办理有关手续的行为及其过程，包括向海关申报、交验单据证件，并接受海

关的监管和检查等。向海关办理进出口货物的报关手续、依法缴纳关税和其他税费，是国家对进出口货物进行监督管理的基本要求，也是进出口货物收发货人及其代理人必须履行的基本义务。报关是进出口贸易的重要环节之一，是国家对外经济贸易活动和国际贸易链条中的重要组成部分。随着我国对外贸易的发展，与对外贸易相关联的社会化服务体系逐步形成，报关服务的专业化、社会化程度不断提高，报关作为一种社会职业已经逐渐为社会所关注。报关服务的质量直接关系着进出口货物的通关速度、企业的经营成本和经济效益、海关的行政效率等。由于报关活动与国家对外贸易政策法规的实施密切相关，因此，报关服务有着较强的政策性、专业性、技术性和操作性。

（二）什么是通关

通关即结关、清关，是指进出口货物和转运货物，出入一国海关关境或国境必须办理的海关规定的手续。只有在办理海关申报、查验、征税、放行等手续后，货物才能放行，放行完毕叫通关。同样，载运进出口货物的各种运输工具进出境或转运，也均需向海关申报，办理海关手续，得到海关的放行许可。货物在结关期间，不论是进口、出口或转运，都是处在海关监管之下，不准自由流通。

（三）报关与通关的区别与联系

报关与通关既有联系又有区别。两者都是对运输工具、货物、物品的进出境而言的，但报关是从海关行政管理相对人的角度，仅指向海关办理进出境手续及相关手续，而通关不仅包括海关行政管理相对人向海关办理有关手续，还包括海关对进出境运输工具、货物、物品依法进行监督管理，核准其进出境的管理过程。

二、报关的分类

（一）运输工具报关、货物报关与物品报关

由于海关对进出境运输工具、货物、物品的监管要求各不相同，报关可以分为运输工具的报关、货物的报关和物品报关三类。其中，进出境运输工具作为货物、人员及其携带物品的进出境载体，其报关主要是向海关直接交验随附的、符合国际商业运输惯例、能反映运输工具进出境合法性及其所承运货物、物品情况的合法证件、清单和其他运输单证，其报关手续较为简单。进出境物品由于其非贸易性质，且一般限于自用、合理数量，其报关手续也很简单。进出境货物的报关就较为复杂，为此，海关根据对进出境货物的监管要求，制定了一系列报关管理规范，并要求必须由具备一定专业知识和技能的专业人员代表报关单位专门办理。

（二）进境报关、出境报关

由于海关对运输工具、货物、物品的进境、出境有不同的管理要求，运输工具、货物、物品根据运输的不同目的分别形成了一套进境报关、出境报关的报关手续。进出境报关顾名思义，是根据运输工具运抵我国和从我国出境的目的而设置。

（三）自理报关与代理报关

从委托关系的角度，可以分为自理报关和代理报关两种形式。进出口货物收发人自行办理报关手续称为自理报关；接受进出口货物收发货人的委托，代理办理报关手续的称为代理报关。

根据法律行为责任承担者的不同，代理报关又分为直接代理报关和间接代理报关。直接代理报关是指报关企业接受委托人（进出口货物收发货人）的委托，以委托人的名义办理报关业务的行为；间接代理报关是指报关企业接受委托人的委托，以报关企业自身的名义向海关办理报关业务的行为。

直接代理报关与间接代理报关的区别在于，在直接代理报关中，报关企业（代理人）报关行为的法律后果直接作用于进出口货物收发货人（委托人）；而在间接代理中，报关企业（代理人）应当承担与进出口货物收发货人（委托人）自理报关时所应当承担的相同的法律责任。目前，我国报关企业大多采取直接代理形式报关，间接代理报关主要用于经营快件业务的营运人等国际货物运输代理企业。

三、报关的形式

（一）有纸报关与无纸报关

有纸报关，也称为纸质报关，是指进出口货物的收发货人、受委托的报关企业，按照《中华人民共和国海关进出口货物报关单填制规范》（以下简称《报关单填制规范》）的规定填制纸质报关单，使用“单一窗口”，向海关报送报关单电子数据，并备齐随附单证，向海关当面递交纸质报关单履行申报义务的方式。

无纸报关，也称为电子报关，是指进出口货物的收发货人、受委托的报关企业通过“单一窗口”，按照《报关单填制规范》的规定，向海关报送报关单电子数据并且备齐上传随附单证的申报方式。无纸报关是利用现代信息技术，采取互联网方式，对进出口货物电子申报数据进行自动处理的一种先进的报关方式，具有数据处理自动化程度高、通关速度快、成本低等特点。

（二）口岸报关与一体化报关

口岸报关是指在货物的实际进出境地海关办理报关手续；一体化报关是指可以在全国任一海关办理报关手续，全国报关如一关的新报关模式。根据《海关全面深化改革总体方案》精神，全国通关一体化改革是海关全面深化改革的核心任务，其结构支撑是“两中心、三制度”，即建设风险防控中心、税收征管中心，实施“一次申报、分步处置”，改革税收征管方式、优化协同监管。

“一次申报、分步处置”是通关流程再造的核心内容，改变海关接受申报、审单、查验、征税、放行的“串联式”作业流程，由企业完成报关和税款自报自缴；安全准入风险主要在口岸通关现场处置，税收风险主要在货物放行后处置（已缴纳税款或提供有效担保），在开展安全准入和税收风险防控时充分考虑企业信用。

（三）逐票报关与集中报关

逐票报关，是指根据《中华人民共和国海关进出口货物申报管理规定》，进出口货物收发货人按照进出口货物每次进出口时的实际状态，根据规范要求，填制“中华人民共和国海关进/出口报关单”，逐票逐次向海关进行申报，这是一种常规的通关方式。

集中报关是指根据《中华人民共和国海关进出口货物集中申报管理规定》，经海关备案后，进出口货物收发货人在同一口岸多批次进出口规定范围内货物，先以“中华人民共和国海关进/出口货物集中申报清单”申报货物进出口，再以报关单集中办理海关手续，这是一种特殊的通关方式。

适用集中报关的进出口货物主要包括：

1. 图书、报纸、期刊类出版物等时效性较强的货物；
2. 危险品或者鲜活、易腐、易失效等不宜长期保存的货物；
3. 公路口岸进出境的保税货物。

（四）提前报关与运抵报关

提前报关，是指进出口货物的收发货人、受委托的报关企业取得提（运）单或载货清单（舱单）数据后，装载货物的进境运输工具起运后、运抵海关监管场所前向海关进行进口货物申报，出口货物运抵海关监管场所前三日内向海关申报；进出口货物的收发货人、受委托的报关企业应当如实申报并且向申报海关提交有关随附单证、进出口货物批准文件及其他需提供的证明文件，以及对申报内容的真实性、准确性、完整性和规范性承担相应法律责任。

运抵报关，指进出口货物的收发货人、受委托的报关企业取得提（运）单或载货清单（舱单）数据后，并且装载货物的进境运输工具运抵海关监管场所后向海关进行进口货物申报。

提前报关由于将整个报关时间向前推，使进出口货物的收发货人、受委托的报关企业在货物未运抵前就可以实现向海关申报，缩短货物置港时间，因此，可以有效降低企业物流成本、加快港区物流流转并且帮助企业提高货物通关时效。

四、报关的变革与发展历程

按照海关的改革进程，报关也经历口岸报关，转关申报，属地申报、口岸验放，属地申报、属地验放，区域通关一体化及全国通关一体化等变革。

（一）口岸报关

口岸报关是指在货物的实际进出境地海关办理报关手续，这种报关模式是进出口企业运用最多、最普遍的报关模式之一。

（二）转关申报

转关申报，即企业进出境货物在转关运输基础上按照海关总署（海关总署公告 2017 年第 48 号）《关于规范转关运输业务的公告》及《中华人民共和国海关关于转关货物监管办法》的要求，在属地海关办理通关手续的一种申报模式。海关总署 2017 年第 48 号公告的出台，严格限制了符合转关运输的条件。根据规定，目前仅多式联运货物，经海关批准后的进口固体废物，易受温度、静电、粉尘等自然因素影响或者因其他特殊原因影响的，不宜在口岸海关监管区实施查验的符合海关要求的进出口货物以及邮件、快件、暂时进出口货物（含 ATA 单证册项下货物）、过境货物、中欧班列载运货物、市场采购方式出口货物、跨境电子商务零售进出口商品、免税品以及外交、常驻机构和人员公自用物品，其收发货人可按照现行相关规定向海关申请办理转关手续，开展转关运输。

（三）属地申报、口岸验放

属地报关是指在报关单位的企业注册地直属海关关区内办理报关手续。2006 年以来，海关启动了全面深化区域通关的业务改革，首先实施了跨关区的“属地申报、口岸验放”的通关模式。这种模式下，对于符合海关规定条件的企业，可在其注册地海关履行申报义务，海关在口岸放行环节履行其监督检查管理的职责。符合海关规定条件的企业进出口货物时，还可自主选择向“属地”（企业注册地直属海关关区内）海关任一海关单位申报的报关方式，货物由实际进出境地的口岸海关办理货物验放手续，从而简化海关手续、提高通关效率、降低通关成本。

（四）属地申报、属地验放

2013 年 11 月后，“属地申报、口岸验放”通关模式进一步拓展为“属地申报、属地验放”通关模式，即结合海关企业信用管理措施，收发货人为高级认证类企业且报关企业为一般信用类以上企业进出口货物时，可自主选择向属地海关申报，并在属地海关办理货物放行手续；自 2014 年 5 月 1 日起，经营单位为一般认证企业且申报单位为一般信用企业以上进出口货物，除布控查验货物外，也可适用“属地申报、属地放行”通关模式。

（五）区域通关一体化

“区域通关一体化”简单说就是“多地通关，如同一关”，我国推进进程如下：

自 2014 年 7 月 1 日始，海关逐步推行区域通关一体化。首先，在北京、天津、石家庄海关启用区域通关一体化通关方式。2014 年 9 月，在上海、南京、杭州、宁波、合肥、南昌、武汉、长沙、重庆、成都、贵阳、昆明海关启动长江经济带海关区域通关一体化改革，并首先在长三角地区海关启用区域通关一体化通关方式，之后逐步扩大到长三角其他地区海关；同年 12 月，区域通关一体化扩大到长江经济带所有海关。同一时期，在广州、深圳、拱北、汕头、黄埔、江门、湛江海关（以下简称广东地区海关）启动区域通关一体化改革，实现广东地区通关作业一体化。

2015 年上半年，先后在青岛、济南、郑州、太原、西安、兰州、银川、西宁、乌鲁木齐、拉萨十个海关（以下称丝绸之路经济带海关）启动丝绸之路经济带海关区域通关一体化改革。同时，将福州、厦门、南宁、海口海关关区也纳入广东地区通关作业一体化。为服务振兴东北规划，在大连、沈阳、长春、哈尔滨、呼和浩特、满洲里等六个海关（以下称东北地区海关）启动东北地区海关区域通关一体化改革。

至此，全国 42 个关区完成各自区域通关一体化的建设，为下一步实施“全国通关一体化”战略做好了全面且扎实的准备工作。

（六）全国通关一体化

“全国通关一体化”是指可以在全国任一海关办理报关手续，全国报关如一关的新报关模式。

根据《海关全面深化改革总体方案》精神，全国通关一体化改革是海关全面深化改革的核心任务，其结构支撑是“两中心、三制度”，即建设风险防控中心、税收征管中心，实施“一次申报、分步处置”，改革税收征管方式、优化协同监管。

“一次申报、分步处置”是通关流程再造的核心内容，改变海关接受申报、审单、查验、征税、放行的“串联式”作业流程，由企业完成报关和税款自报自缴；安全准入风险主要在口岸通关现场处置，税收风险主要在货物放行后处置（已缴纳税款或提供有效担保），在开展安全准入和税收风险防控时充分考虑企业信用。

五、报关的衍生服务

报关的衍生服务是指以报关为核心的，不仅涉及整条货物通关链中的服务环节，同时也涵盖了在每个通关环节中深度解决问题的服务能力。在货物完整的通关链中，包括例如代理国际货运、国内货运、商务许可证办理、代理报检手续、国内仓储等衍生服务；而深度解决通关问题的服务能力包含企业通关流程管理、企业通关模式设计与搭建、业务人才的培养、商品归类与数据管理等。

（一）关务咨询

关务咨询是以通关业务为核心，围绕企业经营背景和特点、结合海关等政策环境，研究、策划、解决企业国际贸易货物通关运作及与此相关的各种实际问题，也可称之为通关业务咨询或关务管理咨询。关务咨询从整个服务过程来讲，可以分为三个部分：一是新政解读，从通关政策着手，分析对国际贸易货物通关运作的影响；二是通关咨询，对在实际通关环节中碰到的实操疑难进行解答，为高效通关保驾护航；三是通关方案策划，对于很多进出口企业，特别是跨国型企业，通关方案策划也是必不可少的，通过对通关政策的分析、对实操环节海关审核重点的把控，为企业设计一套合规化、专业化、系统化、能与客观环境相适应的进出口通关系统解决方案。通关方案策划是专业技能的集中体现，是报关职业工作中颇有专业高度和技术难度的挑战性工作，毫无疑问，这将是报关行业今后的发展方向，也是专业解决企业与供应商、客户、海关、外汇管理、税务之间信息互通、整条货物通关链无缝链接的必备途径。

1. 新政解读

随着国家“一带一路”倡议的持续推进，为了支持企业更好地走出去，在国际环境中体现更多中国价值，海关总署在通关便利、执法环境、监管流程等环节不断改革创新，为进出口企业创造更多的便利通关环境。对于进出口企业而言，审时度势、顺势而为，跟随海关的步伐对通关流程做相应的调整是尤为重要的，这就需要对通关的新政策有足够的理解和把握，分析对原有通关流程的影响并及时作出规划和调整。从宏观的货物通关链看，通关政策的更新不仅影响通关领域，对于企业整体的物流运作模式都可能引发翻天覆地的改变，企业需要重新考量和决策。例如，为推进中国（上海）自由贸易试验区建设，支持上海国际航运中心发展战略，根据《全面深化中国（上海）自由贸易试验区改革开放方案》，上海海关进一步提出和落实创新举措，开拓区内出具“未加工证明”新业务模式，推动上海自由贸易港的实现。因此，通关政策的变化可以比喻为“牵一发而动全身”，即使是细枝末节的改变，同样会引发“蝴蝶效应”，对整条通关链的链接和推动带来影响。可见，通关政策的解读、分析及运用对整个通关链起到引领和关键性的作用。

2. 通关咨询

通关咨询指在实际通关操作环节中，报关企业对于进出口企业碰到的实际疑问做出解答的一种服务形式。按业务内容分，可以分为报关、查验等环节的具体事项、具体问题的针对性解答，例如，报关环节中，涉及加工贸易手册的办理和核销、进出口货物征免税证明的办理、保证金的办理等；同时也包括对于通关涉税三要素的认定给出合理的建议，即商品的海关编码认定、商品的原产地的认定以及商品进出口价格的审核。总的来说，通关咨询服务可以融入到货物整条物流链的方方面面，处理我们日常通关过程中经常遇到的通关小疑难，解决报关单位在日常工作中需要逐一攻克的、使通关流程高效顺畅的各种问题。

3. 通关方案策划

通关方案策划，指综合运用通关政策、通关流程中所涉及的基本知识、概念以及对货物通关过程中的风险进行预判，再结合市场调研、通关智能系统、大数据分析等一系列先进的科学技术手段，帮助企业分析原有通关模式中存在的风险点和瓶颈；利用政策的红利及通关专业技能帮助企业优化通关流程、降低通关成本、规避通关违规风险。通关方案策划可以分为通关运作策划以及通关管理策划。通关运作策划，包括通关作业及其相关作业行为为核心的实务操作方法探讨和行为方式选择；而通关管理策划，是以设计、构建通关管理模式、通关控制系统为核心目标的系统解决方案的研究与选择。两者是通关方案策划缺一不可的两个方面，相互支持，只有将两者有机结合起来，才能使整个通关链高效运转。对于传统报关企业而言，通关手续日益便利，申报环节也逐步在缩减，报关企业需要努力朝高端的通关方案设计与落实的业务方向发展，成为进出口企业的贸易安全和合规的伙伴以及贸易便利化的推进者。

（二）预归类服务

所谓“预归类服务”，是指进出口货物预归类服务单位（以下简称预归类服务单位）受进出口货物收发货人及其代理人的委托（签订“进出口货物预归类服务委托协议”），对其拟进出口货物预先进行商品归类并出具“进出口货物预归类服务意见书”（以下简称预归类意见书）的民事行为。

预归类服务单位是指经中国报关协会评估，从事进出口货物预归类服务的单位，预归类服务单位的资质牌匾和证书由中国报关协会统一监制，预归类服务人员是指经中国报关协会组织的预归类专业技能培训并考试合格、从事进出口货物预归类服务的人员。预归类服务人员应在预归类服务单位开展预归类服务，正常情况下，预归类服务单位应当自签订“进出口货物预归类服务协议”后，且预归类服务单位在接到委托人交付齐全的材料之日起十个工作日内完成预归类服务，签发预归类意见书给委托人并通过预归类服务网络系统（全国预归类服务平台）发送海关。预归类服务单位发现商品归类错误时，应立即在预归类服务系统里对该份预归类意见书进行撤销标注，并书面通知预归类服务委托人终止使用该预归类意见书，同时将预归类意见书收回。委托人接到预归类服务单位通知后，应立即停止使用该意见书，预归类服务单位应按相应程序重新进行商品预归类。

“全国预归类服务平台”（www. hscode. net）是预归类服务单位接受预归类委托人委托开展预

归类咨询服务的全国性统一网络平台，所有预归类单位统一在该平台上开展预归类服务。预归类委托人可通过预归类服务系统发布需求信息并指定某一预归类服务单位为其提供预归类服务。预归类单位可通过预归类服务系统接受预归类委托人委托，与委托人签订“进出口货物预归类服务委托协议”为其提供预归类服务，并将预归类意见书电子数据上传至海关H2010通关管理系统，也可通过系统打印纸质的意见书交给委托人。

【复习思考题】

1. 报关的概念应如何理解？其意义何在？
2. 什么是自理报关与代理报关？直接代理报关与间接代理报关有何区别？
3. 什么是有纸报关与无纸报关？为何可以将无纸报关称为先进的报关方式？
4. 什么是口岸报关与一体化报关？
5. 什么是逐票报关与集中报关？哪些情形适用集中报关？

第二节　报关的主体

【学习目标】

本节内容旨在让学习者掌握报关单位的分类、基本职能，以及经营风险规避方法；了解报关从业人员的发展历程与基本职责。

完成本节学习，学习者应获得以下成果：

1. 理解报关单位的概念；
2. 掌握报关单位的职能；
3. 认识报关单位的经营风险；
4. 掌握报关单位规避风险的策略和方法；
5. 理解报关从业人员的概念；
6. 理解报关从业人员的职业守则；
7. 了解报关单位的分类。

【基本概念】

报关单位、进出口货物收发货人、报关企业、报关从业人员

【建议学习时间】

1 课时

一、报关单位

根据《海关法》和《中华人民共和国海关报关单位注册登记管理规定》（以下简称《报关单

位注册登记管理规定》），报关单位是指依法在海关注册登记的报关企业和进出口货物收发货人。

报关单位具有以下三个基本特征：

1. 依法在海关注册登记。必须依法在海关注册登记后方可向海关办理报关业务，这是成为报关单位的前提条件。

2. 必须在中国境内。报关单位必须是中华人民共和国境内的法人、其他组织或者个人，这就意味着境外的企业、其他组织或者个人均不能成为报关单位。所谓境内，即法人或者其他组织必须是在中国关境内依法成立。

3. 报关单位是一个集合概念。由进出口收发货人和报关企业两类主体共同构成。

（一）报关单位的分类

1. 进出口货物收发货人

进出口货物收发货人，是指依法直接进口或者出口货物的中华人民共和国关境内的法人、其他组织或者个人。进出口收发货人经向海关登记注册后，只能为本单位进出口货物办理报关业务。从所有制结构来看，收发货人主要包括国有企业、外商投资企业、民营企业和集体企业，具有企业数量多、但报关单量相对较小等特点。近年统计数据显示，收发货人约占全国报关单位的98%，但其年报关单量仅占年报关单总量的约15%。

由于报关业务不仅仅要求报关员具备一定的操作经验和技能，包括熟悉单证规范填报、预录入操作、传送申报和办理报关手续等，而且还必须跟进熟悉商品的归类、国家贸易管制政策的调整、海关的改革措施等，这样也要求报关员具有较强的综合适应和应变能力。因此，为节约企业成本，进出口收发货人选择委托专业报关公司代理报关的趋势在逐渐上升。

除上述企业外，一些没有进出口经营权但临时有进出口业务的单位（组织），如境外企业、新闻、经贸机构、文化团体等依法在中国境内设立的常驻代表机构；学校、科研院所等组织机构；临时接受捐赠、礼品、国际援助的单位等，可以向海关申请办理临时注册登记手续。经海关注册登记后，这些单位就成了特殊的收发货人，获得了临时报关权，报关范围仅限于本单位进出口非贸易性物品。

2. 报关企业

报关企业，是指按照规定经海关准许注册登记，接受进出口货物收发货人的委托，以进出口货物收发货人的名义或者以自己的名义向海关办理代理报关业务。从事报关服务的境内企业法人，其主要包括：经营国际货物运输代理业务，兼营进出口货物代理报关业务的国际货物运输代理公司和主营代理报关业务的报关公司或报关行。

专业报关企业目前开展的主要业务类型有：代理报关、报检、查验、换单、代为办理海关征免税证明、加工贸易备案与核销等业务。另外，有些企业也提供一些质检服务，例如，代为办理熏蒸处理、3C证明、旧机电备案等。为了提高通关服务的含金量，越来越多的专业报关企业介入物流衍生服务和咨询服务。目前，专业报关企业所服务客户的行业主要集中在纺织服装、塑料橡胶、机电、食品饮料、化工等行业，但是根据产品类型来划分其部门和岗位的专业报关企业非常少，大多数专业报关企业按照服务区域、客户划分来设置部门，根据业务流程来设置岗位。而从国外报关企业的经验来看，成熟报关企业为增强其专业性，往往会依照产品类型设置报关师来进行复核和把关，这对我国报关企业的发展模式有一定的借鉴作用。

（二）报关单位的职能

所谓报关单位的职能，是报关组织活动中的人、事物、机构本身应具有的功能或应起的作用，是人、事物、机构相互作用而形成的对报关事务的管理。与其他管理活动一样，报关事务管理职能主要包括组织、计划、协调、激励、控制和决策。

1. 组织职能

组织职能是指按计划对报关活动进行的分派和组合。组织职能对于发挥报关人员集体力量、合理配置资源、提高报关效率具有重要的作用。主要工作包括：确定报关业务系统的机构设置、劳动分工、定额定员；对报关过程中的各项职能进行合理分工，对各个环节的职能进行专业化协调；配合有关部门对报关的管理进行有效衔接等。

2. 计划职能

计划职能是指对报关活动进行的筹划与安排。报关的一切业务管理必须制定有效的管理程序和计划。主要工作包括制定报关、报检、物流等服务管理程序，制定年度经营收益计划和目标、客户服务计划、报关质量管理计划和目标等。

3. 决策职能

决策职能是指为完成报关的某一特定目标，科学地选择最优方案并付诸实施的管理功能。主要工作包括：人力资源配置决策、委托代理业务决策、报关事务异常情况处理决策等。

4. 协调职能

协调职能是指报关活动的组织者从实现报关的目标和任务出发，依据法律政策、原则和工作计划，运用恰当的方式方法，及时排除报关活动中的各种障碍，理顺各方面关系，促进报关业务的正常运转。主要工作包括：报关业务运作本身的协调，报关业务中的商流、资金流、信息流之间的相互协调，报关与政府执法部门的协调，报关企业与进出口企业之间的业务协调等。

5. 控制职能

控制职能是指报关单位及其报关从业人员按照既定的目标、计划和标准，对报关活动诸多方面的实际情况进行检查和考察，发现问题、分析原因、采取措施、予以纠正，使报关活动能按原计划进行。主要工作包括：制定报关质量评价标准、报关质量控制的执行与监督、报关差错的发现与纠正等。

6. 激励职能

激励职能是指报关单位通过设计适当的外部奖酬形式和良好的工作环境，以一定的行为规范标准和奖惩性措施，借助信息沟通，来激发、引导、保持和规范报关人员的行为，以有效地实现报关企业及其成员的工作目标。主要工作包括：报关人员的挑选与培训、绩效的考评与评估、工作报酬与福利的安排、激励与约束机制的设计等。

（三）报关单位的经营风险

1. 质量风险

报关质量一般主要通过报关差错率、海关退单率、通关速度及委托方满意度来进行评估。对于进出口企业，主要体现在报关正确率及通关时效上，其质量风险主要是货物不能按时进口，可能会影响商品投入生产或销售的时效；对于专业报关企业，不但同时存在着进出口企业由于未能按时进口货物而提出的索赔，而且也承担着申报错误带来的海关处罚或降级风险。

2. 违规风险

报关企业在经营过程中，如经营不当或由于不熟悉法规而走入歧途被国家处罚的案件屡见不鲜。对于在通关流程中，如果对海关、质检局等政府部门颁布的法律法规不了解也同样会遭遇违规情事带来的风险，主要包括构成走私行为从而受到的处罚，违反海关、商检局等部门的监管规定从而受到的处罚，由于报关单位申报不实从而受到的处罚等，而在整个通关链中，违规风险无处不在。例如，向海关申报过程中存在申报错误或申报不实的风险，从而带来违规处罚；货物受海关等部门核查时，由于不清楚我国商品的进口食品法，中文标签不符合我国规定而受到商检局的处罚或者强行退运；由于货物进口时必需提交许可证件，报关企业偷逃监管证件而被认定为走私行为。由于各种违规行为产生的罚款和企业信用等级下调等都会给企业带来了不可挽回的损失。总之，报关企业的违规行为所带来的后果是巨大的，这将会影响到报关企业正常进出口业务的开展、成本的激增、通关时效的大幅度降低以及企业信用等级的下调。

（四）报关单位规避风险的策略和方法

如上所述，报关单位的经营风险是多方面的，要想规避风险，报关单位需要从整个业务流程着手，制定符合法律法规标准要求的通关作业流程、制定相应的操作注意事项并通过持续自查、纠正、完善的管理模式去进行设计。我们将从以下这五个方面讲述报关单位规避经营风险的策略和方法。

1. 规范评审流程

按照ISO9001、ISO/IEC27001质量/安全一体化管理体系，报关单位需要制定和规范公司内部的文件评审流程、报关操作流程及合同评审签约流程。评审的目的是为了确定主题事项达到规定目标的适宜性、充分性和有效性所进行的活动。在制定好这些流程后，需要通过实际操作对流程进行评审和补充修订，保证流程在日常操作中保持顺畅、可行。

2. 制定统一标准

中国报关协会为了统一全国报关单位的报关作业流程，曾编写过《报关业务规范》以及《行业服务标准》。同样，对于一个报关单位来说，每个通关环节都是需要严密把控，这就需要报关单位针对每个通关环节制定统一的操作流程和评估标准，便于经验的复制和开拓市场。“全国通关一体化”正是基于要实现海关内部审核统一化、执法一致性而提出的通关改革新举措。而如今“全国通关一体化”模式势在必行，报关单位顺势而为，在新的通关模式下，与时俱进，制定统一标准迎接创新的通关模式。

3. 召开质量会议

通关质量是通关高效的前提保障。通关质量好坏与否体现在以下几个方面：对申报质量、申报程序的控制和监督；对作业流程是否及时进行优化及改进；对客户的需求是否聊熟于心使客户满意；对于海关的审核是否可以交上一份令人满意的答卷。通关质量不再是某个报关员的管辖范围，更是一个企业应该关心的专题，自从取消报关员资格考试以来，海关就以企业为管理单元，进行质量差错的管控和监督。因此，定期召开通关质量会议，可以对申报异常进行梳理，制定出相应对策，便于今后业务的正常开展；对于申报流程的优化，需要结合当前通关政策动态调整，从而使通关更高效、通关成本更低廉。按照AEO认证标准，AEO认证的报关企业需要为进出口业务的差错制定相关责任追究制度、改进制度；同时每年至少进行一次进出口业务的审计，对审计的不合格项目进行相关责任追究和改进，安排专人对改进结果进行追踪验证。

4. 培训专业技能

报关是项专业技能，报关准确与否直接影响着通关效率。报关技能和管理的培训可以分为以下几个方面：建立海关法律法规等相关管理规定的内部培训制度、建立报关数据信息安全管理制度，开展保护信息系统安全的培训、报关实操知识类流程类的培训、通关突发状况处理的培训，以及针对风险防控的风控意识培养、风险产生后的处理机制的制定。一方面，报关企业对自身人才的培养是顺利完成报关业务的需要，也是海关评估企业认定企业是否满足AEO认证企业的标准之一；另一方面，对于进出口企业的报关政策、报关知识的灌输，也帮助了海关的政策宣传，体现出报关企业在货主和海关之间的桥梁作用，推进进出口企业更好的运用政策红利、少走弯路，顺利通关。

5. 安排专人专管

安排专人专管主要是考虑到报关企业管理通关流程需要专业度，需要与现行的通关法律法规相适应。主要有两个方面，一是专业的人做专业的事。整个通关链中环节多、分工细，且每各环节的操作都必须符合海关、商检等部门的规定和要求，稍有不慎，就会出现记录差错或者违规处罚，因此，每个环节都必须由专业的人员进行把关，分析其中的难点要点并进行梳理和实操流程的制定，并且不同环节间无缝链接，紧密配合。二是岗位责任制。根据操作流程中各个工作岗位的工作性质和业务特点，明确规定其职责、权限，并按照规定的工作标准及奖惩而建立起来的制度。建立和健全岗位责任制，必须明确任务和人员编制，以任务定岗位，以岗位定人员，责任落实到人，各尽其职，达到事事有人负责的目的。通过岗位责任制，整个通关链中，无论哪个环节出现问题，都能找到对应的负责人，便于问题的解决以及改善，处理疑难相应更快、更及时。

二、报关从业人员

（一）报关从业人员的由来

1. 报关员

报关员是具有专业知识、向社会提供专门智力服务的专业人才。在我国《海关法》及2014年3月实施的《报关单位注册登记管理规定》中，将报关单位所属人员从事报关业务的人员称为“报关人员”，亦即“经报关单位向海关备案，专门负责办理所在单位报关业务的人员”。在职业实践中，这两个概念不存在本质区别，只是不同角度所用的称谓。从报关职业角度，报关从业人员统称为报关员；从现行海关法律体系角度，统称为报关人员。为便于表述，本书所述报关员即现行海关法律体系中所指的报关人员。

海关总署于1985年2月发布了《中华人民共和国海关对报关单位实施注册登记制度的管理规定》，其中规定经海关考试合格，发给报关员证件后才能负责办理报关事宜。此后，我国1987年实施的《海关法》规定，报关员应当经海关考核认可，这是我国海关第一次统一要求对报关员进行培训考试、发证上岗，是我国报关管理制度形成和发展的一个里程碑。1992年9月，海关总署发布了《中华人民共和国海关对报关单位和报关员的管理规定》（海关总署第36号令），进一步明确了报关员必须经过海关的业务培训和考核，同时对参加报关员培训的人员的资格条件作出了具体规定，对报关员的报关行为规则、义务和法律责任作了明确要求。上述规定对报关职业的社会化、报关服务的专业化以及促进外贸发展、提高通关效率起到了极为重要的作用，但此阶段，各地的报关员培训考核工作均由各地海关自行安排，缺乏全国统一的培训考核管理。

随着社会经济的发展，报关作为一种社会职业受到了越来越广泛的重视，各地海关自行组织培训、考核、发证的做法已难以适用海关管理的要求。1997 年 4 月，海关总署发布了《报关员资格全国统一考试暂行规定》，正式确定了对报关员实行报关员资格全国统一考试制度。同年 12 月 25 日，报关员资格全国统一考试在全国各地首次举行，除 1998 年、1999 年各举办两次外，报关员资格全国统一考试每年举办一次，最后一次全国统一考试于 2013 年 11 月举行。

2. 报关从业人员

报关员资格全国统一考试制度实施以来，对报关员整体素质和执业水平的提高奠定了良好的基础。2013 年 10 月，根据国务院简政放权、转变职能，进一步减少资质资格类许可和认定的有关要求，海关总署发布 2013 年第 54 号公告，决定改革现行报关从业人员资质资格管理制度，取消报关员资格核准审批，对报关人员从业不再设置门槛和准入条件，自 2014 年起不再组织报关员资格全国统一考试。

取消报关员资格考试后，报关人员由企业自主聘用，由报关协会实行行业自律管理。海关按照“由企及人”的管理理念，通过指导、督促报关单位加强内部管理，进而实现对报关从业人员的管理。

综上，“报关从业人员”是在报关员资格核准审批取消后形成的产物，是对从事报关行业的人员的统称。

（二）报关从业人员的职业守则

根据《报关员国家职业标准（试行）》报关员的职业道德要求包括：遵纪守法、廉洁自律、爱岗敬业、诚信服务、团结协作。

1. 遵纪守法

遵纪守法是报关从业人员开展报关工作的前提和保证。国家进出境相关政策、法规是报关员在职业活动中应当严格遵守的行为规范，严格遵守国家政策、法规是报关从业人员职业守则的最低要求。

2. 廉洁自律

廉洁自律是报关员在职业活动中处理好各种利益关系的准则。《海关法》第九十条规定，“进出口货物收发货人、报关企业、报关人员向海关工作人员行贿的，由海关撤销其报关注册登记、取消其报关从业资格，并处以罚款；构成犯罪的，依法追究刑事责任。”中国报关协会制定和实施的《报关行业自律准则》上明确要求：“报关单位和报关从业人员应自觉遵守国家法律法规；不得超出有关法律、行政法规和行政规章规定的范围从事经营活动；不得参与进出口收发货人逃避国家贸易管制和偷逃税等走私、违规行为；不得索贿，也不得行贿执法人员。”这些既是报关从业人员应当自觉遵守的法律法规和行业规章，也是报关从业人员廉洁自律的道德规范和要求，是抵御不良现象侵蚀的锐利武器。

3. 爱岗敬业

报关从业人员是以职业为生的，劳动就业是实现自己人生价值的重要途径。在我们国家，人的发展与事业的发展、实现人生价值的目的与手段之间，是通过人们爱岗敬业的行动中统一起来的。爱岗敬业是一个人自强自立、创造价值、走向成功的重要条件和保证，只有爱岗敬业，我们才能突破现有条件的局限，在恪守本分中有所发明和创造，为平凡的职业劳动赋予不平凡的意义。

4. 诚信服务

市场经济是信用经济，诚信服务构成了市场经济最直接的道德基础。诚信服务作为报关从业人员的基本职业守则，要求所有从业人员必须尊重自己的工作对象，以自己工作对象的利益为出发点，诚实守信，全心全意为工作对象服务。

5. 团结协作

报关从业人员不是自由职业者，根据我国《海关法》规定，报关从业人员必须受雇于报关单位并代表该单位向海关办理报关手续，禁止报关从业人员非法接受他人委托从事报关业务。这些要求就决定了报关从业人员必须在一个组织中开展工作，必然存在着人与人之间的密切交往和合作，需要团结协作，处理好组织内部人员之间的关系，以保证各项工作顺利开展。

只有团结协作，发挥团队精神，才能有助于形成和谐的报关工作氛围，有利于创造出良好的工作效率和业绩，保证报关工作质量，让客户满意放心。

【复习思考题】

1. 报关单位的含义与分类是怎样的？
2. 如何理解报关单位经营中的违规风险？
3. 报关从业人员的职业守则的内容有哪些？

第三节　报关职业建设

【学习目标】

本节内容旨在让学习者掌握报关职业建设、报关服务规范的基本要求，以及报关服务质量的要求。

完成本节学习，学习者应获得以下成果：

1. 了解报关从业人员的职业建设；
2. 了解报关单位执业规范；
3. 理解报关服务质量要求；
4. 掌握报关从业人员报关作业规范要求。

【基本概念】

报关服务质量要求、报关从业人员职业等级

【建议学习时间】

1 课时

一、报关单位执业规范要求

报关服务作业是指报关企业根据委托方的委托，依法提供办理进出口货物申报、配合查验、缴纳税费、提取或装运货物等报关手续的有偿、合法服务。

根据《报关服务作业规范》，代理报关服务作业的范围是：代为办理填制报关单及其进出境备案清单，提交报关单证等海关手续，代为办理缴纳税费和退税、补税手续，代为办理进出口货物减税、免税等手续，代为办理加工贸易合同备案、变更和核销及保税监管等手续，代为办理结关、海关证明联等手续，以及配合海关对进出口货物的查验等。具备规定资质的报关企业可提供与报关相关的预归类服务；有条件的，可提供关务咨询等增值服务。

（一）洽商委托

洽商委托的规范要求主要有确认委托事项、确认双方资质、商定报关服务合同条款、商定价格及支付条款四个方面，如表 6-1 所示。

表 6-1　洽商委托的规范要求

事项	规范要求
确认委托事项	1. 指定专门人员作为洽商责任人。 2. 确认委托事项主要包含以下内容： （1）业务类型； （2）委托业务是否属于本企业经营范围内； （3）委托方对报关服务的基本要求和特殊要求； （4）具体服务范围内容。
确认双方资质	1. 向协议委托方提供报关企业资质材料副本，包括但不限于营业执照、海关适用管理类别决定书、海关注册证书。 2. 要求委托方提供营业执照、海关注册证书和 AEO 认证资质证书等企业资质材料或材料副本。 3. 确认委托方资质时，注意审核委托方单位的全称、注册地址、经营地址及相关材料的合法性和有效性。 4. 主动了解委托方的经营状况、财务状况、诚信状况，以及在海关等部门的守法记录等信息。
商定报关服务合同条款	1. 应事先就委托事项与委托方洽商报关服务合同。 2. 报关企业可根据自身条件和业务情况，征求专业法律人员的意见，制定本企业的报关服务合同通用文本。 3. 以报关服务合同通用文本为基础进行洽商时，可针对委托方的特殊要求签署附加协议。

表6-1 续

事项	规范要求
商定价格及支付条款	1. 议价阶段，要向委托方明示服务项目及代垫项目。 2. 集中结算的，应商定支付方式、支付时间、逾期付费等条款。

（二）评审报关服务合同

评审报关服务合同的规范要求如表6-2所示。

表6-2 评审报关服务合同的规范要求

事项	规范要求
评估合同风险	1. 报关企业应指定专门人员或部门对报关服务合同进行评审。 2. 可根据以下要素评估合同风险： （1）委托方的资质、信用情况； （2）委托服务内容； （3）进出口商品的特性； （4）报关企业自身的履约能力。 3. 将全部或部分委托事项外包第三方时应考虑： （1）是否经委托方授权； （2）分包商的履约能力； （3）成本费用； （4）切实保护委托方的各项权利。 4. 评估合同风险工作应有记录。 5. 评估合同风险结果是签署合同的重要依据，应据此对已洽商的报关服务合同采取“认可”“更改”“取消”三种处理方式。
解决争议	1. 应重点分析以下内容： （1）内容的合法性； （2）要求的合理性； （3）报关企业本身的履约能力。 2. 可采取以下方式解决： （1）属于合法范围的，应就不一致之处与委托方进行协商； （2）委托方要求有违海关规定的，应主动告知并予拒绝； （3）属于合理要求的应根据风险评估结果，就不一致之处与委托方进行协商后妥善解决； （4）超出报关企业履约能力的，可与委托方协商采取外包服务或者分阶段代理的方式解决。

（三）签署报关服务合同

签署报关服务合同的规范要求如表6-3所示。

表 6-3　签署报关服务合同的规范要求

事项	规范要求
规范签署	报关企业应授权专门人员作为合同签署人。 1. 应审核合同条款是否符合双方商定的内容。 2. 应审核委托方签章是否真实有效。 3. 合同签署时间不宜晚于报关服务实际操作时间。
管理合同	1. 建立合同管理制度。统一规定编号规则，监控执行期限和保存期限，对合同进行有效管理。 2. 宜设有专门保管场所并有专人负责合同和相关资料的管理。
管理客户资料	1. 建立客户服务档案，内容包括：客户要求、客户走访和沟通记录、客户投诉及处理记录、客户业务量统计及其他客户服务资料。 2. 应对客户档案的内容保密。 3. 及时更新客户资料。
跟踪合同执行	1. 宜指定专人监督合同的执行并予及时纠正。 2. 出现不符合同条款的新情况，应及时与委托方沟通，协商处理，并做好备忘录。 3. 合同到期前，宜与委托方协商，确定合同续签或终止事宜。 4. 因国家政策变化导致报关服务手续、单证、税费发生变化时，应及时告知委托方，洽商修改相应条款。

二、报关从业人员作业规范要求

（一）接收单证

接收单证的规范要求如表 6-4 所示。

表 6-4　接收单证的规范要求

事项	规范要求
签收单证	1. 报关企业应指定专门人员签收单证。 2. 签收单证时，记录内容应与实际收取单证一致。 3. 经评审认可的《代理报关委托书/委托报关协议》和报关服务合同应及时签署。 4. 完整保存签收的委托方提供的单证，并做好内部登记。 5. 根据业务分工进行报关企业内部单证流转，做好签收工作，并记录各环节流转的时间节点。

（二）申报前审查

报关企业宜指定经验丰富的报关从业人员，按照海关要求，对委托方提供的单证进行合理审查，本环节的规范要求如表 6-5 所示。

表 6-5 申报前审查的规范要求

事项	规范要求
审查主要随附单证	1. 主要随附单证包括： （1）合同； （2）发票； （3）装箱清单； （4）装载清单（舱单）； （5）提（运）单； （6）代理报关委托书/委托报关协议； （7）许可证件。 2. 注意单证之间信息的一致性及逻辑关系。
审查监管	根据委托方提供的随附单证及货物的相关实际情况确认监管方式。
审查商品归类	1. 应要求委托方书面提供进出口商品编号和确定商品归类所需的资料。 2. 依据《中华人民共和国进出口税则》、《进出口税则商品及品目注释》、《中华人民共和国进出口税则本国子目注释》、海关总署发布的关于商品归类的行政裁定、海关总署发布的商品归类决定，审查委托方提供的商品编号。 3. 对归类疑难、有归类争议的商品，建议委托方向货物进出境地海关或具有资质的单位申请办理商品预归类。
审查申报要素	1. 根据商品归类审查结果，查阅《中华人民共和国海关进出口商品规范申报目录》，寻找对应的“商品名称”“申报要素”和“说明举例”栏目。 2. 经审查未满足“申报要素”规定的，要求委托方提供“申报要素”所列各项的相应资料。 3. 根据委托方提供的资料和申报要素栏中所列各项，确定报关单“商品名称、规格型号”数据项的填写内容，送委托方确认。
审查商品原产地	1. 对委托方表明进口货物属于适用最惠国税率的，应审查随附的贸易合同相应内容，以及提（运）单、发票中相应内容。 2. 对于委托方表明进口货物属于适用优惠贸易协定税率的，请其提供正本原产地证书、货物运输单证及有关资料；对于委托方表明出口货物属于适用特惠税率的，要求其提供原产地证书电子数据或者正本复印件，以及货物运输单证等有关资料。 3. 对于委托方表明进口货物属于适用反倾销税的，要求其提供正本原产地证书及原厂商发票等有关资料。
审查商品价格	应要求委托方按照《海关法》、《进出口关税条例》和《海关审价办法》等相关法律法规的规定提供价格材料。对明显有违常识的进出口货物价格，应要求委托方核对错报、漏报情况，或准备相应证实货物价格真实性的资料。
审查监管证件	1. 根据商品归类审查结果，确认与监管证件是否相符。 2. 根据合同、发票等内容，核查监管证件信息的一致性、有效性。
审查其他单证	1. 对于进出境修理货物、暂准进出境货物等需办理保证金或保函手续的，应核对保证金或保函内容与基本单证信息的一致性。 2. 对于进出口减免税货物，应要求委托方提供“中华人民共和国海关进出口货物征免税证明”，并核对其中商品名称、规格型号、单价、数量、进出口口岸等内容与其他基本单证信息的一致性。 3. 对委托方提供“中华人民共和国海关商品预归类决定书”或“进出口商品预归类意见书”的，应审查所提供的实际进出口货物的相关资料与预归类证书所列商品的一致性。 4. 对于加工贸易进口货物，应请委托方提供“加工贸易登记手册”，并核查其中的商品名称、商品编号、规格型号、数量、进口口岸等内容与其他基本单证信息的一致性。

（三）协助申报前看货取样

协助申报前看货取样的规范要求如表 6-6 所示。

表 6-6　协助申报前看货取样的规范要求

事项	规范要求
规范要求	根据委托方的要求，依据《海关法》的相关规定，协助其向海关办理申报前查看货物或者提取货样，并将办理结果及时反馈委托方。

（四）缮制报关单

缮制报关单的规范要求如表 6-7 所示。

表 6-7　缮制报关单的规范要求

事项	规范要求
填制报关单草单	1. 根据不同的贸易方式填制相应的报关单草单，做到真实、准确、齐全、清楚，并做到： （1）单单相符：报关单草单内容与各种单证信息应相互一致； （2）单证相符：报关单草单内容与各种证件信息应相互一致。 2. 报关单草单的品目申报顺序应与通关单的品目顺序一致。
复核填制内容	1. 应设置复核作业环节，根据委托方提供的各项资料，对报关单草单的各项填制内容进行复核。 2. 复核以下重点： （1）数量、金额、币制的正确性； （2）经营单位性质、监管方式、备案号与征免性质的逻辑关系； （3）品名、商品编码的正确性； （4）成交方式、运费、保费间的逻辑关系； （5）表头与表体相关项目的逻辑关系； （6）规范申报要素是否填报完整、准确； （7）转关提前报关的，其进出口口岸与运输方式的对应关系； （8）经营单位的加工贸易手册是否超期、超量； （9）其他相关栏目与用途栏目对应关系。 3. 复核人员应在复核后的报关单草单上签字。

（五）向海关申报

向海关申报的规范要求如表 6-8 所示。

表 6-8　向海关申报的规范要求

事项	规范要求
预录入报关单	根据复核后的报关单草单预录入报关单。
复核预录入报关单	应逐项核对预录入电子数据与报关单草单内容的一致性。 应在复核完毕的预录入校对稿上签字确认。
电子申报	略，可参考基本技能有关章节。
现场申报	略，可参考基本技能有关章节。

（六）配合海关查验

略。可参考基本技能有关章节。

（七）缴纳税费

略。可参考基本技能有关章节。

（八）申请办理现场放行、结关手续

略。可参考基本技能有关章节。

（九）申请领取报关单证明联、核销联

略。可参考基本技能有关章节。

（十）结算费用

结算费用的规范要求如表 6-9 所示。

表 6-9 结算费用的规范要求

事项	规范要求
结算代垫费用	将每票业务所产生的各项代垫费用逐项列明。
结算服务费用	根据双方合同条款结算服务费用。
使用规范票据	收取委托方费用，应开具全国统一样式的税务机打发票。

（十一）留存单证

留存单证的规范要求如表 6-10 所示。

表 6-10 留存单证的规范要求

事项	规范要求
留存单证范围	1. 报关单证、进出口单证、合同及与进出口业务直接有关的其他资料。 2. 报关企业认为应保留的与报关活动相关的其他资料。
管理留存单证	1. 所有留存的单证应真实、详细。 2. 应按照海关单证管理的规定要求和统一原则进行分类、汇总、存储，形成档案。 3. 报关单证、进出口单证、合同及进出口业务直接有关的其他资料，自进出口货物放行之日起 3 年内或者在保税货物、减免税进口货物的海关监管期限内及其后的 3 年内进行保管，并自觉接受海关及相关机构的日常监督和检查。 4. 宜设专门场所、专人负责。

（十二）跟踪服务结果

跟踪服务结果的规范要求如表 6-11 所示。

表 6-11　跟踪服务结果的规范要求

规范要求
1. 宜建立客户服务部门，及时处理客户投诉。
2. 宜适时进行客户回访，做好满意度调查。
3. 宜设置业务监控部门和专职人员，对企业的服务作业进行监控，定期对内部各业务部门的质量进行统计，分析产生差错的原因，提出具体改进的措施。
4. 鼓励研发、使用各种电子信息化管理系统和业务操作系统，提高管理水平。

三、报关从业人员质量要求

报关服务应以“诚信守法、崇尚专业、自律规范、务实创新”为服务质量方针。在经营管理上，报关企业应具有健全的管理制度、严谨的组织架构、明确的岗位职责、严格的操作规则、公平的考评和晋升制度；在服务理念上，报关企业应树立服务委托方的理念，围绕经营理念开展服务，并将组织的愿景、使命和价值观传递到每个员工。

应注意的是，报关服务人员应具备良好的职业道德修养和文明礼貌、耐心细致的工作作风，佩戴便于识别的统一身份标志。报关企业应通过监督及跟踪每个环节的服务质量，及时作出优化及改进，不断提高服务质量。报关企业可选择目标市场，进行委托方分类、分级管理，通过研究委托方需求，考虑委托方成本和便利性，按照委托方要求设置个性化服务，不断提高委托方满意度，为委托方创造利益和价值。

报关企业宜加入行业自律组织，成为中国报关协会及地方报关协会的单位会员，履行会员的权利和义务。例如，采取有效的措施降低报关差错率，参与行业主管部门的信用评价活动，提升企业管理水平，提高在海关等主管部门的信用等级，获得相应通关便利；宜参加行业组织的各类评比、评定，争取企业荣誉；宜参加主管部门和行业组织所组织的各类座谈会、政策宣讲会及各类专业知识培训，将工作中遇到的问题、困难及时与主管部门和行业组织进行交流沟通，以取得更有效的方法及支持；同时将政府相关精神及指示和行业自律组织的相关要求及时传达至企业内部。

报关服务质量的评价，一般主要通过报关差错率、通关速度、委托方满意度来进行评价。

四、报关从业人员职业等级评定

2007 年底，国家劳动和社会保障部、海关总署联合颁发了我国报关行业第一个国家职业标准——《报关员国家职业标准（试行）》，这标志着我国报关行业的职业建设逐步走向规范和成熟。中国报关协会将在时机成熟的条件下，开展职业等级评定的试点工作。

（一）适用对象

报关从业人员职业等级评定适用对象是报关从业人员。

（二）职业等级

报关从业人员职业等级设有助理报关师、报关师、高级报关师三个等级。

助理报关师侧重在具体业务操作层面，主要包括报关单填制、报关业务现场操作等。报关师侧重在相对复杂的操作和管理层面，主要包括单证复核，对质量、程序的控制，报关核算，报关业务咨询等。高级报关师侧重在全面管理、指导和策划层面，主要包括组织设计、实施报关业务体系、风险管理、企业发展战略管理等。

三个职业等级从低到高，依次递进，高级涵盖低级。

（三）工作要求

《报关员国家职业标准（试行）》明确设定了报关从业人员各职业等级的工作要求，该工作要求是国家职业标准的中心内容。专家组在考虑报关员职业功能时，从报关行业的现状和对高级报关专业人才的需要出发，以报关员职业的工作项目为基础，设定了“报关单证准备与管理”“报关作业实施与管理”“报关核算”“进出口商品归类与原产地确定”“报关事务管理”“海关行政救济事务管理”“培训和指导”等七个模块。

【复习思考题】

1. 进出境报关活动中哪些情形可寻求报关企业来提供代理报关服务？
2. 洽商委托代理报关、评审代理报关服务合同及接收单证的规范要求有哪些？
3. 申报前审查、协助申报前看货取样及缮制报关单的规范要求有哪些？
4. 向海关申报、配合海关查验和缴纳税费的规范要求有哪些？
5. 申请办理现场放行、结关手续和申请领取报关单证明联、核销联的规范要求有哪些？
6. 结算费用、留存单证、跟踪服务结果的规范要求有哪些？

第七章

报关管理

本章主要介绍报关管理的相关知识。通过本章的学习，学习者应掌握海关对报关企业的管理制度、海关对报关员的有关管理规定，以及报关行业自律管理的相关内容，对报关管理体系有一个概括性的了解。

第一节　海关对报关单位的管理

【学习目标】

本节内容旨在让学习者熟悉海关对报关行业的管理制度和规范要求。

完成本节学习，学习者应获得以下成果：

1. 了解海关对报关企业的管理制度；
2. 了解海关对报关单位的信用管理与 AEO 制度；
3. 熟悉报关单位的权利义务；
4. 熟悉报关单位的责任；
5. 了解海关对报关单位的监督管理；
6. 了解中国 AEO 制度和中国海关信用管理体系之间的联系；
7. 掌握目前中国 AEO 国际互认最新情况。

【基本概念】

报关企业注册登记、进出口收发货人注册登记、临时注册登记、注册登记信息管理、报关单位的权利义务和法律责任、AEO、海关企业信用管理、AEO 互认、内部控制、财务状况、守法规范、贸易安全、附加标准、高级认证企业标准、一般认证企业标准

【建议学习时间】

1 课时

一、报关单位的海关注册登记管理制度

2014 年 3 月 13 日，海关总署发布《报关单位注册登记管理规定》（海关总署令第 221 号），该规定由《海关对报关单位注册登记管理规定》（海关总署令第 127 号）、《海关对报关员记分考核管理办法》（海关总署令第 119 号）和《海关报关员执业管理办法》（海关总署令第 146 号）三个行政规章合并修订而成。2017 年 11 月 20 日经海关总署署务会议审议通过的《关于公布〈海关总署关于修改部分规章的决定〉的令》（海关总署令第 235 号）出台，旨在为进一步深化海关“简政放权、放管结合、优化服务”改革，在保证海关有效监管、精准监管的同时，推动通关及相关作业流程“去繁就简”，去除不必要的制度性成本，营造良好营商环境。

以上修订的《报关单位注册登记管理规定》的变化主要体现在：取消报关员的注册登记，改为以报关企业名义对其所属从业人员进行备案；取消报关企业分支机构注册登记行政许可，进一步方便企业并降低企业成本，降低报关企业注册门槛；取消注册资本、报关员人数等条件限制，简化报关企业注册登记程序，将报关企业行政许可与注册程序合二为一，同时减少审批层级，大幅简化报关企业注册提交材料。

新修订的《报关单位注册登记管理规定》的实施意义在于：一是充分体现了国务院转变职能、简政放权的精神和要求，实施后将有利于发挥市场在资源配置中起决定性作用，降低就业门槛，释放就业活力，激发创业热情，将对报关服务市场起到较大的促进作用；二是大幅降低了报关企业注册登记门槛标准（取消了150万元注册资本和报关员人数限制），取消了报关企业关区内分支机构注册登记行政许可等，简化了注册登记手续等，这些都将降低报关企业的经营成本，有利于促进企业发展；三是扩大了企业自主用人权利，增加了报关企业的管理责任，增加了报关协会行业自律的管理责任，今后对报关企业的管理将会更多地由报关协会实行行业自律管理。

根据该规定，报关单位的注册登记管理主要有报关企业注册登记、进出口收发货人注册登记、临时注册登记三种类型，分别如下。

（一）报关企业注册登记

报关企业注册登记属于行政许可范畴，未经许可不得报关。基于便民、高效的原则，报关企业注册登记行政许可改为后置的做法，以及2014年公布施行的《报关单位注册登记管理规定》，采用了两步并一步的简化做法，即可在申请行政许可的同时办理注册登记。

1. 报关企业注册登记的申请条件

（1）具备境内企业法人资格条件；

（2）法定代表人无走私记录；

（3）无因走私违法行为被海关撤销注册登记许可记录；

（4）有符合从事报关服务所必需的固定经营场所和设施；

（5）海关监管所需要的其他条件。

2. 报关企业应当提交的文件材料

（1）报关单位情况登记表；

（2）企业法人营业执照副本复印件以及组织机构代码证书副本复印件；

（3）报关服务营业场所所有权证明或者使用权证明；

（4）其他与申请注册登记许可相关的材料。

申请人按照上述规定提交的复印件，应当同时向海关交验原件。

3. 报关单位注册登记证书的核发

经海关审查，申请人的申请符合法定条件的，海关依法作出准予注册登记许可的书面决定并送达申请人，同时核发“中华人民共和国海关报关单位注册登记证书”（以下简称报关注册登记证书）。经海关审查，申请人的申请不符合法定条件的，海关依法作出不准予注册登记许可的书面决定并且告知申请人享有依法申请行政复议或者提起行政诉讼的权利。

报关企业注册登记许可期限为两年，需要延续注册登记许可有效期的，应当办理注册登记许可延续手续。

报关企业在取得注册登记许可的直属海关关区外从事报关服务的，应当依法设立分支机构，并且向分支机构所在地海关备案。报关企业在取得注册登记许可的直属海关关区内从事报关服务的，可以设立分支机构并且向分支机构所在地海关备案。

（二）进出口货物收发货人注册登记

1. 进出口货物收发货人应当按照规定到所在地海关办理报关单位注册登记手续。进出口货物收发货人在海关办理注册登记后可以在中华人民共和国关境内口岸或者海关监管业务集中的地点办理本企业的报关业务。

2. 申请办理注册登记应当提交下列文件材料，另有规定的除外：

（1）报关单位情况登记表；

（2）营业执照副本复印件以及组织机构代码证书副本复印件；

（3）对外贸易经营者备案登记表复印件或者外商投资企业（台港澳侨投资企业）批准证书复印件；

（4）其他与注册登记有关的文件材料。

3. 注册地海关依法对申请注册登记材料进行核对。经核对申请材料齐全、符合法定形式的，应当核发报关单位注册登记证书。除海关另有规定外，进出口货物收发货人报关单位注册登记证书长期有效。

（三）临时注册登记

临时注册登记单位在向海关申报前，应当向所在地海关办理备案手续，特殊情况下可以向拟进出境口岸或者海关监管业务集中地海关办理备案手续。办理临时注册登记，应当持本单位出具的委派证明或者授权证明及非贸易性活动证明材料。

临时注册登记的，海关可以出具临时注册登记证明，但是不予核发注册登记证书。

临时注册登记有效期最长为一年，有效期届满后应当重新办理临时注册登记手续。

二、报关单位的权利义务和法律责任

（一）主要权利义务

报关单位有权向海关查询其办理的报关业务情况。

报关单位应当妥善保管海关核发的注册登记证书等相关证明文件。发生遗失的，报关单位应当及时书面向海关报告并说明情况。遗失的注册登记证书等相关证明文件在补办期间仍然处于有效期间的，报关单位可以办理报关业务。

报关单位向海关提交的纸质进出口货物报关单应当加盖本单位的报关专用章，报关专用章应当按照海关总署统一规定的要求刻制。报关企业及其分支机构的报关专用章仅限在其取得注册登记许可或者备案的直属海关关区内使用，进出口货物收发货人的报关专用章可以在全关境内使用。

报关单位在办理注册登记业务时，应当对所提交的申请材料及所填报信息内容的真实性负责并且承担法律责任。

海关依法对报关单位从事报关活动及其经营场所进行监督和实地检查，依法查阅或者要求报关单位报送有关材料，报关单位应当积极配合，如实提供有关情况和材料。

海关对报关单位办理海关业务中出现的报关差错予以记录，并且公布记录情况的查询方式。

报关单位对报关差错记录有异议的，可以自报关差错记录之日起十五日内向记录海关以书面方式申请复核，海关应当自收到书面申请之日起十五日内进行复核，对记录错误的予以更正。

（二）主要法律责任

报关单位在办理报关手续时，应当遵守国家有关法律、行政法规和海关的各项规定，承担相应的法律责任。报关单位对其所属的报关员的报关行为应当承担相应的法律责任。

海关实施处罚的种类包括警告、罚款、没收、暂停、撤销资格。对在海关注册登记、取得有关业务资格的企业，违反海关有关规定的，海关除给予相应的申诫罚、财产罚外，还可予以相应的资格罚。

根据《海关法》第八十七、第八十八、第八十九、第九十条规定，报关单位有下列行为之一的，应当承担相应的法律责任。

1. 海关准予从事有关业务的企业，违反有关规定的，由海关责令整改，可以给予警告，暂停其从事有关业务，直至撤销注册。

2. 未经海关注册登记从事报关业务的，由海关予以取缔，没收违法所得，可以并处罚款。

3. 报关企业非法代理他人报关或者超出其业务范围进行报关活动的，由海关责令整改，处以罚款，暂停其执业；情节严重的，撤销其报关注册登记。

4. 进出口收发货人、报关企业向海关工作人员行贿的，由海关撤销其报关注册登记并处以罚款；构成犯罪的，依法追究刑事责任，并不得重新注册登记为报关企业。

报关单位、报关人员违反法律法规规定、构成走私行为、违反海关监管规定行为或者其他违反《海关法》行为的，由海关依照《海关法》和《海关行政处罚实施条例》的有关规定予以处理；构成犯罪的，依法追究刑事责任。

三、海关企业信用管理与 AEO 制度

（一）概述

2001 年美国遭遇“9・11”恐怖袭击事件后，国际社会意识到全球贸易体系在面对恐怖犯罪和有组织犯罪时的薄弱性，在原来立足于边境负责国际贸易事务的基础上，国际社会又赋予海关保障全球贸易安全的新使命。世界海关组织认为，国际贸易是世界经济繁荣的原动力，海关在加强全球供应链安全和通过税收征管与贸易便利化促进社会经济发展中起着非常重要的作用。2004 年 6 月世界海关组织理事会决定发展标准框架，2004 年 12 月世界海关组织政策委员会初步形成了《全球贸易安全与便利标准框架》（以下简称为《标准框架》），并于 2005 年 6 月召开的世界海关组织年会上作为成员必须实现的最低标准获得通过。

“AEO”即“Authorized Economic Operator”的缩写，意为“经认证的经营者”。AEO 制度是世界海关组织为了实现《标准框架》目标，构建海关与商界之间的伙伴关系，实现贸易安全与便利目标引入的管理制度。世界海关组织在《标准框架》中将 AEO 定义为“以任何一种方式参与货物国际流通，并经海关认可符合世界海关组织或相应供应链安全标准的一方，AEO 企业包括生产商、进口商、出口商、报关行、承运商、理货人、中间商、口岸和机场、货站经营者、综合经营者、仓储业经营者和分销商”。这意味着任何从事与国际贸易相关的企业，只要愿意且符

合相应的国际供应链安全标准和要求，就可以被海关认证为 AEO 企业，从而获得作为 AEO 企业的一些便利。AEO 制度的基本内涵是海关以企业为基本合作对象，通过海关为守法、安全的企业提供最大化的通关便利，建立合作伙伴关系，达到互利双赢的目的。AEO 制度的构建，从本质上改变了海关与企业之间在传统意义上的管理与被管理的关系，以适应现代化海关制度建设及大监管体系建设改革需要，符合政府职能转变的要求。

中国于 2005 年 6 月在世界海关组织第 105/106 届理事会年会上签署实施《标准框架》意向书，此后的三年多时间里，中国积极进行 AEO 制度的研究和实践，逐步建立起中国海关的 AEO 制度。2010 年 11 月 15 日海关总署第 197 号令公布的《中华人民共和国海关企业分类管理办法》基本建立了我国海关的企业信用管理制度。

随着海关业务改革的不断深化，特别是在简政放权、转变职能方面与国务院加强社会信用体系建设、促进市场公平竞争的要求存在一定差距，同时与国际海关接轨的要求也日益迫切。因此，2018 年 3 月 3 日，海关总署第 237 号令公布了《中华人民共和国海关企业信用管理办法》（以下简称《信用办法》），自 2018 年 5 月 1 日起施行，同时废止了 197 号令、225 号令。

237 号令在原 225 号《中华人民共和国海关企业信用暂行管理办法》的基础上做了进一步的修改与调整，新修订的《信用办法》在适用范围、信息采集与公示、认证程序方面进行了规范与完善，特别是企业信用认定标准和奖惩措施方面的内容改动很大，认定标准更加全面、科学、客观，信用管理措施更加丰富、具体，拉大了不同信用等级的措施落差，诚信守法便利、失信违法惩戒的核心原则体现的更为明显，为构建以信用为核心的海关新型监管体制奠定了更为坚实的基础。主要区别如表 7-1 所示。

表 7-1　海关总署第 225 号令条文与 237 号令条文主要区别

修订主要内容	海关总署第 225 号令条文	海关总署第 237 号令条文	说明
失信企业认定标准调整	第十条，具体内容从略。	第十二条，具体内容从略。	1. 大幅度提升报关企业行政处罚累计金额的幅度，失信企业认定标准放宽； 2. 将企业违规行为比例标准与年度行政处罚累计金额由二选一关系调整为叠加关系； 3. 增加了因被海关列入信用信息异常企业名录超过 90 日被降为失信企业的情形。
一般信用企业认定标准调整	第十一条（三）“适用失信企业管理满一年，且未再发生本办法第十条规定情形的。”	第十三条（三）“自被海关认定为失信企业之日起连续两年未发生本办法第十二条规定情形的。”	一般信用企业如被降级，再申请成为一般信用企业的门槛将变高，可见海关对企业的自我管理看得越来越重。

表7-1 续

修订主要内容	海关总署第225号令条文	海关总署第237号令条文	说明
认定结果实施动态调整	第十五条“适用失信企业管理满一年，且未再发生本办法第十条规定情形的，海关应当将其调整为一般信用企业管理。失信企业被调整为一般信用企业满一年的，可以向海关申请成为认证企业。”	第二十条“自被海关认定为失信企业之日起连续两年未发生本办法第十二条规定情形的，海关应当将失信企业调整为一般信用企业；失信企业被调整为一般信用企业满一年，可以向海关申请成为认证企业。”	海关今后实行动态调整企业级别。降级后，申请认证企业的时限要求变高了。
适用范围	第二条“海关注册登记企业信用信息的采集、公示，企业信用状况的认定、管理等适用本办法。	第二条“海关注册登记和备案企业以及企业相关人员信用信息的采集、公示，企业信用状况的认定、管理等适用本办法。”	所有在海关注册登记和备案的企业都将纳入到海关企业信用管理中来，扩大了《信用办法》的适用范围。
企业信用管理措施	第十六条、十七条、十八条、十九条，具体内容从略。	第二十三条、二十四条、二十五条、二十六条，具体内容从略。	修订丰富了企业信用管理措施，充分体现“诚信守法便利、失信违法惩戒”，突出信用管理措施的差别化，赋予认证企业特别是高级认证企业更多的优惠便利措施，对失信企业实施严密监管和联合惩戒。

（二）中国AEO国际互认进程

近年来，中国海关大力推进AEO国际互认，对中国的高信用企业在国际海关间实施联合激励，给予最优惠的贸易便利，助推企业更好地走出去。

2012年6月，中新签署《中华人民共和国海关总署与新加坡海关关于〈中华人民共和国海关企业分类管理办法〉和〈新加坡安全贸易伙伴计划〉互认安排》，这个安排是中国海关签署的第一个AEO互认安排。

2014年5月，中国与欧盟双方海关正式签署了《中欧联合海关合作委员会关于在〈中华人民共和国政府和欧洲共同体关于海关事务的合作和行政互助协定〉下建立中国海关企业分类管理制度和欧洲联盟海关经认证经营者制度互认安排的决定》（以下简称《互认安排决定》）。2015年6月中欧海关达成联合共识对《互认安排决定》进行了修订，决定自2015年11月1日起正式实施该互认安排。互认实施后，中国3000多家AEO高级认证企业出口到欧盟的货物，在欧盟28个成员国海关通关时，均可以享受到和对方境内AEO企业一样的通关便利。据初步估算，通关平均查验率将降低约70%，通关速度将提高50%以上，从而有效降低企业港口、保险、物流等贸易成本。

截至2018年3月，我国海关已分别和新加坡、韩国、欧盟、瑞士、新西兰，以及我国香港、台湾等多个国家（地区）海关实现了AEO互认，互认企业出口贸易额占到我国出口总额的40%，且在不断增长中。目前，中国海关正根据国家“一带一路”倡议部署，大力推进与美国、俄罗斯等主要贸易国，以及哈萨克斯坦、印度、土耳其、埃及等国家的AEO国际互认合作，最大限度提升中国企业境内外通关便利化水平，增强其在国际市场的竞争力，促进中国外贸回稳向好。

预计到2020年，中国海关将力争实现AEO互认国家（地区）占到我国出口总值的80%以上。届时，AEO企业在全球主要国家和地区将享受更多的优惠和便利，促进企业更好发展。

【复习思考题】

1. 报关企业注册登记、进出口收发货人注册登记、临时注册登记的办理程序，其申请条件及有效期限分别作了怎样的规定？

2. 在报关活动中，报关单位的权利有哪些？需承担什么义务？

3. 对报关单位违法或违规需承担的法律责任是怎样规定的？

第二节　海关对报关从业人员的管理

【学习目标】

本节内容旨在让学习者熟悉海关对报关从业人员的管理规定和相关的规范要求。

完成本节的学习，学习者应获得以下成果：

1. 熟悉海关对报关从业人员的管理内容；
2. 熟悉报关从业人员的权利；
3. 熟悉报关员的义务等。

【基本概念】

报关单位与报关从业人员之间的法律关系、报关从业人员的权利、报关从业人员的义务

【建议学习时间】

1课时

一、海关对报关从业人员的管理制度

海关对报关员的管理主要体现在报关单位向海关的报备、报关单位与报关员法律关系的确认和法律责任的承担三个方面。

1.《报关单位注册登记管理规定》明确规定：报关单位对其所属报关人员的报关行为应当承担相应的法律责任。这进一步强化了报关单位对所属报关人员的管理责任及其应当承担的法律责任。

报关员的报关行为是基于报关单位的授权，并以报关单位的名义来办理的，因此，是一种职

业行为。职业行为的法律责任应该由所在报关单位承担，但如果报关员利用执业之便而违法则要自行承担，如果明知报关单位的行为违法而故意实施，则应当与报关单位一并承担连带责任。

2. 报关单位与所属报关从业人员的劳动合同关系的真实性和有效性由报关单位负责，在“报关员情况登记表”中注明并加盖公章确认。

3.《报关单位注册登记管理规定》明确由报关单位为所属报关从业人员办理海关有关手续。

报关单位所属人员从事报关业务的，报关单位应当到海关办理备案手续，海关予以核发证明。它包含三层含义。

（1）由所在报关单位向海关提出和办理备案手续，只有在海关注册登记的报关单位才能够向海关申请为其所属的报关从业人员办理备案手续。海关不接受以个人名义提出的备案申请。

（2）报关从业人员只能受聘于一家报关单位。

（3）报关单位所属人员从事报关业务到海关备案的，海关收取“报关单位情况登记表”（所属报关人员），并验核拟备案报关人员有效身份证件原件后，核发“报关人员备案证明”，如图7-1所示。

报关人员备案证明

（报关单位名称）：

你单位（海关注册编码：__________）所属报关人员__________［（身份证件类型）号码：__________］已完成海关备案，备案编号：________，备案日期：________。

海关

（注册登记印章）

年 月 日

图 7-1 报关人员备案证明

二、报关从业人员的权利

作为从事报关业务的专门人员，有权以所属报关单位的名义执业，办理报关业务，报关从业人员可以办理的业务包括以下几个方面。

1. 如实申报进出口货物的商品编码、商品名称、规格型号、实际成交价格、原产地及相应优惠贸易协定代码等报关单有关项目，并办理填制报关单、提交报关单证等与申报有关的事项。

2. 申请办理缴纳税费和退税、补税事宜。

3. 申请办理加工贸易合同备案（变更）、深加工结转、外发加工、内销、放弃核准、余料结转、核销及保税监管等事宜。

4. 申请办理进出口货物减税、免税等事宜。

5. 协助海关办理进出口货物的查验、结关。

报关从业人员有权对违反国家规定、逃避海关监管的行为进行举报，有权对海关及其工作人员违法、违纪行为进行控告、检举。报关从业人员有权向海关查询其办理的报关业务情况。

三、报关从业人员的义务

（一）依法报关

报关从业人员应当遵守海关法律法规和规章，依法办理报关业务。

（二）合理审查

报关从业人员应该熟悉所申报货物的基本情况，对申报内容和有关材料的真实性、完整性进行合理审查，提交齐全、正确、有效的单证，准确、清楚、完整地填制报关单证。

（三）配合执法

海关查验进出口货物时，报关从业人员应配合海关查验，配合海关稽查和对涉嫌走私违规案件的查处，协助落实海关对报关单位管理的具体措施。

（四）协助工作

报关从业人员需配合所属报关单位完整保存各种原始报关单证票据、函电等资料，协助报关单位办理有关事项。

【复习思考题】

1. 报关员与报关单位之间存在着一种怎样的法律关系？
2. 在报关活动中，报关员的权利有哪些？需承担什么义务？

第三节　行业自律管理

【学习目标】

本节内容旨在让学习者掌握报关行业自律管理的基本知识和相关的规范要求。

完成本节学习，学习者应获得以下成果：

1. 了解报关行业的组织机构；
2. 掌握报关行业管理的基本内容及自律管理的基本要求。

【基本概念】

中国报关协会、地方报关协会、报关行业自律准则、报关业务规范、行业服务标准、“诚信服务百优评比”

【建议学习时间】

1 课时

一、中国报关协会介绍

中国报关协会（China Customs Brokers Association，简称 CCBA）成立于 2002 年 12 月，是由地方报关协会、在海关注册的报关单位和个人自愿结成的非营利性质的具有法人资格的全国性行业组织。其宗旨是：配合政府部门加强对我国报关行业的管理、维护、改善报关市场的经营秩序，促进会员间的交流与合作，依法代表本行业利益，保护会员的合法权益，促进我国报关服务行业的健康发展。

中国报关协会的业务范围是：指导协调、行业自律、培训考试、信息交流、咨询服务、出版刊物、国际合作。

1. 贯彻《海关法》及国家有关法律法规和政策，协助政府部门加强对报关行业的自律管理。

2. 调查研究各有关方面对报关行业的要求，综合分析报关市场的供求关系和发展趋势，为会员提供信息咨询服务，同时向有关部门反映会员的意见和要求，为政府制定行业发展规划和管理政策提出建议。

3. 规范行业行为，提倡行业道德操守。

4. 接受国家主管的委托授权，制定报关服务行业标准，规范报关作业程序，促进通关效率的提高。

5. 代表本行业协调与有关业务主管部门、企业的工作关系，反映会员的建议和要求，协助解决有关问题，维护会员的合法权益。

6. 协调、指导地方报关协会的业务开展和工作交流。

7. 经国家主管部门委托授权，组织报关从业人员的职业等级评定、颁发证书，组织报关从业人员的培训，编写培训教材，提高报关从业人员素质及报关经理人的经营管理水平。

8. 收集、整理、发送报关行业的信息，组织相关的研讨、论坛、展示活动，依据国家规定出版会刊及专业刊物、创办网站。

9. 代表本行业参加国际性同行业组织，出席有关国际会议，与国际和地区的同行业组织建立业务联系，促进国际合作与交流。

10. 兴办与宗旨、业务相关的实体。

11. 经有关政府主管部门批准，对报关企业和报关从业人员进行表彰、奖励。

12. 承担政府部门、相关团体和会员委托的工作。

二、地方报关协会介绍

地方报关协会是由当地报关单位、相关社会团体及个人自愿结成的自律性、具有法人资格的非营利性报关行业组织。由于报关业务的特殊性，地方报关协会业务所覆盖的地区往往与当地海关的关区相吻合，所在地相应的民政部门是地方报关协会的登记管理机关。地方报关协会的章程，如业务范围、会员管理、组织机构等，基本与中国报关协会章程一致。目前，全国已经成立的地方报关协会有北京、上海、天津、厦门、福州等几十个。其中，北京、天津、大连、山东、上海、江苏、广州、深圳等八家地方协会还是中国报关协会的常务理事单位。其他地方协会一般是中国报关协会理事单位。

三、企业如何配合报关协会落实行业自律管理

（一）倡导和推动行业自律

2003年12月，中国报关协会成立之初，就制定并在协会第一届理事会第二次全体会议上审议通过了《报关行业自律准则（试行）》。2013年，为贯彻落实《民政部关于开展行业自律与创建活动的通知》精神，健全报关行业自律规约，完善行业自律内容，中国报关协会对其进行了修订，修订后共分七章三十五条，其主要内容如下。

1. 一般原则

报关单位和报关从业人员应诚信守法、崇尚专业、自律规范、务实创新。报关单位应当积极引进先进的管理理念、管理方法和技术手段，不断提高内部管理水平。

报关单位和报关从业人员应自觉遵守国家法律法规，不得超出有关法律法规和规章规定的范围从事经营活动，不得有逃避国家贸易管制和偷逃税等走私、违规行为，不得索贿、也不得行贿执法人员。

报关从业人员应当积极参加海关、报关协会或其授权单位组织的各类岗前培训、在职培训，并坚持在职自学，以达到熟悉国家相关法律法规、税务、外贸、商品知识，熟练掌握海关法律法规、海关业务制度和办理海关手续的技能，保持自身的专业能力。

报关单位和报关从业人员应当主动配合有关行政执法机关执行公务，据实举报违法行为，自觉抵制和纠正行业不正之风，维护报关行业形象。

2. 报关业务规范

报关单位开展报关业务，应依法到海关办理注册登记，领取报关注册登记证书，在证书有效期届满需延期的，应及时办理换证手续。

报关单位和报关从业人员应当以国家管理部门核准的方式和范围从事经营，不得以任何形式出借、出租、转让报关权，不得非法代理他人报关或者超出业务范围进行报关活动。

报关单位应当建立健全内部监督机制，加强制度建设，以完善、有效、切实可行的制度来规范对报关业务、报关从业人员的管理，努力提高工作质量和效率。同时，报关单位还应当健全账册，依法保存报关业务记录和报关单证。

报关企业承接报关业务，应当由具有专业技能的报关员具体承办。报关企业和报关从业人员应当切实对委托方提供的单证等报关资料的真实性、完整性进行合理审查，并据此按照《报关单填报规范》填制报关单，承担相应的法律责任，不得承接单证不真实、资料不齐全的报关业务。

3. 对委托人的责任

报关企业和报关从业人员应当以服务、诚信为本，热心为委托方排忧解难，如实回答委托方对委托事项的询问，高质量、高效率地完成报关业务。

报关单位及报关从业人员应使用由中国报关协会制定的全国规范统一格式的纸质或电子

“委托书/协议”，委托双方应当本着自愿、平等、互利的原则签订该协议，明确双方的责任、权利和义务，标明报关收费数额，并履行承诺。报关企业和报关从业人员应当为委托方保守商业秘密，不得利用该商业秘密为自己或他人谋取不正当利益。

除国家法律、法规另有规定或者国家执法机关有要求外，报关企业和报关从业人员不得以任何形式向他人提供虚假保函或报关所需的证明材料。报关企业和报关从业人员不得虚假宣传，欺骗委托方，不得虚构事实增加委托方的开支，不得向委托方索取报关服务费以外的非法利益。

4. 对同行的责任

报关单位和报关从业人员应当遵守公共关系准则，保持同行间良好的工作关系，合法执业，公平竞争，不得捏造、散布虚假事实，损害同行的商业信誉，不得以虚假宣传、免收服务费用和不正当的低廉价格，以及在账外暗中给付他人佣金、回扣等不正当竞争方式招揽报关业务，不得做损害同行间利益的情事。

报关单位应当严格遵守《中华人民共和国劳动合同法》及有关规定，与报关从业人员签订劳动合同，不得损害报关从业人员的合法权益。

报关从业人员应当信守职业道德，爱岗敬业，不得损害受雇企业的合法利益，不得随意违约离职，不得同时在两家或者两家以上的报关单位从业。

5. 奖励与惩戒

报关企业和报关从业人员遵守上述准则，对提高报关质量作出突出贡献的，中国报关协会可将其评为“全国优秀报关企业”或“全国优秀报关员”，并予以通报表彰。

对涉嫌违反上述准则行为的报关单位和报关从业人员，中国报关协会调查属实后，可对其提出警告或予以通报批评。

报关单位和报关从业人员有下列行为之一的，根据情节轻重，中国报关协会经常务理事会或会长会议批准，可以对其在业内通报批评，是会员的将予以除名，或将有关材料提供给相关执法机关。

（1）违反国家有关法律法规的。

（2）违反中国报关协会章程和准则，并造成恶劣影响的。

（3）进行不正当竞争，扰乱报关市场秩序的。

（4）严重违反“委托书/协议”，侵害对方利益，造成恶劣影响的。

（二）推动行业标准和行业规范的建设

1. 推动报关员职业等级建设

报关员职业等级建设是报关行业管理的重要内容。2006 年 9 月，中国报关协会作为新职业建议人正式向原劳动和社会保障部成功申报报关员职业，报关员职业被正式纳入国家职业分类体系。2007 年 12 月，中国报关协会组织草拟的《报关员国家职业标准（试行）》经原劳动和社会保障部、海关总署联合对外颁布。2010 年 3 月，人力资源和社会保障部正式批复海关总署成立职业技能鉴定指导中心，依托中国报关协会开展报关员职业技能鉴定工作。至此，开展报关员职业等级考评的各项准备工作已日趋成熟。

2. 推动报关行业服务标准的建设

行业服务标准是配合海关管理、开展行业自律、维护行业利益的有效措施。2010 年，海关总署正式批准制定“报关服务作业规范”的立项。“报关服务作业规范”作为报关行业服务标准的组成部分，项目的完成，有力地推动了整个报关行业服务标准的制定和实施工作，促进了整个行业的健康有序发展。2011 年 1 月，海关总署发布《报关服务作业规范》。2013 年 9 月，海关总署发布《报关服务质量要求》作为海关行业标准，该标准与《报关服务作业规范》互补，共同为提高报关质量、服务水平，优化通关环境和提高通关效率服务。

3. 推行统一规范的“委托书/协议”

为了规范报关代理服务，明确委托人和代理人的职责、权利、义务，中国报关协会拟定了规范的“代理报关委托书/委托协议”纸质格式，并于 2004 年 12 月在全国统一推行。该“委托书/协议”已经成为代理报关服务的重要法律文书和进出口货物海关申报的随附单证之一。格式化的“委托书/协议”的使用，从申报源头上规范统一了报关行为，对委托人和代理人界定法律责任、防范经营风险有着重要的意义，很好地配合了海关对申报的管理工作。

2018 年 3 月 25 日起，纸质格式的报关委托书进入历史，电子报关委托书正式上线使用。

（三）积极参与评优争先活动

为了增强和推动报关企业的诚信守法意识，中国报关协会大力加强行业内的正面引导。2006 年 6 月开始在全国报关企业内策划“诚信服务百优评比”活动，通过严格、公正、科学的评审，在全国报关企业中评出了 179 家“诚信服务百优企业”；2009~2012 年，中国报关协会先后组织了三次全国优秀报关企业、优秀报关员“双优评比”活动。通过评优表彰活动，在全国报关行业形成了“抓管理、树诚信、创优争先”的良好氛围。

【复习思考题】

1. 中国报关协会与地方报关协会是怎样的组织？其业务范围主要是什么？

2. 报关行业管理的一般原则是什么？有怎样的报关业务规范？对委托人与同行分别承担着怎样的责任？

3. 报关员职业等级建设与报关行业服务标准建设是如何推进的？

第四节　企业自律管理

【学习目标】

本节内容旨在让学习者掌握企业自律管理的目的和与自律管理相适应的管理方法和途径。

完成本节学习，学习者应获得以下成果：

1. 掌握企业自律管理的目的；
2. 掌握企业达到自律管理的方法和途径。

【基本概念】

联合惩戒、自主披露、外部信用、“三预”

【建议学习时间】

1 课时

一、企业自律管理的目的

报关单位进行自律管理，可以加快报关时效、缩短不必要操作流程，并实时掌握报关动态，使前后环节紧密衔接。企业自律管理主要包括以下几个方面。

（一）报关时效管理

通过对报关时效的管理，进一步提升报关时效。报关单位可以与货主企业约定单证备齐的时间期限、付税时间期限、货物到港至货物海关放行时间配置等一系列节点时间。运用 KPI（关键绩效指标：Key Performance Indicator）考核，通过对时间绩效指标的跟踪，调整优化，不断提升报关时效。

（二）报关流程管理

通过对报关流程的管理，进一步缩减不必要操作环节，令报关流程更精简，更便于监控。随着全国通关一体化的推进，报关作业流程不断简化，与之相对应的，报关单位也应该适时调整原有报关作业流程。比如，五年之前还需要纸质单证申报，如今已基本实现电子报关，现场交单流程被取消。又比如，上海海关调整特殊监管区域及保税物流中心（B 型）一线进出境货物通关作业流程，对于报关单位而言这样的改变是巨大的，原先的查验模式被颠覆，这就需要报关单位重新规划各业务部门的工作重点，重新梳理操作流程和注意事项。报关单位必须具备足够的敏锐度和应急协调能力处理任何新的调整下的不确定事项，报关流程管理是一项持之以恒的工作，这也是服务好进出口企业、保证进出口报关通畅的法宝之一。

（三）报关信息化管理

首先，通过对报关信息的数据化管理，可以掌握报关进度，并且可以通过电子数据对报关质量进行把关和分析。报关信息化管理需要基于信息化平台，打通数据通道，建立数据传输接口，如海关放行信息就需要与海关的系统打通，建立数据传输通道。“国际单一窗口”就是一个实现了数据互通的通关链平台，平台中集合了报关、商务办证、舱单申报等多个功能，多方数据汇聚在这个平台内，使用户足不出户就可以知晓单证申报的进度，大大提高了通关便利性。其次，通过报关数据的整合利用，企业对货物型号、货物品名、货物金额、货物重量、进出口日期等信息进行汇总，有助于企业对进出口商品实施数据管理及进出口通关成本分析。

二、企业自律管理的途径

报关单位向海关申报过程越来越简化，，但不意味着风险也同步减少。相反，海关对申报质量的核查力度大大加重，在不会对企业的货物放行时间影响的前提下，向企业开展稽查、下厂核查单货相符、是否有偷逃税款等已经成为海关后续监管的常态。而作为报关企业，如何应对海关的后续监管这一课题，报关企业是时候展开研究了。

（一）企业诚信体系建设

1. 企业诚信体系建设的必要性

“人无信不立，国无信不强”，良好的社会诚信是经济社会健康发展的前提，是每个企业、事业单位和社会成员立足于社会的必要条件。企业诚信体系建设是一项系统工程，贯穿企业经营的全过程，对于企业可持续发展有着至关重要的作用。一个企业的成长发展与企业的管理水平密不可分，而诚信体系建设就是企业管理中重要的第一环。

企业诚信体系建设包括企业内在的诚信建设及对外部关联经营者的诚信管理。企业内在诚信建设包括开展企业职业道德管理、深化诚信教育、增强企业员工诚信意识、倡导诚信文化，让诚实守信成为员工的自觉行为；对外部关联经营者的诚信管理包括建立企业信用风险防范制度，开展信用评级、建立档案、评估和计算机风险数据分析，还可以通过银行等金融机构及行业协会获取信息。

事实上，因失信问题在经济上造成的损失是很难用数字来衡量的，挽回影响更是难以在短期内奏效。在现代文明社会的市场经济中，失信会使自己、企业付出高昂的代价。无数事实证明，丧失诚信的企业必然是茫茫商海中的过眼云烟，最终将使财源枯竭。为推进社会信用体系建设，建立企业进出口信用管理制度，促进贸易安全与便利，海关建立企业信用管理制度。成为 AEO 认证企业，是报关企业良好信用的有效证明，也是市场筛选高信用、高资质报关企业的有效鉴别方式。

2. 联合惩戒的概念及措施

2017 年 3 月 14 日，国家发展改革委、人民银行、海关总署等 33 个部门联合签署了《关于对海关失信企业实施联合惩戒的合作备忘录》（以下简称《合作备忘录》），并对外发布和实施。根据《合作备忘录》，中国将对失信企业实施黑名单制，失信公司的法人代表将被禁止离境；失信企业将在许多领域面临限制；失信公司将在中国的诚信体系中被降级。

联合惩戒，顾名思义，是指联合全国 33 个部门，覆盖全国省、市、县各级行政层级，实现纵横相间的协同联动，形成一个严密的信用管理网络。失信信息通过全国信用信息共享平台进行数据交换，动态更新，真正让失信者“一处失信、处处受限”，切实增强对失信企业的实际管控能力。

联合惩戒的措施主要有以下四种。

（1）纳入黑名单类措施。海关总署、中央网信办利用中国网站定期公布失信企业信息。

（2）影响企业信用评定。质检部门给出不予适用 A 级及以上企业信用管理，或者直接列为信用 D 级管理。

（3）加强审核、检查类措施。海关、质检、环保等部门对失信企业提高查验率或监管频次等。

（4）限制性管理类措施。公安部门阻止失信企业法定代表人出境，财政部门依法限制失信企业参与政府采购活动等。

3. 强化诚信经营管理理念

诚信经营是市场经济正常运转的基石，诚信缺位与信用体系不完善对一国经济金融体系的影响巨大。在整个通关链中，涉及海关事务管理、检验检疫管理、外汇管理等诸多手续，如果没有诚信作为媒介，实体经济、服务行业的发展都会面临着前所未有的挑战，引发全球金融危机的美国次贷危机就是从“违约”，即信用危机开始的。

企业树立诚信经营管理理念的方式很多：加强诚信宣传，充分利用平台、通讯、电台和电视媒体，集中宣传打击失信企业违规行为的成效，使典型案例深入人心，警示教育公众认识失信企业所带来的危害；与政府部门联动，推进政务公开，让更多企业了解诚信经营的重要性；失信企业黑名单的披露工作及诚信理念知识普及，通过正反两方面强化企业诚信守法意识。

诚信经营管理理念落实到位有十分重大的意义：企业家的诚信度越高，未来的机会就越多；诚信管理构成了企业核心竞争力的内容之一；诚信管理是打造企业品牌的基本条件；诚信管理是现代企业走向国际市场的通行证。

诚信可以使新企业成长壮大，也可以使老企业历经百年不衰，企业一旦取得了同行、客户和社会的广泛信任，其产品和服务就能被人们接受，就能实现持久地发展。

（二）企业信息化建设

企业信息化建设是指通过IT技术的部署来提高企业的运营效率，降低运营风险、降低经营成本，从而增加企业获利和持续经营的能力。

1. 系统平台搭建

对于报关单位而言，每天都在与信息系统打交道。报关单位向海关申报单证，需要通过发送客户端向海关系统传输申报数据；而对于企业内部，也有许多报关单位已经或正在利用先进的IT技术搭建报关管理系统、制单系统等来加快通关效率、降低报关成本。系统平台的搭建是项系统工程，需要梳理各项业务流程及不同用户的需求，其关键步骤如下。

（1）需求分析和设计评审

项目负责人开展需求分析，对设计输入的充分性和适宜性进行评审。需求分析阶段根据合同要求包括软件需求分析及硬件系统需求分析，并撰写需求分析报告。需求分析报告需要涵盖系统的性质，完成时间和注意事项；过程阶段及进度安排和负责人；职责分工及接口关系和资源条件需求；评审、验证、确认活动安排及记录要求；功能、性能要求及运行环境条件说明；输入/输出要求及检测标准、检测报告记录。

（2）设计输出和设计评审

输出结果主要依应用平台必须生成的文档资料、说明书及用户使用手册来体现，具体按合同要求确定。设计开发的评审、验证、确认应形成明确的记录，并有明确的评审结论和必要采取的措施。

（3）设计验证、确认及更改控制

设计开发输出验证包括软件编程及开发过程中的单元测试、系统测试和集成测试。系统的确认主要通过试运行进行不断完善和修订软件应用程序和应用效果。设计更改根据更改原因不同要分类进行控制，例如，由于海关系统变更，或者是由于产生BUG需故障修复的更改，则按照不同控制程序进行分类更改及控制。

2. 系统数据管理

搭建完系统平台投入正式使用后，系统数据管理变得尤为重要。所谓系统数据管理，是指利用计算机硬件和软件技术对数据进行有效的收集、存储、处理和应用的过程。其目的在于充分有效地发挥数据的作用。系统数据管理涉及到系统硬件方面的扩充和合理利用，同时也包括对数据信息格式化处理提出了很高的要求，使数据可以长期储存、便于共享及数据具有独立性，不会因硬件或软件的更改而产生数据丢失或者数据格式大规模变更的情形。

3. 系统安全维护

所谓系统安全，包括网络安全及信息安全。

网络安全维护旨在为确保网络安全和信息传输、处理、设施中的信息资产受到保护，提供全方位的网络安全服务管理。网络安全维护需要企业制定具体的信息网络安全保障措施；确定网络安全管理需求；确定企业网络运营安全风险问题，识别潜在的防护措施领域。

信息安全维护指对系统中的数据，通过制定一系列计算机能识别的策略，保证数据的安全保密，并确保公司业务连续、稳定、安全的进行。

企业管理层需要组织各职能部门识别信息安全管理过程、管理内容和具体的安全要素，开展风险管理，对系统漏洞、操作程序、流程缺失、安全事故及时进行处理及响应，对措施有效性、系统有效性、人为工作差错进行动态监测，并定期对监测结果进行评估及分析，不断改进和优化系统安全环境。

4. 系统接口对接

企业 ERP 系统与报关单制单系统的对接可以大大降低通关时效。原先的人工制单通过系统接口对接后，将 ERP 中的现有数据传送至制单系统，实现“一键式”生产报关单数据，简化操作流程，实现数据输入的零错误率。同时，系统接口对接也包括通过标准化接口接收政府部门的反馈数据，例如，可以通过接口，接收来自海关、商检或港务部门的查询、反馈数据，实现企业端可以通过单一的操作界面获取来自不同部门的数据信息，进一步简化操作流程，使企业便于管理和通关状态的跟进。

（三）报关企业合规建设

1. 提高“三预”技能

“三预”指预归类、预审价以及预原产地确认，在货物实际进出口前，申请企业预先向第三方专业机构申请对商品归类、商品完税价格相关要素、估价方法及商品原产地或者原产资格的认定。申请企业应当对提交材料的真实性、准确性、完整性、规范性承担法律责任，如因商品资料信息有误导致预确定项目不符合实际情况的，第三方机构有权撤销原确认意见。报关单位无论是进出口企业还是报关企业都可以选择第三方机构完成“三预”工作，也可以通过自身的专业水平帮助进出口企业完成“三预”工作。

在实际的通关操作中，要确保商品归类的准确，就必须事先对商品有了解、对归类原则理解透彻；要确保企业能享受到我国与其他国之间的优惠税率，就必须审核原产地证明是否合规，填报是否合理；要确保企业商品金额申报到位，满足海关的征税要求，就必须帮助企业审核特许权使用费、佣金、运保费、特殊关系，以及其他与审定完税价格有关的要素申报是否齐全。这些都是报关企业或是第三方专业咨询公司的基础工作，只有提高“三预”技能，才能帮助企业合规通关、高效通关。

2018年2月1日，《中华人民共和国海关预裁定管理暂行办法》开始实施，申请人可以就“进出口货物的商品归类”“进出口货物的原产地或者原产资格”“进口货物完税价格相关要素、估价方法”“海关总署规定的其他海关事务”，向海关事务申请预裁定。预裁定的申请人应当是与实际进出口活动有关，并且在海关注册登记的对外贸易经营者。海关预裁定制度的推行，能有效帮助进出口企业提高通关效率、降低通关成本、防范业务风险，起到推动营商环境优化，促进贸易安全便利的作用。

2. 提高报关单填制及单证审核技能

2017年3月29日，新版《报关单填制规范》（海关总署公告2017年第13号）开始执行。2018年1月1日起，新增两项必填的申报要素（海关总署公告2017年第69号），说明了报关单及其数据在报关工作中的重要性。报关单填制的常态化调整是报关单及相关申报关务作业更加明确、严谨、一致、规范的体现。报关单填制是报关人员必须掌握的基本技能。

报关人员可以通过学习海关公布的填制指南，掌握报关单填制技能。报关人员还需要弄懂报关单中每个栏目的概念及相互之间的关联关系。例如，进（出）口报关单分单填报时，各分项数值与发票总数值不符、报关单上的数值和许可证数值不符，这些都是填制报关单时容易发生的问题。报关单填制出现错误，会引起海关计税错误，影响海关贸易管制与准确统计，会因报关单的修改或撤销而增加工作量，延缓海关正常放行速度，会使进出口企业无法按时提取货物（装船出运），舱单无法核销，不能正常收付汇，无法办理退税手续，更有可能会影响企业管理类别、信用等级等。

报关单证审核是报关单填制之后的必要环节，旨在降低报关单填写的差错率，作为单证审核人员，必须对相关栏目进行逐项审核。根据进出口企业提供的原始单据，针对报关单各栏目逐一与原始单证进行核对，确保做到单单相符、单证相符。同时，必须根据监管方式，进行逻辑审核。首先，需要与进出口企业沟通确认符合货物实际贸易情况的监管方式，进行填写“监管方式”栏，在此前提下，根据监管方式与报关单其他栏目的相互对应关系，快速验证相关栏目的填制是否正确；必须通过监管证件、运保费费用明细、货物装箱明细等资料来核实报关单填报正确与否，作为报关企业必须做到所申报的信息与所提供的资料完全吻合。

3. 学习和遵守海关各项法律法规

无论是进出口企业亦或是报关企业，都必须不断学习海关或者是其他政府机关出台的有关通关的新政策、新法规，主要有三种途径。

（1）需要每日收集相关新政策并对其进行分类。海关政策的范围很广，包括报关单填制类、贸易管制类、税款征收类、税则调整类等，这些都关系到我们日常的通关工作，如果平时不注意积累，等到需要申报相关商品时才意识到，为时已晚，可能还会影响到通关效率。

（2）需要定期学习通关政策。包括会影响现有通关流程、可以加快进出口企业通关时效等通关政策，这些对于报关企业来说都需要做到心中有数，并且及时告知进出口企业，及时制定调整策略做好应对。

（3）对于现场操作政策的积累与学习。通常海关总署公布的政策是具有大方向指导意义的，每个直属/隶属海关会根据实际业务情况和口岸情况制定符合自己实际情况的操作规范。作为报关单位，不仅要掌握海关总署公布的公告、决定性文件，而且对于实际操作环节的规范、注意事项也必须做到心中有数，并与进出口企业进行沟通，传达现场操作指南，帮助企业审核符合各个海关要求的申报资料，发挥海关与企业之间的桥梁、纽带作用。

学习和遵守海关政策和规范的意义在于保证通关时效，成为海关的高资信企业，减少通关风险的产生，降低企业通关成本。

【复习思考题】

1. 如何加强报关单位的企业诚信体系建设？
2. 如何加强报关单位的企业信息化建设？
3. 如何加强报关单位的企业合规建设？

雲南文庫

学术名家文丛

《云南文库》编委会

主 任 委 员：李纪恒　赵　金　高　峰

副主任委员：钱恒义　张瑞才　陈建国　陈秋生

委　　　员：杨　毅　范建华　任　佳　李　维　张　勇

张昌山　王展飞　何耀华　贺圣达

《云南文库·学术名家文丛》编委会

主　任：赵　金

副主任：张瑞才　张云松　张昌山

委　员　（按姓氏笔画排序）

王文光　王展飞　尤　中　朱惠荣　伍雄武　伏润民

任　佳　刘　稚　刘大伟　汤文治　李红专　杨　毅

杨先明　何　飞　何　明　何耀华　邹　颖　张文勋

张桥贵　陈一之　陈云东　武建国　范建华　林文勋

和少英　周　平　周永坤　胡正鹏　段炳昌　施本植

施惟达　贺圣达　崔运武　董云川　谢本书

主　编：张瑞才

副主编：张昌山

编　辑：马维聪　柴　伟　杨君凤

云南文库

学术名家文丛

赵仲牧学术文选

赵仲牧　著

雲南大學出版社
雲南人民出版社

作者简介

赵仲牧（1930—2007），哲学家、美学家、诗人，云南大学中文系教授，云南省文史馆馆员。原籍云南腾冲，1930 年生于上海，1953 年毕业于云南大学文史系，先后在沈阳师范学院和辽宁大学中文系任教，1980 年调回云南大学中文系，曾任中文系文艺理论教研室主任，校学术委员会委员等，同时兼任中华美学学会理事、中国高校美学研究会理事（学术委员）、中国中外文论比较研究学会理事、西南五省区美学学会副会长、云南省美学学会名誉会长、云南思维学会副会长等，2007 年因病去世。著有《赵仲牧文集》五卷（云南大学出版社，2014 年）。

总 序

中共云南省委书记 李纪恒

“盖文章，经国之大业，不朽之盛事。”一部承载责任与使命的好作品，必将是一部千古不朽的立言典范，也必将是一部历久弥新的传世教科书。千百年来特别是明代以来，许多贤人君子和名人大家在广袤的云岭大地耕耘、思考和写作，留下了闪光的足迹和丰厚的作品，足以飨及后进，启迪晚辈。在搜集、遴选和整理云南明代以来学术大家、学术名家著作的基础上，由云南宣传部门牵头推出了《云南文库》，这一丛书的面世诚为云南学术研究和出版界之盛事。

编纂《云南文库》是传承云南地域文明、提高云南文化自觉的有益尝试。“七彩云南”这片神奇的土地孕育了对中国乃至世界文明都有重要影响的古人类，造就了云南文化的丰厚积淀，从而构成了博大精深的云南文化艺术宝库。作为中华文化圈、印度文化圈和东南亚文化圈的交汇地，云南自古以来都不缺乏学贯中西的大师和博古通今的大家，从来都不缺乏魅力四射的光辉著作和壮美奇绝的文化遗存。其中，许多学术作品都凝聚了深邃的思想和超凡的智慧，体现了鲜明的地域特色和民族特色，彰显了有云南自身特点的知识谱系和学术传统。今天，我们将历史长河中的明珠拾起，用心记载云南学术史上的灿烂篇章，正是为了守护云南优秀的地域文化，为了汲取进一步繁荣发展云南哲学社会科学的养分和动力，进而筑牢云南文化自信的根基。

编纂《云南文库》是树立云南文化品牌、增强云南文化影响力的重要举措。云南文化是中华文化的有机组成部分，其悠久的历史文化、多彩的民族文化、独特的生态文化、包容的宗教文化，已经成为文化百花园中一枝流光溢彩、香飘四海的奇葩。千百年来，云南学者中英奇瑰伟之士以及众多寓居云南的外省学者念兹在兹，深植于云南沃土，扎根于传统文化，不懈探索、勤奋撰述，留下了一批经得住历史和实践检验的珍贵成果。特别是抗战时期，随着西南联合大学和相关研究机构的到来，昆明一时风云际会，云集了大批我国现代学术史上开宗立派的学术大师和著名专家，云南成为当时中国学术中心之一，诞生了大批学术经典。新中国成立后，云南学术研究取得很大进展，研究队伍空前壮大，学科建设卓有成效，学术成果日益丰硕，推出了一批享誉国内外的学术精品。近年来，《云南史料丛刊》《云南丛书》等一批历史文献和地方文献丛书相继刊印，云南文化的影响力和竞争力不断增强。今天，我们隆重推出《云南文库》，就是要为更多的人了解云南、熟悉云南、研究云南搭建一个平台和载体，为云南的经济社会发展、文化建设、文史学术研究等提供有益的历史借鉴，为在更广领域传播云南文化、打造云南品牌、增强云南软实力创造更好条件。

编纂《云南文库》是保障人民群众的基本文化权益的有效途径。文化建设的根本就是要用健康高雅的艺术、用智慧明辨的思想、用善良温厚的德行启迪人、引导人。编纂《云南文库》一个重要目的是丰富人民群众的精神文化生活、增进人民群众的幸福感。此次收入《云南文库》的著作，涉及哲学、历史、文学、语言、艺术、民族、宗教、政治、军事、外交等诸多方面，包含着丰富的自然、社会和人生哲理知识，体现了高度的人文关怀。阅读这些著作，有助于培育读者自尊自信、理性平和、积极向上的心态，有助于引导人们去发现、享用、珍惜世界和人生之美，能使大众的精神世界得以滋养和美化、人格得以陶冶和熏陶、心灵得以安顿和抚慰、情感得以丰富和升华，从而更好地满足人民群众多层次、多方面、多样性的审美需求。

编纂《云南文库》是推动云南跨越发展的必然要求。云南早在1996年就提出了建设“民族文化大省”的目标，是全国最早提出建设民族文化大省的省份之一。2000年，我省正式确立了“建设绿色经济强省、民族文化大省和中国连接东南亚南亚的国际大通道”的三大目标，把文化事业和文化产业的发展纳入了全省经济社会发展战略的范畴。2009年召开的中共云南省委八届八次全委会，作出了把云南建设成为“绿色经济强省、民族文化强省、中国面向西南开放的桥头堡”的重大决策，把云南文化建设推向了一个新的阶段。2011年11月，云南省第九次党代会进一步明确了科学发展、和谐发展、跨越发展的发展主题，要求更加自觉、更加主动地推动文化大发展大繁荣。当前，云南人民正豪情满怀地沿着建设民族文化强省的道路阔步前行，具有云南特色的文化模式已经也必将进一步焕发动人而耀眼的光芒。我们将以打造《云南文库》等一批社科品牌和文化精品为契机，继承优良传统，发挥优势，突出特色，以面向现代化、面向世界、面向未来的宏大眼光，锐意进取，积极开展学术研究，努力创造出无愧于时代、无愧于人民、无愧于历史的优秀学术成果和文化产品，更好地弘扬以高远、开放、包容的高原情怀和坚定、担当、务实的大山品质为主要内容的云南精神。

《云南文库》最终得以发行，首先是众位先贤心血和智慧的结晶。在此，我们要对创造了云南学术精品并因此而为中华文化做出杰出贡献的学者们表示崇高的敬意！在《云南文库》的编纂过程中，相关编纂单位、出版单位和参加整理的学者，以高度的责任感和使命感，兢兢业业地做好编校和出版工作，正是有了他们的辛勤劳动和精心工作，才有如今的翰墨流芳。在此，我要诚恳地道一声，大家辛苦了！《云南文库》从构想走向现实，离不开众多读者和社会各界人士的支持，我也一并向你们表示诚挚的谢意！同时，衷心希望同志们一如既往地为云南文化建设献智献策，欢迎更多的同仁志士参与到云南文化建设的伟大事业中来！

谨为序。

目 录
Contents

思 维 学

元 理 论

哲 学

思维学

形象思维的形式结构和文艺创作的关系

一 前 言

文艺创作和文艺欣赏离不开知觉活动、想象活动和情感活动，或者说在创作和欣赏的过程中必定包含着直观活动与感受活动的成分。同时，文艺创作和文艺欣赏又不能等同于单纯的知觉和想象的直观活动，因为在创作和欣赏中也包含着对社会生活的内部联系和内在规律或者对作品的生活内容的理性认识，它也是一种思考活动或思维活动。从这个意义上说，也仅仅从这个意义上说，创作和欣赏活动可以叫作艺术思维活动。作为创作和欣赏的思维活动，总起来说是创造与再造文艺作品中的艺术形象和形象体系的思维活动，所以也可以把这种思维活动称为审美—艺术型的形象思维活动，简称为形象思维活动。形象思维是一种特殊的思维活动，它既是认识生活的思维活动，也是表现生活的思维活动，是创造与再造主观世界与客观世界相融合的艺术形象的思维活动。因此，形象思维既是一种特殊的认识活动或思维活动，又是艺术表现或文艺创作与欣赏的活动。

由于形象思维具有认识社会生活的功能，是揭示社会现象与历史现象之本质与规律的一种特殊方式。因此我在《形象思维必须遵从认识和思维活动的普遍规律》（辽宁大学中文系《语文教学参考》1978 年第 1 期）一文中，首先把形象思维看成是一种特殊的认识方式和思维方式，并从认识论的角度探讨了形象思维与逻辑思维这两种相对独立的思维运动的“共性”。同时简单地说明了形象思维和逻辑思维都包含着人类的认识和思维活动的一般过程，都同样地遵从认识的辩证法以及认识和思维的一般规律。

在自然界和社会生活中，在认识活动与思维活动中，普遍（共性）的东西和特殊的东西既是对立的，又是统一的。任何普遍总是表现在特殊之中的普遍；任何特殊也总是包含着普遍的特殊。即使从认识论的角度去审视，包含在形象思维中的认识活动与思维活动的一般过程和普遍规律也是通过形象地反映生活的特殊过程和特殊规律体现出来的。如果从美学的角度去考察，在称作艺术思维或形象思维的思维活动中，认识与思维的一般过程和普遍规律又要受到表现生活、创造与再造形象的特殊过程与特殊规律的制约。

形象思维与逻辑思维各自的思维过程与思维规律的特殊性，首先在于两种思维具有截然不同的思维形式与形式结构。以知觉映象和记忆想象的表象作为思维的形式结构，这是形象思维的形式结构的特征。思维的形式结构是表现思维内容的。形象思维特殊的形式结构是表现特殊的思维内容的。一方面，透过生活现象的外部形态去深入揭示社会生活的内部联系、本质方面和客观规律；另一方面，则透过映象和表象去刻意表现作家、艺术家和欣赏者对生活现象的态度和评价，去表现他们的思想、感情、意志、气质、个性以及相关心理状态。这两个方面的相互渗透，创作与欣赏的客体和主体的相互融合，构成了形象思维特殊的思维内容。思维有自己的矛盾运动过程，在这一过程中，它需要用一定的方法去处理直观活动与理性认识、个别与一般、思维客体与思维主体等各组矛盾。思维的矛盾运动过程和处理矛盾的方法制约着思维内容和思维形式以及两者之间的关系。形象思维有自己特殊的矛盾运动过程和处理各组矛盾的特殊方法。这一切又制约着形象思维的思维内容和思维的形式结构以及两者之间的特殊关系。本文将侧重研究形象思维的思维形式和形式结构的基本特征，以及这种特殊的思维形式结构和文艺创作的关系。形象思维特殊的矛盾运动和处理各组矛盾的特殊方法、与形象思维的矛盾运动相联系的特殊的思维内容、形象思维与逻辑思维的相互关系……这些问题在《形象思维的矛盾运动与解决矛盾的特殊方法》一文中已经作了阐述。

在讨论有关形象思维的形式结构问题之前，需要先作几点说明。

（1）艺术思维或形象思维是一个重要的美学范畴。形象思维的形式结构问题应当首先放在美学的领域中，而不能仅仅放在认识论的领域中去加以研究。国外历代的许多学者也都是从美学的角度去区分文艺创作活动和理论（广义的）思考活动的，这是一方面；另一方面，历代的许多美学家和批评家又从心理功能、认识方式或思维形式上去区分文艺创作活动和理论（广义的）思考活动。其中有不少意见是可资借鉴或应当吸取的。研究形象思维的形式结构问题，既要指出它的客观基础，阐明它与感性认识的关系；也要涉及它和直观活动或知觉活动的关系，它和知觉映象、记忆与想象的表象的关系，涉及映象和表象的心理结构。因此，不仅要以认识论为依据，而且要以心理学为依据，才有可能弄清楚形象思维具有什么样的形式结构这一重要的美学问题。

（2）形象思维不仅贯穿于文艺创作活动中，而且贯穿于文艺欣赏活动中，并在一定程度上同一般的对生活现象与自然景物的审美活动有联系。为了节省篇幅，本文将从创作的角度探讨形象思维的形式结构的特征，并对形象思维及其形式结构和创作活动的全过程的关系问题提出自己的看法。有关文艺欣赏的领域尽量少涉及，至于日常生活中的一般审美活动则不去触及。

（3）在谈论形象思维的思维形式及其形式结构之前，有必要先分清思维形式这一概念的双重含义。我们知道，思维对于整个认识活动来说，是一种特殊的认识形式，因为认识活动还有其他的形式，如感觉、知觉、观念等等。形象思维对于一般的思维来说，是一种特殊的思维形式，因为思维活动还有其他的形式，如逻辑思维（抽象思维）。一般所谓的形象思维是一种思维形式或特殊的思维形式，是按照上述意义来说的。此外，每一种思维运动又有自己独特的形式和内容。逻辑思维有自己的思维形式结构和思维内容，形象思维也有自己的思维形式结构和思维内容。本文将按照后一种意义来使用形象思维的形式结构这一概念。

（4）确定形象思维的形式结构的基本特征必须阐明下列问题：形象思维的思维形式和生活现象的外部形态、艺术形象的感性外壳有何关系？形象思维的形式结构和语言系统有何关系？形象思维的思维形式是由哪些因素组成的？形象思维的思维形式及其运动过程跟一般的感性认识和直观活动有何区别？形象思维和逻辑思维的形式结构有何差异？本文将试图对这一组相互关联的问题作一些说明，把形象思维的形式结构及其基本特征的轮廓勾画出来。

二　生活现象的外在形态、艺术形象的感性形式跟形象思维的形式结构之间的关系

社会生活中的人、事、景、物一般都具有可以被感知的属性，或者说，它们都能作用于人类的感觉器官，在人们的意识中留下有形、有色、有声、有嗅、有味……的感觉映象。生活中的每个人都有特定的容貌、身材、体型和发音，每个实物（包括景物）都有特定的形体、色泽或触感，每件事都有具体的过程和它的来龙去脉。这些人、物、景、事都在人们的知觉中留下了一个个或一桩桩相对独立、相对完整的映象，同时在记忆的表象中复呈这些具体的映象，在想象的表象中改制这些具体的映象。生活中的每一个人、每一件事、每一种物、每一派景象，都有独特的个性化的特征与细节，都能被人们的知觉映象和记忆表象所把握，并且跟其他的人、事、物、景区别开来。生活中许许多多的事物和现象虽然各式各样、千差万别，但它们的共同特点是都具有可以被人感知的直观的、具体的、个别化的外表形态。换句话说，大多数生活现象或自然景物都具有直观性、具体性和个别性。

现实中，景物内在的风骨、气韵，要通过具体可感的、富有个性特征的形态、轮廓、色泽、声响等等显示出来。现实中，人物内在的性格志趣、思想品质，也要通过具体可感的、富有个性特征的容貌表情、姿态动作和声调谈吐表现出来。社会生活中各种现象的内在联系、矛盾冲突及其发展趋势和变化规律，总要表现在相应的感性形式之中，总要或隐或显、若明若暗地透过一幅幅可见可闻、鲜明生动的现实或历史的“生活图画”呈现出来。总而言之，自然景物或生活现象的内在本质在一般情况下都会直接或间接地表现在直观的、具体的和个性化的外形中，表现在可以被人们的知觉映象或记忆表象所摹写的感性形式中。

诗人、作家和艺术家运用各种媒介，在文艺作品中精心地塑造各式各

样的艺术形象或艺术形象的体系。每一个或每一组艺术形象都有特定的形式和特定的内容。文学史或艺术史上不少比较成功的艺术形象，都是感性形式与理性内容（思想—感情内容）、艺术形象与生活本质的有机的统一体。诗人、作家和艺术家对社会生活的某些内部联系和内在规律的洞察和认识，他们对某些生活现象的感受和体验，以及对这些现象的感情态度和价值评价……组成了艺术形象的内容要素。这些内容要素，都要通过艺术形象的感性形态表现出来。人类的包括自己的心灵世界在内的社会生活是文学家和艺术家创造艺术形象的唯一源泉。社会生活以及与社会生活相联系的自然风景和丰富多彩的外部形态，现实中人、事、景、物的直观性、具体性和个别性，是艺术形象的感性形态的直观性、具体性和个别性的客观基础。

自然界和社会生活中充满了各种“天籁”和各种声响、节奏，它们是音乐形象的感性形式的客观根据。音乐艺术正是通过由音响、旋律、节奏、和声等等感性要素组成的表现形式去反映生活内容的。现实中的各种人物、场面、风景、静物都有自己的轮廓、色泽、形貌和风姿，它们是绘画、雕塑、工艺美术等造型艺术的感性形式的客观基础。造型艺术正是通过由色彩、明暗或线条、形体等等感性要素组成的表现形式去反映生活内容的。作为语言艺术的文学作品也不例外，作家、诗人借助语言工具，利用词汇的指物性或形象性去构造作为文学形象组成部分的各种审美表象。读者也通过作品的语言，在意识中再创造作品里组成文学形象的各种审美表象。作者和读者意识中（或思维中）由语言工具来表达的各类审美表象的唯一源泉，是现实中一幅幅轮廓明晰、形貌具体的生活“画面”。

生活现象和自然现象的具体可感的、个性化的外部形态，是创造艺术形象的感性形态的客观源泉。对于客观事物的外部形态的知觉映象与记忆或想象的表象是创造艺术形象的表现形式的感性材料。然而，人们在日常生活中日积月累的大量的感性材料，并不等于是艺术形象及其感性形态。原始的感性材料，并不是小说、剧本中直接组成人物形象的肖像、表情、身材、声调等方面的审美表象，也不是散文、游记中直接组成有关景物的形貌、风姿、色泽、背景等方面的审美表象。原始的感性材料，既不能在绘画中直接构成艺术造型的线条、形体、色彩、明暗诸方面的形式要素，也不能在乐曲中直接构成音乐形象的音质、节奏、和声、旋律诸方面的形式要素。仅仅凭单纯的直观活动不可能创造出渊深的艺术形象及其鲜明动人的感性形式。因为，直观活动的产物——单纯的知觉映象或记忆的和想象的表象，决不能等同于艺术形象及其感性形态。否则，人人均有知觉、记忆和想象的能力或直观活动能力，那么每个人都应当是“艺术家”了。作家、艺术家需要经过艺术的思考活动，即形象思维活动，才有可能把普通的知觉映象和记忆或想象的表象改制成艺术的表象，改制成艺术形象的感性形态。在社会实践中积累的关于人、事、景、物的外表属性的知觉映象，以及保存在记忆中的各种表象，必须经过形象思维的选择和加工，才能成为艺术形象的蕴涵着理性内容（思想感情内容）的感性形式。正如生活中的某些内在的意蕴和情理，必须经过形象思维的提炼和铸造，才能成为表现在艺术形象的感性形态中的思想感情内容。

作家、艺术家能否运用抽象思维活动，铸造和雕琢艺术形象及其可见、可闻、可想象的感性形式？不能。道理很简单，抽象（逻辑）思维以科学的概念、判断和逻辑推理作为思维形式和形式结构。在科学概念和逻辑推理中，生活现象的线条、形貌、色泽和音响等等感性要素并无描述摹写，更无渲染强调的必要，知觉和表象的直观性、具体性和个别性被冲淡或舍弃了。用感性材料固定下来的艺术形象的表现形式是可见其形和可闻其声或可以想象的，是具有强烈的直观性、具体性和个别性的。很难设想运用概念、判断、推理等等没有形貌、没有色泽、没有旋律的抽象思维的形式结构，能够铸造出有形、有色、有声的和个性化的艺术形象及其感性形式来。

形象思维的形式结构跟抽象思维相比，有显著的区别。前者保持了生活现象和自然现象可感知的外表形态和形式结构，保持了知觉和表象的全部直观性、具体性和个别性的特征。形象思维的形式结构虽然与巴甫洛夫所说的第一信号系统即感官知觉系统的生理机制有关联，然而就它如实地摹写客观生活现象的外部形态来说，它不是先验的或与生俱有的。正如社会生活具体可感的外部形态是艺术形象的感性形式的客观基础一样，形象思维特有的形式结构也渊源于同一客观基础，是生活现象和自然现象外表的形式结构能动的反映。因此，不能依靠抽象思维及其形式结构，而唯有运用摹写着生活本身的形貌声色的形象思维及其形式结构，才有可能熔炼出同样地渲染着生活本身的形貌声色的艺术表象（或艺术形象的感性形式），铸造出直观、具体、个性化的和栩栩如生或娓娓动听的具有感性形态的艺术形象，创造出《水浒传》中的人物、《长江万里图》中的山水、《掷铁饼者》的塑像、《英雄交响乐》的旋律来。

三　从心理功能、认识方式和思维形式去区别文艺创作活动和理论思考活动是西方美学重要的研究领域

文学艺术的创作活动（包括文艺欣赏活动和一般的审美活动，下同）与哲学科学的思考活动有什么样的区别？这两种活动在心理功能和心理活动方式上有什么差异？或者，从认识阶段和认识方式上看又有什么不同？历代的不少哲学家、美学家和文论家都看到了两者的差别，都试图从不同角度，根据不同观点给予确切的回答。下面以西方哲学史、美学史和文论史为例，略加说明。

有的学者认为，文学艺术的创作活动与哲学科学的思考活动的区别，主要是两种心理（或心灵）功能的差别。意大利哲学家、社会学家维柯（1668—1744）指出："诗人可以看作人类的感官，哲学家可以看作人类的理智。"① 意大利哲学家慕拉多利（1672—1750）说："想象力是心灵……领会和认识具体事物形象的功能。……不妨称为低等的领会。灵魂还有一种对事物的高等的领会，属于高级的理性或神性部分，通称为理解力。"② 英国诗人雪莱（1792—1822）写道："心灵有两类活动，叫做推理和

① ［意］维柯：《新科学》第三卷，第一部分，第五章，转引自朱光潜《西方美学史》上卷，人民出版社 1979 年版，第 337 页。

② ［意］慕拉多利：《论意大利最完善的诗歌》，转引自《古典文艺理论译丛》第 11 辑，人民文学出版社 1966 年版。

想象。”①

更多的学者认为二者的差别不仅是心理功能上的差别，也是心理活动方式或认识方式上的差别。法国哲学家笛卡儿（1596—1650）在《形而上学的沉思》中写道：“我首先指出想象和纯粹理解（或理会）之间的区别。……仅仅在于心灵在理会的时候以某种方式转向自身，考察自身之内的某一观念；而它在想象时则转向形体，考察形体中与观念相合的某个东西，或者是它凭借感官接受来的。”② 维柯也说：“哲学的语句愈上升到一般，就愈接近真理；而诗的语句则愈掌握个别，就愈准确。”“哲学把心从感官那里抽开来，而诗的功能却把整个心沉浸在感官里。”③ 德国美学家鲍姆嘉通（1714—1762）指出：“美学的对象就是感性认识的完善。”“正确，指教导怎样以正确的方式去思维，是作为研究高级认识方式的科学……美，指教导怎样以美的方式去思维，是作为研究低级认识方式的科学……”④ 德国诗人歌德（1749—1832）认为：“诗指示出自然界的各种秘密，企图用形象来解决它们；哲学指示出理性的各种秘密，企图用文字（相当于概念——引者注）来解决它们。”⑤ 近代意大利哲学家兼美学家克罗齐（1866—1952）在说明审美（包括文艺创作、欣赏在内）活动与哲学思考的差异时，把直觉和逻辑、想象和理智、个别和共相（一般）绝对地对立起来了，他在《美学原理》中写道：“知识有两种形式：不是直觉的，就是逻辑的；不是想象得来的，就是理智得来的；不是关于个别的，就是关于共相的；不是关于诸个别事物的，就是关于它们中间关系的；总之，知识产生的不是意象，就是概念。”⑥

---

① ［英］雪莱：《诗辩》，转引自《西方文论选》下卷，上海译文出版社 1979 年版，第 51 页。

② ［法］笛卡儿：《形而上学的沉思》，载《十六—十八世纪西欧各国哲学》，商务印书馆 1975 年版，第 177 页。

③ ［意］维柯：《诗的智慧》第七部分，第三章；《新科学》第三卷，第一部分，第五章。转引自《形象思维问题参考资料》之二，上海文艺出版社 1979 年版，第 53 页。

④ ［德］鲍姆嘉通：《美学》，转引自朱光潜《西方美学史》上册，人民出版社 1979 年版，第 297 页。

⑤ ［德］歌德：《慧语集》，转引自《古典文艺理论译丛》第 11 辑，人民出版社 1966 年版。

⑥ ［意］克罗齐：《美学原理》，作家出版社 1958 年版，第 1 页。

综上所述，西方历代的许多哲学家、美学家和诗人都有同感：文艺创作活动与哲学（广义的）思考活动的差别，首先在于两种心理（或心灵）功能的差别，前者关系到想象力，后者关系到理解力；前者与感觉（广义的）有关，后者与观念（或概念）有关；前者与感情有关，后者与理智有关；前者是想象活动，后者是推理活动。不少学者还进一步指出，文艺创作活动与哲学思考活动的不同，体现了两个认识阶段和两种认识方式的不同。前者只涉及个别，后者则涉及一般；前者是“低级认识方式”，后者是“高级认识方式”；前者是“感性认识的完善”，后者是“理性认识的完善”；前者的产物是形象或意象，后者的产物是概念或共相……这些错综复杂的见解，都在一定程度上涉及两种不同的心理活动或认识活动各自的特征和相互的区别，都有一定的见地。

实际经验告诉人们，文艺创作活动不仅是想象力的发挥或单纯的想象活动，不仅是“直觉即表现”中的感情的因素，不仅涉及个别，也不仅是“低等的领会”、“感性认识的完善”。这是一种艺术构思的活动，特殊的思考活动。这种思考活动与理解力也有关系，也是一种理智活动的方式，一种“高等的领会”，一种“高级认识方式”，它的产物——意象或形象，也包含有思想，也能揭示“一般”，揭示“现象必然联系的经验”和“基本规律”。西方近代的某些哲学家和美学家已经洞察到文艺创作活动的这些特征。

康德（1724—1804）在《判断力批判》中写道：“我所了解的审美观念就是想象力里的那一表象，它生起许多思想而没有任何一个特定的思想，即一个概念能和它相切合……它是理性观念的一个对生物，理性观念与它相反，是一个概念，没有任何一个直观（即想象力的表象）能和它相切合。”康德还写道：“……一般有两种方式来组织所陈述的思想，一种方式唤做样式（审美的方式），另一种唤做方法（逻辑中的方式）……”①（以上引文的重点符号系引者所加）法国哲学家、文艺评论家狄德罗（1767—1837）在《论戏剧艺术》中指出：“诗人善于想象，哲学家长于

① ［德］康德：《判断力批判》上卷，宋白华译，商务印书馆 1964 年版，第 159、165 页。

推理，但在同一意义下，他们的作为都可以是合乎逻辑的或不合逻辑的。说他合乎逻辑或说他具有了解各种现象必然联系的经验，这原是一回事……”①（重点符号系引者所加）。法国美学家丹纳（1828—1893）有更精辟的见地：“……第一条路是科学，靠着科学找出基本原因和基本规律，用正确的公式和抽象的字句表达出来；第二条路是艺术，人在艺术上表现基本原因与基本规律的时候，不用大众无法了解而只有专家懂得的定义，而是用易于感受的方式，不但诉之于理智，而且诉之于最普通的人的感官与感情……”②（重点符号系引者所加。）

哲学科学的思维活动直接跟理解力和理智有关，是“高级的领会”，是理性认识，它能直接揭示“一般”、“共相”、“基本规律”和“了解各种现象必然联系的经验”。文艺创作活动，除了有自己特殊的心理活动方式与认识方式之外，跟前面列举的存在于哲学科学思维活动中的种种心理与认识功能也有密切关系。从上述观点出发，对文艺创作和哲学（广义的）研究这两种不同的思考活动的基本特征及其相互关系问题还可能提出两种不同的答案。答案之一是：在文艺创作的思考过程中之所以包含着存在于哲学（广义的）研究的思考过程中的各种心理和认识功能，是因为在前一种思考过程中包含着后一种思考过程。文艺创作的思考活动必须完全依靠哲学科学的思考活动，才可能揭示出事物的“基本规律”和“各种现象联系的基本经验”。这一答案的实质是：文艺创作活动本身并不是一种相对独立的思维活动，它唯有凭借哲学科学的思维活动才能成为达到理性认识的思维活动。如果离开了哲学科学思维去谈论文艺创作，就会把创作活动贬抑为单纯的直觉活动或“感性认识的完善”，势必在理论上坠入慕拉多利、鲍姆嘉通和克罗齐等人的感觉主义美学的泥潭。另一答案是：文艺创作的思考活动是一种相对独立的思维活动，是高级的认识方式，也是达到理性认识的途径之一。在这种思考活动中，直观与理智、想象力与理解力、个别与一般、感性认识与理性认识是有机地结合在一起的。文艺创作的思维活动与哲学科学研究的思维活动之间的关系并非是前者必须依仗

① ［法］狄德罗：《论戏剧艺术》，转引自《古典文艺理论译丛》第1册，人民文学出版社1961年版。

② ［法］丹纳：《艺术哲学》，傅雷译，人民出版社1963年版，第31页。

后者才可能具有理智、理解力等心理功能，才可能成为“高级认识方式”并达到理性认识的高度。两种思维活动的差异在于：思维的形式结构与思维的内容不同，达到理性认识、揭示事物本质的方法和途径的不同，两者的职能和产品的不同。笔者认为第二个答案是比较正确的。

近代欧洲的某些哲学家、美学家和批评家也有类似的看法。前面提到的丹纳的论述即是一例。德国哲学家黑格尔（1770—1831）的见解也可以作证。他在《美学》中强调：“艺术作品当然是诉之于感性领会。它是诉之于外来的或内部的感觉，诉之于感性的知觉和表象的……”“在艺术里，感性的东西是经过心灵化了，而心灵的东西也借感性化而呈现出来了。”“艺术家的创造的想象……用图画般的明确的感性表象去了解和创造观念和形象，显示出人类的最深刻最普遍的旨趣。”① 俄国的批评家别林斯基（1811—1848）首先明确提出文艺创作活动也是思维活动，是“寓于形象的思维”。别林斯基在《智慧的痛苦》中写道：“呈现于诗人心中的是形象，不是观念。”在《艺术的观念》中写道：“诗歌不是什么别的东西，而是寓于形象的思维。”他在《〈杰尔查文作品集〉第一篇论文》中进一步指出：“诗歌也进行议论和思考，这是不错的，因为它的内容，正像思维的内容一样，也是真理；可是，诗歌是用形象和画面，而不是用三段论法和两端论法来进行议论和思考的。”丹纳、黑格尔和别林斯基的论点包含着某些合理的内核，他们洞察到了文艺创作是特殊的“感受方式”，是心灵活动或思维活动，在一定程度上看到了文艺创作活动与哲学思考活动在表现方式或思维形式上的显著不同。前者“用易于感受的方式”表现事物的“基本规律”，“借感性化”而呈现出“心灵的东西”，是“寓于形象的思维”，是“用图画般的明确的感性表象去了解和创造观念和形象”，是“用形象和画面”去进行思考活动的。

别林斯基之后，特别是在某种话语背景下，与抽象思维相对称的形象思维这个术语已逐渐流行，围绕着两种思维在思维形式结构方面的差别，也在学术界展开了广泛的讨论。形象思维与逻辑思维各自的特殊性，集中体现在思维形式结构的差异上。这种差异关联到各自在思维方法和思维内

---

① 参见黑格尔《美学》，朱光潜译，人民出版社 1962 年版，第 42－49 页。

容以及其他方面的一系列的区别。两种思维形式结构的区别，前面已经作了初步的比较，下面再补充几句。形象思维的思维形式结构跟生活总体的外貌与形态是一致的，是“图画般明确的感性表象”，是有形、有色、有声的。作为逻辑思维的思维形式结构的科学概念及其体系，特别是大量的普遍概念，仅仅存在于思维之中，严格地说，它跟现实中一个个的具体事物与具体现象的外貌或形态是截然不同的。（当然概念所反映的对象及其本质属性是存在于现实之中的。）逻辑思维的抽象的形式结构，从总体上看是无形、无声、无色、无嗅、无味的。（这里所说的“形”，不是指字形而言；所说的“声”，不是指语音而言。）

艺术创作活动既具有特殊的心理功能，也具有特殊的认识功能。文艺创作的构思活动应当跟哲学（广义的）研究的思考活动区分开来。文艺创作的构思活动是一种特殊的思维活动，是“寓于形象的思维”活动。艺术构思或形象思维具有不同于抽象思考或逻辑思维的特殊的思维过程和思维方式。这些观点的逐步形成是美学史上的一项重要成就。探索艺术思维的思维形式和形式结构及其基本特征，是当前美学理论建设中的一个重要课题。苏联和新中国以及其他国家的美学界和文艺理论界曾经对这个课题作过一些探讨。不过这类探讨还是初步的，还需要深入下去，深入到形象思维的形式结构的“细部”和“深层”中去。

四　词汇的功能与语言的结构跟思维的形式结构之间的关系

“语言是思想的直接现实。”① 词汇不同的性质与功能跟不同类型的思维的形式结构有密切的联系。因此，需要从语言的角度去考察词汇与整个语言系统的特殊功能跟形象思维特殊的形式结构之间的关系。思维活动一般都以由词汇、句子以及有关的规律组成的语言系统作为自己的媒介。逻辑思维离不开语言系统，形象思维一般地说也是如此。语言学家指出，

① 《马克思恩格斯全集》第3卷，人民出版社1959年版，第525页。

语言系统中的词汇的词义具有三重性质：其一，词义与概念相关联，即词汇可以表达概念；其二，词义具有指物性，即词汇可以指称具体可感的事物；其三，词义要受整个语言结构的制约。这就是语言学中经常提到的所谓“词义三角”。逻辑思维运用由词汇或词组表述的概念，凭借由语言系统表述的判断以及推理和论证过程，去揭示客观世界和认识主体中的各种现象的本质属性、内在联系及其发展变化规律。形象思维则运用词汇或词组去指称反映在各种知觉映象和记忆或想象的表象里的实际的或虚构的具有直观性、具体性和个别性的事物，凭借语言系统去指称作为审美表象的具体可感的人、事、景、物；或者凭借语言系统去描摹作家、艺术家和欣赏者、审美者对生活的各种真切的感受和体验，以及他们的心情、志趣和整个精神状态。

综上所述，可以引申出一组简单的结论：（一）词汇与整个语言系统，是表述或指称思维客体的符号系统，而不是各种类型的思维活动共同的思维形式。语言系统的结构，也不能说成是不同类型的思维方式共有的形式结构。（二）词义以及与此相关的语言系统，既可以用来表述概念和反映在概念中的对象的本质属性，也可以指称别的东西。因此，承认词汇以及整个语言系统是逻辑思维与形象思维共同使用的符号系统，并不等于同时承认艺术思维也应当像逻辑思维一样，以科学概念和由概念组成的判断、推理作为自己的思维形式和形式结构。（三）词义具有指物性的功能，可以用来指称具体的事物，指称摹写着具体事物的映象或表象。具有指物性功能的词汇以及与此相关的语言系统，能够指称在审美的知觉活动、想象活动与联想活动中形成的各种映象—表象系统，指称孕育中的艺术形象及其感性形式。因此，肯定形象思维的思维形式是由跟创造与再造艺术形象的表现形式有关的映象—表象系统组成的，同时又肯定语言是一切思维活动的“直接现实”，两者并无不协调的地方，两个命题可以同时并存。形象思维跟语言的关系是一个比较复杂的问题，三言两语不可能讲全讲透，笔者准备另外草拟一篇稿子，就此问题展开专题性的讨论。

语言系统跟思维的形式结构的关系问题已经大体上弄清楚了。下面将以认识论和心理学为依据，逐层深入地探讨一下跟形象思维的思维形式和形式结构及其基本特征有关的三个方面的问题。

五　组成形象思维的思维形式的各种感性因素及其相互关系和基本特征

人类有视、听、嗅、味、肤（触觉、温觉……）等外部感受器官和运动、力度、平衡等内部感受器官。这些感觉器官向我们提供了反映客观事物和自身肌体的个别外表特质的视觉、听觉、嗅觉、味觉、肤觉、运动觉、力度觉、平衡觉等方面的感觉资料。视觉器官与听觉器官是所谓高等感觉器官，视觉与听觉提供的感觉资料是构成形象思维的思维形式的主要材料。换言之，反映在视觉中的事物的亮度、色调、明暗对比、色彩对比和线条、形体、方位、距离等等，反映在听觉中的对象的音高、音强、音长、音质以及"单纯音"、"倍音"、和声、语音等等，都是构成形象思维的思维形式的原材料。因为形象思维的思维形式主要是由跟创造与再创造艺术形象有关的视觉和听觉的映象和表象的体系组合而成的；而视觉与听觉的相对完整的映象与表象又是根据视觉与听觉提供的各种感觉资料综合而成的。先天的失明者或失聪者不可能掌握视或听的感觉资料，因而他们不能像耳目正常的人那样，在意识中出现视觉或听觉的映象与表象，并进行将视觉或听觉的映象与表象系统作为思维形式的形象思维活动。至于嗅觉、味觉、肤觉、运动觉和力度觉提供的感觉资料，一般都要跟视觉或听觉的映象或表象相连接、相配合，才有可能参与组成形象思维的思维形式。所以说，视觉与听觉之外的感觉资料，只能是组成形象思维的形式结构的辅助性的原材料。

知觉建立在感觉的基础之上。凡是知觉映象都包含着众多的感觉资料。感觉摹写对象的外表的个别特质。知觉活动则将对象的个别特质结合而成一个个具有直观性、具体性和个别性的整体。在视知觉中，看到的不单是某些亮度、色调、线条或形状，而是具有一定的明暗、色彩、外形和其他特征的相对完整的物体，如像一朵兰花，一位老人，一株古松，一幢高楼，一座苍峰……在听知觉中，听到的不单是高低、强弱不同或音色不同的某些声响，而是具有一定的音长、音强、音高、音色、节奏的"风声、雨声、读书声"，或大雁的鸣声，歌手的歌声，机车的汽笛声……人们从视知觉映象中，不仅可以区分出空间方位中置身于前面的物体，而且可以区分出物体后面的背景。如像画家或诗人凭着知觉活动，既可以看到眼前的"孤舟尽日横"，也可以区别开作为背景的野水一湾和远山一抹。人们既可以把某一物体知觉成一个整体，同时也可以知觉到物体的各个部分以及它的各种特征。例如，作家、艺术家经常细致地观察完整的人物，也经常在知觉映象里集中描摹人物的容颜、身材、发式或服饰，以及人物的举止谈吐或一笑一颦。

对于各种生活现象与自然现象的视觉与听觉的知觉映象只要跟文艺创作或欣赏发生关联，就成了形象思维的思维形式的重要组成部分。许多写真的画家、雕刻家和作家的艺术实践活动都证实了这一普通的道理。描绘真容的画家和人物速写的画家，一定会凝神观照模特儿的容貌、表情和身材、姿态，有关模特儿的由各种感觉资料组合而成的知觉映象，就成了艺术思维活动的思维形式的重要"部件"。写真的雕塑家也是如此，他也需要注目熟视眼前的模特儿（或模特儿的画像、照片），有关模特儿的完整细腻的知觉映象，构成了写真的雕塑创作活动的思维形式不可分割的组成部分。写实的风景画家和静物画家进入创作，也会长时间地静观默察他们的描写对象，此时此刻，画家的形象思维活动绝不可能撇开思维的感性形式，即有关风景或静物的知觉映象。法国印象派的著名画家马奈、莫奈、雷诺奥等人很善于在刹那间的知觉印象中捕捉对象在一定条件下的独特而又强烈的色彩感，同时凭借这种难以磨灭的知觉映象（以及事后的记忆表象）进行绘画的创作活动。文艺复兴时期的意大利艺术大师达·芬奇指出："画家的心应该像一面镜子，永远把它所反映事物的色彩照摄进来，前面摆着多少事物，就摄取多少形象。"①

艺术创作的形象思维活动经常以知觉映象作为思维形式的组成部分；艺术欣赏的形象思维活动也是在由各种知觉映象组成的感性形式中进行的。欣赏绘画与雕塑的形象思维活动决不能抛开有关绘画、雕塑的视觉映

① 转引自《外国理论家、作家论形象思维》，中国社会科学出版社 1979 年版，第 531 页。

象。欣赏乐曲与歌唱的形象思维活动也不能撇开有关乐曲与歌唱的听觉映象。同样的道理，很难设想在观赏舞蹈或电影时，观赏者可以主要依靠概念、推理的思维形式进行观赏活动而完全舍弃舞蹈动作、电影画面和乐曲演奏的视觉映象和听觉映象。

当知觉活动已经终止，知觉映象及其后象已经消失之后，还可以在意识中重新引出事物的本来面目或者浮现虚拟的物象，心理学家把这种心理现象叫做表象。知觉映象是表象的心理基础。按照知觉形态的不同，可以把表象分为视觉表象、听觉表象（语言表象和音乐表象）、运动觉表象，等等。在不同人的意识中，某一种或某几种形态的表象可能占主导地位。这种情况在作家艺术家的形象思维中表现得尤为突出。从知觉映象转变成表象，都或多或少地经过了意识的改造，或者说，表象是不同程度上变了形的知觉映象。由于改造的性质和变形的程度不同，可以区分记忆的表象和想象的表象。反映在知觉映象或记忆表象里的事物经过意识的改造，性质或外形有了较大的改变即形成了想象的表象。记忆的表象和想象的表象都具有直观性和具体性，同时也在不同程度上具有个性化的特征。表象跟知觉映象相比，有以下几点差别：其一，鲜明性的差别。前者比较暗淡模糊；后者十分清晰鲜明。其二，完备性的差别。前者摹写对象的形状或细节不很完备，经常出现“空白”；后者的摹写是完备的。其三，稳定性的差别。前者不稳定，经常跳跃、流动；后者是稳定的。其四，连贯性的差别。前者不太连贯，经常出现中断的情况；后者是连贯的。以上的比较只有相对的意义。各种表象其质量的优劣受到相关条件的制约。许多作家和艺术家观察事物，洞幽烛微，明察秋毫，因而呈现在他们的记忆和想象中的各种形态的表象，其直观性、具体性和个别化的特征几乎可以跟一般的知觉映象相抗衡，它们的鲜明性、完备性、稳定性和连贯性也可以跟日常生活里的知觉映象相媲美。

视觉的、听觉的以及运动觉的和其他形态的表象经常是组成形象思维的感性形式不可缺少的辅助材料。即使是写真的造型艺术家，当他们聚精会神地注目于生活的或自然的原型时，视觉映象里也时时渗入了长期积累的以视觉形象为主的各种记忆和想象的表象。欣赏造型艺术、音乐、舞蹈、戏剧、电影或电视片时，情况也大致相仿。欣赏者边看或边听，同时边忆边想。他们的思考活动紧紧围绕着视觉或听觉的映象，同时各种有关的相同形态或相异形态的记忆的或想象的表象也和知觉映象联结起来，融为一体。除了写真的画家和雕塑家之外，作家和多数艺术家的形象思维活动，主要是在由各种记忆、想象的表象组合而成的思维形式中进行的。

优秀的作家和艺术家不仅有敏锐的观察力和感受力，而且有很强的记忆力和丰富的想象力。他们的记忆是历久弥鲜的，他们的想象可以“精骛八极，心游万仞”①。在塑造艺术形象的过程中，他们经常依靠由众多鲜明、完善、稳定、连贯的表象融合而成的感性形式去进行思考活动。罗曼·罗兰赞扬高尔基有非凡的表象的记忆力，认为高尔基能“把十年前、三十年前看到的形象保持不变，在思想的暴风雨中目光明确到了神奇的地步”。大作曲家几乎能够按照听觉映象的清晰程度与准确程度，去复呈或创造各种乐曲的听觉表象。德国著名的作曲家舒曼再三强调内部听力，即音乐表象对作曲构思的重要性。他在《青年音乐家应遵行的重要规则和忠言》中指出：“如果你能预先感觉到什么东西紧接着什么东西出现，或者你能烂熟地记住你所知道的那些歌曲，一言以蔽之，如果你把乐曲不仅表现在手指上，而且记在脑里和心头，那么你就是一个很好的音乐家了。”优秀画家的表象的记忆力和想象力也是十分惊人的。唐代山水画的大师吴道子绘画前干脆不准备“粉本”（画稿）。下笔前，奇山异水的视觉映象都“并记在心”；落笔时，都化为清晰明快的表象，源源不断地注入笔端。②

从事不同艺术类型和体裁样式的文艺创作的作家和艺术家们经常以不同形态的记忆的表象和想象的表象作为思维形式去进行艺术构思活动。造型艺术家往往用色彩、线条和形体以及运动觉的表象作为组成思维形式的主要“构件”。音乐家通常以音响以及运动觉的表象作为思维形式的原材料。剧作家和演员的形象思维活动几乎离不开视觉、运动（动作）觉和语言听觉的表象。而诗人、作家的构思活动经常是在由视觉、音响和语言的听觉以及其他形态的表象综合组成的思维形式中进行的。

各种形态的表象是相互制约、相互影响的，是相辅相成、相得益彰

① 陆机：《文赋》。

② 潘天寿：《中国绘画史》，商务印书馆1930年版，第61页。

的。因此，从事某一艺术类型或体裁样式的文艺创作的作家或艺术家不仅以一种或几种相关形态的表象作为组成思维形式的“主要部件”，而且以其他形态的表象作为组成思维形式的“辅助性部件”，用“辅助性部件”去加强和补充“主要部件”。要证实上述情况，在文学史或艺术史中是不乏其例的。包法利夫人的形象长期“生活”在福楼拜的形象思维中，福楼拜凭着鲜明的视觉表象，时时“看到”她的一举一动。当包法利夫人服毒时，福楼拜凭着想象中的味觉表象，自己也尝到了“真正的砒霜的味道”，因而真的病了。俄国的著名画家列宾在创作名画《伏尔加河上的纤夫》时，记忆和想象的运动觉和肤觉以及别的内部感觉的表象都转化为形象思维的感性形式的组成“部件”，他感到自己同纤夫一块儿“拉得筋疲力尽”，被灼人的烈日、口干唇焦的渴劲和疲劳所“折磨”，他的“磨出血的”双脚“陷入沙中”，他的胸脯被纤绳紧紧地“勒着”，感到“磨伤的皮肤在刺痒地痛”。① 李姆斯基－可萨可夫是俄国著名的作曲家，在他的艺术思维中，非常丰富的音乐表象与十分清楚的视觉表象是相互为用、融洽无间的，既“听到”了抑扬婉转、宫徵靡曼的旋律，又“看见”了色泽鲜艳、浓淡适度的天然图画。因此他的作品不仅有强大的音乐表现力，而且有独具一格的“写生性”。

不同的艺术家或作家创作相同体裁的文艺作品也可以把不同形态的表象作为组成形象思维的“主要部件”。19 世纪法国的两位剧作家列古维和斯科利布的对话是很有趣的。列古维说：“当我写某一剧本时，我听见了；而你写时，你却看见了；在我写每一句话时，主角的喉音在我耳中发着响声；而你呢，角色是在你眼前行走着。我是听戏的人，你是看戏的。”（重点符号系引者所加。）斯科利布回答：“对极了……当我编作剧本时，在思想上……我是在池座中央呢。”② 从鉴赏的角度看，也有相似的事例。据说过去北京人讲究听戏（京剧），上海人讲究看戏（京剧）。散场之后，前者不断玩味复呈在听觉表象中的演员的唱腔，后者流连于浮现在视觉表象中的角色的动作；前者以听觉表象作为组成形象思维的思维形式的“主要

① ［苏］布罗夫：《论艺术概括的认识论特性》，转引自《外国理论家、作家论形象思维》，中国社会科学出版社 1979 年版，第 263 页。

② 转引自柯尼洛夫等编《高等心理学》，商务印书馆 1958 年版，第 190 页。

部件”，后者以视觉表象作为组成形象思维的思维形式的“主要部件”。

自古以来，表象的（和情绪的）想象就跟文艺创作结下了不解之缘。当然，也要考虑到一些特殊的情况。写真容和写生的造型艺术以及写真人真事的报告文学都是特殊的文艺体裁。按照这一类体裁的要求去进行艺术构思活动，一般都以知觉映象或记忆表象作为构思活动的思维形式，不宜用移花接木式的想象的表象去代替反映真容真景和真人真事的知觉映象和记忆表象。但是，反映在知觉映象和记忆表象中的对象的某些细节，也可以用想象的表象去作些补充或润饰。除此之外，绝大多数的作家艺术家在进行艺术构思的时候，都需要浮想联翩，翱翔于想象的大千世界之中。在组成形象思维的思维形式的各种“部件”中，想象的表象自有突出的重要地位。造景设物，寄寓作家、艺术家的思绪情趣，离不开想象的表象；进行艺术概括，深入揭示生活的哲理与规律，也不能抛开想象的表象。小说戏剧中的典型性格是在想象的表象中孕育诞生的；诗词中的意境是在想象的表象中酝酿醇化的；乐曲中的旋律是在想象的表象中编织而成的。不少名家画人物和景物，经常先在想象的表象中精雕细刻，镂金错彩，然后才画在画幅上。

古今中外的诗人、作家、艺术家和批评家，几乎都强调想象或幻想的表象在文艺创作与欣赏中的巨大作用。不少人还介绍了运用想象的表象进行艺术构思活动的具体情况，发表了许多精辟的见解。苏东坡论绘画创作的名言是大家熟知的。他说：“故画竹必先得成竹于胸中（孕育形成竹子的表象——引者注），执笔熟视，乃见其所画者，急起从之，振笔直遂，以追其所见……”[①] 清人方薰亦有类似的看法：“杜陵谓十日一石，五日一水者，（杜甫《戏题王宰画山水图歌》开头两句为：十日画一水，五日画一石。——引者）非用笔十日五日而成一石一水也，在画时意象经营，先具胸中丘壑，落笔自然神速。”[②] 阿·托尔斯泰十分重视培养产生“幻觉”的能力，即产生想象的或幻想的表象的能力。他说：“我开始学习看，就是学习产生幻觉。后来，我自己便发展了这种能力，达到如是清晰的境

① 苏轼：《文与可画筼筜谷偃竹记》，载《东坡集》卷39。

② 方薰：《山静居论画》，载《中国画论类编》上册，第233页。

地，甚至当我回忆时，时常把过去的经历和现在所想象的材料掺混在一起了。”① 苏联的女雕塑家林娜·宝在双目失明之后，凭着顽强的毅力，运用各种想象的视觉形象进行艺术思维活动。她经常在梦中“看见”了已完成的雕塑作品，醒来之后，立即奔向黏土，在半小时之内，把梦中所见的塑像的表象转化为真正的黏土塑像。②

作家、艺术家运用创造性的想象的表象进行创作的思维活动，读者、观众和听众则运用再造性的想象的表象进行欣赏的思维活动。再造性的想象的表象，对欣赏文学作品有特殊重要的意义。读者利用文学语言的指物性（或形象性），在形象思维中通过想象的表象，能够再创造登场人物的形貌、动作与细节，以及人物活动的场面与环境；或者再造作品里的各种风景画面，和画面里的一山一水、一草一木。欣赏音乐时，听众的形象思维活动必须和听觉映象结合起来才能直接把握音乐形象及其感性形式。然而，听众也可以运用想象去熔铸跟听觉映象相配合的听觉的、视觉的和运动觉的表象系统，进一步丰富和加深音乐欣赏的形象思维活动。欣赏造型艺术也会出现相似的情况。观众常常运用想象去组合有关的视觉和动作（运动觉）的表象系统，并把表象系统跟直接反映着绘画里或雕塑里的艺术形象及其表现形式的视觉映象合为一体，这样做也能深化美术欣赏的形象思维活动。

强调想象活动在创作与欣赏中的重大意义是合理的。莎士比亚曾经满怀热情地赞扬想象活动的奇妙之处：“诗人转动着眼睛，眼里带着精妙的疯狂，从天上看到地下，地下看到天上，他的想象力把从来没人知道的东西构成形体，他笔下又描绘出它们的状貌，使虚无缥缈的东西有了寄寓的名目。”③ 跟构造或再造艺术形象的表现形式有关的想象的表象，是组成形象思维的感性形式的十分重要的“部件”，这是无可怀疑的。但是，过分夸大想象的表象的作用是不恰当的。因为，凡是同构造或再造艺术形象的表现形式有关的各种感性因素——诸如想象的表象，以及作为想象的基础

① ［苏］柯尼洛夫等编：《高等心理学》，商务印书馆1953年版，第180－181页。

② ［苏］科斯托马洛娃：《视觉分析器病患者想象的特征》，摘自中译本《表象与想象的心理学研究》，科学出版社1963年版，第300－301页。

③ ［英］莎士比亚：《仲夏夜之梦》第5幕第1场，第7－17行。

的知觉映象和记忆表象，都是组成形象思维的思维形式不可缺少的材料。或者反过来说，不论是撇开知觉映象和记忆表象，还是撇开想象的表象，从总体上看，撇开了这些跟铸造与再造艺术形象及其表现形式有关的感性因素或直观材料的思维活动，就不再是文艺创作或文艺欣赏的思维活动。

六　形象思维的思维形式及其运动过程跟一般的感性认识和直观活动的差别

我们肯定了形象思维的思维形式是由各种感性材料组合而成的，也许有人会问：上述命题是否可以引出如下的结论，日常生活里的一切感性材料都是创作与欣赏的思维活动及其思维形式的组成部分？回答是否定的。知觉映象、记忆的和想象的表象，这些感性材料必须根据一定的条件才有可能转化成形象思维的思维形式的组成部分。因为，组成形象思维的思维形式的感性材料，同一般的感性活动提供的原始材料是有区别的；形象思维的直观形式的运动过程，跟一般的知觉、记忆和想象的直观活动也不能混为一谈。

首先，从认识论的角度来看，形象思维及其感性形式跟单纯的感性认识是有明显差别的。形象思维虽然保持着摹写物象的具有直观性、具体性和个性化特征的感性形式，但是，形象思维并不停留在认识的感性阶段，并不是局限于鲍姆嘉通所谓的“低级认识方式”。形象思维的运动过程，是运用经过整理的感性形式去深入概括对生活现象的某些内部联系和发展趋势的理性认识的过程。就思维的感性形式而论，它自己也处于运动的过程之中，处于不断地提炼与组合各种感性因素以便能更好地揭示思维的理性内容的过程之中。从这里可以看到形象思维及其感性形式与一般的感性认识是有所不同的。因为一般的感性认识只能提供原始的未经改造整理的感性材料，这些原始材料不太可能直接成为思维的感性形式，去充分表现思维的理性内容或观念内容。

其次，从心理学或文艺心理家的角度来看，形象思维及其直观形式的运动跟单纯的直观活动，也有显著的区别。形象思维是综合运用观察力、记忆力、想象力和感受力、理解力、表现力等心理功能的复杂的心理活动过程。这个活动过程既包含感觉知觉、记忆想象等直观活动；也包含情感活动、思想活动、意志活动……形象思维的运动过程，又是运用经过整理组合的由知觉映象、记忆表象和想象的表象构成的直观形式去概括情绪、感情、思想、愿望、气质、才能、性格等等社会心理内容的过程。就形象思维的直观形式而论，它自身也有特殊的运动过程，即连续地提炼与调整各种形态的映象—表象系统去准确完美地表现思想感情和性格志趣等社会心理内容的特殊过程。因此，形象思维活动跟单纯的知觉、记忆与想象等直观活动有质的区别。否则，从婴儿到成人，在清醒时和睡梦里不断地进行着的直观活动，都变成艺术创作或艺术欣赏的形象思维活动了。另外，思维的直观形式的运动过程跟单纯的直观活动也不能混为一谈。后者虽然同思想、意志、感情等心理活动有密切联系，但是在单纯的直观活动中并不需要精心整理映象—表象系统，以便达到能充分表现思想、感情、愿望、性格等社会心理内容的目的。

某些形象思维的否定论者却持有相反的意见。其中有个别人认为，只要肯定形象思维，肯定形象思维跟感觉知觉、记忆想象等直观活动有联系，就应当戴上“显然是一种直觉主义因而也是神秘主义的体系”① 的大帽子。

大家知道，克罗齐是建立“直觉主义”美学体系的主要代表。克罗齐声称：“知识有两种形式，不是直觉的，就是逻辑的；不是从想象得来的，就是从理智得来的。”② 依照他的看法，一般的审美活动、文艺创作与文艺欣赏活动，都是纯粹的直觉活动和纯粹的想象活动。而“直觉是离开理智作用而独立自主的”，“直觉或表象就其形式而言……就是表现”③。克罗齐的“直觉说”并不是凭空独创的，而是近代西欧的感觉主义和形式主义美学的继承与发展。克罗齐的不足并不在于看到了文艺创作与文艺欣赏活动跟知觉和想象等直观活动有关联，也不在于指出了创作活动与欣赏活动

---

① 郑季翘：《文艺领域里必须坚持马克思主义的认识论》，《红旗》1966 年第 5 期，第 43 页。

② ［意］克罗齐：《美学原理》，朱光潜译，作家出版社 1958 年版，第 1 页。

③ 同上。

跟运用概念、推理的逻辑思维活动有明显的区别，逻辑思维不能代替创作欣赏活动，概念不能代替形象。仅就这两点而论，克罗齐似乎比把文艺创作与逻辑思维、形象与概念混为一谈的人，比发明了表象—概念—表象这一公式的人，还高明一些。克罗齐的问题主要体现在三个方面：第一，从形式主义的观点出发，把创作与欣赏的活动仅仅归结为对形式的审美观照和通过形式表现感情的活动，否定了通过创作与欣赏去理解和揭示生活的内在联系及其规律的必要性。第二，从直觉主义的观点出发，把创作与欣赏活动看成是单纯的直觉活动或“直觉即表现”的活动；因而，把对生活中和作品中的事物的“共相”以及事物之间的关系及其运动过程的理性认识，统统排除在创作过程和欣赏过程之外。第三，从“心灵哲学”的认识论出发，把创作与欣赏中的直觉印象和想象的表象跟现实生活完全隔绝开，从根本上否定“印象”与“表象”是客观事物的外部形态真实的或变了形的写照。克罗齐曾经写道：“……就形象观感的性质而论，事物的真实存在与否是次要的、非根本的区别。”“在形象观感时……我们只使我们的印象——不论什么印象——获得客观存在。”① 由此可见，形象思维论同克罗齐的形式主义、直觉主义和心灵哲学的美学体系并无血缘关系。

再次，从美学、从创作论的角度来看，形象思维的思维形式跟一般的知觉映象、记忆表象和想象的表象之间的差别表现在以下几个方面。

（1）孕育中的艺术形象的感性形式，是由经过选择提炼或加工改制的各种知觉映象、记忆表象或想象的表象熔铸而成的。准备用来或正在用来铸造艺术形象的感性形态的各种知觉映象、记忆表象和想象表象的系统（可以简称为映象—表象系统），组成了形象思维的思维形式。形象思维的思维形式又通过其自身的运动，反复地选择比较、分解并合或加工改制映象—表象系统，最后在思维中熔铸成完整的艺术形象的表现形式。阿·托尔斯泰在《致青年作家》一文中指出：“……形象是在这个复杂的过程中自然地形成的，它作为思维的结局，清晰地、准确地脱颖而出，就象一台安装完毕的机器经过了上千道工序——从图样、从熔解炉的瓦斯到装配机

① ［意］克罗齐：《美学原理》第一章，朱光潜译，第 6 页，转引自《外国理论家、作家论形象思维》，中国社会科学出版社 1979 年版，第 195 页。

器的电磁机的火花 ——后，从传递带的尽头落地一样。”① 阿·托尔斯泰用安装机器的过程去比喻运用形象思维铸造艺术形象的过程，是大致贴切的。组成形象思维的思维形式的任何映象—表象系统，都同“安装”艺术形象的表现形式有直接的或间接的关联。日常生活里各种映象—表象系统是零乱的、松散的。在一般的知觉、记忆或想象活动中并无必要对映象或表象下一番提炼加工和分解组合的功夫，因为这些系统并不是准备用来或正在用来“安装”（或铸造）艺术形象的表现形式的。

（2）艺术形象的内容中包含着作家、艺术家对生活的某些本质方面的理性认识，也蕴藏着作家、艺术家的情趣、理想以及对某些生活现象的爱憎和褒贬。这些内容的要素都要通过鲜明的感性形式圆满地表现出来。形象思维的思维形式通过自身的运动，精选各种知觉映象或记忆表象组成统一的整体，或者构造一组想象的表象，然后把它们熔铸成能充分表现艺术形象的各种内容要素的感性形式。法捷耶夫在《和初学写作者谈谈我的文学经验》中写道：“要经过一个相当时期，现实的零碎形象才开始形成一个整体，虽然是远非完善的整体……这时你就要开始做一件非常紧张的自觉的工作，即从意识中存在着的大量印象与形象中挑选最有价值的材料，你选出一切需要的，抛掉多余的，在那样一个方向上浓缩事实和印象。以便尽可能全面地和清晰地表现出、传达出在意识中愈来愈定形的作品的主要思想。”② 日常生活里的各种映象—表象系统并不是用来“尽可能全面地和清晰地表现出、传达出”艺术形象的深广内容的，因而，不需要在这些系统中“抛掉多余的”映象或表象，从“一个方向上浓缩”其余的映象或表象，也不需要把它们整理成艺术形象及其表现形式的“完善的整体”。

（3）固定在作品中的艺术形象的感性形态，从整体到各个部分和各种细节，都是看得见、听得见的，可以知觉、追想或者可以想象的，都是看得清楚、听得清楚，或者能够清楚地复呈或想象的。艺术形象的表现形式

① ［苏］阿·托尔斯泰：《致青年作家》，载《阿·托尔斯泰全集》第13卷，第409页。

② ［苏］法捷耶夫：《和初学写作者谈谈我的文学经验》，中译本，见《论写作》，人民出版社1955年版，第177页。

从整体、部分到细节都有个性化的特征。（当然，艺术形象的个性化特征不仅体现在形式上，而且贯穿在内容之中。）在知觉、回忆或想象中，可以把各种艺术形象的不同表现形式，或者把某一艺术形象的表现形式中的不同的部分与细节明确地区分开来。艺术形象的表现形式是统一的整体，连续地知觉、回忆或想象可以把各个部分和各种细节有机地结合起来。艺术形象的表现形式的这些特点，跟形象思维的思维形式及其运动过程有密切的联系。因此，在形象思维的思维形式的运动过程中，需要不断地突出各种有关的映象—表象系统中的各种细节，以及整个映象—表象系统的直观性、具体性和个性化的特征。还需要不断地加强记忆的表象和想象的表象的鲜明性、完备性、稳定性和连续性。一般的知觉映象虽然反映了个别的、具体可感的事物，但是在日常的知觉活动中，并不需要特意突出映象的直观性、具体性和个别性。前面已经说过，一般的记忆的和想象的表象是模糊的、残缺的，是不稳固、不连贯的。在日常的记忆和想象活动中，除了特殊情况外，也无必要特意加强它们的鲜明性、完备性、稳定性和连贯性。

（4）艺术形象的表现形式是按照作家、艺术家的审美理想去构造的，要尽可能地满足读者、观众或听众的艺术趣味。有关形式方面的审美理想和艺术趣味都要受到相应的美学规则的制约。对称、和谐、律动、寓变化于一致、从多样中见整一等等，都是相应的美学规则。在形象思维的思维形式的运动过程中，需要从众多有关的知觉映象中选取符合审美要求的映象系统，需要创造各种符合审美要求的表象系统。同时还必须遵循相关的美学规则，不断地加强映象—表象系统的审美属性，调整系统中的各种映象—表象间的审美关系，使整个系统愈来愈匀整、和谐。形象思维的思维形式必须经历这样的运动过程，才有可能铸造出艺术形象完美无瑕的表象形式。

英国的文艺批评家艾迪生（1672—1719）写道："诗人确实是在摹仿自然的景物，可是他加深了渲染，增添了它的美，使整幅景物生气勃勃……"① 日常生活里的映象—表象系统，不一定是审美的映象—表象系统。一般的知觉活动、记忆与想象的活动，并不需要按照美学规则和审美要求去渲染和增添反映在映象—表象中的事物的"美"，更不需要把零散的映象—表象组成和谐完善的映象—表象系统。

（5）视觉的、听觉的或综合形态的映象—表象系统，人物和景物画面的、乐曲的、舞蹈的或其他性质的映象—表象系统，经过"精雕细刻"，逐渐转化为孕育中的不同艺术类型或不同体裁样式的艺术形象的表现形式，然后固定在相应的语言系统或艺术符号系统中，才成为文学、绘画、雕塑、音乐、舞蹈、戏剧或其他类型的作品中的艺术形象的表现形式，成为读者、观众或听众的欣赏对象。法捷耶夫曾经说过："……直感印象，经过淘汰，在比如文学作品中得到了语言上的表现之后，就不再是字面意义上的直感印象了。这些直感印象组成了形象，组成了形象体系。"② 多种形态和多重性质的映象—表象构成孕育中的文学形象的表现形式，必须用语言文字的符号系统把它固定在诗歌、小说、散文或剧本中，才有可能使读者凭着词义的指物性的功能，在想象中再造文学作品中各种形象的表现形式。由关于静物或风景的视觉映象—表象系统组成的、孕育中的艺术形象的表现形式，通过线条色彩等手段固定在画幅上，才转化成绘画里的静物形象或景物形象的感性形式；由关于人物的视觉和运动觉的映象—表象系统组成的孕育中的艺术形象的表现形式，固定在石雕、泥塑或木刻的线条形体等媒介中，才成为雕塑作品里的人物形象的感性形式；由音乐的映象—表象系统组成的、孕育中的乐曲形象的表现形式，也必须固定在音符乐谱的符号系统中，然后经过演奏的传达，才转化成听众所能掌握的乐曲形象的感性形式。

以上种种情况，制约着形象思维的思维形式的组织结构和运动过程。形象思维的不同形态和不同性质的思维形式，适应于熔炼不同类型和不同样式的艺术形象的表现形式。文艺创作的思维活动，一定要根据熔炼某种

① ［英］艾迪生：《旁观者》，转引自《外国理论家、作家论形象思维》，中国社会科学出版社1979年版，第22页。

② ［苏］法捷耶夫：《争取做一个辩证唯物主义的艺术家》，转引自《外国理论家、作家论形象思维》，中国社会科学出版社1979年版，第169页。

类型和某种样式的艺术形象的表现形式的需要，选取特定形态和特定性质的映象—表象系统作为自己的思维形式。在形象思维的思维形式的运动过程中，不仅要把特定形态和特定性质的映象—表象系统转化为孕育中的某种类型和某种样式的艺术形象的表现形式、而且要把孕育中的艺术形象的表现形式固定在相应的语言系统或符号系统中，铸造出存在于某种艺术类型和某种体裁样式的文艺作品中的艺术形象的感性形式。在一般知觉活动、记忆活动和想象活动中，毫无必要把杂然并陈的听觉、视觉、味觉、嗅觉、肤觉、运动觉或其他形态的映象或表象整理成单一形态的或复合形态的映象—表象系统。当然，更无必要也无可能去组合调整错杂散乱的各种形态的映象和表象，使它适应于固定在相关的艺术造型和舞蹈动作中或文学语言和音乐符号中。

七　形象思维的形式结构以及它与逻辑思维的形式结构的差别

形象思维和逻辑思维之间，除了它们的思维形式的特征有显著区别之外，思维形式的结构层次也有很大的差异。所谓思维的形式结构或思维形式的结构层次，是指组成思维形式的各种因素和各个部分之间按一定的方式和规则形成的相互联系，以及这种联系的顺序和层级。在说明形象思维的形式结构之前，不妨先看看逻辑思维的形式结构。

研究思维（逻辑思维）的形式结构及其规律是逻辑学（形式逻辑）的任务。反映事物的本质属性的概念是组成逻辑思维的思维形式的“元件”或“细胞”。逻辑思维的思维形式和整个井然有序的“结构骨架”，都是由作为“结构元件”的概念联结组装而成的。概念自身的逻辑结构，概念之间的逻辑关系，按一定的方式和规则联结概念而成的各种类型的判断，联结判断而成的推理系统和证明系统，这些就是逻辑思维的形式结构和结构层次。形式逻辑对逻辑思维的形式结构的分析说明，可以粗略地概述如下。

（1）每个概念都有确定的内涵和外延。概念的内涵和外延之间存在着

雲南文庫·学术名家文丛

反比例关系。定义是揭示概念内涵的逻辑方式。在定义中，被定义的属概念和用来下定义的种概念以一定的方式联结在一起。划分或分类是确定概念外延的逻辑方法。在划分或分类中，被分概念的外延是各子项概念的外延的总合。

（2）运用概括和限定的逻辑方法可以确定从单称概念、普遍概念直到范畴的整个概念系统。对不同概念的内涵与外延进行比较，可以确定概念之间的各种逻辑关系，包括可比较关系和不可比较关系，前者又包括相容关系、不相容关系和并列关系。同一关系、交叉关系、从属关系都是相容关系；矛盾关系、反对关系都是不相容关系。

（3）联结概念组成了判断。判断是对于对象具有某一或某些属性的肯定或否定。表示思考对象的概念叫做判断的主辞。表示属性的概念，即表示对象具有或不具有某种属性的概念称为判断的宾辞。主辞和宾辞这两个概念用联辞（“是”或“不是”）联结而成判断。

（4）推理是由判断组成的。按照一定的逻辑方法和逻辑规则，从作为前提的判断推导出作为结论的判断，叫做推理。演绎推理或三段论法是由两个当作前提的判断和一个当作结论的判断组成的。这三个判断是由三个叫作名辞的概念组成的。一个是作为结论的主辞的概念，叫作小辞；另一个是作为结论的宾辞的概念，叫作大辞；其三是出现在两个前提中，而在结论中消失了的概念，叫作中辞。在两个前提中确定了小辞与大辞跟中辞的关系，因而在结论中就可以确定小辞与大辞这两个概念的关系。在归纳推理或科学归纳法中，需要把涉及某一类的个别或部分对象的单称判断或特称判断作为前提，然后推导出作为该类全体对象的一般结论的全称判断。

（5）证明也是由判断组成的。证明包括三个方面：论题——其真实性需要证明的判断；论据——用来证明论题的真实性的判断；论证方法——运用论据去证明论题的真实性的方法。证明需要把当作论据的各个判断组合起来并导致足以证明论题的真实性的逻辑结果。证明的过程包括各种推理的过程，推理的前提是用来证明论题的论据，推理的最后结论即是被证明的论题。

以上五个方面不可能穷尽逻辑思维的形式结构的全貌，它不过是用粗略的线条把有关的轮廓大致地勾勒出来而已。从这个轮廓中我们不难看出，以概念为“结构元件”的逻辑思维的思维形式的既错综复杂又条理分明的整个结构层次。

从亚里士多德开始，前人对逻辑思维的形式结构已经作了系统严密的研究。形象思维的形式结构却是一块尚待开垦的荒地。人们对于创作与欣赏活动的过程和规律的研究成果是可资借鉴的，但是，这些成果并不能代替对作为一种思维类型的形象思维的形式结构的深入探索。形象思维的结构层次跟逻辑思维的结构层次相比，两者泾渭分明，不容混淆。只反映事物本质属性的概念并不是构造形象思维的形式结构的“元件”。概念的内涵与外延及其相互关系，概念之间的逻辑关系和整个概念系统，按一定的逻辑规则把概念组合而成判断、推理、立论和驳论的系统，这一切也不是形象思维的思维形式的结构层次。不应当从形式逻辑的角度，而应当从美学和审美心理学的角度去分析研究形象思维特殊的形式结构。因为这种特殊的思维形式的结构，跟艺术形象的表现形式的结构有密切的联系，跟映象—表象系统的结构有密切的联系。

准备用来或正在用来构造艺术形象的表现形式的知觉映象、记忆和想象的表象，是“组装”形象思维的形式结构的“元件”。跟反映事物本质属性的概念不同，映象和表象是反映一个个相对完整的事物的外部形态的，映象和表象具有直观性、具体性和个别性的特征。思维的“结构元件”的特点规定了整个思维形式的“结构框架”的特点。遵从知觉的、回忆的、想象的和联想的心理规律，遵从创造艺术形象的表现形式的美学规律（而不是依循形式逻辑的方法和规则）把各种形态的映象和表象联结组合成统 的映象 表象系统，并把统一的系统转化为完整的艺术形象的表现形式，这就是形象思维的形式结构的“框架”。形象思维的思维形式的结构层次是纷繁错落的，也需要逐层地进行探讨。

（1）知觉映象、记忆的表象和想象的表象，每一个“元件”都包含着由各种心理的和审美的因素组成的复杂的结构。单个的知觉映象或记忆表象可以分解为各个部分和各种因素。一组映象或表象的各个有关的部分或因素可以综合起来，组成新的整体。可以抽掉映象或表象中的某些原有的特征，也可以赋予它们某些新的特征。三个“元件”之间，也存在着各种心理的和审美的关系。记忆表象是知觉映象的“复制品”，“复制品”又经常渗透到“原型”中去。知觉映象和记忆表象经过加工改制成了想象的表象。后者也经常影响着知觉映象和记忆表象。三者自身的和相互之间的错综关系，制约着映象—表象系统的整个结构层次。

（2）映象和表象不同的形态。听觉的、视觉的或其他形态的映象或表象，既可以有条不紊地结合起来，又可以相对地分离开来。遵循不同艺术类型的创造或再造艺术形象的表现形式的不同规则，可以组成不同形态的形式结构。例如，可以组成听觉（音乐）形态的、视觉形态的、听觉—动觉形态的、视觉—动觉形态的形式结构，或者组成听觉—视觉复合形态的形式结构。

（3）知觉映象、记忆表象和想象的表象是不同类型的心理现象，它们可以联结起来，也可以相对地分割开来。根据不同体裁样式创造或再造艺术形象的表现形式的不同规则，可以组成不同类型的形式结构。例如，可以组成以听觉映象或视觉映象为核心的简单的形式结构，即知觉型的形式结构。在这种形式结构中，一种形态的知觉映象处于主导地位，相同形态的记忆或想象的表象和不同形态的知觉映象都处于从属地位。也可以组成以听觉的、视觉的或听觉—视觉复合形态的记忆表象为核心的形式结构，即记忆型的形式结构。在这种形式结构中，知觉映象不再是直接的组成成分，各种形态的想象的表象以及其他非核心形态的记忆表象都处于附属地位。普遍的情况是，把听觉的、视觉的或听觉—视觉复合形态的记忆的和想象的表象联结起来，组成复杂的形式结构，即记忆—想象型的形式结构。

（4）各种形态的记忆的和想象的表象，往往是在联想中被引导出来的。表象的系统也是在广泛联想中逐步形成的。联想有一定的规则和结构，即所谓“联想三原则”。三条原则是接近的原则、类似的原则和对比的原则。由特定的映象或表象引导出另一些在时间、空间或其他方面相接近的记忆的表象和想象的表象，叫接近的联想。如果引导出另一些在部分特征或整个形貌上相似的记忆的表象和想象的表象，就叫作类似的联想。第三种情况是，引导出另一些在性质上或状态上跟原来的映象或表象形成对立关系或对比关系的记忆的表象和想象的表象，这是对比的联想。依循各种联想规则进行联翩的浮想，就会招引出连绵不断的生活画面（或音响）和丰富多彩的幻想图像（或旋律），逐渐组成以记忆的和想象的表象为核心的形式结构。

（5）联想可以区分为不随意的联想和随意的联想。随意的联想是按照预定的目的或在一定的意图控制下进行的联想。为创造或再造艺术形象的表现形式而进行的接近的、类似的和对比的联想，都是随意的联想。在创造艺术形象的表现形式的随意联想中，根据一定的创作意图和审美要求，可以不断地引导出各种有关的表象的系列，逐步组成和反复调整以记忆的和想象的表象为核心的形式结构，并使记忆—想象型的形式结构愈来愈完善匀整。例如，在有关音乐创作的随意联想中，以创作映象为核心的简单的形式结构，即知觉型的形式结构。在这种形式结构中，一种形态的知觉映象处于主导地位，相同形态的记忆或想象的表象和不同形态的知觉映象都处于从属地位。也可以组成以听觉的、视觉的或听觉—视觉复合形态的记忆表象为核心的形式结构，即记忆型的形式结构。在这种形式结构中，知觉映象不再是直接的组成成分，各种形态的想象的表象以及其他非核心形态的记忆表象都处于附属地位。普遍的情况是，把听觉的、视觉的或听觉—视觉复合形态的记忆的和想象的表象联结起来，组成复杂的形式结构，即记忆—想象型的形式结构。

（6）形象思维的形式结构跟孕育中的艺术形象的形式结构是一致的。形象思维的形式结构的组合和发展的过程，就是孕育中的艺术形象的形式结构从酝酿到成熟的过程。形象思维的感性形式有自己的结构层次，文艺作品中的艺术形象的感性形式也有自己的结构层次，两者是相对应的。前者经过相关的符号系统或语言系统的传达，就逐渐地变成了后者。形象思维具有各种形态和各种类型的形式结构，不同艺术类型和不同体裁样式的文艺作品中的艺术形象，也具有不同类型和不同样式的形式结构，这两者也是相对应的。形象思维的不同形态和不同类型的形式结构，经过相应的符号系统或语言系统的传达，也将逐步转化为艺术形象的不同类型和不同样式的形式结构，并固定在不同类型的不同样式的文艺作品中。

对形象思维的形式结构的探索刚开始起步。上述几点看法凑合在一起，也许能近似地勾画出形象思维的结构层次的模型。当然，这些看法不够成熟，希望能起到抛砖引玉的作用。

应当指出，在日常的思维活动里，既没有纯粹的逻辑思维活动，也没有纯粹的形象思维活动。形象思维与逻辑思维，两种不同的思维形式和形式结构，是相互影响、相互渗透和相互制约的。两者之间并无不可跨越的深沟高墙，它们的关系，既是“平行”的，又是“交错”的。然而，上述种种情况并非本文研究的范围。本文的目的在于，集中探讨形象思维的思维形式的基本特征，以及组成这类思维形式的各种因素和这些因素的关系结构。因此，为了便于研究问题，不得不将形象思维与逻辑思维截然分开，暂不涉及它们之间的一切联系。把形象思维的思维形式及其结构层次当作相对独立的对象去加以考察，然后才有可能根据考察的结果，尝试着去建立有关形象思维的理论模型。

八　文艺创作活动是具有特殊思维形式的形象思维活动

历代的作家、诗人和艺术家的创作过程，总要通过形象思维及其由映象—表象系统组成的形式结构去认识生活和表现对生活的体验感受，去塑造直观的、具体的、独特的表现形式和精湛的思想感情内容相统一的艺术形象。在作家、诗人和艺术家的创作经验之谈中，这方面的生动实例俯拾皆是，不胜枚举。

作家塑造人物形象，需要在思维中始终保持复合形态的记忆—想象型的形式结构，经常跟人物的表象“生活”在一起，使想象中的人物的容貌情态和举止言谈，甚至隐微的一笑一颦，都历历在目。巴尔扎克的佳话是人们熟知的。在创造高里奥老头的形象时，他和被描写的人物朝夕与共，人物的各种表象时刻呈现在“眼前”，他甚至把思维中有关人物的表象系统当作真实存在的人物外表形态。据说，当他写到高老头死去的时候，心中很难受，感到周身很不舒服，想叫医生来给自己治病。《被侮辱与被损害的》的作者陀思妥耶夫斯基说：“……在那些漫漫的长夜里……我同我的想象，同亲手塑造的人物共同生活着，好象他们是我的亲人，是实际生活的人……”① 夏伯阳的形象有固定的生活原型。富尔曼诺夫正是通过形象思维及其以记忆的表象为核心的形式结构，去塑造夏伯阳的典型形象的。他说：“起床的时候我在想着夏伯阳。睡觉的时候我在想着夏伯阳。无论是坐着、站着、躺着……我总时时刻刻在想着他，想着他……当写完了这部小说的时候，我仿佛离开了亲爱的好友……”②

画家描绘景物形象，应当“静观默察”和“凝想形物”。静观时，景物的形态色泽呈现在眉睫前；凝想时，景物的形态色泽浮现在脑海中。因此，不论是静观还是凝想，画家的构思活动总是在由视觉的映象和表象组成的形式结构中进行的。吴道玄（道子）是唐朝著名的山水画家。“元宝中，玄宗忽思蜀道嘉陵江山水，遂假驿驷，令（吴道子）往写貌。及返，问其状。奏曰：‘臣无粉本，并记在心’。乃图嘉陵江三百里山水于大同殿，一日而毕。”③ 吴道子画嘉陵江山水之前，先往巴蜀浏览了实际风光，把有关景物的风貌神态的知觉映象“并记在心”。回到长安，在艺术思维活动中，作为思维形式的山水表象一一涌现，三百里嘉陵山水壁画，一挥而就。李成是北宋初年著名的画家，他的特点是“尤擅山水”。李成的记忆中储藏了许多奇山异水的图像。当他举笔作画时，随着构思活动的展开，组成思维形式的千姿百态的艺术表象也源源而来。“山林泽薮、平远险易，萦带曲折，飞流危栈，断桥绝涧，水石、风雨、晦明、烟云、雪雾之状，皆吐其胸中，而写之笔下。”④ 法国风景画家柯罗德·罗兰也不面对实际的风光景物去作画稿。平时，他用长时间精细地观察他感兴趣的天然图画。当他返回画室之后，运用形象思维以及由视觉表象组成的记忆—想象型的形式结构，画出了绝妙的风景画。⑤

作曲家构造音乐形象，回荡盘旋和抑扬顿挫的曲调总是久久地响彻在他的“耳畔”。因此，作曲家的构思活动决不能离开以听觉的表象为核心

① ［俄］陀思妥耶夫斯基：《被侮辱与被损害的》，载《俄国作家论写作》第三卷，苏联作家出版社 1955 年版，第 164 页。

② ［俄］富尔曼诺夫：《论写作》，人民文学出版社 1955 年版，第 236－240 页。

③ 潘天寿：《中国绘画史》，商务印书馆 1936 年版，第 61 页。

④ 同上书，第 114 页。

⑤ 参看柯尼洛夫等编《高等心理学》，商务印书馆 1953 年版，第 180 页。

的“如闻其声”的形式结构。奥地利著名的作曲家莫扎特曾经谈道，他的任何音乐作品，无论旋律如何复杂，都能在头脑中听到，并在头脑中编制而成。而且他还“在思想中，一眼便把这些音乐作品看成一幅美丽的图画或一个美丽的人”①。大作曲家贝多芬能在形象思维中，十分清晰地形成乐曲的表象系统，甚至在他完全耳聋之后，仍然创作出不朽的第九交响乐。

我国历代的文论家和诗论家，亦曾从不同角度看到了创作构思活动是在有声有色的直观的形式结构中进行的，并对创作构思活动的这一特征作了形象化的说明。西晋的诗人兼文论家陆机曾经指出，在创作构思中，应当做到“抱景者咸叩、怀响者毕弹”②。这两句话的含意是：“物之有形者，叩之以求其形；物之有声者，弹之以尽其声。”③ 陆机的意思很明白，创作构思不能抛开事物，而是要全力以赴地掌握与穷尽有关事物的可见可闻的一切特征。陆机还进一步阐明，随着艺术构思的深入，一方面“情曈昽而弥鲜”，另一方面“物昭晰而互进”④。在他看来，艺术构思的过程不仅要使感情（构思的内容）越来越鲜明突出，而且要不断加强物象（构思的表现形式）的清晰性。南朝齐梁时期的文论家刘勰，把包括想象活动在内的艺术构思活动名之曰“神思”。他对“神思”作了如下的描述：“……吟咏之间，吐纳珠玉之声；眉睫之前，舒卷风云之色。”⑤ 依照刘勰的见解，进行“神思”活动必须在“吟咏之中”和“眉睫之前”不断地引出各种有声有色的想象的表象，还要反复地“吐纳”听觉的表象，反复地“舒卷”视觉的表象，使听觉的和视觉的表象渐臻完善。梁朝的诗论家钟嵘在《诗品》中写道：“……若乃春风春鸟，秋风秋蝉，夏云暑雨，冬月祁寒，斯四候之感诸诗者也。”⑥ 钟嵘认为，诗歌的创作活动是由风、鸟、蝉、云、雨、月、寒暑等等具体可感的物象引起的，诗歌的创作活动离不开形形色色的物象。南宋的诗论家严羽（严沧浪）在谈论诗歌时说了

① 参看柯尼洛夫等编《高等心理学》，商务印书馆 1953 年版，第 180 页。
② 陆机：《文赋》。
③ 雷琳、张杏滨：《赋钞笺略》。
④ 陆机：《文赋》。
⑤ 刘勰：《文心雕龙·神思篇》。
⑥ 钟嵘：《诗品·序》。

一段耐人寻味的话。他说，写诗“如空中之音，相中之色，水中之月，镜中之象，言有尽而意无穷”①。严沧浪和两宋的许多诗论家一样，喜欢用佛教禅宗论禅的方式去说明诗歌的创作构思的特点，因此给诗话涂上了一层神秘的色彩。剥除神秘主义的外壳之后，严沧浪的这段话的确包含着精辟的内核。第一，诗人的创作构思活动同“音”、“色”、“象”等具体直观的表象是结合在一起的；第二，诗人的构思活动中出现的“音”、“色”、“象”，绝不是关于实物的未经改造的知觉映象系统，而是经过提炼的“空中之音”、“相中之色”、“镜中之象”等想象的表象系统，是诗人的构思活动“熔铸”出来的空灵的意象；第三，诗歌的创作活动还应当赋予有限的想象之象以深广的思想感情内容，真正做到“言有尽而意无穷”。

从积累素材、酝酿构思，到完成形象塑造的整个创作过程，都是在作家和艺术家的审美理想的指导下完成的，都受到作家和艺术家的价值取向，即政治的、伦理的或宗教的思想倾向的影响。当然，所谓指导或影响，可能是自觉的，也可能是不自觉的。人们的各种不同性质的价值观、审美标准和思想倾向，既可以用逻辑思维由概念、判断、推理组成的思维形式去表达，成为逻辑思维的思维内容的一个方面，也可以是逻辑思维活动的一种产物。但是，思维的内容与思维的产物跟思维本身和思维的形式结构并非一回事，无论如何都不能把价值观、审美标准和思想倾向说成是作为一种思维方式的逻辑思维，或者等同于组成逻辑思维的形式结构的概念、判断和推理。因此，肯定了价值观、审美情趣、思想倾向对文学艺术创作的指导或制约作用，决不会导致肯定某些同志的下述结论：“逻辑思维指导形象思维。”或者说，在文艺创作中经常需要用逻辑思维及其抽象的思维形式去指导（甚至顶替）形象思维及其思维的感性形式。

前文已经提到，文艺创作的思维活动，是在形象思维特殊的形式结构中进行的。在文艺创作的思维过程中，作家艺术家的思想观点及其指导作用主要不是通过由判断推理系统组成的形式结构展现出来的，而是由映象—表象系统组成的形式结构展现出来的。逻辑思维的产物是抽象的理论系统，形象思维的产物是具体的艺术形象。作家艺术家的思想观点不一定要

① 严羽著，郭绍虞校释：《沧浪诗话校释》，人民出版社 1962 年版，第 24 页。

"凝结"成抽象的理论系统。作家艺术家通过形象思维，把他们的思想观点"溶化"在艺术形象之中，并通过艺术形象的感性形式渗透出来。艺术作品容纳不了抽象的理论，艺术家只能把他们的思想观点灌注在艺术形象的形式与内容之中，透过绘画的线条色彩、雕像的形貌表情、乐曲的节奏旋律、舞蹈的动作姿态以及其他类型的艺术形象的表现形式，自然地流露出来。用语言工具塑造艺术形象的文学作品亦是如此。文学作品不是逻辑思维的产物，不是政论，不是学术论著，不宜在各种艺术表象之外增添洋洋洒洒的长篇大论，也不宜把艺术形象当作思想观点的传声筒。文学作品和作品中的艺术形象是形象思维的产品，诗人作家的思想倾向经常深深地蕴藏在叙事文本里的有关人物的行动、对话和心理活动之中，或者蕴藏在诗歌的意境以及相关的景物画面之中。白居易的诗作（尤其是他的新乐府）中，经常运用"卒章显其志"的艺术手法，在篇末直接阐明全诗的题旨。然而，他的"歌诗当为事而作"的文艺观点，主要是通过商人妇（《琵琶行》）、卖炭翁（《卖炭翁》）、"牡丹"（《牡丹》）等等由形象思维和它的形式结构熔炼出来的人物与景物的形象及其感性形式，间接地显示出来的。又如，在《红楼梦》中，曹雪芹虽然凭借贾雨村、警幻仙姑、茫茫大士和渺渺真人之口，发表了一些警世的议论，但是，作者的各种积极的和消极的感情态度与思想倾向，作者的生活理想和对社会、官场以及伦常、科举的总体的看法，主要是通过林黛玉、贾宝玉、薛宝钗、贾政、贾母、王夫人、王熙凤等众多典型形象的具体的个性化的经历、际遇、性格、志趣及其相互关系，自然而然地流露出来的。而这些蕴涵着作者的思想倾向的典型形象以及组成典型形象的艺术表象系统，都是在形象思维和它的形式结构的特殊"模子"中铸造成型的。

九　文艺创作活动从积累酝酿阶段到修改定型阶段始终保持着形象思维及其形式结构的主导地位

形象思维与逻辑思维具有不同的形式结构。在思考活动中，这两种相对独立的思维类型和它们的形式结构是并行不悖的，有时候可能会相互排斥，但经常是相互为用的。在各种不同性质的思考活动中，总是把其中的一种思维形式结构当作主导的形式结构，而把另一种思维形式结构当作辅助的形式结构。文艺创作的思考活动的全部过程，是形象思维及其形式结构始终保持着主导地位，还是两种不同的思维方式和两种不同的思维形式结构轮流占主导地位呢？即使在肯定形象思维有“生存权利”的人们之中，对上述问题的看法亦颇有分歧。

为了便于讨论问题，不妨把文艺创作与形象塑造的完整连续的过程大致划分为几个阶段：（1）引起创作冲动、积累感性材料、酝酿艺术形象的阶段，简称为积累酝酿阶段或准备阶段；（2）提炼感性材料、概括生活本质、表现思想感情、构造艺术形象的阶段，简称为提炼造型阶段或写作（作曲、绘制……）阶段；（3）改造形象的形式与内容、调整形象之间的关系、修改表达的手段、完成形象的塑造的阶段，简称为修改定型阶段或修改阶段。当然，这样的划分只有相对的意义。在讨论有关形象思维问题的文章里，多数学者认为，作家和艺术家的创作活动的提炼造形阶段或写作阶段，必须运用形象思维的特殊方式去创造和刻画艺术形象。至于在积累酝酿阶段和修改定型阶段，究竟是哪一种思维方式及其形式结构占主导地位？对于这个问题，意见分歧很大。有的强调，在这两个阶段，作家、艺术家的思考活动仍然离不开知觉映象和艺术表象等感性形式，形象思维依旧占主导地位；有的认为，在这两个阶段，作家和艺术家主要依靠逻辑思维，并用概念、推理等抽象的思维形式去进行准备和修改的思考活动。

在各种性质的思考活动中，逻辑思维及其形式结构与形象思维及其形式结构，都是相互渗透、相互补充的。从酝酿到定型，创作活动的全过程都不排斥逻辑思维及其由概念、推理组成的形式结构，并不断接受逻辑思维的“协助”，正如科学与理论研究，也不完全摒弃形象思维及其特殊的形式结构的“协助”一样。例如，在写作学术论文或政治论文的思考活动中，经常用既具备感性形式又蕴藏理性内容的形象化的比喻或谚语去补充说明主要用科学概念来表达的抽象道理。这仅仅是问题的一个方面。问题还有另一个方面，或者说还有更重要的方面。文学与艺术创作和科学与理论研究毕竟是两种不同的思维类型，各自都有与之相适应的思维形式结构。整个创作过程经历的任何重要阶段与重要环节，虽然经常容许“插入”以概念、推理为形式结构的逻辑思维活动，但总的说来，都不能离开形象思维活动，不能摒弃由生动鲜明的知觉映象与记忆、想象的表象组成的形式结构，都需要在思维形式中保持人、事、景、物的直观性、具体性与个别性。即便是在积累酝酿阶段和修改定型阶段，也必须保持形象思维及其感性形式之主导地位。作家和艺术家的创作实践告诉我们，在上述两个阶段中，都不容许用概念、推理和抽象性全面顶替映象和表象之直观性，不容许以概念化、理论化的思考活动取代“寓于形象”的思考活动。否则的话，其后果必然会用“图解”了的，甚至未经“图解”的理论与概念去替代生机勃勃的艺术形象和它的可以知觉、可以想象的表现形式。

古人常说：“感物造端”，“缘事而发”①，或“触景生情”，“托物寄兴”。他们认为，引起创作冲动和审美活动的是生活中具体的“物”、“事”、“景”，而“物”、“事”、“景”都具有鲜明的感性特征。由此可以悟出一个道理，在创作准备阶段，作家和艺术家的创作冲动与审美活动，主要不是在逻辑思维的推理和论证中产生的，也不是由抽象的公式或理论直接引起的，而是“造端”、“缘发”于具有生动的外部形态与深湛的内在意蕴之生活现象。《礼记·乐记》中有一段话：“人心之动，物使之然也，感于物而动，故形于声。”这段话依据朴素的观点分析了美学中的重要问题。“人心之动”是客观存在的“物使之然也”。生活中的“物”是有形、有色、有声的，因而能使“人心”（创作或审美的主体）“感于物而动”。具体的“物”使“人心”有感而动，然后又通过“人心之动”（艺术创作或其他审美活动），“物”才转化为“形于声”的音乐形象及其表现形式。

茅盾的《谈〈水浒〉的人物和结构》记述了一则有趣的轶事：“记得有本笔记，杜撰了一则施耐庵如何写《水浒》的故事，大意是这样的：施耐庵先请高手画师把宋江等三十六人画了图像，挂在一间房内，朝夕揣摩，久而久之，此三十六人的声音笑貌在施耐庵的想象中都成熟了，然后下笔，故能栩栩如生。”蒲松龄撰写《聊斋志异》的逸事也很有意思。据

① 班固：《汉书·艺文志》。

说，他曾在大道边摆设茶座，供应茶水。过往的行人旅客喝茶，只要讲述一两个神奇的故事，即可代替茶金。日积月累，大量呼之欲出的人物（或人格化的鬼怪）和事件的表象，保持着它们有声有色的感性特征全部储存在记忆里，并经常再现于形象思维之中，这为蒲松龄创作《聊斋志异》和塑造众多的艺术形象提供了充分的条件。这两则逸事虽属杜撰，却阐明了一个并非杜撰的原理。在创作的积累酝酿阶段，施耐庵和蒲松龄朝夕揣摩的是存在于记忆和想象的表象系统里的具体人物（或人格化的鬼怪）及其举止容貌和经历事迹，他们并未从抽象的思想观点出发，朝夕苦思如何去确定作品的所谓“主题”，或者如何去编制公式化、概念化的人物与情节的所谓“图表”。他们的写作的准备工作，并不是主要依靠运用逻辑思维及其形式结构去完成的。在施耐庵与蒲松龄收集感性材料时，就开始了形象思维活动，活灵活现的人物的表象和曲折离奇的情节的表象组成了形象思维的形式结构。随着创作思维活动的步步深入，组成思维形式的表象系统经过不断的加工和调整，逐渐凝聚成艺术形象的表现形式。

作家自己的经验之谈也许更能说明问题。法捷耶夫写道：“第一个时期可以称为‘艺术的原始积累时期’。这一时期的特点是：作家部分是自觉地、部分是自发地积聚现实的素材，常常自己都不知道，从这里会得出些什么东西。”根据法捷耶夫的经验之谈，在“原始积累时期”，作家头脑中经常出现的既不是抽象的原理公式，也不是严密的逻辑推理。“在最难说明的艺术的原始工作时期，艺术家意识中的形象非常杂乱，没有整理出来；艺术家的意识中还没有完整的、完备的艺术形象。有的只是现实原料：最能打动他的人物的面貌、性格、事件、个别的情况、大自然的景色等等。……再经过一个相当时期，现实的零碎形象才开始形成一个整体……”①

在创作的积累酝酿阶段，造型艺术家更需要“静观默察”和“心传足记”现实中有形有色的人物、山水、花木、静物、动物……在形象思维和由映象—表象系统组成的形式结构中，反复酝酿“形完神足”的艺术形

雲南文庫·学术名家文丛

① ［苏］法捷耶夫：《和初学写作者谈谈我的文学经验》，转引自《外国理论家、作家论形象思维》，中国社会科学出版社 1979 年版，第 173 页。

象。宋初著名画家易元吉的事迹可以为例证。易元吉“画壁（笔）臻妙，花鸟蜂蝶，动辄精奥”。为了铸造“形完神足”的动物形象，易元吉面对奇妙的大自然和珍禽异兽，凝神观照，一一足记，掌握了丰富的感性资料。他“曾入万守山百余里，以觇猿狖獐鹿之属，逮诸林石景物，一一心传足记，得天性野逸之姿”。“又尝于长沙所居舍后，疏凿池沼，间以乱石丛花，疏篁折苇，其间多蓄诸水禽穴，每窗伺其动静游息之姿，以资笔墨之妙。故瓴毛猿獐，无出其右。”①

在积累酝酿阶段，为了做好创作的准备工作，逻辑思维的协助是必要的。不少作家和艺术家在动笔之前，往往需要依仗逻辑思维的判断、推理、论证的形式结构，从一定的观点或思想倾向出发去确立创作的目的意图，在纸上或心中草拟写作提纲（文学），或制订作曲计划（音乐），或绘制各种草图（造型艺术）。但是，必须指出：第一，创作目的或创作意图决不能等同于作品的主题或作品的思想内容。作品的主题和思想内容，是在创作的思维过程中酝酿成熟的；是蕴涵在形象体系之中，并通过艺术形象的感性形式和形象之间的具体可感的相互关系表露出来的（这个问题以后再作专题讨论）。第二，制订创作计划和草拟写作提纲只是创作的准备工作的一个方面，但不是最重要的方面。创作计划和写作提纲虽有一定的指导意义，然而它决不能代替积蓄感性材料并把感性材料组合成映象—表象系统，也不能代替反复酝酿和精心构造艺术形象及其感性形式的创作过程。

阿·托尔斯泰在《我是怎样写作的》一文中指出：“我从来不拟提纲。如果拟的话，那末从一开始，我写的也不会是提纲里拟就的。提纲对我是个指导思想，是人物发展的方向标。把提纲看作是一座预先设计好的建筑物，分为部分、章节、细目等——这种想法是毫无意义的；不要相信那些说人们是按提纲写作的人的话。”他又说：“写长篇小说、中篇小说……意味着要同你笔下的人物共同生活。你把他们构思出来了，但他们必须成为活的人；他们活了，就常常不按你的愿望（包括写作目的和写作提纲在内

① 潘天寿：《中国绘画史》，商务印书馆1936年版，第123页。

——引者注）行事了。”①

法捷耶夫与阿·托尔斯泰不同，他认为写作之前必须编制写作计划。法捷耶夫在《论作家的劳动》一文中写道：“一个作家一定要有计划。计划可以写在纸上或记在心里——这要看个人的习惯而定了。但人物和形象本身就会给最初的计划以修正。形象在典型环境中发展的逻辑是时常会有变化的，甚至往往破坏了事先的构思。”② 这段话的含意很明白：思考或草订写作计划是必要的，但是运用逻辑思维的判断推理去制订计划并不能顶替创作的形象思维活动和在创作思维中人物形象自身的“发展的逻辑”（即发展的规律——引者注）。

总起来说，跟创作活动的其他阶段一样，在积累酝酿阶段中，也需要抽象思维及其形式结构的通力合作。运用判断推理的形式结构去确定创作目的和编制创作计划就是“合作”的一个方面。然而，即使在这个阶段，积累与选择感性材料、组成映象—表象系统的活动，提炼与改造映象—表象系统，酝酿艺术形象及其表现形式的活动，都首先是保持着特殊的形式结构的形象思维活动。

提炼造型阶段和修改定型阶段很难截然分开。作家和艺术家进行创作活动，往往是边写边改或边画边改。完成初稿之后，有时还需要大删削、大补充，甚至大部或全部推翻，重新写一遍或画一遍。把修改定型阶段与提炼造型阶段相对地区分开，目的是为了弄清楚在修改作品的思考活动中，究竟是形象思维及其形式结构还是逻辑思维及其形式结构起支配作用。

就修改文艺作品而论，广义的修改活动大致上包括以下几个方面：（1）改变艺术形象（包括人物、景物、音乐等等形象在内）的表现形式或形式中的某些细节；（2）调整各个形象或同一形象的各个部分之间的关系；（3）调整人物的活动以及跟人物活动相关联的故事情节；（4）调整形象与背景或人物与环境之间的关系；（5）改动概括在艺术形象中的生活

① ［苏］《阿·托尔斯泰全集》第13卷，第564－565页，转引自《外国理论家、作家论形象思维》，第157－158页。

② ［苏］法捷耶夫：《论作家的写作劳动》，中译本见《论写作》，人民文学出版社1955年版，第162－163页。

内容和思想感情内容；（6）更改蕴涵在整个形象体系中的主题思想。从总体上看，这几方面的修改活动都涉及作品里的艺术形象的形式方面或内容方面以及整个的形象体系。修改作品里的艺术形象的形式与内容以及整个形象体系，必须首先在思维中局部调整或重新组合构成艺术形象的表现形式的映象—表象系统，少量或大量变动表现在映象—表象系统中的生活内容或思想感情内容。因此，不仅塑造艺术形象的思考活动是形象思维活动，而且修改形象的感性形式和理性内容、修改形象的相互关系的思考活动，也是保持着由映象—表象系统组成的形式结构的形象思维活动。提炼造型阶段的形象思维活动，跟运用语言系统或符号系统把思维中的艺术形象及其感性外形固定在作品里的写作、作曲、绘图等方面的活动，是结合在一起的。同样的道理，修改定型阶段的形象思维活动，跟动笔修改用来传达思维中艺术形象及其感性外形的语言媒介或符号系统（包括语言文字和乐谱音符在内）的活动，也是紧密相连的。

据说，托尔斯泰对《复活》中的马丝洛娃第一次从监狱走向法庭时的描写，前后作了多达二十次的文字更动，每次修改都涉及监狱里的情景和玛丝洛娃走向法庭时的容貌、神情和举止。因而，每次修改都要先在形象思维中变动和调整有关监狱里的气氛和玛丝洛娃的衣着神态的表象系统，都要先经历了“寓于形象”的深思熟虑，然后才动笔进行相应的文字的更动。定稿之后，作者作了如下的描写：

……走廊上的空气里都饱含着伤寒的病菌、阴沟的臭气、焦油的气味、腐烂的恶臭，凡是走到这儿来的人马上会觉得难受，闷得透不出气来……

过了两分钟，一个小小的、胸脯丰满的年轻女人，贴身穿一套白色的布衣裙，外面套一件灰色的囚大衣，活泼的走出来，站在看守的身旁。她脚上穿着布袜和囚鞋。她头上扎着头巾，明明故意的让一两绺头发从头巾里面溜出来，披在额头。这女人的面色显出长久受监禁的人的那种苍白，叫人联想到地窖里储藏着的番薯所发的芽。她那短而宽的手，和大衣的宽松领口里露出来的丰满的脖子，也是那种颜色。两只眼睛又黑又亮，虽然浮肿，却仍旧放光（其中有一只眼睛稍稍有点斜睨），跟她那惨白的脸儿恰好成了有力的对照。①

在修改中，如果离开了形象思维的表象系统而仅仅凭逻辑思维的概念和推理系统，绝不可能勾勒出如此生动逼真的画面。在托尔斯泰的成稿中，清晰地展现了沙皇统治下的俄国社会的一个侧面，读者仿佛闻到从监狱里散发出的“腐烂的恶臭”。这就是生活在那个社会里的、被侮辱践踏的下层妇女玛丝洛娃首次露面的具体场面。修改后的玛丝洛娃的形象真是呼之欲出。她身上的囚衣、苍白的面色和从牢房走向法庭时的神情，深刻地暗示出这位年轻妇女的经历、遭遇和思想性格的某些特征。

《诗人玉屑》转引了《遗珠》中记叙的苏轼替王平甫修改诗句的故事，这个故事亦颇有启发性：“……东坡北归时……煮茗题壁，又书一帖云：尝见王平甫自负其《甘露寺诗》‘平地风烟飞白鸟，半山云木卷苍藤。’余（即苏轼——引者注）应之曰：精神全在‘卷’字上，但恨‘飞’字不称耳。平甫沉吟之久，请余易。余遂易之以‘横’字，平甫叹服。”② 苏轼与王平甫不是撇开形象思维的形式结构，而是“沉浸”在“平地风烟”与“半山云木”的想象的表象之中，进行逐字推敲的思考活动。用“飞”字去描绘“白鸟”的形象，显得太轻、太近、太浮动。苏东坡把“平地风烟飞白鸟”改为“平地风烟横白鸟”，仅仅更动一字，诗句展示的形象就更加开阔，更加深沉凝重，与“半山云木卷苍藤”的形象前后勾连，也更为相称。正因为如此，东坡的修改能令颇有诗名的王平甫折服。

古人写诗历来都讲究炼字、炼句、炼韵和炼意，要求做到字斟句酌、日锻月炼。诗人对诗稿反复斟酌、反复锻炼，进行逐字逐句的修改，这就意味着诗人在形象思维中，反复调整和不断雕琢构成诗的画面的以视觉表象为核心的表象系统和构成诗的声韵的听觉表象系统，反复提炼和不断深化蕴藏在画面和声韵里的情趣、理趣和境界。“新诗改罢自长吟”，甚至在

① ［俄］列夫·托尔斯泰：《复活》，汝龙译，人民文学出版社 1952 年版，第 6－7 页。
② 魏庆之：《诗人玉屑》，中华书局 1959 年版，第 177 页。

修改成稿之后，诗人头脑里的形象思维活动仍未终止。随着再三的吟咏，诗人还继续玩味和品评形象思维中涌现出来的绚丽的画面、浓郁的诗情和铿锵的韵律。

在修改定型阶段，作家和艺术家往往需要运用逻辑思维的方式去分析和总结初稿中存在的重大缺陷或不足之处。有的作家和艺术家还运用概念、判断的形式结构去编制修改计划和确定修改的范围与步骤。但是，不论对初稿中存在问题的分析如何深刻，不论修改计划如何完备，都不能代替前面已经谈论过的修改定型阶段的形象思维活动，也不能取消对用来刻画艺术形象及其感性外形的字句、线条、色彩、音符或动作、对话的改动或增删。

1978 年 8 月写成一、二节和八、九节的初稿，于沈阳
1980 年 6 至 7 月增写三、四、五、六、七节，于昆明
1980 年 8 至 9 月全面修改，定稿于昆明
（本文的一部分原载《思想战线》1983 年第 3 期）

从思维学的角度研究原始思维的十个问题

（一）原始人在生产实践和其他社会实践中具有了思维的能力。原始思维是史前时期原始人类的思维，是一种发生着的思维雏形。它不同于有史以来的古代人或近、现代人日趋成熟的思维。在近、现代的后进民族的思维活动中，既可能遗留着原始思维的某些成分，也可能在不同程度上受到周围先进民族的非原始思维的影响。因此必须小心谨慎地在原始思维和非原始思维之间确定一条“分水岭”。史前时期的物化的和符号化的考古资料才是研究原始思维的主要依据，现代人对后进民族和现代儿童的思维活动的研究资料，可以作为研究原始思维的必要的辅助材料。

（二）思维活动是一种高级的认识活动。它向人们提供有关各种事物或现象的性质、相互关系、运动过程及其规律的知识。它帮助人们去解除疑惑、回答问题或确定行为方案。思维活动既不同于单纯的情感活动、意志活动、想象活动或其他意识活动，也不同于单纯的感觉、知觉、记忆等感性认识活动。原始思维活动也具有一般思维活动的“共性”，不能把原始思维跟原始意识与原始的感知活动混为一谈，而应当在它们之间划一条大体分明的界限。

（三）思维学应该成为一门独立的学科。认识论、心理学都不能代替思维学。从一定意义上讲，逻辑学是思维学的分支学科。开展思维学的研究需要吸取思想史、宗教史、哲学史和艺术史的研究成果。从猩猩、猿人的“前思维”向人类思维的过渡，史前时期原始思维的发生、发展和分化、消亡，有史以来从原始思维分化出来的各种类型的思维及其相互关系，这些都是思维学研究的对象。对各种思维类型作科学的划分，对原始思维以及洞察—领悟思维、审美—艺术思维（即所谓形象思维）、运算—

推导思维（即所谓逻辑思维或抽象思维）、日常—综合思维的形式结构的深入考察，这些都是思维学的重要课题。

（四）原始思维是一种特殊类型的思维，是人类的一切思维类型的“发祥地”。思维学必须把研究原始思维作为一项重要的任务。思维学的研究对象不是在原始思维中形成的原始观念。对原始的图腾观念、伦理观念、宗教观念、审美观念和哲学观念的研究，虽然有助于加深对原始思维的了解，但是它们不能代替对原始思维本身的研究。思维学侧重研究的是原始思维特殊的思维结构、思维形式、操作程序以及思维过程中的各种形式化的关系。

（五）各种类型的思维结构，都是由进行着思维并渗入思维过程中的主体因素跟被思维过程把握着和改变着的对象世界以及二者之间的形式化的关系组合而成的。在原始人的思维过程中，思维主体不仅运用摹写—洞察的方式去把握思维对象的真实的性质、关系和过程，而且运用投射—幻化的方式把思维主体的幻想、情感、智慧、意志、能力等人性的因素投入思维对象，使许多事物具有了虚构的性质、关系和过程，把他们幻化为有灵性、有人格（或神格），能作价值评价的图腾、魔怪或神灵。思维着的主体跟被思维着的对象之间的摹写—洞察关系和投射—幻化关系组成了原始思维特殊的思维结构。思维学要想弄清原始思维的内部结构，必须深入研究结构中的这两重关系以及二者之间的相互作用。

（六）摹写—洞察的方式是原始思维把握对象的主要方式。运用这种方式获得的知识是可以验证的知识，即凭实践去确证的知识。可以验证的知识构成了原始人的知识系统的基础部分。只有凭借这一类知识的指导，原始人的生产和生活才能进行下去。在摹写—洞察方式的基础上，原始思维还通过投射—幻化的方式去获得不可验证的知识，即凭信念去确证的知识。原始人掌握的可以验证的知识十分有限，为了满足释疑、解惑和回答问题以及其他的需要，原始人经常用大量不可验证的知识去补充可以验证的知识的不足。这种凭信念去确认的知识的日积月累就在原始人的思维中形成了“万物有行（行为）”、“万物有生（生命）”和“万物有灵（灵魂）”的观念，其中包括祖灵观念、图腾观念、神灵观念、原始巫术观念和原始宗教观念。这些观念虽然不是思维学直接研究的对象，思维学却有责任通过对原始思维中主体对于对象的投射—幻化关系的研究去说明各种原始观念形成的原因。

（七）原始思维通过摹写—洞察的方式获得的可凭实践去验证的知识，对所有原始氏族都是“一视同仁”的，都具有相同或相似的意义。不同的原始氏族在思维中通过投射—幻化的方式获得的可凭信念确认的知识和观念，却是千差万别的。其原因在于，各个原始氏族都是按照独特的集体模式和因袭模式去规范原始思维结构中主体对于对象的投射—幻化关系的。因此，各个原始氏族都有一套独特的祖灵观念、图腾观念、神灵观念、巫术观念和宗教观念。思维学应当去研究原始思维结构中制约着主体对于对象的投射—幻化关系的集体规范模式和因袭规范模式，以及这两种模式的关系结构。

（八）思维是在一定的形式中进行的。每一种思维类型的思维形式都是由特定的形式因素组成的。推导—运算思维以概念作为思维的形式因素，它是一种无象思维（表象是可有可无的）；领悟—洞察思维以各种类化的表象（即共相）作为思维的形式因素；个性化的映象—表象（即殊相）是审美—艺术思维的形式因素；原始思维则以初步类化的表象（或共相）作为思维的形式因素。除了运算—推导思维之外，其他的思维类型都是有象思维。原始思维的“象”，首先是视觉表象，是特征化和标记化的视觉表象，原始思维运用摹写—洞察方式形成的表象是实象，运用投射—幻化方式形成的表象是虚象，初步类化的实象和虚象组成了原始思维的思维形式。各个原始氏族思维中的实象是大致相同的，而虚象则是在不同的集体的和因袭的规范模式中铸造出来的。考察原始思维的思维形式和形式因素的特征也是思维学责无旁贷的任务。

（九）思维是在一定的操作程序中进行的。思维的形式因素是按一定的操作程序连接组合起来的。不同类型的思维活动都是依据不同的操作程序进行操作的。思维学应当研究包括原始思维在内的各种思维的操作程序。运算—推导思维的操作程序是演绎、归纳和类比的程序，即逻辑化的操作程序。这种程序是步骤分明的、可以还原、可以检验的程序；原始思维是前逻辑思维，它的操作程序是跳跃的、变幻的，是非逻辑的、不可还原和不可检验的。原始思维的操作程序可以大致划分为几种样式：其一，在摹写—洞察的基础上形成的有关动作演进、事件发展或观察移转的追忆—记述的程序；其二，在摹写—洞察和投射—幻化相结合的基础上形成的有关动作、事件和其他现象的联想—类比的程序；其三，运算动作、手势语言等实际操作动作的程序"内化"为思维动作的程序。

（十）在原始思维逐渐消亡的过程中，不仅分化出运算—推导思维，而且分化出洞察—领悟思维和审美—艺术思维。思维学的任务是全面考察原始思维的思维结构、思维形式、操作程序和其他形式化因素，从不同的"方向"分别转化为推导—运算思维、洞察—领悟思维和审美—艺术思维的思维结构、思维形式、操作程序，以及其他形式化因素的不同过程和不同步骤。仅仅就思维形式而论，原始思维的初步类化的表象如何转化为洞察—领悟思维较高程度的类化表象，如何进一步发展成运算—推导思维的逻辑概念，又如何还原为审美—艺术思维的个性化表象，等等，思维学对诸如此类的问题都必须做出明确的回答。

1984 年 11 月

（本文原载《哲学研究》1985 年第 1 期）

原始思维形式结构的分析

一 前 言

（一）人类的思维活动和思维结构可以划分为几种主要的类型，原始思维是其中的一种特殊的类型

1. 原始思维，这是一种综合型的思维，是一种思维的雏形，人类思维的一切类型都渊源于原始思维。

2. 领悟—洞察思维，也有人把它叫作顿悟思维或直觉思维，但这些名称都不够确切。领悟—洞察思维是直接从原始思维发展起来的。

3. 审美—艺术思维，也有人把它叫作形象思维或情感思维。这些名称也值得商榷，因为原始思维也是有“形象”或有表象的思维，领悟—洞察思维和日常—综合思维也经常是有“形象”或有表象的思维。另外，除了推导—运算思维之外，包括原始思维在内的其他类型的思维活动，也往往带有浓厚的情感因素。审美—艺术思维是从原始思维中分化出来的。

4. 推导—运算思维，即逻辑思维或抽象思维。这种类型的思维也是从原始思维中分化出来并逐渐演变而成的。

5. 日常—综合思维，这是在日常生活中经常运用的思维类型。它是以上三种思维类型综合或混合而成的思维类型。

（二）思维学的研究对象涵盖一切类型的思维活动，原始思维是思维学的重要研究课题

1. 人类思维活动的发生和发展，史前时期的原始思维的形成及其分化，有史以来人类的各种思维类型的确立及其相互渗透的关系，思维的一般特性以及各种思维类型的特殊结构和特殊功能，都是思维学的研究对象。

2. 思维学应当把研究原始思维作为自己的重要任务。原始思维的特殊结构，原始思维的形式因素，原始思维的操作程序，原始思维的符号系统……都是研究原始思维的重要课题。本文是研究上述课题的系列提纲中的第一篇，着重讨论原始思维的整体结构。

3. 布留尔对原始思维作了深入系统的研究。然而他提出的“集体表象”说和“原逻辑”说带有浓厚的神秘色彩。应当驱散迷雾，对原始思维作出更清晰准确的描述。

4. 对现代人而言，原始思维是一种已经基本消亡的思维类型，因此对它的研究应该采取极为严格慎重的科学态度。唯有物化的和符号化的考古资料是研究原始思维的可靠依据。现代人对落后民族和现代儿童的思维活动的研究资料，只能作为研究原始思维的辅助性依据。

二　原始思维及其特殊的形式结构

（一）思维活动是一种特殊的意识活动和高级的认识活动

1. 思维活动是一种特殊的意识活动，它有别于情感、想象、意志等意识活动。

2. 思维活动是一种高级的认识活动，它有别于感觉、知觉、记忆等单纯的感性认识活动。

3. 思维活动向人们提供对象世界的各种关系、过程及其有序性和规律性的知识，提供解除疑惑的途径、问题的答案和行动的方案。

（二）原始思维是史前时期原始人的思维，是一种思维的雏形，是一种特殊类型的思维

1. 原始思维是人类一切成熟的思维类型的原型，作为一种思维模式，它基本上具有了上述种种主要特征。

2. 原始思维活动是原始人的一种高级认识活动，它不同于原始人的单纯的情感、想象和意志的活动，也不同于原始人的单纯的感知、记忆的感性认识活动。

3. 原始思维是人类的思维的雏形，它跟猿猴、猩猩的“前思维”活动有一定的联系，又不能等同于单纯的“前思维”。

（三）原始思维是一种特殊的思维类型，并具有特殊的思维结构

1. 思维有其自身的结构。每种思维类型都有着特殊的结构。史前时期的人类思维的思维结构不同于有史以来的人类思维的思维结构。

2. 原始思维的整体结构，是由进行着思维并渗入思维过程中的原始的主体因素和被原始思维过程把握着与改变着的对象世界及其相互关系组合而成的。

3. 原始思维结构中的主体和对象的关系并不像布留尔所说的那样是一种单一的主体与客体的“互渗”的关系。

（四）原始思维以两种不同性质的经验作为思维材料的来源

1. 通过直观，运用摹写—洞察的方式去把握事物的性质、关系和过程，从而获得摹写—洞察的经验，这是原始思维的思维材料的来源之一。

2. 在直观的基础上，运用投射—幻化的方式去虚构事物的性质、关系和过程，从而获得投射—幻化的经验，这是原始思维的思维材料的另一来源。

（五）原始思维的两种不同的思维材料的来源规定着思维主体与思维对象之间的两种不同的关系

1. 原始思维的结构中，包含着主体对于对象的摹写—洞察的关系，这是一种基础性的关系。

2. 原始思维的结构中，还包含主体针对对象的投射—幻化的关系，这是经常渗入第一种关系的附加的关系。

（六）原始思维的结构，包含着认识的因素和非认识的因素，这两种因素跟原始思维结构中的主体与对象的两种关系是相关联的

1. 原始思维的结构，包含着通过主体对对象的摹写—洞察去了解世界，以及去释疑、解惑、解答问题的认识因素。

2. 原始思维的结构，包含通过主体对对象的投射—幻化去补充客体化（纯粹）认识因素不足的人性化的认识因素，即对单凭客体化的认识因素去释疑、解惑、解答问题感到不足，因而用“主观性”或“人性化”的认识因素进行补充。

3. 原始思维的结构，还包括非认识的情感、意志等方面的意识因素，即通过主体对对象的投射—幻化去宣泄情感、满足意愿……的因素。

（七）原始思维结构中的主体与对象之间的各种关系和各种相关的因素，原始思维的各种思维材料，都是被一定的模式严格地规范着的

1. 原始思维结构的一种规范模式是氏族的或部落的集体规范模式。在原始社会的不同氏族或部落中，对原始思维有不尽相同的集体规范模式。

2. 原始思维的每一种集体规范模式，又同时是在该氏族或部落久远的传统中固定下来的思维结构模式，即因袭的规范。

三　原始思维的思维材料来源于摹写—洞察和投射—幻化的感性经验

（一）原始思维的思维材料来源于原始人的感性经验

1. 原始思维的思维材料，是由原始人的以生产实践为基础的社会实践中获得的感性经验提炼而成的。

2. 原始人的感性经验，首先包括原始人直接凭视听等感官观察和体验周围世界而积累起来的经验，同时也包括原始人在想象、幻想和做梦等活动中积累起来的经验。

3. 原始人的感性经验，主要服务于氏族群体的保障生存、从事生产和维护集群、进行交配、繁衍族类的功利需要，同时也服务于氏族成员之间的交往、互助和氏族成员的解惑、求知、创造、表现的功利需要。

（二）原始人感性经验大致可以划分为两大类型：一是摹写—洞察的经验；二是投射—幻化的经验

1. 摹写—洞察的经验，是原始人在实践中通过观察和体悟去摹写和洞察事物的形貌、特征、性质、功用，以及事物间的关系和事物运行的过程而获得的经验。

2. 摹写—洞察的经验是一种其可靠性可以在实践或实证中加以检验和证实的经验。

3. 投射—幻化的经验，是原始人在实践中通过“投射”把自己的生命、力量、情感、意志、智慧……赋予在摹写—洞察中把握着的事物，并通过“幻化”来认定这些事物本来就具有人的或超人的生命、力量、情感、意志、智慧……从而获得的经验。

4. 投射—幻化的经验的可靠与否，是很难在实践中或实证中得到检验的，有时候必须靠想象或幻想去加以“证实”。原始人往往是凭借信念或信仰去接受和确认这种经验的。

（三）原始人的感性经验的结构和两种经验的相互关系

1. 原始人的各种感性经验的组合，是以明晰的摹写—洞察的经验而不是以神秘的投射—幻化的经验作为基础和核心的。原始人从事的采集、渔猎、放牧和农耕的实践，以及群体的日常活动和氏族的繁衍活动，须臾也离不开摹写—洞察经验的指导。实际上，撇开了这种经验，原始人就无法生存下去。

2. 原始人的感性经验的结构中的摹写—洞察经验毕竟是有限的和贫乏的。为了让生产顺利进行、生存得到保障，为了满足解惑、求知、创造、表现的功利需要，原始人经常运用投射—幻化的经验去补充摹写—洞察的经验的不足。原始人用这种神秘的经验去补充说明周围的世界，并力图去驾驭与自己息息相关的生存环境。

3. 摹写—洞察的经验是一种可以独立地获取、积累和运用的经验。投射—幻化经验是在摹写—洞察经验逐步积累的基础上形成的。一般地说，投射—幻化的经验不可能脱离摹写—洞察的经验而获得完全独立的地位。

4. 原始的感性经验的结构中的两种经验的积累和运用，既可以在一定程度上是并列的，并行不悖的，也可以通过相互作用，使二者互渗互补，合为一体。

5. 分析原始人的思维材料的来源或分析原始人的感性经验及其结构的时候，必须指出这一结构中包含的各种原始经验并不像有些研究者所说的那样，都是一些神秘莫测、玄之又玄的经验。事实上，仅仅是为了能够生存下去，原始人的全部经验也必须以摹写—洞察的经验为基础，因为唯有运用这种经验去描绘外部世界才能接近外部世界的本来面目。

四　原始思维结构中的主体与对象的摹写—洞察关系和投射—幻化关系，通过两种关系获得了两种知识

（一）原始思维对于对象的摹写—洞察的关系

1. 原始思维结构中的主体对于对象的摹写—洞察关系，是建立在感知主体对于对象的摹写—洞察关系的基础之上的。

2. 有关事物的形貌、特征、性质的摹写—洞察的感性经验，有关事物之间的关系和事物的运动、变化的摹写—洞察的感性经验，是原始思维的思维材料的最初来源。

（二）原始思维通过摹写—洞察的方式获得可以验证的知识

1. 原始思维通过主体对于对象的摹写—洞察的关系，获得了有关一类

又一类事物的共相和共性的知识，获得了某些事物之间的真实关系的概括化（类化）的知识和某些事物的实际运动过程的概括化（类化）的知识。这一方面的知识可以简称为摹写—洞察的知识。

2. 摹写—洞察的知识虽然来源于摹写—洞察的感性经验，但前者与后者是有区别的。因为摹写—洞察的知识，是经过思维加工的综合化和概括化的摹写—洞察经验。

3. 摹写—洞察的知识像摹写—洞察的经验一样，它力求符合外部世界的原型，并直接服务于生产、生活、释疑、解答问题等实用功利的需要。这种知识原则上是可以直接地或间接地在实践中加以检验和证实的。因此，这一类的知识又可以简称为可验证的知识或简称为凭实证去确认的知识。

4. 呈现在原始思维中的世界图景，并不像某些研究者所描绘的那样，从总体上看是一个充满了神祇幽灵、巫术魔法的阴森恐怖的世界。原始人的思维中的世界，就其主要方面来看，应当是一个通过摹写—洞察去加以把握的世界，是一个开朗明快的世界。日月星辰、风雨雷电、山川草木、飞禽走兽游鱼，大千世界中的每一类事物的“共相”和“共性”，首先是按照它们的共同的“本相”和“本性”呈现在原始思维中。

（三）原始思维对于对象的投射—幻化的关系

1. 原始思维结构中的主体对于对象的投射—幻化的关系，是建立在感知主体对于对象的投射—幻想关系的基础之上的。

2. 赋予事物以人性化特征的投射—幻化的感性经验，赋予在事物之间和事物之中虚构出某种人性化的关系和人性化的过程的投射—幻化的感性经验，是原始思维的思维材料的另一个重要来源。

（四）原始思维通过投射—幻化的方式获取不可验证的知识

1. 原始思维通过主体对于对象的投射—幻化的关系去获取的知识，是一种特殊的知识。在这样的“知识”中，每一类事物都包含着人性化的属性，事物之间的概括化（类化）的关系和事物的概括化（类化）的运动过程及其规律性也都具有了人性化的特征和人的意志色彩。这种知识简称为投射—幻化的知识。

2. 投射—幻化的知识虽然来源于投射—幻化的感性经验，但两者是有区别的。因为投射—幻化的知识，是经过思维加工的综合化和概括化的投射—幻化的经验。

3. 投射—幻化的知识不同于摹写—洞察的知识。后者力图符合外部世界的原型，前者则力图使外部世界人性化。投射—幻化的知识是用来填补直接服务于生产、生活、释疑、求知等功利需要的摹写—洞察的知识的空缺的。当非常有限的摹写—洞察的知识无法满足原始人的释疑解惑等功利需要时，无法对森罗万象中的错综关系和复杂过程做出深刻合理的解释时，投射—幻化的知识就会乘“虚”而入，填空补隙，向原始人提供对周围世界的“合乎情理”的神奇的解释和说明，这时候呈现在原始思维中的明晰的世界图景加上了一层神秘的面纱，神祇魔怪纷纷出现，许多事物具有了人的灵性。

4. 投射—幻化的知识，原则上是不能直接或间接地在实践中加以检验或证实的。这种知识是否可靠，往往凭信念或信仰去确认。或者说，投射—幻化的知识必须靠投射—幻化的方式去验证。因此，这种知识又可以简称为不可验证的知识或凭信念确认的知识。

五　原始思维结构中主体与对象的投射—幻化关系的几种模式

（一）原始思维中的记忆表象和想象的表象的投射和幻化

1. 原始人经常把清醒时、激动时或梦境里的思维活动中出现的有关事物的记忆的表现或纯粹的想象的表象，投射到外部世界或关于外部世界的知觉映象中去，并幻化为它们的一部分。

2. 投射出去的记忆的表象和想象的表象，有时候就附着在实际存在物的知觉映象之上，并幻化为实际存在物的组成部分。原始人往往相信，这些在思维中出现的表象，本来就是外部存在物的有机组成部分。

3. 投射出去的记忆的表象和想象的表象，有时候直接幻化为客观的存在物。原始人往往相信，思维中出现的表象，它本身就是客观的存在物或外部世界实际发生的事件。

（二）原始思维的思维能力和思维内容的投射与幻化

1. 原始人往往把自己的思维活动、进行思维活动的能力和思考的内容投向特定的对象，并把它们幻化为特定对象同时具有了同样的思维能力，进行着同样的思考活动，思考着同样的内容或问题。

2. 原始人思维能力和思维活动通过投射和幻化就固着在特定的对象上。原始人有时候确信动物、植物、无生命的自然物、人类创造的工具、武器和其他用品，往往同人类一样，也具有思考的能力，也会进行思考的活动。

3. 原始人思考的内容，也可以通过投射和幻化活动变成了特定的对象进行思考的内容。原始人有时候确信，他们思考着的对象（不论是有生命的对象，还是无生命的对象）不仅能像他们自己一样进行思维活动，而且进行着同样内容的思考。

4. 原始人有时候也会把自己在清醒时或梦境中思考着的内容，通过投射活动赋予其他的人。而且还通过幻化活动去认定其他的人也同自己一样曾经进行过同样内容的思考。

（三）原始思维的操作程序和预期效果的投射与幻化

1. 每一种类型的思维过程，都有一套相应的操作程序。原始思维也有一套原始的操作程序。原始人的思维活动就是依照它特有的操作程序去进行的。有关原始思维的操作程序问题是一个十分复杂的问题，笔者准备另外写一篇文章去集中讨论这个问题。

2. 思维或原始思维的操作程序，可以外化为相应的可闻可见的语言或动作的操作程序。或者说，思维或原始思维的操作程序，经常用相应的语言（口语或有声语言）的操作程序或动作的操作程序作为传达工具。

3. 原始思维的操作程序往往以相应的语言和不触及对象的动作的操作程序作为向外投射—幻化的传达工具。原始人相信，思维的某种操作程序借助于咒语、颂词或祈祷词的操作程序，或者借助于原始巫术动作和原始祭祀动作的操作程序，就可以投射出去，直接作用于事物、他人、鬼魂、魔怪或诸神。原始人相信，思维中预期的操作效果，只要通过咒语、祈祷词、颂词或巫术动作、祭祀动作的操作程序，就一定会幻化为真实的效果，或者说，一定会幻化为直接作用于事物、他人，或鬼魂、魔怪，或诸神身上的实际操作效果。

（上述情况同原始巫术和原始宗教的起源有密切关系。这种情况类似于现代人对于能作用于对象的遥感技术的设想。）

4. 原始思维凭借其操作程序还可能去操纵和遥控他人、动物或其他存在物的动作程序，并以这种受控的存在物的动作程序作为思维操作程序向外投射—幻化的“媒介”。原始人有时认为，自己的思维可以控制和操纵他人、动物或其他存在物，自己思维的操作程序可以投射出去幻化为受控对象的行动程序。如有必要，原始人就让飞蛾或其他东西按照自己的思维操作程序投向（飞向或走向）成为既定目标的敌人、仇人、情人或其他事物。原始人往往坚信，上述受控的飞蛾或其他东西，一定会依据控制者的思维操作程序直接作用于既定目标，敌人、仇人必定会受到真正的伤害，情人则从此回心转意，双方将和好如初。原始人还相信，用这种方式取得的“效果”，跟通过自己的具体行动作用于既定目标而产生的可察看的效果是相同的。

（上述情况跟原始巫蛊的起源和发展是密切相关的。这种情况类似于当代人通过电脑及其操作程序去控制与操纵机器人或其他自动装置。）

六　原始思维通过主体因素的投射—幻化赋予对象以各种人为的属性和虚构的功能

（一）原始思维通过主体的摹写—洞察把握着对象展现的属性和实际的功能

1. 原始人进行着采集、渔猎、放牧或农耕的活动，制作工具、用品、居室、器皿和武器，通过这些活动去满足生活中的各种需求。为了使各种活动能顺利进行，各种需求能得到一定的满足，原始人通过感知活动，去辨别实践中遇到的各种事物的表层属性和表层功能。并通过思维活动，如实地摹写—洞察各类事物深层次的属性，以及它们能够满足人类各种需要的深层次功能。

2. 原始人通过原始思维去摹写—洞察各类事物内在的属性和功能，因而获得了可以验证的知识，即实证的知识。正是凭着这一类知识，原始人才可能如实地去解决生产和生活中提出的各种疑难问题，使生产和生活向前发展，才可能去满足不断增长的各种实用功利的需要。

（二）原始思维通过主体因素的投射—幻化赋予对象以各种人为的属性和虚构的功能

1. 原始思维经常通过投射—幻化的方式赋予各类事物以人为的属性（人性）和能够满足人类各种幻想功利需要的虚构的功能，并且用它们去补充或替代各类事物的固有属性和实际功能。

2. 原始人运用原始思维获得了有关各类事物的人为属性和虚幻功能的知识。这种知识是属于不可验证的知识或凭信念去确认的知识。对原始人来说，这种知识能补充可验证的知识或凭实证去确认的知识的贫乏，从而能进一步满足解惑、释疑、解答问题的需要和满足幻想的功利需要。

3. 原始思维通过投射—幻化的方式把原始人类各个侧面的原始本性赋予了各类事物，使不同种类的事物具有了不同类型的人为的属性和虚幻的功能。下面将分别谈其中的几个主要类型。

（三）原始思维通过投射—幻化的方式经常赋予无生命的事物以动作、生命和活力，然后从有生命的或赋予了生命的事物生发出神秘的“灵魂”

1. 原始思维通过投射—幻化的方式，经常把动作、生机与活力赋予运动着的无生命的事物，使日月星辰、风雨雷电、江河波浪等等虽然运行不息然而并无生命的自然现象具有了人为的生机和活力的属性。

2. 原始人往往认为，自然界之所以会出现日升月落、电闪雷鸣、飞沙走石、山崩地裂、江河奔流、风雨交加等等变化，是因为它们具有生机和活力的属性，它们像有生命的动物一样会行动、会奔走。上述不可验证的知识满足了原始人的单凭可验证的知识满足不了的解惑和求知的需要。

3. 关于无生命的自然现象具有生命和活力的来自投射—幻化活动的知识，经过长期的积累，在原始人的观念系统中形成了所谓“万物有行（行为）”、“万物有生（生命）”的观念。

4. 人有生命和活力，人是要死亡的，人死了就失去了生命和活力。原始人在思维中通过摹写—洞察的方式掌握了有关人的生与死相更替的可验证的知识，但凭借这种知识却解不开人何以会死的疑团。于是在原始人的思维中出现了“灵性”、“灵魂”这一类想象的表象，并把它投射—幻化到自己的身上。原始人确信：人活着是因为人的躯体中有“灵性”或“灵魂”，人死了，“灵性”或“灵魂”就离开了他的躯体。凭借这种不可验证的知识的补充，原始人感到人何以会死的疑团终于解开了，同时又给“灵肉相分”、“灵魂不死”等等观念的萌生提供了“通行证”。

5. 原始人在思维中通过投射—幻化的方式又把人有“灵性”或“灵魂”的特性归诸于动物、植物以及其他已经赋予了生命的事物，并且相信：在它们身上都有“灵性”或“灵魂”，它们之所以也会死亡，是因为它们的“灵性”或“灵魂”离开了它们的“身体”。

6. 上述凭信念去确证的知识的日积月累，逐渐在原始人的观念系统中增添了所谓“万物有灵（灵魂）”的观念。

（四）原始思维通过投射—幻化的方式经常赋予非人的事物以人的意识、人的观念、人的品质和人的性格

1. 原始思维通过投射—幻化的方式经常赋予非人的事物以人的意志。它们像人一样，有各种欲念、各种动机、各种目的，对“食、色、性”很感兴趣。它们也像人一样，行动的时候怀有一定的动机，并运用一定的手段去达到一定的目的。

2. 原始思维通过投射—幻化的方式经常赋予非人的事物以人的情感。它们像人一样，会动情、会表情，也会去宣泄情感。它们像人一样，有喜怒哀乐之情：遇到生离死别或聚合团圆时，会悲会喜；遇到可怕的境况时，会惧怕，会惊恐。它们像人一样，也会羡慕、嫉妒、愤怒、仇恨，也会去寻欢作乐。随着原始人的情感生活越来越丰富，原始思维中的万物的情感生活也会愈来愈多样化。

3. 原始思维通过投射—幻化的方式经常赋予非人的事物以人的思想和人的观念。在原始思维构造的原始世界的图景中，许多生物和非生物都像人一样具有各种思想，具有生存、自卫、抗争、性爱、繁衍等等观念。它们会考虑如何去采集、渔猎、放牧、种植和储存。在惊恐时它们会想到神灵，在黑夜里它们会害怕鬼怪。随着原始人的思想观念日益丰富，原始思维中的万物秉承的思想观念也将日趋复杂。

4. 原始思维通过投射—幻化的方式经常赋予非人的事物以人的气质和人的性格。使某些生物或非生物像人一样，有的勇敢，有的怯懦；有的易怒，有的温顺；有的刚强，有的软弱；有的聪颖，有的愚蠢；有的暴躁，有的稳重；有的敏捷，有的迟钝……人类的各种气质和性格，都一一显示在飞禽、走兽、游鱼、昆虫之中，显示在山川草木、风雨雷雹和春夏秋冬之中。

5. 原始思维通过投射—幻化的方式把人的品质赋予了非人的事物。在原始人的心目中，大千世界里的万物万象都可以根据它们具有的人化的品质去加以划分，有益害之分、好坏之分、优劣之分、善恶之分。动植物和非生物之中，有的凶残，有的和善；有的耿直，有的狡诈；有的憨厚，有的阴险……这些非人的事物在它们的固有属性和实际功能的基础上，增添了相应的人性化的品质属性。这些事物的人为的品质属性又“回过头”来，对原始人发挥着益害、好坏、优劣、善恶等实际的或虚幻的价值功能。

6. 原始人在思维中通过摹写—洞察的方式获得了有关各类事物固有属性和实际功能的可验证的知识。在此基础上又通过投射—幻化的方式去满足和实现人们的祈求保佑的愿望和理想，从而获得了有关各类事物的人为属性和相应的虚幻功能的凭信念去确认的知识。后一种知识的不断储存，不仅在原始观念系统中加固了“万物有灵”等等观念，而且在原始观念系统中逐步形成图腾崇拜的观念和神灵崇拜的观念，促使原始人去选择那些具有积极的性格和品质的动物、植物或其他自然物作为特定氏族的图腾或保护神。

（五）原始思维通过投射—幻化的方式赋予非人的事物以凡人的能力和超人的意志力量

1. 原始思维通过投射—幻化的方式赋予某些非人的事物以人的心理功能。这些事物就像人一样，具有感知、记忆、想象、思考、创造和表现的能力，具有了人的理性和悟性，人的智力和理解力、洞察力。它们像人一样，会观察、会想象、会做梦、会洞察、会领悟、会思索、会创造、会表现、会耍计谋。随着原始人的心理功能愈来愈复杂化，原始思维中的人化了的事物心理功能也会日趋复杂化。

2. 原始思维通过投射—幻化的方式赋予某些非人的事物以人的动作和技能。在原始思维里展现出来的世界图景中，某些动物和其他自然物都全部人化了，它们会制作和使用工具、武器、器皿、房舍，会设置陷阱和罗网，会演奏和跳舞，会说话、唱歌、念咒。原始人掌握了多少动作和说唱的技能，原始世界中的万物至少也掌握了同样多的技能。

3. 原始思维通过投射—幻化的方式赋予某些现存的事物和想象的事物以拟人和超人的意志力量。太阳的光和热、春华秋实、山崩地陷、惊涛湍流、飞瀑悬泉、狂风暴雨、海啸雷鸣、地火熔浆……大自然一切巨大的威力，都逐一转化为既是拟人的又是超人的意志力量，转化为既是拟人又是超人的有意识、有目标指向的行为。

4. 原始人的思维中，某些非人的事物具有了人类的心理功能、人类的行动和技能以及超人的意志力量。原始人正是运用这一类投射—幻化的知识去解释单凭摹写—洞察的知识无法提供合理答案的自然世界的某些奥秘。宇宙间森罗万象，某些自然现象之间相互作用的奇异的结果，某些动物的变幻不羁的性情和行径，某些自然伟力的深邃莫测的成因，这一切都使原始人感到惊奇或恐惧，感到迷惑不解。凭信念去确认的知识向他们提供了一套答案，解除了他们的一些疑团。这一类的不可验证的知识进一步发展了原始观念系统中的“万物有灵”的观念和相关的图腾观念、神灵观念。同时，这一类知识还给在自然伟力面前感到力量单薄的原始人产生了一种希望，希望依靠赞颂、祭祀等原始的巫术和宗教的手段，从有利于人类的方面去影响那些操纵着各种自然力量的诸神的意志和行为。

（六）原始思维通过投射—幻化的方式使某些非人的事物具有了原始人类的价值观念

1. 原始人在长期的社会实践中逐步掌握了去辨别和确定各种事物的价值取向的可验证和不可验证的知识。比如说，鲤鱼可以充饥，味道很好，对人类是有用的，因而它具有肯定的实用价值；山羊既可以成为人类的食物，它的“品质”又十分善良，因此它具有肯定的实用价值和“道德价值”；剑齿虎会吃人，“性格”十分凶残，同时它又具有勇猛和矫健的积极“品质”，因此它获得了否定的实用价值和正负两面的双重“道德价值”。在原始人有限的知识系统中，有关事物的价值功能或价值属性的知识占有十分重要的地位，因为这一类的知识跟原始人的生产和生活息息相关。

2. 由于有关事物价值的知识日益丰富，在原始人的观念系统中逐渐形成了一套综合的价值观或价值评价的准则，如像有用与无用、有益与有害、好与坏、善与恶、真与假、是与非、美与丑等正负价值的评价准则。原始人正是按照原始的价值观鉴别和评价在实践和认识中涉及的一切自然现象和社会现象。原始人还根据价值功能的正负与大小的不同，对各种自然现象和社会现象进行分类和排队。哪些事物是很有用、很有益、很好的，即具有较大的正价值，原始人就力图争取它，掌握它；哪些事物是无用的、有害的、很坏的，即具有较大的负价值，原始人就竭力回避它，抗拒它。

3. 原始人在思维中通过投射—幻化的方式，把人类的价值观注入某些非人的事物，某些非生物、动植物、图腾、祖灵、神祇、魔怪，使它们不仅具有了针对人类的益或害、好或坏、善或恶的价值功能或价值取向，而且使它们获得了属于自己的评价事物的价值观。它们像人一样，懂得怎样做对自己是有利的、有益的、好的事情，也懂得如何去对付敌人、仇人，如何去战胜那些加害于它们的事物。它们不仅可以根据自己的价值观去自行其是，而且可以依仗人类不具有的神秘力量和巨大威力去自行其是。

4. 原始人把自己的价值观给予了非人的事物和表象中的神魔。据此，又获得了另一种凭信念去确认的知识。面对着人性化的自然物和超人的祖灵、图腾、神祇、魔怪，原始人不仅可以根据它们的性格和品质及其行为对人类的价值功能去辨认它们的益害、好坏、优劣和善恶，而且可以根据它们的价值观及其对人类的态度去评定它们的益害、好坏、良莠和善恶。

5. 上述不可验证的知识进一步丰富了原始人的神灵（祖灵）观念和图腾观念的含义。祖先的品质好坏固然具有重要的意义。原始人之所以对自己的祖灵的价值观很感兴趣，主要是因为祖灵一般地都把为子孙谋福利看成是他们的神圣职责。图腾的价值观影响着原始人的图腾崇拜。不同的图腾经常以保护各该氏族的利益和促进氏族的繁荣作为自己的价值观的标志。魔怪之所以成为魔怪，是因为它们的价值观以捉弄人类或伤害人类为乐事。持有以人类为敌，设法加害于人类的价值观的诸神，均属于恶神。

6. 祖灵、图腾、魔怪、鬼魂、神祇……都在各自的价值观的指导下，发挥自己的气质和性格的特点，依仗自己的才智和力量，各行其是地活动着。他们之间，既有互助友爱、联合协作，也有钩心斗角，拼搏血战。这一切构成了原始人多神的神话传说与宗教观念系统。

7. 原始人通过投射—幻化的方式获得的不可验证的知识系统以及包括宗教观念在内的观念系统，都忽隐忽现地显示在原始人创造的神话、岩画、雕塑、图案和某些他们制作的工具之中。这些不可验证的知识、多神的宗教观念以及其他观念，都叠加在原始思维通过摹写—洞察的方式形成的世界图景之上，使这幅图景涂上一层浓重的奇异神秘的色彩。

七　原始思维通过主体因素的投射—幻化赋予对象以各种虚构的关系和虚构的过程

（一）原始思维通过摹写—洞察的方式去把握对象的真实关系和实际过程

1. 原始人通过感知活动，去识别实践中接触到的事物间的真实关系和事物运行的实际过程。原始人还通过思维活动去摹写—洞察各类事物之间概括化的真实关系和各类事物发展变化的概括化的实际过程。前者使原始人获得可以验证的感性经验，并向原始思维提供可靠的思维材料，后者使原始人得到可以验证的知识。

2. 有关各类事物的真实关系和实际过程的知识以及其他的可验证的知识，直接服务于原始人的生产和生活。只有掌握了这一类知识，原始人才能正确地去解决生产和生活中遇到的各种疑难问题，才能使生产与生活顺利进行。没有这些不可或缺的知识，原始人在极为严酷的自然环境中是寸步难行的。

（二）原始思维通过主体因素的投射—幻化赋予对象各种类型的虚构的关系和虚构的过程

1. 原始思维经常通过投射—幻化的方式使各类事物之间建立虚构的关系，使各类事物出现虚构的运行过程，并且用虚构的关系和过程去填充或更替各类事物间的真实关系和各类事物运行的实际过程。

2. 有关各类事物的虚构关系和虚构过程的知识，也是一种不可验证的知识或凭信念去认识的知识。这种知识对原始人来说也是颇为重要的。有时候原始人觉察到了各类事物之间的某些错综关系和各类事物的某些发展演变和互相作用的复杂过程，然而，仅靠少量摹写—洞察的知识还不能把情况解释清楚，满足不了原始人的旺盛的求知欲。投射—幻化的知识助了一臂之力，帮助原始人揭开一个又一个的谜底。有时候原始人面对着冷酷的自然和强大的敌手感到束手无策，他们只能依靠不可验证的知识，凭着虚构一些关系和过程去满足控制自然和制服敌人的强烈愿望。

3. 原始思维在世界对象中幻化出来的事物之间的虚构关系和事物运行的虚构过程是多种多样的，要穷尽这些虚构的关系和虚构的过程几乎是不可能的。下文只能列举其中的几种主要的类型。

（三）原始思维通过投射—幻化的方式在整体与部分之间设定了某种虚构的关系和虚构的过程

1. 每个事物的整体都是由各个部分组成的。整体可以分割为不同部分。部分可以结合起来组成整体。当整体分成为各个部分时，每个部分都不可能具有整体的全部属性，而只可能保留整体的部分属性。这就是整体与部分之间的真实关系。整体在各种因素的作用下有自己演变的实际过程，从整体分割下来的每个部分，在各种因素的作用下也都有各自演变的实际过程。这些过程是不尽相同的。

2. 原始思维通过投射—幻化的方式，在人的整体与部分之间或在某些事物的整体与部分之间，设定了某些虚构的关系和虚构的过程。原始人相信，在人或某些事物的整体与部分之间有着某种神秘的关系和过程。当人或某些事物的整体的组成部分脱离了整体之后，这些部分仍然保有整体的全部属性。如果对脱离了整体的部分施加影响，这种影响的过程及其效果跟对整体施加影响的过程及其效果是完全一样或基本上一样的。关于对象的整体与部分之间的虚构关系和虚构过程的知识，也是一种凭信念去确认的知识。

3. 人身上的器官、肢体、毛发、指甲、痰唾等等，本来它们和人的整体之间保持着某些真实的关系，即它们既有各自的特殊属性，又在不同程度上“分有”了整体的某些属性。然而，它们不可能具有人的整体才具备的完整的生命活力以及智慧、意念、情感、思想等等属性。原始人有时却持有相反的看法，他们认为，人的各个器官，肢体甚至毛发、指甲、痰唾等等，都可以独立具有人的整体的生命、活力、灵性、灵魂等属性。原始人的人身巫术或“黑巫术”的观念正是建立在这一类不可验证的知识基础上的。

4. 作用于人的脱落下来的毛发、指甲之类实物而发生的实际过程，跟作用于人的整个躯体而发生的实际过程是根本不同的。前者绝不会影响人的整体的生命、活力或灵性。原始人却另有一种信念，他们常常通过咒语或动作去“伤害”仇人或敌人身上脱落下来的头发或指甲以及吐出来的痰唾。并且相信，这样做就会使仇人或敌人的生命或灵魂受到真正的伤害，甚至会因此而一命呜呼，即灵魂从此而离开了他们的躯体。这就是许多人类学家名之为“黑巫术”的活动。正因为如此，所以许多不同民族的原始人都认定，为了避免仇人或敌人的伤害应当把自己身上脱落下来的毛发、指甲以及吐出来的痰隐藏起来，不让他人用“黑巫术”去加以“伤害”。

（四）原始思维经常通过投射—幻化的方式在实物与实物的影迹、标记、符号、名称之间设定了某种虚构的关系和虚构的过程

1. 人和某些动物行走时留下了印迹。人和其他实物在光照中出现了阴影。原始人给氏族成员、生活场面或其他的事物制作图像、偶像或象征符号；原始人给氏族成员命名，并给动物和其他事物以各种名称；原始人制作各种保护自己或氏族的护身符等。这一切可以统称为人或事物的影迹、标记或符号、名称。影迹、标记或符号、名称跟它们所“代表”的人或事物之间存在着各种真实的关系。如实物与影子的关系，行走与足迹的关系，实物与图像、偶像的关系，个人、实物与名字、名称的关系。影迹、标记、符号、名称跟它们所“代表”的人或物之间不存在这样的关系，即它具备或“分有”了人、动物或其他实物才具备的生命、活力、灵性或实体性等等属性。作用于影迹、标记、符号的过程，跟作用于它们所“代表”的人、动物或其他事物的过程是截然不同的。对前者施加影响，决不会损坏或伤害后者。

2. 原始思维通过投射—幻化的方式，经常在人或动物以及其他事物和它们的影迹、标记、符号、名称之间设定了某些虚构的关系和虚构的过程。原始人相信两者之间存在着某种神秘的虚构关系的虚构过程。人、某些动物或某些事物具备的各种属性，全部或部分地分给了“代表”着它们的影迹、标记或符号、名称。如果对影迹、标记、符号施加影响，这种影响的过程和效果跟对它们所“代表”的个人、氏族、动物或其他事物施加影响的实际过程和实际效果是相仿的或一致的。

3. 有关人、动物或其他事物跟它们的影迹、标记和符号、名称之间的虚构关系和虚构过程的知识，也应当归为凭信念确证的知识的范围之内。这一类知识也是形成人身巫术或“黑巫术”的观念和行动的认识的基础。有些原始氏族盛行通过咒语或动作去“伤害”敌人或仇人的影子和足迹的“黑巫术”，他们相信这样做一定会给敌人或仇人带来真正的灾难。有些原始氏族盛行制作象征敌人或仇人的图像、木偶、草人或标记，并通过咒语或刺杀动作去“伤害”这些图像、木偶、草人或标记。他们相信这样做定会产生实际的过程和效果，使仇人或敌人得病或暴死。有些原始氏族则通过咒骂敌人或仇人的名字去“伤害”他们。原始人相信只要对对方的名字大加诅咒，就足以加害于敌人或仇人，甚至可以将他置于死地。

4. 这一类不可验证的知识以及与此相关的“黑巫术”观念，使原始社会中出现了众多的“禁忌”。有的氏族成员不准他人践踏自己的影子。

有的氏族成员尽量把自己留下的脚印泯灭掉。不少原始氏族成员不许别人制作自己或与生计有关的动物的图像或塑像。有的氏族的成员甚至从不把自己的真名告诉别人，也不准知情的人叫他的“名讳”。几乎大部分的氏族都有护身符，别人绝不能随便触动他们的护身符，一般也不愿把护身符的奥秘告诉不相干的人。

1985年10月初稿

思维与秩序

研究思维理论一开始就面临两个难题。其一是何为思维？需要给思维下个准确的定义，至少要对思维活动提出一个比较合理的界说。其二是思维怎样分类？需要从有关思维的定义或界说出发确定划分的根据，建立一个比较完整的分类系统。本文的任务是讨论第一个问题，第二个问题留给下篇文章去研究。

一

有关思维活动的界说应当遵循三条准则。（1）尽量把从原始人到现代人的思维，从儿童到成人的思维，从科学家到宗教家和艺术家的思维统统网罗进去，而不要削足适履把许多重要的思维模式排除出去。（2）思维是一种特殊的认识活动和意识活动，时常同非思维的感知等认识活动、情感之类的意识活动交织在一起。有必要在思维活动与非思维活动之间划一条大体清晰的分界线，把二者区分开来。（3）思维活动往往同想象、移情、外射、审美等意识活动合为一体，理应将此类含有思维成分的综合性意识活动视为思维活动的不同模式。

很久以前哲学和逻辑学（含名学和因明学）就十分关注有关思维的理论问题。随后语言学、心理学、脑生理学以及符号学、信息论、控制论和思维学等新兴学科，均从本学科的角度去研究思维活动，给思维下定义并建立相应的理论模型。西方当代流行的关于思维的诸多定义和界说虽然各有特色，但其视野和涵盖面毕竟有限，未必能符合上述三条准则。“思维是人脑对客观事物的一种概括、间接的反映，是客观事物的本质和规律的反映。”① 这是我国学者给思维下的定义。此类定义颇有代表性，往往偏重于揭示所谓逻辑思维的特性，而用来说明原始人或艺术家和宗教的思维，就很难做到丝丝入扣了。

研究者常把内隐性、符号性或者概括性、间接性说成是思维活动的主要特性。不可否认，从思维活动中经常可以找到这些特性，然而思维活动还有更为重要的功能和特性，以上种种不过是一些次生的特性。应当用前者去限定后者，否则单凭某些次生的特性还不足以为思维提供一个线条分明的界说。因此，笔者不得不撇开众多流行的见解，另辟蹊径寻找新的出路。出路之一是从思维与秩序的关系出发，把思维活动与思维着的秩序联系起来，通过这条途径去界定和说明思维特有的基本功能。选择这条途径可列举出四条理由：（1）思维离不开各种秩序；（2）思维着的世界是有序的世界；（3）思维着的事物和现象是进入特定秩序网络的事物和现象；（4）思维自身总是按照一定的程序去审视万事万物。有了这些理由，用秩序理论去阐明思维的基本功能也许会满足界定思维活动的三条准则。

为了探讨思维与秩序的关系，有必要对“秩序”作一点说明。笔者设想，应该设立一门大跨度的综合性学科，统一研究有关秩序的种种理论问题。对此，本文只能点到为止。秩序无处不在，无孔不入。规律只是一种秩序，但不能穷尽一切秩序。比如，关系和联系是最为普遍的秩序；顺序、次序、系列等等是一组秩序；程序、编码、程式等等是另一组秩序；规则、法则、规律等等也是一组秩序。秩序有多种类型，主要有以下几种：（1）节律型秩序，包括波动、振动、脉冲、律动、节奏、韵律、旋律，以及共振、谐振等与节律有关的秩序；（2）作用型秩序，包括刺激和反应、行为和效果、原因和结果、输入和反馈、作用和反作用等与作用有关的秩序；（3）划分型秩序，包括层次、阶段、等级的区分，种属的分类和个体的归属，以及其他与划分和分类相关的秩序；（4）方位型秩序，包括事象的空间位置和时间位置，事象的空间分布和时间流程，以及与方位

① 朱智贤、林崇德：《思维发展心理学》，北京师范大学出版社 1986 年版，第 7、16 页。

变化有关的秩序；(5) 计算型秩序，量的确定、数的序列和数量的运算等等均为第五类型的秩序；(6) 价值型秩序，好坏、是非、对错、益和害、真和假、善和恶、美和丑等等，均为与正负价值有关的秩序。

秩序在各个领域都有所显示。宏观物理世界、宇观物理世界和微观物理世界有各自的规律和秩序。生物界有进化的法则，社会生活有发展的进程，生命和心理有活动的节律。物质交换、能量交换和信息交换都可以从无序中找到井然的秩序。秩序有不同的层次。比如，刺激反应关系、行为效果关系，均可归属于原因结果关系，后者为较高一层的秩序。又如，作用型的因果关系、划分型的种类关系、价值型的好坏关系等等，又可归入对立统一关系，后者是更高一层的秩序。结构原则、系统论和辩证法，都是从总体上概括各个领域和各种层次的基本规律与基本秩序的方法论模型。

觉察到事物和现象的有序性，不能视为思维活动的专利品。视听和其他知觉映象并非总是一片混沌，因为自然界和人群中不少有序性的关系和有序性的过程可凭感官而有所觉察。自然界的日出日落、月盈月亏、寒来暑往、草木荣枯……生活中的饥餐渴饮、晨兴夕寐、聚散离合、生老病死……均属于可直接看到和感到的观察秩序。如此看来，仅仅用是否涉及万事万物的秩序去区分感知活动和思维活动将难以成立，要想在二者之间划一条界线须再往前走一步。

二

思维是一种梳理、描述和解释各种秩序的意识活动，这是关于什么是思维活动的第一个界说。梳理、描述和解释各种类型、各个领域和各种层次的秩序，是思维活动的基本功能或深层功能。思维有了这个基本功能就可以同感知活动和其他非思维的意识活动区别开来。思维活动并非感知活动，不能直接感知和察看事物与现象的种种表层秩序，思维活动的任务是把感知和观察到的秩序作为原材料，然后在不同层面上用不同方式去梳理、描述和解释这些秩序。在秩序王国里除了部分可观察感知的表层秩序之外，还有更多不能直接观察感知的深层秩序。思维既能描述和解释前一种秩序，也能梳理和解释后一种秩序。在观察中似乎无序可寻的地方，思维有能力揭示、发现或建构隐蔽的或深层的秩序新天地，并对它进行必要的描述和解释。说到底，思维的功能其主要作用是，通过对深层秩序的梳理去解释各个层次的秩序，最终把现实生活中各种可观察感知的秩序以及相关的事象解释清楚。

思维的梳理、描述和解释功能（简称解释功能）是动态功能，通过梳理、描述和解释活动（简称解释活动）发挥其作用。思维的解释活动有两大特点：第一，思维运用多种媒介进行解释活动，有些是符号化的媒体，有些是语言媒体。符号化的视像声像和想象记忆的表象、符号化的肢体动作，在一定条件下可充当解释活动的媒介。符号化的图形声响符号化的身手动作（即手势语言），在一般情况下皆可充当解释活动的媒介。更为普遍的是，运用语言符号，即运用有声的外部语言和无声的内心语言以及文字和数理符号，去解释自然界和生活中的秩序。第二，思维通过多种方式进行解释活动和构造解释模式。各种解释活动和解释模式均在不同程度上以可观察感知的秩序为根据，用不同的方式去梳理和描述不可观察感知的秩序，并力图用后者去解释前者。上古人的神话、宗教徒的宗教信仰，都是用不同方式构造而成的解释模式。这种解释模式着重厘清和描述超自然和超现实的秩序，并用此类秩序去解说自然界和生活中的秩序。从某种意义上讲，艺术作品也是思维活动运用独特的方式创造出来的解释模式。因为艺术作品可以凭借某些想象和虚构的秩序去象征或寄寓现实生活中的秩序。哲学理论和科学理论是两种很有代表性的解释模式。哲学体系是哲学家通过思辨或推演的思维活动建造的解释模式。这种解释模式概括了宇宙人生本原性的规律与法则以及认识和知识的基本结构，同时用此种规律、法则或结构对各式各样的秩序进行统一的解释。科学体系是科学家通过假设、论证的思维活动组合而成的解释模式。科学的解释模式力图揭示和发现特定领域中的规律和法则，并对相关领域中可观察感知或可实验的秩序作出合理的说明。

我们用一组简单的实例来说明思维的解释活动及其相关的特点。人们每天观察到日出和日落的景象，这是一种观察秩序，太阳所处方位周而复始地变化的秩序。希腊神话创造了日神阿波罗（即福玻斯），他戴着金色的光环，每天驾驶喷着火焰、光芒四射的马车从东方驶出又驶入西方。古希腊人通过神话这种解释模式去描述阿波罗的特征和行为秩序，用神的行为及其方位变化去解释太阳运行的方位变化。托勒密提出“地心说”，他认为视像中的太阳环绕地球运行，所以有日出日落的景象。哥白尼提出“日心说”，他认为地球环绕太阳运行，地球又 24 小时自转一周，所以出现太阳出没的景观。托勒密和哥白尼建立了两种不同的天文学理论模型或解释模式，两者都想把日出日落和其他星象的观察秩序解释清楚。李白在《送友人》中写道：“落日故人情。”诗人以落日之景表现故人之情，表现了也描述了景与情之间的一种关系，对太阳方位的变化与故人思乡念旧的感情波动之间的互动关系和刺激感应关系作了形象化的说明。

在确认思维具有描述解释功能的前提下，才能深入辨析思维的间接性、概括性和内隐性、符号性等特性。（1）间接性。视觉等感官可直接观察和感知众多事物和现象以及某些相关的秩序，思维的解释活动却运用各种媒介间接地涉及可观察和可感知的秩序。所以说间接性是思维的一种特性。（2）概括性。视觉等感官只能观察和感知个别的事象和单一的秩序。思维的解释活动却有能力将个别事象归入不同的种属、分类秩序之中，将零散的秩序连接起来概括成秩序的系列和秩序的网络，思维还能透过表层秩序概括出深层秩序。所以说概括性是思维的另一种特性。（3）内隐性。思维是一种不同于外部动作的内隐性意识活动，对于一般意识活动而言，思维的解释活动又蕴涵于各种媒介之中。所以说内隐性是思维的又一特性。（4）符号性。思维经常运用符号化的媒介，特别是语言符号进行间接性、概括性和内隐性的解释活动，经过思维梳理、描述和解释的秩序又时常显露于符号化的图像、声响、工具、产品和操作动作中，体现在神话、宗教、艺术和理论等符号化的解释模式之中。因此符号性也是思维的重要特性之一。关于思维的层次性、生产性等特性均可以此类推，毋庸一一列举了。

三

遇到困难，有了疑惑，人类就会去思考。思考能够解惑释疑，或者提供克服困难的思路。困难和疑惑引出问题，问题需要解答，思维活动的重要任务之一就是去解决问题。当代中西方的心理学家和思维学家都十分重视研究思维的问题性或者研究解决问题的思维过程。我国心理学家朱贤智和林崇德在《思维发展心理学》中写道："思维过程主要体现在解决问题的活动中。"并设专节去探讨思维的"问题性"①。美国心理学家克雷奇等人在《心理学纲要》中指出："我们将更加仔细地把注意力转移到解决问题的过程这一方面。"② 人们置身于自然环境、生产劳动和社会生活中，时常会遇到各种难题和产生各种疑问。哲学家和科学家在理论探索或科学实验里，每前进一步都将碰上新的问题。艺术家的创作活动和宗教家的信仰活动，也会面临种种困惑与疑难。这一切都要求思维活动用各种方式提供解决问题的办法，提供使人信服的答案。由此可见，解决问题的功能或解惑释疑的功能，确实是思维的一种重要的功能。

思维解决问题的功能与描述解释秩序的功能有何联系？这是笔者关注的问题。思维的这两种功能有密切联系，解决问题离不开描述和解释相关的秩序。描述解释宇宙人生的秩序，部分原因或主要原因是为了解惑释疑和解决问题。反过来说，思维的解惑功能唯有依靠解释功能才会发挥作用，把问题放在一定的秩序或秩序网络中才有可能加以解决。要想找到问题的答案，首先要理出问题本身的头绪，理出与问题相关的各个方面和多种情境的头绪。所谓"头绪"，就是秩序，理出头绪就是在思维活动中对秩序和规律进行清晰的描述与解释。要解决的问题千差万别，为解决问题而理出的头绪同样是多种多样的。

下面举几个简单的例子去证明解决不同的问题如何依靠对不同秩序的

雲南文庫·学术名家文丛

① 朱智贤、林崇德：《思维发展心理学》，北京大学出版社 1986 年版。

② 《心理学纲要》上册，中文版，文化教育出版社 1981 年版，第 224 页。

描述与解释：（1）这样做将会产生什么影响？采取什么样的行动方能达到预期的目的？提出和解决这类问题必定牵涉到通过思考去搞清楚作用型秩序中与此相关的行为与效果的关系。（2）这些事物或现象为何发生？涉及对原因的追溯。出现此等情况其后果如何？涉及对结果的预测。要解答此类问题，必须把作用型秩序中与此相关的原因结果关系解说清楚。（3）这些事物归属于哪一类？这两种气质有何差别？上述问题的提出与解答离不开对问题引出的划分型秩序中的分类标准的思考。（4）此人现在到达何处？那件事发生在什么年代？这两个问题与相关的空间方位和时间方位有紧密联系。（5）这道方程式如何解？那些统计数字可靠吗？这类问题找到准确答案的前提是，辨明相关的运算程序和运算过程。（6）这样做对吗？那支曲子好听吗？不确定相应的道德规范和审美标准即相应的价值型秩序，对诸如此类的问题很难作出清晰可靠的答复。在现实生活和理论研究中，人们要求解决的问题与上述问题相比要复杂得多。然而不论问题多么错综纷繁，都需要通过思维活动把千头万绪的秩序网结弄清理顺，否则就找不到合情合理的答案。

思维的解决问题的功能与解释秩序的功能之间的关系还体现在另一方面。面对复杂的问题往往需要按一定程序有步骤和分阶段地加以解决，有步骤和分阶段也是一种秩序，即划分型的秩序。克雷奇等人指出："凡是在科学上、艺术上或其他方面有所创造的人，往往会思考他们自己解决问题过程的性质。"① 的确如此，要想把问题解决好，就应当在思维中对解决问题的可行性程序作出条理分明的解析。中西方不少心理学家提出了如何划分解决问题的思维程序的理论模型。前面提到的克雷奇等人把解决科学技术问题的思维程序划分四个阶段，即准备阶段、孕育阶段、明朗阶段和验证阶段。② 朱贤智等人则提出不尽相同的分段程序，即区分为发现问题、明确问题、提出假设和检验假设四个阶段。③ 也有人立足于信息论，用"流程图"去说明思维过程中从发现问题到解决问题可能出现的特殊运算，

① 《心理学纲要》上册，中文版，文化教育出版社 1981 年版，第 224 页。

② 同上书，第 224－226 页。

③ 朱智贤、林崇德：《思维发展心理学》，北京师范大学出版社 1986 年版，第 7、16 页。

以及这种运算完成的次序。当然，问题变化莫测，人们遇到特定问题一般都要考虑其性质与各个有关方面，然后去设计解决问题的特殊程序。心理学家只能根据总体情况，为解决问题的思维过程提供划分阶段的一般性模型。

思维是通过描述与解释各种秩序去解决各种问题的意识活动，这是关于什么是思维活动的第二个界说。它在思维活动与单纯的感知活动、感情活动等非思维的意识活动之间又划出了一条分界线，因为后者不但无能力去解释各种秩序，更不可能去解决各种问题。从第二个界说出发，还可以确认思维活动的另外几组特性：（1）目的性和定向性。有目的和定向地解答生活中和理论中的各种疑难问题，是思维活动责无旁贷的重要任务。为解决问题而解释相关秩序的思维活动，可称为目的性思维或定向性思维。（2）创造性和创见性。思维的解决问题的功能经常体现在以下几个方面：解决不断涌现的新问题；采用新的程序或新的步骤去解决熟悉的问题；由于对秩序作了新的描述或新的解释，从而对熟悉的问题提出新的答案。不论哪种情况，皆能证明解决问题的思维是创造性思维或创见性思维。（3）预期性和预见性。思维中提出的问题有时涉及对将来的预期或预测。有些秩序是历时性秩序，既能连接过去，又能通向未来。比如，作用型秩序就是一种历时性秩序，系统规律和辩证规律都是涉及事物与现象的发展过程和来龙去脉的规律。因此，对相关的历时性的秩序和规律作出比较准确的描述和解释，就可能在不同程度上解答对未来有所预期或有所预测的问题。根据上述理由，解决问题的思维可以是预期性思维或预见性思维。

四

要想比较全面地界定和阐明思维活动，必须有开阔的视野。第一，应当考虑原始人的思维活动、儿童的思维活动，以及艺术家的思维活动和其他类型的思维活动；也应当考虑凝结在自然崇拜、巫术、仪式、神话和宗教信仰里的思维，显露于生产实践、战斗活动与儿童游戏里的思维，以及体现在文艺创作、艺术表演和欣赏活动里的思维。第二，应当认真对待思维活动与其他意识活动的联系，比如同感知活动、记忆活动、想象活动、情感活动之间的联系。思维活动不可能在心理意识的真空中孤立进行，它与其他意识活动互渗互动，形影相随。这种联系在原始人、儿童、宗教家和艺术家的思维活动里表现得尤为明显、尤为突出。思维活动不仅能发现和描述现实生活和自然界的各种深层次的秩序，而且能构造和描述各种想象的或超现实和超自然的秩序。思维活动不仅用前一种方式去解释观察感知的秩序，而且用后一种方式去解释观察感知的秩序。与此相应，思维活动可通过两条途径去解答问题。一条是通过描述和解释可验证的秩序去解答问题，另一条是通过描述和解释想象虚构的秩序去解惑释疑。投射幻化型的思维活动和审美表现型的思维活动都是第二种类型的思维活动。

所谓投射幻化活动，是指把想象的虚象（表象）和感情、意愿、观念等意识因素，能力、才智等心理因素和欲望、冲动等潜意识因素，投向和渗入感知着的万事万物，并同事象原有的形态性质幻化为一体的意识活动。经过投射幻化，万物有了行为，有了生命，有了心灵或灵魂，于是上界和下界出现诸神、妖魔鬼怪和各种稀奇古怪的东西。投射幻化活动往往具有描述阐释各种观察秩序和解答各种问题的功能，所以这种活动本身就是一种思维活动。运用投射幻化的方式，构造超现实、超自然的深层秩序，并用此类秩序去说明生活中和自然界的可观察可感知的秩序，从而实现解惑释疑和解答问题的目的，这就是投射幻化型的思维活动。通过这种思维活动建成的神话世界、宗教世界和童话世界（不等于作家笔下的童话世界），同样是井然有序的世界。此等“世界”既编织了虚构的秩序网络，又在不同程度上折射着和解释着宇宙万象和社会生活中的真实秩序。投射幻化的思维活动是相当普遍的思维活动模式，是原始人、宗教信仰者和幼儿的主要思维模式，从许多普通成年人的日常思维活动里也能找到它的印迹。由此推论，思维的投射幻化功能或构造并解释各种秩序的功能，是同思维的基本特性息息相关的重要功能。

所谓审美表现活动，是指贯穿于文艺创作和文艺、景物欣赏中的一种意识活动，即通过视听映象和想象的表象，去表现人的感情、意愿、观念等意识因素和才智、个性、人格等心理因素，进而表现整个生命的意识活动，并使象与意、情与景合为一体的意识活动。在审美表现活动中，作家和艺术家根据审美需要将视听和其他知觉映象以及想象联想的表象组合起来创造审美意象，并把现实生活中的秩序转化为审美意象之间的秩序。同时作家、艺术家又依托审美意象去表现由现实生活激起的情感意念和自己的个性生命，于是混沌的情意之流和生命之流进入了审美意象的秩序系统之中。不难看出，审美表现活动具有构造和描述艺术中的秩序和解说现实中的秩序的功能，也具有消除作家、艺术家和欣赏者心中困惑的功能，是名副其实的思维活动。作家、艺术家创造的艺术世界是一个有序的世界，艺术世界中想象虚构的秩序虽然变化莫测，但现实世界的秩序和规律毕竟是它的原型。

审美表现的思维模式不单是作家、艺术家从事创作和构思活动的思维模式，因为每个人都需要鉴赏艺术品、艺术表演和自然风景，都离不开审美表现（或再表现）的思维活动。进言之，在原始人和儿童的思维活动中，在神话传说和宗教故事等等古老的解释模式中，也经常出现它的踪影。其实，审美表现的思维活动和投射幻化的思维活动有相通之处，二者都在创造和描述某些虚幻的秩序，都用此种秩序去阐释真实的秩序和解除心中的疑惑，二者是互渗互补的。这一切足以证明审美表现思维的普遍性，还能证明审美表现功能也是一种从思维活动的基本功能分化或转化而成的重要功能。

超越科学和哲学思维的藩篱，尽可能兼顾人类意识中形形色色的思维活动，把思维与秩序联系起来，对思维着的秩序进行全方位的考察，凡斯种种都是尝试性的探索。既然是尝试，疏漏之处实难避免。笔者的意图不过是对深入研究思维理论和秩序理论以及思维与秩序的关系问题，起一点投石问路的作用。

1990 年 12 月 5 日初稿

思维的界说和思维的三要素

探索思维活动的奥秘，是一个万古长青的理论课题。两千多年前，东西方的哲人就十分关注思维活动的形式结构和其他理论问题，于是西方的逻辑学、中国的名学和印度的因明学应运而生，先后问世。降至现当代，语言学、脑生理学、思维心理学以及信息论、控制论、符号学等新兴学科，均从特定的角度去审视思维活动，给思维下定义立界说并建造了各种理论模型。关于思维的定义或界说比比皆是，其中也不乏真知灼见。然而一经深入剖析就会发现，即使某些颇为流行的定义也难免一叶障目，以偏概全。有些大家熟知的界说又未必能统观全局，融会贯通古今中外的思维活动。当前国内外种种有关思维类型的理论方兴未艾，如雨后春笋。研究原始思维、儿童思维、宗教思维、艺术思维或者创造性思维、灵感思维的论著，也往往失之于只见树木不见森林。有些论著人云亦云，靠援引只适用于理论型思维活动的定义去阐述其他类型的思维活动。有些论著干脆讳莫如深，对何为思维避而不谈。人们不禁要问，如果连什么是思维活动的普遍性质也不甚清楚，怎能准确无误地阐明某一思维类型的特殊性质？

一

各种思维理论一开始就面临一道难题：何者是“思维”？什么样的意识活动可称之为思维活动？给全人类的思维活动下个准确的定义，或者替各式各样的思维活动确定一个比较全面、比较合理的界说，是一项相当棘手和难度很大的工作。要想完成这项工作，必须排除层层迷雾，澄清许多理论问题。第一步是改变某些长期因袭的理论定式，沟通众多孤立绝缘的理论领地，区分几个外延模糊不清的理论概念。

所谓因袭的“理论定式”包括两大倾向。其一，将一种思维功能视为唯一有效的功能，认定思维活动是单纯的认识活动，认识功能是思维活动独一无二的功能。中外大量思维学、思维心理学、认知心理学的论著，莫不具有此种倾向。仿佛初民创造神话的思维活动、艺术家构思艺术品的思维活动，不过是用特殊的方式去认识自然现象与社会生活的活动。宗教家进入超越世俗的心理境界，仅仅是通过他们的思维活动去深化或扭曲关于世界人生的知识。此等理论惯性的结论是，艺术家宗教家的思维同科学家哲学家的思维其功能基本一致，只是去认识宇宙万物和人类自身。不可否认，认知功能是思维活动极为重要的功能，不可或缺的功能，然而思维的功能绝非只此一家。在这种理论定式的视野中，思维的其他重要功能，诸如指导实践和规范行为的功能、梳理秩序和构造规则的功能、创造价值和进行评价的功能，几乎消失殆尽。

其二，将一种思维程序视为唯一“正规”的思维程序。认为演绎程序、归纳程序、类比程序以及其他逻辑规则和逻辑方法，是普天之下最起码的或唯一合乎规范的思维程序和操作规则，遵循此类程序和相应规则的思维活动也成了思维的基本类型。凡是不符合逻辑程序的思维类型，有的论著采取存而不论的态度，有的论著则粗略地称之为非逻辑思维或前逻辑思维。第二种理论惯性也免不了管窥蠡测之讥。比如上古人创作神话的思维活动，遵循记叙事件的程序，即记叙实有事件和幻想事件的思维程序。艺术家创作艺术品的思维活动，则含有表现情思、构造审美意象的思维程序。诸如此类的思维程序在人类思维的发展史中占有不可忽视的地位，不宜以前逻辑或非逻辑为由而打入另册。面对两种因袭性理论定式，我们不禁要问：假若局限于认知功能和逻辑程序，不考虑思维活动的多种功能和多样化的程序，能给思维活动提供合理的界说吗？

所谓绝缘的“理论领地”也包括两种情况：

其一，不同思维类型的理论研究往往各自为政，老死不相往来。几十年来，神话思维、宗教思维、艺术思维、科学思维、数学思维、历史思维……相继独立，各有领地，各居一方，形成了“诸侯割据”的局面。它们囿于自己的研究领地，不去过问或很少过问其他思维类型，而每种思维类型既然名之曰某某思维，必有其思维之所以为思维之根据，这根据是什么？

其二，不同思维模式的比较研究，不问其共性，只强调其差异性。中华有传统的思维模式，西欧也有传统的思维模式，两者各具特色；儒家的思维方式同禅宗的思维方式相比，确有其相异之处，这是毋庸置疑的。问题在于，比较研究各种思维模式不能只见其异，不见其同，不去深究进行比较的隐性前提。研究者应当反躬自问：为何比较的对象均能命名为“思维”，它们之间有何联系，有什么样的共同本性？面对几种绝缘性的理论领地，更加深了笔者的困惑，如果不打破“割据”的局面，把各个领域的思维类型包容进去，把各种民族背景和文化环境中的思维模式笼括进去，找到它们的共同结构、共同要素，怎么能涵盖人类的全部思维活动形成统一的界说？

所谓模糊的“理论概念”，是指“思维”这一概念的外延比较模糊，常常同“意识”混为一谈。有些论著对原始意识和原始思维不加区别，有些论著混合使用宗教意识和宗教思维，审美意识和艺术思维（或形象思维）的交替出现，更是屡见不鲜。在日常言谈或非学术性文章中遇到此等情况不足为怪，可听之任之，但出现在学术论著中却令人纳闷，不能不详加剖析。难道意识和思维是一回事？两个概念的外延基本重合？然而果真如此，感情、知觉等等意识活动就可以一概称之为思维活动了！针对这类情况，在考虑关于思维的界说时，应当对思维这个概念作出明确的限定，弄清思维和意识这对概念的外延关系。

二

弄清了问题的症结，驱散了理论的迷雾，第二步是为如何立界说定下几条原则。依我之见，要想克服前文列举的理论偏向，给思维活动筛选出一个容量大、定性准的界说，起码要满足以下三项要求。

（1）视野要开阔，足以容纳多样化的思维功能和思维程序。界说要放眼于古今中外，使从原始人到当代人，从东方人到西方人，具有各种功能和各种程序的思维活动，尽可能聚集到自己的视野之中。不论是具有认知功能和逻辑程序的思维活动，还是具有其他功能和其他程序的思维活动，在界说范围内均能找到适宜的容身之处。

（2）定性要适度，能够涵盖各种思维类型和思维模式的普遍属性。界说要打破众多思维类型理论各行其是的分裂割据局面，把一块块孤立的领地统一起来，从中找到它们共同的要素。界说还要消除思维学的比较研究中只强调差异性、将不同民族和不同文化的思维模式隔离开来的屏障，力图做到求同存异，寻求思维之所以为思维的某些基本准则。

（3）界限要分明，应该划清思维活动与其他意识活动的分界线。界说首先要肯定思维是一种意识活动，一种特殊的意识活动。界说不否认思维活动与其他心理活动、意识活动之间不可分割的联系，不否认它们经常处在互渗互动的关系之中。是的，思维不可能在心理意识的真空状态中进行活动，然而界说的主要任务是力图区分本能冲动、感觉知觉活动、记忆活动、想象联想活动、感情活动等等非思维的意识活动或心理活动同思维活动之间的分水岭，使思维这一概念有个清晰可辨的外延。

有了三项要求，我们不妨以此为尺度去衡量和检验国内外有关思维的几种颇具代表性的定义或界说，看看是否符合这些要求。如果符合，就采用，大可不必再标新立异，另起炉灶。先从国外谈起。行为主义心理学家斯金纳说“思想仅仅是一种行为，词语或非语词的，隐蔽或公开的”行为。[①] 有的结构心理学家认为，思维是不断改进“认识结构”的活动。有的符号主义者提出，思维是在内心中运用符号解决问题以求适应环境的行为。《思维的训练》一书的作者给思维下了如下定义：“思维是为了某一目的，对经验进行的有意识的探究。”[②] 从信息论出发可以说“思维是整理已知信息，以获取解答的过程”[③]。从脑科学出发则认定思维是“运用大

① ［美］斯金纳：《科学与人类行为》，谭力海等译，华夏出版社 1989 年版，第 230－236页。

② ［英］德·波诺：《思维的训练》，何道宽等译，生活·读书·新知三联书店 1987 年版，第 28－29 页。

③ 同上书，第 27 页。

脑解决问题或得出结论的过程"①。或者，思维是"推理的脑力过程，以求某些事情得出结论"。②

这些定义或界说虽然出发点不同，角度各异，但是有两个特点是相同的。第一，视野狭窄，往往限制在思维活动的认知功能上，即通过认知去"解决问题"、"适应环境"、"得出结构"、"获取解答"，或者为了获得知识去改进"认识结构"，对"经验"进行"探究"。第二，涵盖面有限，只涉及所谓理论思维、科学思维的领域，而且是西方传统的、遵循逻辑程序的思辨—分析型理论思维或科学思维。可见，这些定义或界说未必能满足三项要求。比方说，诗人、艺术家进行审美、构思和创作的思维活动，宗教信仰者通过长期冥想或突然顿悟因而豁然开朗进入了某种宗教境界的思维活动，道德修养者通过潜移默化去规范行为和陶冶情操的思维活动，都是名副其实的思维活动。令人遗憾的是，上述定义或界说很难把诸如此类的思维活动包容进去。

国内思维学界的情况又如何呢？《思维发展心理学》一书给思维下了简明扼要的定义："思维，是人脑对客观事物的一种概括、间接的反映，是客观事物的本质和规律的反映。"③ 此类定义在国内有很强的代表性，用来解释通常所说的逻辑思维或理论思维的基本特征是言之成理的，然而难以用之说明，如原始人、幼儿或艺术家、宗教家的思维活动。

三

实际情况既然如此，很难找到符合三项要求的定义或界说，笔者只好摆脱众多流行的见解另辟蹊径，为界定思维活动寻找新的出路。探讨"新出路"之前，有必要先认定两个有关思维活动的一致公认和必不可少的理论前提。

---

① ［英］德·波诺：《思维的训练》，何道宽等译，生活·读书·新知三联书店 1987 年版，第 27 页。

② 同上书，第 26 页。

③ 朱智贤、林崇德：《思维发展心理学》，北京师范大学出版社 1986 年版，第 7 页。

一是脑科学提供的前提，大脑或大脑皮层的某些区域是思维活动的生理基础。思维过程归根到底总可以找到对应的脑生理的活动过程，思维活动不能脱离作为生理活动的大脑皮层活动，已经是生理学界和思维学界的常识了，关于思维的界说当然要以此为理论前提。至于如何从人脑的动力过程及其生理机制去说明人类的各种思维过程和思维功能，应当由脑科学和生理心理学去探索了。二是信息论提供的前提，思维活动不能搞无米之炊，需要以种种信息作为思维的原材料，有广泛的信息来源。思维离不开信息，思维过程是各种信息的加工提炼过程，这也是老生常谈了，关于思维的界说理应以此为另一理论前提。谈到这里，还需要补充几句：思维活动不但利用视听等感官知觉供给的外部信息，而且吸取生理冲动、情绪起伏、本能欲望、幻觉想象等等由机体活动与心理活动供给的内部信息。笔者以为这一看法很重要，将有助于说明思维为何有多种模式、多种类型和多种功能。有关思维同内外信息的关系问题，思维活动与客体世界的关系问题，笔者将在《思维客体的构成》一文中详细讨论。

何处是新出路？以大脑功能和内外信息为前提，从思维活动自身的总体构成去寻找新出路。找到既是一切思维活动都具有的构成性要素，又是思维活动最为重要和最富特征的构成性要素，这就是一条新的出路。符号、秩序和程序，或曰，符号和语言、秩序和规律、程序和规则，就是人类的思维活动都具有的和最主要的结构性三要素。

（1）就符号要素而言，思维活动是符号化的意识活动。思维离不开符号，离不开作为一种特殊符号的语言，人类运用的符号和语言同样离不开思维（当然也离不开制作符号的实践活动）。思维活动是参与制作并直接使用符号和语言的意识活动。思维活动以符号或语言作为表述媒介和传达媒介，思维活动是自始至终在符号媒体或语言媒体中运作的意识活动。

（2）就秩序要素而言，思维是秩序化的意识活动。思维离不开秩序，人类思考着的秩序同样离不开思维（当然也离不开客体世界的秩序）。思维活动是从混沌或无序中发现或建构秩序的意识活动。思维是一种认识活动，即描述和解释宇宙万物与社会人生中的秩序和规律的意识活动。思维是一种指导和规范的活动，即指导社会实践并促使人们的行为和操作动作日益规范化和有序化的意识活动。思维也是一种参与创价和评价的活动，即参与创造各种价值和进行价值评价并促使各种价值模式和评价尺度日益标准化和有序化的意识活动。

（3）就程序要素而言，思维是程序化的意识活动。思维离不开程序，程序也离不开思维（当然也离不开实践活动与操作动作）。程序是一种秩序，不过此处专指思维自身的活动秩序。思维活动是形成了某种活动程序，并按此程序去运作的意识活动。思维活动是自觉或不自觉地遵循诸如记叙程序、表现程序、体悟程序、运算程序、逻辑程序……或相应的操作规则而进行的意识活动。

确认了凡是思维活动必须具备的三个构成要素之后，就有可能给思维立下一个比较合理的构成性界说（不同于发生性界说或功能性界说）。思维活动是一种特殊的意识活动，即运用思维的界说和思维的三要素符号系统，遵循一定的运作程序，从不同的领域去发现或构造各种秩序和规范的意识活动。之所以说思维活动是一种意识活动，是因为后者是前者的上位概念，前者的外延包含在后者的外延之中。不用认识活动作为上位概念，理由是思维活动不止是认识活动，认识功能不是思维的唯一功能。如果把两个理论前提也包含进去，这个界说将作如下的表述：思维活动是同大脑活动相关的、综合了环境信息和机体信息，运用符号和依据一定程序去发现或构造各种秩序和规范的意识活动。

四

确立了思维活动必须具备三个构成性要素的界说，又分别阐述了思维活动和三要素之间不可分离的关系，笔者相信，此种构成性界说能够满足本文第二部分提出的三项基本要求。先看看如何满足一、二两种要求。第一，无论何种思维活动都得用一种符号系统，如动作符号、声响符号、实物符号、图像符号，尤其是语言符号，作为思维的外部形式，都需要通过符号媒体去指称、描述、摹写、表现和传达各种意义。第二，无论何种思维活动皆同秩序结下不解之缘，或者描述和解释客体世界的秩序和规律；或者指导实践，使行为规范化，操作动作程式化；或者参与创造价值，使各类价值规范化，各类评价标准化。第三，无论何种思维活动都有自己的运作程序。型号各异的思维活动，神话型或前综合型、审美—艺术型、体悟—直觉型、思辨—分析型、计量—运算型以及日常—综合型……无不含有各自的活动程序。功能不同的思维活动，具有描述—解释功能、指导—规范功能或创价—评价功能的思维活动，也能找到各自的操作规程。民族和文化背景有别的思维活动，全都遵循不尽相同的运演程式。由此可见，这种界说既可包容从远古到当今，从东方到西方，功能不同、类型各异、模式有别的各种思维活动；也能涵盖所有思维活动的共同本性，即共同具有的最基本的三个构成性要素。

再看看如何满足第三项要求。建立了蕴涵三要素的界说，就可能把思维活动和非思维的或单纯的意识活动区分开来，在二者之间立下三座界碑。一是符号界碑，前者是同符号或语言结合的意识活动，后者是未同符号或语言结合的意识活动。以感情活动为例，如果感情没有进入艺术符号、语言符号或其他符号，它只能是一种非思维的和单纯的意识活动。二是秩序界碑，前者是发现或构造秩序的意识活动，后者是不参与发现或构造秩序的意识活动。以想象活动为例，如果想象既不描述和解释秩序，或者以此为据去预测未来，又不参与规范行为或规范价值的活动，这样的想象不过是一种非思维的和简单的意识活动。三是程序界碑，前者是有运作程序的意识活动，后者是无运作程序的意识活动。以从听觉到视觉的联想活动为例，如果由听觉引发的视觉联想的表象并未按一定的顺序或程序逐一显现，这类杂乱无章的联想只能是一种同思维无关的意识活动。

思维活动虽然有别于其他意识活动，然而两者之间经常相互往来，并无森严的壁垒。在一定的条件下，非思维的意识活动完全可以转化为思维活动或思维活动的组成部分。条件是具备了三要素，特别是必须同符号和秩序相结合，因为思维着的客体秩序有时同思维自身的活动程序是协调一致的。我们举记忆活动为例，对“转化”的过程稍加论述。（1）记忆中有关人物与事件的表象，如果同语词或内心语言中的语词逐个结合，各自有了名目，这样的记忆活动已大体成为用语词符号去描述人物或事件的思维活动，因而是已经给各该人物或事件建构了分类秩序的思维活动。（2）这些人物和事件的表象，如果既用语词去指称，又按时间顺序逐一排列，这已经是具有了三要素的思维活动，而非单纯的意识活动了。第一，它运用了语词系统；第二，它运用语词去描述（摹写）记忆中复呈的观察秩序，即人物行动和事件演进的历时性过程；第三，它依照记叙事件的程序即叙事文本应有的程序，去梳理或营造记忆中复呈的客体世界的秩序。实际上，初民的结绳记事，生活中对往事有条不紊的回忆，叙事作家的创作构思，无不通过记忆进行着符合记事程序的思维活动。

结尾处有必要再说一遍，本文提供的只是关于思维的构成性界说。在《思维的功能》一文中，将根据思维活动的诸种功能和思维者的具体目的，为思维活动确立一个功能性的界说。

1992 年 4 月 13 日定稿

（本文原载《思想战线》1992 年第 5 期）

思维的构成、分类及其演化

多年以来，我们师生二人常在一起研讨学术问题。其中，思维理论是我们共同感兴趣的话题之一。只是我偏重于探讨思维学自身的深层理论，启耀则偏爱于探讨思维学与神话学的关系，他的研究专著《中国神话的思维结构》写完后，邀我作序，欣然从之。

对文化现象作思维学的研究，是学术视野有所拓展并向纵深探测的一种需求，在文化人类学和思维学中都是有意义的课题。这一论域所涉对象因深潜于人类之“心”中，故难度较大，不易进入。但它又是一个广阔而丰富的世界，其间幽微奥妙，不可胜数。对神话作思维学的切入，是一种审视的新角度，可以由小观大，洞察人类思维发展初期“浑沌初开”的某些情景。对人类思维起源的宏观把握，也是一种考察方位，可以总览人类思维发生发展的历史轨迹和思维分化演变的综合图景。我想借此序文，为人类思维的构成及其分类的“综合图景”以及演化的“历史轨迹”，勾上几笔，勾画出一个共时性划分与历时性嬗变的轮廓。这样做，或许能为对思维学有兴趣的读者，提出一套可供参考的思维分类的基本原则、主要标准以及进行划分的操作程序，同时也是为读者阅读本书设计一幅有关前综合思维的整体结构如何裂化变异和分枝繁衍的“线路图”。

一

思维如何分类？思维应当划分为哪些最基本的类型？要想回答这个问题，必须首先解决思维理论中的另一个问题：何者为思维？

给人类的思维活动下一个比较准确的定义，至少要对思维活动的基本特征或主要功能提出一个比较合理的界说。我曾经在《思维与秩序》一文中把思维与秩序联系起来，从思维活动与思维着的规律、秩序之间的关系出发，为人类的思维活动及其主要功能提供了一组相互关联的说明。（1）思维是符号化的意识活动，即主要依靠制作或使用各种有序的符号媒介或语言媒介去表述与传达各种意义的意识活动。（2）思维是梳理、描述和解释各种秩序的意识活动，即运用符号或语言，通过梳理、描述各种不可直接观察感知的规律和秩序去解释可观察感知的秩序的意识活动。思维可选择多种方式去解释宇宙人生的各种规律和秩序，既可建构亦可发现不可观察感知的秩序，然后用上述秩序去解释可观察感知的秩序。（3）思维是解惑释疑和解答问题的意识活动，即运用符号媒介，并通过各种既定的秩序去解惑释疑或解答疑难问题的意识活动。（4）思维是程序化的意识活动，即运用符号或语言、依据一定的思维程序并通过各种已知的秩序去解惑释疑或解答问题的意识活动。关于思维的四点说明可一言以蔽之，曰：思维是一种符号化、有序化和释疑性的意识活动。不论是原始人的还是现代人的思维活动，也不论是科学家、数学家的还是宗教家、艺术家的思维活动，莫不如此。即使是“浑沌”进入思维活动，也将同“有序”结成伙伴，携手而并进。笔者曾这样设想，上列说明能够涵盖各种各样的思维模式，也能据此以区别思维活动和各种非思维的意识活动，同时又为思维活动的分类提供一个广泛而合理的基础。

这篇序言的任务之一是，从关于思维活动的一组说明出发，确定可靠的分类的根据，为形形色色的思维模式分一分类，建立一个比较合理的分类系统。要想完成这一任务，起码应当满足下列四项要求：（1）划分的标准要统一。必须根据同一的或一组相互契合的划分标准，对形态和特性各异的思维活动进行统一的分类。（2）划分的视野要宽广。划分标准必须适用于一切思维活动，凡符合前文提出的四点说明的思维活动均在适用范围之内。尤其要适用于经常被思维学和心理学忽视的原始人和儿童的思维活动、宗教家和艺术家的思维活动、东方传统或中国传统的思维模式。（3）划分的界限要分明。根据同一组标准建立起来的思维分类系统，应当让各种类型的思维活动各得其所，不同的思维类型之间有清晰可辨的界限。(4) 划分应兼顾共时和历时两个方面。思维分类系统应重点考虑各种思维模式之间的共时性的差异和共时性的分界线，也应适当兼顾人类全部思维活动演进和分化的历时性过程。

不妨以上述四项要求作为标尺，去衡量一下国内外比较时兴的几种思维分类系统。将思维活动划分为逻辑思维和形象思维两大类别，这是一种在国内长期流行的分类系统。前几年学术界又在两大类之外增加第三种思维模式，名之曰灵感思维或顿悟思维。此种二分法或三分法的思维分类系统虽然简明扼要，但也引出不少令人困惑不解的问题。第一，“二分法”既以思维形式有无形象性作为分类标准，又以思维程序有无逻辑性作为分类标准，不符合根据同一标准或统一标准进行分类的原则。第二，“二分法”中形象思维的“形象”，是专指艺术形象抑或泛指知觉映象（物象）和想象联想的表象（心象）？如果是泛指后者，那么原始人、儿童的思维活动以及多数成年人在日常生活中的思维活动都是有形象的。逻辑思维的“逻辑”，是专指形式逻辑及其规则抑或泛指思维的各种程序？如果是泛指后者，那么一切类型的思维活动都是有序的。因此“二分法”的分类标准是不够准确的。第三，不仅作家、艺术家和宗教家的思维可能出现灵感或顿悟，科学家、数学家和哲学家的思维也可能出现灵感或顿悟，其实一切类型的思维活动均能迸发出灵感顿悟的火花，因此，“三分法”中的灵感思维和顿悟思维不能同其他两种思维模式平起平坐。第四，原始人和儿童的思维、神话巫术中的思维、宗教信仰中的思维，既不是专门创造艺术形象的思维活动，更不是遵守形式逻辑规则的思维活动，但又不能简单地划归灵感顿悟思维，于是，它们便被“三分法”的分类系统排除在外。凡斯种种，都足以证明应当在“二分法”或“三分法”之外另起炉灶，深入探讨人类思维活动的分类问题。这项工作既为综合研究思维学本身的理论问题，也为分别研究原始人类的思维和儿童的思维、作家艺术家的思维、科学家和哲学家的思维，以及运算者和数学家的思维，提供一个比较合理和比较完整的思维分类系统。

西方的心理学、认知心理学或思维心理学似乎从两条分道扬镳的路径去划分思维的类别，形成两套各有千秋的分类系统。这两套分类系统可分别称为共时性分类系统与历时性分类系统。前者不考虑人类思维的进化轨迹，只研究现代人的不同思维模式在形态上或性质上的差异。后者侧重考察儿童思维活动的发展历程，从中划分出几个发展阶段或几种递进的思维类型，而不过问成人中并存的各种思维模式。共时性分类系统习惯于根据不同标准，从不同角度将思维活动区分为几组两相对应的思维类型。比如，区分为有象思维和无象思维、有声（外部语言）思维和无声（内心语言）思维、适应性思维和创造性思维、再生性思维和创见性思维（创见性解决问题的思维）。这些一分为二的分类模型虽然简便易行，然而失之于各吹各打，没有同一的或统一的划分标准，同时也失之于不能涵盖从古至今人类的全部思维活动，未能建立一以贯之的思维分类系统。

历时性分类系统以皮亚杰在《发生认识论》中提出的理论模型为主要代表。他将儿童的认识活动和思维活动的发生发展过程划分为三个阶段，即感觉活动阶段、具体运算阶段和形式运算阶段。皮亚杰之外，布鲁纳和黑兹·沃纳等人也提供几个大同小异的历时性分类模型。布鲁纳将儿童认知和思维的活动方式区分为：动作表达方式、肖像（或形象）表达方式和符号表达方式三个连续更替的层面。黑兹·沃纳则用感觉运动阶段、知觉想象阶段和抽象符号阶段去分解思维的演化历程。上述历时性分类模型均不乏深刻而合理的见解，不过这些理论模型考察的对象仅限于现代儿童的认识活动和思维活动的微观发展脉络。它们本来就不打算从历时性的方位去概括全人类的思维活动，即从始初的思维原型演变分化为现代人的各种思维模式的宏观发展脉络。也不打算从共时性的方位去建立一套划分各种特性迥异的思维模式的宏观分类系统。所以这些分类模型不可能涵盖人类思维活动古往今来的源流节变，也不可能涵盖当今人类从哲学和科学研究到文艺创作和文艺欣赏，从西方的思辨和分析到东方的体察和领悟……诸如此类的思维类型或思维模式。基于上述理由，这些思维分类系统对鉴别个体的和微观的思维发生发展的历程和各个发展阶段的思维模式是颇有见地的，然而在宏观上和整体上却无法满足前文提出的四项要求。

二

有了关于思维活动的一组说明，有了关于思维分类的四项要求，以此为根据，如何去确定思维活动的划分标准呢？笔者认为，从分析思维活动的构成要素或整体结构入手，将有可能为思维的分类找到一套合理的标准。思维活动必定包含思维主体的因素和思维客体的因素，二者都是引发与合成思维活动缺一不可的“动因”与“构件”。本文采用“思维主体”这一概念，专门指述思维者及其进行着的思维活动，以及思维活动的程序和形式，而不能用来泛指与思维活动无关的“人”。与此相应，“思维客体”这一概念，则专门指述进入思维活动的思维客体，以及思维活动的材料和信息内容，而不能用来泛指独立在思维之外的事物和现象。从上述概念出发，就可以对思维活动的总体构成作出适当的描述。思维的整体结构包含下述两个方面：一方面是思维活动自身的主体性的程序和形式；另一方面是进入思维活动的客体性的信息与材料，以及思维活动描述和解释着的客体性的秩序与规律。思维活动的整体结构中的主客关系，就是这两个方面之间的关系。进言之，思维活动中的主客关系，实质上是主体性的思维形式与客体性的思维内容的关系，是思维自身的操作程序和通过思维去描述解释的规律、秩序之间的关系。在思维活动的总体结构中，主体性部分与客体性部分之间形成了各种类型的关系，这就是笔者设想的划分思维活动的各种基本模式和建造思维分类的理论模型的出发点。

进入思维活动的思维客体或思维的客体性部分也具有自身的结构，这一结构由多种因素与多重关系组合而成。其中包括：来自“物”的因素，或来自“天”（即自然，下同）的因素，即进入思维活动的自然界和生活中的各种事物与各种秩序。来自“人”的因素，即进入思维活动并与“天”相对应的人类社会的各种现象和各种秩序；来自“心”的因素，即进入思维活动并与“物”相对应的心理意识中的各种因素和各种秩序。上列因素在思维客体中形成了两重关系：一是心理因素和事物因素之间的心物关系；二是自然因素和人文因素之间的天人关系。本序文将从辨析思维客体如何构成的问题起步，去划分思维活动的各种最基本的模式。关于思维客体的构成还能分解为下列三个组成部分：（1）思维活动有不同的材料来源，既来源于观察感知到的外部材料，也来源于体验内省到的内部材料。（2）思维活动用不同方式处理两类材料从而形成不同的类型的思维客体。既可使两类材料相互融合形成心物不分与天人合一的思维客体，又可使它们相互分解形成心物析离与天人相分的思维客体。(3)思维活动可以描述不同类型的思维客体中的规律和秩序，并且用各种不能直接观察感知的深层次的秩序去解释种种观察和感知到的表层次的秩序。

思维主体进行的思维活动本身或思维活动的主体性部分，同样含有复杂的结构。这一结构由思维过程中的操作程序和形式因素两个方面外加二者的关系组合而成。本文将以辨析思维的主体性结构问题以及主体性结构与客体性结构的相互作用关系问题作为根据，进一步确证各种思维模式的特征与属性。上列问题可分解为两个组成部分：(1)思维活动可选择不同类型的思维程序，或者选取同客体的秩序相调和的思维程序，或者选取同客体的秩序相分离的思维程序。(2)思维活动可采用不同类型的思维形式，有时采用同客体的物象形式相似的映象和表象作为思维形式，有时采用不同于客体的物象形式的概念作为思维形式，有时则兼有形象化和概念化的思维形式。下文将逐一讨论思维分类标准中与思维的客体性结构和主体性结构有关的诸问题。

三

先谈谈思维分类中同客体性结构的分类有关的几个问题。

其一，思维的分类与思维的材料来源。思维活动的“原材料”来自何处？这是值得认真辨析的问题。国内外不少研究者只注意外部环境的刺激，或者注意视觉、听觉、嗅觉、味觉、肤觉等外感官获取的信息，只强调外部事物、外部现象及其属性和状态为思维活动提供的材料。他们忽视了来自机体内部的刺激和通过内省体验获得的信息，看不到思维者内在的感情、欲望和本能冲动等心理意识因素也可成为构造思维客体的原始材料。实际上，思维活动经常从两个来源获取原材料：一是来源于“外部”的原材料，二是来源于“内部”的原材料。前者包括：观察感知到的宇宙万物和生活现象，以及各种事物和现象的性质、状态、特征等等。此类事象简称为观察事实。前者还包括：观察感知到而未用符号描述的事物之间和现象之间的关系、联系和其他秩序。此类秩序简称为观察秩序。后者包括：记忆、想象、联想和幻想活动中出现的心象（或称表象），对情绪、感情、意念等意识因素的体验，以及来自潜意识的欲望和冲动的信息。这些凭体验和内省获得的心理意识活动的信息，简称为体验事实。有没有与观察秩序相对应的“体验秩序”？（不是指通过思维活动用符号去描述和解释的心理秩序。）一般地讲，不太可能离开符号直接去体验心理意识领域中的规律和秩序。不错，出现在记忆过程中未用符号描述的连绵不断的表象很可能有明显的来龙去脉，然而这不是“体验秩序”，而是观察秩序在记忆中的再现。至于某些有序的想象联想活动，其中的秩序也很难凭体验去直接捕捉。凡是运用符号或语言（语言也是一种符号）去指述与观察感知到的物象有关的秩序，或者描述与想象、联想活动中的表象有关的秩序，此等秩序就转化为思维活动中描述和解释着的秩序。所以上文提到的观察秩序，专指尚未符号化的凭视听等感官感知到的秩序。而所谓体验秩序和心理秩序，一般皆指进入思维之中已经符号化了的秩序。

S→R 或刺激→反应的公式，是西方心理学界用来说明人类的意识活动、认识活动或思维活动的基本公式。S 代表对人或主体的外部刺激或环境刺激；R 代表人或主体接受刺激后形成的作为反应的意识、认识或思维的活动。假若用 R 指思维活动，这个公式告诉人们，思维活动是外部环境刺激的一种反应。依我之见，如果合理表述思维活动同它的材料来源的关系，这个公式就应当更改为 $S_1 \rightarrow R \leftarrow S_2$。$S_1$ 指述思维活动通过外部感官获取的环境刺激或外部信息；S_2 指述思维活动从内部感官和本能冲动接受的信息，以及从情绪、愿望、意念等意识领域接受的信息；R 则专指思维活动。更改后的公式也可用文字来表述：来自外部环境的材料→思维活动←来自内部心理意识的材料。另一种表述方式是：观察事实→思维活动←体验事实。上述公式是讨论思维活动的客体性结构问题与思维分类标准问题的出发点。

其二，思维的分类与思维客体的分类。国内外的思维理论往往强调人的思维活动能动地或主动地接受和“输入”外部世界的材料和信息，并认为思维活动中的思维客体只能由这些外部材料加工组合而成。此等理论模型对思维活动怎样处理和吸取内部世界的材料和信息却讳莫如深。它们很少过问思维过程中感情、欲望、意念等心理意识因素如何向思维客体“投

云南文库·学术名家文丛

射”或“输出”的问题。它们往往强调“物”的因素和“天”的因素以及相关的观察事实怎样构成思维客体，而经常忽略“心”的因素和“人”的因素以及相关的体验事实也可参与建构思维客体。实际上，来自“心”的体验事实与来自“物”的观察事实可以合成心物不分的思维客体，由“天”和“人”提供的观察事实和体验事实也可合成天人合一的思维客体。进而言之，思维活动不仅从外部和内部或者从观察和体验两个相互对应的领域筛选与获取信息和材料，而且用不同的方式处理这些信息和材料，形成心物相合与心物相分以及天人合一与天人析离等不同类型的思维客体。

每一类型的思维活动均按照自己的模式去选择和构造相应的思维客体，所以，思维客体的构成情况或思维的客体性结构是划分思维类型的重要标志之一。为了便于讨论，我们将思维活动中的思维客体的分类与思维活动本身的分类结合起来，把前者划分为以下六个类型：（1）原始—神话思维的思维客体。在第一类思维模式中，来自外部的观察事实和来自内部的体验事实尚未明确分化，心与物相互渗透，天与人难解难分。因此，观察事实和体验事实的“化合物”构成了原始—神话思维的思维客体，心物不分与天人合一是此类客体的基本特征。（2）审美—艺术思维的思维客体。在第二类思维模式中，人和心具有的“情”表现在天和物显示出的“景”之中，使已经分化的观察事实与体验事实重新合二为一。因此，心物之间、天人之间由分到合构成了审美—艺术思维的思维客体，触景生情与情景交融是此类客体的基本特征。（3）思辨—分析思维的思维客体。在第三类思维模式中，已分化的观察事实与体验事实两相分解，心物之间或天人之间也相互析离，物（或天）、心和人各就各位，各行其是，摆脱了相互依存的关系。因此，对于思辨—分析思维而言，不仅物或天成了独立的思维客体，而且人和心也像物或天一样可以分别放在思维客体的位置上。物的因素、人的因素和心的因素三足鼎立，互不干扰，是此类客体的基本特征。（4）体悟—直觉思维的思维客体。在第四类思维模式中，以人为中介使已分化的观察事实与体验事实继续保持一定的互渗关系，进而使心物之间或天人之间的裂缝再度弥合，形成若即若离、互存互动的关系。因此，心的活动以及与人的活动相关的心物关系和天人关系构成了体悟—

直觉思维的思维客体。以人为中心，使天与人以及物与心相互关联，是此类客体的基本特征。（5）计量—运算思维的思维客体。在第五类思维模式中，作为观察事实的物或天以及人的机体和外部行为，全部数量化并转化为数量关系。数量和数量关系是计量—运算思维特有的思维客体。（6）日常—综合思维的思维客体。在日常生活中，人们很少按照某种单一的思维模式进行思维活动，往往习惯于东想想西想想把各种思维模式混合起来，并使上述五种思维客体交叉重叠形成了日常—综合思维的思维客体。

四

区分思维活动不同类型的客体性结构，必须考虑如何区分组成此等结构的第三个层面，即思维的分类与客体中的深层秩序的分类。讨论不同类型的思维模式梳理和描述不同类型的深层秩序之前，有必要对何为秩序作一点简略的说明。《思维与秩序》一文不仅对何者为思维提出了一组解说，而且对何者为秩序也作了说明。关系和联系是最为普遍的秩序，顺序、次序、系列等等是一组秩序，程序、编码、程式等等是另一组秩序，规则、法规、规范等等也是一组秩序。规律是一种常见的秩序，但规律不能穷尽一切秩序。事物之间和现象之间的作用关系、分类关系、方位关系，天体运行、事物演变和生物进化的规律，生命活动和心理活动的节律，数量的计算和运演的规则，物与人之间和人与人之间的价值规范，凡斯种种，均可统称为不同样式、不同形态和不同类的秩序。不同领域有不同的秩序。比如，自然界有自己的规律与秩序，社会生活有自己的规律和秩序，心理意识领域也有不同于其他领域的秩序与规律。又如，自然界中宇观、宏观、微观三个物理世界的秩序是不尽相同的，自然界中生命演化的规律与无生命物体的运动规律更是判然有别的。不同层次有不同的秩序。比如，在视听感知的层面上有各种与物象相关联的可观察感知的秩序，简称为观察秩序。观察秩序是表层次的秩序，记忆中经常复呈这种表层次的秩序。除此之外，还可运用想象、联想的表象去构造种种表层次的秩序，或者运用概念、命题去概括种种深层次的秩序。深层秩序是不能直接观察感知的秩序。

通过描述各该领域的深层秩序去解释相应领域的表层秩序或观察秩序，是思维活动的主要功能和共同本性。从思维学的角度去审视，宇宙万物和人生人心的各种规律与秩序皆是思维客体的重要组成部分，或者说，规律与秩序是形成思维客体最主要的构件。思维梳理和描述着的深层秩序和凭它们去解释着的表层秩序，均为进入思维活动、构成思维客体的深、表两层秩序，而不是与思维活动毫无干系的规律与秩序。既然每一种思维模式都有与之相适应的思维客体，每一类型的思维客体又含有相同类型的规律与秩序，以此类推，每一种思维模式都有自己要梳理、描述与解释的规律与秩序。由此可知，每一种思维模式都从自己的视角和方位去梳理、描述相应的思维客体中的深层秩序，并用这种深层秩序去解释同一类型的思维客体中的表层秩序，尤其是那些可见可闻的观察秩序。

思维活动梳理和描述的深层秩序亦可分为六种形态，它们同思维模式及其思维客体的六种类型是逐一吻合的：（1）原始—神话思维涉及的深层秩序。这是与第一类思维客体有关的深层秩序，即体现于心物不分和天人合一的结合体中的深层秩序。在第一类思维模式中，物的因素与心的因素相互渗透，天的因素与人的因素相互感应，形成了在巫术与神话里特有的超自然和超现实的深层秩序。原始—神话思维的基本功能就在于，通过对巫术和神话世界中虚构的规律与秩序的梳理和描述，去解释自然界与生活里可观察感知的表层秩序。（2）审美—艺术思维涉及的深层秩序。这是与第二类思维客体有关的深层秩序，即凭借景去表现情，凭借物去表现心或者凭借天去表现人，使情景、心物或天人重新合一的深层秩序。在第二类思维模式中，用物与天在知觉、记忆和想象中呈现出的景象，去寄寓或表现人心里激起的情感与思绪，从而创造了审美意象，并形成了情景之间和审美意象之间特有的深层秩序。审美—艺术思维的基本功能就在于通过对蕴涵于审美意象和艺术世界中的深层秩序的建构与描述，去解释现实生活中可观察感知的表层秩序。（3）思辨—分析思维涉及的深层秩序。这是与第三类思维客体有关的深层秩序，即物（或天）的因素、人的因素与心的因素相互析离而成为相对独立的思维客体，各自都含有一套别具一格的深层秩序。在第三种思维模式中，心与物相分，天与人解体，从而区分出自然界、社会生活与心理意识三个不同的客体领域，确定了三套各有特色、并行不悖的深层规律与深层秩序。分别厘清和描述自然科学、人文科学和心理科学这三大学科领域中的深层秩序，然后分别解释与各该学科相关的表层秩序，这是思辨—分析思维特有的功能。(4) 体悟—直觉思维涉及的深层秩序。这是与第四类思维客体有关的深层秩序，即主要以心物关系和天人关系作为思维客体，而两重关系中均蕴涵着独特的深层秩序。在第四种思维模式中，心物之间与天人之间有分有合，物（或天）的因素、人的因素与心的因素都不脱离互渗互动的关系与过程而三足鼎立，从而形成一套心物牵连、天人相关的深层规律与深层秩序。统一厘清与描述自然界和人文心理的深层秩序，然后统一解释相互关联的各个领域中的表层秩序，这是体悟—直觉思维特有的功能。(5) 计量—运算思维涉及的深层秩序。这是与第五类思维客体有关的深层秩序，即以纯粹的数量和数量关系作为思维客体，而数量关系就是一种秩序，其中包括各种表层与深层的数量秩序。在第五种思维模式中，可观察感知的物（或天）的因素和人的因素都转化为可计量的因素，可观察感知的关系与秩序都转化为数量关系与运算的秩序。通过揭示深层的数量关系和运算秩序去论证与解释表层的数量关系和运算秩序，这是计量—运算思维特有的功能。(6) 日常—综合思维描述的深层秩序。各种类型的思维客体交错重叠皆可进入第六种思维模式，以此类推，各种形态的关系和秩序亦可杂然并陈地进入第六种思维模式。通过描述较为粗疏和不拘一格的深层秩序，去解释现实生活中遇到的可观察感知的表层秩序，这是日常—综合思维的基本功能。

五

考察了六种思维模式中不同的客体性结构及其深层秩序之后，我们接着讨论六种思维模式中不同的主体性结构，以及这些思维模式中主客两种结构之间不同类型的关系。前文已经谈到思维活动的主体性结构包括操作程序和形式因素两个方面。下文将结合思维总体结构中的主客关系，依次说明思维程序的分类问题与思维形式的分类问题。

其一，思维的分类与思维程序的分类。思维是有序的或秩序化的意识活动。这一解说不仅界定了思维是梳理、描述和解释各种规律和秩序的意识活动，而且界定了思维自身是有序的和程序化的意识活动，即按一定操作程序去梳理、描述和解释思维客体的规律和秩序的意识活动。思维的活动程序或者操作程序像思维涉及的思维客体及其深层秩序一样，也可区分出不同的类型。形式逻辑提出了一套制约思维程序的逻辑规则，如像演绎推理或演绎论证的规则和归纳推理或归纳论证的规则。特定类型的思维活动遵守演绎或归纳的逻辑规则，并按形式逻辑规则去确定思辨的程序、分析的程序或假设求证的程序。然而人类思维活动的多数程序大都有别于符合形式逻辑规范的思维程序。每一种思维模式均要构造特定类型的思维客体，梳理深层的秩序，都有自己相应的思维程序。阐明道理或推理论证是某些类型的思维活动遵循的活动程序或操作程序。思辨的、分析的或符合演绎归纳的思维程序，只是一种阐明道理或推理论证的思维程序。比喻说理或比喻论证是另一种阐明道理或推理论证的思维程序。不但假设求证和相关的演绎归纳不是唯一的思维程序，连全部说理和论证的程序也不能视为独一无二的思维程序。非逻辑的或者非说理论证的思维活动，绝不是杂乱无章、无程序可依的思维活动。实际上，纵观人类思维在发展过程中形成的种种模式，就会发现其中多数思维模式含有非形式逻辑和非说理论证的思维程序。比如说，计量运算的思维程序就不宜简单地归结为是一种演绎归纳或其他说理论证的程序。进而言之，构造神话世界或记叙事件的思维活动是有序的思维活动，创建艺术世界和表现情意的思维活动也是有序的思维活动。然而这两类思维活动的程序，都与形式逻辑的推理规则或说理论证的程式截然不同。

思维活动关注的思维客体的各种秩序，同思维活动自身的各种程序之间并非毫无关联，两者在思维过程中总是保持着某种关系。这种关系的一方是思维主体的思维活动在自身的定式中形成的规则和程序，另一方是进入思维活动的思维客体含有的规律和秩序。因此它是一种特殊的主客关系，即主体的思维程序与客体的规律秩序之间的主客关系。此等关系没有固定不变的范式，主客之间可以相互分离也可相互融合，思维活动的程序可能符合也可能不符合思维客体的规律与秩序。有些类型的思维程序与客体的秩序两相契合、不分彼此，有些类型的思维程序与客体的秩序却两相分离、各行其是。就一般情况而论，思维活动的说理论证的程序，不论是符合形式逻辑规则的演绎或归纳的程序，还是不受此类规则约束的比喻说理的程序，均为思维活动自身特有的程序。说理论证的程序同运用此程序去梳理、描述和解释的秩序之间，二者泾渭分明，决不会相互混淆。因此，就说理论证的程序而言，主体的思维程序和客体的秩序往往是相互分离的。反之，思维活动的非说理论证的程序，一般都同梳理、描述或解释着的秩序保持着相互契合与协调一致的关系。比如，数量世界的秩序同描述解释此种秩序的思维程序之间的关系是两相吻合的关系；神话世界和艺术世界的深层秩序同关注此类秩序的思维程序，二者互渗协作还可以相互转化。因此，就非说理论证的思维程序而言，主体的思维程序和客体的规律秩序是两相合拍、融洽无间的，也可说二者合二而一、难解难分。

思维活动的程序同思维客体及思维涉及的深层秩序一样，亦可区分出六种主要的类型：（1）原始—神话思维中记叙事件的思维程序。这是一种运用想象、投射和幻化等方式去记叙神话世界和巫术世界中的各种深层秩序的思维程序。此类思维程序同思维活动中涉及的超现实和超自然的秩序是两相契合的，同思维活动用上述深层秩序解释着的现实中和自然界的可观察感知的秩序也是基本适应的。（2）审美—艺术思维中表现情意的思维程序。这是一种运用想象、移情和寄托、象征等方式去创造审美意象和表现感情意念，并着力描述与此相关的深层次秩序的思维程序。此类思维程序同思维描述着的审美意象之间的深层秩序，审美意象中的形式因素和意蕴因素之间的表现关系及其深层秩序，大体上是融洽无间的，它们同思维活动根据上述深层秩序去梳理、解释的现实生活里的表层秩序也是相通相容的。（3）思辨—分析思维中逻辑论证的程序。这是一种运用演绎、归纳或假设、求证等方式并根据形式逻辑的规则，去思辨或分析自然、社会和心理领域中的深层秩序的思维程序。此类符合逻辑规则和高度程式化的思维程序只是思维活动自身具有的一种说理论证的程序，决不会同思维梳理、描述着和解释着的各种思维客体的深层秩序与表层秩序相混淆。打一个比方，二者恰如一组永不交叉的“平行线”。（4）体悟—直觉思维中比喻说理的程序。这是一种运用体察、内省或领悟、直觉等方式，选择特定的事象作为比喻，去说明或论证心物之间和天人之间以及相关领域中的深层秩序的思维程序。具有此类不规则和非程式化的说理论证程序的思维活动，其阐释的重点是用比喻导出并加以论证的规律和秩序，而不是比喻者和被比喻者之间的比喻关系。由此可见，比喻说理的程序也属于思维活动自身具有的一种程序，它同思维阐释着的深层秩序和解释着的表层秩序之间并无两相交会之处，二者的关系基本上是并行不悖的关系。（5）计量—运算思维中数量运演的程序。它首先是一种使万事万物数量化的操作程序，它又是一种通过运算和推演去构造数量世界里包括方程式、关系式、数学定律在内的深层秩序的操作程序。这种思维程序的特殊之处在于，它同用此类程序描述着和解释着的数量秩序很难截然分开，甚至无法将二者区别开来。因此，客体世界的数量秩序同主体在思维中进行量化的操作程序是不分彼此的。数量世界里包括各种方程式、关系式、数学定律在内的深层秩序同构成此等深层秩序的操作程序，也是难舍难分的。这种思维程序的特殊之处在于，它同用此类程序梳理着和解释着的数量秩序很难截然分开，甚至无法把二者区别开来。因此，数量秩序既可视为主体在思维中进行操作的程序，又可视为在思维中显示出来的客体性的数量关系和数量秩序。（6）日常—综合思维没有相对固定的思维程序，而是综合其他思维模式的操作程序作为自己的程序。其特点是，往往在思维过程的不同阶段运用不同类型的操作程序。在多数情况下，经常运用非投射幻化的记叙事件的程序和比喻说理的程序。

六

其二，思维的分类和思维形式的分类。思维活动的内容总要体现在特定的形式之中。诸如，知觉着的物象（映象），记忆中再现的物象（表象），想象和幻想中出现的虚象（表象）；又如，个别事物的殊相，一类事物的共相；再如，抽象的或无象的概念……皆为构成思维形式的主要因素。思维的分类应当考虑到思维的形式方面，然而仅仅以思维形式的有象或无象、形象化或概念化作为思维分类标准，是难以令人信服的。把人类全部思维活动划分为形象思维和逻辑思维两大类，也未免失之于简单化。以形象性而论，人类的思维活动大多具有不同程度的形象性，即使是所谓的逻辑思维也不能说完全没有或不可能有形象性。反过来说，以概念性而论，概念和概念化的命题亦非某种思维的专利品。更何况概念与形象之间并无绝对的分界线，大多数单称概念和部分普遍概念往往和特定事物的殊相或一类事物的共相结合在一起。

前文曾经谈到，在不同种类的思维模式中，思维活动的主体性操作程序与客体性规律、秩序之间保持着不同类型的主客关系，二者或者契合，或者分离。这是思维中的第一重主客关系。现在应当指出，主体性的思维形式与客体性的思维内容或客体性的事物形式之间，也形成了另一重主客关系。这是思维中的第二重主客关系。一般地说，思维形式与思维程序经常是两相吻合的，依此类推，前一种主客关系与后一种主客关系也是基本一致的。事实上，主体性的思维形式同思维梳理、解释着的客体性的规律与秩序之间，也保持着可即可离的主客关系。就总体情况而言，思维活动可以选择与抽象概念有别的映象和表象作为形式因素。这类思维形式中的主体性映象同观察秩序的客体性物象始终保持一致，其中的想象幻想中的主体性形象（表象），同巫术、神话里幻化或外化而成的所谓的客体性形象，则是两相对应或者合二而一的。这是思维活动的第一类形式因素。思维活动还可选择与直观的映象、表象有别的概念作为形式因素。这类思维形式中主体性的抽象概念或普通概念，既可能是无象的，也可能只含有淡化弱化了的共相。它同牵涉思维客体的表层秩序的物象迥然有异，它同隐含在思维客体的物象里的深层秩序也保持一定距离。这是思维活动的第二类形式因素。前一类思维形式总是伴随着非逻辑和非说理论证的思维程序，尤其是记叙事件的程序和表现情意的程序；后一类思维形式总是伴随着说理论证的程序，特别是逻辑论证或归纳、演绎的程序。

下文将结合六种思维模式中的思维程序和形式因素作一些分析说明。

（1）原始—神话思维的思维形式。这是一种同记叙现实事件和超现实事件的思维程序相适应的思维形式，上述这两类事件都离不开具体的形象，均为有象的事件。记叙此类事件的思维形式当然同样离不开具体的形象，必定是一种有象的形式。进而就这种思维模式的形式因素与客体内容的相互关系而论，只有通过观察感知的物象和想象幻想的表象，才能构造与描述有象性的神话世界和巫术世界以及蕴涵于其中的深层秩序。思维形式的有象性与思维客体的有象性是配合默契的。因此，原始—神话思维是一种有象思维，一种始终保持鲜明的直观性和有象性的思维模式。

（2）审美—艺术思维的思维形式。这是一种与通过景物去表现或寄寓情意的思维程序相适应的思维形式。触景生情、寓情于景，运用可见可闻、可以想象的艺术形象，并通过借助形象去表现情意的程序，才能合成情景交融的审美意象。景物岂能无象？合成审美意象的思维程序离不开景物形象和事件形象，离不开有象的思维形式。此等构造审美意象的思维形式，只能由经过选择加工因而适合于表现情意内涵的视听等知觉映象（物象）与想象联想的表象组建而成。就此种思维模式的形式因素和内容因素的相互关系而论，有象的思维形式是高度个性化的，情意的思维内容也是高度个性化的。只有通过有象的和个性化的思维形式，才能表现和描述同样有形象和有个性的生活世界及其深层秩序，主客之间、形式与内容之间都是妙合无垠的。由此可见，审美—艺术思维是一种始终伴随着个性化艺术形象（映象和表象）的思维模式。

（3）思辨—分析思维的思维形式。这是一种与演绎和归纳的思维程序相适应的思维形式。不论是演绎的或归纳的推理论证，还是符合于逻辑规则的假设和求证，都离不了概念与概念组成的判断。概念，尤其是普遍概念，构成了按逻辑程序进行着的思维活动的基本形式。单称概念与殊相有联系，抽象程度较低的普遍概念有时可能引出一类事物弱化了的共相，抽象程度较高的普遍概念则往往无象可寻。就此种思维模式的形式因素和客体秩序的相互关系而论，二者之间有显著差别。因为概念，特别是抽象程度高或无象的概念，不过是用来梳理和描述思维客体的深层秩序的一种主体性的思维工具，一种独特的形式因素，决不能等同于客体性的深层秩序本身的形式。由此可见，思辨—分析思维是一种缺少形象或基本无象的概念性思维。

（4）体悟—直觉思维的思维形式。这是一种与运用比喻去说理论证的思维程序相适应的思维形式。比喻说理的程序由运用具体事例和说明抽象道理两个部分组成。用作比喻的具体事例一般都是有象的事例，即具有形象的事件、实物或现象。与此相应，含有比喻成分的思维形式也具有形象性，这种用作比喻的思维形式由知觉映象和想象联想的表象组建而成。用比喻去说明的道理往往是不可直接感知的道理，因而进行说理的思维形式大多由只能引起模糊共相的普遍概念或基本无象的普遍概念组建而成。就此种思维模式的形式因素和客体秩序的相互关系而论，比喻部分有象的思维形式同具体事例中有象的观察秩序主客之间是两相吻合的。说理部分概念化的思维形式同思辨—分析思维的形式很相似，都是主体性的思维活动独有的形式，决不能同客体性的深层秩序的形式画等号。由此可见，体悟—直觉思维是一种鲜明的映象与表象同抽象的概念、相互关联并交替出现的一种思维模式。

（5）计量—运算思维的思维形式。这是一种与将万事万物数量化并进行推演和运算的思维程序相适应的思维形式。初学者用实物和手指的操作动作去进行简单的计数和运算。与计算有关的实物与动作的知觉映象和记忆想象的表象，组成了进行简单的计量运算不可或缺的思维形式。至于含有复杂的数量运算操作程序的思维活动，只能用基本无象的数量运算概念和概念化的符号作为操作工具，与此相应的思维形式只能凭借抽象概念和概念化的符号组合而成，就此种思维模式的形式因素和思维客体的相互关系而论，简单的计量运算的思维形式是有象的形式，体现在事物和动作中的可观察的数量也是有象的，主客之间在形式上丝丝入扣。复杂的计量运算的思维形式，是高度概念化的和基本无象或完全无象的形式，是思维本身特有的，即由思维主体构造的形式。综上所述，计量—运算思维是一种有时可能具有一定的直观性和形象性的形式因素，而经常具有无象的和高度概念化的形式因素的思维模式。

（6）日常—综合思维的思维形式。此类思维模式既没有相对固定的思维程序，也没有相对固定的思维形式。诸凡知觉映象和想象联想的表象，单称概念和普遍概念，都可作为组建思维形式的形式因素。同此类思维的程序相适应，不同的思维活动阶段往往采用不同的思维程序和不同的形式因素，经常采用记叙事件的程序和有象的形式因素，也经常采用比喻说理中可感知想象的形式因素，以及能引出共相的概念化的形式因素。因此，日常—综合思维是一种在形式上具有直观性和有象性同时也在一定程度上概念化的思维模式。

七

到现在为止，笔者始终站在共时性的方位上，从人类的全部思维活动中划分出六种主要的思维模式，据此而建立的思维分类系统当然也不外乎是共时性的系统。后文将转换一下角度，把六种思维模式放在历时性的方位上，作一番简单的巡视。

从发生学的角度来看，原始人类在长期的生产实践、生活实践和意识活动中，面对变化莫测的生存环境与迁移不定的群居生活，产生了种种莫名的恐惧、惊奇、困惑和疑问。他们力图从观察感知到的浑沌世界里寻找和识别各种可辨认的秩序与规律。如将特定事物归入某一类别的分类秩序，确定特定事物所处位置的方位秩序，识别某种刺激引起某种反应、某种行为产生某种效果的作用秩序……他们还创造和使用身体手势语言系统和口头语言系统以及舞蹈、音乐、岩画和雕刻等艺术符号系统，去描述和解释观察感知到的秩序和规律，并以此来清除困惑、解答疑问与表述惊奇之类的情绪。太初人类的思维活动就是如此发生的，大约人类的各种思维模式都渊源于此。

原始人类经常把主体的行为、意愿、感情、能力和整个生命都投射到客体世界中去，并通过想象和幻想经常幻化出种种超现实和超自然的神奇事物。在他们的心目中，物象和表象，实象和虚象事实和意念，客体事物的变化和主体情绪的波动，客体机械的运行和主体有意识的行为……经常混为一体，构成了心物不分、天人合一的浑沌世界。在这个世界中，万物有了行为，有了生命，有了灵魂，都可能成为崇拜的对象。单靠描述各种观察秩序，未必能对此等秩序作出清楚的解释，未必能满足解惑释疑的需要，于是原始人类又发展了自己的思维，进一步运用投射—幻化的方式，创造出与自然崇拜、祖先崇拜、图腾崇拜相关的神话世界和巫术世界。他们正是借助于营造神话和巫术世界中虚构的和不可直接观察的深层秩序，去解释自然界和生活中可直接观察的表层秩序。单纯用描述观察秩序满足不了的解惑释疑和解答问题等等需要，在神话、巫术世界中得到了适当的满足。正是从上述意义而言，原始人类的思维，可称为原始—神话思维，或者叫做投射—幻化思维。附带说几句，就个人思维的发生而论，情况也大致相仿。幼儿也沉浸在相当于神话世界的童话世界之中。他们同样借助于描述，经过投射和幻化而形成的童话世界中虚构的深层秩序，去解释现实世界中可观察的表层秩序，满足了释疑求知的需要。

原始—神话思维是后起的各种思维模式的总源头，因为后者是前者长期演变和逐渐分化的结果。反过来说，分化出来的五种思维模式均能从原始—神话思维中找到它们的思维原型。我们有理由作如下的设想，原始人类通过思维活动并运用记叙的程序，去构造和描述神话世界和其他领域中虚构的深层秩序，然后对观察到的表层秩序作出令人满意的解释。他们遥远的后代则遵循比喻说理的程序或逻辑论证的程序，重新揭示和描述自然界和生活里的深层秩序，重新解释相应的表层秩序，使不断膨胀的解惑求知的需求得到满足，使日益复杂的从实践或理论中涌现出的问题获得解决。人类思维进化的轨迹虽然扑朔迷离，但前后相续、一脉相承的线索是依稀可辨的。所以从一定意义上说，神话是初民的“哲学”和“宗教”，也是他们的“自然科学”。初民的思维中含有简单的客体性数量增减关系和主体性计量运算程序的原型，因此神话的深处也潜隐着“数学”的踪迹。投射—幻化思维还开拓出一个“巫术世界”（广义的，不局限于所谓“黑巫术”）。初民们力图驾驭巫术中虚构的程序去解决实践活动面临的难题。由此看来，巫术是初民利用投射和幻化进行遥控的一套“技术”。上文已经说过，投射—幻化思维经常把人的感情、意愿、观念、直至生命投入物象（或映象）和表象（或心象和虚象）之中，这是初民的“移情”活动，是后世审美移情的原型。经过投射和幻化，情意和景象便在思维中水乳交融，此中三昧同审美—艺术思维创造的审美创造的审美意象已经相去不远。进而言之，投射—幻化思维还凭借描述天人合一和情景互渗状态中构造的神话世界及其深层秩序，对自然界和现实生活的表层秩序作出必要的解释。这同审美—艺术思维凭借创造和描述由审美意象组成的艺术世界及其深层秩序，对现实和自我的表层秩序作出新的解释，也非全无传承的线索。由于两种思维及两种创造物颇有相似之处，无怪乎今人常视神话为初民的“口头文学”或“语言艺术”。综上所述，相对于后起的日常—综合思维而言，原始—神话思维也可命名为前综合思维或原始—综合思维，因为此类思维模式是有史以来各种思维模式的共同渊源，是名副其实的诸多思维原型的集合体。

八

原始—神话思维在其历时性演进过程中为何分化为各种思维模式？其裂变的原因和机制安在？这是一个极为复杂的问题，绝非三言两语所能说清楚的，对此笔者只能点到为止。

由于生产实践和群体生活不断向纵深发展，所以生产和生活集体中的分工与分工的专业化日趋细致和复杂。与此相应，由于人类对自然、社会和自身的认识不断拓展与深化，对专业化知识和进行专门化思维活动的需求也日益增强。基于上述原因，原始—神话思维不得不逐步解体，致力于扩充知识和发展智力（包括文艺创作的智力在内），进行专业化思考的知识阶层开始出台。这是促使前综合思维逐渐解体的外部动力。随着生产和生活实践日益演进，初民观察感知的视野也日益开阔，新发现的表层秩序有待于思维作出解释，新产生的困惑有待于思维去消除，提出的新问题也有待于思维去答复。原始—神话思维完成不了这些新任务只好自行让位，适合解释新发现的表层秩序和回答新提出的疑难问题的专业化思维模式应运而生。这是促使前综合思维解体的内部动力，即思维自身的动力。在内外动力的作用下，原始—神话思维中的主客关系发生了深刻变化，其中的客体性结构和主体性结构也随之解体并重新组合，非专门化和非定型化的前综合思维终于被各种专门化和定型化的思维模式取而代之。

先考察人类思维进化历程中客体性结构的演变轨迹。这种演变的主要标志是，思维客体中早先妙合无垠的外部材料和内部材料之间出现了缝隙，缝隙日益扩大，思考着的神话、巫术世界及其深层秩序也随之发生巨大变化，最终一切都变得面目全非不再是旧相识了。原本合一的心和物终于一分为二，物的观念开始形成，心的观念也开始形成，梦境不能混同于实境了，表象也不能混同于实象了。原本合一的天和人也一分为二，人的观念逐步确立，天（自然）的观念也逐步确立，自然与人类之间有了清晰可辨的分界线。透过客体性结构改变了的思维晶体往外看，日月星辰失去了生命，飞禽走兽失去了人性，雷鸣电闪、急风骤雨也不再是意志的行为，万物有行、有生、有灵的世界图景和深层秩序渐次隐退了。于是所有后起的思维模式、后起的由思维客体和客体秩序组成的客体性结构，都在心物相分、天人析离之基础上相继出现，形成了思维模式的多元化。

在众多继生的思维类型中，审美—艺术思维是原始—神话思维的“嫡系”后代。理由是它的客体性结构具有下列特点，作家艺术家通过构思创作的思维活动，促使已经意识到的心物之间或天人之间的分裂重新弥合，组成了物我同一、情景交融的思维客体。这种思维模式创造出主客统一的寓情于景和借景抒情的艺术形象或审美意象，梳理着蕴涵于艺术形象或审美意象中的深层秩序。透过审美—艺术思维的魔镜观望，似乎原始—神话思维构造的世界图景及其内在秩序又部分地复活了，万物恢复了生机，重新有了人格，有了人的性灵。不难看出，艺术思维继承了神话思维的部分重要特性，特别是客体性结构的某些组合方式，因此二者的血缘关系十分接近。

体悟—直觉思维既包括中土长期流行的体悟型思维，如像北禅神秀提倡的“渐悟”和南禅慧能提倡的“顿悟”，理学家朱熹所谓的“一旦豁然贯通”。也包括西方不绝如缕的直觉型思维，例如西方近现代哲人叔本华、柏格森、尼采等人均强调思维活动中的直觉性。这种思维模式使客体中已经裂化为心和物或天和人的对立方的某些方面重新合拢，形成不同程度的分而又合、离中有即的关系，并建构了处于此等关系中的客体性深层秩序。就其客体性结构内心物相印、天人复合的一面而言，不论中国的体悟型思维还是西方的直觉型思维，都与远古的神话思维在血缘关系上相去不远。

西方历代盛行不衰的思辨型思维和西方近现代方兴未艾的分析型思维，同审美—艺术思维和体悟—直觉思维相比，上溯远古虽同出一源，然其客体性结构却迥然有异。已经裂化的心物关系和天人关系在思辨—分析思维中则完全解体，形成物、心、人三个相对独立的客体领域。不仅如此，这种思维模式一方面将掺杂在同“物”有关的观察事实中的情意因素尽可能剔除干净，还原为纯化了的物理事实（即自然界）或物理客体（即自然客体）；另一方面又将混入同“心”有关的体验事实中的事物因素析离出去，还原为纯化了的心理事实（即心理和意识的活动）或心理客体（即以心理和意识作为思维客体）。同时还把既可观察又可体验的人类行为、人际关系和人类社会、人类文化归入人文事实或社会客体。思辨型或分析型思维习惯于分别梳理和描述自然客体、人文客体和心理客体三个领域中的深层秩序，形成了大家熟悉的自然科学、人文科学（社会科学）和心理科学“三分天下”的局面。应当指出，西方历代的哲学家为了寻找世界的统一本原或统一的本原性秩序，通过思辨型思维、分析型思维或者直觉型思维，竭力把物、心、人纳入共有的本原或共有的普遍秩序之中。然而，有史以来不少西方哲人对统一的本体或统一的秩序进行的思考，同史前人类以心物不分、天人合一的世界作为思维客体，对本原的和统一的创世神话进行的思考，决不能混为一谈。二者虽然有相通之处，但其中的客体性结构却距离甚远。

计量—运算思维把事物全部量化了，唯有数量世界才是它的思维客体，它只揭示与计量和运算有关的深层秩序。虽然在神话思维里能找到这种思维模式的蛛丝马迹，但由于后者的高度“特化”和专门化，它同前者的亲缘关系也相当遥远。

日常—综合思维也属于原始—神话思维解体之后才出现的一种思维模式，不过这种思维模式的客体性结构与上述四种越来越专门化和定型化的思维模式相比差异甚大。第一，这不是一种专门化的思维，具有兼收并蓄的综合性，经常把诸种互相分割的思维客体重新混合起来充作自己的思维客体，当其他的思维模式涉及的客体秩序不断向纵深拓展时，日常—综合思维描述的客体秩序也随之日趋推广。第二，它是一种非定型的思维，具有广泛的普适性，可以不拘一格地涉足生活领域中深浅不同的秩序，从而满足人们一般性的解惑释疑的需求。相对于前综合思维而言，后起的日常—综合思维可称为后综合思维，因为非专门化的综合性与非定型化的普适性是两者的共同特性，并显示出前后之间直接的继承关系。然而前后两种综合思维毕竟不能画等号，理由是后者具有前者解体之后重新组合而成的客体性结构，这种结构中的思维客体和客体秩序均受到后起的四种思维模式的渗入或影响。就思维客体而论，心物之间或天人之间天衣无缝的原初状态一去不复返了。就客体性秩序而言，已经不能靠投射和幻化去虚构与阐释万事万物的生成原因和运行、演化的规律了。

九

下文将转移视角，对人类思维进化中主体性结构的演变过程作一些考察。将重点考察客体性与主体性两种结构各自的演变如何促成人类思维整体结构的重新组合，搞清楚原先单一类型的主客体关系怎样转换成后起的多元化主客关系。笔者曾指出，原始—神话思维的主体性结构由两个层面组成，一是记叙事件的思维程序，二是形象化的思维形式。呈现在原始人类知觉中和记忆中的现实世界，并非像一团乱麻，总是一片浑沌。实际上，他们擅长于按照现实事件的来龙去脉去口述这些事件，使乍一看杂乱无章的世界变成了大体上井然有序的世界。日久天长，遵循事件的自然顺序去观察和思考成了初民思维活动的定式，并内化为思维自身的操作程序，即主体性记叙事件的思维程序。神话思维借助投射和幻化的方式建构了心物不分、天人合一的思维客体。此等客体亦非“理还乱”毫无头绪可言，因为它也是依据记叙事件的思维程序建构而成的。神话世界和巫术世界里种种具有超自然和超人力量的事件同实在的事件一样，也有自己发生发展的历程和分化演进的脉络。记叙事件演变历程的主体性思维程序，同思维按此程序加以描述的客体性事物发展的轨迹和秩序，两者难分彼此，始终融合无间，这就是人类原初的思维模式固有的整体结构，是尚未分解的前综合思维中主客关系的一大特色。

原始—神话思维是有象的思维。就客体性结构而论，心物合一、天人合一均为有象的合一，这种“合一”始终包容在具体形象之内。作为思维客体的现实世界和神话巫术世界全是形象化的世界；作为客体秩序的观察感知到的秩序和虚构幻化的秩序，也无例外地呈现于物象和心象之中。就主体性结构而论，记叙事件的思维程序离不开事件本身具有的形象性，离不开有象的思维形式。如果是记叙发生在现实生活里的具体事件，浮现在思维活动中的必定是与此类事件有关的知觉映象和记忆表象。如果是记叙具有超自然力量的虚拟事件，在思维的进程中将会浮现与此类事件有关的想象的表象或幻化的表象。对现实世界和神话世界进行思考，思考中浮现的映象和表象构成了主体性的思维形式。现实世界和神话世界都具有能够引出映象和表象的属性，这些属性构成了思维客体的形式。两种形式的协调一致和难解难分，这也是人类原初思维固有的整体结构，是未曾裂变的前综合思维中主客关系的另一特点。

以神话思维的产品——创世神话为例很能说明这两个共生的特点：一方面，幻想的神灵创造了天地和日月星辰，创造了人类和禽兽草木……诸如此类在初民思维里酝酿的创世事件，一般都是有形有色、一桩接一桩次第发生的事件，贯穿于其中的浮想联翩的思维形式和记叙事件的思维程序均历历可辨；另一方面，这些创世事件又隐含着初民对世界、人类和万物的生成原因和演变规律的看法。初民的思维厘定了这些虚构的和形象化的成因与规律（即深层秩序），把现实世界及其可观察感知的表层秩序解释得头头是道。不难看出，有象有序的主体性结构，同样有象有序的客体性结构，在创世神话与神话思维中真正做到了珠联璧合。

客体性结构的改变是促使前综合思维解体的原因之一，已经作了交代。下面将转而阐明主体性结构的改变，即思维程序和思维形式的演化，是前综合思维渐趋消亡的另一个原因。还将阐明主客两种结构之间的关系（即整体结构）发生突变，是前综合思维分解为几种专门化思维模式的综合性根由。原始—神话思维的主体性结构和主客关系的解体和重组，可从思维程序和思维形式两个方面的演变分别进行考察。

思维程序的演化有两种明显的趋势：一是前综合思维一元化的思维程序逐步分解为后继者的多元化思维程序。记叙事件的程序继续发展，比喻说理、逻辑论证、数量运算和表现情意等思维程序逐一生成。二是后起的多元化和专业化的思维程序有两极分化的倾向。其中一极是思维活动的程序灵活自如，没有固定的格式（或程式）和严格的规则，这种主体性程序同思维梳理和描述的客体性秩序之间，保持着两相吸附和相互楔入的关系；另一极是思维活动的程序具有固定的格式（或程式）和严格的规则，此等主体性程序完全独立于思维涉及的客体性秩序，并同后者分庭抗礼，自行其是。审美—艺术思维的思维程序是前一种倾向的突出代表。表现情意的思维程序创造了两类个性化的审美意象。(1) 通过有关风景、实物的视听映象和视听表象去表现感情、意念的内容，形成了抒情性审美意象。这类审美意象进入艺术符号即转化为抒情作品的艺术形象。(2) 通过有关人物、事件的视听映象和视听表象去表现感情、意念的内容，形成了叙事性审美意象。这类审美意象进入艺术符号即转化为叙事作品的艺术形象。不论哪一类审美意象均体现着表现情意的思维程序，描述着生活客体及其深层秩序。个性化的审美意象或艺术形象同群体化的神话形象相比虽然迥异其趣，然而从思维程序和客体秩序的关系来看，艺术思维与神话思维的差距立即缩小，二者的"血统"相当接近。神话思维创造叙事性神话形象的思维程序，艺术思维创造叙事性艺术形象的思维程序，其间先行后继的线索，极为醒目。

思辨—分析思维的思维程序是后一种倾向的典型实例。逻辑论证的程序包括演绎程序、归纳程序和假设—求证等程序在内，具有以下几个共同的特点。(1) 这是一种与记叙事件、表现情意截然不同的推理论证的思维程序，一种具有确定的推理格式并严格遵守逻辑规则的思维程序。有了此等推理格式和逻辑规则就能保证推导论证的过程循序渐进、正确无误。(2) 这种思维程序已经同思维正在描述的客体秩序脱离关系，从后者的束缚中"解放"出来，并取得相对独立的地位。因此，凡是同主体性思维程序相分离的客观性秩序，诸如自然领域、人文领域和心理领域中的深层秩序和深层规律，均能运用逻辑论证的程序进行广泛深入的梳理和描述。事实上这种思维程序无孔不入，早已潜入了各种学科的论域。(3) 基于以上两个特点，逻辑论证的程序是一种日趋精密稳定可以内察内视的程序，所以此种主体性程序经常被放到客体性秩序的位置上，按照研究者的意图对它作精确的理论描述。从古希腊起，逻辑论证的程序就是西方学者进行理论思考必须恪守的思维程序。于是考察推理格式和论证规则的形式逻辑也应运而生，亚里士多德的演绎逻辑、培根的归纳逻辑先后问世并得到长足发展。东方历代学者进行理论思考虽然偏重于比喻说理的程序，但逻辑论证的程序也不时介入，所以古代中国曾产生墨家的墨辩和名家的名学，古印度亦曾创建因明学并流入中土。然而介入毕竟不是主流，所以墨辩、名学在华夏的思维传统中并未长期盛行和历久不衰。(4) 同样基于一、二两个特点，演绎法和归纳法等逻辑论证的程序变成了既可在思维活动中自觉控制和自觉操作的程序，即可操作程序，又可从格式上和规则上检验思维过程有无疏漏和差错的思维程序，即可检验程序。由于形式逻辑的问世和发展，逻辑论证程序的可操作性和可检验性也大为提高。以上特点足以说明逻辑论证是一种独特的思维程序，它同记叙事件的程序相比很难找到共同之处，同表现情意的程序相比也距离甚远。记叙事件的程序和表现情意的程序两者之间的历时性承袭关系已如上述。记叙事件的程序和逻辑论证的程序差异如此之大，两者之间又有何种历时性联系呢？这一问题将留给后文去答复。

计量运演的思维程序也属于两极分化中具有后一种倾向的思维程序。这种程序同逻辑论证程序相比虽然有不少差异，但相同之处是显而易见的。逻辑论证程序的四大特点，除了第二个特点另当别论之外，其余的经过改头换面和适当强化之后均可借来说明计量运算程序的素质。(1) 计量运演程序较之逻辑论证程序是一种更加格式化和规则化的思维程序，具有十分严格的运算格式和运算规则。遵守此等格式和规则就能充分保证运演过程的有条不紊与答案的准确可靠。(2) 与逻辑论证程序不同，这种思维程序和客体世界的数量秩序，亦此亦彼，两者密不可分。所以唯有思维的运算程序适宜于梳理和描述客体的数量秩序。反过来说，客体性的数量秩序必须进入主体性的运算程序才能充分展现自己。(3) 数量运演程序是一种比逻辑论证程序更为精确严密的程序，可以对它进行条分缕析的审视和辨析。其实整个数学学科都把主体性的运算程序放在客体性的位置上（即作为研究对象的位置上），全面深入地解析这种程序以及有关的公式和规则。这样做，也就等同于去考察与运算程序相融合的客体性数量世界与客体性数量秩序。(4) 比逻辑论证程序更进一步，数量运演程序是一种思维者可充分自觉地控制和操作的思维程序，是一种可以根据运算公式和运算规则对实际运算过程的每一步骤和每一环节进行反复检查的思维程序。原始民族有能力进行简单的计量和运算，他们时常在记叙事件的过程中涉足现实事件或虚构事件简单的数量关系，所以从前综合思维中寻找数量运演程序的萌芽或原型，是一条可取的研究途径。由于运算程序和逻辑程序有许多相似之处，到了当代，两种程序已经携起手来。事实上，某些逻辑论证的程序只要借助于相应的符号就能转变为可运算的程序，转变为规则性和操作性都很强的数理逻辑程序。

介乎两极之间的是比喻说理的思维程序。这种程序既含有推理和论证的性质，也含有记叙的性质，两者之中，以前者为主，后者为辅。比喻说理中的类比推理或类比论证的程序，有一定的格式可依、一定的规则可循，这些主体性的格式和规则都有别于和独立于通过比喻说理去描述的客体秩序，因此这种程序亦可“移位”成为逻辑学家向内审视的一种特殊对象，很早以前就进入了形式逻辑的研究领域。不难看出，类比程序同演绎、归纳程序确有相通之处，均为推理论证程序派生出来的分支类型。在这些分支中，类比程序是早熟的，对晚出的演绎程序和其他程序必有潜在的影响。比喻说理中用来比喻的事例、典故及其深层秩序，只能按照记叙事件的程序加以描述。这种比喻性叙事的思维程序并无固定的格式和规则，它同作为思维客体的事例和典故中的秩序很难截然分开和各自独立。毫无疑问，比喻性叙事程序直接承袭了神话思维中非比喻性的叙事程序，而类比性推理程序却是前者的变异。由此可以推想，从古老的记叙事件程序不可能直接分化导引出逻辑论证程序，两者之间的历时性联系必得有个中介环节。由比喻和说理两个部分合成的比喻说理程序正好充当了中介环节，发挥了承上启下的作用，即由分化到再分化、由变异到再变异的中介作用。这种设想也许不无道理，不过演化变异的具体过程和潜在机制还有待于深入探索。

后综合思维只是因时制宜地利用各种类型的思维程序，所以它在思维程序的历时性演化进程中并无确定的位置。不过名曰“后综合”的思维程序是多元化的，渊源于前综合思维的记叙事件的程序和从前者变异而成的比喻说理的程序在后综合思维中经常占主导地位。由此看来，这种综合性的思维程序大体上应当归之于两极分化之后走中间道路的思维程序。

十

思维形式的演化和思维程序的演化步调基本一致，也出现了两种相互关联的发展趋势。一是前综合思维一元化和有象性的思维形式演变为多元化的思维形式，即演变为形象的个体化和种类化、形象化和概念化、有象化和无象化、两个对应方面相互吸附又相互分离的种种思维形式。二是继生的和多元化的思维形式有十分明显的两极分化的倾向。原始思维的形式由种种形象组成，既含有关于个别事物的映象和表象（即殊相），也含有关于各该种类事物的映象和表象（即共相）。第一极从原始思维形式中含有的殊相出发，促使知觉和想象中的各种形象愈来愈具体化、精细化和个别化，同时还让构成主体性思维形式的映象和表象更加贴近事物固有的物象（即事物可感知的特性），进一步密切了神话思维中原有的主客关系。由此可见，两极分化中思维形式的第一种演变的走向是力图强化思维形式的形象性以及形象的具体性与个别性。第二极从原始思维形式含有的共相出发，促使知觉和想象中的各种形象愈来愈概括化、抽象化和一般化，逐步形成远离映象和表象的普遍概念，直至产生概括度和抽象度极高和无象可言的理论范畴。这种概念化的主体性思维形式同形象化的（即事物可感知的特性）客体性事物之间的距离也随之日趋扩大，完全改变了神话思维中原有的主客关系。显而易见，思维形式两极分化的第二种倾向是力图强化思维形式的概念性及概念的抽象性和普遍性。

思维形式两极分化的第一极仍以审美—艺术思维作为代表，这种思维模式采用表现情意的程序创造了情景妙合的审美意象，同时透过审美意象去梳理和描述生活客体的规律和秩序。审美意象中的“景”，不是指外界自然状态之“景”，而是指知觉和想象改制过的个别化之“景”。其中之“情”，是触景而生的个性化之“情”。唯有个别化之“景”，方能表现或寄寓个性化之“情”。建构审美意象的个别化之“景”如何形成？唯一的途径是，由艺术思维的思维形式中高度个别化和具体化的映象与表象熔炼而成。思维形式分化后的第二种倾向则集中体现在思辨—分析思维之中。

这种思维模式采用演绎或归纳的程序进行推理和论证。推理和论证离不开概念，尤其是普遍概念这一类思维形式。进而言之，必须凭借少象或无象的和概括度高、抽象性强的普遍概念组成的思维形式，才有可能揭示和描述自然界、社会生活与心理意识等领域中的深层秩序，特别是那些涵盖面很广的普遍规律。人们常常结合有象的实物或有象的动作去确定简单的数值和加减之类的计算，即通过有象的思维形式和遵循数量运演的程序去描述浮于表层的数量秩序。然而，要想梳理和描述数据繁杂、隐蔽较深的数量秩序，只能依仗无象可寻和抽象度高的数量概念和运演概念，因此计量运算的思维形式也沿着概念化和无象化的第二极方向逐步发展。

走中间道路的是体悟—直觉思维的思维形式。比喻说理程序包含比喻性叙事和类比性说理两个部分，其思维形式也随之一分为二。前者重点在于叙事。与神话思维相仿，要记叙有象的事件，就得在思维形式中保留与事件相关的映象和表象。后者重点在于说理。要说清或证实道理，要指述无象的或不可观察感知的深层秩序和普遍规律，除了选取由共相进化而成的普遍概念，选取由普遍概念组成的思维形式之外，别无他途可走。总起来说，这是一种兼有形象化和概念化、有象性和无象性的思维形式。就思维形式的历时性演化而论，比喻和说理合为一体的思维形式上承初民叙事性思维形式的余绪，下开思辨性思维形式的先河，起到了从共相到概念、从有象到无象次第过渡的桥梁作用。

日常—综合思维的思维形式也介乎两极之间。前文说过，这种思维模式偏爱于单纯记叙事件和借事喻理即比喻说理两种思维程序。与此相应，其思维形式也具有两重性，既有叙事的形象性，又有比喻说理的形象化和概念化兼而有之的特性。相比之下，后起的综合性思维形式仍然偏向于第一极，形象化多于概念化，前综合思维的有象形式是后综合思维的近亲。如果从发展趋势来看，这种综合思维形式的概念化比重，正跟随人类思维的整体进化而逐步加强。

各种思维模式的客体性结构之差别和主体性结构之区别，以及由此而产生的主客关系或整体构成之变异，只有相对的意义，切莫把它们之间的界限绝对化。从共时性层面来看，这些思维模式既相互析离或相互拒斥，又相互吸附或相互顺应。从历时性脉络来看，这些思维模式更是前后相继和齐头并进，同时又交互影响和左右逢源。从古至今，由中到外，任何一个民族，任何一种文化，都不可能提炼出一种与世隔绝和纯而又纯的思维模式。宗教家、艺术家或科学家、数学家的思维活动，虽然有时专注于特定的思维客体和客体秩序，选用某种思维程序和思维形式，但他们绝不会画地为牢，同其他类型的思维模式老死不相往来。写到这里有必要再强调几句，这篇序文提出的思维构成及其分类和演化的模型，仅仅是人类思维宏观分类的一幅“综合图景”，人类思维进化过程的一条“历史轨迹”。有了这几句话，亦能使序言的首尾之间有所呼应。

十一

勾画了思维分类和思维演化的总体轮廓之后，我想以此为背景回过头来再谈谈《中国神话的思维结构》这本书。启耀在借助前人成果的基础上，通过对神话的分析，提出了有关“前综合思维”及其形式结构的一些颇为独到的见解。他试图抓住一个“结”，这个“结”就是前综合思维（“浑沌”）在分化初期（“初开”），通过自己的思维结晶体之一——神话，而暗示出可能影响各民族思维发展的某些征兆。这时的人类思维就像走到了十字路口，面临着分化为各种思维类型的种种可能。继生的中国传统思维模式自此以后走过了一条什么样的道路？具有哪些结构和形式的特征？探索诸如此类的问题，似乎是这本书暗含的理论归宿。

原始人类和原始民族的前综合思维及其实际的活动过程，由于年湮代久几乎无迹可求，现代研究者无法亲临其境对它进行直接的体察和直接的内省。好在这种思维的某些创造物不绝如缕，一直留传至今，口传神话就是前综合思维留给后代的重要凭证。所以透过神话去研究原始民族和其他民族的前综合思维模式，并在研究中参考和吸取当代思维心理学和脑科学的某些成果，是一条可取的途径。启耀的专著正是沿着从神话学的视角去审视前综合思维的途径，对后者的形式和结构作了比较深入的探索。反过来说，从思维学的角度去考察神话，把神话视为前综合思维的图解或结晶体，这也可以为神话学的研究开辟出一片新天地，能涉及某些前人和他人未曾接触的新领域和新问题。启耀在这方面也下了不少功夫，并提出了一些颇有见地的看法。进而言之，把思维的研究与神话的研究结合起来，这种尝试能使两者相映得彰，因为前综合思维离不开神话世界，神话世界也离不开前综合思维。神话是前综合思维符号化或语言化的外部显现，前综合思维是神话内在的设计者和建构者。没有前综合的思维就不会有口传神话的问世，没有口传神话也无从窥探前综合思维的奥秘。《中国神话的思维结构》正是一本把神话学和思维学、把口传神话与前综合思维结合起来进行考察的书，是一部使原先分开的学科领域再度合璧、在“交叉地带”开发新课题的适时之作。

前综合思维是什么样的思维？它如何进行思维活动？这种思维活动有程序可言还是无程序可言？步入神话学和思维学的“交叉地带”，这一类问题也可转换为另一类问题，即前综合思维创造的神话世界总是一片浑沌？还是有秩序可循？正是从神话和思维的结合部出发，作者把注意力凝聚在思维中和神话中的浑沌和有序之间的关系上，并透过神话仔细解析前综合思维的深层结构牵涉到的几个重要理论问题：思维客体的“天人合一”、“心物不分”的浑沌状态，如何同思维活动记叙现实事件的和超现实事件的有序过程结合起来？前者的浑沌状态怎样同思维描述着的宇宙万物的客体秩序协调一致？其实浑沌和有序并非绝对排斥而是可分可合的。现实中貌似浑沌的世界，可通过思维梳理出秩序来；思维中有条不紊的操作程序，也可能在描述客体秩序时隐含着浑沌的因素。主体性的思维程序同客体性的现实世界，各自的及二者之间的浑沌与有序，都充分体现在神话的浑沌与有序及其合成之中。神话像前综合思维一样，初看似乎杂乱无章，一片浑沌，仔细辨析，从神话中的确可以看到秩序的蛛丝马迹，即各种事件的来龙去脉。总之，浑沌与有序的二律背反和对立统一，本身就是一种秩序。此等秩序构成了本书贯串始终的一条理论主线，它正是本书作者花大力气加以深究的理论课题。

启耀在神话与思维、有序和无序这两个复合地区中开辟了一条新的研究途径。这条路的远处本来可以隐约看到前综合思维的分化解体和各种思维模式相继生成的宏观前景，但他的思考步伐却沿着这条路走向另一个别有洞天的场所。他力图找到从前综合思维到中国传统思维的发展脉络，找到后者由浑沌和有序构成的既模糊又清晰的种种标志和征兆。当然，以上谈到的均属于将神话学和思维学结合起来从新的角度进行理论研究的一种尝试。“白云深处”还有许多隐层次的奥秘等作者进一步寻觅求索，进一步探幽发微。

1991 年 4 月

（本文是为邓启耀教授的专著《中国神话的思维结构》写的一篇长序，该书由重庆出版社于 1992 年 1 月出版。）

论思维的类型

一　思维的界说与思维的要素

为了对思维加以分类，我们首先需要扼要地对“思维”这个概念进行界定，并对思维的基本要素做一些说明。①

思维无疑是人类区别于动物的重要标界。关于思维，无论是传统的哲学和逻辑学（含名学和因明学），还是后起的语言学、心理学、脑生理学以及符号学、信息论、控制论和思维学等新兴学科，均从本学科的立场与视角进行过研究与界定，并建立起相应的理论模型。但是这些定义或界说涵盖面有限，只关涉到所谓理论思维、科学思维的领域，而且是西方传统的、遵循逻辑程序的思辨—分析型理论思维或科学思维领域，用这些界说来说明原始人、艺术家和宗教家的思维活动，则很难做到完全合拍。

有鉴于此，我们将以人的大脑功能和内外信息为前提，从思维活动自身的总体构成给出一个新的界说。我们认为，思维是运用符号系统、遵循一定的运作程序，从不同的领域去发现或构造各种秩序和规范的意识活动。首先我们来看符号（含语言）。从思维与符号互补互动的关系来看，思维活动过程实质上就是符号系统的生成过程。一方面，思维活动凝结于并固着在符号系统之中，形成各种相对稳定的符号形态；另一方面，思维活动又在符号系统中不断运作，使符号系统成为连绵不断的符号之流。不论哪种情况，思维活动总是以符号或语言的意义因素作为思维的内容。

① 详见拙文《思维的界说和思维的三要素》，《思想战线》1992 年第 5 期。

思维活动与符号形式的关系可以从以下三个侧面进行辨析。第一，符号的形式因素一般都具有可观察可感知或者有其形有其声的特点。自古以来，人类一直生活在有象有声的世界之中，但通过符号系统有声有象的形式层面，无声无象的思维内容也进入声象世界，获得了可见可闻的形式因素。运用语言媒体的思维活动也不例外。

第二，符号的形式因素无不经历了特定群体和特定文化的长期规范，成为同一群体和同一文化中的成员相互传达交流的工具，留下了社会性与文化性的印记。

第三，符号的形式因素不同于未曾符号化的可见可闻的事物和现象，原因之一是前者有能指的功能。思维活动正是通过符号化的外部形式去指称事象，指述和表现各种意义。借助于符号形式的指代功能，思维活动才能接收外部信息与内部信息，进而利用内外信息去构造客体世界的各种图景。

秩序是思维的第二个要素。主体性的思维活动与客体性的秩序之间的关系也包含几个层面。第一层面是思维描述观察秩序的活动，简称描述活动。所谓描述活动，是指思维活动将感知到的自然和人文的观察事实都纳入观察秩序的经纬之中，用符号尤其是语言及其指代意义去描述观察秩序以及同这种秩序相关的观察事实。

第二个层面是思维解释观察秩序和其他秩序的活动，简称解释活动。人类在生活中不断遇到问题并产生疑惑，随时都要通过思考去解惑释疑，进而还会根据表层的秩序去发现或构造隐蔽的和深层的秩序或规律，然后用它们去解析和说明同表层的秩序或规律以及相关的事象有紧密联系的问题。解释活动利用多种类型的深层秩序去阐释和说明相应类型的表层秩序。常见的秩序类型主要有以下几种：（1）对称—节律型秩序；（2）动力—作用型秩序；（3）划分—类别型秩序；（4）时空—方位型秩序；（5）计量—运算型秩序；（6）价值—规范型秩序。

程序是思维的第三个要素。思维活动一般都有自己的活动程序，功能不同的思维活动其活动程序也有相应的差别。形式逻辑提出了一套制约思维程序的逻辑规则，然而人类思维活动的多数程序大都有别于符号逻辑与形式逻辑规范的思维程序。每种思维模式均要构造特定类型的思维客体，描述深层的秩序，都有自己相应的思维程序。比喻说理或比喻论证就是另一种阐明道理或推理论证的思维程序。非逻辑的或者非说理论证的思维活动，也绝不是杂乱无章、无程序可依的思维活动。比如说，计量—运算的思维程序就不宜简单地归结为一种演绎归纳或其他说理论证的程序。进而言之，构造神话世界或记叙事件的思维活动是有序的思维活动，创建艺术世界和表现情意的思维活动也是有序的思维活动。然而这两类思维活动的程序，都与形式逻辑的推理规则或说理论证的程序截然不同。

思维活动梳理、描述和解释着的思维客体的各种秩序，同思维活动自身的各种程序之间并非毫无关联，两者在思维过程中总是保持着某种关系。这种关系一方是思维主体的思维活动在自身的定式中形成的规则和程序，另一方则是进入思维活动的思维客体含有的规律和秩序，因此它是一种特殊的主客关系，即主体的思维程序与客体的规律秩序之间的主客关系。此等关系没有固定不变的范式，主客之间可以相互分离也可以相互融合，思维程序可能符合也可能不符合思维客体的规律与秩序。有些类型的思维程序与客体的秩序两相契合，不分彼此；有些类型的思维程序与客体的秩序却两相分离，各行其是。就一般情况而言，说理论证的程序同运用此种程序去梳理、描述和解释的秩序之间泾渭分明，决不会相互混淆。因此，就说理论证的程序而言，主体的思维程序和客体的程序是相互分离的。反之，思维活动的非说理论证的程序，一般都同描述或解释着的程序保持着相互契合与协调一致的关系。比如，数量世界的秩序同描述解释此种秩序的思维程序之间的关系，是完全吻合的关系。神话世界和艺术世界的深层秩序同描述此类秩序的思维程序互渗协作，还可以相互转化。因此，就非说理论证的思维程序而言，主体的思维程序和客体的规律秩序是两相合拍、融洽无间的，也可以说二者是合二而一、难解难分的。

二　思维的分类

那么，怎样才能根据我们对思维的定义与要素分析为思维作出合理的分类呢？我们认为应从分析思维活动的构成要素或整体结构入手。思维活动必定包含思维主体的因素和思维客体的因素，二者都是引发与合成思维活动缺一不可的“动因”与“构件”。我们所采用的思维主体这一概念，专门指述思维者进行着的思维活动以及思维活动的程式和形式，而不用来泛指与思维活动无关的“人”。与此相应，思维客体这一概念，专门指述进入思维活动的思维客体以及思维活动的材料和信息内容，而不能用来泛指独立在思维之外的事物和现象。从上述概念出发，就可以对思维活动的总体构成作出适当的阐述。思维的整体结构包含下述两个方面：一方是思维活动自身的主体性的程序和形式；另一方则是进入思维活动的客体性的信息材料以及思维活动梳理、描述和解释着的客体性的秩序与规律。思维活动的整体结构中的主客关系，就是这两个方面之间的关系。进而言之，思维活动中的主客关系，实质上是主体性的思维形式与客体性的思维内容的关系，是思维的操作程序和通过它去描述解释的规律、秩序之间的关系。在思维活动的总体结构中，主体性部分与客体性部分之间形成了各类型的关系，这就是我们设想的划分思维活动的各种基本模式和建造思维分类的理论模型的出发点。

根据以上理论模型，我们把思维分为六类，即，原始—神话思维、审美—艺术思维、思辨—分析思维、体悟—直觉思维、计量—运算思维、日常—综合思维。下面分述各类思维的特征。

（一）原始—神话思维

在原始—神话思维模式中，来自外部的观察事实和来自内部的体验事实尚未明确分化，心与物相互渗透，天（自然）与人难解难分。观察事实和体验事实的“化合物”构成了原始—神话思维的思维客体，心物不分与“天人合一”的结合体中，物的因素与心的因素相互渗透，天的因素与人的因素相互感应，形成了在巫术与神话里特有的超自然和超现实的深层秩序。原始—神话思维的基本功能就在于，通过对巫术世界和神话世界中虚构的规律与秩序的梳理和描述，去解释自然界与生活里可观察感知的表层秩序。

原始—神话思维的思维程序是记叙事件的程序，即运用想象、投射和幻化等方式去记叙神话世界和巫术世界中的各种深层秩序的思维程序。此类思维程序同思维活动中虚拟和描述着的超现实和超自然的秩序是两相契合的，同思维活动用上述深层秩序解释着的现实中和自然界的可观察感知的秩序也是基本适应的。原始—神话思维的思维形式是一种同记叙现实事件和超现实事件的思维程序相适应的思维形式。现实事件和超现实事件都离不开具体的形象，均为有象的事件，记叙此类事件的思维形式当然离不开具体的形象，必定是一种有象的形式。进而就这种思维模式的形式因素与客体内容的相互关系而论，只有通过观察感知的物象和想象幻想的表象，才能构造与描述有象的神话世界和巫术世界以及蕴涵于其中的深层秩序。思维形式的有象性与思维客体的有象性是配合默契的，因此，原始—神话思维是一种有象思维，一种始终保持鲜明的直观性和有象性的思维模式。

（二）审美—艺术思维

在审美—艺术思维中，人和心具有的“情”表现在天（自然界）和物显示出的“景”之中，使已经分化的观察事实与体验事实重新合二而一。因此，心物之间、天人之间由分到合构成了审美—艺术思维的思维客体，情景交融是此类客体的基本特征。审美—艺术思维客体的深层秩序，是凭借物去表现心或者凭借天去表现人，使心物或天人重新合一的深层秩序。在此类思维模式中，用物与天呈现出的景去寄寓人心里激起的情，从而创造了审美意象并形成了情景之间和审美意象之间特有的深层秩序。审美—艺术思维的基本功能就在于通过对蕴涵于审美意象和艺术世界中的深层秩序的构造和描述，去解释现实生活中可观察感知的表层秩序。

审美—艺术思维的思维程序是通过形象去表现情意的思维程序，这是一种运用想象、移情和触景生情、寓情于景等方式去创造审美意象和表现感情意念，并着力梳理和描述与此相关的深层秩序的思维程序。此类思维程序同思维梳理描述着的审美意象之间的深层秩序、审美意象中的形式因素和意蕴因素相互之间的表现关系及其深层秩序，是融洽无间的。它们同思维活动根据上述深层秩序去解释的现实生活里的表层秩序也是相通相容的。审美—艺术思维的思维形式是一种与通过景物去表现情意的思维程序相应的思维形式。触景生情，寓情于景，运用借助景物表现情意的程序合成了情景交融的审美意象，景物岂能无象？合成审美意象的思维程序离不开景物形象，离不开有象的思维形式。此等构造审美意象的思维形式，只能由经过选择加工因而适合于表现情意内涵的个性化的视听等知觉映象（物象）与想象联想的表象组建而成。就此种思维模式的形式因素和客体内容的相互关系而论，有象的思维形式，才能表现和描述同样有形象和有个性的艺术世界及其深层秩序，主客之间、形式与内容之间都是妙合无垠的。由此可见，审美—艺术思维是一种始终伴随着个性形象（映象和表象）的思维模式。

（三）思辨—分析思维

在思辨—分析思维模式中，已分化的观察事实与体验事实两相分解，心物之间或天人之间，相互离析，各行其是，摆脱了相互依存的关系。因此，对于思辨—分析思维而言，不仅物或天成了独立的思维客体，而且人和心也像物或天一样可以分别放在思维客体的位置上。物的因素、人的因素和心的因素三足鼎立，互不干扰，是此类思维客体的基本特征。与此相关，思辨—分析思维的深层秩序是物或天的因素、人的因素与心的因素相互离析，成为相对独立的思维客体，“物”、“心”和“人”各自都含有一套别具一格的深层秩序。在此类思维中，心与物相分，天与人解体，从而区分出自然界、社会生活与心理意识三个不同的客体领域，确定了三套各有特色、并行不悖的深层规律与深层秩序。分别厘清与陈述自然科学、人文科学和心理科学这三大学科领域中的深层秩序，然后分别解释与各该学科相关的表层秩序，是思辨—分析思维特有的功能。

思辨—分析思维的思维程序是逻辑论证的思维程序。这是一种运用演绎、归纳或假设、求证等方式并根据形式逻辑的规则，去推导或解析自然、社会和心理领域中的深层秩序的思维程序。此类符合逻辑规则和高度程式化的思维程序只是思维活动自身具有的一种论证的程序，绝不会同思维描述着和解释着的各种思维客体的深层秩序与表层秩序相混淆，二者恰如一组永不交叉的“平行线”。思辨—分析思维的思维形式是一种与演绎和归纳的思维程序相适应的思维形式。不论是演绎的或归纳的推理论证，还是符合于逻辑规则的假设和求证，都离不开概念与概念组成的判断。概念，尤其是普遍概念，构成了按逻辑程序进行着的思维活动的基本形式。单称概念与殊相有联系，抽象程度较低的普遍概念有时可能引出一类事物弱化的共相，抽象程度较高的普遍概念则往往无象可寻。就此种思维模式的形式因素和客体秩序的相互关系而论，二者之间有显著差别。因为概念，特别是抽象程度高或无象的概念，不过是用来梳理和描述思维客体的深层秩序的一种主体性的思维工具，一种形式因素，决不能等同于客体性的深层秩序本身的形式。由此可见，思辨—分析思维是一种缺少形象或基本无象的概念性思维。

（四）体悟—直觉思维

在体悟—直觉思维中，以人为中介使已分化的观察事实与体验事实继续保持一定的互渗关系，进而使心物之间或天人之间的裂缝再度弥合，形成若即若离、互存互动的关系。因此，与人的活动相关的心物关系构成了体悟—直觉思维的思维客体，以人为中心，使天与人以及物与心相互关联，是此类客体的基本特征。体悟—直觉思维主要以心物关系和天人关系作为思维客体，而两重关系中均蕴涵着独特的深层秩序。在此类思维模式中，心物之间与天人之间有分有合，物或天的因素、人的因素与心的因素都不脱离互动的关系与过程，从而形成一套心物牵连、天人相关的深层规律与深层秩序。统一梳理和描述自然界和人文心理的深层秩序，然后统一解释相互关联的各个领域中的表层秩序，是体悟—直觉思维特有的功能。

体悟—直觉思维的思维程序主要是比喻说理的程序。这是一种运用体察、内省或领悟、直觉等方式，选择特定的事象作为比喻，去说明或论证心物之间和天人之间以及相关领域中的深层秩序的思维程序。具有此类不规则和非程式化的说理论证程序的思维活动，其梳理和描述的重点是用比喻导出并加以论证的规律和秩序，而不是比喻者与被比喻者之间的比喻关系。由此可见，比喻说理的程序也属于思维活动自身具有的一种程序，它同思维描述着的深层秩序和解释着的表层秩序之间并无两相交会之处，二者的关系基本上是并行不悖的关系。体悟—直觉思维的思维形式是一种与运用比喻去说理论的思维程序相适应的思维形式。比喻说理的程序由运用具体事例和说明抽象道理两个部分组成。用作比喻的具体事例一般都是有象的事例，即具有形象的事件、实物或现象。与此相应，含有比喻成分的思维形式也具有形象性，这种形式由知觉映象和想象联想的表象组建而成。用比喻去说理的道理往往是不可直接感知的道理，因而进行说理的思维形式大多由只能引起模糊共相的普遍概念或基本无象的普遍概念组建而成。就此种思维模式的形式因素和客体秩序的相互关系而论，比喻部分有象的思维形式同具体事例中有象的观察秩序主客之间的相互关系是两相吻合的。说理部分概念化的思维形式同思辨—分析思维的形式很相似，都是主体性的思维活动独有的形式，绝不能同客体性的深层秩序的形式画等号。由此可见，体悟—直觉思维是一种鲜明的映象与表象同抽象的概念相互关联并交替出现的一种思维模式。

（五）计量—运算思维

在计量—运算思维模式中，作为观察事实的物或天以及人的机体和外部行为，全部数量化并转化为数量关系。数量和数量关系是计量—运算思维特有的思维客体。与此相关，计量—运算思维以纯粹的数量和数量关系作为思维客体，而数量关系就是一种量化的秩序，其中包括各种表层与深层的数量秩序。在此类思维模式中，可观察感知的物或天的因素和人的因素都有可能转化为可计量的因素，可观察感知的关系与秩序都有可能转化为数量关系与运算的秩序。通过梳理和描述深层的数量关系和运算秩序去论证与解释表层的数量关系和运算秩序，是计量—运算思维特有的功能。

计量—运算思维的思维程序是数量运演的程序。它首先是一种使万事万物数量化的操作程序。它又是一种通过运算和推演去构造与描述数量世界里包括各种方程式、关系式、数学定律在内的深层秩序的操作程序。这种思维程序的特殊性在于，它同用此类程序描述着和解释的数量秩序很难截然分开，甚至无法将二者区别开来。因此，数量秩序既可视为主体在思维中进行操作的程序，又可视为在思维中显示出来的客体性数量关系和数量秩序。计量—运算思维的思维形式，是一种与将万事万物数量化并进行推演的思维程序相适应的思维形式。初学者用实物和手指的操作动作去进行简单的计数和运算。与计算有关的实物与动作的知觉映象和记忆联想的表象，组成了进行简单的计量运算不可或缺的思维形式。至于含有复杂的数量运算操作程序的思维活动，只能用基本无象的数量运算概念和概念化的符号作为操作工具，与此相应的思维形式只能凭借抽象概念和概念化的符号组合而成。就此种思维模式的形式因素和思维客体的相互关系而论，简单的计量运算的思维形式是有象的形式，体现在事物和运作中的可观察的数量秩序也是有象的，主客之间在形式上处处合拍。复杂的计量运算的思维形式，是高度概念化和基本无象的形式，是思维本身特有的主体性形式。综上所述，计量—运算思维是一种有时可能具有一定的直观性和形象性，而经常是无象的和高度概念化的思维模式。

（六）日常—综合思维

在日常生活中，人们很少按照某种单一的思维模式进行思维活动，往往习惯于东想想西想想，把各种思维模式混合起来，并使上述五种思维客体交叉重叠形成了日常—综合思维的思维客体。各种类型的思维客体交错重叠皆可进入日常—综合思维模式，依此类推，各种形态的客体性的关系和秩序亦可杂然并陈地进入日常—综合思维模式。通过梳理和描述较为粗疏和不拘一格的深层秩序，去解释现实中遇到的可观察感知的表层秩序，是日常—综合思维的基本功能。

日常—综合思维没有相对固定的思维程序，而是综合其他模式的操作程序作为自己的程序。其特点是，往往在思维过程的不同阶段运用不同类型的操作程序，在多数情况下，运用非投射幻化的记叙事件的程序和比喻说理的程序。日常—综合思维模式没有相对固定的思维程序，也没有相对固定的思维形式。诸凡知觉映象和记忆、联想的表象，单称概念和普遍概念，都可作为组建思维形式的形式因素，经常采用记叙事件的有象的形式因素，也经常采用比喻说理中可感知想象的形式因素和能引出共相的概念化的形式因素。因此，日常—综合思维是一种具有直观性和有象性同时也在一定程度上概念化的思维模式。

以上便是我们对思维的界说和思维分类的看法，提出来就教于学术界同仁。

（本文与何明教授合写，原载《哲学研究》1992 年第 10 期）

元　理　论

一种“元哲学”的思考

什么是“元哲学”？“元哲学”研究的对象是什么？……各国哲学界的看法众说纷纭。“元哲学”这门学科在学海中崭露头角，与包括“元数学”在内的各种“元理论”的问世直接相关。“元数学”的概念来源于著名数学家希尔伯特对整个数学的基础研究。他主张使整个数学基础成为高度形式化的无矛盾的理论系统。这种有关数学形式化的系统，即是“元数学”分析的对象。“元数学”作为一门新兴学科已经得到各国数学界的普遍承认。随着“元数学”的出现，其他“元”学科，诸如“元伦理学”、“元美学”、“元哲学”……也纷纷问世。例如，在《理想的冲突——西方社会中变化着的价值观念》的第七章中就详尽地阐述了“元伦理学”的含义。该书的作者L. J. 宾克莱写道：元伦理学“不下道德的论断而探索道德本身的性质……考究道德陈述中通常使用的‘好’字的意义是什么?”这种“元伦理学”把有关道德或价值评价的语言当作一套形式化的语言去加以分析。“元哲学”是“元”学科中的一种。美国奥尔巴尼纽约州立大学在16年前即定期出版一种以“元哲学”命名的刊物。从20世纪60年代末期开始，在美国和英国出版了《元哲学研究》（M. 拉泽罗韦兹著，伦敦—纽约，1969年）、《元哲学介绍》（J. 吉尔著，华盛顿，1982年）等“元哲学”专著。“元哲学”的研究者认为，哲学理论是可以形式化的。不妨这样说，“元哲学”就是一种以哲学为对象理论，专门去分析对象理论中的命题和陈述的形式结构以及形式系统的“元理论”。或者说，“元哲学”研究哲学知识的性质，研究各种哲学理论模型的论证方式和逻辑结构，研究哲学家在理论陈述中特别是在有关本体论陈述中的句法、命题和语义等形式方面的问题。在苏联，一些学者认为，不可能建立一门叫做

"元哲学"的学科。理由是，哲学理论不可能形式化，"即使企图把哲学知识的个别的、或多或少独立的部分当作形式化系统也未必恰当"（《哲学问题与元哲学》，T. 勃鲁强，苏联《哲学问题》杂志，1985 年第 9 期）。如果我们打算沿着一定的轨迹去进行某种思考，那么，为了让这一思考能顺利进行下去，有时候只好把遇到的某些难题暂时搁在一边，等待以后再去解决。本文将放下有没有或什么是"元哲学"的讨论，只按照笔者所设想的一种"元哲学"的轨迹进行思考。当思考告一段落后，让读者去鉴别这种关于哲学思考的思考是不是一种"元哲学"的思考，或者说，这种特殊的"元哲学"思考的确切含义是什么。

一

哲学家通过哲学思考去建立哲学理论模型，一般都需要寻找一个足以支撑这一理论模型的"支点"，或者说，进行一种哲学思考经常是从某一个或某一组可能进行这种思考的坚实可靠的"出发点"开始的。顺带说一句，这里所谈的是指一种哲学思考能够进行下去的"支点"或"出发点"，而不是指某些哲学家在哲学思考中所设想的世界和人类的发生学意义的"起点"或构成世界及其意义的本原性的"支点"。进行本文所说的"元哲学"的思考，却不需要寻找确定的"支点"或"出发点"，也不必把某种哲学体系提供的思考支点作为自己的思考支点。进行这种"元哲学"的思考可以任选一个大家熟知的经验事实作为思考的"支点"，或者任选一个经验着的实物、事件、现象、行为……作为思考的"出发点"。窗外的树、室内的椅子、一个声响、梦中的景物或人物……都可以成为"元哲学"思考的支点。

我们的思考不妨从眼前的书桌开始吧。我们可以从各个角度去观察（经验着）这张书桌。围绕着书桌我们可以作各种各样的描述或陈述（本文提到的描述是语言化描述的简称，即通常所谓的陈述）。第一组描述是："有张桌子"，"这是张书桌"，"这张书桌是米黄色的，长方形的"，等等；第二组描述是："我坐在书桌前"，"他常在这张书桌上写文章"，"你曾经站在书桌的侧面”，等等；第三组描述是：“我望见了这张书桌”，“你是否见过这种式样的书桌”，“他说，他曾梦见过类似的书桌”，等等。这种“元哲学”的思考，不是对上述经验着的事实或对事实的描述作出本体论的研究或者作出逻辑分析或语义分析，而是把它们分分类，考察其中包含哪些最基本的描述。在这三组描述中，确实可以划分出三种最基本的描述：(1) 对书桌和桌子的“形状”、“色彩”的描述，这是第一元（或极）的描述。可以叫做“物理学”（广义的）的描述，“客体性”的描述，简称为“物”的描述。(2) 对“望见”、“见过”、“梦见”的描述，这是第二元的描述。可以叫做“心理学”（广义的）的描述，“意识性”的描述，简称为“心”的描述。(3) 对看见书桌的“你”、“我”、“他”的描述，这是第三元的描述。可以叫做“人类学”（广义的）的描述，“主体性”的描述，简称为“人”的描述。

我们可以把这种“元哲学”的思考支点，从这个或那个经验着的事实，推广到包括物、人和人的活动在内的整个世界的各种不同的领域中去。我们将会发现，小到对个别实物、事件、现象、行为的描述，大到对整个宇宙的描述，都可以分解出三种基本的描述，即三个“元”的描述。不少哲学体系都把整个大千世界分解为二个最基本的“元”，对世界作出二元化的描述。或者把二个“元”统一起来，作出一元化的描述。在这种“元哲学”的思考中，我们提出对包括人、人们的活动和人活动于其中的环境在内的整个世界的最基本的描述，是三元化的描述，而不是传统的二元化的描述。

既然我们对大千世界所作的描述都可以区分为物理学—客体性的描述、心理学—意识性的描述和人类学—主体性的描述这三元的描述，那么，我们将有理由对日常生活中和各个学科内的许多描述（是“许多”而不是全部，因为有些是涉及三元之间的相互关系的描述）加以提炼，分别归属于三元化的描述中的某一元的描述。人们谈论日月星辰、山川河流、花鸟虫鱼……谈论住房、家具、摆设……或者谈论天文、地理、气象、景观……如果把进行谈论的人们以及他们的观感撇开，那么这些谈论都是对经验事实或经验着的世界进行不同侧面的物理学—客体性的描述。人们谈论心情的好坏、知觉、记忆、想象……谈论喜怒哀乐，如果把进行谈论的人们撇开，那么这些谈论都是对经验事实，即经验着的人的意识活动进行不同侧面的心理学—意识性的描述。人们谈论张三的经历、李四的际遇……谈论家庭、亲属、朋友……谈论劳动、工作、事业……如果不去考虑谈论者的思想倾向和感情态度，不去考虑把谈论涉及的人们转化为谈论的客体，那么这些谈论都是对另一些经验事实，即经验着的人及其行动进行着不同侧面的人类学—主体性的描述。

当前流行的一种对学科分类的设想，是符合通过这种“元哲学”思考对各种描述所作的划分的。进行第一元描述的学科，属于物理—自然科学的系列；进行着第二元描述的学科，属于心理—思维科学的系列；进行第三元描述的学科，属于人文—社会科学的系列。学科划分和描述划分的吻合，绝不是巧合。其原因是，一方面根据描述的“三分法”可以把各种学科一分为三；另一方面，各种学科可以分为三大类，也给各种描述可以一分为三以深刻的启示。

在三元化的描述中，人们往往选取不同的经验事实，从不同的需要出发，对其中的每一元作多侧面、多角度的描述。根据不同学科的不同要求，可以从各个角度、各个侧面在第一元的物理学—客体性的描述领域中分别作出如下的描述：①自然性的描述；②物质性的描述；③存在性的描述；④客体性的描述；⑤客观性的描述；⑥“有”的描述；以及其他的描述。在第二元的心理学—意识性的描述领域中，也可以分别作出如下的描述：①精神性的描述；②心灵化的描述；③意识性的描述；④思维性的描述；⑤主观性的描述；⑥“无”的描述；以及其他的描述。在第三元的人类学—主体性的描述领域中，同样可以分别作出如下的描述：①社会性的描述；②人性化的描述；③主体性的描述；④本能性的描述；⑤行为化的描述；⑥“人”的描述；以及其他的描述。

应当指出，作为一种“元哲学”的思考，它的任务之一是向人们提示，对整个或者对每个经验事实都可以进行三个方向的描述。它要解决的问题是，人们通过思考并运用语言和文字去描述人、人的意识、人的活动和活动的环境时，如何把这些错综纷繁的描述简化为几种基本的描述，以及如何把这几种最基本的描述组合成形式化的描述系统。至于是否能根据这种三元化的描述，断定整个世界是由三个“元”构成的，或如波普尔所说的那样可以划分为三个世界，这类问题应该通过哲学思考去解决。

二

我们已经确定了对人和世界的三种最基本的描述，现在迈出第二步，去确定在三元化的描述中，对每一元和其他二元之间的“三角关系”。在我们对人的生活和人生活在其间的世界的谈论中，不仅进行着对“物”、“心”和“人”的描述，而且经常进行着对物和心的关系、物和人的关系、心和人的关系的描述。为了思考的方便，把对“物—心”关系的描述叫做第一维关系的描述，对“物—人”关系的描述叫做第二维关系的描述，对“心—人”关系的描述叫做第三维关系的描述。由于思考的角度的差异，可以把对每一维关系的描述看成是对两个“元”之间的关系进行的描述，也可以把对每一元的描述看成是对某一维关系中的一个“元”的描述。换句话说，既可以把描述着的关系说成是依存于二极（元）的关系，也可以把描述着的“元”说成是依存于某一关系的两极（元）中的一极（元）。总之，对“元”的描述离不开对“维”（关系）的描述，对“维”（关系）的描述也离不开对“元”的描述。

在三维关系的描述中，对第一维关系的描述由于描述的需要和考察角度的差异，人们经常进行以下几种描述：①心理—物理关系的描述；②精神—物质关系的描述；③思维—存在关系的描述；④刺激—反应关系的描述；⑤自我—非我关系的描述；⑥“有”—“无”关系的描述等。对第二维关系的描述，借用中国古代哲学的术语可简称为天（自然）—人关系的描述。它包括：①自然—人类关系的描述；②自然—社会关系的描述；③客体—主体关系的描述；④实践—对象关系的描述；⑤人的自然性—社会性关系的描述等。对第三维关系的描述，中国古代哲学称之为身—心关系的描述，我认为把它简称为心—人关系的描述似乎更为合适。其中可以分为：①灵魂—肉体关系的描述；②精神—身体关系的描述；③认识—行为关系（知—行关系）的描述；④动机—行为关系的描述；⑤意识—动作关系的描述等。

在日常言谈中，对三维关系进行描述的实例俯拾皆是。“眺望五百里滇池的风光，真是心旷神怡”，“这块奶油糖真甜”（“甜”是一种感觉）……这类实例侧重于对心—物关系进行描述。“花香袭人”，“他经历了唐山地震”……这些谈话侧重于对天—人关系进行描述。“张三历尽了人间的悲欢离合”，“他的心情不太好”……这是对心—人关系的描述。许多学科领域中运用的某些概念也从不同的角度对三维关系作了描述。皮亚杰在《发生认识论》中提出了“同化”这一概念，它首先对心—物关系，其次也对天—人关系（主客关系）作了描述。玻尔在《原子物理学和人类知识》以及其他著作中提出“互补”这一概念，它对物与人和物与心的关系（即二者之间的认识关系）作了描述。波普尔在他的自然科学哲学模型中运用了“第三世界”这一概念，我认为它是按一定的方式把天—人关系（主—客关系）和心—物关系综合起来作了颇为独特的描述。弗洛伊德以及其他精神分析学派的学者，常常运用“伊特”（id）、“原始冲动”、“无意识内驱力”等等术语。依我看，这些术语都是根据特殊的描述的需要和描述的方式，在“意识”的帷幕中对心—人关系（本能—意识关系）作了描述。有些科学，特别是有些新学科，应当说是建立在三维化描述的基础上的学科。比如，生理心理学是描述心—人关系（身—心关系）的学科，社会心理学是描述心—人关系（社会—心理关系）的学科，生态人类学或生态社会学是描述天—人关系（自然—人类关系和自然—社会关系）的学科。至于历代的众多哲学家，更是殚精竭虑地思考着用什么方式去合理地描述心—物关系、天—人关系或身—心关系。当然，对于哲学家来说，他们往往需要对构成某一维关系的二个“元”中的哪一个“元”是第一性的作出确定的说明。

“元哲学”思考的第三步是，把三元化的描述和三维关系的描述组织起来，形成一个形式化的描述系统或形式化的描述结构。这种三元、三维关系的形式化的描述系统或形式化的描述结构，我们把它叫做一种“元哲学”的宏观描述系统或一种“元哲学”的宏观描述结构。

三

如果说，上文提到的“元哲学”的描述系统是一个宏观系统，并有自己的宏观结构，那么，每一元的描述都是一个微观系统，都有自己的微观结构。通过“元哲学”的思考，将依据不同的描述需要和描述方式，从每一“元”的微观结构中划分出若干描述的层次和描述的因素。描述的层次又叫做层次级的描述，描述的因素又叫做因素级的描述。

我们可以举例说明。“他记得曾经见过你”，这是一件很普通的经验着的事件。“见过”，是心理学—意识性描述的一个因素。“记得”是对“见过”的“记得”，这是在“见过”之外的又一个心理学—意识性描述的因素。现在，我正在思考“见过”和“记得”这两个描述因素。于是，又出现了关于“思考”的第三个心理学—意识性描述的因素。此时此刻，实际上我还对上述“思考”进行着“反思”（对思考的思考）。这样，关于“反思”的第四个心理学—意识性描述的因素也出现了。把“见过”（知觉）、“记得”（记忆）、“思考”、“反思”等描述因素组合起来，再加上“感觉”等描述因素，就在心理学—意识性的微观描述系统中构成一个叫作“认知”的描述层次。通过一种“元哲学”的思考，按照类似的方式和程序，在这个微观描述系统中还可以确定另外几组描述的因素和描述的层次。对第一元的或第三元的微观描述系统中的描述因素或描述层次的划分，大体上亦可照此办理。

在不同的微观描述系统中，通常可以划分为哪些描述因素和描述层次？这个问题很难回答。因为这种划分往往是以不同学科与不同场合对描述提出的要求和采取的方式为转移的，情况很复杂，而且随着学科的发展，其范围也不断扩大。对此，只能采取简单枚举的办法。从“物”的微观描述系统中大致可以列举出以下几个由若干描述因素组成的描述层次：①宇观描述、宏观描述组成的描述层次；②分子层的描述、原子层的描述、亚原子层的描述等组成的描述层次；③粒子性的描述和波动性的描述组成的描述层次；④质量的描述和能量的描述组成的描述层次；⑤无机物的描述、有机物的描述组成的描述层次。从“心”的微观系统中也可以列举出：①理智层的描述、感情层的描述、意志层的描述组成的描述层次；②意识层的描述和潜意识层的描述组成的描述层次；③理性层的描述和非理性层的描述组成的描述层次；以及其他种种描述因素组成的若干个描述层次。从“人”的微观描述系统中同样能列举出：①人的需要的描述、能力的描述和活动的描述组成的对人的本性的描述层次；②人的自然本性的描述和社会本性的描述组成的描述层次；③实物文化的描述与行为文化的描述组成的描述层次；以及其他种种描述因素组成的若干描述层次。当然，描述因素和描述层次的划分只有相对意义。随着人们思考的演进和科学研究的发展，经常要调整原有的划分和形成新的划分。另外，每一个相对确定的描述因素还可以根据描述的需要作出进一步的剖析，分解出几个次一级的描述因素。

在同一个元的微观描述系统中，对各描述层次之间的关系可作出各种描述，对同一描述层次或不同描述层次中的各种描述因素之间的关系亦可作出各种描述。对这些关系的描述都是在同一微观系统中进行的描述，因此可称为微观关系的描述。其中，对描述层次间的关系的描述，叫做层次级的微观关系的描述；对同一描述层次中或者对不同描述层次中的诸描述因素之间的关系的描述，都叫做因素级的微观关系的描述。对上述各种关系的描述的区分和命名，仅仅是方便于一种“元哲学”的思考，它本身也只有某种相对的意义。

需要举几个简单的例子去说明对微观描述系统中各种关系的描述的意义。人们讨论质量和能量的关系问题，从无生命的现象向生命现象的过渡问题，知觉对感觉的综合问题，个人和集体的关系问题……这些讨论大体上都属于某一元的同一层次中的各种因素级的微观关系的描述。人们还讨论某种基本粒子的静止质量问题，情绪和行为动机的关系问题，某种文化模式和某个民族的关系问题……这些讨论大体上都属于某一元的层次级的或不同层次间的因素级的微观关系的描述。一般地讲，物理学（狭义的）、化学、生物学、生理学、思维心理学、社会学、文化人类学等等学科通常进行的描述，多数都属于在一元化的微观系统中的层次的描述、因素的描述和层次级关系、因素级关系的描述。这些描述大体上都是不必通过哲学思考而作出的描述。

相对于一元化的微观描述系统而言，前文提到的三元化和三维关系的描述系统应当称为宏观描述系统。在宏观系统中，对某一元的某些描述层次或描述因素的对应关系或交错关系的描述，都称为层次级的或因素级的宏观关系的描述。例如，对思维主体和思维客体的关系的描述，对价值客体的价值功能和价值主体的价值评价的关系的描述……相对而言，这些描述属于第一维即心—物之间的层次级或因素级的宏观关系描述。对自然环境和文化模式的关系的描述，对生态平衡和人类生存的关系的描述……相对而言，这些描述性属于第二维即天—人之间的层次级或因素级的宏观关系描述。对人的遗传因素和个性心理的关系的描述，对思维活动和脑组织的关系的描述……大体上应归之于第三维即心—人之间或身—心之间的层次级或因素级的宏观关系描述。

当我们的"元哲学"思考已经进入上述领域的时候，不妨回过头来谈谈什么是哲学思考。对从整体上涉及宏观描述系统中的这一维关系或那一维关系进行的思考，都是哲学思考。或者，对某一维中的某些层次级或因素级的宏观关系进行的思考，如果牵涉到这一维的整体性的关系，那么这种思考一般地说也属于哲学思考。至于对三元中每一元的微观系统的思考，或者对微观系统中的层次、因素以及层次级与因素的微观关系的思考，基本上都不是哲学思考。我们所以要说明每一元的微观描述系统，说明其中的某些层次和因素以及相关的微观关系，原因是只有通过这些说明才可能弄清哪些是元与元之间相应的层次级和因素级的宏观关系的描述，而如何从整体上去描述某些宏观关系是哲学思考经常要涉及的问题。作为一种"元哲学"的思考，是对哲学思考本身进行的思考，是对哲学家们以及其他学科的学者们在各自的哲学思考中，如何去描述那些在整体上牵涉到人、人的意识和人活动于其中的世界的三维关系和三维之间的某些层次级或因素级的宏观关系进行的再思考。

四

这种"元哲学"思考，不是单纯的思考游戏或概念游戏，而是一种有实际意义的思考。它设计的三元的和三维关系的描述系统，是具有多种功能的。例如：

一、生活领域中的众多的经验事实，皆能“放入”三元的和三维关系的宏观描述系统和各个微观描述系统之中，从不同的方位，按不同的方式进行描述，既可以进行一元之内或一维关系之内的描述，又可以进行一元以上或一维关系以上的描述。反过来说，本文构想的宏观的和微观的描述系统，还能用来分析和检验日常生活中的各种语言描述，看看它们应该分别归属于宏观描述系统中的哪一元或哪几元的描述，哪一维关系中的或哪几维关系中的哪些层次或哪些因素的描述，哪些层次级关系或哪些因素级关系的描述。

二、自然科学和人文科学中，有许多跨学科的包容着哲学意义的问题，例如与符号、信息、结构、秩序、功能等等概念相关的问题。这些问题都能够“放入”三元的和三维关系的宏观描述系统和各个微观描述系统中，从多种方位、按多种方式进行描述。我们以“符号”为例作一简略说明。从“物”的方位、“心”的方位或者从“人”的方位去描述“符号”，就能使与“符号”相关的经验事实获得各种不同的意义。假若从物—心关系、天—人关系或者从身—心关系去描述“符号”，其结果将会赋予“符号”这一概念（事实）以更为丰富的内涵。反之亦然，这种描述系统也能用来辨别和认定自然科学家和人文科学家对上述问题已经作出了什么回答（描述），这些回答应当放在描述系统中的哪一个描述的“位置”上。然后再作出预测，同时试探着把上述问题放在另一些描述的“位置”上进行描述，从而补充、修改或发展已有的描述（解答）。

三、价值学、伦理学、美学等哲学分支学科中有许多问题，特别是某些关键性的问题，如价值、益害、善恶、美丑等领域中的问题，需要研究者们从多方面去寻求比较合理的答案。这一类问题同样可以“放入”三元的和三维关系的描述系统中，从多种方位和按多种方式去进行描述。我们以“自然美”为例作些说明。有人把自然美限制在“物”的领域中进行描述，也有人对它做了单纯的“心”的描述。当然，还有人或者还可能对自然美进行物—心关系（比如，自然事物和移情的关系、自然事物和审美表现的关系等）的描述，进行天—人关系（比如，自然事物和审美主体的关系、自然事物和社会生活的关系等）的描述，抑或进行与自然美相关的知—行关系（比如，审美感知与生产劳动的关系）的描述。反之亦然，同样可以采用第二项中提出的办法去辨认、修改和补充人们对哲学各分支学科中的许多问题提供的各种答案（描述）。

四、古今中外的哲学家和关心哲学问题的人，从整体上对世界、人类和人类的活动及其相互关系作出了各种本体论的描述，建造了各种本体论的模型。这些模型也都可以“纳入”三元的和三维关系的描述系统之中，并且作出必要的分析、识别和鉴定。有些本体论的模型，以关于“物”的描述或者以和物有关的物质、“原子”、物体等等的描述作为本原性描述。并且以它为基础，进而描述“人”和“心”以及心—物之间、天—人之间和身—心之间的种种关系。有些本体论的模型，以关于“心”的描述，或者以有关“心”的某些层次（理念、精神、理性、感觉、意志等等）的描述作为本原性的描述。在此基础上，再去描述（或否定）其他二“元”和三维关系。也有些哲学家，特别是现当代的某些西方哲学家，把对“人”的描述，或者是对个人的“实存”的描述和自我的“存在”的描述作为哲学的中心，去建造本体论的模型。然后围绕着这个中心去描述有—无之间的关系和身—心之间的关系以及其他的宏观关系。这种描述系统，不仅有别于各种已有的本体论模型，而且还能去设想某些可能进行的本体论描述和可能建造的本体论模型。

五、哲学史上有关各种认识论的描述和认识论的模型，亦可照此办理，“纳入”本文提出的描述系统中去加以辨析和认定。在不同的认识论模型中，对认识问题作了不同的描述。有的只描述认识活动（“心”）自身，只作第二元的描述，而否定了对心物关系和主客关系的描述。有的侧重描述客观世界与认识活动的关系，即第一维的心—物关系。有的不仅描述了与认识相关的心—物关系，而且还联系第一维的关系描述了与认识相关的主体与客体的关系和知与行的关系以及心与身的关系（认识活动与认识器官的关系）。各种认识论的模型，对心—物之间和主—客之间的关系也作出了不同的描述。皮亚杰说，这是一种“顺应”的和“同化”的关系。玻恩说，这是一种二者“同构”的关系。普里高津认为，是一种主体“嵌入”客体的关系。惠勒指出，在认识与客体的关系之中，主体“参与”了这种关系。像对待本体论的描述一样，运用这种描述系统同样能够去设想和探索某些可能进行的认识论描述，并建构其他的认识论模型。

正如本文的标题所提示的那样，笔者进行的不过是关于“元哲学”思考的一点初步的尝试，本文也仅仅是有关“元哲学”思考的一篇“导言”。按照一种“元哲学”思考的方式，对经验事实和语言哲学的关系问题进行的思考，对方法论问题的思考，对价值问题的思考，对美学问题的思考，以及对其他哲学问题的思考，都将通过另外几篇文稿去加以阐释。至于沿着一种“元哲学”的理路，去解析各种哲学史的模型和各种哲学分支学科的发展史的模型的实例，由于篇幅所限，不可能一一列举了。

（本文原载《思想战线》1987 年第 2 期）

从哲学到元哲学

一

20世纪是各种“元学科”兴起的时代。随着“元科学”、“元数学”以及各类“元理论”的相继出现，到了六七十年代，以“元哲学”命名的一门新的哲学学科也正式问世了。题为《元哲学》的专著出版了，美国的叫做《元哲学》的专门特刊也在16年前开始发行。“元哲学”一经问世，许多相关的问题就接踵而来：“元哲学”这一概念实际上有没有可以确定的内涵？有可能从哲学中分化出一种叫做“元哲学”的学科吗？如果有这种可能，那么，它的研究对象和领域能否以及怎样加以限定？……看样子，这场已经展开的争论还将继续下去。本文不打算陷入这种争论的漩涡之中，而只想指出这样的事实：在西方，“元哲学”毕竟来到人间了，它不仅是作为一个新的哲学思潮，而且是作为一门新的哲学学科降临世上的。因而我们将在肯定“元哲学”已经出现的前提下，去探讨从哲学到“元哲学”的几个相关的问题。

人类哲学思想的发展过程，从特定的角度去看，也许可以和生物的进化过程作一些类比。生物学家通常都用“生物树”去表示生物的进化。地球上的整个“生物圈”是同“根”的。在其上长出的“生物树”枝干十分繁茂。每一枝条均代表一个生物的种类，或者是一个继续进化着的物种，或者是一个已经消亡的物种。我们将用“哲学树”去比喻哲学的发展。在原始哲学观念的树桩上成长着本体论的树干。在以本体论为中心的哲学的树干上生发出另一个以认识论为中心的哲学的树干。后者又派生出分析哲学（或语言哲学）的枝干，以及其他类型的哲学的枝干。“元哲学”是在分析哲学的枝干上萌生的新的哲学学派或哲学分支的树枝。当然，“哲学树”是一棵枝干茂盛的树，它衍生出来的分支学科或哲学类型远远超过了上述简单化的图表。还应当指出，“哲学树”繁衍出来的众多枝干经常是平行生长的，新枝干萌发未必能取代老枝干的继续生长。认识论排除不了本体论，分析哲学也不可能抑制住传统哲学的生机，“元哲学”又何尝会使“哲学”消亡？“哲学树”不过是一个图表化的比喻。本文关心的并非这棵“树”的全部进化过程。以本体论为中心的哲学经过认识论为中心的哲学和分析哲学，一直到派生出“元哲学”，本文感兴趣的是“哲学树”上这样一条衍生的脉络。顺着这条脉络，我们准备讨论以下四个方面的问题。

二

人类的哲学思想和哲学学科的发生和演进源远流长。在这条长河的源头，人类的原始哲学观念经常同其他的观念混杂在一起，要分辨哪些观念属于哲学观念是一项很艰难的工作。在上古思想家的思想里，也只能离析出一小部分可以称为与哲学相关的思想。当哲学思想和哲学学科从其他思想和其他学科中分离出来并获得独立地位之后，不同观点的哲学家又对什么是哲学或哲学思想提出了迥然相异的看法。因此，我们将用古希腊哲学作为“范本”，去说明传统哲学思想和传统哲学的一些基本的特性和功能。同时，我们还考虑到这些特性和功能必须符合下列原则：（1）它能够鉴别上古人的观念世界中，哪些观念可以看成是哲学观念的萌芽；（2）它能够分清在古代思想家的思想中，哪些思想属于哲学思想；（3）这些特性和功能应当从大家公认的古希腊的以及其他古代的哲学模型中概括出来。

根据上述原则，我们认为，人类的传统哲学思想具有两个不可缺少的特性和功能。第一，把自然界和生活中的万事万物理解为相互之间有着各种关联的整体，是一个整体性的世界。传统的哲学思想首先是一种对人类面临的世界和人类自身进行整体性描述的思想。第二，认为由万事万物组成的整体性的世界的发生或构成必有其统一的本原，整个世界是一个有统一本原的世界。传统的哲学思想是一种对人类面临的世界和人类自身的发生或构成进行着本原性求索的思想。概括地说，不论是原始人的哲学观念，还是古代人的哲学思想都对自然界和社会生活进行着两种不可分割的描述：一是整体性的描述，二是本原性的描述。

原始哲学观念和古代哲学思想中蕴涵着的对世界和人类的本原性描述，是变动不羁的，并在演进的过程中形成了各种各样的描述模式。这些描述模式大体上可以分为三种基本的类型：（1）创造的本原性描述，即对创造人类和万物的本原所作的描述。在原始人的创世神话和古代宗教的创世神话中，都在不同程度上蕴藏着与创世的本原性描述相关的哲学观念。（2）发生的本原性描述，即对世界和人类发生的或生成的本原所作的描述。古希腊的泰勒斯认为万物来源于水又复归于水，赫拉克利特提出火是万事万物产生的根源……这些哲人对形成整个世界的基始性的事物（即世界的发生的本原）进行了不同的描述。（3）构成的本原性描述，即对构成世界和人类的基础或法则所作的描述。柏拉图认为，理念是构成包括一切可感知的事物在内的整个世界的基础，这就是对世界构成的本原性描述（在柏拉图看来，理念也是生成整个世界的本原）。在传统的哲学思想中，对整个世界的发生的本原性描述和构成的本原性描述经常是结合在一起的，二者可以合称为对世界的本体性描述。按照传统的说法，这种描述被命名为“本体论”的描述，可以这样说，传统哲学基本上都属于以本体论的描述为中心的哲学，或者简称为以本体论为中心的哲学。

在传统哲学中，对世界的发生的本原和构成的本原，既可以作形而下的本体论描述，也可以作形而上的本体论描述。古希腊的哲人把能够直观的地、水、火、风说成是万物的本原；古代中国的五行家认为可以感知的金、木、水、火、土是万物的本原。这样的描述都属于形而下的本体论的描述。老子提出，不可见不可感知的“道”才是万物的基始；柏拉图强调，超感知、超经验的“理念”才是现象世界的本原。这些描述则是形而上学的描述（这里所说的形而上学，不是指方法论的形而上学，而是指本体论的形而上学）。历代的哲学家对本体论问题提供了各式各样的描述模式。其中包括，把“自然”、“天”、“气”、“原子”、“物质”等等作为世界的本原，或者把“心灵”、“理念”、“精神”、“意志”、“生命”等等作为世界的本原，这些都是对世界本原的一元论的描述；其中还包括，对世界的本原进行二元论的描述，把“心”和“物”、“灵”和“肉”、“人”和“自然”等等两相对应的“元素”，说成是世界的发生和构成的两个基始元素，或者对世界的本原进行多元论的描述，即认为，世界的本原是由多种基始元素组成的。

自古以来，人们就很关心事物、行为和人际关系的好坏、益害、善恶和美丑。在传统哲学中，不仅把万事万物看成是一个相互联系的整体，古代的哲人对价值世界也进行着整体性的描述。如像探索世界的本原一样，按照传统哲学的方式进行思考的哲学家也去追溯事物和行为的各种价值功能的统一根源，对价值世界和行为准则进行着创世的、发生的和构成的本原性的描述，进行着本体论的描述。如果把对世界和人类的本体论问题的研究叫做宇宙论的本体论描述，那么就可以把关于事物的价值和行为的准则的本体论问题的研究称为价值论的本体论描述。对价值的本体论问题，同样也可以进行形而下的或形而上的描述，“物”的、“人”的或“心”的描述，一元的、二元的或多元的描述。

在遥远的古代，人们就把世界和事物以及它们的价值意义和人类行为的准则看成是一个整体，并有着同一创造或发生的根源。在传统哲学中，价值论和宇宙论对价值的本体论描述和对世界的本体论描述，也经常是合二而一的。例如，柏拉图替世界和价值设计了一套二者有着共同本原的本体论模型。他不仅构造了一个形而上的理念世界，而且把最高层次的理念称作“至善”。由此可见，即使加进了价值论的内容，传统哲学仍然保持着固有的特性和功能，仍然是以本体论为中心的哲学。（需要作一点说明，在西方，继伦理学和美学从哲学中独立出来之后，到20世纪有些哲学家也让价值学或价值哲学和传统哲学脱离关系，使它们成为一门相对独立的人文—社会学科或哲学分支学科。）

纵观人类的全部哲学思想的发展史，可以得出初步的结论：不论各种哲学模型对世界及其意义的描述如何错综复杂，只要这些哲学模型以本体论问题作为哲学思考的中心问题，那么，这些哲学模型就与传统哲学有关联，并具备了传统哲学的基本特性和基本功能。

三

文艺复兴之后，西方近代哲学的帷幕揭开了。认识问题、知识问题和真理问题成了哲学界普遍关注的问题。西方哲学史中第一次出现了一种新的哲学类型，它不同于历代的以本体论为中心的传统哲学，而是一种以认识论为中心的新型哲学。前面已经谈到，本文对传统哲学及其基本的特性和功能的讨论，是以古希腊哲学作为范本的。古希腊的哲学家，如德谟克利特等人，也曾在他们的论著中涉及认识的根源问题和知识的构成问题。然而，有关认识或知识的问题，毕竟不是包括亚里士多德在内的古希腊哲学家最关心的哲学问题。因此，即使在古希腊哲学中包含着某些认识论的内容，也未改变它是以本体论为中心的哲学这一基本事实。到了近代，有些西方哲学家，特别是经验主义哲学家，才开始把对人类的认识活动的整体性的描述、根源性的描述和构成性的描述，作为哲学思考的主要内容。

从亚里士多德开始到16、17世纪，西方传统哲学中关于本体论问题或形而上学问题的争论，已经延续了两千多年。时间不算短了，然而这场旷日持久的争论并没有获得任何公认的令人满意的结果。于是西方近代的哲学家几乎都对过去的传统哲学表示怀疑，不得不通过哲学的反思分头寻找新的出路。理性主义的哲学家笛卡儿、斯宾诺莎、莱布尼兹等人，对传统哲学进行了一种哲学的反思。他们提出，必须开辟新的哲学基地，重建本体论和形而上学的大厦。这些哲学家也很关心认识的根源问题、获得知识的方法问题以及知识的结构问题。不过，他们更关心世界及其意义的发生的和构成的本原问题。他们把这两方面的问题综合起来，苦心孤诣地去建造新的本体论的和形而上学的模型。然而，笛卡儿等理性主义哲学家的哲学模型，仍然在某些方面保持着传统哲学的基本特性和基本功能。经验主义的哲学家，如培根、洛克、贝克莱、休谟等人，对传统哲学进行了另一种更为彻底的反思。下面将较为细致地考察一下后一种反思的基本内容。

首先，他们深深地感到，哲学的历史已经证明，传统哲学家殚思竭虑地去研究的有关世界本身及其如何构成之类的本体论问题，是一些不能找到明确答案的问题，或者是一些无法解决、只能保持沉默的问题。因此，新的哲学必须改弦易辙，不能再按照传统哲学的方式从本体论入手去研究哲学问题，甚至不需要再去研究那些不可知的、找不到答案的本体论问题了。

其次，他们认为，关于自然界本身是什么样的这一类问题，可以交给蓬勃发展的自然科学去研究。新的哲学应当去解决另外一些问题。比如，人们是怎样去认识各种自然现象和包括因果关系在内的整个自然法则的？或者，在我们的认识中，关于事物的印象、观念和关于自然法则的思想是如何形成的？

最后，他们指出，传统哲学中谈到的世界，实际上是一个被人们认识着的世界。新的哲学理所当然地应该去讨论下列问题，例如，人们认识着的世界为什么具有这样的面貌？它和我们的认识能力有何联系？或者讨论，我们关于世界的知识的根源在哪里？这种知识是如何构成的？它是否有一定的限度？

通过上述反思，以认识论或知识论为中心的哲学开始崭露头角。认识的根源问题，获得知识的方法问题和知识的构成问题，认识的能力（智力、理解力）问题和限度问题，以及其他的认识论或知识论问题，成了培根、洛克、贝克莱、休谟等经验主义哲学家关注的中心问题。这些哲学家使他们的哲学具有了某些新的特性和功能，它们不同于传统哲学固有的那些特性和功能。肯定了培根等人的哲学是以认识论为中心的具备了某些新的特性和功能的哲学，并不等于说，这种哲学类型完全不涉及本体论问题，在不同的经验主义哲学和以认识论为中心的哲学模型中，对待本体论问题的态度是很不相同的，对具有本体论含义的认识根源问题的看法也是因人而异的。培根和洛克认为，人的认识有确定的外部根源。他们肯定了在感性经验之外存在着按一定的规律运行着的各种事物（实体）。贝克莱认为，我们的认识是由感觉复合而成的，感觉之外并没有一个物质的世界。而我们的认识必须有一个内部的本原，这个本原就是精神实体或心灵实体。

在以认识论为中心的哲学中，特别值得注意的是休谟在《人类理解研究》和康德在《纯粹理性批判》中提供的哲学模型。休谟哲学与传统哲学的区别是极为明显的，深入研究作为人性组成部分的“理解力”，是休谟哲学的中心课题。他指出，认识就来源于人们的外部印象和内部印象。与理解力相关的印象、观念和观念的联想之外的世界是不可知的。在印象观念和观念的联想的后面，也没有一个作为认识的主宰者的精神实体。他强调，物质实体、精神实体和作为上帝的实体，都是传统哲学家的“虚构”。在休谟的《人类理解研究》中，一切与本体论和形而上学相关的问题都被清除掉了，传统哲学的基本特性和功能也逐一消失了。

康德在《纯粹理性批判》中也开辟了一条有别于传统哲学的道路。在这部巨著中，康德最关心的是人的认识能力问题，以及与此相关的认识的根源、知识的构成和认识的限度等方面的问题。康德力图证明，人们的一切经验知识都是以先验的综合判断为基础的，这种判断是先天的、真实的。或者证明，人类的全部知识的内容虽然是由经验材料给予的，但它的形式则是由认识主体和关于空间—时间的先验直观形式和关于量、质、关系和模态的先验知性范畴构成的。先验的直观形式和先验的知性范畴，就是人的认识能力，它是形成知识的不可或缺的成分。康德进一步指出，在我们的认识或认识之外的“自在之物”是不可知的。在康德的《纯粹理性批判》中，与“自在之物”相关的本体论问题也被排除在人的认识限度之外了。作为传统哲学的基本特性和功能的对世界及其本原的描述，变成了对不能知晓的“自在之物”进行的毫无实质内容的描述了。

从本体论出发，人们完全有理由指出，休谟的《人类理解研究》和康德的《纯粹理性批判》，并没有真正摆脱他们竭力要摆脱的本体论的纠缠。休谟提出，应该用“温和的怀疑论”的态度去对待印象和观念之外的不可知的实体世界的存在问题。康德虽然提到了独立于认识之外的“自在之物”，但他又否认了这种“自在之物”是可以被认识的。同时他强调先天的综合判断或者先验的直观形式和先验的知性范畴才能构成知识的基础。如果换一个角度，我们对休谟和康德的以认识论为中心的哲学的看法将会有明显的改变。

一、以认识论为中心的哲学和传统哲学是泾渭分明的。传统哲学的不言自明的前提是，世界及其本原是可知的，关于本体论的问题智者是有能力去解决的。休谟的《人类理解研究》和康德的《纯粹理性批判》都提出相反的见解：历代哲学对世界和人所作的本体论的描述，或者是对一种不可知的对象进行的描述（休谟），或者是对超越了人的知识能力限度的“自在之物”进行的描述（康德）。实质上他们二人都力图证明，传统哲学的特性和功能必须更新，以认识论为中心的哲学有充足的理由用对认识的来源、构成和限度的描述，去代替以本体论为中心的哲学对世界及其意义的发生的本原和构成的本原的描述。关于康德在《实践理性批判》中构造了一种特殊的即道德的形而上学的模型，本文将置而不论。

二、当我们对上述两部哲学著作进行本体论评价的时候，决不能忽视以本体论为中心的传统哲学和以认识论为中心的非传统哲学之间的区别。前者是在本体论的范围内去论证世界及其创世、发生或构成的本原是什么；后者是在认识论的范围内去论证知识是如何构成的以及认识的根源是什么。前者通过论述世界的本原问题去确定一组本体论的命题；后者则通过论述认识的根源问题去肯定或否定某些本体论的命题。因此，我们对它们作出的本体论评价应当是有所不同的，而且这种评价并不能说明以认识论为中心的哲学也致力于去建造本体论的模型，也具有传统哲学的全部特性和功能。

施太格缪勒在《当代哲学主流》中写道：“康德对于有关实在的知识的说明和他对理性形而上学的批判，形成了认识论和形而上学历史上的转折点。”① 从本文的观点来看，是培根等人，特别是休谟的《人类理解研究》和康德的《纯粹理性批判》的问世，使西方哲学出现了一个值得深思的转折，并从传统哲学中衍生出了非传统的哲学。

四

休谟和康德之后的西方哲学，特别是现当代的西方哲学，出现了极为

① ［德］施太格缪勒：《当代哲学主流》上册，中译本，商务印书馆，第16页。

明显的分化过程。施太格缪勒把这种分化过程叫做“哲学职能上的分化过程”①。通过哲学职（功）能的分化，有些哲学家继续关注着世界和人类的本体论问题或形而上学问题。不过这些哲学家给世界和人类的本原问题提供了不同于过去的答案。比如，叔本华提出“生存意志”是构成宇宙万物和人类的基础。柏格森认为，“生命之流”是人和万物的根本。还有些哲学家虽然也承认哲学不能回避本体论的问题，但是他们不愿重蹈传统本体论的覆辙，其兴趣集中在去建造以解决人（个人）的本原问题为中心的新型的本体论模型。哲学人类学家舍勒尔论证个人的“精神存在”，存在主义者海德格尔论证个人或“此在”与“存在者”的关系，萨特论证自我的先于本质的“存在”……以上列举的都是对人、个人或自我的发生的本原或构成的本原进行的描述。这些描述虽然和传统哲学中的本体论的描述有很大区别，但是这些哲学模型仍然是以本体论为中心的哲学模型，发展了传统哲学的某些特性和功能。这说明了在现当代的西方哲学中，以本体论为中心的哲学传统还有一定的生命力，并继续衍生出各种各样的哲学流派。

休谟和康德之后，在“哲学职能”的分化过程中，也出现了一些进一步研究认识问题和知识问题，进一步否定本体论和形而上学的哲学流派，其中颇有影响的是孔德、J. 穆勒、马赫等人的实证主义，以及詹姆斯的彻底经验主义和杜威等人的实用主义。它们都属于力图摆脱传统哲学及其特性和功能的束缚的哲学流派。这些哲学流派直接或间接地受到休谟的《人类理解研究》和其他的以认识为中心的经验主义哲学的深刻影响。同时，实证主义等哲学流派又是本文要重点考察的“分析哲学”的直接渊源。

新的哲学思潮的兴起总是和对过去哲学的反思联系在一起的，分析哲学也不例外。

第一，分析哲学家和某些经验主义哲学家以及全部实证主义哲学家一样，强烈感到传统哲学中的本体论的问题，是一些找不到可靠答案的问题。他们还进一步指出，各种本体论的描述是“不能证实的”和“非科学的”。正如施太格缪勒在《当代哲学主流》中所说的，分析哲学认为“关

① ［德］施太格缪勒：《当代哲学主流》上册，中译本，商务印书馆，第26页。

于本体论的问题或实在的问题特殊的哲学描述不是有意义的了。哲学已不再能与专门科学并列地作出关于实在的有牢固基础的、能加以验证的陈述了”①。这段话的意思是，关于本体问题或实在问题应当交给有关的自然科学独立地进行研究，光靠某些哲学家的思辨不可能为这一类问题提供一个有意义的和可以证实的答案。

第二，休谟等人早就指出，传统哲学谈到的实在世界，实际上是一个被人们认知着的世界。认识问题或知识问题才是哲学研究的中心课题。分析哲学家又往前走了一步，他们的看法是，以认识论为中心的哲学反复讨论的关于人们怎样认识实在的或非实在的世界的问题，应该转换为另外一个问题，即人们怎样运用语句或逻辑命题去陈述他们认识着的世界的实在性或非实在性的问题。因为，人们对世界的认识，实际上是人们对世界的陈述；人们认识着的世界，实际上是人们陈述着的世界。

第三，那么，分析哲学如何去规定自己的研究任务呢？施太格缪勒在《当代哲学主流》中写道，他们认为：“哲学的任务不是总结和概括科学研究的结果……而是研究专门科学的基础。哲学变成对基础的研究。”“它必须返回逻辑学、科学理论和基础研究的领域中去。”② 确切地说，分析哲学家提出的哲学研究的任务是，对哲学家、自然科学家和其他人关于自然科学理论、本体论和认识论等方面的问题所作的逻辑命题的陈述和语言的陈述，进行基础性的逻辑分析或语义分析。简言之，分析哲学是一种以分析科学和哲学的陈述为中心的哲学。

从不同的角度看待分析哲学，就可能作出不同的评价。一方面，人们完全可以根据各种本体论的既定模型对分析哲学作出如下的评价：它是一种否定“物质是组成世界的最终材料”的主观唯心主义哲学、非实在论的哲学或其他性质的哲学；另一方面，也可以从“哲学树”的进化（或特化）过程，去了解分析哲学本身的来龙去脉及其特性和功能。这些特性和功能既不同于以本体论为中心的传统哲学，也有别于以认识论为中心的哲学。分析哲学是一种对哲学陈述的形式分析为中心的哲学。M. 怀特在

① ［德］施太格缪勒：《当代哲学主流》上册，中译本，商务印书馆，第19页。

② 同上书，第28、19页。

《分析的时代》的序言中写道："这个运动的某些领域，如维特根斯坦和卡尔纳普，曾毫不妥协地反对形而上学并且反对它的崇拜者的一切表现。"分析哲学"也有自己的中心概念、语言和意义，但是它意图把这些都当作深入的逻辑研究的对象和分析的工具，而不是作为对实在进行广泛的和形而上学的考察时所用的中心概念或者作为生活的指南"①。

五

西欧哲学界的"分析时代"的来临，特别是逻辑经验主义哲学和语义哲学的问世，是促使包括"元哲学"在内的一系列"元理论"诞生的主要原因之一。在"元理论"的系统中，"元科学"是在20世纪30年代形成的。逻辑经验主义者认为，对科学的哲学分析包括两个方面：一是对科学理论的发现情况的分析；二是对科学理论的证明情况的分析。后一种分析是对科学理论中的基本假设、概念、定义以及推理的逻辑分析。这种逻辑分析才是"元科学"的任务。"元科学"不同于知识论和传统的科学理论。它只研究科学理论的形式方面的问题，而不关心科学理论的具体内容，也不涉及各种科学理论模型的兴衰和更替。

"元伦理学"也是一种"元理论"，它有别于传统的规范伦理学。分析哲学家和伦理学家摩尔在《伦理学原理》1922年的序言中写道："我已致力于发现什么是伦理学论证的基本原理；同时，可以看作我的主旨的，与其说是运用这些原理可以达到的结论，不如说是这些原理本身的确立。"② L. J. 宾克莱在《理想的冲突——西方社会变化着的价值观念》一书中指出："当代的专业哲学家（指分析哲学家——引者）不提倡任何一种价值学说……不提倡一种生活方式，却表示哲学家的本务应当是分析基本价值辞的意义或用语，研究一个判断构成道德判断必须具有的性质，探

① ［美］M. 怀特：《分析的时代》，商务印书馆1964年版，第14页。

② ［英］摩尔：《伦理学原理》中译本，商务印书馆1983年版，第3页。

讨道德论点怎样才可以说有正当理由。”①

在数学领域中也形成了进入“元理论”行列的“元数学”。拉卡托斯在《证明与反驳》中指出：“元数学的对象是一种数学抽象，那时数学理论被形式系统代替，证明被某些人所共知的公式序列代替，定义被‘简洁的式子’代替，它们的理论并不是非得如此不可，然而在局部上却是方便的。”②

从以上几段简略的说明和引文可以看出“元科学”、“元伦理学”、“元数学”等“元理论”的一些特点。概括地说，这些“元理论”一般都不去过问相关学科的研究对象的性质和内容方面的问题。如像科学理论中的发现问题或科学理论本身的发展问题，伦理学中的行为规范问题或道德价值的本性问题，数学中的定义或证明的问题。这些“元理论”关心的是对相关学科理论中的形式方面的问题进行逻辑的或语词的分析。比如，对科学理论中的证明的逻辑程序的分析，对伦理学中的原理系统或价值词的分析。掌握这些学科的“元理论”的某些特点，对了解哲学的“元理论”的性质是有帮助的。

通过分析哲学的孕育，在“元数学”、“元科学”、“元语言学”、“元逻辑”、“元伦理学”等“元理论”的影响下，到了20世纪的60和70年代，以“元哲学”命名的一门新的“元理论”或新的哲学学科在西方正式诞生了。元哲学的问世引起了哲学界广泛的关注，同时也提出了疑问：它是一门什么样的学科？它研究什么？我们先引用某些西方的元哲学研究者的看法作为部分的答案。J. 吉尔在《元哲学》一书中指出，应当用“元哲学”这个名称去表示哲学家们的活动，他们是通过这种活动来查明什么是揭示哲学本性自身的哲学活动。吉尔把“元哲学”看成是哲学的自我评定活动，因为研究哲学的本性本身就是哲学事业；这种情况使哲学活动把注意力转向自身。他得出结论：“制订元哲学”（研究元哲学）就意味着“制订哲学”（研究哲学）本身。M. 拉泽多维茨在《哲学语言》的第一章“元哲学”中指出，“元哲学”是一个新的研究领域，它来源于

① ［美］L. J. 宾克莱：《理想的冲突——西方社会变化着的价值观念》，纽约范·诺思德伦德—佩英霍尔德公司1969年版，第283页。

② ［英］拉卡托斯：《证明与反驳》，转引自《哲学译丛》1986年第4期，第25页。

"维特根斯坦的一系列革命性思想"。在拉泽多维茨看来，"元哲学"是研究哲学表达的，其专门目的是要对下面这个观点取得满意的理解："在哲学表达的本性中，什么能使这些表达一成不变地固有的无法克服的歧义成为可能。"他引用了维特根斯坦关于哲学问题不能解决只能排除的话，并宣称"元哲学要排除哲学"。拉泽多维茨在另外一本题为《元哲学研究》的著作中进一步强调，在这本书的每一章中，都是对于完善我们对什么是哲学理论的理解，以及弄清证实这种理解的论据是什么的一种新的尝试。①

虽然国内对于西方元哲学研究情况的介绍寥若晨星，同时国外元哲学的研究者对什么是元哲学的看法也颇多分歧，但是这一切并不构成我们不能去研究元哲学的性质问题的充分理由。笔者认为，我们也可以独立地去思考某些与元哲学相关的问题，例如元哲学有哪些特性之类的问题。通过对元哲学和分析哲学（以哲学陈述的形式分析为中心的哲学）的比较可以发现，二者之间有一些相同或相似之处：第一，历代和当代的许多哲学流派都忙于去建构本体论、价值论或认识论的大厦。分析哲学和元哲学则与之不同，它们的任务是去检查哲学家们为阐明世界和人的本原问题、价值的本性和行为规范问题，以及认识的根源和能力问题而设计的各种理论模型和命题系统能不能证实？在论证的逻辑方面和陈述的语言方面有没有失误？第二，历代和当代的许多哲学理论归根结底是对宇宙、人生、价值、知识等方面的问题提出一套总的看法，即设计一种关于世界观、人生观和价值观的总体模型，或者是为行为的规范原则、社会关系的调节准绳、生活的指南或宗教的信仰等提供一套哲学理论基础。这一切都不是分析哲学和元哲学感兴趣的问题。它们只去过问：哲学家和其他的人建造的世界观、价值观和人生观的模型的命题系统、论证程序和陈述方式，以及其他的形式因素是否合理？有哪些问题？能否把这一类问题搞得一清二楚？

在阐述了元哲学和各种元理论之间的关系以及元哲学和分析哲学之间的相同或相似之处以后，我们再来考察一下作为一门哲学学科或哲学分支学科的元哲学的研究对象是什么？它具有什么样的特性和功能？在考察之前必须先作几点说明：（1）在西方的元哲学和分析哲学之间划出一条明晰

① 参见《哲学译丛》1986 年第 4 期，第 24 页。

的界限是很困难的；（2）应当考虑到元哲学的研究者对元哲学的看法是众说纷纭的；（3）在考察过程中不可避免地要注入一些笔者对元哲学的看法。

一、元哲学一般都以“哲学”本身作为自己的研究对象，并把各种哲学理论看成是需要加以解释和分析的“对象理论”或“客体理论”。历代的和当代的各种宇宙论的本体论或形而上学、各种价值论的本体论或形而上学，以及各种认识论或知识论，都可以成为元哲学研究的“客体理论”。

二、有些元哲学的研究者把哲学看成是一种需要重新评定的客体理论。他们的注意力集中在客体理论本身上或者哲学家建造客体理论的思考活动上。他们认为元哲学是一种对哲学本性的“自我评定活动”，即通过反思活动去解释和评价作为客体理论的哲学及其本性。

三、有些元哲学的研究者只关心作为客体理论的各种哲学模型的形式方面的问题。他们把各式各样的哲学命题看成是“对象问题”或“客体命题”，专门去辨析客体理论中的命题和命题系统，命题之间的逻辑关系和命题系统之间的逻辑关系，以及其他的逻辑问题。

四、有些元哲学的研究者也很关心客体理论中的形式方面的命题，不过，他们把客体理论中哲学家们对于各种哲学观点的陈述语言确定为需要进行深入研究的“对象语言”或“客体语言”。这些元哲学的研究者专门去分析客体语言中的各种问题。例如，哲学家们如何通过客体语言去陈述（或表达）各种哲学观点？哲学陈述中的语词、句法等等客体语言因素具有哪些特性？是什么原因使哲学陈述中出现了无法克服的歧义？

总之，元哲学和哲学实际上有着不同的研究领域，后者恰恰是前者的研究对象。元哲学把各种哲学理论以及与哲学相关的命题和陈述，看成是自己的需要加以分析的对象理论以及对象命题和对象语言。因此，从上述意义来看，元哲学不同于哲学，它也有理由作为一门哲学学科或分支学科独立于世。谈到这里，使人联想到另一门哲学学科或分支学科——“哲学学”。“哲学学”也有自己的有别于哲学的研究对象。它专门研究哲学发展的动力问题，研究哲学观念、哲学模型、哲学范畴和哲学学派的发生与演变的问题。既然“哲学学”可以成为一门哲学学科或哲学分支学科，那么为什么元哲学不能获得同等的地位呢？实际上，二者的情况很相似，都以哲学本身作为自己的客体理论。它们的差别在于元哲学对哲学的本性问题、逻辑问题和语词问题进行“静态的”和“共时性”的分析；“哲学学”对哲学的问题、发展问题进行“动态的”和“历时性”的研究。顺便说一句，本文的意图就在于，进行一次以某种“哲学学”的态度去考察在哲学漫长的演进过程中如何派生出元哲学的初步尝试。

六

在文章行将结尾的时候，不妨谈一谈笔者作出上述“尝试”之后的几点感想。

一、整个世界的本原，是物质的、精神的，抑或神或上帝才是世界的本原？探索本体论根源，应该以世界为中心还是以人为中心？这是传统的以本体论为中心的各种哲学模型之间经常展开的争论。在西方近代哲学中，以认识论为中心的哲学崛起之后，哲学界争论的性质有了明显的改变。哲学应当以认识论还是以本体论为中心？是以知识自身还是以认识的根源作为哲学研究的主要课题？这些问题成了哲学界进行论战的另一个焦点。到了分析哲学问世以后，西方哲学界的论战又具有了第三种性质，形成了第三个焦点。这个焦点是，哲学应当以哲学家的陈述问题，还是以世界的本原或认识的构成问题为中心？或者是，到底把陈述自身还是把陈述的客体作为哲学研究的主要课题？第二与第三个争论的焦点组成了西方哲学界的“第二战场”和“第三战场”。

在二、三两个“战场”上，哲学家们壁垒森严，一方坚持哲学必须研究本体论问题，另一方强调哲学必须排除本体论问题。正是第二尤其是第三场论战，促使力图超越西方近现代哲学领域中本体论“幽灵”的元哲学的诞生。这场延续至今的论战令人深思，用简单化的方式对它作出评价未必能真正消除疑问。

二、当哲学和其他理论学科步入当代之后，首先从各种理论学科中分化出以相应的理论作为对象理论的众多“元理论”。各种“元理论”的纷纷问世，是一个很值得注意的理论研究“更上一层楼”的发展趋势。在

"元理论"的队伍中，特别引人注目的是以哲学理论和有关的陈述作为研究对象的"元哲学"的降生。应该说，它的降临也是符合这种趋势的。我认为，我们不应该忽视更不要轻易否定元哲学。慎重的态度是，认真考察西方的元哲学，独立地去研究元哲学。我想，研究元哲学对元科学、元伦理学、元美学、元价值学等等元理论的组成学科的研究，是大有裨益的。

三、既然可以把元哲学看成是一门哲学学科或哲学分支学科，那么，在元哲学的领域中已经或将会出现各种不同的流派或理论模型就不足为奇了。这种情况在哲学和从哲学中分化出来的道德哲学、艺术哲学、法哲学和价值哲学等分支学科中，早已是屡见不鲜的了。从上述情况出发，我们也不妨去设计自己的元哲学的模型。在西方，这些元哲学的研究者在他们设计的元哲学模型中，都想方设法地使本体论的问题和其他哲学问题"消失掉"。笔者却另有一种设想：能不能在元哲学中不去过问本体论的问题？目前笔者正在试探着进行的正是一种不过问本体论问题的元哲学思考。

1987年4月

（本文的第一和第四、五、六部分原载《云南社会科学》1987年第4期）

一种“元价值学”的思考

——对价值描述的透视

一

人类对万事万物的价值的识别和对万事万物的性质的认知，有着同样悠久的历史。

自古以来，人们就识别着自然界的各种实物、现象、事件以及它们的属性。人们也识别着各种事象含有的不同的意义（专指与价值相关的“意义”，下同）和不同的价值，识别着自己和他人的劳动产品以及其他创造物的意义和价值。人们还识别着自身的诸如兴趣、爱情、人格、人生及其他方面的意义和价值。各种与价值相关的经验事实（以下简称为“价值事实”或“价值事件”）组合在一起，形成了一个对人类具有各种意义的“价值世界”，即由实用的、道德的、审美的、政治的、经济的以及另外一些价值事实组成的价值世界。自古以来，人们还对各种价值事实进行了不同的解释和描述（以下简称为“价值描述”），并对它们作出不同的价值评价（价值评价也是一种价值描述，即评价性的价值描述），诸如有用或无用、有益或有害、善的和恶的、美的和丑的、正义的和非正义的以及好的和坏的等等价值评价。

中外历代的哲学家、宗教家、伦理学家、美学家、经济学家以及其他的人文科学家，都分别从各种角度去思考不同领域和不同类型的价值事实。到了19世纪后期，西方哲学家洛采、尼采、迈农、克罗齐、艾伦费尔斯等人，开始把价值的概念引入哲学领域，试图把各个领域和各种类型的价值统一起来，进行整体性的阐释。20 世纪初，德国批判实在论哲学家哈特曼于 1909 年撰写了《价值学大纲》，美国新实在论哲学家 R. B. 培里 1926 年发表了《价值通论》。从此，以价值学和价值论命名的统一描述价值事实的一门独立的人文学科和哲学学科正式诞生了。

《大英百科全书袖珍本》曾对价值学（Axiology）或价值（value）理论作了如下的介绍："它是关于意义的好或坏的哲学研究。一方面它为经济的、道德的、美学的以至逻辑的这些通常相对地孤立考虑的各种各样的问题提供统一的研究。"一般地说，价值学或价值论都要涉及有关价值的或"好"的本性问题或根源问题。对"好"或价值的本性问题，不同的学者作出了不同的描述。快乐主义者说，"好"是善良的意愿。人道主义者说，"好"是和谐的自我实现。基督教徒说，"好"就是对上帝的爱。对"好"或价值的根源问题，不同的学者也提供了不同的答案。培里等人认为，事物之所以有价值，是因为它符合人的愿望。英国分析哲学家摩尔等人认为，事物之所以符合人的愿望，是因为事物有价值。价值学或价值论还经常要回答有关价值评价（一种价值描述）的性质问题。认识论者肯定价值评价与认识有关；相反，非认识论者却否认价值评价的认识论特点。

以上我们对价值事实和价值事件的含义，对价值学或价值论研究的主要问题和提出的不同答案作了简单的介绍。现在就可以转入正题，讨论一种"元价值学"和价值学或价值论的关系问题。

二

《一种"元价值学"的思考》和《一种"元哲学"的思考》① 是同时起草的两个姊妹篇。在《一种"元哲学"的思考》中，笔者曾经尝试着对同各种经验事实相关的以及同哲学和其他学科中的各种课题相关的，众多实际所作的和可能作出的描述（或陈述），提出一个可供参考的三元化和三维关系的描述系统。而本文思考的中心问题是，对日常生活中和价值

① 见《思想战线》1987 年第 2 期。

学或价值论的理论模式中有关价值事实的错综复杂的描述作一些分析和整理，然后设想着替这些有关价值事实的描述建构一个三元化的和三维关系的描述系统。

价值学或价值论关心的是如何去描述或解释有关价值的根源和价值的本性之类的问题，本文关心的却是价值描述之间的形式关系问题。正是为了区别于一般的价值学或价值论对价值事实本身所作的思考，所以本文才把对各种有关价值事实的描述所作的思考暂且叫做一种“元价值学”的思考。这种“元价值学”的思考，将“超越”于有关对价值事实的本性或根源问题的思考，也将“超越”于对事物的价值的本性、人的价值的本性、道德的本性、幸福的本性以及诸如此类问题的思考。一句话，“元价值学”不研究在各种价值学或价值论中经常要讨论的有关价值评价的认识论问题或非认识论问题。

分析哲学也要研究对价值事实的描述问题。分析哲学家或者对价值命题作逻辑分析，或者对价值陈述进行语义的、语形的或语用的分析。大家都知道，不少分析哲学家都对价值事实的本体论问题和价值评价的认识论问题持否定态度。本文所谓的一种“元价值学”的思考同分析哲学对价值描述的分析是有区别的。因为我们只研究价值描述之间的形式关系和形式系统的问题，而不讨论有关价值描述中的逻辑句法问题、概念问题或语义问题，所以我们不去肯定或者否定不同的价值理论模式中的这种或那种本体论问题或认识论问题。

综上所述，这种“元价值学”的思考，既不打算建立一种价值学的理论模式，也不打算对各种价值理论模式作出价值评价。这种思考替自己规定了有限的任务，即对各种价值描述及其形式关系和形式系统作一点思考。通过这种思考首先要探索以下两个问题：(1) 如何简化在生活中和价值学中作出的千差万别的价值描述，并把它们归结为几个最基本的“描述单元”和“描述关系”？(2) 如何组合这些“描述单元”和“描述关系”形成一个统一的、有序的“描述系统”？然后试图完成另外两个任务：(1) 根据上述描述系统的要求，对价值事实提供几种描述的方案；(2) 根据同样的要求，对价值意识提供几种描述方案。

三

如果从“价值世界”中选择一个价值事实，那么，一般都可以对它进行以三种最基本的描述单元中的一“元”为中心的某种价值描述（或价值评价）。下面就以和苹果（一种作为价值载体的实物）相关的价值事实以及对这种价值事实可能进行的价值描述（实用价值的描述）为例证来说明这一情况。人们可以说：“苹果本身营养丰富，是一种较好的水果。”这是第一种价值描述。这是一种以“物”（苹果及其属性）为中心而进行的价值描述。这种描述可以叫作对价值事实的“物理学（广义的）—客体性”的价值描述，简称为“物”的价值描述或第一元的价值描述。人们也可以说：“吃苹果有一种香甜的感觉和愉快的体验。”这是第二种价值描述。它是以“心”（“香甜的感受和愉快的体验”）为中心而进行的价值描述。这种价值描述可以叫作对价值事实的“心理学（广义的）—意识性”的价值描述，简称为“心”的价值描述或第二元的价值描述。人们还可以说：“人经常需要吃水果，苹果可以部分地满足这种需要。”这是第三种价值描述。它是以“人”（人们的需要，需要的满足）为中心的价值描述。这种描述可以叫做“人类学（广义的）—主体性”的价值描述，简称为“人”的价值描述或第三元的价值描述。上列对某一价值载体所作的以三种不同单元为中心的价值描述，可以组合起来形成关于价值事实的三元化的描述。

以价值事实的三元化描述为基础，还可以对其中某一元的价值描述和另一元的价值描述之间的关系进行价值描述。即对三类（或“三维”）最基本的价值关系进行描述。我们仍以“苹果”为例，去考察与苹果的价值事实有关的三维价值关系的描述：（1）第一维价值关系的描述。“苹果是一种很好的水果，吃的时候香甜可口，味觉上留下了一种快感。”这种描述叫做“物理学—心理学”的价值关系的描述，或者叫做“事物—意识”的价值关系的描述，简称为“心—物”价值关系的描述。（2）第二维价值关系的描述。“苹果具有较高的营养价值和食用价值（都是一种实用价值），饭后吃苹果对人的身体颇有益处。”这种描述叫做“物理学—人类学”的价值关系的描述，又叫做“自然—人类”或“客体—主体”的价值关系的描述，简称为“天—人”（借用中国古代哲学术语）或“主—客”价值关系的描述。(3) 第三维价值关系的描述。“苹果香甜爽口，它的确能满足人们的食用需要。”或者“苹果香甜可口，它满足了人的机体和味觉的某种需求。”这种描述叫做“心理学—人类学”的价值关系的描述，又叫做“心理—人类”或“意识—机体”的价值关系的描述，简称为“心—人”或“身—心”价值关系的描述。以上谈论的是关于价值事实的三维价值关系的描述。

把对价值事实的两组描述结合起来，就形成一个关于价值事实的三元化的和三维关系的描述系统。人们曾经对众多的价值事实进行过多种多样的描述，另外也还能设想出其他可能的方式进行描述。这些价值描述简化之后，大体上都分别归属于这个描述系统的某一元的价值事实的描述或某一维价值关系的描述。这个三元和三维关系的价值描述系统可以用图形来表示：

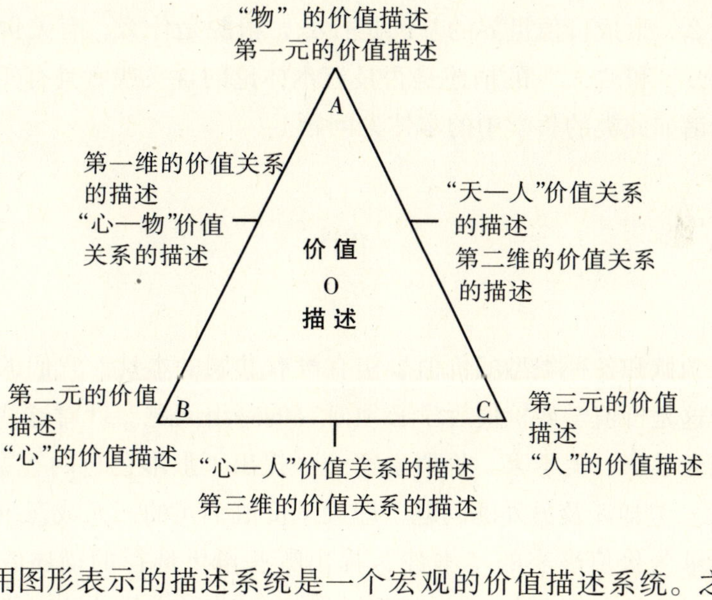

我们用图形表示的描述系统是一个宏观的价值描述系统。之所以用“宏观”这个词去限定它，是因为在这个三元化的描述系统中，每个“元”的价值描述都可以形成一个价值描述的一元化的微观描述系统。人

雲南文庫·学术名家文丛

们可以根据对各种价值描述的需要，把与每一“元”相关的诸多价值事实中的每个价值事实划分为若干个层次和因素，并对各该价值层次和价值因素进行“层次级”或“因素级”的价值描述。当然也可以进行同一“元”中的层次间和因素间的价值关系的描述。如果把这个或那个“元”中的种种价值描述组合起来，那就形成了关于价值事实的三个“元”连同价值关系的三个“维”的宏观描述系统。

通过一种“元价值学”思考建构而成的价值描述系统，仅仅说明了对于各种价值事实或整个价值世界，大致可以进行以“物”为中心的和以“心”为中心的以及以“人”为中心的三元化的描述。或者可以进行“心—物”间的、“天—人”或“主—客”间的和“心—人”或“身—心”间的三维化的价值关系的描述。但这种“元价值学”的思考并不意味着：庞杂的价值事实都是分别由“物”、“心”、“人”这三个相互独立的本体构成的。这种思考也不是主张价值世界可以划分为以“物”为本原的、以“心”为本原的和以“人”为本原的三个在本原上迥然相异的价值世界。只有各种价值学和相关的理论模式才会去谈论：价值事实发生的或构成的本原是什么，形成价值世界的基础是什么，根源是什么，有关价值事实的“物”、“心”和“人”的描述是否具有本体论的含义或者具有实在性的含义，以及诸如此类的哲学中的本体论问题。

四

各个领域和各种类型的价值事实有没有共同的本性？它们的共同本性是什么？这是价值学或价值哲学必须研究的一组问题。针对这些问题，哲学家、伦理学家、美学家、价值学家……提出了形形色色的答案。“元价值学”的思考却涉及另外的问题，即关于价值事实的三元或三维关系的描述系统能够为价值事实的“本性”提出哪些可供选择的描述或描述的方式？为了讨论的方便，有必要把问题限制在较小的范围之内，即从有关价值事实的三元化和三维关系的描述系统出发，对“物”的领域中未经人类实践改造过的“自然物”的价值及其本性可能进行的某些（而不是全部的）理论描述作一点思考。

一、对自然事物和自然现象的价值及其本性进行第一元的（“物理学”的）描述。例一：“事物或自然事物具有什么样的属性，它们就有什么样的价值。”例二：“自然事物的价值是由它们的自然属性所决定的。”例三：“不论有没有人类，自然界早已具有了与各种事物的性质相关联的各种价值。”这些价值学命题（价值的理论描述）的特点在于，仅仅用自然物的属性去描述和界定自然物的价值，或者说，把“物”的价值完全等同于“物”的属性或性质。

二、对自然事物的价值及其本性进行第一维关系的描述。例一：“事物和自然物的价值不是它们的固有属性，而是它们具有的能满足某种愿望的功能。”例二：“自然物的价值，是被它们的属性制约着的能够引起快乐或价值感受的一种作用。”例三：“在事物或自然物中包含着的能够引起积极的价值评价的那种意义，才是它们的价值。”上述价值学命题（价值的理论描述）分别运用了与第二元的（“心”的）描述相关的“愿望”、“快乐”、“感受”、“评价”等术语，去说明自然物的价值本性是由能够引起这些心理体验的“作用”、“功能”和“意义”构成的。显而易见，这些描述都不属于单纯的第一元的（“物”的）描述，而是结合第一维的价值关系（“心—物”关系）对自然物的价值及其本性进行的描述和界定。

三、对自然事物的价值及其本性进行第二维关系的描述。例一：“事物或自然物及其属性不过是一种价值的‘载体’。这些载体具有的功能，即指在不同程度上满足人的某种需要的功能才叫做价值。”例二：“事物的价值是对人类及其利益而言的。假如某些事物符合人类的某种利益，这些事物就具有了某种价值。”例三：“通过实践活动，人类和自然界之间建立了各种价值关系，进入价值关系的自然事物才可能对人类的生活具有某种价值意义或价值功能。”这些实例肯定不属于单纯的第一元（“物理学”的）描述。理由是，与第二元（“人”的描述）相关的“人类的需要”、“人类的利益”、“人类的实践”等词都参与了对自然物的价值及其本性的描述和界定。所以，这些实例是结合第二维的价值关系（“天—人”关系）去诠释自然物的价值及其本性的。

四、对自然事物的价值及其本性进行第一维关系和第二维关系相结合的描述。例一："特定的自然物或其他事物具有的在不同程度上满足人们的某种需要，并给他们以不同程度的快乐的那种功能，即是这些事物的价值。"例二："自然事物的价值，是指它们具有的在不同程度上符合或可能符合人类的某些利益，同时还使人类对它们作出某种积极的评价的那种意义。"例三："如果某些自然事物肯定了人的本性的某些方面，满足了人们的某些愿望，这些事物即具有了某种价值。"上述实例，为自然物的价值及其本性提供了第四种描述方式。在这种描述方式中，既包括了"快乐"、"评价"、"愿望"等"心理学"的描述层次或描述因素，又包括了"人的需要"、"人的利益"、"人的本性"等"人类学"的描述层次或描述因素。因此，这是结合"心—物"间的价值关系和"天—人"间的价值关系，对自然物的价值及其本性所作的描述和界定。

上述关于"物"的领域中的自然物的价值及其本性的描述方案，也许能起"举一反三"的作用。因为，通过"元价值学"的思考，从三元化和三维关系的描述系统出发，还可以替"心理学"领域中的"心灵的和谐"、"灵感"、"好奇心"、"幸福"等等的价值及其本性，"人类学"领域中的"集体"、"家庭"、"个人"、"纪律"、"自由"等等的价值及其本性，提供出几套大致相似的描述方案，或者提供另外几种可以相互参照的描述方案，例如去描述：（1）"心物关系"领域中的"心灵的创造物"等等的价值及其本性；（2）"天人关系"领域中的"人类劳动的产品"；（3）"心人关系"领域中的"性爱"、"人生"、"自我"等等的价值及其本性。顺便说一句，将某一类价值事实及其本性，首先放在某一"元"的领域或某一维关系的领域之中去进行描述，这并不是固定不变的，而是可以作出选择的。通过同样的思考，从同样的描述系统出发，也可以为各种价值事实的统一的本性提出一组有参考意义的描述方案。

五

关于价值事实的第二元"心理学—观念性"的理论描述系统，是由几个主要的描述层次组成的。其中的一个层次是，关于同"物"、"心"和

"人"这三元有关的作为价值事实或价值经验的"感受"或者"评价"的描述，即对部分"价值意识"的描述。如果说"物"和"人"的领域中的价值事实及其相互关系，是狭义的价值或价值论研究的对象，那么，"心"的领域中的价值意识是一门将会问世的新兴学科或边缘学科，即价值心理学或价值意识学研究的对象。

关于价值事实的第三元"人类学—主体性"的理论描述系统，也是由某些描述层次组成的。其中之一是，对社会模式、文化模式、家庭模式等与人类群体相关的价值事实的描述。另一个层次是对于同各种价值事实相关的人类本性的描述。具体地说，后一种价值描述大体上包括以下几个方面：（1）对人的各种需要（或利益）的描述；（2）对人的为满足自身需要而具备的各种能力的描述；（3）对人的为满足各种需要和发挥相应的能力而进行的各种活动或行为的描述。据我看，这两个层次以及其他第二元的描述层次都可以成为另一组将会问世的新兴学科或边缘学科即价值人类学或价值社会学研究的对象。

什么是价值意识？如何确定这种意识的本性？这是广义的价值学或价值心理学的重要研究课题。一种"元价值学"的思考任务则是去说明这样的问题：从关于价值事实的三元化和三维关系的描述系统出发，对价值意识及其本性可能进行哪些方面的理论描述？

价值心理学或价值学应当把道德意识、宗教意识、审美意识、经济意识等相异的价值意识活动都包括在价值意识这一范畴之内。也应当把快乐的体验、价值感受、价值评价、价值观、幸福观等与价值相关的意识活动的各个层次放入价值意识这一范畴之内。为了使一种"元价值学"的思考更为集中、更为简易可行，我们将把要讨论的价值意识限定在"快乐的体验"、"价值感受"和"价值评价"的范围之中，然后逐一阐述。对价值意识及其本性大体上可以进行下列几种方式的理论描述。

一、对价值意识及其本性进行单纯的第二元的（即"心理学"的）理论描述。例一："积极的价值感受不同于认识活动中的感知活动，它是一种包含着快乐的情感体验的感知活动。"例二："价值评价是一种有别于事实判断的'判断'。从一定的意义上讲，它是对价值感受的类型、性质和程度所作的评价。"这些论点，都是从价值意识本身以及它同认识活动或其他意识活动的区别去界说价值意识及其本性的。因此，这些论点（价值学命题）只是对价值意识及其本性作了单纯的“心理学”的或第二元的理论描述。

二、对价值意识及其本性进行第一维关系的理论描述。例一：“价值意识是事物与价值相关的属性在意识中的反映。”例二：“价值感受是对事物的价值功能的感受，以及对由事物的价值功能引起的快乐或不快乐的情绪体验。”例三：“价值评价是对价值客体的功能和类型、性质和强度的评价。”上述论点（价值学命题）不是对价值意识及其本性作单一的“心”的理论描述，而是结合着“物”的属性或客体的价值功能去描述价值意识及其本性的。因此，这些论点都是结合着第一维的价值关系（“心—物”关系）去界说第二元的价值意识及其本性的。

三、对价值意识及其本性进行第三维关系的理论描述。例一：“价值意识是对人们的各种利益是否得到实现或在何种程度上得到实现的一种意识。”例二：“价值感受是这样一种感受，即当人的某种需要得到不同程度的满足时的一种心理感受。”例三：“价值评价是对自己或他人的某种需要是否得到满足，或某种利益是否得到实现作出的评价。”上述实例，都结合着“人的需要”或“人的利益”对价值意识及其本性作出的阐释。所以，这些实例都是结合着第三维的价值关系（“心—人”关系）去界说第二元的价值意识及其本性的。

四、对价值意识及其本性进行第一维关系和第三维关系相结合的理论描述。例一：“价值意识是人类对哪些事物能够实现自己的哪些利益的意识。”例二：“对特定的事物满足自己的某种需要的感受，叫做价值感受。”例三：“价值评价是人们对特定的事物具有什么功能，以及这种功能满足他们的哪种需要和给他们以何种体验所作的评价。”这些命题（价值学命题）在阐释价值意识时，不仅涉及事物以及事物的意义和功能，而且涉及人的需要和利益。因而，它们都属于联系第一维的价值关系（“心—物”关系）和第三维的价值关系（“心—人”关系）对价值意识及其本性作了界定。

通过“元价值学”的思考，本文已经为有关价值意识及其本性的问题提出了一组可供鉴别和挑选的描述方案。参照这组描述方案，读者可以设想出另一组大致对应的有关第三元的，即关于人和人的需要及其本性的价值理论描述方案。

六

通过一种可以看成是“元哲学”分支的“元价值学”的思考，笔者尝试着构造了一组有关价值事实或价值理论的描述系统。这种描述系统绝不是为价值学和它的分支学科拟定一套理论模型的草图，甚至也不是向价值理论的研究者推荐一种研究方法的模型。既然如此，那么，这种“元价值学”的思考还有什么意义或作用呢？它本身还有什么“价值”呢？笔者认为，这种思考的意义或作用，在前几部分中已经露出了一点端倪，现在可以总括如下：

一、使价值描述（含价值事实的描述和价值理论的描述，下同）的关系网络有序化、系统化和简约化。

价值描述是千差万别的。“元价值学”思考的意义之一就在于对形形色色的价值描述作一番整理的工作，从而达到几个目的：（1）把各种价值描述之间的杂乱无序的关系梳理成井然有序的关系；（2）使价值描述之间的有序的关系组成一个有序的系统；（3）让价值描述的有序的系统尽可能简约化。本文设想的三元化和三维关系的价值描述系统就是为了实现这三个目的。可以这样讲，这一系统是建立在一种分类秩序的基础之上的，这一系统是关于价值事实的一种简约化的和有序的描述系统。

这种价值描述的秩序并不是凭空虚构出来的，而是符合“常识”的，也是符合全部学科的分类的。大家都很熟悉，各种学科归纳起来大致可以划分为自然科学、心理—思维科学和人文—社会学科三大类。这三类学科研究的领域大致可以划分为自然现象、心理现象和社会现象三个领域，或者划分为物理事实、心理事实和人文事实三个领域。而在价值描述系统借以成立的分类秩序中，三个“元”的价值描述相当于同自然现象、心理现象和社会现象相关的三大类价值事实的描述。

二、对价值描述（含价值事实的描述和价值理论的描述，下同）的具体情况加以分类，进行比较。

在生活中和讨论价值问题的学科中，已经进行了不可计数的价值描述。有了这样一个简单的、有序的价值描述系统，就可以对浩如烟海的价值描述分一分类，作一些比较。首先，从价值描述的三元化的系统出发，基本上可以把一部分价值描述相对地归属于在三个不同的“元”或三个不同领域中进行的价值描述，相对地归结为在各该“元”中进行的不同层次或不同因素的价值描述。其次，从价值描述的三维关系的系统出发，同样可以对另一部分价值描述作一些分析，去确定这些价值描述不是一元化的价值描述，而是可以分别归属于一维、二维或三维的价值描述，或者是其中两个维相结合的价值描述。这样，我们就可以有把握地指出，任何一种价值描述大体上在价值描述的系统中，是属于哪个类别的价值描述，同时对不同类别的价值描述做一些比较鉴别的工作。

三、从价值描述（含价值事实的描述和价值理论的描述，下同）的有序系统出发，去制订描述方案，筛选描述方式。

以价值描述系统作为根据，不论是与特定的物理事实、心理事实还是特定的社会事实相关的价值事实，都可以放入相应的“物”、“心”或“人”的领域中去加以描述，并编制出相应的描述方案。当然，还可以进一步制订以三维关系中的某一维或某二维为中心的更为完备的价值描述方案。应当指出，假若对某一类价值事实已确定放入某一“元”的领域或以某一“元”为中心去加以描述，那么，就只能以该“元”为基础，然后“辐射”出去，制订出该“元”的以及同该“元”相关的某一维的和二维综合的描述方案。本文四、五部分谈到的有关价值理论的描述方案，不过是可供参考和筛选的描述方案。如果在价值理论问题的研究中，需要对某些论点进行描述，那么，就可以按照上述办法，先制订一套较为完备的描述方案，然后加以审慎的鉴别和筛选，挑出一个或一组较为满意的描述方式去进行具体的描述。

进行价值学研究的时候，根据某种价值理论描述的方案进行鉴别和挑选可能会遇到两种情况：一种情况是，挑选出来并准备采用的价值理论描述，涉及“物”的价值、“人”的价值或价值意识的本性问题或根源问题，那就可能要作出某种本体论的“承诺”。另一种情况是，挑选出来并加以采用的价值理论描述，并未涉及某一类价值事实的本性或根源问题，这些价值理论描述就可以不作出本体论的“承诺”。一种“元价值学”的思考，只研究价值理论描述本身的关系问题和关系的有序性问题。而在价值学或价值论中，不可避免地要研究价值事实本身或价值事实的本性，这样就不能不考虑前面提到的两种情况。

1987 年 11 月

（本文原载《思想战线》1988 年第 2 期）

审美评价、美学命题和一种“元美学”

（之一）

人们经常对审美作出形形色色的评价：“滇池的景色真美”，“这孩子长得真好看”，“他的演奏十分动听”。有时候也会听到一些与审美评价相关的争论。争论的焦点不会是一方认为另一方的审美评价具有不恰当的认识论或本体论的含义，或者指责对方的审美评价是以物为本原或以心为本原，是形而下的还是形而上的。争论的焦点往往在于某个审美事实到底是美的还是丑的（或不美的），是好看还是难看的，是动听还是不动听的。

翻阅一下古今中外的美学书籍，千歧百异的美学命题就会一一跃入眼帘。阮籍说：“夫乐者……万物之性也。”嵇康说：“声无哀乐。”休谟赞同地引用了他人的话：“美在鉴赏者的心里。”罗丹最喜欢的箴言是：“自然总是美的。”这些美学命题的歧见是显而易见的。如果以哲学本体论为立足点，并把这些美学命题放在美的本体论（相当于美的“本质论”）的层面上，然后从它们本身具有的或者外加进去的本体论内涵来看，那么，这些命题的的确确是不相容的，甚至是相互敌对的。在这个层面上，“美在鉴赏者的心里”的命题和另一个假定的命题“美在事物之中”就成了一者唯心一者唯物两个截然相反的命题。“声无哀乐”和“声有哀乐”也是相互对立的，因为前者论乐以情为本原，后者论乐以声为本原。我们还可以进一步设想，把哲学本体论的立足点转换为认识论的立足点，把美学本体论的层面转换为美学的认识论（相当于“美与美感的关系论”）的层面，许多美学命题又可以贴上各种型号的认识论标签了。“声无哀乐”的言外之意是，音乐之哀乐来源于听众之心。有人会说：这是认识来源于心灵的翻版。相反的命题是：“声有哀乐”，即音乐之哀乐来源于声音本身。他们就说：这是认识来源于事物的引申。

我们不禁要发问：美学命题都是或者都需要以某种本体论或认识论为立足点吗？都应该放在美学的本体论或认识论的层面上作出裁决吗？如何回答这些问题的确令人疑虑丛生。由相异的审美评价引起的争论，一般不会涉及所谓美或美感的本原问题以及所谓美和美感谁是第一性的问题，这是尽人皆知的。然而对审美评价以及评价着的审美事实做出解释的美学命题，为什么一定要迈入或者被认定为是迈入了哲学和美学的本体论与认识论的圣地呢？难道说这些命题注定是不能互补、决不相容、非此即彼的吗？凡此种种更使我长期困惑不解。站在传统哲学领域之外，对本体论命题和知识论命题进行逻辑分析或语言分析，确定它们有什么意义或者没有意义，以及它们是否相容或者无所谓相容或不相容，西方的分析哲学已经做了不少工作。在传统哲学之外另辟蹊径，去开拓这样一个“超越”的领域，这确实是一项有趣的工作。美学的情况又如何呢？是否可以在传统美学之外匠心独运，寻找一片“超越”于美学的本体论和认识论的层面，“超越”于一般美学命题的层面？站在这样的层面上，回头审视一下传统美学中关于美的本性和根源的命题，关于美感的本性和来源问题，关于美和美感的关系的命题，以及其他的美学命题，它们的意义大约将发生一些变化，我们也许会有一些新的发现，原先截然对立的命题估计将变得可以相容了。这同样是一个令人神往的前景，也是本文努力开拓的前景。为此，我们必须循序渐进地从研究以下几个课题入手。

一

在日常言谈或书面文字中，人们陈述着各种与价值无关的事实，也陈述着各种与价值有关的事实，其中包括与审美价值事实有关的陈述，即审美的陈述。本文研究的课题之一是对作为一种审美陈述的审美评价进行结构性的分析。

历代的哲学家、美学家和文艺学家对美是什么这一问题作出了各种回答，提出了观点各异的美学命题。对这一类美学命题的形式结构进行分析，并把审美评价和美学命题联系起来从世俗的审美评价迈入美学命题的殿堂，考察审美评价的形式结构和关于美是什么的命题的形式结构之间的关系，这是本文要研究的第二组重要课题。

构造和确立美学命题，把逻辑上不矛盾的一组美学命题组合成美学的理论模式，对审美事实以及审美事实与其他事实之间的关系进行阐释，这显然是美学的使命。而“元美学”的使命与美学的使命是迥然相异的。因为后者有相对独立的不同于前者的研究对象。前面提到的把审美陈述和审美评价作为考察的对象，把它们当作一种“客体陈述”，并进行形式结构的分析，把美学命题作为一种“客体命题”，也对它进行形式结构的分析，然后再去考察审美陈述（或审美评价）与美学命题之间的某些形式关系，这就是一种元美学研究的部分对象。或者说，审美的“客体陈述”和美学的“客体命题”以及二者的形式关系才是一种元美学研究的部分对象。从这个意义上讲，前面提到的那个“前景”必须通过一种元美学的研究才能变成“近景”。元美学的分析领域确实是在美学的研究领域之外，元美学的审视层面也的确能够“超越”于美学的考察层面，即“超越”于美学的本体论和认识层面。因此，放在笔者所理解的一种元美学的层面上去分析考察上述几组相关的课题，这才是本文的中心任务。

元数学、元逻辑学、元哲学、元价值学、元伦理学和元美学等等，都是“元理论”或者“元学科”的组成部分。本文提到的一种元美学不过是对元美学所做的一种初步的设计或一种探索性的构想。“一种”仅仅是“各种”中的“一种”，而不能囊括各种。笔者进行的一种元美学的思考，是《一种“元哲学”的思考》[①] 和《一种“元价值学”的思考》[②] 的延伸或泛化。第一种思考是对与一般事实相关的直接描述和理论命题的形式结构进行的思考。第二种思考是对与价值事实相关的价值描述和价值学命题的形式结构进行的思考。第三种思考已如上述，是把有关价值描述和价值学命题的思考范围缩小为对审美价值描述和美学命题以及二者的形式结构进行的思考。总之，这三种思考都是对事实的描述和相关的理论命题进行

① 参见《思想战线》1987 年第 2 期。

② 同上。

的审视。确切地说，三者都是对不同领域和不同类型的描述和命题，对不同哲学（广义的）学科中不同的“客体陈述”和“客体命题”进行分析性的反思。

二

自从有了语言之后，人类就用口语和文字进行描述（或陈述，下同）。描述经常是指关于事实或价值的描述；反过来说，事实或价值也经常是指被描述着的事实或价值。当我们谈到事实或价值的时候，事实或价值就成了用语言或文字描述着的事实或价值。因此，在分析描述的形式结构之前，有必要先对事实和价值作一些考察。

世界是由各种各样的事实组成的。维特根斯坦在《逻辑哲学论》中写道：“1.1. 世界是事实的总和；而不是物（das Din）的总和。”“1.11. 世界是由事实以及这些就是一切事实这个情况决定的。”① 当然，对事实可以作出不同的阐释。

世界又是一个具有各种价值的世界。马克斯·舍勒认为，价值是涵盖一切伦理经验的经验世界的一般本质，价值“完全不依赖自己出现于其中的价值物的世界以及这一世界在历史中的运动和变化”②。维特根斯坦持有不同的看法：“世界中一切东西都如本来面目，所发生的一切都是实际上所发生的。其中没有任何价值。”③ 舍勒、维特根斯坦以及其他西方哲学家对事实和价值的关系问题，提出了各种迥然不同的看法。

什么是事实？什么是价值？事实和价值有何关系？在常识中这些都不成其为问题，而在哲学中却是一组极为伤脑筋的问题。哲学家们为这组问题提供的是歧见最多和纷纭最甚的一组答案。关于事实和价值的问题，笔者将在别的文稿中另作探讨。本文只引用其中的几条原则作为立论的

① ［英］维特根斯坦：《逻辑哲学论》，郭英译，商务印书馆1985年版，第22页。

② ［德］马克斯·舍勒：《伦理学中的形式主义和实质的价值伦理学》，麦克斯尼梅尔出版社1927年德文版，第30页。

③ ［英］维特根斯坦：《逻辑哲学论》，郭英译，商务印书馆1985年版，第95页。

前提。

一、事实是指人类经验着的事实（而不是指单纯的经验本身），即人类观察着和体验着的事实（而不是观察本身或体验本身）。

二、有一类事实是与价值直接相关的事实，即某种东西具有什么价值这个事实，我们把它叫作价值事实。因此，所有的事实可以划分为两种基本的类型：（1）一般的经验事实，即非价值事实；（2）与各种价值相关的事实，即价值事实。伦理价值、政治价值、宗教价值、实用价值、经济价值以及审美价值等等，都是一类又一类价值事实。

三、事实可以相对地划分为三个基本的“元”：（1）可观察的物理事实（广义的），即通过观察（并有各种外感觉参与其间）去把握的事实。通常叫做“物”或“事物”之类的事实，以及与“事物”相关的属性或状态都属于第一元的事实。（2）可体验（或者可感受的）的心理事实，即通过体验或感受去确定的事实。通常叫作“感知”、“意识”之类的事实，以及与意识相关的属性或状态都属于第二元的事实。（3）可观察感知的人文事实，即既可观察到又能有所体验的事实。通常叫作“人”和人的“行为”之类的事实，以及与人的行为相关的人际关系、劳动生产、社会实践等等，都属于第三元的事实。各个元的事实之间都有一些交叉地带，事实的元与元之间并没有绝对不可逾越的鸿沟。

关于事实的描述同样可以进行与事实划分相对应的划分。笔者在《一种“元哲学”的思考》中已经指出，经验事实的描述可以相对划分为三个基本的描述“单元”：（1）物理学（广义的）的描述，即物理描述或“物”的描述。（2）心理学（广义的）的描述，即心理描述或“心”的描述。（3）人类学（广义的）的描述，即人文描述或“人”的描述。值得注意的是：第一，描述的元与事实的元经常保持一致，事实的三元化与描述的三元化是相对应的。人们往往对物理事实进行物理描述，对心理事实进行心理描述，对人文事实进行人文描述。第二，描述的元可以相对独立于事实的元，事实和描述也可能不完全对应。在特殊条件下，对某一元的事实有可能进行另外二元的描述。换言之，三元化的描述有时候可以同样适用于某一元的事实。以物理事实为例，对它进行物理描述是不足为奇的，具备了某些条件，也容许对物理事实进行心理描述或人文描述。

用句子对价值事实进行的描述叫作价值陈述（过去我把它称作价值描述）。审美陈述是一种价值陈述，即用句子对审美价值或审美事实进行的描述。用语词去描述或指称审美价值或其他价值事实，这种语词简称为审美语词或价值语词。

艺术家往往用非语言的手段去创造或表现审美价值或审美事实。绘画、雕塑、摄影、乐曲、舞蹈等等样式的艺术作品，都运用各种非语言的艺术媒介去创造或表现审美价值或审美事实。诗人和作家则凭借语言或文字对审美价值或审美事实进行审美陈述或审美评价。至于什么样的事实叫做审美事实，什么样的价值叫做审美价值，将由美学家放在美学的层面上加以界定。一种元美学只关心审美陈述或审美评价的形式结构问题。

一般事实（非价值事实）的陈述仅仅是一种陈述，不可能对非价值事实作出任何评价。所谓“评价”只能是一种价值评价。价值陈述常常采用价值评价的方式，如“他做的菜真好吃”，“他是个好人”。审美陈述的情况比较复杂，它既可直接采用审美评价的方式，亦可以不采用这种方式，而采用审美描叙的方式，把审美评价隐含在审美描叙之中。如“三山半落青天外”，“点水蜻蜓款款飞”，就是一些典型的审美描述的例句。为了讨论的集中和方便，本文将只分析审美评价的形式结构。

三

从形式结构上看，简化了的价值评价由两个部分组成，即主项和谓项。构成主项的是对象语词，它指称或描述与价值事实相关的价值对象或价值载体。构成谓项的首先是价值语词，它直接评价或指称价值事实本身。如“好吃”、“好用”、“高尚”、“太贵了”、“守法”、“虔诚”、“美丽”等等，都是价值语词。有时候，谓项中还包含指称对价值事实进行评估的品评者的语词，即主体语词。

同价值评价一样，简化了的审美评价在形式结构上也划分为主项和谓项。审美评价的主项由指称审美对象的语词构成，它指称着成为审美对象的对象事实。审美评价的谓项必须包含直接评估和指称审美价值或审美事实本身的语词。如“美”、“丑”、“悦目”、“难看”、“悦耳”、“不好听”等等，它们都简称为审美语词。指称进行审美评价的主体的语词，也经常成为审美评价谓项的组成部分。这样的语词简称为主体语词。

经过对简化了的审美评价形式结构的初步分析，我们发现了一些令人深思的情况：（1）主项中的对象语词只涉及与审美价值有关的审美对象（或对象事实），而并不直接涉及审美价值或审美事实本身。（2）谓项中的主体语词也大致相仿，它只涉及与审美价值相关的审美主体（或主体事实），也不直接涉及审美价值或审美事实本身。（3）只有谓项中的审美语词才和审美价值或审美事实本身直接相关，才是真正评价或描述审美价值或审美事实的语词。以后我们将会看到，这一情况对进一步分析审美评价的形式结构，以及对阐释美学命题的形式结构，有重要的意义。

下文将对审美评价主谓项中有关语词之间的形式关系作进一步分析和阐释。我们准备把两个相关的领域结合起来进行这种分析和阐释。第一个领域是审美评价的语词系统和它们的所指系统涉及的领域。即对象语词、主体语词和审美语词以及这些语词指称的审美对象、审美主体及审美价值涉足的领域。另一个领域是同审美评价的形式结构相联系的三元化描述系统涉及的领域。即三个元的描述系统和相对应的三个元的事实系统涉足的领域。

先对审美评价的主项作一些分析和阐释。“张家界的风物含有一种原始的纯自然的美”，这是审美评价的一个例句。“张家界的风物”是主项中的对象语词，它指称的是审美评价的对象（对象事实）。审美对象是由非价值事实构成的，而不是由价值事实或审美价值构成的。我们讲过，一般的经验事实或非价值事实可以划分为三种基元的事实。因此，构成审美对象的事实，可能是物理事实、心理事实或者是人文事实。“滇池的景色很美”，对象语词指称着的审美对象——“滇池”，是一种物理事实。“这样的幻想真是绚丽多彩”，对象语词指称着的审美对象——“这样的幻想”，是一种心理事实。“她的舞蹈婀娜多姿”，对象语词指称着的审美对象——“她的舞蹈”，是一种人文事实。同事实的三元化相对应的是描述的三元化。在审美评价的主项中，对象语词进行的描述或者是物理描述（滇池），或者是心理描述（幻想），或者是人文描述（她的舞蹈）。关于对象语词涉及的某一元的事实和对象语词进行的某一元的描述可能不相适应的问题，本文将略而不论。

再对审美评价谓项中的主体语词作一些分析和阐释。如“德沃夏克的交响乐《致新大陆》给听众以丰富的美的享受”。其中“听众”一词就是审美的主体语词。我们常常觉察到把主体语词放在主项中的审美评价，如“人们欣赏长江大河的美”。为了分析的方便，需要对诸如此类的例句作一点简明化和规范化的工作，即把它改造成“长江大河的美为人们所欣赏”这一类的典型例句。在简化了和规范了的审美评价中，对象语词（长江大河）放在主项的位置上，主体语词（人们）则成为谓项的组成部分。主体语词一般是指称审美者、欣赏者的，即指称审美主体的。观众、听众、读者、鉴赏者、令人、给人、你、我、他（她）等等，都可能成为审美评价的主体语词。主体语词一般都指称作为审美主体的人文事实。因此，主体语词经常进行着与人文事实相应的人文描述，关于主体语词涉及的另外二元的事实同主体语词可能进行另外二元的描述的问题，本文也同样略而不论。

四

审美评价的谓项中的关键性词语是审美语词，它是本文要重点考察的“客体语词”。像考察对象语词和主体语词一样，在考察审美语词的时候，仍然需要把：（1）审美语词和它指称的审美价值和审美事实之间的关系，同（2）三元化的描述系统和描述着的三元化的事实系统之间的关系组合在一起。在二者的组合中去分析和阐释下列问题：一是审美语词和对象语词、主体语词的形式关系或形式结构的问题；二是审美语词指称或评价的审美价值（审美事实）和审美对象、审美主体的形式关系或形式结构的问题；三是审美语词描述方式的三元化问题；四是审美语词描述着的审美事实的三元化问题。对这些问题，完全有可能作出多种多样的解释。下面将列举其中的四种解释模式。因为这几种关于审美语词的解释模式将有助于说明，某些有重要意义的美学命题是如何形成的以及这些美学命题具有什么样的形式结构问题。

其一，审美语词进行三元化的描述，指称三元化的事实。第一种解释设定的前提条件是：（1）谓项中没有主体语词；（2）审美语词和审美价值依存于对象语词和审美对象；（3）审美语词进行三元化的描述，指称三元化的事实。根据上述条件，我们设计了一组审美评价的例句。例一："这束花真美。"例二："她的歌唱真美。"例三："梦中的幻境真美。"三个例句的对象语词进行着三个元的描述，指称着三个元的事实。"这束花"进行一种物的描述，指称一种物理事实（花束）。"梦中的幻境"进行一种心的描述，指称一种心理事实（梦境）。"她的歌唱"进行一种人的描述，指称一种人文事实（歌唱行为）。三个例句的谓项都没有主体语词。谓项中的审美语词一律是"美"。"真美"这个审美语词可以看成是依存于对象语词的一种语词。换句话说，我们把审美语词指称的审美价值，看成是对象语词指称的审美对象的一种特殊属性，即一种不同于其他属性的审美属性。

例一中的"这束花"进行的既然是一种"物"的描述，描述着一种物理事实。因此，依存于对象语词的"真美"这个审美语词进行的也是一种物的描述，描述着花束自身具有的一种审美的自然属性。正如一般的非价值评价的陈述句"这束花还活着"一样，"还活着"指称的是"这束花"的一种属性或一种状态。基于同样理由，例句之二中的"真美"，这个审美语词进行的是一种"心"的描述，描述着"梦境"自身具有的一种审美的心理属性。例句之三中的"真美"这个审美语词进行的是"人"的描述，描述着"歌唱"具有的一种审美的人文属性。总之，第一种解释模式认为，审美语词是以对象语词为转移的。对象语词进行着三元中某一元的描述，描述着三元中某一元的事实。审美语词也相应地进行着三元中某一元的描述，描述着三元中某一元的价值事实（属性事实）。

其二，审美语词进行人文描述，指称人文事实。第二种解释的前提条件是：（1）谓项中有主体语词；（2）审美语词与审美价值依存于主体语词和审美主体；（3）审美语词进行人文描述，指称人文事实。按照这些条件，可以设计出审美评价、美学命题和一种"元美学"第二组审美评价的例句。这组例句的主项和第一组一样，而谓项中的审美语词都进行着审美

云南文库·学术名家文丛

的人文描述。例一："这束花满足了你我的审美需要。"例二："梦中的幻境有时也会显现出做梦者的审美态度。"例三："她的歌唱充分展示了她的审美才能。"我们说过，主体语词一般都进行人文描述，指称人文事实，例句中的主体语词（"你我"、"做梦者"、"她"）也不例外。例句中的审美语词是"审美需要"、"审美态度"、"审美才能"，都指称着一种特殊的审美事实，这类审美事实既非物理事实，亦非心理事实，而是一种审美的人文事实。它是一种依存于审美主体并成为审美主体的审美特性的人文事实。与此相应，例句中的审美语词进行的是一种人文描述。它是一种直接描述审美主体的审美需要、审美态度、审美能力或审美本性的人文描述。根据以上分析，我们提出如下的解释：审美评价谓项中的主体语词和审美语词可以进行人文—人文的描述，可以描述人文事实和人文事实的审美特性。

其三，审美语词进行与人文描述相关的心理描述，指称与人文事实相关的心理事实。第三种解释的前提条件是：（1）谓项中有主体语词；（2）谓项中的审美语词与审美价值依存于主体语词和审美主体；（3）审美语词进行了心理描述，指称心理事实。根据上述条件，设定的第三组例句是：例一："这束花给观赏者以美的情趣。"例二："梦中的幻境使我沉浸在美的回忆中。"例三："她的歌唱给听众以审美的愉快。"三个例句主项中的对象语词和谓项中的主体语词不必赘述了，唯独谓项中的审美语词有了变化。"美的情趣"、"美的回忆"和"美的愉快"，不再是进行审美的人文描述了，而是进行着审美的心理描述；不再是指称审美的人文事实了，而是指称着审美的心理事实。因此，这些审美评价的谓项虽然是由审美语词和主体语词构成的，但它们进行着的都是人文—心理的描述，指称着的是人文事实和心理事实。

其四，审美语词进行相对独立的心理描述，指称单纯的心理事实。第四种解释的前提条件是：（1）谓项中没有主体语词；（2）谓项中的审美语词和审美价值是相对独立的，它们不依存于对象语词和审美对象；（3）审美语词进行心理描述，指称心理事实。根据这些条件，设定了第四组审美评价的例句。这些例句的特点是，主项中的对象语词不变，而谓项中，则用"好看"、"好听"、"悦目"、"难看"、"难听"、"赏心悦目"……中的某些审美语词去置换第一组例句中的“真美”。更改后的例句是：例一：“这束花真好看。”例二：“梦中的幻境真是赏心悦目。”例三：“她的歌唱分外悦耳。”例句主项中的对象语词依然故我，谓项中的审美语词却面目全非了。“好看”、“赏心悦目”、“悦耳”，大体上构成了一种心理描述，一种审美的心理描述。这些审美语词指称的审美价值或审美事实变成了一种心理事实，一种审美的心理状态或审美感受。

通过对审美语词和它指称的审美价值（或审美事实）的分析，笔者从可能设想的多种解释模式中提出四种解释模式。这是一组可供参考、可供选择的模式，也是一组相互并存、相互补充，能够“和平共处”的模式。把审美价值或审美事实看成是一种相对独立的事实，或者看成是依存于审美对象的一种特殊属性，或者看成是依存于审美主体的一种特殊本性或一种特殊心理状态，几种看法大可不必形同水火。有人认为审美语词是一种与物理描述相关的语词，有人认为审美语词是一种与心理描述相关的语词，也有人认为审美语词是一种与人文描述相关的语词。这三种见解为何不能三足鼎立？正如有三个人游西子湖，甲说“西湖的景色是天生丽质”，乙说“西湖的倩影悦目赏心”，丙说“西湖的风光使骚人墨客流连忘返”。这三个人对西湖的审美价值所作的“物”、“心”、“人”三种描述，完全可以各是其是，并行不悖，这大概不会引起异议吧？

限于篇幅，暂且打住，关于下一步将要考察的“美是什么”这类命题的形式结构问题，容另文再述。

1988 年 6 月

（本文原载《云南社会科学》1988 年第 6 期）

审美评价、美学命题和一种“元美学”

（之二）

本文是发表在《云南社会科学》1988 年第 6 期上的《审美评价、美学命题和一种“元美学”》（之一）的续篇。为了消除在传统美学的层面上由各是其是的美学命题之间的对立关系引起的种种疑惑，笔者设计出一种试图超越于传统美学中的本体论和认识论樊篱的“元美学”。在这种元美学的层面上，“之一”和“之二”将分别研究两组互相关联的课题。把日常言谈中的审美陈述或审美评价当作一种“客体陈述”并对它们进行形式结构的分析，这组课题是在“之一”中加以完成的。在此基础上，本文（“之二”）要研究的是另一组课题。这组课题是，在同一个元美学的层面上，把传统美学命题（理论命题）当作一种“客体命题”，并对这些美学命题的形式结构和它们之间的形式关系进行分析和考察。

一

各类美学命题涉及美学学科的广泛领域和众多问题。传统美学中，关于美或审美的性质是什么或根源在哪里的命题，是一类十分重要的命题，也是歧见最多的命题。这类命题简称为关于美的性质的命题，或者关于美是什么的命题。本文将集中目标把这一类命题当作“客体命题”，并对“客体命题”的形式和结构作一点必要的分析和解释。

美学命题或关于美的性质的命题像其他理论命题一样，具有特定的形式结构。关于美的性质的命题，是一种特殊的性质判断，是一种关于

"美"具有或不具有某种或某些性质的判断。它和一般的性质判断相同，也是由主项、谓项和联项组成的。它的主项是由"美"、"审美"、"美的品质"、"美的构成"、"美的价值"或者其他相关概念构成。它们是一些需要用谓项加以说明，并断定其具有或不具有某种性质的概念。这一类美学命题的谓项，是由对主项中的美、美的品质、审美价值等概念，具有或不具有某种或某些性质作出的判定构成的。不论是哪种命题，它的联项总包含着"是"或"不是"等肯定或否定的联系词，本文要分析和解释的是美的性质命题中的主项和谓项，特别是后者。

立足于一种元美学的层面，就能对美是什么之类命题的形式结构提出一些新的看法。(这些看法在传统美学的层面上是不太可能提出来的。)这些看法是：(1) 审美评价谓项中的审美语词和它指称着的有关"美"、"美丽"等等审美事实加以逻辑的概括，就形成了关于美是什么的命题之主项，形成了充当主项的需要断定其性质的概念。(2) 从一种意义上讲，这一类美学命题的谓项，是对审美评价主谓项中的审美语词和对象语词、主体语词之间的关系结构作出的不同解释，同时也是对审美评价中各种词语指称着的审美价值和审美对象、审美主体之间的关系结构作出的不同解释。(3) 从另一种意义上讲，这一类命题的谓项是对审美评价中三组语词可能做出的各种描述和描述着的各种事实之间的相互关系及其形式结构进行的不同的解释。(4) 归根结蒂，可以把这一类命题不同的谓项看成是对作为一种价值事实的审美本身，以及它和一般非价值事实之间的错综复杂的关系所做的不同解释。

根据这些看法，我们将会发现，可以运用("之一"中谈到的)关于审美语词的几种解释模式，对杂然纷呈的关于美是什么的命题作出相应的分析和解释，并从关于审美语词的几种解释模式出发，把关于美是什么的命题也划分为几种相应的基本类型。

二

下文我们将对几种类型的美是什么的命题的形式结构逐一地分析，并结合西方美学中的实例来验证这些分析。

（一）美是审美对象本身具有的某种属性（某种特性、品质、形式或状态），这是第一种关于美是什么的命题的标准形式。这种类型的美学命题是建立在审美语词的第一种解释模式的基础之上的。不少西方美学家提出关于美是什么的命题，实质上都符合这种解释模式，并采用了上述标准的陈述方式。审美对象可以是事物、意识或人及其行为。审美事实同样可以相应转化为物的、心的或人的一种审美属性。生活中大量的审美对象都是可观察的自然物、人造物、美术品以及人们的行为，即广义的可观察的或既可观察又能体验的事物或对象。因而在关于美是什么的命题中，“美”经常被定义为事物或对象的一种特性、品质、形式或状态。美学家经常对“美”进行“物”的属性或“人”的属性的描述。亚里士多德说：“一个美的事物……不但它的各部分应有一定的安排，而且它的体积也应有一定的大小。”① 文艺复兴时期意大利的诗人塔索认为：“美是自然的一种作品。”② 雨果认为：“美不过是一种形式。”③ 丹纳认为美是对象的某一主要特征的表现。乔德把美定义为某种“现实的模式或结构”④。甚至有的西方艺术家干脆认为“美”就在事物之中。19 世纪法国现实主义画家库尔贝说：“美的东西是在自然中，而它以最多种多样的现实形式呈现出来。”⑤ 明眼的读者一定可以看出：上述西方美学名家提出来的关于美是什么的命题都大体符合第一种类型的美学命题的标准形式。

（二）美是审美对象和审美主体之间的某种关系，这是第二种关于美是什么的命题的标准形式。这种类型的美学命题是建立在审美语词的第四种解释模式的基础之上的。有一些西方美学家提出的美是什么的命题实质上符合于这种解释模式，并采用了上述标准的陈述方式。例如笛卡儿曾经说过：“所谓美和愉快所指的都不过是我们和判断对象之间的一种关

① ［古希腊］亚里士多德：《诗学》，人民文学出版社 1962 年版，第 25－26 页。

② ［意］塔索：《论英雄体诗》，《世界文学》1961 年 8、9 期（合刊），第 222 页。

③ ［法］雨果：《克伦威尔·序》，《世界文学》1961 年 3 月号，第 98 页。

④ ［英］C. E. 乔德：《美的客观性》，牛津大学 1929 年版，第 473 页。

⑤ ［法］库尔贝：《给学生的公开信》，选自俞永康编《库尔贝》，人民美术出版社 1960 年版。

系。"① 除了上述标准形式之外，第二种类型的关于美是什么的命题经常采用以下两种表述方式：

1. 美是审美对象具有的能够作用于审美主体并引起某种反应的性质。斯宾诺莎写道："如果神经从呈现于眼前的对象所接受的运动使我们舒适，我们就说引起这种运动的对象是美的。"② 席勒写道："游戏冲动的对象可以叫作活的形象，这个概念指现象的一切审美品质，总之，指最广义的美。"③ 在斯宾诺莎和席勒提出的美学命题中，"美"不再是包含着审美对象同审美主体之间的一种简单的关系，而是包含着审美对象作用于审美主体并激起某种反应或某种活动这样一种对象与主体之间的复杂关系。这种关系体现在审美对象具有的能使人的神经舒适的性质之中，或者体现在一种引起人的"游戏冲动"的"活的形象"之中。

2. 美是审美主体具有的作用于审美对象的某种审美功能。"移情说"的创始人之一德国美学家费舍尔曾说过："假如原先没有一个主体，美就不存在。"④ 在这一命题中，虽然也包含着审美对象和审美主体的一种关系，不过"美"不再是审美对象作用于审美主体的一种性质，而"美"是审美主体作用于审美对象的一种审美功能，是人改变着对象的一种审美活动或一种审美能力。从以上两种表述方式中可以看出，斯宾诺莎、席勒和费舍尔的美学命题，都包含着人文描述，指称着人文事实。

（三）美是审美对象、审美主体和审美体验之间的某种关系，这是第三种关于美是什么的命题的标准形式。这种类型的美学命题的提出跟关于审美语词的第三种解释模式密切相关。西方美学史中，同刚才提到的解释模式和标准形式相吻合的美学命题是屡见不鲜的。如果以广义的事物（或"东西"）作为审美对象，这一类型的美学命题就可以作如下的表述：美是事物、审美者和审美体验之间的某种关系。第三种类型的关于美是什么的命题也可以区分出两种不同的表述方式：

1. 美是审美对象具有的作用于审美主体并形成某种审美体验的性质。

---

① ［法］笛卡儿：1630 年 2 月 25 日《答到尔生神父的信》。

② ［荷］斯宾诺莎：《伦理学》，引自《十六—十八世纪西欧各国哲学》，第 193 页。

③ ［德］席勒：《审美教育书简》第 15 封信。

④ ［德］费舍尔：《美的主观印象》，《古典文艺理论译丛》第 8 期，第 1 – 2 页。

伏尔泰说："要用'美'这个词来称呼一件东西，这件东西就需引起你的惊赞和快乐。"① 在伏尔泰的美的定义中，包含着审美对象（"一件东西"）、审美主体（"你"）和审美体验（"惊赞"和"快乐"）以及三者的关系。进而言之，这个定义是由三个元的事实及其相互关系组成的，"一件东西"是物理事实，"你"是人文事实，"惊赞"与"快乐"是心理事实。同时，这个定义是用"一件东西"作用于"你"并引起"惊赞"和"快乐"，来说明"一件东西"具有某种审美的性质。康德给美（纯粹美）下了几个定义，其中之一是："美是无一切利害关系的愉快的对象。"② 如果把"无一切利害关系"理解为：审美对象对审美者"无一切利害关系"，那么对伏尔泰的美学命题所作的分析和阐释，同样适用于康德的美学命题。狄德罗说："一切能在我们心里引起对关系的知觉的，就是美的。"③ "知觉"是一种感知，是一种心理事实，因此，狄德罗的美的定义，也可照此办理。

2. 美是审美对象作用于审美主体而引起的某种审美体验。这种关于美是什么的命题与前一种有所不同。前者仍然把"美"说成是审美对象或事物的一种特殊性质，后者却把"美"说成是一种审美体验，一种心理事实。鲍姆嘉通说："完善的外形……就是美，相应不完善就是丑。因此美本身就使观者喜爱，丑本身就使观者嫌厌。"④ 休谟说："美与价值都是相对的，都是一种特别的对象，按照一个特别的人的心理构造和性情，在那个人心上所生成的一种愉快的情感。"⑤ 同前面列举的伏尔泰、康德和狄德罗的美的定义一样，在鲍姆嘉通和休谟的同类定义中也包含着审美对象（"完善外形"、"特别的对象"）、审美主体（"观者"、"特别的人的心理构造和性情"）和审美体验（"喜爱"、"嫌厌"、"一种愉快的情感"），同时还包括与审美对象相关的三元化的事实和三元化的描述、与审美主体相

---

① ［法］伏尔泰：《论美》。

② ［德］康德：《判断力批判》上卷，商务印书馆1965年版，第48页。

③ ［法］狄德罗：《美之根源及性质的哲学的研究》，《文艺理论译丛》1958年第1期。

④ ［德］鲍姆嘉通：《形而上学》。

⑤ ［英］休谟：《论文集》卷一，《论怀疑派》。

关的人文事实和人文描述，以及和审美体验相关的心理事实和心理描述。但鲍姆嘉通和休谟的美的定义与伏尔泰等人的定义是有所区别的，后者把“美”看成是一种审美体验或一种心理事实，而不是一种审美对象的特殊性质。

也许有人会问：鲍姆嘉通和休谟所说的“美”与“美感”又有什么区别呢？他们两人关于美的定义实质上不是一种关于美感的定义吗？是的，情况就是这样。我们曾经说过，审美价值或审美事实可以看成是一种既不依存于对象语词和审美对象，又不依存于主体语词和审美主体的相对独立的价值事实。我们还说过，这种相对独立的价值事实可以看成是一种心理事实，进行审美的心理描述。鲍姆嘉通和休谟正是把审美事实看成是一种心理事实，并且作了心理描述，所以他们认为“美”和“美感”是可画等号的。认定美即美感，美就是一种感情、一种审美经验，这样的美学命题在西方美学界是俯拾即是的。比如，英国近代美学家F. 哈里奇说：“美……只能指某个人的心灵所能得到的一种知觉作用。”① 美国当代美学家莫里斯·奥格登说：“美就是我们加以欣赏和评价的一种经验。”② 英国美学家杰弗里也提出了相似的美学命题：“美存在于和人类情感相一致的伟大原则之中。”③

（四）美就是一种审美体验，或者美是审美体验和审美对象之间的某种关系，这是第四种关于美是什么的命题的标准形式。这种类型的美学命题和关于审美语词的第四种解释模式是遥相呼应的。西方美学中，直接或间接渊源于上述解释模式和标准形式的美学命题也是数不胜数的。从“标准形式”中可以看出，第四种类型的关于美是什么的命题实际上包括两种表述方式：

1. 美是一种审美体验。休谟曾给“美”下过另外一个定义：“美并不是事物本身里的一种性质，它只存在于观赏者的心里。”④ 我们把命题中指称审美主体的主体语词——“观赏者”，用括号括起来，命题中用来断定

① ［英］F. 哈里奇：《对美和美德两个概念的探讨》，伦敦1753年版，第8－9页。
② ［美］莫里斯·奥格登：《艺术心理学》，纽约1938年版，第19页。
③ ［英］杰弗里：《献给爱丁堡的评论》，第15页。
④ ［英］休谟：《论文集》卷一，《论趣味的标准》。

主项（“美”）的性质的谓项就只剩下“心里”这个描述一种心理体验或心理事实的概念了。再举几个更典型的实例：H. 帕克提出：“知觉只有体现感情的时候，才是美的。”他还直截了当地指出：“审美事实，就是心理事实。”① 克罗齐写道：“我们觉得以‘成功的表现’作‘美’的定义似乎更加妥帖。”② 帕克的定义并未直接提到审美对象，也未涉及审美主体，而“知觉只有在体验感情的时候”所说的知觉是一种审美感知，一种心理事实。“直觉即表现”，是克罗齐的名言，“直觉”是一种心灵活动，“表现”或“成功的表现”当然也是一种心灵活动，一种心理事实。帕克、克罗齐和休谟等哲人的关于美的定义，有相似之处。休谟有时把美等同于美感，帕克往往把美理解为一种体现感情的知觉，克罗齐干脆认为美就是心灵的一种直觉活动或表现活动。既然“美”可以看成是一种心理事实，进行心理描述，那么形成下述看法就不足为奇了：关于美是什么的命题和关于美感、关于审美知觉或者关于直觉活动是什么的命题，二者是完全吻合的，甚至是合二而一的。杜威就持有这种看法，他曾说过：“按照美这个词的原文来说，它是种情感术语，虽然它指的是种特殊的情感。”③

2. 美是审美体验和审美对象之间的一种关系。德国理性主义哲学家沃尔夫说：“美可以下定义为：一种适宜产生快感的性质。”④ 在沃尔夫的定义的谓项中没有提到审美主体，“性质”大体上是指审美对象或事物的性质，“快感”是一种审美体验或心理事实。这个定义把“美”断定为：审美体验（“快感”）和审美对象（“一种……性质”）之间的一种关系。桑塔耶那说：“美是被当作事物属性的快感。”“美是客观化的快乐。”⑤ 桑塔亚那的定义和沃尔夫的定义在形式结构上有相似之处。其谓项都仅涉及审美对象与审美体验二者的关系。他们的差异是：沃尔夫强调美是一种性质，与产生快感相关的性质；桑塔耶那强调美是一种快感，并把审美对象解释成快感的客观化或对象化。

---

① ［美］H. 帕克：《美学原理》中译本，第16、8页。
② ［意］克罗齐：《美学原理》，作家出版社1958年版，第73页。
③ ［美］杜威：《艺术即经验》，第129页。
④ ［德］沃尔夫：《经验心理学》。
⑤ ［西］桑塔亚那：《美感——美学大纲》。

三

站在美学的层面上和哲学的层面上做一番巡礼就会发现，传统美学和传统哲学早就结下了不解之缘，在西方美学的陈年流水簿中，这一姻缘尤其明显。为数甚多的西方美学家都首先以哲学家的身份营造体系和争鸣于世。他们之中的某些名家已经养成了一种积习：哲学应当居高临下，它在各门学科中责无旁贷地起着主导作用或指导作用。他们认为，美学必须听命于哲学，服从哲学的本体论和认识论，包括美的性质的命题在内的美学命题，大都是哲学的本体论命题或认识命题的附属品。

关于美的性质是什么的命题，是一个源远流长的美学命题。有些西方哲学家兼美学家从传统的哲学习惯出发，殚思竭虑地从事着使这类美学命题本体论化或形而上学化的工作。他们把美是什么的命题提升为美学中的本体论或形而上学的命题，即美的本体是什么或美的最终本原是物体、是理念、是生命还是意志之类的命题。这样一来，美学的本体论或形而上学就和哲学的本体论或形而上学拴在一起了，美的本原是物、是人或是心的命题完全从属于世界的本原是物、是人或是心的命题。

柏拉图一生都孜孜不倦地进行着这项工作。他在《对话录》中争辩道："这种美是永恒的，无始无终的，不生不灭，不增不减的。""先从世间个别的美的事物开始，逐渐提升到最高境界的美……一直到只以美本身为对象的那种学问，彻悟美的本体。"① 柏拉图所谓的"美本身"就是美的终极本原、美的理念。而美的理念则是形而上学的理念世界中的一种理念。古罗马哲学家普洛丁和欧洲中世纪初叶的神学家圣·奥古斯丁，在神学本体论的坐标上兴致勃勃地从事此项工作。普洛丁认为，万物和美都是神的灵魂的自然流露。事物的美是由于分享一种来自神明的理念而得到的。圣·奥古斯丁热衷于"天上"的美。他在《忏悔录》中写道："……

---

① ［古希腊］柏拉图：《文艺对话集》，人民出版社1963年版，第272－273页。

这些东西的确有其美丽动人之处，虽然和天上的美一比较，就显得微不足道。”① 黑格尔对这项工作也颇有兴趣。“美是理念的感性显现”是大家熟知的黑格尔给美下的定义。此处的“理念”虽然可以理解成美的意蕴和内容，但这个“理念”同他认定为世界本原的绝对理念是息息相通的。继续从事这项工作的现当代西方美学家恐怕是不绝如缕了。比如，现代英国美学家乔德说过：“美是独立的、自满自足的对象，它在宇宙中是一种真实的和独立的要素。”② 在乔德的笔下，“美”似乎也染上了浓重的本体论色彩了。

话又说回来，即使是最醉心于形而上学或本体论的哲人也不得不经常从天上来到人间，将美的终极本原问题束之高阁，而去过问世上的美及其性质问题。柏拉图、普洛丁等人是如此，本文曾提到过的基督教哲学家托马斯·阿奎那也不例外。一方面，他遨游于形而上学的神学世界，并说“事物之所以美，是由于神住在他里面”③；另一方面，他又回到形而下的世界，提出人世间的美有三个要素：完整、和谐和色泽鲜明。

美学家身兼哲人或对哲学颇有素养是一回事，他们是否对哲学的本体论命题和美学命题的本体论化有兴趣，却是另一回事。同样，从美学的层面进行考察，我们也会注意到不少西方美学家特别是现当代的美学家未必对继续从事柏拉图等人的未竟事业有所钟爱，未必喜欢把美的性质是什么和美的根源在哪里的命题修改成美的本体是什么和美的本原在哪里的命题。我们曾引述过休谟提出的“美在鉴赏者的心里”的命题。这个命题只是说应当用“心里”体验到愉快的感情来断定“美”的性质，而未必是说美的本体是“心灵”。因为休谟在《人性论》等哲学著作中并未去深究世界的本体问题，他既否定物体（或物质）实体，也否定精神（或心灵）实体和神的实体。我们也曾引述过杜威给“美”下的定义，这个定义也只是指出，应当用情感或特殊情感来判断“美”这个词的含义，而未必涉及“美”的本体是什么的问题。事实上作为哲学家的杜威，并没有热衷于去营造某种独树一帜的本体论或形而上学。笔者从一个小侧面对休谟和杜威

① ［古罗马］圣·奥古斯丁：《忏悔录》，商务印书馆 1963 年版，第 31 页。
② ［英］C. E. 乔德：《事物、生活和价值》，伦敦 1929 年版，第 266 页。
③ 基尔伯编：《圣·托马斯哲学文选》。

的美学命题和哲学思想做了一点评论，即使是一点评价，引起争议恐怕也在所难免。雨果和罗丹这些不带哲学家头衔的作家和艺术家提出的关于美的定义，大概会含有本体论的意义吧？雨果的定义不过是把“形式”以“关系”、“对称”等因素说成是美的某些性质，至于这些因素的本原在物质还是在心灵，他并未作出最后的裁决。罗丹既说过：“自然总是美的。”又说过：“美就是性格和表现。”① 罗丹也不过是列举了一些与美相关的要素，并未去深究“自然”、“性格”和“表现”的共同的本体是什么。

有的美学家认为美只是审美对象的一种性质，事物的一种审美属性，或者认为美就是在对象的性质中、事物的审美属性中。这些美学家经常对美这种事物的属性进行“物”的描述，把它看成是一种广义的物理事实。另一些美学家却认为，美是某些知觉或感情，是这些知觉或感情的一种审美状态，或者就在某些知觉感情之中、这些知觉或感情的审美状态之中。他们经常对作为心理状态的“美”进行“心”的描述，把这看成是一种心理事实。由此就引出一组新问题，即作为审美对象（或事物）的一种性质的“美”同作为审美意识的一种状态“审美”（或美感）有何关系的问题，或者审美的物理事实和审美的心理事实有何关系的问题。确实有一些西方美学家，他们有认识论的造诣，并愿意从事使上述命题认识论化的工作。这些美学家将美和美感有何关系的美学命题同哲学中的认识对象和认识活动有何关系的认识论命题挂上了钩，并使前者服从于后者。

“欣赏——这就是为着一种事物本身而爱好它……”，“爱好者受到所爱好的对象的吸引正如感官受到感觉的对象的吸引，两者结合，就变成一。”② 这些话出自达·芬奇的《笔记》。他已涉足于美的事物和美感的关系问题，并肯定了审美欣赏的根源是事物本身，爱好来自爱好的对象。英国18世纪的艺术家雷诺尔兹在谈论自然美的时候说：“自然是而且必须是，我们一切观念所出自的源头。”③ 这句话几乎是地地道道的认识论命题了。“移情说”的另一个创始人里普斯，在美与美感的关系问题和美的根

① 《罗丹艺术论》，人民美术出版社1978年版，第73页。

② ［意］达·芬奇：《笔记》，《世界文学》1961年8、9期（合刊），第205、206页。

③ ［英］雷诺尔兹：《读杜弗列瓦的〈论画艺〉英译本笔记》。

源问题上持有另一种见解，他说："……审美欣赏的原因就在我自己或自我，也就是'看到''对立的'对象而感到欢乐或愉快的那个自我。"① 从认识论化的美学命题来看，达·芬奇和雷诺尔兹强调在美和美感中，"事物"和"自然"是起决定作用的方面，"欣赏"、"爱好"或"观念"是受前者制约的方面。立普斯则认为，进行审美欣赏的"自我"是起主导作用的方面，"对象"却是次要的方面。

事实上，并非所有的美学家都对所谓美和美感的关系问题或者对美学命题中的认识论问题有所偏爱。有些美学家只是肯定了美是审美对象或事物的一种审美性质。另一些美学家则肯定了美是知觉或感情的一种审美状态。然而这些美学家并没有花精力去求索这两类命题到底谁主谁从的问题，或者去弄清二者之间的认识论关系。

四

面对着历代汗牛充栋的美学卷帙和不计其数的关于美是什么的美学命题，面对着哲学家、美学家和文艺家在美的性质和根源问题上的百家争鸣的局面，应当用什么态度去看待彼此之间的分歧呢？用什么方式对浩如烟海的美学命题作出鉴别和进行区分呢？又用什么方式去处理这些命题之间的关系呢？我们将对其中的两种处理方式作一些比较研究。一种是大家熟知的方式，不妨名之曰本体论—认识论的方式，或传统哲学的方式。这种方式的依据是：一切关于美或审美是什么的命题都可能具有本体论—认识论的含义，或者本身就是美学的本体论或认识论的命题，即关于美的本体或本原是什么的命题和审美或美感的根源在何处的命题。这种方式要求人们站在某种哲学的或某种本体论—认识论的立场上，把传统美学中有关美或审美的性质和根源的命题，一律区分为或归属于不同哲学阵营（本体论—认识论的阵营）的命题。

从一种哲学立场（例如唯物主义立场）出发，就会把美是什么的命题

① ［德］里普斯：《论移情作用》，《古典文艺理论译丛》第8期，第43页。

划分为唯物主义的命题（如达·芬奇的有关命题）和唯心主义的命题。在唯心主义命题中又划分为客观唯心主义的命题（如柏拉图的有关命题）和主观唯心主义的命题（如休谟的有关命题）。从另一种哲学立场（例如某种经验主义的立场）出发，同一组命题就将分别归属于经验主义阵营（如休谟和杜威的有关命题）和理性主义的阵营（如柏拉图和笛卡儿的有关命题）。从其他哲学出发，还可以将这些美学命题重新画线分类，划分为自然主义的和人本主义的命题。传统的哲学阵营经常是壁垒森严的，各种本体论—认识论的立场也经常具有严厉的、排斥异己的特性。这样一来，哲学阵营之间的楚河汉界同时也成了各种美学命题之间的楚河汉界。曾经使不同的本体论—认识论的命题分割开来的鸿沟也不断延伸，本来和世界或认识的本原无直接关联的各种美是什么的命题，现在也阻隔于鸿沟的两岸，只能望沟兴叹。依此类推，这些美学命题之间的关系势必成了互不相容的关系，甚至是非此即彼、形同冰炭的对抗关系。（其实，如何看待传统哲学中的本体论命题之间或认识论命题之间的差异和分歧，也是一个值得反思的问题。）

另一种区分美是什么的命题的各种歧见和处理这些命题之间的关系的方式，是非本体论—认识论的方式，即本文提供的一种元美学的方式。在这种美学的层面上，我们已经在“之一”中设计和选择了四种有关审美语词形式结构的解释模式，并在“之二”中对四种有关美是什么的命题的形式结构作出了相应的分析和阐释。按照这种元美学的方式去看待美是什么的命题的纠缠不清的歧见，这些歧见就将全部显示为形式结构上井然有序的差异。弗朗西斯·科瓦奇曾经对美学命题之间的客观论和主观论的差异提出了一种解释，他说：“‘美’这个术语的使用问题。因为在客观论者用这个术语以表明它是引起审美愉快的原因的某种客观事物的特质时，主观论者则用它来表明那样一种客观特质的效果，即那种引起审美愉悦的效果。”① 这段话很有意思。当然美学命题的分歧不仅是客观论和主观论的分歧，而且之所以有分歧，也不能“完全”归之于“术语上的事情”。不过，从一种元美学的层面上看，美是什么的命题的分歧，确实和使用的概

云南文库·学术名家文丛

① ［美］弗朗西斯·科瓦奇：《美的哲学》，第67页。

念与概念的组合有关。

我们曾经从形式结构上把千差万别的关于美或审美是什么的命题划分为四种基本类型。这四种类型命题的谓项大体上是由三组美学概念组合而成的。这三组美学概念：一是关于审美对象及其审美属性（或审美的特性、品质、形式……）的概念，简称为对象概念；二是关于审美主体及其审美态度（或审美需要、审美能力、审美行为……）的概念，简称为主体概念；三是关于审美体验（或审美的意识活动、审美的主观经验……）的概念，简称为体验概念。美是什么的命题谓项中的三组概念和“之一”中提到的审美评价中的三组语词有直接关联，对象语词概括成对象概念，主体语词概括成主体概念，审美语词可以附属于对象概念或主体概念，也可能转化为体验概念。对象概念可以进行三元化的描述，指称三元化的事实。不过对象概念经常进行的却是广义的“物”的描述，指称广义的物理事实，即事物和事物的审美属性。主体概念经常进行“人”的描述，指称审美的人文事实，即审美者及其审美态度。体验概念经常进行“心”的描述，指称审美的心理事实，即审美体验或审美的心理活动。

在美是什么的命题的谓项中，这三组审美概念及其中的一组或两组概念，构成了七种组合的形式：1. 谓项中只有对象概念；2. 谓项中只有主体概念；3. 谓项中只有体验概念；4. 谓项中含有对象概念和主体概念；5. 谓项中含有对象概念和体验概念；6. 谓项中含有主体概念和体验概念；7. 谓项中三种概念一应俱全。本文早先曾经提出美是什么的命题共有四种常见的类型及其标准形式，其实这四种类型都是由三组审美概念排列组合而成，并分别采用了七种组合形式中的这种或那种组合形式。第一类命题的谓项是由对象概念构成的（即组合形式 1.），可以进行三元化的描述，而多数场合则进行广义的“物”的描述。第二类命题的第一种表述方式的谓项，含有对象概念和主体概念（组合形式 4.），经常进行主—客关系的描述。第三种表述方式的谓项则由主体概念单独构成（组合形式 2.）只进行人文描述。第三类命题两种表述方式的谓项中三组概念都不可或缺（组合形式 7.），因而进行着物、心、人之间的主—客关系、心—物关系和心—人关系的综合描述。第四类命题的谓项必须含有体验概念和进行心理描述。其中第一种表述方式的谓项一般只含有体验概念，只进行心理描述

（组合形式3.）。有时候也可能含有主体概念和体验概念，进行心—人关系的描述（组合形式6.）。第二种表述方式的谓项经常含有对象概念和体验概念（组合形式5.），多数场合进行心—物（广义的）关系的描述。

当代美国美学家唐纳德·梅里尔颇有感触地写道："在这些年代里，我们已经看到一些美学理论的概念，它们忽而分离，忽而重新拼凑一些奇怪的组合。"① 其实这是不足为怪的。从笔者所说的元美学的角度去审视，不仅仅是"在这些年代里"，而是从古至今，关于美的性质的命题（其他美学命题也可依此类推）之间的分歧，都有可能还原为此类命题形式结构方面的或相关的概念排列组合方面的差异。具体地说，有关美学命题的歧见都可能还原为赋予对象概念、主体概念和体验概念以不同的名称和意义，还原为三组概念之间不同的组合关系，还原为三组概念进行的这一元或那几元的描述和这一维或那几维关系的描述，以及对这些描述单元所指称的这一元或那几元的事实。即使文中提到的对本体论或认识论有所偏爱的美学家，他们把美或审美是什么的命题谓项中的对象概念，主体概念或体验概念的内涵本体论化甚至形而上学化，或者把某些美学命题等同于或归属于认识论命题，然而这样做并不妨碍这些命题的谓项在形式结构上可以分别归属于四种类型中的一种。或者说，这些命题的谓项依然是由三种美学概念的不同组合形式构成的，依然进行着这一元或那几元、这一维或那几维的描述，并指称着相关的本体论化的、认识论化的或形而上学化的"事实"。

通过以上的比较研究，我们能明显地看到，采用传统哲学的方式和采用一种元美学的方式去看待美是什么的命题和各种歧见及处理这些命题之间的关系，其结果是泾渭分明的。用前一种方式在有关美学命题之间设定的两军对垒的楚河汉界，在元美学的视野中将会变成一条有关美学命题之间可以和平往来的界河。前者在本体论化的美学命题之间或认识论化的美学命题之间划出一条不可逾越的鸿沟；后者则不问美学命题有无本体论或认识论的内涵，在鸿沟上架设一座能够飞渡的桥梁。

① ［美］唐纳德·梅里尔：《美的观念》，载《今日伟大思想——1980年》，大英百科全书出版社。

五

本文设定的这项任务即将完成了，在搁笔之前有必要提出几点结论性的看法，这些看法将有助于进一步消除文稿开头部分提到的“困惑”和“疑虑”。

（一）各门学科，特别是广义的哲学学科的研究对象或研究客体，都可以大体区分为几个相对独立的层面。1. 事实的层面，即由事实本身或由事实构成的世界本身组合而成的层面。在第一个层面上，事实和世界都被看成是独立于认识和陈述的事实与世界，事实本身或世界本身是特定学科开展研究的“客体事实”或“客体世界”。2. 认知的层面，即由认知本身或思考本身组成的层面。在第二个层面上，事实和世界被看成是认知着或思考着的事实和世界，认知本身或思考本身是特定学科进行考察的“客体认知”或“客体思考”。3. 陈述的层面，即由陈述本身或命题本身组成的层面。在第三个层面上，事实和世界被看成是陈述中描述着和命题中描述着的事实或世界，陈述本身或命题本身是特定学科进行考察的“客体陈述”或“客体命题”。

（二）就哲学而言，第一个层面是关于事实的哲学，大致相当于传统的以本体论为中心或者以形而上学为中心的哲学。哲学的第二个层面是关于认知的哲学，大致相当于西方近代的以认识论为中心或者以知识论为中心的哲学。哲学的第三个层面是关于陈述的哲学，即西方当代的以语言（陈述）分析为中心的或以命题（逻辑）分析为中心的哲学。这一层面的哲学进一步演变为“元哲学”。

就美学而言，第一个层面是关于事实的美学，它把审美的物理事实、心理事实和人文事实大体上看成是相对独立的事实。这个层面的美学不妨以哲学的本体论作为自己的基础。美学的第二个层面是关于认知的美学，它把与审美有关的各种事实大体上看成是被认知着的事实。这个层面的美学不妨以哲学的认识论作为自己的基础。美学的第三个层面是关于陈述的美学，它把与审美有关的事实大体上看成是陈述着的事实。这个层面的美学不妨以语言哲学或逻辑哲学作为自己的基础。成为本文立足点的“元美学”，就是从这一层面的美学发展起来的。

（三）在事实、认知和陈述这三个层面之中，广义的传统美学一般都立足于事实的层面，把视线集中于审美事实以及与审美事实相关的对象事实和主体事实。传统美学把命题和组成命题的概念只当作一种表述工具来使用，用它们去指称与审美相关的各种事实。对于美学命题和美学概念的形式结构往往置之不理，不作相应的分析和鉴别。因此，传统美学应当称之为关于审美事实的美学。哲学家和美学家都以第一个层面作为基地，分别对与审美相关的事实进行“物”的、“心”的和“人”的描述。他们之中的一些人采取自然主义或实在论的态度，通过美学命题对各种与审美相关的事实进行广义的物理描述，建立了众多“物本论”的美学流派。这一类美学大可以风趣地称之为“审美的物性学”。他们之中的另一些人采取心理主义或精神分析学的态度，通过美学命题对各种与审美相关的事实进行心理描述，建立了众多审美心理学的流派。哲学家和美学家中的第三种人对人本主义或行为主义感兴趣，在美学命题中对与审美相关的事实进行人文描述，于是审美社会学、审美人类学和审美文化学都纷纷应运而生或即将问世。从一种元美学的坐标去看待美学、审美心理学和审美人类学，就会发现三者的研究对象都是与审美相关的事实，三者的差别仅仅是描述方式的差别和描述着的事实的差别，因而，美学和美学命题、审美心理学和相关的命题、审美人类学和相关命题，三者之间除了具有使它们相互远离的“斥力”之外，还具有使它们相互亲近的“合力”。正如前文提到的对“西湖”所作的三种审美评价一样，“审美物性论”、审美心理学和审美人类学及其描述方式，也能做到相容互补和相得益彰。

（四）与事实的美学迥然不同，一种元美学的立足点是陈述的层面，即审美陈述（或审美评价）和美学命题的层面。经过元美学的投影，不论是审美事实以及相关的对象事实和主体事实，还是前列事实中蕴涵着的物理事实、心理事实和人文事实，全部丧失了原有的独立意义。在元美学的目光中，对这两个系列的事实的认知，或者认知本身，也失去了相对独立的意义。事实的层面也罢，认知的层面也罢，元美学把它们一律看成是审美评价及其有关语词和美学命题及其有关概念指称着的对象事实、主体事实和审美事实，以及指称着的对这些事实的认知或思考。或者把它们认定为审美评价中的三组语词和美学命题项中的三组概念描述着的三个元的事实和事实之间的三维关系，以及描述着的对三个元的事实及其相互关系的认知。总之，在元美学的视野中，事实和认知的独立性都消失了，都转化为审美陈述和美学命题指称着和描述着的事实和对事实的认知。因此，元美学视线的焦点只集中在审美陈述（或审美评价）和美学命题自身的形式结构上。

就关于美是什么的命题而言，一种元美学关心的仅仅是我们已经考察过的有关美学命题其谓项的形式结构问题，即包含在谓项中的各种形式因素之间的形式关系问题。这种形式关系既是“横向”的又是“纵向”的。前者包括：1. 对象概念和主体概念相互组合的形式关系；2. 三组概念分别进行着三个元的和三维关系的描述之间相互组合的形式关系；3. 三组概念分别描述着的三个元的事实之间相互组合的形式关系。后者包括：1. 概念与命题之间的形式关系；2. 命题与描述着的事实之间的形式关系。

（五）从一种元美学的视角进行察看，各种美学命题或美是什么的命题及其谓项之间的差异，一般说来都可能归结为美学概念、概念进行的描述和描述着的事实范围内的差异，或者说，归结为概念之间不同的排列组合，描述之间不同的排列组合，描述着的事实之间不同的排列组合，以及其他方面不同的组合关系。我们用玩积木和七巧板来打个比方，在一定限度内按照一定的规则，可以有选择地把一块块积木或七巧板拼合成一座座建筑和一幅幅图案，这些建筑或图案，都是各具一格和互不侵犯的。美学家选定具有哪种形式结构的关于美的性质是什么的命题或关于审美的性质是什么的命题，同样可以按照某种规则来进行。运用什么概念，如何安排概念之间、概念的描述方式之间和描述着的事实之间的形式关系，在一定限度内也具有相当大的回旋余地和可选择性。（毫无疑问，选择的限度和衡量美学命题的真值标准或合理性标准是密切联系的。关于这方面的问题，将在别的文稿中加以考察。）因此，在元美学的层面上，美学家们选定了的具体有不同形式结构的美学命题之间的关系，不再是相互对抗和相互排斥的不相容关系，而转换成各自聊备一格和相互并行不悖的相容关系了。

笔者并不抱有不切实际的期望，以为一旦有了一种元美学就可以万事大吉，美学层面上或者传统美学中本体论—认识层面上的源远流长的争论，就会从此罢休，恩仇泯灭了。争论是平息不了的，何况有理有据的诘难和答辩还应当大力提倡。本文的意图只在于说明，看问题的角度是可以转换的，既定的本体论和认识论层面是可以超越的。我们为什么不能试一试运用一种元美学的方式去看待美学命题之间的歧见和处理它们之间的关系？因为这样做将有利于美学家们发挥聪明才智去设计千姿百态的美学命题，有利于各种美学学科和美学学派的创立和拓展，有利于美学和美学命题的多元化，有利于美学界的百家争鸣。写到这儿，笔者联想起苏东坡的两个名句。游客观赏庐山的面目，由于位置和视角的差异，往往“横看成岭侧成峰”。游客领略西湖风光，虽然条件变化了，大概都会承认西湖“淡妆浓抹总相宜”。选择美学命题也不例外，美学家们也有一个研究的位置、视角和条件不尽相同的问题。有的把审美事实看成“岭”，有的却把它看成“峰”；有的喜欢在美学概念中进行“淡妆”的描述，有的则喜好在美学概念中进行“浓抹”的描述。

1988 年 7 月 8 日修改完毕

（本文原载《云南民族学院学报》1988 年第 4 期）

一份“元文学理论”的论纲

本文是从一篇论稿的部分内容中节选出来的，是这些部分的一份简略的提纲。文稿若按其思路而言，可视为笔者所撰的“元哲学”、“元价值学”和“元美学”的继续。文稿的写作目的是试图建构一种文学理论的“元理论”，一种有关众多文学理论的构成性或共时性的元理论，因此它只能附带考虑历代文学理论的历时性发展脉络。本文的任务仅仅是为共时性的元理论勾画出一个大致的轮廓。既然是提纲，对古今中外文学理论和文学评论的实例，只能点到为止，而不作详尽的分析和阐释。①

一

步入提纲的正题之前，有必要把文稿前几部分的论述概括成几个简要的命题，并以这些命题作为立论的前提。

（1）文学理论是有关文学作品和其他文学现象的理论模式。文学评论或文学批评是对文学作品和其他文学现象的分析、阐释和评价。文学评论及其评价标准虽有相对的自主性或独立性，但毕竟需要以某种文学理论作为支撑的柱石。为了使本文内容更为凝练，下文提到文学理论时，已将文学评论的理论方面包含在内。

（2）20 世纪是各种“元理论”勃兴的时代，针对每一种理论学科，

① 本提纲第四节中回顾20世纪中外文论的特征，展望21世纪中外文论的走向，本来还有三个部分，即选择性的强化、策略性的兴起和“上帝死了”。由于时间关系，来不及修改，只好略去。

均有可能建构一些相关的元理论。本文的用意是，面向文学理论，试图设计一种相应的元理论。文学理论的元理论（以下简称元理论）与文学理论有别，后者以文学作品和其他文本作为研究对象，前者以文学理论作为研究的对象理论或客体理论。

（3）文学作品、文学理论和元理论，均离不开语言（话语），都得用语言（话语）去指涉或建构自己的天地。不过，三者各司其职，因此所用的语言（话语）也不尽相同。文学作品有一套文学话语，文学理论也有一套不同于文学语言的理论话语，元理论又有一套与普通理论语言有别的元语言。

（4）三套语言（话语）创造或创建了三个“世界”，或者说“开显”出三个“世界”。一是文学作品开显的语言艺术世界，诗歌、散文、小说、剧本等，分别开显出各有特色的文学世界；二是文学理论开显出的理论世界，不同流派的文学理论开显的理论世界，都是独树一帜的；三是元理论开显出的元理论世界，元理论亦非“只此一家，别无分店”，也能开显出各种元世界。三个世界各自相对独立，相互间既不重叠，也不交叉。

（5）三个世界均有一套属于自己的“秩序结构”，即各有各的秩序、规则、规范和规律等等。文学世界是个有序的世界，以小说和剧本等叙事文本为例，它们都有一套事件叙述或情节开展的规则和顺序。文学理论的世界，更是有条不紊，既能按一定的逻辑程序推导出一个理论世界，同时又在开显的理论世界中梳理出一组能够阐明文学作品或其他文学现象的构成性规律或进化性规律的理论模型。元理论的世界，也有独特的秩序结构。元理论将千差万别的文学理论视为客体理论，它面临的又是众多客体理论之间貌似杂乱无章的关系网络。元理论的任务之一，就是下一番精心梳理的功夫，使上述看来无序的关系网络有序化，在众多文学理论之间“编织”一张井井有条的关系网络，“网络”中有一个相对稳定的秩序结构。

二

从上列前提出发，本文设计了一个几何图形。利用具象的图形符号部分代替抽象的元语言，进而凭借可观察的图形符号，去标示不可观察的客体理论的秩序结构。此图形的主要功能有三个：其一，使古今中外尤其是当代的各种有影响的文学理论模式，在图形的点、线和角中各就各位，均能找到自己合理的位置；其二，利用图形里的点、线和角的相互关系，去标明这些文学理论模式之间有序的和共时性的相互关系；其三，凭图形的整体结构，去回顾20世纪后期中外文学理论的总体性特点，并展望21世纪初中外文学理论的某些发展趋势。

设计一个具有三项功能的图形符号，必须满足以下两个条件：第一，保证元理论基本的理论内涵和元语言中各个关键词语的抽象意义，逐一图形化和符号化，并在图形符号里准确地显示出来；第二，保证元理论解析和阐释的多元文学理论模式及其相互关系的图形化和符号化，使有序的图形结构和元理论梳理出来的各种文学理论之间的秩序结构基本吻合。

为此，我们设计了一个正三角形，在正三角形的图形符号中，每个角、每一条边和正三角形的重心，以及从重心至每个角的连线，都成为这个图形符号不可或缺的组成部分。

前文提到，图形符号只能部分替代元理论中的元语言，所以图形符号必须用元语言来标明，否则，正三角形只是一个单纯的几何图形，而不具备指示元理论的功能。基于上述理由，我们用元语言的关键词来标示正三角形的各个点、各个角和每条线。

按图索骥，下文将结合元理论对正三角形的一个重心、三个角和三条边标示的意义以及从重心到三个角的三条连线所标示的意义作出必要的说明：①

① 提出作品、生活、作者、读者这四个要素并不困难。事实上《镜与灯》的作者艾布拉姆斯曾经提到了这四个要素。但是，没有人为这四个要素设计一个图表，建构一套秩序结构，更没有人把它们上升到“元理论”的高度。他们的着眼点仍是文学理论而不是“元理论”，只是通过这四个要素来阐释文学现象，而不是把各种文学理论当作统一的客体理论，进行共时性的和构成性的分析。

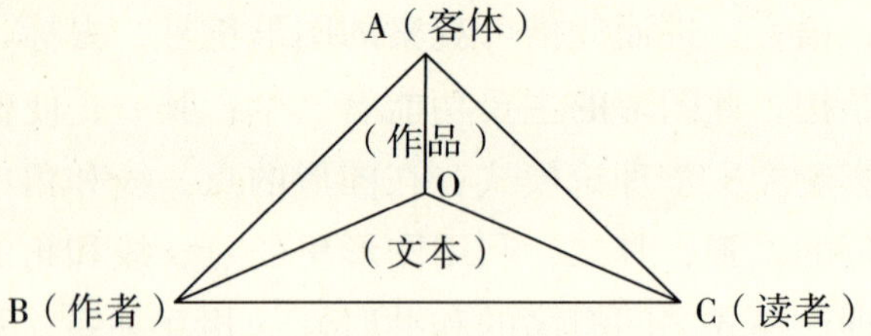

三

（1）正三角形的重心代表“作品”，即文学作品。中国古代文论所说的“文笔”、“文章”、“歌诗”、“话本”、“章回小说”等等，理应放在符号O的位置上。西方当代的解释学文论或接受美学所谓的“文本”，符号学文论所谓的“文学符号”，叙述学所谓的“叙事文本”，语言学文论所谓的“语篇”……均可为符号O或元语言化的“作品”一词所包容。

（2）顶角A代表“客体”。“客体”既可指认识论中的认识客体，价值学中的价值客体，美学中的审美客体，也可指文学理论中的创作客体。在一些文学理论模式里提到的“自然”、“现实”、“生活”、“社会生活”、“文化”、“文化原型”、“历史”、“时代”等等，均在符号A或元语言化的“客体”一词的涵盖之中。因为“自然”、“现实”、“历史”……都与作者、读者等“主体”相对应，它们又在作品之“外”，与作品也是相对应的。

（3）左下角B代表“作者”。章回小说中的“说话人”，符号学文论的“发讯者”，叙述学的“叙事者”均在符号B或元语言化的“作者”一词的涵盖之中。

（4）右下角C代表“读者”。章回小说中的“看官”，符号学文论的“接受者”、“收讯者”，解释学文论的“解释者”，接受美学的“接受者”……均可为符号C或元语言化的“读者”一词所包容。

（5）左斜边AB的连线，代表第一重“主客关系”，即作者（一种主体）与客体的关系。谢榛和王夫之提出了“情景说”，涉及“心物关系”和“情景关系”，周济、谭献、况周颐等人提出了“寄托说”或“托物寄兴说”，涉及“寄托关系”……这些关系，均能在AB斜边上找到自己的位置。西方古代和文艺复兴时期盛行的“摹仿说”、“再现说”、“镜子说”……仅就作者与“自然”或“现实”等关系而言，也能在AB斜边上找到合适的方位。西方现代美学中的“移情说”、“距离说”等，前者强调人向事物“移情”，后者标举人与对象应保持非功利的“距离”。“移情”和“距离”进入文学理论，就成了AB斜边上的主客体关系。西方当代的符号学文论提到的发讯者与“发讯环境”的关系，语言学文论提到的说话者与外部语言环境之间的关系……均可用AB斜边或第一重主客关系来表征。

（6）右斜边AC的连线，代表另一重主客关系，即读者（另一种主体）与客体的关系。这重关系在中西历代文论里很少提及。符号学文论提到的受讯者与“受读环境”的关系，语言学文论提到的听话者与相关语言环境的关系，也许能归属于AC斜边或第二重主客关系。

（7）底边BC的连线，姑且名之为“说听关系”或“写读关系”，即说者与听者或作者与读者的关系，或称之为“施受关系”，即符号学文论强调的发施者与接受者的关系。可归入BC底边或元语言化的“施受关系”中的实例，除了符号学文论外，叙述学也很注重这重关系，并深入研究叙述人与读者的关系。当前我国的叙事学者，已经将章回小说中特有的“小子”（作者的谦称）与“看官”（对读者的尊称）的关系列入研究的议事日程。

（8）顶角到重心的AO连线，用来标志客体—作品（文本）的关系。中国古代文论曾经涉足这种关系，例如白居易提出“文章合为时而著，歌诗合为事而作”，“时”和“事”均在“客体”的位置。“为时”和“为事”就是AO连线上的一组作品—客体的关系。西方古代和近代文论中，经久不衰的“摹仿说”、“再现说”和现实主义文论等，如果就作品与“自然”、“现实”和“生活”的关系而论，摹仿关系、再现关系和反映关系就植根于AO连线上。当代西方“原型说”的文艺批评提到了“文化原型”和作品的关系，新历史主义批评提到的历史与作品的关系……也应当放在AO连线上去理解。

（9）左下角到重心的BO连线，用来标志作者—作品的关系。中国古代文论十分重视这种关系，“诗言志说”、“文气说”、“诗缘情说”、“神韵说"、"性灵说"等，无不从BO连线上标明的作者与作品的关系去立论。西方近现代的浪漫主义、表现主义、象征主义的文论，也偏重于从BO连线或作者与作品的关系去谈论文学创作。当代苏珊·朗格标榜的文学艺术是"感情的符号化"，桑塔耶那主张的文学艺术是"感情的客观化"，何尝不植根于BO连线上的作者（感情）与作品（符号化和客观化）的关系中。

（10）右下角到重心的CO连线，用来表征读者—作品的关系。中国古代文论对这种关系的专题研究相对要少一些，西方古代文论的情况也大致相同。西方当代的叙事学比较关注读者—作品（叙事文本）的关系。解释学文论和接受美学对CO连线上的读者—作品的关系，即解释者与文本的关系十分重视。他们强调：文本经过"解释"才能获得意义，不同的解释者对同一文本可以作出各式各样的"解释"，获得各种各样的意义。

四

设计与制作一套用元语言标示的元理论的图形符号，其目的是结合图形符号整体性的秩序结构，去诠释以下几个问题：（1）古今中外各流派的文学理论，其立论的基点与审视的中心分布在哪些点、角、边和连线上？（2）中国传统的文论及诗话和西方传统的文论及诗论，各自立论的基点与审视的中心在上列"分布"上有何差异？（3）西方现当代流行的各派文学理论在上列"分布"上又有什么特点？它们预示着何种走向？

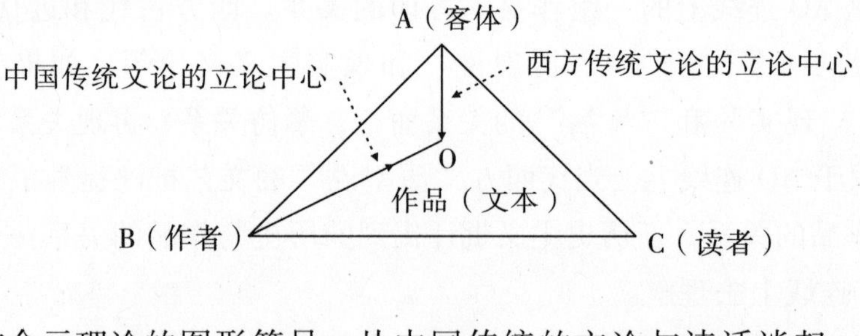

先结合元理论的图形符号，从中国传统的文论与诗话谈起。孔子曰："《诗》可以兴，可以观，可以群，可以怨……"（《论语·阳货》）。他的

雲南文庫·学术名家文丛

文学思想以O点即作品为立论的基点，然后以作者—作品的关系即BO连线，以及读者—作品的关系CO连线为审视中心而展开的。孟子曰：“故说诗者……以意逆志，是为得之”（《万章章句上》）。他的文学思想也是以O点即作品为基点而立论的，然后扩展到CO连线及BO连线，读者以作品之“意”去“逆”诗人之“志”。《乐记》曰：“情动于中，故形于声。”“凡音者，生于人心者也。”立论中的所谓“人”，指涉乐曲的创作者与演奏者，亦可兼及诗人，与前引孔孟的话语不同，立论的基点从O点移至B角。“声”与“音”指音乐，亦可兼指诗歌即O点。故立论的中心是表明“情”、“心”与“声”、“音”之间的关系，即有关BO连线上的问题。

与西方古代的文论与诗论不同，中国古代的文论与诗论（兼及乐论）很少关注用AO连线表示的作品同客体世界、客体生活的关系。这一特色跟后文将要谈到西方传统文论与诗论十分关注A角所指的“自然”或“现实”，以及AO连线标示的作品对自然和现实的“摹仿关系”或“再现关系”，有显著的差异。《毛诗序》曰：“诗者，志之所之也。在心为志，发言为诗。”曹丕在《典论·论文》中倡导：“文以气为主，气之清浊有体，不可力强而至。”陆机在《文赋》中强调：“诗缘，情而绮靡。”“诗言志说”、“文气说”与“诗缘情说”，皆以诗歌文章即O点为立论的基点。同时，这“三说”又与诗人作家即B角息息相关，因为“言志”乃言诗人之“志”，“气”兼指作家之“气质”，“缘情”只能是“缘”诗人之“情”。在BO连线上，诗人借诗来言“志”，作家有自己的气质（“气”）文章才有相应的风格（“气”），诗篇之“情”缘于诗人之“情”。由此看来，不是AO连线而是BO连线，才能标示“三说”立论的中心所在。

BO连线可代表“创作论”。以“三说”为发端，由B角标示的作者，尤其是作者之“情”，连同作者之“志”与“气”，以及与“志”、“气”相关的作者之“性”，构成了中国历代的文论和诗论审视理论问题的基点。BO连线上的“创作论”，即作者的“志趣”、“性情”与诗文的关系，构成了中国历代的文论与诗话（含词话）立论之中心。两千年来，重作者及其内在的性情，重作品及其创作过程，一直是中国传统的文论与诗话的主流。刘勰说“夫情动而言形”（《文心雕龙·体性篇》），韩愈说“不平则鸣”（《送孟东野序》），欧阳修说，诗文是“有诸其内而见于外者”（《唐元结阳华岩铭》），严羽说“诗者，吟咏性情也”（《沧浪诗话》），王宗羲说“诗以道性情”（《景州诗集序》），袁枚说“诗者，各人之性情也”（《小仓山房文编》三十七卷）……此等例证真可谓举不胜举。刘勰创建了中国古代文论史上气势最恢弘、涵盖面最辽阔的文学理论体系。《文心雕龙》中的《神思》、《定势》、《风骨》、《情采》、《比兴》连同刚才提到的《体性》等等篇章，皆从作者 B 角或作品 O 点起步，洞幽烛微，畅论了 BO 线上有关创作论的方方面面的课题。再看看历代诗话词话中以诗人即 B 角为基点，以创作论即 BO 连线为中心而营造的种种学说。僧皎然的“取境说”，《渔洋诗话》的“神韵说”，《随园诗话》的“性灵说”，《蕙风词话》的“寄寓说”，《人间词话》的“境界说”……次第数来，莫不如此。

除了坚持重作者、重创作论的悠久传统之外，有些文论家和诗论家也兼及读者即 C 角和鉴赏论即 CO 连线。如钟嵘的“滋味说”和司空图的“二十四诗品”论。另有些文论家还瞩目于 AB 斜边上的“情景关系”和“寄托关系”。谢榛在《四溟诗话》中提出“作诗本乎情景”，王夫之在《姜斋诗话》中提出“情景合一，自得妙语”，常州词派张惠言、周济、况周颐等人倡言“寄情托物”和“托物寄兴”，皆可为证。中国传统文学理论是多元化的。白居易在《与元九书》中就写作目的讲了几句话：“文章合为时而著，歌诗合为事而作。”“时”即所处时代，“事”即生活事件，二者皆聚集在 A 角上。文章与“时”的关系、歌诗与“事”的关系则叠加于 AO 连线上。然而，白居易式的文论在中国古代并不具有普遍意义。与当代颇具影响的中国古代文论史或批评史的见解有所不同，我以为，从总体上看，“五四”以前中国历代文论尤其是诗话倾心于深究表现作者“性情”的“表现主义”理论，经常以作者即 B 角和作者—作品关系即 BO 连线为立论的基点与中心。至于外在于作品的生活客体即 A 角，作品表现的内容与外部世界的关系 AO 连线，往往不是文论家和诗论家经常关注的焦点。因此，今人所说的“表现主义”理论而不是“现实主义”理论，才能充当中国古代文学理论的主流。

五

西方传统的文学理论另有一片天地。从赫拉克里特和德谟克利特开始，就大力倡导文艺模仿“自然”的“模仿说”。“模仿说”立论的基点是“自然”，位于A角，立论的中心是作品与“自然”的关系，位于AO连线。亚里士多德集古希腊“模仿说”之大成，在此基础上还开了人物“类型说”之先河。他主张作品里的人物类型源于现实生活里的人物，可见，“类型说”的中心仍然扎根于AO连线。到了文艺复兴时期，塔索、马佐尼、锡德尼、钦提奥等人，将AO连线上的“模仿说”发展为同一线段上的“再现说”。特别值得一提的是达·芬奇的文艺思想。他提出“镜子说”，O点上的绘画（可引申为文艺作品）是一面“镜子”，它再现了A角上的“自然”或事物。A角即客体是“第一自然”，O点即作品是“第二自然”。17世纪新古典主义的文论与诗论基本上也是同一走向。布瓦洛在《论诗的艺术》（又译为《论诗艺》）中主张：诗文作品应合乎“自然”，符合人性或人的理性就是合乎“自然”。他将B角上作者的人性与理性同A角上的“自然”合二而一，又将BO线合并到AO线上。布瓦洛还强化了AO连线上的“类型说”，声称剧中人要类型化，不同类型的角色要如实反映现实中的不同阶级和阶层的人物等级。

19世纪中后期到20世纪，以“现实主义”命名的文学创作与文学理论正式出场，批判现实主义的文论和自然主义的文论也相继问世。它们继承、发展和深化了以A角为立论基点、AO连线为论述中心的西方文学理论的悠久传统，将“模仿说”和“再现说”深化为现实主义文论或自然主义文论，强调作品要揭示社会生活的本质，或者要如实地摹写生活事件的各种细节。它们还把古老的“类型说”提升到现实主义“典型论”的高度，在AO连线上树立了强调“个性与共性的统一”、塑造“典型环境中的典型性格”等反映生活的创作原则。当然主流之外还有支流。例如19世纪浪漫主义的代言人夏多布里昂倡言：诗的创作来自内心的感情……作者的忧郁是文学创作的要素。夏氏立论的基点与中心已经从A角与AO连线移到B角与BO连线。说句题外话，夏氏的理论与中国传统文论与诗话的主流，给人以某种异曲同工之感。

上面是笔者为中国和西方传统的文学理论的不同走向设计的示意图。把两种文论的传统在图形符号上所占的位置略加对照就会发现，二者虽有某些交叉重叠之处，但从主流来看，二者的分野像楚河汉界一样清晰。前者从作者的位置即B角起步，沿着B角至O点的走向，到达作品的位置即O点。或曰，前者重“表现”，侧重研究作者内在的“性”与“情”如何体现于外在的“言”与“象”之中；后者以“自然”或现实生活的位置即A角为立论的起点，沿着A角至O点的走向，到达作品的位置即O点。或曰，后者重“再现”，侧重探讨生活里的人物怎样转变为作品里的典型性格。如此看来，中国当代文论界盛行一时的现实主义理论和“典型说”，原来渊源于西方文论，是舶来品。

六

西方当代的文学理论不拘一格，各逞其能，真正出现了百家争鸣的局面。从元理论的图形符号来看，各家各派的理论恰似天女散花，其立论的基点与中心遍布于正三角形的重心、每个角、每条边和每根连线上。以图形符号为依据，我们将西方现当代文论分为五大流派。

一是立足于A角和AO连线的流派。该流派以“原型说”文论和“新历史主义”文论为代表。“原型说”缘起于荣格的心理学。其立论的基点是A角，但A角不再标示一般意义的生活客体，而转换为标示文化客体或文化原型。“原型说”把视线投向文学作品与文化原型的关系，以具有新义的AO连线为立论的中心。由格林伯雷等人推出的“新历史主义”文论的基点也是A角，不过是把A角转用来表征历史客体或“文化话语”。新历史主义文论关注历史客体或“文化语境”与文学作品的关系，同样以含有新义的AO连线为立论的中心。表面上看，原型说文论和新历史主义文论在图形符号里盘踞的位置，相当于从“模仿说”到现实主义文论固有的位置，实质上A角与AO连线表征的内涵却经历了一次意义深刻的转换过程，现实生活的本质，已为追溯传统文化的“原型”或追溯历史性的“文化语境”所更替。

二是立足于B角和BO连线的流派。此派以精神分析学文论和叙事学文论为代表。弗洛伊德创立了精神分析学，还创建了精神分析学的文艺理论。在弗洛伊德的理论模式中，B角不仅指涉作者，而且指涉作者的潜意识或“本我”，指涉“本我”的性爱情结。他从赋予新意的B角出发，沿BO连线迈向用O点标示的作品。在弗氏看来，作家的创作活动犹如做“白日梦”，他的潜意识或“本我”在白日梦中进行“化妆表演”。所谓作品，就是直接或间接表现了作者潜意识或“本我”的一种白日梦的“梦境”。叙事学文论，以叙事文本即小说、剧本、故事一类的叙事作品充当研究对象。叙事学研究的课题之一是“寻找”用B角标示的叙述者。怎样“寻找”？在叙事者与叙事文本的关系中即BO连线上来回寻找。经常需要“逆向”追寻，从O点即叙事文本里寻找第一、第二、第三……叙述者，力图找到“隐匿”的叙述者。

三是立足于C角和CO连线的流派。解释学（又译为阐释学或诠释学）文论可充作此派的代言人。解释学文论的哲学基础是伽达默尔等人创立的哲学解释学。这种文论研究的重点课题是用C角表示的读者即解释者对用O点表示的文学文本的解释活动是怎样进行的？解释学文论紧紧抓住CO连线上的解释者与文学文本的关系，以及二者的交互作用与双向联动，一方面，强调包括文学文本在内的一切文本及其意义皆非独立自足的，都离不开解释者。所谓文本，均为不同的解释者解释着的文本，而且是通过不同解释者的解释活动，获得了各种意义的文本。另一方面，又强调包括文学作品的读者在内的解释者，既然叫做“解释者”，必同特定的文本有关联，只能是特定文本及其意义“原点”的解释者。

四是立足于O点的流派。茵伽尔顿的现象学文学理论可作为此派的代言人。茵伽尔顿主张，文学理论立论的基点和研究的中心问题皆同文学作品本身即O点直接相关。他提出，文学作品是由四个层面复合而成的。这四个层面是：语音层、语义层、由句子的意向性关联物投射的客体层，以及这些客体借以呈现在作品里的图式化的外观层。现象学文论集中解析作品本身，同时还以作品O点为轴心向ABC三个角辐射。除了“客体层”

向 A 角辐射并涉及 AO 连线外，还向 B 角与 C 角辐射。比如研究作品中作者的“艺术意向”等问题，这是向 B 角辐射并涉及 BO 的连线。又如研究读者阅读时重构作品的“意向形式”等问题，这是向 C 角辐射并涉及 CO 的连线。

五是立足于 O 点，而且遍及各个角、各条边和各条连线的流派。笔者认为，符号学文论或语言学文论正是这样的流派。这两个流派的文论将 O 点用来标示口传的或书面的文学文本；将 A 角用来标示符号或语言所指的客体事物，或者用来标示符号或语言的“外部语境”。他们还用 B 角标示说话人或撰写人；用 C 角标示听众或读者。对符号学文论和语言学文论来说，经过这番“转换”之后，元文学理论的正三角形有了全新的意义。AO 线代表文学文本同所指对象或外部语境之间的关系。文学文本即 O 点是说者与听众或作者与读者相互沟通的“中介”，成了 BO 线与 CO 线的连接处。AB 边与 AC 边表示说者与听众或作者与读者之间具有共同的或相关的“外部语境”。BC 底边也派上了用场，它表示说者与听众之间的直接联系，抑或表示写作者与阅读者之间的一种潜在的关系。这两种关系均可能成为有所反馈的关系，即广义的“交谈关系”。这一派的文学理论真可谓从全方位考察文学现象，将种种相关的因素统统纳入自己的理论视野之内。

七

通过对元理论的图形符号的分析与说明，既可以帮助我们回顾过去，极目当代，也可以帮助我们预测未来。笔者以为，从正三角图形符号来看，20 世纪后期中外文学理论，特别是西方文论，具备了以下三个特征。这些特征在 21 世纪初的文论中，还将进一步强化，进一步凸显。

（一）“中心”的消失。每一种文学理论大都有一个确定的审视方位，并以此为立论的中心。这样，从正三角形 A、B、C、O 四个点或三个角加一个重心，形成了四个重要的方位。由此而引出：作者中心论、读者中心论、生活中心论、作品中心论，以及客体—作品中心论、作者—作品中心论、读者—作品中心论。“中心”有双重含义，即每一种文学理论体系，都有选定的视角，有构造的中心。每一个时代的文学理论思潮，也经常以一种或几种文学理论模式为中心。就前者而论，每一种文学理论都有自己的视角和中心。在正三角图形符号里，它们或者以某一点为视角和中心，或者以某条连线为起点和中心，并以此来建构自己的文学理论体系。但从整体看，无论是古代、近代，还是现代、当代，各种文学理论的体系又是多元化和多中心的。20 世纪的文学理论界进入了显而易见的“百家争鸣”的时代，不再有“单音独鸣”的环境。从解释学文论到符号学文论，从“原型”批评到“有意味的形式说”，谁也不可能在整个文学理论界以我为中心，自立为王。文论家们从各自选择的视角和立论的中心出发，陈述着和建构着自己的文学理论模式。

理论模式的中心多了，时代思潮的中心多了，大家逐步认识到，这些起点和中心是相互并列的，彼此平等的，谁也不比谁低一等、高一筹。文论家可以全方位“突进”，自由选择和开显一片文学理论的世界，这就使 20 世纪的文学理论呈现出两个多中心的态势。说“无中心”或“中心的消失”，是指“中心”太多了，就没有单一的中心可言，单一的中心也就消失了。这种趋势将在 21 世纪继续发展。随着新兴学科的不断萌生，文论家可供选择的“中心”将越来越多，文学理论思潮“多音齐鸣”的局面也将愈演愈烈。

（二）“实体”的解构。传统的文学理论经常认定“客体”、“作品”或“作者”、“读者”都是独立的“存在”，都有各自独具的“本性”，都可以超越正三角图形符号标示的关系网络和秩序结构。于是，作品中心论里的“作品”、作者中心论里的“作者”、读者中心论里的“读者”、现实中心论里的“现实”，皆逐一“实体化”了，变成了不依存于关系网络和秩序结构的“实体”，独立自足的“实体”。譬如说，文艺作品“摹仿自然”这个古老的命题，其中的“自然”是完全独立于作者和作品的“自然”，作者只能如实地摹仿、再现和反映这个外在于自己的和“本原性”的“自然”（即“现实”或“生活”）。又譬如说，作品及其意义对读者而言，是独立“存在”的，它的内在本质是固有的和不变的，是不以读者阅读、理解或体悟为转移的。

到了当代，文论家发现，所谓“中心”即“客体”、“作品”、“作者”、“读者”等等，并不是什么超越关系网络具有独立“本质”的“实体”。它们不过是建构理论，确定评价标准的一种“视角”和“方位”而已。例如，从解释学文论来看，“文本”不是独立于解释者之外作为实体而存在的。所谓“文本”，不过是解释者解释着的文本，不同的解释者可以仁者见仁，智者见智。又如，在叙事学看来，叙事作品不是可以抛开叙事者的独立实体，叙事者也不是游离于叙事作品之外的“作者”。他们主张：叙事作品依赖于叙事者的“叙事策略”。反过来说，又必须从叙事作品中去寻找“失踪”的叙事者，找到第一、第二、第三……叙事者的“群体”或叙事者的“结构”。由此看来，建构文学理论的“视角”、“方位”和“中心”的“实体性”的含义被解构了，客体、作者、作品、读者的“实体性”含义也解构了，都还原为没有实体性含义或非实体主义的考察角度和审视方位。文学理论中的非实体主义倾向当前正方兴未艾，将会涌入21世纪。

（三）“决定论”的消解。传统的文学理论总要肯定，正三角形图形符号中的某一点、某一线，或者为另一点、另一线所决定，或者决定着另一点、另一线。此外，中外历代文论经常高扬：生活决定作品，历史决定作品，时代决定作品；或者“原型”决定作品，“集体无意识”决定作者的意识；或者作者的个性决定了作品的风格，现实与作者的关系决定了作者与作品的关系。如此等等，不一而足，均留下了“决定论”的浓重色彩。

到了当代，各派文论都按自己的方式去看待作品与现实、文本与作者、诗文与读者的关系网络，看待作家与时代、叙事人与环境、读者与作者之间的秩序结构。不再承认这些关系和秩序中，有谁决定谁，谁被谁决定的必然性，也不再承认这些关系和秩序中有“放之四海而皆准”的必然规律。传统文论中的“决定论”，是同“中心主义”、“实体主义”的观念一脉相承的。当前，随着“中心”的消失和“实体”的解构，“决定论”也逐渐消解了。如英美的新批评文论就不再言说作者与作品之间有一种必然性的联系，也不再许诺客体世界决定作品内容的决定论是千真万确的了。他们认为，研究作品或评介作品，可以摆脱种种作者对作品具有决定性和支配力的观念。难怪福科和巴尔特大声疾呼：对任何一部作品而言，“作者死了”。英美的新批评文论可以在作品的形式中自由“发言”，不再考虑作者的意图。非决定论的思想在当代自然科学和人文科学中日益活跃，可以预计，非决定论将深深影响21世纪文学理论的走向。

1995年7月23日

（1995年9月在山东省济南市召开“国际中外比较文化与比较文论研讨会”，本文是提交该会的论文，全文收录在山东人民出版社出版的会议论文集中。）

哲　学

中西方传统哲学中的三种秩序论模式

一

"秩序"这个术语，指称着一个十分重要的哲学范畴，任何哲学理论均离不了"秩序"范畴，都要根据某种统一的"秩序"去描述与解释我们自身及周围的世界。说到底，各种"秩序"皆同各种关系和过程有直接或间接关联，都是互相作用及其作用"场"里的秩序。从上古到当代，从普通群众到科学家、哲学家、宗教家和艺术家，皆有一个历史悠久的信念：自然界、社会生活、人生历程乃至精神领域里的种种关系和过程，都是有"章"可循的，都是按各自的"秩序"生成的和演变的。此等信念从何而来？仅就某个侧面去看，它来自人的"理性"，而"理性"并不神秘，不过是人的言说活动和思维活动含有的一种特殊能力。有了这种能力，即可从看起来无序的或杂乱无章的关系和过程的各种纠葛中，捕捉到或梳理出一套又一套井井有条的"秩序"。所以常识里尤其是理论中描述的和阐释的关系和过程，经常是井然有序的。

"秩序"又是一个概括力很强、涵盖面很广的哲学范畴。凡有相互关系及其动态过程之处，即能找到"秩序"的踪影。诸如排列的顺序、时空的方位、事物的分类、操作的程序、因果关系、层级关系、运算关系及其他的关系……无不在"秩序"范畴的笼括之中。又如，法则、规律、定律和公式、规范、规则、尺度和标准，再加上规章、制度、条例、体系等等，全在"秩序"范畴的涵盖之列。甚至命运、作孽（或作业）、报应、机会、运气等等，也应归入"秩序"范畴的外延之中。相互作用及其关系和过程是多元化的和无限性的，由此而联想到，相互作用及其关系和过程的有序性和规律性也不会是有限的和单一的。哲人和智者无不殚思竭虑，窥测宇宙和人生的有序性和规律性的奥秘，皆认为自己找到了某种绝对化的法则或规律，同时还确信，“普天之下”和“率土之滨”都服从这样的法则或规律。他们或许没有想到，哲学视野里的有序性不可能“从一而终”，实际上，它总是以形形色色的面目呈现出来。

下文将集中讨论这方面的问题。为了节省篇幅，先对讨论的范围作几点限制：（1）限定在中西方传统哲学涉及的秩序和规律的范围之内；（2）只过问在此范围内有代表性的和最基本的秩序与规律；（3）有选择地列举和说明这类秩序和规律的多元性和无限性。

笔者在别的文章①中曾提到：哲人们要想建构一个哲学体系，必须恪守四项原则，即“统一性原则”、“秩序性原则”、“价值性原则”和“本原性原则”。我们从“秩序性原则”入手，适当联系“统一性原则”和“本原性原则”（“价值性原则”姑且排除在外），去解答刚才已作了严格限定的问题。秩序和规律问题，对任何学科来说，都是至关重要的。东西方历代的哲人，包括政治哲学、宗教哲学、道德哲学、艺术哲学（美学）和科学哲学等哲学分支学科的智者在内，总不甘心听任自然界和人世间的种种相互作用及其关系和过程陷入一派混沌之中。他们总要想方设法从混沌中理出个头绪，找到一组清晰可辨的秩序和规律，营建一套自信是“放之四海而皆准”的“秩序论”模式。隐现于相互作用“场”里的诸多规律、法则、规范等等，组成了一个多元的和无限的“秩序世界”，这个“秩序世界”就是“秩序论”关注的对象世界。传统的而且是比较完备的秩序论模式，一般都会涉及四个理论层面：（1）认定“秩序世界”是统一的和有序的，进而定义“秩序世界”自身也有统一的秩序或规律。（2）厘清“秩序世界”中的种种秩序之间相互作用的关系，筛选出几种通常所说的基本法则、基本规律或基本规范。此等法则、规律和规范组成一个在“秩序世界”里居于核心地位的“秩序结构”，即一切秩序的“核

① 参看拙文《比较哲学和比较文化学——哲学和文化比较研究的方法论构想》，《思想战线》1993 年第 3 期。

心结构”。(3) 综合“核心结构”里的几种秩序，提炼出一种最具普遍性的秩序，即能统领整个“秩序结构”，同时能贯穿或生成整个“秩序世界”的“本原性秩序”。(4) 借助“本原性秩序”及其统领的“秩序结构”，对自然和人间的以及各学科涉猎的无数关系和过程领域里的秩序，作出统一的阐释。有些秩序论模式还就“秩序世界”如何生成与如何演化的问题，提供了一以贯之的答案。

中国传统哲学创建的许多哲学范畴是颇具特色的。例如，“天命”、“道”、“天道”、“阴阳”、“太极”、“无”、“缘起”、“理”等等范畴，它们不只是学术界通常所说的本原性范畴或本体论范畴，而且往往是地地道道的“秩序论”范畴。这些范畴表述着各种秩序共有的“核心结构”，表述着渗透或生成一切秩序的“本原性秩序”。西方传统哲学的同“秩序论”有牵连的范畴另有一番景象。例如，“一”和“多”、“一般”与“个别”、“形式”与“质料”、“潜能”与“现实”等等。又如“逻各斯”、“原因”与“结果”、“规律”和“必然规律”、“法则”和“自然法则”、结构、系统等等。这是两个不同系列的范畴。前者既是本体论的又是秩序论的范畴，后者则大多属于秩序论的范畴。这些范畴所指的种种具有广泛意义的秩序，根据不同情况分别参与组成了型号各异的“秩序结构”。有些秩序还先后被认为是一切秩序的“本原性秩序”。亚里士多德主张，原因与结果（“形式因”、“质料因”……）的关系是“本原性秩序”，即是其中的实例。同西方传统的哲学和自然哲学大相径庭，西方当代的科学家引进了“机遇”、“随机性”、“概率”和“概率规律”、“非决定论”等等术语，这些“秩序论”的术语意指的秩序合成一个全新的“秩序结构”。

印度和中国的佛教哲学制作的与“秩序论”相关的范畴与基本论点，别是一种风格。例如，“缘起”和“业感缘起”、“种子缘起”、“无尽缘起”等等，又如“因缘”、“作业”、“一心二门”、“一念三千”、“念念相续”、“重重无碍”等等，均为指涉“秩序世界”的“核心结构”及“本原性秩序”的重要范畴与基本论点。孔子和孟子开创的中国早期的儒家哲学，很有资格充当道德哲学的典型。它不太过问什么是宇宙万物生成的规律，也不过问自然现象运行的法则，而十分关心人与人之间相互作用关系中的人文秩序或道德秩序。(《易大传》虽然涉及宇宙万象的生成规律，据许多专家考证，它不是孔子的著述，所以应排除在外。）孔子和孟子通过对现实生活中的道德秩序即伦理秩序和政治秩序的反复思考，推出了“礼”和“仁”、“义”等道德哲学的范畴。“仁”和“义”又是规范论理秩序、政治秩序和其他人文秩序的“本原性规范”，内在的“仁义”和外在的“礼”及二者的关系，是一切合理的人文秩序的“核心结构”。

对哲学和哲学分支学科创建的种种秩序论模式和秩序范畴作一番粗略的审视，即可开列出上述清单。这份清单已经透露出哲学视阈中相互作用的秩序和规律的无穷奥秘。从清单中还能看到秩序世界的“核心结构”和“本原秩序”的多元化，以及这种多元化的发展趋势的不可穷尽性。

二

为了说明秩序论模式的多元化走向，从不同的角度可开列出不同的“清单”。下文将换个角度，专项考察东西方哲学史中和当今哲学界广为流传的讲解相互作用及其关系和过程的基本规律的多种“秩序论”模式，举其要者有四种，即“目的论”模式、“因果论”模式、“辩证法”模式和“系统论”模式。笔者之所以把这四种“秩序论”模式挑选出来，是因为看中了它们有两大不可多得的特点。第一个特点是完备性。四个秩序论模式皆力图全面厘清整个秩序世界的“核心结构”和“本原秩序”，精心构筑了一套完整的理论和范畴的体系。另一个特点是跨学科性。四个秩序论模式不仅在哲学史中声势显赫，而且突破了哲学及其分支学科的樊篱，分别闯入自然科学、人文科学和心理科学等学科的领域。

“目的论”主张，一切作用的关系和过程都是有序的和有规律的，所有的秩序和规律皆符合神的意志或某种内在的“目的”，因此它们可以无例外地叫做“合目的性”的秩序和规律。深入开掘这类秩序论模式隐含的意义即可体悟到神的意志或终极目的具有不可违抗的必然性，它们是生成并贯通一切秩序和规律的“本原性秩序”。符合神意或合目的性的基本规律和普遍秩序，组成了决定整个秩序世界的“核心结构”。凭神意、天意或“内在的合目的性”去说明天上人间的种种秩序和规律，这种质朴的秩序观念起源甚早。在许多民族的创世神话与洪水神话里已经萌生了这等观念，上古人深知怎样按想象中诸神的意愿去解说人类祖先、自然事物和人文现象生成演化的历程和秩序。当宗教有了自己的哲学之后，透过世界各地的宗教哲学及传承其衣钵的哲学思想，大多能找到合目的性的秩序论模式的原形。中国古代也有一些哲人，把“天”看成是有意志的“天”。从这个意义上讲，崇尚“天命”、“天道”的理论，就是传播合目的性的秩序论模式。董仲舒强调“天不变，道亦不变”，意思是说，“天”的意志和目的是恒定的，所以符合“天意”的种种“道”，即秩序和规律也是不变的。

古希腊的大哲人苏格拉底、柏拉图和亚里士多德，全是目的性秩序论的拥护者。苏格拉底是始作俑者，大力提倡用目的论原则去解释宇宙万象生成演变的秩序和规律。他明白无误地谈道，一切事物都是“为某种有用的目的而存在的东西”。神是一切事物和各种秩序唯一的创造者、策划者和主宰者。世上的事物成为它存在的那个样子，其原因是神做了有目的之安排，除了神的目的，事物自身并无秩序可言。柏拉图发扬了老师的学说，把世界切分为二，一是理念世界，二是现象世界。前者是独立的和真实的“存在”；后者是前者的“影子”，不完全地“分有”了前者。理念世界中的“最高理念”，即“至善”，即“神”，是一切理念的本原，是宇宙的总体目的。正是通过“神”或宇宙目的之设计和策划，各级理念和现实事物才各就各位，秩序井然。

目的论有“外在”的与“内在”的之分。苏格拉底和柏拉图信奉“外在目的论”，亚里士多德则倾向于“内在目的论”。亚氏是西方哲学史中第一个对秩序论中的“目的”范畴进行深入分析的哲学家。他的名言是：“在那些产生出来而且由自然产生出来的东西里面，是有那种有目的的活动存在。”① 这句话的意思是：自然界种种事物之产生必有内在的“合目的性”。他把自然事物生成的“合目的性”，同人工产品的“合目的性”作了类比。他说：“如果人工技艺产品中为了一个目的的，则显然自然的

① 《古希腊罗马哲学》，生活·读书·新知三联书店 1957 年版，第 257 页。

产物也是如此。”① 显而易见，亚里士多德把“合目的性”规定为，一切事物发生和形成的秩序和规律的内在的合目的性，即内在的决定性。欧洲中世纪的经院哲学的秩序构架，无例外地是靠外在的神学目的论支撑起来的。经院哲学宣扬上帝创造了万物和人类，他是万物和人类出现与变动的初始原因和终极目的。上帝依照心中设定的目的与计划，规定了宇宙万象运行活动的秩序和规律。人类的社会生活也要接受上帝意志的支配，每个人行动之目的及目的之实现，得听命于上帝，由上帝来安排。以此为基调，许多经院哲学家及深受基督教神学影响的其他哲学家，都从各自选定的角度给建立在目的论地基上的秩序论模式提供了范本。

三

“因果论”充分肯定了宇宙中的一切作用关系和作用过程的有序性和规律性。因果论总是把多元化和多向度的相互作用“场”，简化为“单向度”的作用关系和作用过程。它主张，所有的秩序和规律均可分解为无数的“环节”，每个环节又分解成“原因”和“结果”两个方面。如果一种或一组事件的出现，必然地或恒常地促使或伴随另一种或另一组事件的发生，那么先行者就是“原因”，后随者就是“结果”。用约翰·穆勒（John Mill）的话来说，凡某种情况出现时，某类事件必然发生，反之，某种情况并未出现，某类事件绝不会发生，某种情况即为“原因”，某类事件即为“结果”。穆勒就什么是“因果关系”作出的两个界说，其用意是一致的。它们均表明了原因产生结果，原因必然地产生并决定结果，是一切秩序和规律的“基本环节”或“核心结构”。因果性秩序论模式恪守必然性原则和决定论原则。它认为，原因必然产生结果，结果又转化为新的原因必然产生新的结果。原因和结果组成的基本环节总是前一环决定后一环，后一环又决定再后一环，如此这般地向前延伸，一切事象的运动和发展都遵守这种自然法则和进化规律。说到底，任何法则和规律全是因果链条，

① 《古希腊罗马哲学》，生活·读书·新知三联书店 1957 年版，第 257 页。

全是无数因果环节根据其内在的必然性，一环扣一环衔接而成的长链。这样的因果性长链，贯穿在一切作用关系和作用过程之中。因果链总有个开头的环节，众多原因总有个起始的原因，这个开头和起始，通常叫做“第一原因”或“第一推力”。以“第一原因”或“第一推力”为开端，启动着并决定着因果链必然地和无限地扩展开来，它就是一切秩序和规律的“本原性秩序”。

哲学诞生之初，因果论和目的论逐渐分道扬镳。因果性的秩序论不仅起源较早，而且遍及中外哲学家史和自然科学史。古希腊的德谟克利特和亚里士多德（仅就其“四因说”和“潜能说”而论）等哲人，已经初步研究了与因果秩序有关的哲学问题。印度和中国佛教哲学大力倡导各种“缘起说”、“因果报应说”、“轮回说”……再加上唯识宗创立的“种子说”，凡此种种，均可作为广义的因果性秩序论模式来看待。在西方近代的自然哲学史和自然科学史中，牛顿的经典力学、拉普拉斯绝对化的决定论等等，无不委托“机械论”即因果秩序论充当立论的支柱。约翰·穆勒坚信，有一套严格的因果法则支配着宇宙万象运行演化的过程。他从哲学的高度，对因果秩序作了精辟的诠释。穆勒指出，因果关系有其必然性，某类事件恒常追随另一类事件而产生，人们就相信它永远如此，必然如此。他还指出，一个人如果熟悉一切自然作用初始的分配及其连续的因果进程，必能演绎构造整个宇宙进化历史中的全部事件的系列。

严格的因果论经常同无神论结盟。环环相扣的因果秩序类同于机械的运转不已，所以历代哲人给描述此等秩序的理论模式起了个别名，名之为“机械论”。外在的目的论一向同有神论联姻，有的则干脆为宗教哲学直接张目。内在的目的论与大多数宗教教义相距甚远，因而同有神论若即若离，比较疏远，同因果论的关系反而比较亲近。因果性和目的性两大秩序论模式在哲学史中有分有合，时远时近，既有相互拒斥的一面，也有相互融通的一面。

在西方哲学史中，潜心思索因果性秩序论和目的性秩序论之内在关系，使二者相互接轨，各司其职，这项意义深远的工作首先是由亚里士多德来完成的。他断言：“事物不能是偶然的或自发性的结果，那就可以断定它们一定是有目的的。"① 它的含义是，事物的形成是一种"结果"，必有其形成的"原因"，应当按事物内在的合目的性去追寻它的形成原因。不难看出，亚里士多德在因果论和目的论之间架了座桥，使二者相互为用。他还断言：必然性在质料那里，但目的却在形式里面。同因果秩序的必然相比较，亚里士多德更重视事物形式的内在目的。理由是事物内在的合目的性控制着它按因果关系生成运行的必然性。

康德对因果论进行了论证。他在1755年发表的名著《自然通史和天体论》中信心十足地写道："给我物质，我就用它造出一个宇宙来！"宇宙是由物质构成的，但因果性的或机械论的必然规律却支配着宇宙的形成与演化，因此只要掌握这套必然规律，就能用物质材料"造出一个宇宙来"。康德在另一部名著《判断力批判》中又提出，要想解释有机的和有生命的自然物的产生与演变，"单纯的机械作用在这个领域里表示为不再是够用了"。因果秩序不够用，补充什么样的秩序才"够用"呢？康德主张，对有生命的一棵野草或一只幼虫等等的产生与成长，必须同时用内在的合目的性作出解释。他在同一本书中写道："自然在其产物中的目的性这个概念……对于人类的判断力来说，乃是一种必需的概念……"然而这并不意味着自然界乃至生物界应该摈弃因果规律，因果性原则与目的性原则一表一里，相辅相成，缺一不可。他说，目的性原理"并不妨碍物理的因果作用的机械作用原理"。

西方近代的自然科学界一般均推崇严格的因果决定论。按理说，这类秩序论模式同有神论或外在的目的论是无缘的，但实际情况并非如此简单。自然科学家如果执意追问因果长链从何处开始、由谁来启动的问题，那么，唯独上帝才有资格充当建造因果秩序的"第一原因"和启动因果秩序的"第一推力"。上述问题，在牛顿的沉思中久久盘旋。他曾设想：外在于因果链的上帝作为"第一因"，按预期目的"推了一下"，自然万物才按因果规律运行不已。贯通自然界的因果秩序，其发端之处留下一片空白，有了这片"空白"，有神论和外在目的论即可乘虚而入。

① 《古希腊罗马哲学》，生活·读书·新知三联书店1957年版，第256页。

四

辩证法既是一种方法论模式，也是一种秩序论的模式。辩证法认为，自然界、社会生活与思维活动中的一切事象，都是普遍联系和运动发展的，而不是孤立的和静止的。它还认为，各种事物和现象连续不断地进行着相互作用，均处在相互作用的关系和过程之中。辩证法作为方法论模式，要求按“双向度”的矛盾双方的既斗争又统一的原则去看待一切，看待事象之间或理念之间的种种相互作用，看待头绪纷乱的相互作用的种种关系和过程在总体上的有序性与规律性。辩证法的秩序论模式不仅断定一切事象和一切理念均处在有序的运动发展的过程之中，而且坚信有能力全面揭示它们运动发展的秩序和规律。在众多的规律中，有三条基本规律：一是任何事象或理念总是在矛盾双方的对立和同一中运动发展的。二是事象或理念的矛盾运动，除了“量”的增加或减少外，还包括“质”的突变或飞跃。三是事象或理念的矛盾运动，都要经历对自身的肯定和对自身的否定以及对否定之否定三个阶段，即“正”、“反”、“合”三个阶段。三条基本规律有个共通点，它们一致断定，事象或理念运动发展的动力或根源主要不是来自事象或理念之外，而是来自事象或理念本身固有的即内在的“矛盾性”。三条基本规律并非鼎足而立，“矛盾性”是三者共有的中心，直接揭示这种“矛盾性”的第一条规律“统领”着后两条规律。从量的积累到质的飞跃，是在矛盾运动中实现的。“量变”与“质变”构成了矛盾的双方，二者既对立又统一。所以，由“量变”到“质变”的规律，从一个侧面展现了与矛盾运动相关的对立统一的规律。从“肯定”、“否定”到“否定之否定”，或者从“正”、“反”到“合”，是在矛盾运动中完成的。“肯定”或“正”与“否定”或“反”，是相互对立的。“否定”或“反”与“否定之否定”或“合”，也是相互对立的。而“否定之否定”或“合”，是在新的层面上对前后两组对立关系的综合（综合即是统一）。所以“否定之否定”的规律，从另一个侧面展现了对立统一的规律。

基于以上的论证，辩证法的秩序论一贯主张，相互作用各方对立统一的规律，是事象或理念运动发展的最根本、最普遍的规律，也是自然界，人类社会和人的意识运行、演变与进化的最根本、最普遍之规律。换种方式来表述的“双向度”的对立统一规律，是一切规律和秩序的“本原性秩序”。面对“必然论”和“随机论”两大阵营，辩证法采取了跟机械论（因果论）和目的论判然有别的态度。对立统一的规律并不否认种种偶然性或随机性，正是通过种种偶然性的形式才显示出它具有不可抗拒的必然性。面对“决定论”和“非决定论”两军对垒的格局，因果论与目的论坚决站在“决定论”一边，辩证法也在一定程度上站在“决定论”这方。对立统一的规律贯通于自然事象、社会历史和心理意识演变进化的全过程之中，而且决定着自然过程、历史过程、社会过程与心理过程必然的发展趋势，因此，辩证法认定的“本原性秩序”，是一种在偶然性形式中显示其必然性的“本原性秩序”，是一种在总体上决定一切相互作用的作用关系和作用过程的“本原性秩序”。对立统一的规律证明了矛盾双方的相互作用关系，既是一种对立的关系，即相互斗争、相互冲突、两相排斥、两相分离的关系，又是一种统一的关系，即相互渗透、相互补充、两相吸引、两相结合的关系。对立的关系使矛盾双方“一分为二”，统一的关系使矛盾双方“合二而一”。对立关系和统一关系、“一分为二”与“合二而一”，组成了一切秩序和规律的“核心结构”。这样的“核心结构”介入了各种相互作用关系和相互作用过程，也渗透到辩证运动的每一阶段与每一环节之中。

五

辩证性的秩序论理念，诚可谓源远流长。即使在上古人极为稚嫩的哲学思想里，也能发现它的蛛丝马迹。就中国哲学史而论，这类秩序论的观念可上溯到先秦时代。《易经》、《管子》、《孙子兵法》、《道德经》、《易传》等等著述，儒家、兵家、墨家、道家、法家等等学派的典籍，以及“五行”说、“阴阳”说等学说，均闪耀着质朴的辩证观念或辩证性秩序论的光芒。据行家审定，《易经》的某些卦爻辞记述了殷商末期到西周成康之世的历史事件。成书于三千年前的《易经》已含有关于对立双方相互转化的初步认识。例如《泰卦》的卦辞曰："小往大来……"《否卦》的卦辞曰："大往小来。"则说明了"大"和"小"、"得"和"失"，可相互转化。诠释"泰"与"否"可以置换的成语"否极泰来"，即源出于此。《国语·周语》提到了西周末年伯阳甫的一段话。他用"阴阳"二气的对立斗争去解释周幽王时期的"三川皆震"。认为，阳气要"出去"，阴气却"压迫"阳气，"于是有地震"。《左传·昭公三十二年》记载了史墨同晋国赵简子的一席话。史墨提出了"物生有两"和"皆有贰也"的著名论断。两个论断说明了事物及其生成总是"一分为二"的，皆有主从的或对立的两个方面。史墨已经洞察到辩证规律固有的"核心结构"。兵家对战争中敌我双方相互消长的论述早已家喻户晓。孙武在《孙子兵法》中提出的"知己知彼"、"奇正相生"等军事辩证法的命题，一直流传至今，毋庸再作阐释。

特别值得一提的是战国时代至秦汉之交先后传世的《老子》和《易传》两部著作。《老子》一书对辩证性秩序论的两个重要问题作了精彩的概括。一是"有无相生"和"难易相成"。它揭示了"有无"、"难易"等等相反的和对立的双方，能互相转化，能"相生"和"相成"。其引申义是"相反相生"、"相反相成"的"相反"者能"相生"、"相成"（类似于矛盾双方的"一分为二"与"合二而一"）是一切秩序和规律的"核心结构"。二是"反者道之动"。其字面的意义是："向反面（相反的方面）转化，乃'道'之运动。""道"可理解为最根本的法则或规律，即笔者所说的"本原性秩序"。"反者道之动"，其深层意义是：相反的双方互相转化。"相生"、"相成"，正是在动态过程中显示出来的"道"，显示出来的"本原性秩序"。包括《系辞》在内的《易大传》，根据众多专家考证，其成书年代大约是战国后期到西汉初叶。《易传》尤其是其中的《系辞》，精心建构了一套粗具规模的辩证性秩序理论。《系辞》一再强调"变易"的普遍意义。何谓"易"？"生生之谓易"，"易，穷则变，变则通"。"易"，既可指述宇宙万物的新陈代谢、生生不已和变动不居，也可指述社稷、家族、个人或具体事象的"穷则变，变则通"的发展历程。生生变化或“易”的原动力来自何方？“刚柔相推而生变化”，“一阖一辟谓之变”。什么是生生变化或“易”之“道”？“一阴一阳之谓道”。如何辨析和认知生生变化之“易道”？“乾坤，其《易》之缊邪？”“乾坤成列，而《易》立乎其中矣。”《系辞》用“阴阳”和“刚柔”、“阖辟”等等，去表征各式各样的对立面或矛盾的双方，然后引申出同辩证性秩序论相关的三个重要的命题。一是断言天地万物的“刚柔”相推与“阖辟”变换，即矛盾双方的“相推”与“变换”，是一切生生变化的秩序和规律的动力或“核心结构”。二是断言以“阴阳”为总代表的矛盾双方连续的相互转换和相反相成，乃天地万物生生变化之“道”，是天地万物生生变化的基本法则或“本原秩序”。三是断言生生变化的“易道”，或者说，矛盾双方推移变换的种种规律的“核心结构”和“本原性秩序”，就蕴（“组”和“蕴”相通）藏在乾坤之间或天地之间。乾坤定位，天地定位，万事万物各就各位，秩序井然，而生生变化之“易道”，即各种秩序的“核心结构”和本原秩序“则贯通于其间”。

《老子》和《系辞》铸造的辩证性秩序论模型，其影响可谓大矣。两汉以降，不少道家和儒家的哲学理论和秩序理论，均在不同程度上传承并拓展与深化了此等模型。换言之，两汉的易学哲学和儒家哲学，魏晋的玄学，宋明的理学与心学，明末与清朝中后期的启蒙哲学，凡斯种种哲学流派内含的秩序论体系，无不渊源于《老子》或《易传》及《系辞》的辩证性秩序论的原型。即使对中国传统哲学匆匆一瞥，也会觉察到下列事实：“无”或“有”、“理”或“气”、“心”或“物”等哲学范畴，这些范畴各有各的指述意义，形成一张意义之间相互作用的关系网。“网”内的两个范畴，如果含有相互对应或针锋相对的意义，即可结成一个参与双方互为对立面的“对子”。“无”和“有”、“理”和“气”、“心”和“物”……均为由两个对立的范畴组成的矛盾统一体。矛盾统一体中的两个范畴，可分可合，可即可离。二者若相分相离，则“无”或“有”、“理”或“气”、“心”或“物”，均能独树一帜，成为实体性的本体论范畴。反之，统一体中的一对范畴相互作用，有分有合，若即若离，这两个相依而又相对的范畴，均可转化为非实体性的秩序论范畴。这方面的例证，俯拾皆是。“天人”、“道器”、心性，以及“有无”、“理气”、“心物”等等成双作对的范畴，在矛盾统一体中，时而“一分为二”，时而“合二而一”。此等由范畴组成的矛盾统一体，既可合成一切辩证的秩序规律固有的“核心结构”，亦可成为自然事物与人文现象生生变化的“本原性秩序”。

统一体中的矛盾双方不能平起平坐，两个范畴的地位与功能总该有“本末”之分、“体用”之分。指述宇宙和人生之本体的范畴，即为“本”，即为“体”；另一方则为“末”，为“用”。早期道家的哲学以“道”为“本”为“体”，以“器”为“末”为“用”，已经把“体”和“本”及“用”和“末”分得一清二楚。中国传统的辩证性秩序理论经常按照矛盾双方的“体用”关系或“本末”关系，去表征具有普遍意义的对立统一关系。王弼创建以“无”为本体的玄学体系，他断言“无”和“有”是自然人生中最根本的对立双方，其中“无”是“体”，“有”是“用”。“必有之用极而无之功显”。[①] 透过“有”之“用”，方能显示“无”之“功”或“无”之“体”。因此在王弼的心中，“无有”之间的辩证性的“体用”关系，是一切秩序和法则的“核心结构”，也是涵盖与贯通一切自然法则和人文秩序的“本原性秩序”。朱熹是理学体系的集大成者。“理”这个范畴一身兼二任，一是充作本体论范畴，二是充作秩序论范畴。就后者而论，理学家笔下的“理”可用来指述一种“本原性秩序”，即将自然的、道德的和人性的种种合理的秩序连成一体的“本原性”秩序。在“理”之外，朱熹又设立了一个名为“气”的范畴。“理”和“气”虽然泾渭分明，但二者始终相关相依，互补互动。这对范畴概括了潜隐在万事万物和人伦道德中的具有根本意义的对立统一关系。一方面“理”不离“气”，“理”借“气”而造作，“理”依“气”而安顿；另一方面“气”中有“理”，“但有此气，则理便在其中”[②]。矛盾双方又以“理”为“本”，“气”为“末”。朱熹的原话是：“有是理，便有是气，但理是本。”[③] 由此看来，在朱熹的理学体系和秩序理论中，单纯的“理”只涉及一切合理秩序的“本原性秩序”，而“理本气末”的对立双方及其

① 《易·系辞上》，韩康伯注引王弼《大衍义》。
② 《朱子语类》卷一。
③ 同上。

辩证关系，才是所有的秩序和规律的“核心结构”，才是覆盖与会通万物运行之规律、人性构成之原则、善恶取舍之标准的“本原性秩序”。

六

儒家、道家与佛家哲学中的辩证法，《老子》、《易传》及魏晋玄学、宋明理学、宋明心学中的辩证性秩序理论，降至现代，这些古老传统的影响力远未衰竭。新儒家和不以新儒家自居的许多海内学者或海外华人学者，每当营造各自的本体论和秩序论体系时，虽然都从西学中吸取哲学滋养，但就主流而言，他们仍以弘扬与发展上述传统为己任。“五四”以来，富有独创性的哲人，如熊十力、冯友兰、金岳霖等，莫不如此。这三位哲人的本体论体系和秩序论体系在继承传统方面颇有一些相似相通之处。（1）三者共同的出发点是把种种复杂多样的相互作用的作用关系和作用过程，简并成矛盾双方二元对立的关系和过程。（2）设立一组本体论范畴，再设立一组范畴同本体论范畴两相对应。本体论范畴跟与之对应的范畴之间，有分有合，相生相克，相依相对，互补互动，形成矛盾双方的统一体。（3）在矛盾统一体内，本体论范畴是“道”，是“体”，是“本”，涉及“形而上”的世界；另一方则为“器”，为“用”，为“末”，涉及“形而下”的世界。于是，在各派哲学体系中，名称不同、内涵有别的两组范畴之间的辩证关系，加上通过两组范畴去阐释的自然界和人世间万事万物千差万别的辩证关系，均可整齐划一地归并成“道器”之间、“体用”之间及“本末”之间相反相成的矛盾统一体。（4）“道器”、“体用”或“本末”的相反相成或对立统一的辩证关系，在秩序论中发挥着双重功能。其一，“体用”之类的相反相成关系，潜藏于各种事物之中，成为事物内部固有的和相对稳定的“秩序结构”。这种“秩序结构”给每个具体事物，提供了必不可少的存在根据和内在的规定性。其二，“体用”之类的相反相成关系，贯通在种种相互作用的过程之中，成为一切运动过程固有的“本原秩序”。这种“本原秩序”给万事万物的生成与演变，提供了必要的“原动力”和必须遵从的普遍规律。

熊十力以“本心”或“恒转”为最主要的本体论范畴。“本心”或“恒转”构成“能变”的一方，同“能变”相应或相对的另一方是“所变”。“能变”是生成万事万物的原初动力，为“体”，为“本”；“所变”则是已生成的万事万物，为“用”，为“末”。没有“能变”，就不会有它所变现的万事万物；离开了“所变”的具体事物，何处寻觅能变现的本体或原初动力？从一定意义上讲，生成宇宙万物和人间万象之法则与规律的“核心”及其“本原”，均同“能变”与“所变”组成的“体用”之间或“本末”之间的辩证关系，即相反相成的关系息息相关。（熊十力提出的其他成双作对的范畴系列，如“变现”与“转化”、“辟”与“翕”等，不再分析阐释了。）

冯友兰以“道体”或“大全”为最主要的本体论范畴。“道体”和“大全”，即“理”，即“共相”，即“真际”。与此相对的是“事”，是“殊相”，是“实际”。“理”与“事”、“共相”与“殊相”、“真际”与“实际”，有“道器”之分、“本末”之别。“理”、“共相”或“真际”是“潜存”；“事”、“殊相”或“实际”则是“实存”。“潜存”者乃潜藏于“实存”之中。换言之，形上世界的“道”或“体”，潜藏于形下世界的“器”或“用”之中；形下世界的“器”或“用”又显示了形上世界的“道”或“体”。从一定意义上讲，构成宇宙万物和人间万象的法则与规律的“核心”及其“本原”，均同由“共相”与“殊相”、“理”与“事”组成的“道器”之间或“体用”之间的辩证关系，即“理一分殊”的关系，有直接的联系。

金岳霖以“道”、“式”（理式）充任本体论的中心范畴。与之对应，他又设计了“气”、“能”（质料）等范畴。前者为“体”，后者为“用”、为“器”。同熊十力和冯友兰的秩序论的思路一脉相通，金岳霖把“道”与“能”之间的辩证性“体用”关系，视之为合成特定事物与生成一切事物的秩序和原则之“核心”与“本原”。

七

从西方哲学史来看，辩证性秩序论的萌生可追溯到古希腊，追溯到公元前7至前6世纪的赫拉克利特。古希腊哲人创建了多组具有普遍意义的哲学范畴。每一组均包容两个成双作对的范畴。经常提到的有："一"和"多"、"运动"与"静止"、"共相"与"殊相"、"形式"与"质料"、"实体"与"属性"、"潜能"与"现实"，以及"必然性"与"或然性"。古希腊的哲人还一再提到"存在"与"非存在"或"存在"与"虚空"，这对范畴同中国古代哲人构想的"有"与"无"，颇有异曲同工之妙。以上列举的每一对范畴，均可进入秩序论的王国。每一对范畴构成了矛盾的两个方面，矛盾双方保持着既是相互对立又是相互统一的辩证关系。抽象化的范畴间的辩证关系，显示出蕴藏在具体性的自然事物与人文现象里的种种对立统一的关系，或者说，范畴间的辩证关系，解释着自然界和人世间各个对立方面或各种对立状态相互作用的辩证秩序或辩证规律。

赫拉克利特倡导以"火"为万物万象的本原，他认为万物万象同火苗与河流一样，时时刻刻均处在变化与流动之中。不仅如此，赫氏还主张，事物的流动变化是有序的，并按照一定的尺度、准则、道理或规律而进行。从其遗留下来的残篇里可以见到，他选用那个时代新创建的秩序论范畴"逻各斯（Lo gos）"，去表述比例、尺度、道理、准则、法规、规律等等颇为复杂的意义。"逻各斯"同《老子》一书倡言的"道"相比较，两个范畴的内涵及其多义性都是颇为相似的。《老子》曰："道生一，一生二，二生三，三生万物。"赫拉克利特说："……万物都是按照这个'逻各斯'产生的……"① 很显然，"道"与"逻各斯"均可指述生成万物的"本质性秩序"。赫拉克利特还断定名叫"逻各斯"的"本原秩序"既隐藏于"灵魂"（即心灵或思维）的深处，又具有"公共性"和"共同性"等特性。"公共性"和"共同性"，在一定程度上类似于现代哲学所说的"客观性"与"普遍性"。"逻各斯"包含着什么样的基本规律或"本原秩序"？有些古希腊哲学的研究者作出推断，赫氏所谓的"逻各斯"其中心含义是"万物的运动……万物的生成和互相转化，都是按照一定的逻各斯

① 转引自《古希腊哲学史》第1卷，人民出版社1988年版，第455页。出自赫氏的《残篇第一》。

进行的”①。换言之，赫氏讲述的“逻各斯”，可用来指涉一种辩证性的“本原秩序”。的确如此，赫拉克利特一再宣称，事物或现象都是两两相对的。他列举了许多实例去说明由两种对立的事物或现象构成的矛盾双方的种种关系。一是矛盾双方的相互依存的关系。其实例是：“疾病使健康成为愉快的和好的，饥饿使饱满成为愉快的和好的……”② 二是矛盾双方的相互转化的关系。其实例是：“冷变热，热变冷；湿变干，干变湿……”三是矛盾双方既对立又同一的关系。其实例是：“在我们身上，生和死，醒和睡，老和少，都是同一的，因为这个变成那个，那个变成这个。”③

中国春秋战国时代的诸子百家，几乎人人具有辩证性秩序论的朴素观念，古希腊分属不同历史时期和不同流派的哲学家们也是如此。前文已经谈到，古希腊哲学的集大成者亚里士多德创建了“四因说”，对因果性的秩序作了深入的探索。“目的因”是“四因”中的一个重要的“因”，透过“目的因”，他对外在的和内在的目的性秩序论也作了细致的研究。这里要强调指出的是，亚里士多德充分肯定了事物的运动和变化，他还考察了同辩证性秩序论有关的诸多问题。赫拉克利特仅仅凭着两相对立的事物和现象，洞察到矛盾双方相互依存和相互转化的辩证关系。亚里士多德却从自然界和生活中提炼出“一般”与“个别”、“形式”与“质料”、“潜能”与“现实”等两相对应的哲学范畴。通过对几组范畴的辩证关系的辨析，他勾画了秩序世界的另一种图景：现实中各个矛盾方面的相互作用，以及蕴涵在相互作用里对立统一的辩证规律。

八

亚里士多德之后，随着西方哲学从古代、中世纪跨入了近现代，辩证性的秩序论经历了漫长而曲折的发展过程。到了 19 世纪和 20 世纪，辩证

① 转引自《古希腊哲学史》第 1 卷，人民出版社 1988 年版，第 459 页。出自赫氏的《残篇第一》。

② 同上书，第 477 页。

③ 同上书，第 478 页。

性的秩序论日益深化，日臻完善，在多元化的秩序理论群体中逐渐居于重要地位。黑格尔建构了以绝对精神为本体的唯心辩证的秩序论体系；马克思主义创立了以物质为第一性的唯物辩证的秩序论体系。二者皆主张，矛盾双方的相互依存、相互斗争和相互转化是一切规律的“核心结构”。前者认为，宇宙精神自我运动的辩证规律是概念、自然界和意识运动发展的最根本的规律（即“本原秩序”）；后者明确指出，对立统一的规律是自然界、社会生活与思维现象运动发展的最根本的规律（即“本原秩序”）。

辩证法的秩序论并不否认事象发生演变的因果秩序，只是在“双向度”相互作用的框架内说明“单向度”的因果论的局限性。因果性的秩序论只强调原因产生并决定结果，而忽略了原因与结果之间“双向度”的相互作用。辩证性的秩序论和目的性的秩序论的关系，决不能一言以蔽之曰“相互拒斥，从不来往”，情况颇为复杂，并非只言片语就能讲清楚，我们将结合黑格尔的论点来解答这个问题。

在秩序论的领地内，应当怎样处理目的论、因果论和辩证法三者之间的关系？黑格尔是辩证法的大师，他的哲学视野很开阔，对三套秩序论模式作了颇有见地的比较研究。黑格尔非常关心精神的辩证法或精神的辩证运动的过程、格式和规律。他在《精神现象学》及其他著作里详尽地阐述了绝对精神或客观的宇宙精神、自我发展或自我认识的辩证运动。绝对精神的辩证运动必然经历三大发展阶段：一是绝对精神作为纯粹概念的运动发展过程；二是绝对精神“外化”为自然的、物质的存在及其运动发展过程；三是绝对精神由外化“复归”到自身，即回返为个人意识、社会意识及其运动发展过程。宇宙精神自我的辩证运动及其经历的三个发展阶段，自始至终以矛盾双方的对立与转化，即从“正”（肯定）到“反”（否定）、从“反”到“合”（否定之否定），作为它们的“本原性秩序”。三个阶段中的任何一个发展阶段，不论是纯概念、自然事物还是意识现象，其自身的辩证运动均以对立面的相互转化作为其内部规律的“核心结构”。黑格尔又认为，宇宙精神的辩证运动又有内在的合目的性。每个纯粹概念，每个自然事物，每一种个人意识现象和社会意识现象，皆有自身固有的“规定性”。此等“规定性”不是外在的，不是来自它本身之外的机械论原则（即因果秩序）或目的性原则（即外在的目的性），而是源于自身的辩证运动，源于自身内部的合目的性。黑格尔赞赏内在的目的论。在他创立的本体论和秩序论体系中，宇宙精神的辩证运动与辩证运动固有的目的性是一脉相承的。作为"本原秩序"和"核心规律"的矛盾双方的对立与转化，同它们内在的合目的性，也是融合无间的。

以辩证性的和内在合目的性的秩序理论为基准，黑格尔分别评析了西方秩序论史中的因果论或机械论，以及作为一种目的论的外在目的论。他在《逻辑学》中指出："目的性首先同机械性相对立。在机械性里，建立于客体中的规定性本质上是外在的。这样的规定性，其中没有任何自身规定。"① 在同一著作里他又指出，外在的"目的性原则愈是与一个在世界之外的知性这样的概念相联系……这个原则也就似乎离开真的自然研究愈远……"② 在黑格尔看来，因果性的机械论与外在的目的论虽然互相对立，但上述两种秩序论有个共同点：它们同辩证性的及内在合目的性之秩序理论截然相反，二者皆主张由外部的或世界之外的原因、目的或动力，决定着宇宙精神的辩证运动，决定着各种概念、事物和意识内部的"规定性"。基于此等理由，黑格尔断言，这两种秩序论模式皆不可取。

1994 年 9 月初稿

① ［德］黑格尔：《逻辑学》下卷，商务印书馆 1964 年版，第 422 页。

② 同上书，第 423 页。

《易经》与未来学

——对预测未来的哲学思考

《易经》是中国传统文化智慧的结晶，未来学则是涵盖了多种知识的新兴学科。本文将选取易学的研究成果，对《易经》和当代未来学的关系，从它们的哲学基础和方法论的角度，做一些比较研究。

一

现存的《周易》这部书，包括《易经》（狭义的《周易》）和《易传》（或称《周易大传》）两大部分。人们普遍认为，前者成书的年代大约是西周前期，后者则迟至战国末期到西汉初期才陆续问世，前后相距将近千年。《易经》由两类符号系统构成：一类是卦画符号，即六十四卦和组成六十四卦的两种爻的符号系统；一类是文字符号，即卦名、卦辞和爻辞的符号系统。《易经》中的卦画符号和文字符号组成不可分割的有机整体。就生成的时间而言，卦画早于文字。卦画是年代久远的卜筮符号，其符号的原始意义已不可直接辨认。文字是用来称谓和阐释卦画的符号系统，后人唯有依靠文字间接了解卦的名称（卦名）、爻的属性和位置（即爻题），以及附在卦和爻后面的卜筮记录或史实记录。

《易经》是一部什么性质的古籍？历代学者众说不一，当代易学界也有种种歧见。对卦画符号的起源问题虽莫衷一是，但有关卦画符号的用途问题学术界已获共识。由两爻（即后人所谓的“阴爻”和“阳爻”）、三兆、八卦和六十四卦所组成的卦画符号系统，具有卜筮的功能，可作为能操作测算的卜筮工具来使用，操作测算有严格的规则，必须按一定的程序进行。上述见解易学家已大体认同，至于文字符号的意义和功能问题，直到目前尚有争论，尤其是对卦辞爻辞基本内涵的看法，分歧更大。一者认为是卜筮活动典型实例的记录；一者认为是重大历史事件的记录。

不少易学研究者断定卦辞爻辞是卜筮之辞，是周族准备灭殷，经过殷周易代直至西周前期的文字记录，记录了这段历史时期周人对重大事件进行卜筮的结果。朱熹曾在《朱子语类》中提出，《周易》“本为卜筮而作”。当代多数易学家肯定了朱熹的说法，《易经》是一部记录卜筮活动和卜筮结果的“筮书”。高亨说，《易经》“原为筮（算卦）书，要在用卦爻辞指告人事的吉凶”①。朱伯崑说，《易经》“是周人占筮记录的系统化”②。李镜池说，《易经》乃“根据旧筮辞编选而成”③。高、朱、李三位均为当代易学大师，他们的见解在易学界颇有代表性。最近李大用撰写了《周易新探》，对《易经》的性质提出新的看法，他不否认卦画符号是一套卜筮符号，但认定卦辞和爻辞是重大历史事件的记录，记载了“周文王、武王、周公、成王兴周灭商的历史进程及其成败因由”。李对卦爻辞仔细辨析论证，确认《易经》是一部记述重大历史事件的“史书”。两种对《易经》性质的不同看法，各有根据。本文选取多数易学家的意见，视卦辞爻辞为卜筮之辞的记录，视《易经》为一部记载卦画符号系统和选编占卜占筮记录的“筮书”。《易经》选编的虽属“过去”的预测以及测算的卜筮记录，但记述的却是当事人对“未来”的结果和对结果的验证。如此说来，《易经》这部“筮书”是殷末周初之际周人预测“未来”的实录，是华夏文化孕育而成的“未来学”雏形。《易经》诞生的时间距今三千年左右，也许是人类最早的“未来学”杰作。《易经》之面世乃划时代之创举，从此古人认识到有必要将预测未来的种种成果记录在案，传诸后人。西周以后，《易经》广为流传，成为运用卦画符号预测未来者必读的“未来学”经典，同时也是指导众人怎样预测未来、预知未来和预期未来的“未来学”范本。

① 高亨：《周易大传今注·自序》。
② 朱伯崑：《易学哲学史》上册。
③ 李镜池：《周易通义》。

二

《易经》作为古人的“未来学”同今人的未来学比较，当然有一些相似或相通之处，除了皆以怎样预测未来和展望前景作为思考的中心课题外，还包括三项共同的原理：一是连续性原理。这是当代未来学家探讨“未来”时普遍认同的第一条原理。它的要点是了解“过去”是预测“未来”必不可少的根据。“过去已有的条件将延续到未来”，这是未来学家的信条之一。历史学家常说，回顾过去的历史能帮助我们展望未来的前景。未来学家表示赞成，同时还补充说，了解过去主要是为了预测未来，我们关于“未来”的种种猜测，需要依靠“过去”提供的丰富资料。历史学家和未来学家都肯定连续性原理，不过两者研究的重点各不相同。历史学家的注意力集中于描述和解释“过去”，而未来学家的兴趣却指向探索和预测“未来”。后者强调，历史主要的功能是作为预测的原材料，人们以此为据，可从中作出对未来的估计。未来学家的格言是：“追溯过去其主要价值是能展示未来。”比如，1968 年发现 DDT 减缓了海洋生物的光合作用，然后又回顾了各种化肥、农药、工业废水向江海倾泻有增无减的情况，生态学家兼未来学家们预言近海将出现生态的大灾难。不幸言中了，70 年代之后，近海生态之灾日益严重。①

前文曾提到，由于对《易经》的性质有不同的看法，在易学界引发了“筮书”和“史书”之争。我想两种观点并非如水火之不相容，可以找到使两者汇流的渠道，这条渠道就是连续性原理。隐含在《易经》卦辞爻辞中的连续性原理，只有经过仔细辨析才能找到它的行踪。灭殷兴周的历史过程，布满了诡谲的风云变幻。文王、武王、周公旦等周族的当权者采取重大行动之前，按惯例总得用蓍草或卦画符号等工具占筮一番，预测前途的利害吉凶和得失成败，根据或参考占筮结果制定军政方针，作出相应的行动决策，事后还以行动的实际效果去检验占筮的结果。六十四卦辞和三

① ［美］托夫勒：《未来学家谈未来》，第 2－3、50－51、116、129 页。

百八十四爻辞都是“一箭双雕”，既是殷周换代之际周人的占筮结果与验证结果的记录选编，又是证实占筮结果的历史行为与历史事件的记录选编。两种记录合二而一，是“筮”还是“史”？很难分清。因此，《周易》在历史材料和预测未来之间搭了一座桥，使得探察行动前景的“筮”和检验卜算结果的“史”有了连续性。

《易经》成书之后情况又如何呢？假若问卜者想做某件事，为此卜了一卦，遇到了某卦某爻，于是按该卦辞或该爻辞去预测其结果的吉凶祸福。从卜卦预测中怎样体现连续性原则呢？不妨举一例来说明这个问题：某问卜者筮遇坤卦䷁六二爻（“二”表示坤卦六个爻中从下往上数的第二爻，“六”表示该爻是阴爻），其爻辞曰：“直方，大，不习，无不利。”高亨主张《易经》是“筮书”，他认为该爻辞有两种解释：其一，“……方舟以渡，不易倾覆，虽不习于操舟之术，亦不致有陨越之虞”。其二，“……人据坚固之势，虽非干练之才，亦无往不利”[①]。李大用主张《易经》是“史书”，他说，该“爻辞意为：值此敌邦强大时（‘值方大’应连读），我不袭击无不利（‘习’通‘袭’）”[②]。李设定的前提是“坤”、“乾”、“遁”等卦表述了如下的历史内容：“‘文王杀季历’、帝乙‘二年、周人伐商’，失败后……积蓄力量。”[③] 我以为两种解释可以互补，坤卦六二爻记录的既是殷商末年周人的“筮”，也是周人的“史”。

立足于前人的“筮”，问卜者以该爻辞为据即可预见到，按预定目标去做某件事，只要像“方舟”（并船也）渡河一样，稳稳当当地行事，虽然自己能力有限，也会无往而不利。于是，“过去”占筮的结果同预示“未来”的前景之间有了连续性，这就是《易经》为卜卦者提供的一种相当古朴的连续性原理。立足于往昔的“史”，问卜者以该爻辞记述的史实作为参考系，也能有所预见。自己今后的处境恰似当年小邦周国面临大邦殷国，敌对一方或竞争对手如此强大，还是小心谨慎为好。假若能以史为鉴，以后做事不冲撞对方，就能顺利地实现预期的目标。这样，“过去”的历史格局同问卜者“未来”的景况之间就有了另一重连续性，这是

① 高亨：《周易古经今注》，第10、7页。
② 李大用：《周易新探》，第46、45页。
③ 同上。

《易经》为卜卦者设定的另一种同样古朴的连续性原理。依此类推，《易经》中的其他卦爻辞均可作如是的理解。“殷鉴不远”，先人留下了亦“筮”亦“史”的记录，可供后人预测未来时作根据或作参考。后人可参考卦爻辞中“史”的记述，以往曾有过某种历史事件，引出了如此的后果，然后确定自己该怎么办。后人还能凭卦爻辞中“筮”的实录，从前人想做某件事，占筮显示出必将带来这般的后果，自己要不要做这类事情，答案不言而自明。

三

类推原理是当代未来学家公认的第二条原理。其要点是：以观察为前提，从已观察到某些事件不时重现出发，由此类推，这类事件将会促使另一些相似的事件在今后继续生成。有些未来学家对此原理作了进一步的阐发：如果我们观察到前后发生的几件相同或相似的事件即可进行预测，其后还会有其他事件出现，它们也将类似于现在观察到的那些事件。科学家、艺术家兼未来学者的约翰·麦卡尔认为，“随着文化传播设备的不断现代化”，一些“文化产品往往以彼此相关联的群体中的一分子再现”，接着类推到各种文艺作品，并作了预测。他说：“由于坚持各种艺术的大融合，艺术的单一性被否定了，得到肯定的只有一条，即拆除艺术和生活经验之间的所有藩篱。”①

《易经》的卦爻辞按中华古老的方式，暗示着可以运用今人称之为“类推”的原理去预测未来。毋庸讳言，卦爻辞自身包含的“引譬连类”和问卜者的“由此及彼”，均接近于“比附”或“类比”，即“类推原理”。有时候卦爻辞记录某些可观察的人文事件及其价值取向，问卜者可类推出众多性质相似和可能发生的人文事件，以及这些事件将会引发的利害祸福。比如问卜者筮遇履卦䷉的初九爻（由下往上数的第一爻，是阳爻）。爻辞云：“素履，往，无咎。”据闻一多考证，“素履”即“丝履”。

① ［美］托夫勒：《未来学家谈未来》，第2－3、50－51、116、129页。

原意是穿丝鞋前往（某处），必定步步小心，不会出差错。[1] 这本是生活中的琐碎小事，而问卜者可以引申生发，同自己想做的事和要实现的目标相联系。他可对该爻辞作这样的解释：今后办事应当像穿着高贵的鞋走路一样，务必处处小心谨慎，唯有如此，才能不出纰漏，办好事情，达到目标。

有时候，卦爻辞记录了某些可观察的自然事象，问卜者可以推想到许多可能发生和性质相通的人文事象，以及它们将会带来的穷通祸福。比方说，问卜者筮遇坤卦初六爻（阴爻）。爻辞云："履霜，坚冰至。"高亨说："履霜，秋日之象也。"[2] 属于秋冬季节自然事象的变化。高亨又说："谓人方履霜，而坚冰将至，喻事之有渐也。"[3] 该爻辞的内涵可从自然变化类推到与此相通的人事变迁。《周易·文言传》针对该爻辞曰："积善之家，必有余庆。积不善之家，必有余殃……《易》曰'履霜，坚冰至'，盖言顺也。"《文言传》肯定了爻辞涉及的季节变化，完全可以推广到"积善有余庆"和"积不善有余殃"等人事及其价值取向的变迁上去。同时该《传》还指出，问卜者遇此爻，今后要力求做到"顺"，顺其自然，不能违抗。《集触》引干宝之言云："阴气动关，则必至于履霜，履霜心至于坚冰，言有渐也。藏器于身，贵其得时，防祸之原，欲其先几，故阴在三泉，而显以履霜也。"干宝解释坤卦初六爻辞，不仅从季节推及未来的人事及其吉凶取向，而且谆谆告诫遇此爻之问卜者，"贵其得时"，"藏器于身"，"防祸于原"。

四

期望原理构成了未来学的第三条基本原理。这条原理的内涵是：人们总是按一定的预期目标去预测未来。预期目标既是进行预测活动的起点与动力，也是评价预测结果的重要尺度。许多西方未来学家均强调，在预测

① 参看王骧德《周易注解》，第63页。

② 高亨：《周易古经今注》，第10、7页。

③ 同上。

未来的活动中，预测者的愿望、期待、目的、理想等因素起着不可低估的作用。审视华夏各族的占卜活动，如瑶族的捣酒卜、扬簸卜，壮族的蚂蚁卜、青蛙卜，普米族、德昂族、佤族的鸡卜或鸡骨卜，蒙古族、羌族、彝族、纳西族的骨卜，汉族的扶乩，等等，均能发现设定预期目标是进行一切占卜活动的“内驱力”。古往今来，从传说中周文王为周族的命运而演“易”，到当代美国未来学家托夫勒探讨在“第三次浪潮”冲击下，全球技术、经济、政治发展的新趋势和社会形态演变的新转折，无不怀着强烈的价值目标去预测未来。所以，我认为“期望”或“预期”是预测未来的一个支点，也是未来学的一条重要原理。

憧憬着未来的问卜者，总要为自己、为家庭的未来，或者为社群、为民族、为社稷的未来，设立一些价值目标。希望今后的处境或际遇会好一些，能趋利避害，逢凶化吉，不至于每况愈下。追求某些价值目标是一回事，预期目标能否实现又是一回事。未来的人事变化及其价值取向不能凭一己的愿望去支配，伸向未来的价值目标能否实现更是一个未知数。未来事件的新格局是否有利于原定目标的实现？未来事件的价值走向是否会干扰达到目标的行动？有无可能同原定目标背道而驰？问卜者想预测或预知问题答案的迫切心情是不言而喻的。当代未来学家除了企图了解未来的前景之外，还想看看以后发生的事件和提供的机会能否实现自己或人们的愿望或理想。说到底，了解未来往往只是一种手段，测算今后能否达到或怎样达到预期目标才是研究未来的深层目的。世界未来学会主席 E. 柯尼施说：“我们的愿望在形成我们关于未来的观念中起主要作用。”他还说，在思考未来时，“也将利用我们自己的愿望，因为我们思考的一个主要目的就是判定真正使我们满意的是什么？从而采取行动得到它”①。

在《易经》成书的年代，周公东征，平定了管蔡助殷掀起的一场叛乱。为了一劳永逸地消除叛乱的根源，周公打算迁殷顽民于洛邑（即成周）。周师驻地在距洛邑不远的王城，可就近监视管束。怀着上述预期目标，周公前后卜筮了三次。《尚书·洛诰》云：“予惟乙卯，朝至于洛师。我乃卜问朔黎水（孔传：不吉），我乃卜涧水东、瀍水西（即王城所在之

① ［英］E. 柯尼施：《未来学入门》，第 85、75、76 页。

雲南文庫·学术名家文丛

地），惟洛食（吉兆）。我又卜瀍水东（即成周所在之地，殷遗民将迁此处），亦惟洛食（吉兆）。”三次卜筮之结果是：黎水不吉，王城与城周皆为吉兆。黎水不吉，带领殷遗民至黎水滨，殷人未出畿内，没有抵触情绪。关键两次卜筮均呈吉兆，殷人信服，周公迁殷顽民的预期目标可以达到。① 从《尚书》开始，按预期目的去卜筮未来的实例真可谓不绝于书。根据“卜用三兆”、“习二卜”的古老惯例，按预期目标一连卜筮六次，逢吉兆的几率很大，问卜者经常心满意足，为实现自己的愿望而信心倍增。《易经》卦爻辞中也有不少“凶”、“贞凶”、“吝”、“贞吝”、“有厉”等等非吉兆的记录。问卜者如果筮遇这类卦爻辞，只好忍痛修改或暂时放弃原订计划和预期目标。自有占卜以来，预期原理一直贯穿于其中，离开了它，既失去了进行占卜活动的推力，也失去了衡量占卜结果的准绳。

五

《易经》是古人之未来学，今人有自己的未来学。除了有共性之外，既然前者冠之以“古”，后者冠之以“今”，两者必有“古”、“今”之别。区别何在？我们将根据有关预测未来的哲学前提和方法论前提设计三道考题，让两种“未来学”各抒己见，两者的差异在答案中必能见出分晓。

“未来”是否“存在”？这是一个十分微妙的哲学问题或形而上学问题，《易经》的写作者未必能提出此等哲学问题，更不可能有明确的答案。不过这并不能排除他们对未来“存在与否”有一些潜隐的想法。《易经》和卜卦隐含的哲学前提是某种超自然超人的力量，如天帝、祖灵等能使“未来”显示于卦画和卦爻辞中，让问卜者能预知相关的前景。这是否意味着此等神灵能“看见”未来、“主宰”未来或者“创造”未来？假如神灵能清楚地“看见”未来的情景，至少“未来”对他们而言是实实在在的，是一种特殊的“存在”。假如神灵能随意主宰“未来”，那么“未来”或许早就“存在”了，任他们去“支配”、去“变更”，或者由他们重新

① 参看李大用《周易新探》。

安排。假如神灵能从无到有去“创造”未来，好像上帝创造亚当、夏娃和万物一样，那么“未来”原本并不“存在”，一经神灵创造之后，“未来”就先于“现在”而“存在”了。对问卜者来说，“未来”似乎并不“存在”，至少他们“看”不见，更谈不上“主宰”未来或“创造”未来。所以问卜者只能诚惶诚恐地进行卜筮测算活动。从遇到的卦爻辞中查询卜算的结果，祈求神灵、天帝将其先知、预见或支配、创建的“未来”，即那些早已“存在”着的今后之“有吝”或“无吝”，告知或暗示给问卜者。

当代的未来学家则与此相反，他们不承认“未来”成为“现在”之前就是“实在”的了。即使是未来学家中坚定的实在论者，肯定了“现在”的万事万物已经“存在”着，“过去”的万事万物曾经“存在”过，他们也不认为“未来”的万事万物超越了时间的进程，不知什么缘故早已“存在”了。E. 柯尼施指出：“‘未来’指尚未到来的时期，因而未来不存在。而且，即使在未来，未来也不存在，因为未来只是在它成为现在时才存在，到此时，它就自动停止成为未来。正如一句俗话所说，‘今天是你昨天担心的明天’。”①

否定了“未来事件”、“未来世界”的“存在”或实在性，未来学家用什么办法研究未来、预测未来和了解未来呢？第一，立足于“现在”，因为“现在是已经发生的事物和将要发生的事物的分界线”②。“过去”、“现在”和“未来”是连续的，割不断的。立足“现在”，就是立足于观察现实的事件或现在发生的事件，回顾现实事件如何从过去曾经发生的事件演化而成，然后考察和探测现实事件将会促使今后发生哪些新的事件。二是立足于“展望”，“未来”并不“存在”，“未来”不像“现在”和“过去”，“现在”是可观察感知的事实，它的面貌是实实在在的，“过去”是曾经观察过、感知过的事实，它的面貌也曾是实在的。至于“未来”，既看不见，也摸不着，不具有实在性，只能在思维中或想象中展望。“未来事件”只是展望着的可能发生的而并非实在的事件。预测未来就是估计或测算今后可能发生的并呈现在展望中的各种事件和各种价值取向。

① ［英］E. 柯尼施：《未来学入门》，第85、75、76页。
② 同上。

六

“未来”是否已经被“决定”？这是第二个也很深奥的哲学问题和方法论问题。其实质是：用决定论或必然论的观点去看待“未来”，还是用非决定论的观点去看待“未来”；肯定某些神秘力量或某些必然规律能决定“未来”的去向，还是否定有任何力量或任何必然性能决定“未来”的进程。

古代人们或原始民族之所以相信自然征兆和梦中景象能预示未来，占卜和算卦能预测未来，其根源是他们相信幻化成神灵、魔怪的超人超现实的力量有能力“决定”宇宙万物的生灭和人类的命运。这是最古老的“决定论”，可称作“神灵决定论”。殷人笃信“帝”或“天帝”，周人则信仰“天”或“天命”。[①]《易经》的卦爻辞虽然未曾明言“天命”，但天命观却潜伏于《易经》编撰者的理念之中。“天命”最早大约是指有人性的“天”或“天”的意志，禀赋着超人和超自然的力量。“天命”无处不在，无所不能，由他来“决定”世间的一切，主宰人类的命运。每个人的过去、现在和将来的遭遇，一生的寿夭穷通，均由“天命”主管，听任“天命”去安排。天命决定一切的观点可名曰“天命决定论”。

我们不能低估“天命决定论”的深远意义。凭卜筮和“筮书”预测未来，究其底蕴不过是窥探“天命”对未来的人事及其吉凶利害如何安排，对未来能否实现预定目标怎样裁决。《易经》的卦爻辞无非是预示“天命”对问卜者未来机遇、处境的告知，晓谕当事人眼下怎样决策，以后如何出处行藏，一言一行都要听取“天命”的忠告。上古时期的华夏文化创立了“天命决定论”，并用此论去解释自然、社会和人生等领域里种种事象的发生与发展。回溯“过去”和说明“现在”，探索“未来”和预测吉凶，也是以“天命决定论”作为“秩序论”的基石。毫无疑问，“天命决定论”融会贯通于“筮书”兼“史书”的《易经》之中，成为卦辞

① 参看冯友兰《中国哲学史新编》。

爻辞的哲学支柱。

殷周之际确有个别有识之士，对天命能决定人事和卜筮能显示天意深表怀疑。王充《论衡·卜筮》中记载了一则姜太公不信卜筮结果的故事。“周武王伐纣，卜筮之，逆，占曰‘大凶’。”太公推蓍蹈龟而曰：“‘枯骨死草，何言吉凶！’”《齐太公世家》也有类似的记述：“武王将伐纣，卜龟兆，不吉，风雨暴至，群公尽惧。唯太公强之劝武王，武王于是行。”姜尚敢于“推蓍蹈龟”，视卜筮为“枯骨死草，何言吉凶”，虽然难能可贵，但毕竟是个别实例。武王死后，成王继位，管蔡助殷反叛。周公在六十几句的《大诰》中九次引用龟卜之语，透过龟卜之吉兆充分肯定了“天命在周”。其中有一段话：“周宁（文）王遗我大宝龟，绍天明（命）。”它直接提到“绍天命”，足以证明“天命决定论”在华夏古文化和以《易经》为代表的“未来学”中的崇高地位。

早在原始社会，“神灵决定论”的观念就已出现，正是这类观念促进了神话和巫术，也促进了占卜的生成和进化。此后，随着人类文化的发展，各种形态的“决定论”先后闯入了宗教、哲学、历史和自然科学等领域。宗教里的创世说、缘起说、因果业报说和原罪说……哲学中性质各异的宇宙生成论和本体论，史学中种种历史发展的必然规律，自然科学中的经典力学和众多机械论的自然法则，全是“决定论”的产物。“未来”的领域也不例外，不论哪种信仰、哪类学科，凡涉及未来事件或未来世界者，无不援引某种“决定论”，此等观念真可谓根深蒂固。直到20世纪才出现变化，量子力学和海森堡的“测不准原理”的诞生、广义系统论和“突变论”的问世，逐步开创了“非决定论”的时代。不要误会，以为“非决定论”排斥所有的规律或法则，只留下“无序”和“混沌”。实际情况并非这样，它只否定企图说明“过去”、“现在”和“未来”的种种自然现象、人文事件和历史进程必然如此或一定会这样的那些规律和法则。世界和人类及其社会生活的发展历程，被某种意志、力量、目的或规律、趋势所决定，它不接受这类观点。“非决定论”所否定的，仅此而已。

当代西方的未来学以“非决定论”作为哲学基础和方法论支柱，未来学界的科学家已无人相信“天命论”和神的意志等古老的决定论模型了。多数人也不再采用形形色色的“必然论”，不再承认有决定自然界与社会生活的“过去”和“未来”的“必然规律”。他们抛弃了延续几千年的决定论哲学和决定论方法，不再靠这类哲学和这类方法去研究未来和预测未来了。不论是有神论抑或天命论的决定论，还是目的论抑或因果论、机械论的决定论，从古到今所有的决定论都不再是当代未来学家的哲学支点或方法论支点了。预测自然现象的变化，有时候还可以利用某些已知的和公认的自然法则；预测人文事件的发展，就很难找到普遍认同的必然规律。所以，当代未来学家时常把“机会”、“机遇”、“随机性”、“可能性”、“概率性”、“可选择性”等等概念引入未来学，作为研究和预测未来事件尤其是人文事件的概念工具。与此相对照，传统哲学或形而上学中常见的“绝对性”、“确定性”、“必然性”、“必然规律”、“必然趋势”等一类范畴，逐渐销声匿迹。用“非决定论”代替“决定论”在未来学界已经蔚然成风，“非决定论”为当代西方未来学奠定了全新的哲学和方法论基础。

著名的美国未来学家托夫勒撰写了《未来学家谈未来》一书，该书的序言很能说明西方未来学家非命定不变和非决定论的思想倾向。序言开宗明义：“今天的未来学家不是昔日的巫师、占星学家、手相家。他们并不宣称拥有未卜先知的能力，而且讨厌什么将发生，什么将不发生这类说法。只是致力于研究可供决策人考虑的一系列选择，强调未来是流动的，并非命定不变的。”①

七

“未来”是不是“确定”的？这是第三个同样玄妙的哲学问题和方法论问题。其要旨是“未来”可以具有充分的确定性，能展示出一幅毋庸置疑的图景，或者“未来”不过是一些机会，一些概率，一些可能性。

《易经》的哲学前提是“天命决定论”，在“天命”的支配下或先知中未来事件或未来世界早已发生，早已“存在”了。因此对“天命”而言，“未来”是完全确定的，它绝不是一堆也许如此的可能性，或者是一

① 参看托夫勒《未来学家谈未来》，第2-3、50-51、116、129页。

堆转瞬即逝的机遇。在《易经》编撰者的心目中，“天命”的必然性和“未来”的确定性本来是一脉相承、一环扣一环的，人们要想改变某些未来事件及其吉凶取向，单凭自己的能耐是做不到的，唯独“天命”有此神力，得由它经手去办，因为“天命”才是“未来”的确定者。

在“天命”那里“未来”有确定性，在普通人那里“未来”并无确定性，两者形成强烈的反差。后者没有控制未来或预知未来的本事，只好怀着疑惑忧虑的心情去看待自己的前途，他们心目中的未来变幻莫测，会发生什么事？是福还是祸？目标能否达到？全是一堆看不透、理还乱的未知数。不妨设想一下，假若“未来”在上古人心中是确定无疑的，又何必去占卜算卦，何必去编撰或查阅《易经》。反之，如果“未来”的一切在“天命”眼里也是一团乱麻，理不出什么头绪，问卜测算又有何用？编撰“筮书”也是多此一举。所以神奇的“未来”在“天命”眼里是确定的，在众人心中是不确定的。有了这两条，占卜才有意义，“筮书”才成了经典，问卜者才有必要通过卜算和卦爻辞去预测“未来”，了解“天命”对自己、家庭或社稷今后命运所作的确定无疑的安排。

“未来的确定性”，不再是当代未来学家追求的理想了。他们放下了“未来已经存在”这类形而上的命题，抛弃了因袭的“决定论”模型，当然也不去奢望未来事件和未来世界会有什么“确定性”。他们从形而下的非决定论起步，把“未来”尤其是未来的人事和未来的社会，交给“不确定性”去管辖。法国未来学家德儒内尔说得不错：“过去是事实的领域，对此人们无能为力，但它也是可知的事实领域……原则上是可检验的。相反，未来是不确定事情的领域，对未来事件不能用像对待已完成事实一样的方式去证实和检验。”① 古人对未来的祸福忐忑不安，而《易经》却用深信不疑的语句预示问卜者的前途“有咎”或“无咎”的确定性。今日的未来学家却不再用《易经》的口气谈论未来的图景了。他们认为“未来”不是命定的而是游移不定的，所以不论是谁预言未来都没有十成把握，作家兼预言家亚瑟·克拉克颇有感慨地说：“预言一直被认为是一桩

雲南文庫·学术名家文丛

① 参看托夫勒《未来学家谈未来》第2-3、50-51、116、129页。

冒风险的买卖。”①

当代未来学家展望的“未来”，常常是一些概率或机遇，通向今后的路途上有许多可供选择的偶然性和随机性。广义系统论者拉兹洛的立论很精辟，他认为，当一个自然系统或社会系统出现巨大的“震荡”或巨大的“涨落”时，这些系统就会从“平稳态”进入非平稳的阶段。此时，系统进化将从有序状态转化为混沌状态或无序状态，并出现各种“分岔”或“汇流”的随机性演化方向。未来学家同广义系统论者一样，也预计到各种自然系统和人文系统通向未来的发展过程中，将会出现种种随机性和概率性，出现众多可供选择的机会。未来学家们决不充当诸如先知、预言家、占卜者之类的角色，他们不会宣告今后必然发生什么，或今后一定不可能发生什么。他们的任务是为解决大范围的社会、经济、政治、科技、生态、能源以及其他领域的前景问题作出估计。估计一下各类相关事件，其发生的可能性如何，发生的概率有多大，然后设计几幅大概率的前景图，或者研究和编写可供决策者考虑或筛选的方案。这是当代未来学和古代未来学最大的不同点。

人类的预测活动永无休止。从《易经》到当代未来学跨越了三千年的历史间隔。潜伏在古今未来学中的哲学和方法论的内核也经历了沧海桑田的巨大变迁。这样的变迁轨迹对预测哲学理念和方法论构想的未来走向，也许能提供一些有益的暗示和启迪。

1993年8月

（本文原载《思想战线》1993年第6期）

① 参看托夫勒《未来学家谈未来》第2－3、50－51、116、129页。

比较哲学和比较文化学

——哲学和文化学比较研究的方法论构想

比较哲学是一门新兴学科，一种新的研究方法，近年来在海内外已有长足的发展。民族不同、文化有别、旨趣归趋迥异的哲学理论、哲学思维和哲学史，一旦进入比较领域，其相同面和相异将会纤毫毕现。研究者既可追溯形成差异的根源，梳理各自独立演化的历史脉络，亦可探索几个不同的哲学系统相互碰撞、相互渗入的内在机制和具体进程。比较哲学具有某些有别于哲学通史或哲学的特殊职能，它往往能在哲学领域中有新的发现，获得新的见解。

比较研究的各个领域中，比较文化学的涵盖面极为辽阔，涉及内容极为丰富。辨析和判定古往今来和东西南北各种文化圈与诸文化现象的异同，是比较文化学肩负的重任。各个民族的审美和美学、道德和伦理学、法律和法学、宗教和宗教学等等人文事象与人文学科，在各自领域内的比较研究都可以同广义的比较文化相互沟通。那么，比较哲学和广义的比较文化学之间，能不能架起一座桥梁，沟通哲学与文化的关系？这是我们要探讨的中心问题。如何解决这个问题，本文试从方法论的角度提出一种理论构想，以求教于方家。

一　哲学思维的文化客体

先谈谈哲学思维的思维客体方面的文化属性问题。

首先，可观察的外部世界是哲学思维的重要客体。哲学家的理论思维同其他理论思维一样，也得面临观察和感知着的宇宙万象，去解决由无数观察（含感知）事实组成的观察世界或外部世界中的种种疑难问题。不同之处在于，后者关心的是外部世界的一个侧面，要解决的是那个侧面中的问题；前者关心的是它的全局，要解决的是全局性问题。外部世界进入哲学思维之后，就转化为它的思维客体的重要组成部分（心理世界是另一组成部分），即哲人思考着的客体世界的重要部分。

其次，可观察的外部世界中的自然事象和人文事象，是哲学思维不可或缺的两类客体。就可观察的外部世界而言，既包括未经人类实践加工的自然界种种可见可闻的事象，还包括人类自身的种种同样可见可闻的行为和人类加工过的物品。一般地讲，前者是自然现象，同文化因素没有直接关联；后者是文化现象，无不印上了各种文化性的标记，分属于不同文化模式。

最后，可体验的内心世界是哲学思维的第三类客体。除了外部的观察世界之外，人自身的内部世界，即由难以直接观察的冲动、感情、意愿、见识等等体验事实组成的体验世界或心理世界，也是哲学理论思维和某些其他的理论思维（如心理学家和思维学家的理论思维）经常涉及的思维客体。这一类思维客体的组成要素，既源起于人类的自然本性又是在特定文化环境中孕育而成，离不开文化模式的规范，总是呈现出浓重的文化色彩。

以上列举的哲学思维客体的三大组成部分，可概述如下：(1) 观察世界里可观察感知到的自然事象；(2) 观察世界里可观察感知到的人文事象或文化事象；(3) 体验世界里体验到的人文观念或文化意识。三者之中，除第一项来源于“纯粹”的自然现象，即来源于同文化因素无关的自然界之外，二、三两项都说明了哲学思维的思维客体同各种文化因素有千丝万缕的联系，在整体上具有鲜明的文化属性。不难看出，哲学家的理论思维同其他人文科学家的理论思维很相像，二者的思维客体经常由外部观察的文化事象和内部可体验的文化心理组合而成。

二　哲学思维的文化主体

再谈谈哲学思维的主体方面的文化特性问题。

第一，哲学思维的思维主体是“文化人”。哲学家和哲学爱好者总是生活在一定的文化环境中，他们像普通人一样有情感、愿望与观念，从小就受到各种文化因素的熏陶与规范，因此常常按照某种文化方位去审视宇宙、社会、人生和人的内心世界。尤须注意的是，哲人进行哲学思考、解决哲学问题和建构哲学体系绝非无的放矢，而总是为了追求和实现某种价值目标。印度佛教哲学倡导普度众生使其出离苦海；儒家学派高扬施仁政、行王道，向往太平盛世；古希腊哲学标榜爱智、求知，追溯世界生成的原因；诸如此类的价值目标无不深深植根于文化土壤之中。进言之，古今中外的哲人总是为自己的哲学思维规定了独特的任务，如像解答宇宙万物的本原问题，说明某些道德准则的形上根据问题，阐释某类宗教信条的本体论基础问题，或者分析知识的来源问题和构成问题。任务方面的歧见也就暗示出价值目标的分野，这样的分野必能在不同文化氛围中找到相应的渊源。不可否认，确实有一些颇富创见的哲人力图超越某种文化圈因袭的价值观念，或者奋勇冲决同一文化圈里传统的行为规范。然而，即使是这些先知先觉者也未必能跳出代代相传的文化樊篱，因为“超越”也罢，“冲决”也罢，都是针对既定的文化模式而发，又为该文化模式的进化或更新增添哲学的推动力的。如此看来，哲学理论思维的思维主体首先是“文化人”，生息在特定文化环境中的“文化主体”，而且是集中概括文化圈里的某些价值目标的“价值主体”。

第二，哲学思维中的文化主体和自然客体之间的关系。前文曾经提到，“纯粹”的观察事实和观察世界是进入哲学思维活动的思维客体的组成部分。所谓“纯粹”的观察世界，是指未经人类实践加工过的、不渗入情感、愿望等等心理因素、单凭观察感知去把握的那个自然界。其实，这种“纯粹”的自然界或“纯粹”的物理世界，不过是自然科学家尤其是哥白尼、伽利略、牛顿等等古典物理学家预设的研究对象，是一种在自然科学家的理想中“净化”了的思维客体。之所以加上“预设”、在理想中“净化”等字样，其道理很简单：自然科学家也是一定文化圈里的“文化人”和价值主体。因此他们经常受某文化心理的影响并透过一定的文化视角，去察看形形色色的自然事象。

对哲学家而言，观察和思考着的自然界更不可能有什么“纯粹性”。从上古时代算起，东西方就有不少哲人总是想方设法将那些经过文化模式规范了的信仰、德性、人伦、人格等等文化意识因素，以及是非、善恶、美丑等等价值观念，逐一投向整个的自然界或部分自然事象，使后者获得了文化与价值的属性，从而丧失了它的“纯粹性”。比方说，中国西周以来形成的“以德配天”论，《易传》提出的“天行健，君子自强不息”等等命题。古希腊的柏拉图创立的“理念”说，古罗马的普罗丁构造的“流露”说，把包括自然事象在内的世界万物看成是上帝自然流露的结果。古印度的佛陀及其门徒讲解“四谛说”和“因果业报”论，将自然界的飞禽走兽跟人类连在一起都纳入因果业报的轮回之中。上列先哲作为“文化主体”，进入其思维活动的种种自然事象，岂能不留下古华夏文化、古希腊文化、古罗马文化或古印度文化深厚的积淀。

哲学家及其哲学理论思维，从古至今都不可能悬搁在超文化或非文化的真空地带。无论是进入哲学理论思维的思维客体和思维主体，还是进入哲学思维后使两者合二而一的主客关系，全都接受了地域文化或民族文化的洗礼。哲学思维进入其主客结构，不但留下了历史上特定文化背景的深刻影响，有时候哲学思维及其主客结构还跟随某种文化圈的变迁过程，促使自身改变原有的定式，或者参与某些文化圈的融会进程，吸收相邻文化圈中的哲学思维方式。由此可见，哲学和文化、哲学思维及其主客结构和相应的文化传统、文化环境之间的关系是何等密切！

三　广义文化的三个横向层面

哲学思维和哲学理论不但在总体上受文化传统与文化环境的制约，如果向深层探测，必能发现它们本来就是一种特殊的文化现象，哲学思维和哲学理论既是一种跨民族的文化现象，又是一种具有民族特色的文化现象。为了测定哲学思想或哲理文化在广义文化领域中占有何种位置，起什么作用，有必要对文化系统及其宏观结构和相关层面作一番剖析；另一方面，为了从理论上沟通哲学和文化学、比较哲学和比较文化学，也有必要对广义文化系统作一些分析，尽可能为何者是广义文化设计一个构造性的理论模型。

广义的文化，是一个包罗万象的大系统。就这个系统的基本结构而言，大体可分为三个横向层面和三个纵向层面。所谓“横向”与“纵向”之分，是为了陈述方便而设定的。三个横向层面包括：器物层面、行为层面和观念层面。

（1）所谓器物层面，是指经过人类在生产劳动中加工、制作或创造的一切可观察感知的实物或产品。这些实物和产品都是按特定的文化传统和文化规范制作而成的，它的设计者、生产者和使用者都是生活在一定文化环境中的“文化人”。因此，文化的实物层面构成了器物性文化或实物性文化。

（2）所谓行为层面，是指人的实践活动、人的行为和行为方式，以及各种生产性和非生产性的操作动作。生活在一定文化环境中的人，其实践活动、行为方式和操作动作，总是指向一定的价值目标。表面上似乎每个人都可以任意选择他们追求的价值目标，实际却远非如此，这些目标总是在一定的文化模式的制约中设定的。群体里的个人行为一般都牵涉到人际关系和人际利益。在文化共同体中，各种人际关系和人际利益是大体确定或约定俗成的，所以，人们的行为模式也有了相应的文化规范。操作动作是按程序进行的，各种程序在文化共同体中也是被认同的，因此，文化的行为层面构成了行为性文化或实践性文化。

（3）所谓观念层面，是指人的思维活动，通过思维活动形成的各种观念，以及作为观念组合的神话传说、文学、艺术、宗教信仰、道德准则和理论体系等等。特定的思维、观念、观念组合、理论体系，都是在相应的文化模式中孕育和萌生的，都在不同程度上成为文化共同体的共识。不言而喻，人的观念经常是文化性的观念，文化的观念层面组合成观念性的文化或思维性的文化。

文化结构中的三个横向层面之间的关系错综复杂，相互依存，相互制动。比如，器物层面中的许多实物是生产实践的产品，因而与实践性文化有关（包括某些具有文化性的自然物在内），同时还凝结和显示着使用者印上了文化标记的观念。又如，行为层面一方面作为生产者的行为，加工制作各种产品；另一方面又作为使用者的行为，消费和利用各种劳动产品和其他实物。行为的道德规范和劳动的操作程序都有思维活动的参与，并通过思维活动铸造各种观念；反过来，道德行为和实践都得接受观念层面的约束和指导。

四 广义文化的三个纵向层面以及纵横两层面的交错关系

文化系统的三个纵向层面包括：（1）技术和工具的层面，构成了技术文化和工具文化；（2）符号和语言的层面，构成了符号文化和语言文化；（3）制度和管理的层面，构成了制度文化和管理文化。对三个纵向层面和三种纵向文化，本文不再加以阐释，只求点到为止。然而有必要指出三者的划分只有相对意义，因为它们是互渗互动的，可以互相包容、相互置换。例如，从广义符号学来看，许多类型的生产工具和其他性质的工具皆可成为符号的形式并获得符号的意义。技术性的操作动作也可程式化、符号化。不仅如此，制度化的道德礼节、宗教仪式、节日庆典等均可逐一地符号化，生成神圣的符号系统。等级制度中的起居饮食、服饰装束、车骑舟楫等等作为阶级、权位、财富和职务的标志，更是日益具有符号的特征，演化为不可僭越的权威性符号系列。又如，从广义工具论来看，众多符号都具有工具性的文化功能，或者可当作工具来使用，或者视其为能获取各种特殊效应的工具。再如，从广义制度论来看，交通工具之类的工具系统，如果作为权力、财富、地位、职务标记之类的符号系统，就有可能严格地制度化，于是权力占有或财富占有的不同等级又外加一套符号标志，越发不容互相混淆。

文化结构的三个横向层面和纵向层面之间并无严格的分界线。两个层面系列往往纵横交错、唇齿相依，形成我中有你、你中有我的格局。(1) 工具—技术文化与三个横向层面的联系。工具大多数是实物，工具性文化与器物性文化部分外延相互交叉，自不待言。制作工具和其他物品的技术，贯穿在技术性的操作行为之中，技术性文化和行为性文化息息相通。工具的制作和技术的操作形成了相应的观念，同时又由观念来指导，技术性文化与观念性文化必定互相渗入、相互为用。(2) 符号—语言文化与三个横向层面的联系。符号和语言一般都具有物化的形态。符号的制作和创造离不开技术性的操作行为，语言的使用也是一种传播行为。符号和语言的创造与使用，也可视之为一种行为性文化。观念必须用行为形式或符号语言形式来记述和识别。反过来说，观念又构成了符号的意义、词句的意义和行为的意义。即使是作家艺术家的审美—艺术思维，也不能同艺术家使用的形象化符号或文学家使用的语句符号相分离。科学家哲学家的理论思维当然离不开概念符号和语句符号，所以，符号和语言是观念性文化和思维性文化必不可少的载体。(3) 制度—管理文化与三个横向层面的联系。制度中的权力象征、财富标志、等级关系和职位区别，经常显现在符号性的实物之中，并使实物性文化获得了权力、财富、地位、职务之类的制度性文化的象征意义。同权力占有和财富占有相关的制度文化总是出现在涉及人际关系和人际利益的群体行为方式中，并成为制度化的行为规范，即制度性的行为文化。制度性文化的触角时刻伸向观念性文化的辖区，构成思维活动的重要内容。反之，扎根于制度文化中的各类观念又作用于前者，或者力图维护某种既定的权力结构和财富结构，或者促进变革现存的权力结构和财富结构。

五　哲学理论和文化系统中的价值观念层面

广义文化系统的总体框架及其横向层面和纵向层面的宏观立体图像勾勒出来之后，就可能圈定哲学理论、哲学思维在此图像中占有的席位。可以说，哲学理论是经过反复提炼、概括和升华的观念性文化，哲学思维是高度概念化、抽象化和程序化（或逻辑化）的思维性文化。像其他观念性文化的组成部分一样，哲学在文化的总体结构中与器物、行为等横向层面，以及技术、符号、制度等纵向层面，有割不断的联系，处在横向交互作用和纵向交互作用的关系网络之中。为了进一步测定哲学理论和哲学思维在观念文化层面上的精确位置，还需要对观念性文化的分布与构成作一些梳理。

文化的观念层面主要涵盖四种类别的观念，即求知的观念、德性的观念、信仰的观念和审美的观念。上述四组观念皆同源于人的本性的精神性需要，都是为了满足民族群体及其文化传统的深层需要而逐渐形成的价值观念。对此可以作出分别的表述：（1）为满足求知需要而确立的价值观念，即关于知识、理论和科学的价值观念。（2）为满足德性需要而确立的价值观念，即关于伦理—政治或道德的价值观念。（3）为满足信仰需要而确立的价值观念，即关于神祇和宗教教义的价值观念。（4）为满足审美需要而确立的价值观念，即关于美和艺术的价值观念。于是在观念性文化的层面上又衍生出四个主要的观念文化的类别，可称为科学性或知识性文化、道德性或伦理政治性文化、宗教性文化和审美性文化。萌生于创世神话的原始哲学观念，一开始就是一些有发生学意义和概括性很强的观念。哲学思维和由它建构起来的哲学理论，历来都是一种高度概括和高度抽象的观念性文化，占据着涵盖各种价值观念和提炼并聚合整个观念性文化层面的特殊位置。

不同民族、不同地域的文化圈对其观念沉淀中的四种价值观念和四种观念性文化，并非是等量齐观的，经常有所侧重，突出其中的一种；或以宗教、或以道德、或以知识（一般地说不可能是审美）作为观念性文化的重心，其他的价值观念或观念性文化则处于依附或从属的地位。以儒家为代表的中国传统文化的特色之一是道德价值或伦理政治价值在观念性文化中一枝独秀。科学知识的价值、宗教信仰的价值和审美艺术价值等，经常处于从属地位或相对次要的地位。古印度文化、古希伯来文化和欧洲中世纪文化等，与中华传统文化截然不同，宗教信仰或宗教价值在它们的观念性文化中居于至高无上的席位，求知、道德、审美等价值观念全部沦为仆从附庸，只能向诸神、梵天、耶和华或上帝顶礼膜拜。

在某些文化圈中，也会出现两种或三种价值观念同时作为观念性文化的基石，造成双峰对峙或三足鼎立的局面。二者或三者之间，有时交替消长，此起彼伏，有时先分庭抗礼，最终可能实现妥协，两类或多元价值观念携手并进，通力合作。古希腊文化的独特之处在于，一方面普遍信奉多神的宗教，崇拜宙斯、阿波罗诸神；另一方面强调爱智与求知的重要性，智者哲人受到人们的尊重。信仰价值和求知价值并行不悖，几乎各有自己的地盘。西欧文艺复兴之后的文化圈，既继承了源于古希伯来的基督教文化的传统，信仰上帝，推崇宗教价值，又继承了源于古希腊爱智的传统，追求真理，高扬科学知识的价值。二者各树一帜，正如培根提出的“二重真理论”：一是哲学真理，一是神学真理。前者来源于自然之光的照耀，后者则来源于对上帝的启示有所感悟。到了当代，西欧和北美的文化圈在观念性文化中出现了三根支柱：信仰上帝的观念，标举法治的观念，以及提倡科学知识的观念，三者各司其职，携手合作。宗教价值和由宗教规范的道德价值为一方；法治以及受它制约的法律价值和政治价值获得了独立地位成为另一方。知识的价值和科学技术的价值摆脱束缚，无须依附于宗教与政治成为第三方。在观念性文化的层面上，形成了三分天下的局面。不言而喻，不同文化圈和不同民族文化中的观念性文化，其价值取向的差异十分明显。此种差异势必会直接影响从各个文化圈和民族文化中发育萌生的哲学观念，以及日趋完善的哲学思维和哲学理论。

六　建构哲学理论的几条基本原则

从文化模式看哲学理论，是本文立论的第一个走向。下文将逆向而行，回过头来，再从哲学理论看文化模式。由正向转为逆向，将形成一个立论的大回合。画完了这个圆圈，才能展示出哲学与文化、比较哲学和比较文化学的交互作用和双向关系。

人类的哲学观念和哲学思维之所以逐渐萌芽，并同别的观念和别的理论思维拉开距离，不仅仅由于前者跃入了本体界或形而上的殿堂，而后者则在现象界或在形而下的世界里徘徊。两者分野的根据应当另行寻找。中外历代哲人的思维活动及其营造的理论框架，大体上都趋向或遵循几条基本的原则。

第一条是进行统一思考的原则。哲学家将宇宙、社会、人生诸多领域中的观察事实或物理世界和体验事实或心理世界尽收眼底，进行统一思考。统一思考的涵盖面横跨自然界和人文圈或文化圈两大王国。每一种文化成熟之后，都需要在观念层面上提炼出一组哲学观念。通过自己的哲人登高望远，极目世界，俯瞰自身，整合万象，把一切都纳入思考的视野。就文化圈而言，思考的全方位意味着贯通文化的各个层面，统摄各种价值和价值观念，统摄各种知识和知识体系，开掘潜隐在文化底层的各个民族的精神特性。

第二条是建构总体秩序的原则。从统一性思考出发，历代哲人需要为统一的自然界和文化圈、统一的价值系统和知识系统，寻找或构造一套总体性的秩序网络或规律体系。然后凭借这些总体的秩序和规律去阐明种种可观察和可体验的自然事象、人文事象和心理事象，使其发生和演化具有某种必然性、确定性与合理性。的确，成熟的民族文化与凝聚民族精神需要依靠自己的哲人，从总体上把貌似混沌的大千世界梳理得井然有序，为宇宙万物和文化自身的价值奠定有序性和规律性的基石。

第三条是寻求共同本原的原则。联系一、二两条原则，历代哲人还力图寻找和求索统一的自然界和文化圈及其内在的秩序网络的共同本原。大体上可以将众多“本原”理论划分为三个层次：（1）有神论的创世的本原，或者是无神论的发生的本原和构成的本原。（2）事物的本原或价值的本原（道德的本原），或者是知识的本原。（3）可能在形而上或本体论中确认创世、存在、德性或真理的本原，也可能在形而下领域里阐明事物、道德或知识、语义的本原。建成了有秩序和规律的理论框架并不能使哲学思维到此止步，先哲们还希望为它们寻求创世的或无神的本原，进而作出形而上或本体论说明，使自然界与文化圈里既定的秩序稳如磐石，或者使变革现存的人文秩序有了可靠的依据。

第四条是确认终极价值理想的原则。这条原则也是不可或缺的，这同前三条原则的关系是相互依存、相辅相成的关系。哲学理论不但要在总体上说明世界万象，概括出一套完整的秩序网络和认定某种一元化或多元化的共同本原，而且要张扬某种统一的价值理想，并贯穿在秩序网络和共同本原之中。反过来说也无不可，哲学理论往往有自己的追求、自己的指向，需要树立某种终极的价值理想，并以此为起点，从总体上阐明森罗万象的来龙去脉、内部联系和本体论根据。

七　哲学中的价值理想和三大哲学类型

在不同文化模式中，哲学思维和哲学观念对四种价值观念和四种观念性文化不采取平分秋色的态度，而是经常选择符合民族精神的由求知、信仰或德性这三项中的一项，作为价值观念的重心和观念性文化的内核，并用它来规范哲学理论体系的价值取向和价值目标。然后以此为根据，中外历代哲人分别构造出形态不一、内涵迥然有别的三大类型的哲学理论和范畴系统。

第一类哲学可统称为知识型哲学，即以求知价值观念为支点的哲学模型。从古希腊文化土壤和民族精神中萌芽的哲学，尤其是古希腊早期的米利都斯学派，赫拉克利特、爱利亚学派，毕达哥拉斯学派和原子论学派的哲学，大多属于以掌握自然界或宇宙万象的整体性知识为理想，或者以追求有关“存在”的本原性知识为理想的知识型哲学。以西欧多民族的文化圈为背景，步入文艺复兴之后，西欧哲学从关注知识的对象到关注认识的主体，出现了一大转折。经验主义和理性主义几乎同时登上了历史舞台，诸多重要的哲人中，培根、笛卡儿、洛克、贝克莱、休谟等大哲建立的内涵各异的体系，从主流上看，均可归属于典型的知识论哲学或以认识论为中心的哲学体系。这些知识论哲学，主要以探索知识本身的来源、构成和限度以及确定衡量真理的标准为己任。在知识型哲学中，各种价值和价值观念全是认识的对象，均可进入知识的领地。

第二类哲学可称之为宗教型哲学，即以信仰价值或宗教观念为支点的哲学模型。由古印度文化和民族精神培育而成的婆罗门经典中的哲学观念，为阐释小乘佛教和大乘佛教的教义而制定的哲学理论，由希伯来文化模式和民族精神中萌生出来的基督教《旧约》和《新约》里的哲学思想，以及欧洲中世纪的经院哲学……均属于宗教型哲学。由上古哲学化的宗教观念演变成的宗教哲学理论，几乎全是为了论证现实世界的虚幻性或世俗性，论证理想化的彼岸世界的真实性和超越性。在历代宗教哲学家的笔下，此等论证日趋细密精致，愈来愈哲理化和体系化，欧洲中世纪的经院哲学与印度中世纪的法相唯识宗的哲学可作为其代表。在信仰主宰一切的哲学理论中，日常行为的道德内涵只能用宗教的信条来规定。纯粹的知识或者毫无价值，或者完全隶属于宗教的教义，其价值仅仅是为解释和强化神圣的宗教信仰提供忠诚的服务。

第三类哲学名之曰道德哲学，即以道德价值观念或伦理—政治价值观念为支点的哲学模型。中国古代儒家学派的哲学理论就其主导倾向而言，可归类于道德型哲学或伦理—政治型哲学。从先秦儒学到宋明理学和心学，历来十分关注由家庭到普天下的长幼尊卑和上下等级的伦理—政治关系。蕴涵着中华民族精神的儒家哲学运用“仁”、“义”、“礼”、“忠”、“恕”、“孝悌”以及“和”、“中庸”等理想化的道德范畴，还运用“三纲”、“五常”等具体化的道德尺度去强化、调节与黏合上述种种伦理关系和政治关系。儒家哲学倡导以“仁”、“义”为核心价值的内在人格修养，又用相同的力度标举以“礼”为核心价值的外在行为规范。同时，儒学的先哲还强调“内”与“外”的贯通，“仁”与“礼”的结合，即“知行合一”，“正心”与“践履”的统一。先哲们高扬的终极价值目标是从“正心”、“修身”起步，途经“齐家”、“治国”，直至“平天下”。经历几百年才能降临的，既是“内圣”又是“外王”的圣人兼王者就成了大儒们十分向往的最高价值理想。在道德型的终极目标的统领下，宗教价值和对天神的信仰，转换为对尧、舜、文、武、周、孔（孔子也被后人追封为文宣王）等圣人或圣人兼王者的崇拜。求知价值必得顺从道德价值，对世界万物的知识和知性之智当然要依存于对良知的领悟和德性之智了。

结　束　语

哲学理论及其范畴体系像一些敞开的窗户，透过这些窗户，可以扫描各个民族或民族共同体的文化形态和价值观的总体轮廓，尤其是可以洞察各种文化传统里的观念倾向、行为规范和制度特征，以及深藏于其中的价值理想和民族精神。如果我们解析一组本体论范畴，即可知晓相应的文化背景里的某些倾向，它是推崇逻辑程序和理论知识，抑或重视人格修养和伦理关系，还是否定人间万象标举彼岸世界；是力图树立知识理性的权威，或则树立道德良知的权威，还是树立宗教直觉（或领悟）的权威。假若我们考察一种道德哲学及其范畴体系，必可了解相应文化背景里的某些道德原则，是强调义务，抑或强调权利；是以个人主义为主，还是以集体主义为主；是倾向苦行主义，还是快乐主义；是倾向功利性，还是超功利；是推崇饱学的智者、稀世的圣人，或是预卜未来的先知；还能从中了解有关道德理想是如何设定的。深入一层又有新的收获，进而思考：上述道德哲学这样或那样设定的道德原则关注什么样的社会关系模式和人际行为规范，维护追求什么样的权力占有结构和财富占有结构。从诸如此类问题的答案中不难看出某一多民族文化圈或某一民族文化模式总体的世界观和价值观，以及对自然、社会和人生的某些共识。

由此推想，透过广义文化学的窗口去探索哲学思维和哲学理论的文化特色和文化内涵，或者透过哲学的窗口去考察凝结或沉淀在其中的文化形态，是一种可行的研究方法。进一层而言，将比较文化学和比较哲学串联起来，根据对异时异地的文化模式的比较研究，去解释和对比与此相应的哲学思维和哲学理论的不同特色；反之亦然，通过对异时异地的哲学思想的比较研究，也可辨认出隐含在其中的异时异地的文化差别。这未尝不是一种很值得一试的“双向”比较研究方法。再跨一步，从文化变迁中去察看哲学的变迁，从文化传播过程去察看哲学传播过程。换个方位，从哲学的变迁去察看文化的变迁，从哲学传播过程去察看文化传播过程。由此出发还可以引申出如下的假设：吸收某种外来文化（比方说，某种外来的技术文化），不太可能将它的哲学思想或其他的观念文化长期拒之门外。同理，引进某种外来的哲学思想，实质上就是引进了一种外来的文化现象，其他相关的文化现象很可能接踵而至。这种双向往复的比较研究方法，愈来愈吸引研究者去不断尝试。

当然，研究文化学、文化史和比较文化学的方法，研究哲学、哲学史和比较哲学的方法，都是多种多样的和多元化的，在方法论上决不能搞

"只此一家，别无分店"。上面提到的比较哲学和比较文化学双向往复的研究方法，只是多元方法中的一"元"。我相信，如果这种研究方法运用得当，何愁无所收获。通过比较哲学的路径将拓展出比较文化学的一番新景象，同理，通过比较文化学的通道也将在比较哲学的领域开辟出一片新天地。

1992年12月

（本文原载《思想战线》1993年第2期）

物理场论对哲学思考的提示

“场”（field），首先是一个由理论物理学界提出的物理学范畴，经过移植才进入当代哲学的范畴之林。物理学家对各种“场”作了深入的研究，建造了名目繁多的“场论”。此等物理学的“场论”，也从方法论上给当代哲学界以不少有益的提示。于是，有的哲学家干脆以“场”充当其哲学体系的核心范畴，而且命名其哲学体系为“场的哲学”或“场有哲学”。“场”成为哲学范畴之前，其范畴原型毕竟来自理论物理学；“场论”闯入哲学领地之前，也是归物理学管辖的。因此，在本文各相关部分，有必要对物理学的“场”和“场论”作一番追本溯源的巡视。同时通过“巡视”，就物理学的“场”与“场论”为当代人的哲学思考提供哪些重要的提示，逐项进行简明扼要的分析与阐释。

一

物理学家描述与解说的“场”，只能是“物理场”。“物理场”是物理现象和物理事件组成的“场”，是无数物理事象置身于其中的“场”。“场”与“粒子”是当代物理学家常用的两个重要范畴，所以他们往往从区别“场”与“粒子”的不同特性入手，对“场”或“物理场”划出相应的界限。“场”是相对于“粒子”而言的，“场”与“粒子”是统一的物理事象或物理世界的两种基本形态。或者说，二者是物理学家对统一的物理世界图景作出的两种描述与界定。“场”是对物理事象或物理世界的连续特性的说明，“粒子”是对物理事象或对物理世界的断续特性的说明。有关物理场论的理论模型称为“场论”。用最简括的话来说，不同类型的场论是关于相应物理场的性质、相互作用与运动过程的理论。各种场论的共同之处是，强调物理场中“力”之间的相互作用，或者与“力”有关的物理事象之间的相互作用，以及这类相互作用关系的连续性或连续过程。通过物理学“场论”的界定，凸显出了“物理场”的两个最主要的特性：一是“相互作用”；二是相互作用的“连续性”。

哲学思考从物理场和场论的界说中获得了第一个与方法论有关的提示：将“相互作用及其连续性”的观点引入哲学领域，并进行全面的拓展与全面的深化。物理学家描述的“场”，是相互作用的“场”，“场”中的一切均处在相互作用关系之中。此处所说的“相互作用”，不仅指对偶的、对应的或对立的二极之间的相互作用，而且指多元之间、多维之间或多极之间的交互作用。“相互作用”是场论中极为重要的范畴，不妨说，场论是以“相互作用”范畴为基石建造起来的。凭“相互作用”作引线，可牵出“关系”范畴和“过程”范畴。种种相互作用织成一张“作用关系”的网络，汇成一条“作用过程”的长河。各种物理场正是由物理性的相互作用的关系网络及其运演过程组合而成的“场”。“连续性”也是场论不可缺少的范畴。“物理场”中的“连续性”，是同类型的“力”之间或同类型的物理事象之间相互作用的连续性。假若全面引入“关系”范畴和“过程”范畴去说明相互作用的连续性，那么这种“连续性”既是“作用关系”的连续性，也是“作用过程”的连续性，或者说，相互作用的“连续性”就体现在无限扩展的“作用关系”和连绵不断的“作用过程”之中。“物理场论”中的物理世界的图景，是一组由物理性的相互作用及其连续性构成的世界图景。由此而联想到，哲学视野里更为辽阔的世界图景，何尝不是由不可穷尽的相互作用及其连续性构成的世界图景。不过，后者比前者具有更大的普遍性和更高的概括性。

第一项提示印证了笔者在哲学思考中早已形成的一组命题：(1) 关系是实在的（“关系实在论”），一切事象均处在包括相互作用关系在内的“关系网络”中。(2) 过程是实在的（“过程实在论”），一切事象均处在包括相互作用过程在内的“流变过程”中。(3)一切“关系”均为进入“过程”中的关系;一切“过程”均为置身“关系”中的过程。

二

19世纪50至60年代,英国物理学家麦克斯韦(Maxwell)首创电磁场理论。他发现运动电荷能产生磁场,磁力的变化也能产生电场,因而将电场和磁场组合成电磁场,并用理论模型和数学公式描述了在电磁场中电和磁这两种“力”或物理事象的相互作用。20世纪初,爱因斯坦将“场”的概念带入牛顿的引力理论,创立了广义相对论及有关引力相互作用的引力场理论。引力场论有一个很值得注意的特点,即当代理论物理学中非实体主义的特点。过去,物理学界精心设计出名为“以太”的概念,认定“场”或引力场是“以太”存在的特殊状态。“以太”是引力的“载体”或引力的物理承担者,是引力进行超距传递的介质(中介物质)。爱因斯坦的相对论(包括狭义相对论)消解了指涉静止不动和承受各种超距传递的物理载体,即“以太”概念,并指出,“以太”不过是物理学家虚构的物理实体。引力场论还用物理意义的非实体性的“真空”概念,去替代实体性的“以太”概念(应当说明,爱因斯坦并不是彻底的非实体主义者)。

哲学思考从包含引力场论在内的场论中,获得了第二个与方法论有关的提示:以“非实体主义”的基本理论为参照系,为众多相关的哲学问题找到新的答案。生活中的球场或广场之类的“场”,都有一块实实在在的场地,人们在场上打球或进行其他活动,场与人可以分开,人走了,场地依然在那儿。物理学或哲学中的“场”绝非生活中的“场”,前者并不是一块实有其物的场地,专供种种“力”或种种事象在场上进行相互作用,一组连续的相互作用,就是一个物理学意义的或哲学意义的“场”,离开了相互作用及其连续性,此等意义的“场”,立即化为子虚乌有。物理学意义的再加上设想中哲学意义的“场”,都不是承受或负载相互作用的“实体”。反之,相互作用也不需要设计一个实体性的“场”,去充当它的

"载体"或"介质"。"场"绝不能独立于相互作用之外，也不能跟相互作用两相分离。"场"亦非亚里士多德式的"第一实体"或"最高实体"，可以超越各种相互作用承载着各种关系和属性，抑或是一切因果运动及其连续性的第一推力。"场"就在相互作用之"中"，"场"就是相互作用及其连续性的"组合"。"场"可以是非实体性的"场"，依此推导，"场论"也可以是非实体主义的"场论"；场论笔下的"场"，只能是连绵不断的相互作用之"场"。非实体主义"物理场论"的主要任务是描述和解说用"场"来命名的具有某些物理特性的相互作用，以及相互作用的连续关系和连续过程。除此之外，无须对相互作用的"场"作出什么本体论承诺。"物理场论"是如此这般，设想中的"场的哲学"也应如此这般。不论是什么样的"场的哲学"，都可以抛弃传统哲学中名目繁多的实体主义，也可以不作出各种传统性的本体论承诺。

三

同样是在20世纪初，哥本哈根学派的玻尔等著名物理学家创立量子力学。接着量子力学介入场论，使场论量子化，形成"量子场论"。与前文提到的电磁场论和引力场论一类的经典场论有别，量子场论把"场"看成是量子化的力学系统，或者是"无穷维自由度"的力学系统。量子场论是在量子力学台基上建成的，所以，由量子力学中的测不准原理、波粒二象性的理论和几率概念等等引出的非决定论和准决定论的理论走向，也渗入了量子场论。此等理论走向与经典力学严格的决定论模式截然不同。伽利略和牛顿以来经典力学的理论支点是原因决定结果的因果关系或因果规律，这是一种传统性的决定论模式。电磁场论、引力场论和其他场论的理论根基是相互作用。因果关系中原因一方决定结果一方，场论中的相互作用的各方谁也决定不了谁，这已经离开了经典力学严格的决定论模式。量子场论强调几率性，用非决定论的几率性代替了决定论的因果规律。

哲学思考从包括量子场论在内的场论中，获得了第三个与方法论有关的提示：以"非决定论"的基本理论作为参照系，引导众多相关的哲学问题寻找新的答案。

1927年10月，第五届索尔未（Solvay）物理学会议在比利时的布鲁塞尔召开。普朗克、康普顿、薛定谔、德布罗意、玻尔、海森堡、狄拉克、玻恩、泡利以及爱因斯坦等人均参加了会议。这是一次载入史册的盛会，物理学界的一级名流会聚一堂。更值得大书特书的是，会上以玻尔为首的"新量子论"派为一方，以爱因斯坦为另一方，双方展开了激烈的争论。这被理论物理学界称之为著名的EPR论战。论战从1927年开始，时起时伏一直延续了几十年，在主角爱因斯坦和玻尔谢世之后尚未罢休。1944年7月爱因斯坦给玻恩（M. Born）的信中，将这场战论的焦点比喻为"上帝掷不掷骰子"。爱因斯坦坚信"上帝不掷骰子"，属于维护"决定论"传统的一方。毫无疑问，玻尔、玻恩等人应当赞成"上帝掷骰子"，属于拒斥"决定论"传统的一方。这是一场科学史上最为壮观和最为激烈的决定论与非决定论的大决战。在旷日持久的争论中，坚守"决定论"阵地的爱因斯坦一直是少数派；高举"非决定论"旗帜，以玻尔为代表的"新量子论"者一直是多数派。

爱因斯坦在给玻恩的信中写道："……我却信仰客观存在世界中的完备的定律和秩序。"① 他执着追求，要把"事件解释成必然的，完全服从（因果性）规律的"②。他一贯主张，即使对原子世界和亚原子世界的物理事件，也应当作出严格完备的因果性决定论的解释。爱因斯坦大声疾呼："上帝不掷骰子！"其含义是："统治"整个自然界或物理世界的不是如像"掷骰子"一类的"随机性"或"概率性"，而是与"掷骰子"截然不同的"必然性"和"必然规律"。在爱因斯坦的心目中，量子力学和量子场论的奠基者玻尔与哥本哈根学派，皆主张"上帝掷骰子"。这个论断不无道理。玻尔等物理学家确实倡言，一旦进入原子或亚原子世界，因果规律和传统的决定论就不起什么作用，代替它们的是非决定论的"互补原理"（玻尔）、"测不准原理"（海森堡）和其他原理。在量子力学和量子场论中，同决定论相关的"必然性"、"确定性"，将让位于同非决定论相关的

---

① 《爱因斯坦文集》第1卷，许良英、范岱年译，商务印书馆1976年版，第415页。
② 同上。

“概率性”、“统计性”、“随机性”和“不确定性”。各种“因果规律”或其他“必然规律”，将让位于各种“概率性规则”或“统计规则”。

第三个提示引发了更深一层的思考。量子力学和量子场论告诉人们：经典力学中遍及一切并具有必然性的因果规律，以及行之有效的“决定论”模式，不适用于微观物理世界，即原子和亚原子世界。它们只能近似地描述物理世界的特殊情况，即描述宏观物理世界的情况。从宏观物理世界深入一层就涉及微观物理世界。考察这个世界必须采用非决定论模式，选择概率性、随机性等概念和统计规则，方能进行合理的解释。宏观物理世界是“表层”，其“深层”是微观物理世界。必然规律仅仅是“表层”的规律，它近似地表征着“深层”的概率规律。“决定论”是适用于“表层”的理论模式，它应当被认定为深层的、更具有普遍性的“非决定论”模式的一种特殊情况。广义系统论告诉人们：当特定的系统及其内部结构进行平滑运动时，它具有一定的“惯性”或“定式”，在此限度内“必然性”、必然规律和“决定论”模式才起作用。出现“巨震荡”，超出“临界点”，那就成了随机性、偶然性和概率性的天下。凡此种种使我联想到：同“决定论”相关的科学视野、宗教视野和哲学视野里的“必然性”与“确定性”，不过是浮游在汪洋大海上几座显眼的冰山；同非决定论相关的“偶然性”、“随机性”、“概率性”和“不确定性”，就是举托那些冰山的汪洋大海。

四

从场论尤其是量子场论中，哲学思考得到了第四个与方法论有关的提示：“实体主义”历来是“决定论”的理论支柱，“非实体主义”常跟“非决定论”结伴而行，中外哲学史和科学史均可作出充分的验证。实体主义命题在理论上经常能导出“决定论”命题；反之，“非实体主义”命题在理论上经常能导出“非决定论”命题。这几乎是哲学研究和科学研究的一条常规了。场论和系统论的发展历程，皆不违背这条“常规”。现代化的“电磁场论”和“引力场论”，清除了充当电磁力与引力“载体”的

“以太”。“以太”是实体性的，消解“以太”即意味着迈入非实体主义的领地。场论的下一步就是走向非决定论，量子场论是非实体主义的，非决定论的色彩也很浓重。量子场论及其参照系广义系统论，两者的非实体主义倾向和非决定论倾向是科学界和哲学界所熟知的。这方面的情况，下文将分别作出解释。

在哲学史、自然科学史和物理学史上，实体主义和决定论可谓源远流长，根深蒂固。亚里士多德主张，一个个实体性的实物是“第一实体”，“最高实体”才是各种事物生成和运动的“始初原因”和“第一推力”。培根认为，自然界只有一种“实体”，即按自然规律运动着的一个个物体。笛卡儿在肯定了“精神实体”的同时也肯定了“物质实体”。培根、笛卡儿之后，西方近现代哲学史中的实体主义者仍然是数不胜数。传统的自然科学和经典力学也是实体主义的拥护者，他们坚信从巨大的天体到微小的原子无不是独立的“实体”。经验主义的集大成者休谟是西方哲学界第一个与实体主义彻底决裂的哲学大师，他以十分明确的言辞否定“物质实体”与“精神实体”，也毫不留情地否定“上帝”这个实体。到了20世纪初，非实体主义的哲学思潮风起云涌，实证主义、实用主义、逻辑经验主义、语言哲学等皆不同程度地摈弃了传统的实体主义模式。自然科学界的局面也大致相仿，缘起于生物学界的系统论、物理学界的场论，特别是量子力学和量子场论，皆反传统之“道”而行之，大力倡导非实体主义的自然观和物理观。量子力学的创始人玻尔、海森堡等刨根问底，追寻原子和其他粒子是不是所谓“实体”，认为假若是，那么它们至少应当既有确定的空间位置，又有确定的动量。海森堡提出了“测不准关系”（“测不准原理”），并指出，在同一个态中，同时测量坐标和动量时，准确程度受到限制。通俗地讲：在同一个状态中，不可能同时既准确地测定粒子的位置，又准确地测定粒子的动量。由此可见，原子以及质子、中子、电子等等基本粒子都不是“实体”。量子力学和量子场论比电磁场论和引力场论走得更远，从各方面否定了构造宇宙万物和各种物理事象的原子是“实体”，还否定了构造原子的各种基本粒子是“实体”。

从德谟克利特和亚里士多德等古希腊哲人起始，直到培根、笛卡儿、斯宾诺莎等西方近代的哲人，都坚持必然论或因果关系决定论。其要点是宇宙中和自然界的一切，皆由原因引出结果的必然规律所决定。传统的自然科学如经典力学也推崇因果规律和因果关系决定论。牛顿的力学原理认为，每个天体或每个质点都沿着自己独特的轨道运行，其轨道是由作用于该天体或该质点的诸种“力”所决定的。天文学家拉普拉斯曾对同决定论相关的“确定性”作过言简意赅的描述，他的名言是：“一切都是确定的，未来如同过去，我们都可以看得见。”两百多年前，又是哲学家休谟独树一帜，标举“非必然性”的观点。他指出，人有联想的能力，是因果性的联想在恒常先行的与恒常后随的自然现象之间确立了原因和结果的关系。这种因果关系唯有“恒常性”，并无“必然性”。直到20世纪初，自然科学中的一些新兴的理论模式才开始对因果规律的必然性提出了质疑。量子力学和量子场论的问世，动摇了物理学界因袭已久的决定论模式，并同西方现代的科学哲学、系统哲学和语言哲学等哲学流派中的非决定论思潮遥相呼应。

引力场论、量子场论登上科学舞台的同时，系统论也崭露头角。系统论问世之初，就涂上了非实体主义和非决定论的标记。20世纪中，拉兹洛（E. lszlo）等人大力倡导广义系统论。广义系统论是系统论与进化论合二而一的理论模式，拉兹洛名之为系统的哲学，简称系统哲学。广义系统论深化并拓展了系统论的非实体主义和非决定论的理论基础，对广义进化论，特别是普利高津（l. Prigogine）的“耗散结构”理论作了精彩的表述：一个系统在稳态的运行演化中，其内部结构即系统内诸因素相互作用形成的结构是相对稳定的。系统的稳态运演有“惯性”，有某种必然性或必然规律贯穿其间。系统及其结构的稳态运动过程，可用某种必然性的或决定论的模式加以说明，其走向有“定式”，大体上能作出较准确的预测。特定系统在稳态的运演过程中，经常有微涨落或微振荡。如果系统内的抑或系统与环境之间的相互作用出现巨涨落或巨振荡，该系统就会达到“临界点”，原有的相对稳定的结构将愈来愈不稳定，甚至会全面解构。遇到这类情况，该系统的发展前景将面临种种难以预料的机遇和可能性。跨过临界点的系统，当然不再遵循早先的惯性或必然规律了，于是，失效的必然规律不得不让位给概率规律。经历巨涨巨落的系统，其未来走向是重新调整组合，还是趋于分化消亡？很难说清楚。继续采用建立在必然规律基础上的决定论模式，期待进行精确的预测，已经行不通了。可行的办法是转过来借助同概率规律相关的非决定论模式，对系统的未来演化作出不甚精确、较为模糊的估计或测算。通过对量子场论和广义系统论所作的哲学性阐释，即可洞察，二者的非实体主义和非决定论内涵也是互容互补的。

五

一种“场”就是一个特殊的系统。“场”和“系统”二者的基本特性，有不少相同相似或相关相通之处。解释“场”的场论和解释“系统”的系统论，都是到20世纪才臻于完善的理论模型，同时二者又分别成为跨学科的方法论模型。“两论”虽然各领风骚、各有特色，但在方法论上仍有许多互容互补甚至重叠交叉的方面。物理场论与系统论的互补性，给哲学思考的第五个提示是：它告诉思考者不妨用系统论的方法论及其术语去转换物理场论中的数学关系式，从而更有利于在哲学思考中引进物理场论的方法论模式。

场论和系统论有相近的学科渊源，相似的完善自身与走出“家门”的发展历程。“量子场论”与其他场论，都是在现代理论物理学中发迹的。贝塔朗菲（Bertalanffy）是生物学家，又是现代系统论的创始人。场论和系统论虽然均源出于自然科学，但二者分别展现的方法论模型都具有跨出自然科学门户的普适性。此等普适性促使场论的方法和系统论的方法，在较短的时期内扩散到其他学科领域。就场论而言，生物学中有“生物场”之说，心理学中有“心理场”之说，语义学中有“语义场”之说……真是不胜枚举。系统论的推广和泛化更是惊人，它几乎遍及各个学科领域。“系统”一词已经成为从自然科学、人文科学、心理科学到工程技术常用的术语。场论和系统论不仅先后进入各学科领地，而且这“两论”及其相容互补关系也为当代哲学思考所接纳了。

一旦进入哲学思考，即可“看”到场论与系统论之所以能相互融通，主要根据之一，是二者皆以“相互作用”及其“连续性”为立论之奠基石。凡“场”均为相互作用之场；凡“系统”同样是相互作用之系统。

系统与系统环境之间相互作用，系统内的各子系统之间相互作用，子系统内的各组成部分之间相互作用。大小系统都含有相对稳定的结构，所谓“结构”，也同相互作用密切相关。系统内部诸层面之间和诸要素之间或诸因素之间的种种相互作用，如果形成一个基本要素之间的关系网络，这个关系网络就是系统的内部结构。处处、时时、事事都寸步不离“相互作用”，这是“场”和“系统”最主要的共性。任何一种“物理场”都是由同类的“力”之间的相互作用及其连续性构成的；每一个“系统”均为由有关因素之间的相互作用及其连续性合成的。“关系”范畴与“过程”范畴能进入场论，也能进入系统论。进入之后，“物理场”就成了一组“力”的相互作用的关系网络，以及这类网络的运行过程之总合。所谓“系统”，可界定为：一组因素的相互作用的关系网络，以及这类网络的运行过程之总合。两套界说的差别是一者涉及物理性的“力”，一者涉及更宽泛的诸“因素”。后者的外延可以概括前者的外延。无须借助于复杂的程序即可推导出下列结论：“物理场”是一种特殊的系统，即系统论者所说的“物理系统”。

物理学提出“场”的范畴以及“电磁场”、“引力场”等概念。哲学思考以此为蓝本，扩展为哲学意义的“场”或“场的哲学”里的“场”之类的哲学范畴。生物学家提出“系统”范畴及“生物系统”、“自然系统”等概念。哲学思考也以之为蓝本，铸造了哲学意义的“系统”或系统哲学中的“系统”之类的哲学范畴。哲学思考还做到了让各自独立发展的场论之方法和系统论之方法，场论的哲学蕴涵和系统论的哲学蕴涵，两相印证，互为参照系。经过比较，证实了“场”和“系统”这对范畴“相互作用”的两套理论模式，是可分可合的。分则各显其能、各行其是、分庭抗礼；合则相互楔入、相互补充、互通有无。

本文用一定的篇幅从场论兼涉系统论，主要目的是促使场论和系统论全面接轨，凭后者的原理去深化对前者的哲学解析。通过对“两论”的比较研究，这个目的基本达到了。除此之外，还设定了另一目的。理论物理学家总爱用数学关系式和其他计量模式去营造各式各样的场论。无怪乎《大英简明百科全书》称“量子场论”为物理学中的“数学理论”。依我看，其他场论的情况也是五十步与百步之差。因而对非行家里手来说，场论的方法论底蕴大多深藏在数学迷宫之中。要在哲学层面上促进“物理场论”隐含的方法论走出数学迷宫，简便可行的方法是借助系统论的原理去破译场论的方法论密码。首先要做到，在话语层面上沟通场论与系统论，沟通各自为政的两套术语的外延与内涵，以及它们的操作规则。既然已经证明了“两论”能够接轨，“接轨”顺理成章，第二个目的也能达到。撇开生涩的数学模式，用系统哲学并辅之以其他哲学的基本术语及相应的概念，去解读“物理场论”中的基本术语及相应的概念，凭系统论的方法论原理去说明场论的方法论原理，应当是畅行无阻的。

六

20 世纪 50 年代初期物理学家已经知晓，除了电磁力相互作用和引力相互作用之外，物理世界的基本相互作用还应包括微观物理世界中的另外两种“力”的相互作用。它们是“强力”和强相互作用，“弱力”和弱相互作用。

物理意义的几种“场”，既是根据“力”的不同类型划分的，又是根据与“力”有关的“相互作用”的不同类型划分的。仅就“相互作用”而论，大家都能察觉，物理世界或力学世界的相互作用是千差万别的，它们具有种种特异的性质和特异的样态。面对如此复杂的景象，物理学家知难而上，力图做到为物理性的或“力”的“相互作用”分一分类。他们把许许多多性质各异和样态有别的相互作用，区分为电磁相互作用、引力相互作用、弱力相互作用和强力相互作用这四种最基本的类型。同时物理学界还认定，每一类相互作用均有自成系统的作用领域和作用方式。四大类型的相互作用按自己特有的作用方式，在各自的作用领域内，构成了电磁场、引力场、弱力场和强力场四个界限分明的相互作用“场”。与此相应，物理学家又为描述与解释每一类型的相互作用“场”创建一套理论模型。他们先后营造了电磁场论、引力场论、弱力场论和强力场论四套互补互容的场论模型。

理论物理学中几种类型的场论模型，为哲学思考提供了第六种同方法论有关的启示。这项提示的要点是：能否仿效物理学的场论或“场”的物理学，建构“场的哲学”或“场哲学”，它的研究对象不外乎是现实中的或经验着的相互作用及其连续性。不同的是，“场哲学”有一个共同的信念：它所阐释的是哲学视野里最基本或最主要的相互作用“场”，抑或它能覆盖哲学视野里所有重要的相互作用“场”。

“场”本是现当代理论物理学独创的术语，哲学界可借用此术语来指涉一个新兴的哲学范畴。为了严格地区分二者，本文设计出“物理场”和“哲学场”两个相对应的概念。“物理场”专指物理学视野里的“场”，“哲学场”则专指哲学视野里的“场”。“哲学场”和“物理场”均沾着一个“场”字，表明两个“场”都是由事象之间的相互作用及其连续性构成的。在“场”字前面冠以“哲学”一词，表明这是哲学思考或哲学理论涉及的种种事象间的相互作用及其连续性之“场”；在“场”字前面冠以“物理”二字，则表明这是物理学描述的几大类“力”（“力”是物理事象）的相互作用及其连续性之“场”。

从一般意义上讲，“哲学场”应当容纳“物理场”，并把后者视为前者的组成部分。理由是，哲学视野里的“场”，是覆盖一切“相互作用”的“场”，不言而喻，其中也包含了自然事象之间的相互作用，或物理事象之间的相互作用。“物理场”只是“哲学场”的局部情况。跨越“物理场”的藩篱，诸凡物、心、人之间，言、象、意之间，尘、境、根之间，抑或社会事象之间，文化事象之间，心灵事象之间，价值事象之间……的相互作用及其连续性，均为“哲学场”的不同侧面。各个侧面合为一体，自然的、人文的、心理的与价值的相互作用，以及相互作用的总体性关系网络和总体性运演过程，方可称之为比较完整的“哲学场”。同样，从一般意义上讲，“物理场”的非实体主义和非决定论的特性，也应适用于“哲学场”。“哲学场”只涵括与各类事象的相互作用有关的方方面面，而不牵涉“相互作用”是否有或需不需要实体性的“介质”或“载体”。“哲学场”中相互作用的各方，相对相关，互渗互补，谁也不是谁的绝对的主宰者或支配者。

“哲学场”不是“物理场”。同理，从各种角度研究“哲学场”的“场哲学”，与研究四大“物理场”的物理场论相比较，也是判然有别的。

本文将前者名之为“场的哲学”，后者则叫做“物理场论”，以示区别。“场的哲学”其主要职责不是对物理场和相应的物理场论作出哲学化的阐释，因为它面临的是跨越物理场和物理场论的“哲学场”。“场的哲学”另有重任，统摄自然、社会、人生和知识、心理等领域之间最基本的相互作用，以及相互作用的内部结构和总体进程，并且从此等结构和进程中梳理出普遍性的秩序和规律，凡斯种种，才是“场的哲学”应当履行的义务。

一套哲学体系只要是充分肯定“相互作用”的普遍性和连续性，将一切关系和过程均视为相互作用的关系过程。虽然该体系并未直接采用“场”这个哲学范畴去标明“相互作用”的总体组合，但这并不妨碍我们把诸如此类的哲学体系归属于广义的“场哲学”。假若一套哲学体系直接倡言哲学视野里的“场”，是普遍和连续的相互作用之“场”，是在普遍的和连续的相互作用中形成的关系结构和运演过程之“场”，那么它就是狭义的“场哲学”。凡属“场的哲学”均认为，相互作用或相互作用之“场”，无远弗届，无处不在，变动不羁，生生不息。

辩证法倡导“普遍联系”和“运动发展”的原则，两项原则完全适用于设想中的“场的哲学”。系统论主张一切事象和经验都是“有机关联”的（“关联”原则），都应当作“动态分析”（“动态”原则）。辩证法和系统论的许多见解与“场哲学”的种种设想，真可谓不谋而合。辩证法和系统论皆十分重视“关系”范畴和“过程”范畴，二者均会赞同“场哲学”的核心论点，即自然界、人类社会和意识领域的一切无不置身于“相互作用及其连续性”之中。按理，将辩证法的哲学和系统论的哲学视为广义的“场哲学”的先行者，不会有多大问题。此外，信息论、耗散结构理论、自组织理论等等，未尝不可看成是为创立另一些自成体系的非实体主义和非决定论的“场哲学”提供了方法论的原型。毋庸置疑，当前广义的“场哲学”的发展势头方兴未艾，其多元化的发展趋向已经令人刮目相看。

七

引力场论面世之后，理论物理学界以统一电磁场和引力场为目标，掀起了探索和建造统一场论的热潮。20 世纪 50 年代末，统一场论研究的视点有所转移，移向电磁力相互作用与弱力相互作用怎样统一起来的问题。经历了这个转移，物理学界成功地创建了电磁场论与弱力场论相统一的场论，即“电—弱统一场论”。70 年代中期，以电磁力相互作用与弱力相互作用的统一规范理论为范本，物理学家又向前迈出了一大步。他们试图将强力相互作用理论（强力场论）和电—弱规范理论统一起来，建造更广泛的规范理论，即把电磁力、弱力、强力三类相互作用“场”结合起来的统一场论。

物理学界不会把引力相互作用和引力场论放在一旁，置之不理。近年来，物理学界继爱因斯坦之后再次设想，在统一场论中纳入引力场论。唯有这样做，物理世界四种最基本的“力”及其相互作用方能合为一体，从而真正实现电磁力、弱力、强力和引力四类相互作用“场”的大统一，形成名副其实的所谓“大统一场论”。追求“场”的统一性，打破各种类型的“相互作用”及各种类型的“场”各据一方、各自为政的局面，建立一统天下的“场”的大帝国，已是当今理论物理学发展的大趋势。或者说，对四大场论进行统一的思考和统一的解说，为聚合与沟通四者而构想出一套普遍适用的“相互作用及其连续性”的秩序与规律，成了“大统一场论”亟待解决的首要课题。

物理场论中的几套统一场论及“大统一场论”的构想，为哲学思考提供了第七种与方法论有关的启示。第七项提示可概述如下：摹拟理论物理学预设的“大统一场论”，构想统一的“哲学理论场的场论”，即构想大体相当于笔者早先提出的“元哲学”①。“元哲学”的研究对象是中外历代的哲学体系之间、哲学流派之间“相互作用及其连续性”的统一“场”，

① 参看拙文《一种“元哲学”的思考》，《思想战线》1987 年第 2 期。

再加上贯穿于统一“哲学理论场”中的秩序和规律。

物理学界脚踏实地、步步为营，逐一地沟通四组场论，首先形成并验证了“弱—电规范理论”等局部性的统一场论。受到成功先例的鼓舞，他们有足够的信心去创建统一四大场论的“大统一场论”。理论物理学家不单是肯定了物理场论的多元性，而且孜孜不倦地营造能连接多种物理场的统一场论，因而也肯定了场论的一元论。此等做法暗示出颇为深远的哲学意义：“一元论”并不排斥而且能接纳“多元论”，既要提倡对“多元并存”之宽容，又要提倡对“一元化”之追求。物理学界坚信，这个引人入胜的目标必将实现。

对此，哲学界会不会产生共鸣？答案应是肯定的。当今哲学界面临的是诸多哲学思潮、哲学流派或哲学体系百家争鸣的时代。我以为，很需要以理论物理学界企盼“大统一场论”为指针，在哲学领域进行相似的求索。第一步，承认众多哲学思潮、哲学流派和哲学体系共生并存的现状，进而认同这种多元化的局面是正常的与合理的。至于认同之后，下一步该怎么走，从“哲学理论场论”的构想中，或许能找到解决问题的蛛丝马迹。

“哲学理论场论”或“元哲学”能否提供在哲学理论场中建构“统一场论”的线索？“元哲学”不同于“场哲学”，其主要差异是后者关注事象领域、经验领域、价值领域或语义领域里的种种相互作用，考虑如何区分现实中的相互作用“场”的不同类型，前者并不瞩目于此等课题。古今中外五光十色的哲学理论之间的相互作用，以及由这类相互作用构成的统一的“理论场”，才是“元哲学”研究的对象。换言之，任何哲学都进入了相互作用的关系网络和运演过程，所以它们全是“哲学理论场论”研究领域里的“对象理论”或“客体理论”。在“哲学理论场论”看来，多元化的“场的哲学”不过是当今哲学界的各种思潮与流派中的一种重要的思潮或重要的流派，系统论等等都将成为视线所及的“对象理论”或“客体理论”。

本文是笔者1994年完稿的长篇论文，本文只选取了其中的三分之一。其余部分，对“元哲学”式的场论作出了进一步的解析，包括它同哲学史和哲学的区别。并从“元哲学”的视域中阐释了历代哲人为无穷无尽的“相互作用及其连续性”的“哲学场”营建的各种最基本的“秩序论”或“规律论”模型。我还设想，应该为这种“元哲学”式的“场论”设计一套概念系统和理论框架，将哲学理论之间众多相互作用的领域兼并成几个最基本的相互作用“场”，而且用该模型或框架把这几个“场”串联起来，并作出统一的和有序的说明。这是一组相当复杂、难度很大的课题，将留给本文的“续篇”，以及在《中西方传统哲学中的三种秩序论模式》中详加论述。

2000 年 8 月

（本文原载《思想战线》2000 年第 5 期）

试论“哲学场”中的相互作用

——物理场论对哲学思考的提示（续篇）

一

“哲学场”、“场的哲学”（或称“哲学场论”）以及有关古今中外的“哲学理论的场论”，这是三个外延和内涵不尽相同的概念。在《物理场论对哲学思考的提示》一文中，已经对“哲学场”和“场的哲学”这两个概念分别进行了如下的诠释。

“场”本是现当代理论物理学独创的术语，哲学界可借用此术语来指涉一个新兴的哲学范畴。为了严格地区分二者，本文设计出“物理场”和“哲学场”两个相对应的概念。“物理场”专指物理学视野里的“场”；“哲学场”则专指哲学视野里的“场”。“哲学场”和“物理场”均沾着一个“场”字，表明两个“场”都是由事象之间的相互作用及其连续性构成的。在“场”字前面冠以“哲学”一词，表明这是哲学思考或哲学理论涉及的种种事象间的相互作用及其连续性之“场”；在“场”字前面冠以“物理”二字，则表明这是物理学描述的几大类“力”（“力”是物理事象）的相互作用及其连续性之“场”。

从一般意义上讲，“哲学场”应当容纳“物理场”，并把后者视为前者的组成部分。理由是：哲学视野里的“场”，是覆盖一切“相互作用”的“场”，不言而喻，其中也包含了自然事象之间的相互作用，或物理事象之间的相互作用。“物理场”只是“哲学场”的局部情况。除此之外，物、心、人之间，言、象、意之间，尘、境、根之间……的相互作用及其连续性；抑或社会事象、文化事象、心灵事象、价值事象……在各自“辖区”内的相互作用及其连续性，均为“哲学场”的不同侧面。各个侧面合为一体，自然的、人文的、心理的与价值的各大领域之间的相互作用，以及相互作用的总体性关系网络和总体性运演过程，方可称之为比较完整的“哲学场”。同样从一般意义上讲，“物理场”的非实体主义和非决定论的特性，也应适用于“哲学场”。“哲学场”只涵括与各类事象的“相互作用”有关的方方面面，而不牵涉“相互作用”是否有或需不需要实体性的“介质”或“载体”。“哲学场”中相互作用的各方，相对相关，互渗互补，谁也不是谁的绝对的主宰者或支配者，因而无须决定论的介入。

二

“哲学场”不是“物理场”。同理，为研究“哲学场”而建构的理论模式，与研究四大“物理场”的物理场论相比较，也是判然有别的。本文将前者名之为“哲学场论”（简称“场哲学”），后者则叫做“物理场论”，以示区别。“场的哲学”其主要职责不是对物理场和相应的物理场论作出哲学化的阐释，因为它面临的是超越物理场和物理场论的“哲学场”。“场的哲学”另有重任。研究跟哲学视野里的“场”有关的哲学问题，统摄自然、社会、人生和知识、价值、心灵等领域之间最基本的相互作用，以及相互作用的内部结构和总体进程，并且从此等结构和进程中梳理出普遍性的秩序和规律，凡斯种种才是“场哲学”应当履行的义务。

何谓“场哲学”？对此，很难下精确的定义。衡量一套哲学体系是不是“场哲学”，可行的办法是立一个简明的界说。一套哲学体系只要是充分肯定“相互作用”的普遍性和连续性，将一切关系和过程均视为相互作用的关系和过程，虽然该体系并未直接采用“场”这个哲学术语去标明“相互作用”的总体组合，但这并不妨碍我们把诸如此类的哲学体系归属于广义的“场哲学”。假若一套哲学体系直接倡言哲学视野里的“场”，是普遍和连续的相互作用之“场”，是在普遍的和连续的相互作用中形成的关系结构和运演过程之“场”，那么它就是狭义的“场哲学”。凡属

“场的哲学”均认为，相互作用或相互作用之“场”，无远弗届，无处不在，变动不羁，生生不息。

宇宙和人间万象，包括人们看到、听到，感到和想到的一切，均处在相互作用“场”之中。“场的哲学”进而否定，有或者可能有置身于任何相互作用之外而绝对独立的各类“实体”，也否定有或者可能有凌驾于相互作用之上，并决定着一切的主宰者或支配者。与此相悖，凡是不承认“相互作用”的普遍性与连续性的哲学体系，则不能进入“场的哲学”之行列。

三

《物理场论对哲学思考的提示》（以下简称“前文”）曾再三提及，“物理场”和“哲学场”里的“相互作用”，抑或是“物理场论”和“场的哲学”所阐释的“相互作用”。现在需要回过头来，对“相互作用”的语义或内涵作一番解析。顾名思义，“相互作用”是指相互之间有所作用。“相互”，既可以指涉众多因素之间的联系，亦可指涉从众多因素中离析出来的双方之间的联系。“作用”一词蕴涵极广，生活视野或哲学视野里的一切，皆有所“运作”，凡“运作”均能产生相关的“功能”或“效应”。“相互作用”在多方或双方参与下“运作”，并对多方或双方发挥其“功能”或“效应”。从“场的哲学”起步，还能对“相互作用”的含义进行更广泛的理解。生活视野里的种种相互作用，抑或哲学视野里的种种相互作用，不论从共时态的连接性还是从历时态的连续性而言，都是无穷无尽的。任何筛选出来进行细部研究的“相互作用”，都不可能是独立自足的和孤立绝缘的。一定范围内的相互作用以及它与周遭环境之间的相互作用，总是来源于先行的相互作用，总会引发后继的相互作用的“连锁反应”。一句话，它必定处在不可穷尽的相互作用的“联网”之中，置身于“联网”的无限扩散和连续演变的行程之中。这就是笔者设想到的关于“相互作用”的总体情况。笔者将以此为基准，从挑拣出来的几个论题入手，给“相互作用”的方方面面及其多元性与无限性，勾勒一幅简要的

“示意图”。

第一个论题是相互作用领域的多元化，以及划分这些领域的多种可能性。从一个向度去看，“场哲学”视野里相互作用形成的关系网及关系网的运演过程是剪不断的，由多元无限的相互作用组成的“哲学场”是不可分割的。换一向度去看，浑然一体的相互作用“场”就能无限切分了。科学界、哲学界和宗教界分别考察各种相互作用，其研究的范围和剖析的层面迥然有别。不同民族、不同时代、不同视野和不同取向的科学家、哲学家或宗教家，可供他们选择的观想角度、扫描的范围与层面，更是多种多样的。正因为如此，每一学科的每个专家、学者都可能各取所需，从错综复杂和延绵不断的相互作用浑一的“场”中，划分出有大致界限的种种“作用领域”与“作用单元”。下文以“相互作用是整一的与无限的”这个论断为前提，举例说明古今中外的学者根据不同的学科领域和不同的出发点，怎样划分出相互作用千差万别的“作用领域”。

四

我们将举一组理论领域的实例，从不同侧面去阐明刚才提到的第一个论题。

例一，传统的自然科学家很少觉察到，他们正在探索的自然界已经是“天”（自然界）“人”（科学家）相互作用或“天人相通”的“场”。更精确地说，这是一个探索者的认识活动、讲述活动同“自然界”相互作用的“场”。科学家总爱撇开此等不能漠视的相互作用“场”，以便设立某种“纯客观”的领域，从而假定有一个完全独立在人的认知和言说之外的自然界或物理世界（即“物理场”），消除了“后顾之忧”，就可以放手研究自然事象之间或物理事象之间被认为是“纯客观”的种种相互作用。社会科学家或人文科学家也是如此，先假定有一个不受考察者的观察、沉思与谈论“干扰”的社会生活与人文事象的领域，然后潜心研究作为“纯粹客体”的社会活动中的相互作用或人文事象之间的相互作用（即“人文场”）。心理学家和精神分析学者也不例外，将自己不断阐释着的心理事象及其相互作用，看成是一个完全独立在他们的思考和话语之外的领域，并称之为与“物理场”并列的“心理场”。

例二，中外历代的哲学家往往把“物”、“人”、“心”三个相对离异的相互作用领域联系起来，合成统一的“事象世界”，进而求索三者之间的种种相互作用。其中包括天（自然）人之间或物我之间的相互作用、心物之间或情景之间的相互作用、知行之间或身心之间的相互作用。东方和古希腊、古罗马的一些哲人，从人文事象的相互作用“场”里圈出了“道德领域”。他们关注的是如何梳理和规范道德生活中人与人的相互关系和相互作用。中国的儒家对道德生活更是情有独钟，大儒们的目标是为道德领域中伦理性的与政治性的人际关系及相互作用树立一套原则和规范，而且为说明此等原则与规范的合理性而建构自己的道德哲学。

例三，西方近代尤其是现当代的许多哲学家敏锐地洞察到，自然科学、人文科学和心理科学不断解析和描述的“物理场”、“人文场”与“心理场”，无论如何也避免不了专家们的“阐释”或认知、语言或价值取向的参与，参与着同三个“场”之间的相互作用。于是这些智者设定了另一些经常被人忽视的相互作用的领域，如知识论的领域、语义学的领域、价值论的领域、阐释学的领域……与此相应，以知识论为中心的哲学，以意义理论为中心的哲学、以价值理论为中心的哲学、以阐释理论为中心的哲学相继问世。

五

我们再举几个涉及形而上学、宗教哲学、科学哲学和数学方面的例证，以便进一步阐明前文提到的第一个论题。

例四，东方和西方标榜实体主义的哲学家都在自己的哲学体系中开辟一个超越各类相互作用“场”的领域，即属于“形而上”的或“本体”的领域。这些哲学家大多承认现实生活里的种种事象均处在多样化的相互作用的关系和进程之中。然而他们并不满足于只去关注现实生活中五花八门的相互作用，总爱玄思和追问：宇宙万物及其相互作用是怎样发生的抑或是由谁创造的？事象世界是凭什么构成的？事象之间的相互作用靠何种力去引发，去推动？此类问题只能从出离一切相互作用“场”的即实体化的本体论或形而上学中找到答案。他们找到了“至上神”、“梵我”、“真如”等等“实体”，找到了“最高理念”、“最高实体”、“始初原因”、“终极目的”、“第一推力”等等“实体”，抑或找到了“道”、“太极”、“本心”、“无”、“理”等等“实体”。这些“实体”充当了宇宙万象或大千世界的创世的、发生的或构造的“本原”，抑或充当了事象之间种种相互作用的“原动力”。“道”或“上帝”云云，是唯一的“创造者”或“决定者”，能单方面作用于一切，而又高居于一切相互作用之“上”或之“外”。

例五，宗教家和哲学家一样，也设想出一个凌驾于相互作用之上的领域，但二者的理路却各有千秋。基督教哲学虽然不怀疑现实生活或世俗生活里的种种事象皆置身于相互作用之中，但他们的思索并不滞留在由相互作用合成的“此岸”世界。基督徒向往的则是离开“此岸”，到达不受相互作用约束的“彼岸”，这就是“天国”。佛教哲学家对现实生活是一个交叉进行的相互作用“场”，有敏锐的洞察力。他们（主要指华严宗）宣扬的“无尽缘起”、“因缘和合”、“陈陈相因”、“重重无碍”等精辟的论点，与“场哲学”有某些不谋而合之处。他们还提出“作业”、“业报”、“因果报应”等观点，这些观点却背离了“场哲学”，涂了一层“决定论”的浓重色彩。佛教哲学家认为，属于“俗谛”的领域，是不离“因缘和合”及种种“果报”的领域，是受“决定论”支配的世界。属于“真谛”的领域，是出离“因缘和合”与“果报”的领域。这是一个不生不灭、自由自在的领域，佛教徒称之为“真如”境地或“涅槃”境地。①

例六，在自然科学家及物理学家的眼里，空间是一个相对独立的领域，有自己的相互作用“场”；时间也是一个相对独立的领域，也有自己的相互作用“场”。他们还令时空合为一个整体，探索时间与空间的相互作用。当代物理学家用“宇观”、“宏观”和“微观”去划分三个有别的

① 《大乘起信论》提出，上述两个“领域”皆源于“心”。前者出自“心生灭门”；后者出自“心真如门”。

相互作用领域，前者研究宇宙尺度和天体之间的相互作用；后者研究原子世界和亚原子世界里的相互作用。牛顿的经典力学则主要研究宏观物理世界中多种“力”之间或同一种“力”之间的相互作用。前文曾经谈到，现当代物理学界还根据物理世界内性质各异的相互作用，将物理视野中的“场”区别为“电磁力”、“引力”、“强力”与“弱力”四种不同类型的“场”。

例七，现当代的数学界形成一套常规，主张数量间的相互作用是在相对独立于事象世界的领域中进行的。数学家还指出，纯粹的数量之间和纯粹的图形之间的相互作用，加上二者间的交互作用，是一个自成体系的领域。我以为，不妨将这个相互作用“场”叫做“数学场”。

六

第二个论题是相互作用的参与者、关系网络和演进过程的“多元论”背景与“二元论”阐释。这个论题可分解为两个部分：一是确认相互作用的参与者、关系网络和运演过程的多元化特性；二是以“多元论特性”为大背景，采用简便易行的“二元论”方法，去分析与解释相互作用的结构和过程。从不断扩散和不断行进的相互作用“场”里，相对切割出来的“作用领域”和“作用单元”是多种多样、不可穷尽的。不仅如此，无论从相互作用的总体上看，还是从相互作用的每一“作用领域”或“作用单元”去看，其结构和过程中的参与因素、作用方式和作用机制，连带上由此而产生的功能和效应，也是多种多样、不可穷尽的。对错综复杂的多样性作出精确而全面的刻画，真是难上加难。为此，必须找一个“方便之门”，这个“方便之门”就是采用“二元论”或“二项式”的理论模式及其操作规则。遵循这套“规则”，就可能把相互作用“场”里每一“领域”或“单元”的众多参与者，限定并简化为对应或对立的双方。还可能把任何“作用领域”或“作用单元”含有的多样性的结构与进程，及其多元化的作用方式和作用机制，再加上与此相关的多种功能与效应，全部纳入“两极化”的格局之中。“两极化”之后，“多极化”转换为它的背景，或者构成了它的无数“中介环节”。然而，切莫忘了选择“方便之门”的一个出发点和一个归宿处。前者指任何“二项式”均为“多项式”的简化或“缩写”，“二元论”离不开“多元论”的大背景；后者指无数个“两两相对”和“一分为二”，集腋成裘，合起来也能凸显出其多元、无限的特性。

从第二个论题出发，先谈谈跟相互作用的“参与者”有关的两个问题。

第一，相互作用的参与者担当“角色”的“多元论”背景与“二元论”阐释。笼括事象世界及其他领域的相互作用“场”有不可胜数的“参与者”，这已经是尽人皆知的了。即使对某个有限的“作用领域”或“作用单元”稍加分析，也能发现进入其中的参与者或参与因素是多样化的。他们皆担任不可或缺的“角色”，每个“角色”都起着独特的作用。从“二项式”入手，参与相互作用的众多“角色”可以大致分为两大系列。比如说，一个系列是施行者、主动者和作用者；另一个系列是接受者、被动者和反作用者。于是各个“领域”或“单元”里的相互作用均可简并成施行者与接受者之间、主动者和被动者之间、作用者与反作用者之间，即对应或对立双方的相互作用。毋庸多言，相互作用的参与“角色”的一分为二，不过是研究者简化了的局部“景观”，其“全景图”仍然是参与者的“多元论”。

第二，相互作用及参与者的内外关系的“多元论”背景与“二元论”阐释。一般说来，任何“关系”均为相互作用的参与者之间的关系，再加上参与者内部各要素的相互作用之间的关系。其实，二者并无实质性的区别，归根到底，每个相互作用的参与者绝非“实体”，它们之间进行着相互作用，其内部同样含有种种相互作用，因此，所谓“参与者”，正是由这些“外部”和“内部”的相互作用的关系网组合而成的。考察相互作用“场”，抑或考察特定的“作用领域”和“作用单元”，一定会遇到相互作用参与者之间，以及各参与者内部各要素之间的相互作用的众多关系。此等关系头绪纷繁，结成一张纵横交错的关系网。

七

同样从第二个论题出发，再谈谈跟相互作用的作用“性质”和作用“环境”有关的两个问题。

第三，相互作用及其作用“性质”的“多元论”背景与“二元论”阐释。相互作用关系网络里的每一种关系都具有与另外的关系不尽相同的“性质”。所以，仅仅在某个相对限定的“作用领域”或“作用单元”的关系网里，就包容了难解难分的多重关系和它们的多种性质。遵循“二分法”的规则，相互作用多元化的关系及其性质即可归并为两大类型。相互作用的第一类关系具有相依、相近、相合、相吸、相融等性质；相互作用的另一类关系具有同前一类关系截然相反的性质，即具有相拒、相斥、相争、相克等性质。“二元论”不但把在相互作用里形成的一切关系简化为对应双方或对立双方的关系，而且使这些关系的性质合并为两大类。“二分法”强调“一分为二”，也容许“合二而一”。比方说，刚才谈到的两个“一分为二”，每一个都可以在“一分为二”的前提下“合二而一”。以某个“作用单元”的关系网为例，从关系网里可分解出一组又一组两相对立的关系，每组关系内的对立面又是统一的。再就其中的一组关系而论，矛盾双方作用方式或作用机制的性质，既有相对相斥的一面，又有相依相融的一面。同时两个方面此中有彼，彼中有此，完全可以统一起来。不难看出，相互作用的关系及其性质的先“一分为二”再“合二而一”，不过是“二元论”方法的具体运用。“二元论”的根基是“多元论”，因为任何“二元”都是从“多元”中抽取出来的两个“元”。

第四，相互作用运演过程中系统与环境的交换关系的“多元论”背景与“二元论”阐释。“物”、“心”、“人”三大领域里的一切事象，认识、语义、价值等领域里的一切经验，全是变动不羁、生生不息的。它们无不参与无限多样的相互作用，置身于相互作用无限多样的运演进程中。当代化学家兼“耗散结构”论创始人普利高津曾指出，凡生物体的内部结构都是“耗散结构”，它同生存环境之间持续不断地进行着物质的、能量的和信息的相互交换或相互作用。唯有如此，每个生物体才能维持并延续其生命。用系统论的话语来说：每个事象和每项经验均自成系统。凡系统均有相对稳定的内部结构，并由内部结构来规定系统的性质与功能。任何一个相对独立的系统，必须通过组成其结构的诸因素之间的相互作用过程及系统与系统环境之间的相互作用过程，才能塑造自己的形态与特性，维持自身的生存与发展，发挥独特的功能与效用。进言之，每个系统及其性质和功能，都是在某些相互作用的过程里萌生、成长和进化的，又是在另一些相互作用的过程里退化、衰落和解体的。事象系统和经验系统的多元性都是不可穷尽的，所以，系统的内部结构诸因素之间的种种相互作用过程、系统与环境之间的种种相互作用过程，也具有不可限量的多元性。

以“多元论”为根基，选取用“二元论”的公式，就能从另一个角度对相互作用过程中的“参与者”、参与者变换着的“角色”和“境遇”、参与者之间动态的“交换关系”，作出简要的解说。其一，相互作用过程某一阶段的参与者，往往充当了对立双方其中一方的“角色”。参与者之中，有的是胜方，有的是负方；有的得分，有的失分；有的称王，有的为寇；有的是成功者，有的是败亡者……其二，在相互作用较长的运演过程中，参与者的“境遇”是个变量，经常从二元对立的一种“境遇”转变为另一种“境遇”。参与者有时通，有时穷；有时显，有时晦；有时得，有时失；有时强，有时弱；有时胜，有时负；有时成，有时败……其三，从以上两个命题不难推导出第三个“二元论”命题：在相互作用过程中，参与者之间的关系是动态的和对立统一的关系。对立双方相互推移，相互转换，二者互动互补，相生相克，时分时合。

1994 年 9 月初稿

2003 年 1 月修改

事象、关系、过程

——兼论“物”、“心”和“人”

一

选择“事象”一词去替代“事物”一词，主要基于以下考虑：第一，“事物”虽然是一个很普通的大家经常使用的词项，然而用“事物”这个词去指示相应的理论性概念却未必是适宜的。“事物”作为理论概念，它的外延和内涵都较为含混与模糊，很难加以界定。同时它的覆盖面不够广，仅仅指向与“物”有关的各个方面。第二，“事象”这个概念的覆盖面很广，既包容了各种“事物”在内，还可涉及许多不能称之为“物”的事象。第三，通过阐释和界定，有可能促使“事象”这个词项或概念具有相对清晰、确定的外延和内涵。第四，根据上述三条理由，可以把“事象”当作哲学思考或哲学讨论中的重要词项或基础性的哲学范畴来使用。

“事象”包括实物、现象、行为和事件。一般地讲，事象是有象的，有可见、可闻、可嗅、可尝或可触的形象。我们生活于其中的环境和我们自身都是由众多事象组成的。一个个和一类类事象构成了宇宙万象与芸芸众生的“全景图”，构成了普通人日常共识（常识）中的世界图景。事象和事象世界是古今中外的科学家、艺术家、宗教家和哲学家进行思考的共同的和最初的立足点，显在的或隐在的出发点。长期以来，笔者对事象问题一直颇有兴趣，并进行了反复的思考。本文的写作目的之一是分析和考察事象问题的方方面面，以“事象论”作为哲学思考的起点、支点和重要的审视方位。

事象总是处在各种关系中的事象，有了关系网络才能促使分散的事象联结起来。关系网络既是事象之间的关系网络，又是事象置身于其中的关系网络。关系问题是一个重要的哲学理论问题，也是深入讨论事象问题的第二个重要审视方位。事象总是变动着和演化着的事象，有了动态过程才能促使各种事象的生成与发展。动态过程既是事象自身的动态过程，又是事象植根于其中的动态过程。过程问题同样是一个重要的哲学理论问题，而且是深入讨论事象问题的第三个重要的审视方位。基于上述理由，本文的写作目的之二是对“事象论”与“关系论”、“过程论”之间的理论联系问题和三个审视方位的相互转换问题，作一些哲学思考和分析研究。

学术界习以为常地将统一的事象世界一分为三，区分出“物”或广义的物理事象、“心”或广义的心理事象、“人”或广义的人文事象。然后划定了三个研究领域和三大学科类型，即自然科学、心理科学和人文社会科学。哲学家对事象世界的三元化特别敏感，从古代到现代，东西方哲学家或者选择“物”（某种物化的基质、一般的物体或物质……），或者选择“心”（灵魂、心灵、良知、精神、观念、绝对理念……），或者选择“人”（自我、群体生命、生存意志……），作为本原或实体性的本体，建造了多种多样的哲学体系。由此导出本文的写作目的之三——运用事象分析、关系分析和过程分析的理论与方法，重新审视关于事象世界的“物”、“心”、“人”的三分法，追溯生成此等传统观念的来龙去脉，进而弱化或消解哲人对“物”、“心”、“人”的实体主义的本体论和认识论预设。

进入正题之初，先设定三个理论前提。这三个前提简称为“事象论”前提、“关系论”前提与“过程论”前提。三个前提有四项共同的要求：（1）认定“事象”、“关系”、“过程”三个词项指示的是三个基础性的哲学范畴；（2）分析事象范畴、关系范畴、过程范畴各自的外延和内涵的主要特点；（3）说明事象、关系和过程这三个范畴都不是本体论范畴或认识论范畴；（4）强调事象理论、关系理论和过程理论，为研究哲学问题提供三套重要的和相互关联的方法论模式和审视方位。第一项要求在前文中已经作了初步的陈述，第四项要求将贯穿全文。下面将主要按二、三两项要求分别阐释“事象论”、“关系论”和“过程论”三个前提。

二

“事象论”前提。“事象”是一个外延极广的哲学范畴。事象范畴辽阔的“辖区”有一个总的标志，即有象性，直接或间接的有象性。各式各样的实物、现象、行为和事件，大体上皆有可目睹耳闻、可嗅可尝，或者可触摸的形象，即可观察感知的形象。实物有形体之象，日月星辰、山川草木、飞禽走兽等实物，均有形体之象。实物、现象、行为、事件皆有相状之象，明暗、色彩、声音、气味、味道、硬度、温度、湿度等等，都是相状之象。人的肢体是一类事象，有形体之象；人的动作、姿态、表情、声音……也是一类事象，有相状之象。事象可能是个体化或个别性的，也可能联结成不同的种类。个体化或个别性的事象各有各的“殊相”之象，每一类事象均有跟其他种类相区别的“共相”之象。事象世界千奇百异的形象，既是它们自身的“物象”或“实象”，又是人们在观察感知和记忆联想中生成的“映象”或“表象”。物象、实象和映象、表象，既可一分为二，各是其是，亦可合二而一，莫分彼此。

日常用语中所说的“事物”，不论是指个别事物还是指事物的类别，均可容纳于“事象”这个词项的所指层面的范围之内。朱熹谈到的“物事”，佛家提出的“色”（广义的）和“相”（“相体”除外），均可视为“事象”这个名称的别名。理由是“事物”、“物事”、“色”、“相”等都有实象或表象，都可以观察到或感知到。喜怒哀乐、七情六欲、爱和恨……往往凸显于可觉察的表情和动作之中，所以情与欲连带有象的表情与动作亦应进入事象之列。佛家所谓的“念”，大体上相当于同“欲”有关的意志活动，同“情”有关的情感活动，再加上某些同“观”和“想”有关的认知活动。“念”则常有“行”，“行”则必有“相”（或“象”）。“念”同有念之“行”、有行之“相”合为一体，构成了事象世界中的另一组事象。总之，物与事、色与相，有行有相的情、欲和念，组成妙合无垠的事象化的大千世界。

事象范畴不是本体论范畴或认识论范畴，提出事象范畴并不意味着必须对它作出某种本体论或认识论的预设或承诺。事象范畴置身于三元化的本体论阵营之外，也置身于二元对立的认识论阵营之外，它是一个“中性”范畴。传统的本体论哲学创立了“物本论”、“心本论”和“人本论”，进而还划分出：灵魂与肉体、形式与质料、物质与精神、自我与非我……使大一统的事象世界出现三分天下的局面和两两相对的图式。传统的认识论哲学也从统一的事象世界内划分出：认识与对象、主观与客观、主体与客体等二元化的板块。哲学家完全可以按自己设计的蓝图去规划事象世界，然而这不等于说事象世界本身就是如此这般的。“事象论”有权利不去过问或不加理睬传统的本体论或认识论制定的各种理论蓝图。

作为实物的任何事象都可以无限分解，分解成微观的和更细微的事象。从生物分解出细胞，分解出细胞核，分解出遗传基因——DNA 和 RNA，遗传基因仍然是一类生物事象。从分子分解出原子，从原子分解出基本粒子，基本粒子也是一类微观物理事象。相关的事象都可以不断组合，组合成宏观和更宏大的事象。从恒星、星团……组合成银河系之类的星系，从星系组合成星系团，星系、星系团是一类宏观物理事象。“森罗万象”合成“大千世界”，所谓“自然界”、“人类社会”、“世界”和“宇宙”，就是由无限多的“中性”事象组合、再组合而成的。

三

“关系论”前提。“关系论”和“事象论”是一脉相通的，“关系论”中涉及的“关系”，专指事象世界里的重重关系。“关系论”暂不过问抽象概念之间的纯粹逻辑关系，或者数量之间的纯粹运算关系。“关系”也是一个外延很广的哲学范畴，它涵盖了事象之间的种种关系和事象内部的诸要素之间的种种关系。事象之间和事象内部均含有不可胜数的关系，即便是某一事象同周围事象的关系也经常是多种多样的。关系范畴包容了事象世界中无穷无尽的关系结成的一张又一张关系网络。从原则上讲，“关系论”中谈论的“关系”就其本身而言是无形无象、不可见、不可闻、不可触摸的，但进入种种关系网络的实物、现象、行为和事件却是有形象的，可观察感知的。因此反过来说，“关系”又不离形象，关系网络总是凭有形象的物、色、相以及外现于行和相中的情、欲、念编织而成的。如同“事象论”一样，在“关系论”中我们也不作出本体论和认识论的预设或承诺。事象世界中头绪纷繁的多元化的关系网络，均有可能简化为一对一的，即二元化的相互关系。传统的哲学家往往从事象领域中提炼出几组他们认为具有重要理论意义的二元化的“关系式”，例如，“天（自然界）人关系”、“主客关系”、“心物关系”、“身心关系”、“知行关系”、“人我关系”等等。“关系论”并不简单地否定它们，而是采取对传统的本体论和认识论的“中立”态度，去看待上述来自事象世界的二元化的“关系式”。

世界上和宇宙中没有绝对孤立和绝对独立的事象。事象之间总是相互依附和相互作用的，既有相互关联的一面，又有相互离异的一面。每一事象与相关的其他事象、每一事象与周围的环境，均保持着种种关系。或者说，每一事象皆置身于同其他相关事象的直接间接、相似相别、互渗互补和若即若离的关系网络之中。套用华严宗的话：任何事象都是“因缘和合”而生成的。每个事象均可分解为众多的因素，各该事象由诸因素及其相互关系组合而成。就此而言，事象内部也有一个诸因素之间相依互用的关系网络。每个因素也不离“因缘”，还得靠众多“因缘”去“和合”。

关系网络有多种多样的类型，每一类型的关系网络都具有与众不同的结构。从一定意义上讲，关系范畴就是关系结构范畴。事象与外部环境的关系网、事象内部诸因素之间的关系网，有些方面可能是杂乱无章、一派混沌；另一些方面可能基本上是井然有序的，有“章法”或有“布局”可循的。如果是后一种情况，必定能从“网”里找到某种有序性的结构，即秩序结构。继续追寻下去，也许会发现这种秩序结构是规范化的或程序化的，或者发现秩序结构内含有某种法则、规律或规则。

确立“关系论”的前提是要说明：大到宇宙，小到粒子，实到物体，虚到意念，关系网络和秩序结构无处不在，无孔不入。也要说明：唯有在秩序化的关系结构里，才可能显示出某些规范性和程序性、某些法则性和规律性。还要说明：必须处在关系网络或秩序结构内，一切事象才能具有并规定自己的属性，才能获得并发挥自己的功能。“关系论”的前提告诉我们：不可穷尽的关系和关系网络，不可穷尽的关系网络中的关系结构，不可穷尽的关系结构中的有序性结构，再加上同样不可穷尽的秩序结构中的法则、规律、规则、程序等等，组成了世界或宇宙这个最广泛的关系网络。

四

“过程论”前提。“过程论”与“事象论”也是息息相关的。“过程论”谈到的“过程”，专指事象世界中的种种过程，即一个个、一类类或一群群事象运行演化的过程。不言而喻，“过程论”不讨论超越于具体事象的种种纯概念的推导过程，比如，抽象的逻辑推理过程或同样抽象的数学符号的运算过程。实物、现象、行为和事件是有象的、可观察感知的，它们的运动变化过程在不同程度上是可观察感知到的形体之象和相状之象的运动变化过程，这样的过程才是“过程论”研究的对象。“过程论”与“关系论”是相依互补的，它牵涉到事象之间或事象内部的各种关系或关系网络的运演过程，这类过程也是“过程论”研究的重要领域。

“过程”同样是一个外延很广的哲学范畴。宇宙事象的演变、物理事象的运行、生命事象的进化、社会事象的发展、人生的经历、心理的活动，凡此种种，无不包容在过程范畴之中。道家所说的“周而复始”，《易传》所说的“生生不息”，佛家所说的“念念相续”、“无尽缘起”，史家所说的“分久必合，合久必分”，均可纳入过程范畴的辖区之内。一方面，事象之间和事象内部的各种关系经常是相互作用的关系。相互作用是动态的，所以，相互作用关系只能是动态过程中的相互作用关系。另一方面，事象之间和事象内部的关系网络不是静止不变的，而是变动不居的。换言之，一切关系网络都是演进发展的动态过程中的关系网络。所以，相互作用的关系和演进过程中的关系网络，统统进入了过程范畴的领地。过程范畴并非本体论范畴或认识论范畴。如果撇开传统的本体论和认识论的理论模式，那么，学术界或哲学界常说的自然关系、人文关系，抑或主客关系、心物关系、身心关系、知行关系……只要这些关系是事象世界里的动态过程中的多元化或二元化的关系，它们也应当在过程范畴的界限内占一席之地。

关系网络可能是无序的，也可能是有序的，动态过程与此相仿。有些动态过程或某一动态过程的某些方面可能是无序的，模糊混沌的；另一些动态过程或某一动态过程的其他方面却可能是有序的，有条不紊的。许多关系网络中能找到有序性的结构；许多动态过程中也能找到有序性的结构。每当关系网络成为动态过程内的关系网络时，关系网络的秩序结构就转换为动态过程的秩序结构，即转换成运动、进化和发展历程中的顺序、程序、规则乃至规律、法则之类的秩序结构。应当设立一门哲学的分支学科，名叫“秩序论”。多元化关系网络内有多元化的秩序结构，多元化的动态过程里同样有多元化的秩序结构，这些秩序结构都是“秩序论”的研究对象。换言之，关系中与过程中，从无序到有序，从随机到概率，从秩序到规律，从偶然性到必然性，形成了“秩序论”的研究领域。

关系是事象间的关系；反之亦然，事象是关系网络中的事象。过程是事象演变的过程；反之亦然，事象是演变过程里的事象。动态过程是关系网络内的动态过程；反之亦然，关系网络是动态过程内的关系网络。世界上和宇宙中没有绝对静止和不生不灭的事象，也没有绝对固定和永恒不变的关系和关系网络。大化流行，一切都要变，都在变，一切都置身于流变过程之中。关系和关系网络变化不定，关系网里有序性的结构即秩序结构也时有变迁，经历着不断改组又不断重组的过程。动态过程内的秩序结构必定跟随过程的转化而变换。原有的程序、规范、法则和规律也将有所更替，以便适应新的过程，组成新的秩序结构。事象有形体之象和相状之象，不论是什么样的形象都不可能是恒定不变的。不同的事象加上它的形体之象和相状之象含有不同的属性和功能，事象及其属性和功能也在相对稳定中不断变化。一切事象连带其属性和功能，既置身于关系网络和秩序结构里，又连同上述关系网络和秩序结构一起介入流变过程。一组关系网络和秩序结构有所变动或者解体了，有关的事象及其属性和功能，也会相应地变更或者消失。反之，某个事象生成了，或者该事象的某些属性或功能萌发了，与它们对应的内外关系网络和秩序结构也会同步生成或萌发。某个事象湮灭了，或者该事象的某些属性或功能消失了，与它们对应的内外关系网络和秩序结构也会同步湮灭或解体。

“过程论”的前提明确认定：从无序到有序，从关系网络到秩序结构，从程序和条理到规则和规律，均进入了流行过程。它还告诉我们：从自然事象、人文事象到心理事象，从事象到事象内的诸因素，从事象的集合到世界或宇宙，全都处在流行过程之中。个别事象及其属性和功能的持续变化，局部的关系网络和秩序结构的持续变化，都是一些在时空规模上相对“微小”与相对“有限”的过程。这类过程就时间流程而言，往往是有始有终、有生有灭的。无穷无尽的相对微小而有限的流行过程，汇流成世界和宇宙即大化流行的总过程。说到底，世界或宇宙就是能衍生并容纳无限空间与无限时间的大过程，是无边无际、无休无止、无始无终的大过程。

五

从“事象论”的方位审视一切，则一切皆为有形体或有相状的事象。世界上和宇宙中的事象千奇百异，千差万别，杂然纷呈。从一个个具体的实物、现象、行为、事件去“看”世界、“看”社会、“看”人生和“反观”意识，这是最寻常和最普遍的审视方位。从原始人到当代人，都把可观察感知的事象具有实在性视为理所当然，人们早已习惯于凭事象尤其是观察事象去审视一切。大多数科学家、艺术家和其他专业的“家”，连同不少哲学家，也以“事象”尤其是观察事象作为考察一切的出发点。由此出发，无限多的事象组成了统一的和“事象化”的世界万物和宇宙万象。

从“事象论”起步，还能引出一套可名之为“事象载体论”的理论。该理论认为，事象是属性、功能、关系和过程不可缺少的“载体”或“承担者”。“载体论”的主要观点有四：(1) 属性和功能，是事象的属性和功能。属性和功能势必要依附于事象，所以事象是它自身的全部属性和全部功能的载体或承担者。(2) 关系是事象之间的关系。撇开事象岂有关系可言，所以事象是关系的载体或承担者。(3) 过程是事象运行演变的过程，离开了事象所谓过程将化为乌有，所以，事象是自己发展演化的载体或承担者。(4) 秩序以及程序、规范、规律等等，是制约事象间的关系和事象活动过程的秩序、程序、规范和规律。它们不能超越于而只能蕴涵在同事象有关的关系和过程之中，所以唯有事象是它们的载体或承担者（从“载体论”发展到“实体论”，后文再加详论）。

从“关系论”的方位审视一切，则一切均在关系之中。世界和宇宙恰像一张无比巨大和极其错综繁杂的关系网，所有的事象，全部“收入”并分布在这张巨“网”中。不管是实物或现象，还是行为或事件，全是“巨网”里数不清的“网结”。“结”就在“网”内，而不在“网”外。“结”不离“网”，并附着于“网”上。如果说，事象是宏观性关系网里的“关系结”，那么事象本身又是一张微观性关系网。事象内部的诸因素变成了微观性关系网里的微观性“关系结”。纵览世界和宇宙，大“网”里有小“网”，大“网”套小“网”；大“结”中有小“结”，大“结”连小“结”。犹如华严宗所说的，在“因缘和合”的大小网络里，“事事无碍”，“层层无碍”，“重重无尽”。

“事象论”认为，“关系”依附于“事象”，“事象”是“关系”的“载体”或“承担者”。一切关系都是事象之间的关系，或者为事象内诸因素之间、诸属性之间和诸功能之间的相互关系。“关系论”则认为，世界和宇宙是由大小不同的关系网连缀而成的。一切事象都是外部关系网里的关系结，连事象的属性和功能也是在外部关系网里生成的关系结。如此说来，这些“结”岂能不依附于外部的“网”？进言之，事象本身也是一个关系网，一个由内部诸因素组成的关系网，一个由自身的诸属性和诸功能组成的关系网，事象也不能出离于内部的、自身的关系网。

假若要追问“关系”和“事象”到底由谁“承载”谁？“关系论”的第一个答案是：无所谓由谁来“承载”谁。第二个答案是：虽说两者皆非“载体”，但事象毕竟是它的外部关系网的关系结，又是内部诸因素之间的一张关系网。事象既在周围环境中的宏观性关系网里“建构”自己内部的微观性关系网，又在宏观性关系网里“解构”自己内部的微观性关系网。总之，事象只能在内外关系网里生成，并在内外关系网里消长。

从“过程论”的方位审视一切，则一切皆在“过程”之中。世界和宇宙只是“过程”，是无休无止、无始无终的“大”过程，是森罗万象运行不已、生生不息的总过程。道家和《易传》所谓的“道”有多重含义，

“过程”是其中的一重含义。正如《易·系辞》所言：“生生不息之谓道。”如果将世界和宇宙流行的总过程比做一条能容纳百川的大河，无穷无尽的事象好似大河里数不清的“滴水”。一切有形或有象的事象，无不汇入这条“大河”或总过程之中，成为大河里的无数“水滴”。“滴水”就在大河之中，不在大河之外。“滴水”随大河不断行进，在大河里不断运行。

立足于“过程论”的方位，一切事象均为运行演化过程里的事象。事象的属性只能在“过程”里生成和消失，不能在“过程”外生生灭灭。事象的功能同样是在“过程”里发挥作用，离开“过程”则无任何效应可言。事象置身于周围环境的宏观过程之中，事象是宏观过程里的成员、“大河”中的“滴水”。事象还有自身运作的微观性过程，事象内的诸因素、事象的众多属性和功能，是微观过程里的成员，可比做“滴水”里的“水分子”。“滴水”在“大河”里流行不已，“水分子”则在“滴水”里不停运转。

“事象论”认为，一切过程均为事象运行演变的过程，事象是过程的“载体”或“承担者”。“过程论”则认为，世界和宇宙是个“大过程”，无须用什么来“负载”这个“大过程”。立足于“过程论”看事象，后者势必丧失“负载”各种“过程”的资格。如果一定要问“事象”与“过程”谁是“载体”？“过程论”的回答很干脆，这类问题并无意义，至少是无关紧要的。只需强调，一切事象皆为过程里的事象，撇开各种宏观与微观的过程，事象就不再成其为事象。世界和宇宙大化流行，任何事象及其属性和功能，既在大化流行的宏观与微观过程中萌生和生长，又在大化流行的宏观与微观过程里演化和消解。

六

我们最熟悉的是千奇百异的事象和事象世界。人生活在事象世界之中，连人自己的肢体和行为以及人的生活的方方面面，都是事象世界的组成部分。自古以来，人们从浑一的事象世界内划分出“物”、“人”和

"心"三大领域的事象。在人之"外"，看得见、听得到、摸得着的种种事象，合起来叫做"物"。人的躯体和四肢、个人和群体的行为与活动，此等事象均与你我有关，所以叫做"人"。人们感受到和体悟到自己"心"中萌生的各种事象，然而除了相应的可见、可闻的表情、行为和声音之外，它们自身又是一些看不见、听不到、摸不着的事象，因此简称为"心"。"物"、"人"、"心"的传统界限相当模糊，有必要作较为精确的说明。

所谓"物"，可用来指涉下述事象：处在人体之外（就"心"而言，人体也可视为"物"），凭人的视觉和触觉以及听觉、嗅觉、味觉等外感官，能观察到和感知到的事象。"物"既包括自然事象在内，又包括物化了的人工制品在内。这类事象中的大多数是可观察的，不妨称为"观察事象"。由无数观察事象组成"观察世界"。所谓"心"，则用来指涉另外一组事象：在人的意识活动和潜意识活动中能体验到和领悟到的事象。体悟、理解、记忆、想象、思考、意志、情感、理智，以至欲求、愿望、志趣、抱负、境界等等，均在"心"的涵盖之中。这类事象的特点是可体验、可领悟、可内省，凭外感觉不一定能直接看见、听到或摸着，不妨称为"体悟事象"或"体验事象"。由无数体验事象组成"体验世界"。所谓"人"，专用来指涉第三类事象：它们是以"你"、"我"为中心由相关的观察事象和体悟事象结合而成的事象。诸如人的形貌、肢体、服饰和居室；人的表情、姿态、动作和行为；人类生产的物品，使用的符号和语言，创造的神话、宗教、艺术、道德、法律和政治制度；人们建立的家庭、社团、民族和国家。上述种种合称为"人文事象"。不少人文事象，我们既能观察其外表，又能通过观察经常体验到此中蕴涵的情绪和心态、动机和目的，乃至群体的价值取向和人的共同本性。众多人文事象组合成"人文世界"，即人类社会、人类文化或人类历史。

将观察事象跟观察感知活动分开，再将观察事象中掺杂的体验成分"离析"出来，"纯化"了的或"还原"了的观察事象即为"物理事象"。无数物理事象组成"物理世界"。不包括人工制品的物理世界名为"自然界"。传统的自然科学家往往把许多观察事象等同于物理事象或原本如此的自然事象。当代的自然科学家大多深知这项"离析纯化"的工作是不可能彻底完成的，因此认为，“还原”出一个纯之又纯的自然界的想法，是一个不切实际的乌托邦。将体悟事象中掺杂的观察、感知对象“离析”出去，“纯化”了或“还原”了的体悟事象即为“心理事象”。无数心理事象组成“心理世界”或“精神世界”。有些心理学家或精神科学家时常做这项“离析纯化”工作，颇想“还原”出一个“纯粹”的心理世界，不过这仅仅是一厢情愿而已。

人文事象兼收并蓄了某些观察事象和体验事象，所以人文事象同物理事象和心理事象之间免不了有交叉重叠之处。以人工制品为例，就其可见可触的形态而论，理应归属于观察事象和物理事象的名下。就其同时包含了人的劳作和需要而论，又是不折不扣的人文事象。再以人的表情为例，其中蕴藏的喜怒哀乐之情当然是体验事象或心理事象。如果结合可观察的面部变化和相应的动作、姿态而言，它又是很有代表性的人文事象。观察事象或物理事象同人文事象区别的要点是前者仅就一些事象可见可触的一面立论，不过问是否与人相关，是否渗入体验的“杂质”。体验事象或心理事象同人文事象区别的要点是前者仅就一些事象可体验的一面立论，不强调是否与可见可闻的行为或表情相结合。本文的一、二部分，正是依据上列分类提到自然、人文与心理事象的。

七

原始时代初民常识中的事象世界，是天（物）人合一、心物不分、知（心）行（人）无别的世界，是“物”、“人”、“心”浑然一体的世界。除了今人划定的人文事象之外，“原始人”心目中的其他事象，包括“文明人”所谓的观察事象和体验事象在内，几乎全是观察与体验合二为一的“人文事象”，或名之曰“拟人的事象”。在“原始人”的世界里，不会出现“还原”了的物理事象，更不会出现“还原”了的心理事象。即使是今人所说的自然事象，当时也渗透了初民的情性、才智、想象、人格和生命，经历了神话思维的“投射”与“幻化”，即体验事象对观察事象的“投射”，观察事象被体验事象所“幻化”，后人所谓的自然事象均转换成拟人的事象，混杂于人文事象之中。自从人类跨入“文明时代”，开始是“物”和“人”，稍后是“心”，三种观念次第生成。于是天人相分了，心物相离了，身心互异了，知行有别了，相互对应和相对独立的物理事象（自然事象）和心理事象，也从浑一的事象世界中日益分离出来。到了近代，西方研究“物”的自然科学、研究“人”的人文科学、研究“心”的心理科学竞相发展，物理事象（自然事象）、人文事象和心理事象的界限日趋分明。欧风东渐，中西融通，事象世界的“三分法”，不但为各国哲人和学者所认同，而且渗入了东西方普通人的“常识”之中。

大千世界里种种“三位一体”的拟人化事象，在“原始人”的心目中都是“有”，都是“真”，都是“实在”的。他们不去询问：哪些事象是“有”，是“真”，是“实在”的？哪些事象是“无”，是“空”，是“非实在”的？在天（自然）人相分和知行有别，尤其是心物相离的事象世界里，“文明社会”的大多数普通人，他们会肯定或默认可见、可触、可闻的自然和人文事象，是“有”，是“真”，是“实在的”；但不太可能同时去认定自己有切身感受的爱和恨、期待和失落等体验事象是“无”是“空”，绝少“实在”性。与普通人不同，宗教家和哲学家历来十分关心可观察的自然界、人文界和主要凭心领神会的心灵界的“实在”与否的问题，而且提供了歧见纷呈乃至截然对立的答案。自然科学与人文科学必备的前提是充分肯定或相信自然事象与人文事象是“有”，是“实在”的。哲人和宗教家的态度则各行其是，同自然科学家与社会科学家对自然事象和人文事象的实在性的共识相比，确有霄壤之别。

哲人跟普通人一样，在事象王国里生活，在事象王国里求索，以各种事象为思考的出发点和原材料。从多于恒河沙粒的事象材料中找到某些或某种“基质”或“本原”，对事象世界的发生与构成进行统一的解释。这是一项极为艰巨的工作，普通人难以问津，只有凭古代哲人的睿智和毅力才能完成。中国古代的哲人，从观察事象里䌷绎出金、木、水、火、土五种基质，合称为“五行”。古印度与古希腊的哲人，从观察事象里䌷绎出地、水、火、风（气）四种基质，合称为“四大”。他们各自用“五行”或“四大”去说明宇宙万物是如何发生的、如何构成的。泰勒斯、安纳克西曼德和赫拉克利特扬弃了“四大说”，从观察事象中选择了一元化的

“水”、“气”、或“火”，三者先后充当了宇宙万象的“始基”这一角色。古希腊的泰勒斯、赫拉克利特、德谟克利特等先哲，对观察事象或自然事象的实在性是毫不怀疑的；然而远非所有的哲人（含宗教哲学家）都是如此。柏拉图只肯定一类类事象的共相或理念是真实的、实在的，而否认一个个具体事象的真实性和实在性。欧洲中世纪的“唯名论”（或译为“虚名论”）者与之相左，他们认为，用语词表示的种类或“共相”并无实在性，在事象世界里只有一个个实在的事象，而不可能“存有”事象的种类或“共相”。

中国春秋战国时期的先哲，从可观察的云烟之气和可感触的呼吸之气中推演出一套“气本论”，倡言“气”为万事万物的本原。荀子认为，从自然事象到人文事象皆由“气”所构成，并统一于“气”。《管子》创立“精气说”，强调“精气”是生成天地万物和人类即整个事象世界的本原。《易传》沿袭此说，提出了“精气为物”的本原论命题。董仲舒创立“元气说”，所谓“元气”，即本元之气，是生成事象世界的本根。两汉的《易纬·乾凿度》和王充、张衡、王符等人，先后完善了“元气”本原说。另一些哲人从体悟事象或意识活动起步，去建构同“气本论”大异其趣的“心本论”。中国佛教的天台宗倡导“一念三千”说，提取可体验的“念”作为事象世界的本原，“三千世界”从时间到空间只缘于一念之间。印度传入中国的唯识宗把种种观察事象和人文事象说成是“境”，倡导“识外无境”说，䌷绎心理事象中的“识”作为事象世界的本原。这样的本原论不妨名之曰“识本论”。“识本论”倡言：除去“识”，一切“境”或一切事象别无其他来源。慧能立南禅，以“念”为所有事象发生的根由，“无念”就能出离三个事象世界。陆九渊说“吾心即宇宙”。可观察的自然事象和人文事象不过是“心”中之“物”，并无实在性，更谈不上有什么独立于“心”外的客观性。陆王心学受佛教和禅宗影响颇深，他们提出“心外无物”这个“心本论”的哲学命题，以“心”为宇宙万物的本原或本体，所有的观察事象和体验事象全出于此“心”。

印度佛教哲学将可见可闻可触的自然事象和人文事象叫做“色”、“法”或“相”，将包括观察事象、人文事象和体验事象在内的所有事象合称为“五蕴”（色蕴、受蕴、想蕴、行蕴、识蕴）。“法”和“相”不仅用来专指“色蕴”，而且可以涵盖“五蕴”，涵盖整个事象世界。部派佛教中的“一切有部”，大力倡导色蕴和其他四蕴皆有“自性”，即皆有自己固定的本性，因此所有事象均为“实在有”，五蕴一切皆“有”。大乘“空宗”则反其道而言之，不仅作为观察事象的“色”无自性，“色”即“空”，连五蕴里色蕴之外的其他四蕴亦无自性，亦为“空”。所以说，法相世界“一切皆空”，地、水、火、风“四大皆空”。大乘“中论”即“中观”学派，在“空”、“有”两论之间立说，其主要论题之一是“性空假有”。“性空”泛指一切法相或事象均无“自性”，都没有属于自身和固定不变的本性，因此皆为“自性空”。所谓“假有”，含两层意思：一方面承认各种法相或事象皆属“有”，是实在的；另一方面任何法相或事象既然是“自性空”，因而它们的“有”不能是“真有”，只能是“假有”。法相或事象虽说是实在的，然而毕竟没有自己恒常的本性，不能视为具备了名副其实的实在性。

八

古今中外的许多哲学家均在阐释事象世界上殚思竭虑，奉献了毕生精力。他们之中，有的侧重追溯事象世界的来龙去脉，有的侧重分析事象世界的层次结构。哲学家们孜孜不倦地求索事象世界真正的本原，都希望建造一个匠心独具、前无古人的本原理论（“本原论”，Originaltheory）。简略地讲，中外传统哲学里的本原论大致上可分为三大类型：一是上帝（或诸神）创世的本原论；二是宇宙发生的本原论；三是世界构成的本原论。第一种本原论渊源于创世神话与宗教教义。第二种本原论即通常所说的宇宙发生论。第三种本原论才是名副其实的哲学本体论（ontotogy）。早在原始时代，各民族中就流传着创世神话和洪水神话，太古的“哲学家”已经尝试着对事象世界尤其是观察世界的生成，作出种种猜测和种种解释。从哲学学科诞生之时算起，各种关于观察世界和整个事象世界创生的、生成的和构成的本原论或本体论模式就源源不断地问世，这种趋势一直延续到近现代（随着创世神话的流传和哲学学科的诞生，各种有关价值世界和正负价值的创生、生成和构成的价值本原论或价值本体论也应运而生，这方面的情况已超出本文讨论的范围）。

从柏拉图和亚里士多德一直到文艺复兴前后，两千多年来阐释事象世界的创世、发生和构成的本体论始终在西方哲学界占主导地位。以本体论为中心的哲学主流又衍生出众多流派。文艺复兴之后，虽然以认识论或知识论为中心的哲学思潮先后崛起，但是以本体论为中心的哲学依旧层出不穷。各家各派选定的“本体”，对三元事象世界的发生和构成进行的解释，以及对三类事象的“本性”作出的规定，历来是仁者见仁、智者见智。造成众说纷纭的局面，其原因是多方面的，既有哲人的生活境遇、时代背景和文化传统的差异，也有个性特征、审视角度和思维方式的区别，再加上价值目标或“终极关怀”的歧见，伦理动机、政治理想或宗教信仰的不同。面对西方传统哲学（连同一部分中国传统哲学）中沸沸扬扬的事象理论和相关的本体论流派，笔者无意扬此抑彼进行孰是孰非的评判。使笔者感兴趣的是，令人眼花缭乱的西方哲学及其本体论的发展史中，有一条贯穿始终的主线，这条主线叫做“实体主义”。我们将用一定的篇幅简要介绍实体主义和实体主义笼罩下的事象理论。

什么叫做“实体”（Substance）和“实体主义”？纵观西方哲学史，亚里士多德是“实体”范畴的首创者。他在《范畴篇》中指出：“第一实体”就是作为“这个”的存在，其他的存在，如数量、性质、关系、状况、时间、地点等，均为第一实体的“属性”。实体是这些属性的“载体”。实体的属性是可变的，而实体本身即属性的“载体”是不变的。实际上，亚氏所谓的“第一实体”即作为“这个”的存在，就是观察世界里的一个个可见、可闻、可触的观察事象。

在《范畴篇》里，亚里士多德把个体存在的属和种，即观察事象的种类或共相叫做“第二实体”。在《形而上学》里，亚氏进而认为，不是一个个具体事物而是事物的形式（“共相”或“本质”）才是“实体”。于是他的实体观更为明确了，事物或观察事象所属的那个种类的“形式”或“本质”，方可名之为“实体”。

在《形而上学》第17卷里，亚里士多德又创立了“最高实体”这个范畴。最高实体就是至高无上的“神”，是宇宙万物或事象世界生成和演变的第一原因（始初因）和第一推动力。“最高实体”按照自己设定的“终极目的”，将事象世界和事象世界中的种种关系安排得井然有序，他自身却超然于一切关系网络之外，是绝对独立和绝对完善的。“最高实体”推动事象世界运行不止，使各种事象皆进入有生有灭的过程之中，他却置身于宇宙万象的一切流变过程之外，是永恒不变的和不生不灭的。

最高实体是实体主义的本体论、决定论、绝对主义和绝对化的“自性论”和价值论的天然盟友。设立了最高实体，实体主义理论体系的奠基工作总算臻于完成。实体主义的诸多特性与盟友确有引人入胜之处，难怪有如此之多的哲人醉心于此道，并致力于从各个方面发展实体主义。亚里士多德之前，柏拉图早已把一切事象特别是观察事象的种类或共相实体化，并将此类实体叫做“理念”（ideas or Forms，或译为“理式”），并以相当于最高实体的“最高理念”作为理念世界或宇宙万物发生与构成的本体。亚里士多德以后，古罗马的普罗丁，欧洲中世纪的宗教哲学家圣·奥古斯丁、托马斯·阿奎那等人，将上帝实体化，上帝以最高理念或最高实体的身份充当创世的本原。文艺复兴以来，西方的许多哲学大师都是“实体”观念和实体主义的标榜者。他们把物、心、人三元事象中的某一元或其中的二元视为“实体”，这样的“实体”往往可以充当事象世界或宇宙万物的“本体”。培根提出，一个个按一定规律运动的物体才是实体。于是有人把培根说成是在本体论上坚持了唯物主义。笛卡儿提出，有两类实体：一类是精神（思维）实体，另一类是物质（物体）实体，二者并行不悖。上帝是二者之上的最高实体。后人认为，笛卡儿建立了心物二元论的本体论。斯宾诺莎提出，上帝即自然，他们是唯一的实体，思维和物质是同一实体的两个属性。后人对斯宾诺莎建立了何种本体论说法不一，有人说是一种“泛神论”，有人说接近于唯物论。柏克莱强调，观念、心灵或精神是独一无二的实体，并倡言：“存在即被感知。”后人断定他的本体论属于观念论或主观唯心主义。叔本华强调，人的生存意志和宇宙的意志才是实体，也是自我与万物唯一的本体。人们普遍认为，叔本华创建了唯意志论（生存意志大约可归入人的世界）的本体论模式。当然，西方近代推崇实体主义的哲学大师远不止这几位。从一个侧面看，洛克、莱布尼兹、费希特、谢林、黑格尔等，也在不同程度上受实体主义的影响。一般地讲，笛卡儿以来的近代西方实体主义哲学家同亚里士多德有相似之处，也对各种关系、过程与规律进行了“决定论”的解释，同时还热衷于按自己的要求营造绝对主义的价值论体系。

实体主义和各种实体主义的本体论，对物、心、人三类事象和三个世界提出了自己的解释。他们在三者之间，尤其在物体（物）与心灵（心）之间，或者在自我（人）与非我（物）之间，划出了泾渭分明的界限。以物体或物质为实体和本体的哲学家，强调唯有物体或物质才是存在，才是第一性的客观存在，而精神或心灵世界不是客观存在，是第二性的，只能依存于肉体或物质。以思维、心灵、精神、观念为实体和本体的哲学家，坚信只有思维、心灵、精神或观念才是真实的和实在的，物体或物的世界不过是被感知的，或者是非实在的甚至是虚幻的。以人的意志或生存意志、强力意志为实体和本体的哲学家，将观察世界视为“表象世界”，表象世界的非实体性和生存意志、强力意志的实体性有很大区别。心物二元论者提出，思维（心）和物体（物）皆为实体，认定二者均有实体性的“自性”。

实体主义和实体主义的本体论在西方传统哲学中虽然根深叶茂，但它并不能垄断解释事象世界的专利权。东方的传统哲学，从其主流来看并非植根于实体主义的土壤之中，它们按自己选择的方式为三类事象的定“性”提供了各种理论模式。佛教空宗等宗派称观察事象（物）和人文事象（人）为“色”，断定“色”即“空”。“空”是不是实体兼本体尚待进一步深究，因为佛家的不少宗派不仅否定“法执”和“我执”，也否定“恶取空”或“空执”。所谓“空执”，就是把“空”实体化，否定“空执”即否定“空”的实体化。“色即空”的哲学命题，不过促使观察事象（物）和可观察的人文事象（人）获得了“空”的特性。魏晋玄学的“贵无论”倡导“以无为本”，“无”显然是本原或本体。“无”是否是“实体”虽然难以断定，但“贵无论”者毕竟肯定了观察事象（物）和可观察的人文事象（人）是“有”，即肯定了物与人具备“存有”的本性。进而言之，普通人不是专业哲学家，他们也非常关注事象世界，而且会毫不犹豫地认同事象世界里的“实物”、“实事”乃至许多实际体验的实在性，然而他们未必信奉什么“实体”观念，更不会自发地从三类事象中寻找并确定某种实体化的“本体”，然后按实体性和非实体性的标准分别给三类事象定个“性”。说到底，三元化的事象世界，不过是人人都在观察着和体悟着的事象世界，从古到今人类不断“经验”着的事象世界，或者是在“常识”里持续解释着的事象世界。从实体主义哲学家到普通人，人人皆有权对三元化的事象作出自己的解释。

怎样对待西方哲学界已经盛行了两千多年的实体主义事象理论？这是一个很有现实意义的哲学理论问题，用点篇幅深入讨论这个问题不算浪费笔墨。本文设计的讨论重点是：以“实体主义”为一方，以非实体主义的“关系论”和“过程论”为另一方，比较双方对物、心、人三类事象和三元化的事象世界的看法各有什么特点，从而说明，双方的看法是大相径庭的，传统的“实体主义”和彻底的“关系论”与“过程论”是不相容的。立足于“关系论”与“过程论”的方位，通过讨论要达到四个相互关联的目的：（1）论证一切事象均处在关系网络与运演过程之中，物、心、人三元化的世界是一个相互参与、相互依存、互渗互动、合为一体的世界。（2）清除传统事象理论中的种种实体主义的本体论、决定论和绝对主义理论。其隐含的意义是借清理实体主义来拆除诸如绝对真理、善的终极关怀和美的绝对本质等绝对主义价值论赖以生存的理论基地。（3）消解实体主义的事象理论，因为这种理论赋予三类事象以三种独立的和固定的“本质”或“自性”。将三类事象的三种“自性”即“三性”，转换为非实体主义的“事象论”所认同的“三相”、关系网络里的“三极”、运演过程中的“三态”。（4）同上述三个目的相结合，为三元化的事象世界及其关系网络和运演过程，提供一幅非实体主义的理论草图。其潜在宗旨是开拓哲学视野，用新的眼光去审视事象世界。这就意味着，让我们的哲学思考有能力跨越实体主义和实体主义的本体论、决定论和绝对主义编织的种种藩篱，排除绝对化的“自性论”和绝对化的价值准则设置的重重路障。

九

从“事象论”看，物、心、人三类事象是统一的事象世界分化出来的三种“相”。在原始人的事象世界，即原初状态的事象世界里，天（自然）人之间、心物之间和身心之间，要么不加区别，要么分界线非常模糊。事象理论发展史中后起的物、心、人三分天下的局面虽然历时久远，再加上实体主义和实体主义的本体论为三类事象分别提出了各式各样的“质”的规定性，但此等局面并非不能变动，三个“王国”早经划定的“国界”亦非不能泯除。即使有条件地承认事象世界可以相对地一分为三，也不要忘记事象世界原本是三位一体的，三类事象从来都是“你中有我，我中有你”，很难依照实体主义的原则截然分开。

事象世界里的物、心、人，皆非孑然自立的“实体”，也没有无依无傍的“本性”。

（1）就“物”而论，宇宙间并无独立自足的“物理世界”，也无孤立绝缘的“物”之“自性”。首先，所谓“物”，专指有形有色、可触可闻的事象而言。换言之，“物”不过是观察事象（广义的）的集合体。“物”是观察着感知着的“物”，“物”是同视、听、触、嗅、尝等观察感知活动相关联之“物”。所以“物”既在观察感知之“外”，又在观察感知之“内”。其次，“物”是充当思考对象的观察事象，“物”又是同思考活动相关联之“物”。“物”既在思考之“外”，又在思考之“内”。除此之外，何来什么“物”之实体或物之自性？观察是人的观察，思考是心的思考，“物”同人有关联，同心也有关联。彻底撇开对“物”观察着和思考着的人和心，彻底撇开人和心对“物”的观察和思考，谁能知晓并说清楚纯而又纯的“物”或自然界和物理世界到底是什么？康德设立了“物自体”，据说它完全独立于认知之外，是不可知的。然而“物自体”毕竟是康德思考着的“物自体”。如果康德不进行相关的思维活动，他怎么可能提出“物自体”这个概念？

（2）就“心”而论，宇宙间找不到独立自足的“心灵世界”，也找不到孤立绝缘的“心”之“自性”。所谓“心”，只能是有表象、有感情、有愿望、有观念、有信仰的“心”；所谓“心”，只能是进行直觉活动、领悟活动、思考活动、评价活动的“心”。“心”不过是上述种种同表情和行为有直接和间接关联的体验事象的集合体。除此之外，还会有什么“心”之“实体”或“心”之“自性”？认知体悟必是“心”对物的世界和人的世界的认知与体悟，“心”同物有关联，同人也有关联。彻底抽空所有感知中、冲动中、记忆中、想象中、思考中和评价中涉及的作为对象的物和人，彻底抽空观察事象和人文事象对“心”的激发或抑制，“心”对观察事象或人文事象的关注、思恋或失落、逃遁，赞赏、颂扬或厌恶、贬抑，谁能讲明白：最终给心灵、精神或良知留下些什么？

（3）就“人”而论，普天之下绝没有独立自足的“人文世界”和孤立绝缘的人之“自性”。所谓“人”，必定是有肢体、有形貌的“人”；必定是成为行动者、观察者、交往者、言谈者的“人”；有意志、有感情、有思想的“人”；作为个体或群体的“人”。他们的身材容貌、举手投足，他们的所知、所思、所做和所讲的一切集合起来，就是“人”，就是人文世界。除此之外，到哪儿去寻觅人之“实体”、你我之“自性”、自我之“存在”？“人”本来即是意识（心）和肢体（物）的结合。很显然，其中有物：人的可见、可触的肢体和动作；其中有心：人的认知、感受、反思、内省。去掉可观察的表情姿态、举止作为，可聆听的言谈交际，去掉具有“物化”形态的人工制品和符号文字，再去掉可体验的运思和遐想、理性和直觉、情操和境界，“人”的自我或社群必定一律化为空空如也。

我想引入“性”和“相”这一双佛教哲学的术语，用来说明实体主义的事象理论和非实体主义的事象理论的重大区别。“法相宗”认为，“相”有二义，一是“相状”、“形相”，二是“相体”，即前者的“本体”或“实体”。“相”的第一义相当于本文所说的“事象”，因此事象即“相”。所谓“体”或“相体”，在佛学经论中专指“性体”或“自体”而言。“性体”、“自体”或“相体”，它们跟“相状”或“形相”相对应，后者是不固定的可变的“相状”、“形相”，前者是后者固定不变的“实体”、“本体”和“自性”。不难看出，实体主义者强调物、心、人三类事象分别具有三种绝对独立和绝对不变的“性体”或“自性”，只是一己之见而已。非实体主义者认为，物、心、人三类事象不过是统一的事象世界的三种“相”。“相”是可变的，仅有相对的独立性和固定性，也许这样的看法比较接近于事象世界或“常识”中和“经验”中的事象世界。实体主义坚持用“三性”、“三体”去解释事象世界，非实体主义坚持用“三相”去解释事象世界，二者泾渭分明。“三相”论的要点是：物、心、人三类事象的区别，不是三种“自体”的区别，而是三种“相”的区别。“物相”、“心相”和“人相”有相对分离的一面，更有相互整合的一面，即互依、互渗、互补、互动乃至相互转换、谁也离不开谁的一面。时至今日，许多自然科学家、人文科学家、心理科学家和哲学流派的非实体主义走向，已是有目共睹的了。面对错综纷繁的事象世界或宇宙万象，应作出何种哲学解释？我当然主张用非实体主义的“三相论”的解释，取代实体主义的“三体论”的解释。

十

从“关系论”看，三类事象是统一的关系网络里的三个“关系极”。彻底的“关系论”拒斥一切实体观念，也不接受各种同实体主义结盟的本体论、认识论、“自性论”与决定论。“关系论”将分散零乱的关系整合成统一有序的关系网络，又将物、心、人内部的关系网络，视为统一的关系网络里的三类特殊的关系网。非实体主义的“关系论”同实体主义哲学的分野，并不是前者强调一切关系，后者否定任何关系。众多实体主义哲学同样承认物、心、人三类事象之间有某些关系把它们连接起来，然而这种哲学又坚信，不论何种关系都不能规定更不能改变三类事象固有的“自性”、“自体”。实体主义的事象理论主张自然、心灵和人文三者的“本质”区别是第一位的，三者的相互关系是第二位的。三类事象各有各的“本质”或“自性”、“自体”，它们独立于诸关系之外，不为相互关系所左右。正如形式逻辑的基本公式所提示的，A是A，A不是B，A不是非A。这是实体主义事象理论对待关系问题的第一种态度。第二种态度是在心与物之间或物、心、人之间寻找某种符合“决定论”要求的关系，然后分清心物间、主客间、身心间和知行间……谁是第一性的，谁是第二性的，由谁来决定谁。由此推导出两个结论：（1）物、心、人三者的独立性和差别性是第一位的，它们的整合性与统一性应当位列第二。（2）物、心、人三类事象，不是在平起平坐和互渗互补的关系里得到统一，而是在第一性和第二性的关系中，抑或在决定者与被决定者的关系中得到统一。

步入“关系论”的方位定能发现，三元化的事象世界里有一张将三类事象统合起来的关系网络。从这张“网”里可以梳理出三元事象之间的三个“维”的关系。

第一维是物与人的关系，我们列举其中包含的三种类型关系：(1) 就观察事象相对于人的认知与实践以及它们之间的相互渗入、相互作用而言，生成了“主客关系”，人是认识和实践的主体，观察事象是人认识和实践的对象或客体（除观察事象外，体验事象和人文事象也可成为认识的客体，不妨依此类推）。(2) 就自然与人之间相互作用和相互渗入而论，生成了“天人关系”。此处所谓的“天”代表自然界，代表物理世界。(3) 从审美角度立论，审美者的“我”同被观照者的“物”二者之间互渗互融的关系，叫做“物我关系”。

第二维是心与物的关系，下文也列举出其中包含的三类关系：(1) 就心对物的认知和体察以及两者的互渗互融而言，形成了“心物关系”。(2) 假若以“识”代表心的主要功能，以“境”标示意识到的“物”，两者的关系即为“识”与“境”的关系。(3) 从审美角度立论，“情景关系”也是一种心物间的关系。心有“情”，观察感知的“物”在心中生成“景”，凭“景”可以表现“情”，然后做到“情景交融，妙合无垠”（王夫之语）。

第三维是人与心的关系，亦可分为几类：(1) 人的身体和心的意识之间的关系，称为“身心关系”。(2) 人的形貌与精神（心）的关系，称为“形神关系”。(3) 人的肉体与心灵的关系，称为“灵肉关系”。(4) 人的行为与心的认知间的关系，称为“知行关系”。(5) 心的良知或领悟与人的本性之间的关系，称为“心性关系”。即使是通过简单的枚举也能觉察到，三维关系中的多种关系把物、心、人三个事象世界牢牢地黏合起来，结成一体，谁也不能成为“一枝独秀”的实体，并保持“老死不相往来”的“自性”。

遵照“关系论”的路标继续往前走，就会发现另有一片能大力强化事象世界统一性的新天地。三维多重的关系编织成一张包罗三个事象世界的关系网络，三元化的物、心、人，以及它们各自的所谓“自性”，无非是宇宙或世界这张“巨网”里的三个“极”。“极”不离“网”，“极”在

"网"里。也许有人要问：在物、心、人三极化的关系网里遇到某些事象，根据什么去认定他们具有何种"相"？怎样断定这些事象属于物之"相"、人之"相"，还是心之"相"？或者问：根据什么规则作出判断，特定的事象趋向于三极中的这一"极"还是那一"极"？"关系论"的答复是只需运用两条规则来确认每个事象在"三相"或"三极"中的归属问题。首先，要凭事象已经"进入"哪一维和哪一重关系来裁决，或者要凭将事象"放在"哪一维和哪一重关系中来裁决。其次，当事象置身于某一维或某一重关系之后，应按它接近于哪一极，抑或处在这重关系的什么位置上来认定它具有什么样的"相"。

怎样按上列规则行事？还是举例说明为好。比方说，有一个名之曰"树"的事象（即"树"这个名词的指称对象），"进入"或"放入"了第一维关系之中。以此为据，即可在人与物这维关系的范围内，对此"树"作出不同的"定相"判断（把判断的语句"括"起来，置而不论，下同）。判断之一是："这里有棵树。"认定树处在"物"这一"极"上。判断之二是："我们都看见了那棵树。"此刻树正处在主客关系之中。判断之三是："那棵树在风中婆娑起舞。"树有了人的生命、意志和感情，树进入了天（自然）人关系，而且促成了"天人合一"。判断之四是："在我的审美观照里，树耶？我耶？简直分不清了。"树在审美的物我关系中实现了"物我同一"。第五个判断是："在我们的观看中，这棵树才具有这般的形貌。"认定树在主客关系中，而且偏向于主体或"人"这一"极"。这类例子举不胜举，举一必能反三。即使是同一名词命名的事象，置诸另外二维的和多重的关系之中，也能作出各种"定相"的解释。比方说，有这样一个"定相"判断："那棵树在记忆中留下了如此这般的表象。"这个判断确认了树在心物关系之中，同时又接近于"心"这一极。"关系论"认为，物、心、人不过是统一的关系网里三个"极"，任何事象唯有"进入"或"放入"统一的关系网，才可能对它们作出属物、属人或属心，抑或属于三维多重关系中的某一维、某一重关系的定"相"的判断或定"相"的解释。反过来说，这类定"相"的判断或解释，又证实了物、心、人三类事象，谁也无权充当绝对独立的"实体"，谁也不能拥有并保持绝对固定的"自性"。三类事象仅仅是三个"关系极"，只能处在整合统一的关系网络中。

十一

从“过程论”看，三类事象是大化流行过程里的三种“过程态”。彻底的“过程论”与彻底的“关系论”相仿，同样拒斥一切实体观念，不接纳各种与实体主义结盟的本体论、“自性论”与“决定论”。“过程论”将分布于各个领域中的运演过程导入大化流行的总体过程，又把物、心、人各自的运行活动过程看成是统一的宇宙万象运演过程里分解出来的三种特殊形态的运演过程。实体主义对各种运行变化过程又抱什么态度呢？一般说来，不少信奉实体主义的哲学家也会认同，物、心、人三类事象和三个事象世界是不断运动变化的，各有各的运行与活动的过程，各有各的运行与活动的方式或形态。然而，实体主义承认运动过程是有条件的，条件是要恪守两项基本的准则：（1）三类事象和三个事象世界均有固定的“自性”，森罗万象的千变万化，丝毫也不能改变三者的“体性”。（2）三类事象和它们之间的各种相互关系都可以置身于运行变化的过程之中，但物与心、主与客，或者身与心、知与行，相互间谁是第一性，谁是第二性，谁是决定者，谁又是被决定者，这类“根本”性的关系是亘古不变的。实体主义“事象论”在承认运演过程的同时，强调了其中有不变的本性与不变的关系，二者均立身于一切过程之外。这两个“不变”将引出两个结论：其一，既然物、心、人三类事象皆有出离于任何运演过程之外的本体论含义“自性”和决定论含义的关系，当然不可能有一个足以改变对所有事象的本体论和决定论预设的生生不息和运行不止的总过程了。其二，退一步讲，即使有一个能包容三个世界统一运作的大过程，这一过程最终只能归结为在物、心、人各自本性不变的前提下，三者之中只有一方决定另一方的过程，以及后者反作用于前者的过程。

一旦来到“过程论”的方位，宇宙或世界又是一番新的景象。“过程论”认为，宇宙本身和寰宇内的一切都处在动态过程之中。任何事象及其属性和功能，均置身于不断变易和有生有灭之中；任何关系网与关系结，也是变更流动的。物、心、人三类事象，自然、心灵、人事三个世界，三者之间的三维多重关系，同样是流行不已，永无止息。连物、心、人各自禀赋的所谓“自性”或“质的规定性”也不例外，何尝能超越赫拉克利特所言“一切都是流动的”这个全称判断。不论是流行、运作或嬗递、变易，还是萌生、消解或进化、退化，必有其行进的过程，必有其时间延绵之过程。三类事象和三个世界并无永恒不易的本性，它们的“自性”也是深深地植根于延绵过程之中，绝无可能超越于时间过程之外。

非实体主义的“事象论”提出，三元事象只是三种“相”。“关系论”提出，三元事象的“相”来源于相应的关系网，任何一个事象其属物、属心或属人的“相状”，要凭该事象此刻在三维多重关系中的哪一重关系里，或者靠近哪个关系“极”来断定。“过程论”又前进一步，认定物、心、人相互间的三维多重关系是游移多变的，也处在动态过程之中。三维关系的三个“极”，说到底不过是流变过程的三种基本形态。非实体主义的“事象论”重事象，只是相对地肯定了“物”有自己的“相”，“心”有自己的“相”，“人”也有自己的“相”。“关系论”重关系，不但否定了不受关系网制约的“实体”和“自性”，而且将非实体主义的“事象论”倡导的三种“相状”转换为三个“关系极”，包括关系网里相对生成的“物”这一“极”、“心”这一“极”、“人”这一“极”。“过程论”重过程，不但拒斥摆脱动态过程的“三性论”（三种“自性”论），而且把三个事象的“相”和三个关系的“极”移入动态过程里，使“三相”与“三极”转换为“三态”，即三种“过程态”。

所谓“过程态”，是过程的基本形态或过程的“基态”的简称。“三态”包括流变过程里的物化的“过程态”或“物态”、心灵化的“过程态”或“心理态”、人化的“过程态”或“人文态”。试问：从“三态”之说出发，这个或那个在时间流程里的事象“当下”，究竟是属物、属心还是属人？如何判定？“关系论”有一套裁决的规则，“过程论”另有一套裁决的规则。后者的规则是，根据某个事象在当下的流变过程具有哪种“过程态”来判定，或者根据某事象的流变过程当下比较接近于哪种“过程态”来判定。按“过程论”的方位去审视，物、心、人三者不可能有什么三种绝对不变的“自性”或“质的规定性”。实体主义哲学抱住不放的这套“三性观”理应消解了，将不变的“体性”转换为流变的过程，将“三自性”转换为大化流行统一过程里的三种“过程态”，三种只有相对差异的流变过程的基本形态。

相对地讲，非实体主义“事象论”所说的事象世界的“三相”大致上是静态的，“关系论”所说的关系网里的“三极”大致上也是静态的。“过程论”将静态的“三相”和“三极”导入“纵向”的流变过程，使它们转换成三种流动变易的“过程态”。“过程论”并非到此即止步，它还要把静态的“三相”与“三极”导入“横向”的互渗互动的过程，使它们成为三种相互作用的“过程态”。“物态”、“心态”和“人态”既然是三种不同的“过程态”，就不容否认“三态”各有各的特点（而非“性体”）。不妨先看看有哪些足以使三种“过程态”区分开的标志。物的世界或自然事象处在自身的演化过程中。宇宙和天体的运行演变；物体的运动及其速度；化合物的化合分解；植物的生根发芽，有的还能开花结果；动物的感觉与行动、交媾与繁殖，有的还能合群与交际……以上种种，形成一组特殊的“过程态”，叫做“物”的“过程态”。人的世界或人文事象也处在自己的发展过程中。个人的观察和行动、姿态和言谈；群体的交流和传播、劳作和生产、斗殴和战争、制度和管理；文化、社会、历史的发生与发展……以上种种，形成了另一组同样特殊的“过程态”，叫做“人”的“过程态”。心的世界或心灵事象更是流转不已，处在无休无止的意识流过程之中。冲动、激情和憧憬、期待，回忆、想象和思考、顿悟，认识、评价和推算、预测，这是一个同前两“态”有较大差异的“过程态”，称为心灵化的“过程态”。“过程论”从统一的宇宙总体过程里解析出三种各具特色的“过程态”，同时又强调，世上并无绝对独立的和完全纯化的过程与“过程态”。自然、心灵和人文三种动态过程，“物态”、“心态”和“人态”三类“过程态”，总是相连相依、互渗互动的。“三态”的相互作用、相互渗入和相互转化，本身就是一种运动过程。有了这种总体性的“横向”合成的过程，才能构造出一个结合物、心、人三种“过程态”为一体的“行行复行行”的宇宙运动或事象运动的总过程。由此引发出一组理论问题：物、心、人三种“过程态”是怎样相互介入并成为一个整体的？这些“三态”的“横向”运动过程又是如何进行的？为了节省篇幅，我们将以“物态”为中心，重点探讨下列问题：“人态”是用什么方式、从哪些方面介入“物态”的？这类“横向”介入过程是怎样进行的？附带声明一句，关于“心态”如何介入“物态”，“物态”和“人态”如何介入“心态”，“物态”和“心态”如何介入“人态”等问题的论述，将另文探讨。

十二

“物”的运行过程与物化的“过程态”，虽有自己的特色，能同另外两种“过程态”区别开来，但宇宙间并无完全自立的纯然客观的自然事象和物的世界的“过程态”，也没有同其他两个“过程态”截然分离的“物态过程”。我们面临的自然界或物理世界，是“人”与“心”已经参与进去的自然界或物理世界。换句话说，作为观察事象的“物”的运行过程，从一开始就吸纳了“人”的种种行为过程与“心”的种种活动过程。大化流行里的“物态”总是同“人态”与“心态”结伴而行、相依为“命”。

下文侧重谈谈“人态”怎样介入“物态”的问题，或者说，“人”的哪些类型的行为过程，各自用什么方式介入“物”的运动过程的问题。人的行为类型是多样化的，人的行为介入物的运行的方式也是多样化的。人对物的观察、接触、听、尝与嗅等行为，人对物的干预、保护、毁坏等行为，人对物的改造、加工以及把物作为原料制作成产品的行为，人用语言指称、摹状和陈述物态世界的行为，以及用理论模型“梳理”和阐释物理世界的种种秩序和规律的行为，均可视为“人态”介入“物态”的“横向”运动过程。我们将选择人的两种类型的“行为态”，来说明人的“行为态”是怎样介入物的“运行态”的。

先说观察接触的介入。观察与接触是人的一种重要的行为类型，一种特殊的“行为态”（只能通过人的观察才能认定，不少动物也有相似的“行为态”）。观看、触摸、倾听、尝与嗅等等，均可归属于广义的观察接触的行为。这些行为皆参与了“塑造”宇宙万物动态的形体之象与“相状”之象，即宇宙万物变动着的形貌、属性与功能。万事万物种种变动不已的“形体”与“相状”，是人们观察到、接触到并在观察与接触的行为里逐一呈现出来的。物是动态的，人的观察也是动态的。物的世界运行不止，每一自然事象均进入了运行演化的过程之中，人的观察接触也是流动不已，每个人的视听、触摸、尝与嗅的行为，均处在流转的过程之中。物的运行演变的“过程态”与人的观察行为的“过程态”，两相汇流，经历了物人二“态”互渗互融的“横向”运动过程，才有可能合成我们面临的宇宙和万物，合成有形貌特征和可感属性的动态宇宙，合成有种种“动态”形体与相状的万事万物。正是基于此，我才把自然界和世间的种种物象统称为“观察事象”。

再说实践动作的介入。实践与动作是人的另一组重要的行为类型，另一种特殊的“行为态”（同样是通过人的观察，方可确认许多动物也有行动一类的“行为态”）。这种“行为态”包括人的一切肢体动作和生产实践、社会实践，大略相当于古人所说的“践履”。实践动作中的生产劳动、战斗行动、创作表演的动作、仪式礼节的动作，诸如此类的含有肢体动作的行为过程，无不直接或间接地介入物的运动演化过程（关于实践的成果，如生产实践的产品、艺术创作的作品，不再赘言）。实践行动领域的众多“行为态”，时常渗入、参与、干预或改变自然物的“运行态”。这方面的事例举不胜举，从中选一个令人忧虑的负面例子也许更能说明问题。当代人的某些生产生活实践过程，已经严重影响了与人类生存有关的生物圈里的生物生息繁衍过程及其动态平衡。对此环境学家和生态学家一再提出警告：人类大肆砍伐森林、污染空气与水质等行为愈演愈烈，以惊人的强度破坏了生态环境，损害了环境中良性的“生态循环”的动态过程。

总之，由于人的观察感知的介入，才能生成了展现在人类面前的自然界和物理世界的种种图景，或者说，物的“运行态”唯有通过人的观察性的“行为态”才能显示出它的动态的形体之象和相状之象。由于人的实践动作的介入，实践性“行为态”便渗入或改变了许多自然物（即自然界的观察事象）原有的“运动态”，使它们的“运行态”吸纳了人的实践性“行为态”。如果说，观察接触的自然是第一义的“人化自然”，实践改造的自然便是第二义的“人化自然”。

（语言说写的介入。语言的使用或言说与写作也是人的一组重要的行为类型，即第三组特殊的“过程态”。这种“行为态”同样介入了“物”的“运行态”。关于这方面的问题，将在《语言分析中的哲学问题》的文稿中另作论述。）

附记：1986 年我曾尝试着建构一种“元理论”的模型，并用这个模型去说明两个问题：“物”、“心”、“人”三个彼此分离的观念是怎样生成的？西方传统的哲学、美学和价值论为何要分别创立“物本论”、“心本论”或“人本论”的本体论？1987 年先后发表了“元哲学”、“元美学”和“元价值学”的系列文章。① 本文是 1993 年完成的 3 万多字的打印稿。在此稿中我换了一个理论视野，选择广义的事象理论并结合关系理论和过程理论作为审视方位，再一次去解答大致相似于 7 年前设定的理论课题。这份打印稿放置了整整 8 个年头，2001 年才向外投寄。时隔 8 年，我对事象问题的看法改变了，发展了，把广义的“事象”还原为“元初事象”，也草写了相关的文稿。为了基本保持 8 年前思考轨迹的原貌，我只对原稿做了三项工作：一是删去了近万字；二是增写了一个前言（即文章的第一部分）；三是对文字作了一些技术性的处理。

2001 年 7 月定稿

（本文原载《思想战线》2001 年第 5 期）

---

① 参看笔者以下文章：《一种“元哲学”的思考》，《思想战线》1987 年第 2 期；《从哲学到“元哲学”》，《云南社会科学》1987 年第 4 期；《一种“元价值学”的思考》，《思想战线》1988 年第 4 期；《审美评价、美学命题和一种“元美学”》（之一）和（之二），分载于《云南社会科学》1988 年第 6 期、《云南民族学院》1988 年第 6 期。

时间观念的解析及中西传统时间观的比较研究

何谓“时间”？时间的所谓“本质”是什么？何谓“时间意识”或“时间观念”？它们的所谓“本质”又是什么？这篇文稿并无这样的意图，对诸如此类既古老又“纯粹”的时间哲学问题进行求索和提供答案。

本文将集中研究以下几组同时间哲学有联系的理论专题：第一组是与人的“时间观念”相关联的理论专题。其中包括：如何“还原”出时间观念的问题；时间观念中的时间样式的划分问题；时间观念形成的渊源问题；时间观念中的时间维度问题。附带说一句，此处提到的“时间观念”是超地域、跨文化的，对任何民族均一视同仁。因此，它可以为研究和比较中西方传统哲学中的时间观奠定一个普遍适用的理论基础。

第二组理论专题是：首先纵览中西方时间观的概貌，然后分别介绍中国和西方传统哲学中的几种有代表性的时间观。其中包括三个理论专题：（1）综述中西方哲人对时间观念作出的不同解释。（2）综述中国传统哲学中从《易经》开端的某些学派的时间观。这个专题主要涉及先秦时期的《易经》、儒家（孔子和孟子）、道家（老子和庄子）、墨家和《易传》中独具特色的时间哲学及其时间观，力求做到“见一斑而窥全豹”。既然只见“一斑”，战国后期的“诸子”，两汉以降的董仲舒、王充、魏晋玄学、中国佛教和宋明理学……的时间哲学及其时间观皆付之阙如。至于设定超越时间之流的时间观，如董仲舒所云“天不变，道亦不变”的“天道不变说”的超时间观，又如《大乘起信论》标榜的“一心二门”论，其中涉及与“心真如门”相关的“真如不生不灭”的超时间观，由于篇幅所限，不得不或者割爱或者点到为止。(3) 综述西方传统哲学中的某些类型的时间观。重点介绍延续两千余年从柏拉图、亚里士多德经圣·奥古斯丁到牛顿、康德等为数不多的几位先哲的时间哲学。比方说，基督教教义和基督教哲学涉及的某些时间问题，例如，是上帝在现成的时间流程中创造世界万物？还是上帝既创造了世界万物，又创造了用来创造万物的时间流程和万物演变的时间流程？均在略加点染之列。

第三组理论专题是：对中国和西方传统哲学的时间观中几个发人深省的方面作一些对比研究。笔者概括出了以下五个方面：(1) 观察时间与体验时间；(2) 时间之“体”与时间之“用”；(3) 依存时间（相对时间）和纯粹时间（绝对时间）；(4) 实在性时间和非实在性时间；(5) 线行性时间和周行性时间。要作两点说明：其一，为了设定以上五个可资对比的方面，笔者不得不自创了一组同中西方时间哲学有关的术语。其二，中国和西方传统哲学中各自的时间观的独特之处远不止以上几个方面，笔者不过是列举出其中的较为醒目者而已。

一　事象世界及其时间流程

时间是流动不已的。时间之流总是事象的运动变化中的时间之流。换言之，事象世界的动态过程或行为过程中蕴涵着时间进程。既然探讨时间之流的问题牵涉到事象及事象世界，所以有必要对后者作一些简要的说明。所谓事象，包括有形体之象的各式各样的物体；有相状之象的声音、气味、味道、硬度、温度、湿度等等；有动态之象的位移、运动、变化、发展、动作、姿态等等。凡事象皆有形象，都是可观察感知的。[①] 从某种事象哲学的视域去审视，即可认定，事象及其形象均为“合成性”的，因此有可能在事象哲学的视域中对它们作出相应的“分解”。同理，从上述事象哲学的视域去审视，还能认定，事象世界内的时间之流也是“合成

① 参见拙文《事象·关系·过程——兼论“物”、“心”和“人”》，《思想战线》2001 年第 5 期。

性”的，对任何样式的时间进程也能进行相应的“分解”。分解事象世界内的各种时间之流，需要寻找一组既相关又合适而且可操作的术语，笔者选择了胡塞尔在阐释现象学方法时创立的“悬搁”、“还原”、“剩余”等可操作的术语。应该作一点声明：当我使用此类术语时，已经在不同程度上离开了胡塞尔赋予它们的原意。

事象及其形象在事象哲学层面上的分解可以采取几种方式，其中的一种方式只涉及事象的可观察感知的形象。运用这种方式可将事象的形象中属于或被称为“物象”的方面“悬搁”起来，“剩余”的则是属于或被称为“实象”或“映象”的方面。倒过来讲，将事象的形象中属于或被称为“实象”的方面“悬搁”起来，“剩余”的就是属于或被称为“物象”的方面。打个比方，如果事象及其形象是个硬币，其一面是“物象”，翻过来，另一面就是“实象”。说到底，“物象”、“实象”云云，不过是同一形象的两个不同的“显示面”或两种不同的“说法”而已。

举个例子，被我们叫做“书桌”的那个事象有形体之象，桌面是长方形的，有四条桌腿……如此种种，从一个方位去审视，这里有一个名为书桌的事象及其形体之象的“物象”，至于它又是视觉之内的“实象”就不作考虑了（已经“悬搁”起来了）。换一个方位去审视，我们看见了一个名为书桌的事象及其形体之象，在视觉中有一个关于书桌的形体的“实象”，至于这个“实象”是否来自它之外的“物象”则无须过问了（已经“悬搁”起来了）。

对事象世界内蕴涵于各种形象中的时间之流，也可运用上述方式作出相似的“分解”。还记得古希腊哲人赫拉克利特说过的一句名言：“你不可能两次踏进同一条河流”，“因为河水中的水是不断更新的。”其理由是，一切都在变动，河水也潺潺流动，第二次涉足的河水不再是第一次涉足的河水了。河水流动暗示时间流动，时间流动潜藏于河水流动之中。时间之流像河流一样滚滚向前，因此第二次涉足的时间段已经不同于第一次涉足的时间段。流动的河水之象以及相关的时间之流，从一个方位上讲，它是“物象”中的时间之流。换个方位讲，它又是赫氏观察感知着的“实象”中的时间之流。其实，事象的形象中的时间流程在传统的本体论意义上是“中性”的。区分“物象”中的时间流程和“实象”中的时间流程，区分

"客观时间"和"主观时间"，不过是按照事象哲学的要求，从两个不同的角度去审视同一个事象世界及其形象中的时间流程而已。这种区分并不包含传统的"唯物"或"唯心"之类的本体论或认识论的预设或承诺。之所以对"中性"的时间流程作出上述区分，是因为笔者筛选了"实象"中的时间流程作为思考与时间有关的哲学问题的基石。

感觉知觉的"实象"经常潜入记忆之中，在回忆活动里转化为与"实象"对应的"心象"。同理，"实象"中的时间流程也经常转化为回忆中的与"心象"相关的时间流程。"实象"和"心象"中的时间流程，再加上想象着和思考着的时间流程，构成了"时间意识"或意识到的时间流程。时间意识经过提炼、整合萌生了"时间观念"。时间观念是笔者选取的研究某些时间哲学问题的起点和支点。古今中外的哲人直接面对的是自己的或他人谈论着的时间意识或时间观念，然后推演并建构他们的时间观和相应的时间哲学。正因为如此，由事象世界中的时间之流"还原"而成的时间观念，同样可充当对中西方传统哲学中的时间观进行比较研究的起点与支点。

二　时间观念的样式之划分

时间观念中的时间样式的划分，是我长期反复思考的有关时间哲学的理论问题之一。我考虑的是最基本的时间样式到底是二分的、三分的、还是四分的。"二分法"是研究者对时间样式进行分类的最常见的模式。麦克塔嘉特（1866—1925）的模式颇有代表性，他提出将时间划分为A系列和B系列。时间的A系列以先后为标志；时间的B系列以现在、过去和未来为标志。这样的二分法模式颇有道理，而且简便可行。不过，此等时间流程的二分模式，尚有待于进一步拓展和深化。我也考虑过"三分法"的问题，这就是物理时间、人文时间和心理时间。物理时间推广一步就是自然时间；人文时间的核心部分是历史时间；心理时间的核心部分是体验时间。把上列时间划分的"二分法"和"三分法"模式结合起来，不难形成如下的看法：所有的时间流程都有个先后的问题。心理时间或体验时间、人文时间或历史时间，除了有个先后问题之外，还包括有“现在”、“过去”、“未来”的问题。

何谓“物理时间”、“人文时间”和“心理时间”？在何处起步去划分时间观念中的三种时间样式？用什么方式才能在时间观念中凸显出这三种时间样式？回答上列问题之前，先讨论另一组更具有基础性的问题。

前文已经谈到，事象哲学认定，事象或事象世界是“合成”的，因而可以进行“分解”。另外还谈到，用某种方式将事象的形象分解为“物象”方面和“映象”或“实象”方面，是切实可行的。除此之外，还能采用另外一种方式对“合成”的事象或事象世界进行有别于前一种方式的“分解”。二者不同之处在于，第一种方式针对事象的形象，第二种方式直指事象本身。运用第二种方式对事象进行分解必须设立两个前提：其一，任何事象或整个事象世界都是由“物”的要素、“人”的要素和“心”的要素化合而成的，所以有可能从事象或事象世界内分解出物理事象、人文事象和心理事象。其二，对三类事象的“悬搁”与“还原”，仅仅涉及审视方位的转换，而无须作出传统的一元论、二元论或多元论的本体论预设。（为了节省篇幅，有关如何分别“悬搁”与“还原”出三类事象的过程问题，姑且存而不论。）

前文亦曾谈到：事象世界的时间流程同样是“合成”的，同样可以进行“分解”。现在有条件来讨论本节开头部分提出的问题了。根据刚才列举的两个前提，我们也能按第二种方式对进入观念中的事象世界的时间流程进行“分解”，分解出自然时间或物理时间、人文时间或历史时间、心理时间或体验时间。“分解”的步骤可作如下的简述。

其一，将事象世界的时间流程中的物理时间和人文时间“悬搁”起来，不加考虑，可“还原”出心理时间，即心理事象中的时间流程。时间观念中的心理时间是时间哲学和心理学科的重要研究领域。所谓心理时间大体上涵盖以下几个方面：（1）感知到的与“现在”有关的时间流程；（2）回忆中的与“过去”有关的时间流程；（3）预期中的与“未来”有关的时间流程；（4）想象中或思考中展现的时间问题。

其二，将事象世界的时间流程中的物理时间和心理时间“悬搁”起来，不加考虑，可“还原”出人文时间，即人文事象中的时间流程。时间观念中的人文时间是时间哲学和人文学科的重要研究领域。所谓人文时间大体上涵盖以下几个方面：（1）人的行为或人的实践活动中含有的时间流程；（2）社会生活、历史发展和人生经历涉及的时间流程；（3）人的说、写、活动、谈论着的时间问题。

其三，将事象世界的时间流程中人文时间和心理时间“悬搁”起来，不加考虑，可“还原”出物理时间，即自然事象中的时间流程。时间观念中的物理时间是时间哲学和自然科学的重要研究领域。所谓物理时间大体上涵盖以下几个方面：（1）物体运动的时间进程；（2）光、电磁、热量、声音等等物理事象的辐射或传播涉及的时间进程；（3）生物进化、地质演化、板块漂移等等自然事象含有的时间进程。

不论是时间或是自然物理时间，不论是人文时间或是历史时间，不论是心理时间或是体验时间，都有个怎样分段和如何计量的问题。或者说，都有一个以什么为划分标准，以什么为计算单位，对时间流程进行分段和计量的问题。这就意味着还有一种作为时间段落划分和数量计算的时间样式。这个时间观念中的第四种时间样式可以叫做计量时间或标量时间。我们日常运用的年、月、日、时、分、秒等等，都是计量时间或标量时间。自然时间和相关的物理时间、天文时间，人文时间和相关的历史时间、心理时间和相关的回忆过去的时间、展望未来的时间，无一不需要用标量时间来分段或计算。因此，我又倾向于观念中的时间样式的“四分法”：（1）标量时间；（2）自然时间（含物理时间和天文时间）；（3）人文时间（含历史时间和人生历程）；（4）心理时间（展望未来和回忆过去）。

三　时间观念的渊源

人的时间观念来自何处？简单地回答，来自人类观察感知到的自然时间或物理时间。然而泛泛地谈自然时间或物理时间，只涉及运动过程中的时间或运动速度中的时间，这样的时间流程是模糊不清的，难以分段和计量。原始人或上古人几乎不可能从这种模糊不清和难以计量的时间流程中形成明确的时间观念。严格地讲，人类的时间观念主要来源于观察到的自然运动（含天体运动）和人文运动（含历史进程）的有序性，来源于此等有序运动的节律性或律动性。可观察感知的事象世界的有序性运动及其周而复始、循环渐进的节律或律动，才是人类形成时间观念的真正源泉。

人人都可以在观察中印证——有些事象的运动是有秩序和有规则的。在有秩序和有规则的事象运动中，又不乏有节律的律动或脉动。在节律化的律动或脉动中，每一个环节都是周而复始、循环往复的。比方说，人们观察感知到的世界之内，太阳一起一落，从东方升起，西方落下，周而复始。视域中太阳运行的起落是有序的、节律均匀的。人类就把太阳每次升落、无限循环往复中的每一往复的环节叫做一天、一日或一昼夜；“天”、“日”或“昼夜”就是太阳在空间运动中的一次循环或一次往复。每一天或每一日，太阳在天空中的位置移动同样是均匀有序、节律分明的，于是，人类又把一天划分为早晨、上午、中午、下午、傍晚和夜间。又如，春、夏、秋、冬自然物候的运动变化也是均匀有序的，同样是节律分明的。人类把物候的每次显著变化和下一次物候变化之间的时间流程划分为季节。春、夏、秋、冬四季合起来也是周而复始、循环往复的，一个四季过去了，又来一个四季，每个四季合成一年。在一个四季之中，从居住在北半球温带地区的人看来，太阳有时候偏南，有些时候当顶或基本当顶。太阳在天空中的“偏南”和“当顶”循环往复，周而复始，其有序性和节律性是显而易见的。太阳如此这般地循环一次，就称为一年。再如，月亮在人的视域中运行和变化，从圆到缺，从缺到圆，从盈到亏，从亏到盈，从朔到望，从望到朔，周而复始，循环往复，也是均匀有序、节律分明的。从一次月盈到另一次月盈，从一次朔到另一次朔，凭着观察月亮运动变化的秩序和节律，节律中的一次周而复始，人们把它叫做一个月。

把年、月、日联系起来就形成了标量时间中的历法时间。不同民族、不同文化圈，都有一套属于自己的历法和历法时间。一年划分为 12 个月或 10 个月，1 个月又划分为 30 日、31 日或 29 日（阳历的 2 月份除外）。年、月、日这种历法时间已成为最基本的标量时间。中国传统的历法，把 60 年定为一个甲子。西方中世纪之后的历法则把一百年叫作一个世纪。古今中外为了计时的方便，还进一步把每日划分为若干时辰或小时。在中国传统的计量时间观念中，把一日划分为 12 个时辰。在西方传统的计量时间观念中，则将一天划分为24小时。在小时之下，根据需要又划分出分、秒、毫秒和微秒，等等。

自然时间中的物理时间是用标量时间去计算的。标量时间可用来计算物体运动的速度或加速和减速。物理学家总是用小时、分、秒等等标量时间使运动的速度全部量化。自然时间中的天文时间，也是用标量时间去计算的。例如，光运行一年所需时间可用“光年”来量化，天文学家还用“光年”来计量恒星、星团、星系、星系团……相互之间的距离和它们与地球之间的距离。人文时间或历史时间，当然也需要依靠标量时间或历法时间去分段，去计量。中国古代，从《春秋》三传开始，就是以年、月来划分和计算历史时间的，形成了世界上最古老的编年史之一。在古希腊同样出现了以年为计量单位的编年史，如《希波战争史》、《伯罗奔尼撒战争史》等等。

心理时间或体验时间，除非不分段，若要分段，也离不开标量时间或历法时间。打个比方，我回想一下，昨天做了哪些事。我记得那件事发生在十年前，发生在1991年的10月份。又如，我计划明天下午去参加那个会。我期待着明年的生活会过得更充实。总之，自然界的时间流程或天文时间、物理时间等，人文领域的时间流程或历史发展、人生经历等，心理活动的时间流程抑或回忆往昔、期待来者等，只有经过标量时间的标准或规范的处理，各种样式迥异的时间流程才能得到比较精确或明晰的量化与区分。

四　人文时间和心理时间的三个维度

人人都关心时间问题，人人都具有某些时间观念，人人都以为他对什么是时间了如指掌，并能作出明确的回答。自然科学家、物理学家、天文学家、生物进化论者、地质进化论者，都牵涉到时间问题。人文科学家，尤其是历史学家、文化学家、社会学家，更是处处要引入时间观念。心理学家、思维学家，也需要研究心理活动和思维活动涉及的时间流程。上述学科的研究者大多认为，他们熟知所研究的领域中的时间问题。古今中外的哲学家，更是从不同审视方位对时间哲学（即专门研究有关时间问题的哲学）进行了各种各样的形而下或形而上的思考。不可否认，研究时间哲学是哲学中的一个老大难问题。什么是时间？表面看来，很好回答，若加深究，就会感到极难回答。正如大家所熟知的奥古斯丁的一段名言："时间究竟是什么？没有人问我，我倒清楚。有人问我，我想说明，我便茫然不解了。"①

自然时间，特别是物理时间，只过问物理事件发生的前后问题，物体运动或能量运动其速度中的时间问题。也就是说，只涉及A系列的时间，而不涉及B系列的时间。物理现象的观测和实验是可重复的，物理世界大约没有"现在"、"过去"和"未来"的问题。自然科学中的生物进化史和地质演变史虽然也在不同程度上涉及生物进化和地质演变中的"现在"、"过去"和"未来"的问题，然而，它们不会去追问："现在"意味着什么？"过去"和"未来"又意味着什么？人文科学研究者，如历史学家、文化学家、社会学家等，当然关心各种历史过程、文化模式或社会形态的过去、现状和将来走向。不过，他们也未必对"现在"、"过去"和"未来"作出哲学的研讨。心理学或思维科学虽然关心指向过去的回忆活动，或针对未来的期待活动，然而此等学科一般也不会对"现在"、"过去"和"未来"作哲学的解析。

从人文的角度和心理的角度都能观察和体验到"现在"、"过去"和"未来"，都能确认三者之间的联系和三者之间的区别。空间有三个维度，即长、宽、高。其实，时间也有三个维度，这三个维度就是"现在"、"过去"和"未来"。离开了时间的三个维度，就谈不上时间流程和时间观念。人文时间和心理时间都有个"现在"、"过去"和"未来"的问题。就人文时间中的历史时间而言，可以划分出古代（包括上古、中古和近古）、近代和现当代的时间间隔。历史学、文化学、社会学不但涉及"过去"和"现在"，而且还提到"未来"。比如说，此等学科都对历史、文化、社会的未来有所预期或进行预测。新兴学科"未来学"更是以预测时间进程的"未来"为己任。就心理时间而言，"现在"往往同当下、目前、此刻的

① ［古罗马］奥古斯丁：《忏悔录》，周士良译，商务印书馆1994年版，第242页。

观察感知活动和生成的映象等相联系。心理时间的“过去”往往同回忆、回想、回顾、怀念或缅怀之类的心理状态或心理活动的意向性对象有关联。心理时间的“未来”又同预测、期待、期望、企盼、展望、憧憬，甚至预知、先知等心理活动的意向性对象息息相关。（本文将书稿纲要中有关探讨“现在”、“过去”和“未来”的哲学内涵的部分全删除了。）

五　时间哲学的面面观

时间问题，有关时间流程中的哲学问题，是古今中外历代哲学家都很关注的问题，是哲学界历久而弥新的问题。中国古代的哲学家或道德哲学家，无论是儒家或道家，还是墨家或法家，都对时间问题提出了自己的看法。西方古希腊、古罗马的哲学家和自然科学家也对时间问题或时间哲学作了多侧面的阐释。古印度婆罗门教的哲学和佛教的哲学、魏晋以降中国化的佛教哲学、古希伯来的犹太教哲学、欧洲中世纪的基督教哲学，对时间问题或时间哲学同样是倍加关注，各抒己见。中国的宋明理学、西方文艺复兴以后的经验主义和理性主义哲学，更是把时间问题视为重大的哲学课题。西方近现代的自然科学家、自然哲学家和科学哲学家对时间问题和时间哲学怀有强烈的兴趣，作出了许多有意义的探索。古往今来，中外历代的诗人、作家和艺术家也在各自的创作中展现了自己的时间观。

普通人在日常生活中经常涉及形而下的、经验性的即事象领域中的时间问题。这样的时间，毫无疑问依存于人们经验着的万事万物，依存于自然事件、生活事件和历史事件，依存于整个事象世界。这样的时间，只能是相对性的时间和依存性的时间。热衷于本体论和形而上学的哲人们当然不会满足于此，不会满足于只对时间流程作出相对性和依存性的解释。不少哲学家都竭力追问：时间的本质是什么？时间的本原是什么？时间的本体又是什么？除了自然界和生活中的相对时间之外，有没有超越性的绝对时间？在计量时间和历法时间的相对标准外，有没有衡量一切时间的绝对标准？一句话，这些哲学家认为，必须把时间流程或时间观念划分为形而上的时间和形而下的时间。因而他们十分关注下列问题：怎样出离于形而下的时间领域？能否以及如何营造时间哲学的形而上学？他们还坚信，形而上的时间哲学能够揭示时间的本质，追溯时间的本原，确认时间的本体。唯有形而上的时间才是绝对的时间、纯粹的时间、本质的时间。唯有形而上学的时间，才是绝对真实可靠的、绝对确定无疑的。反之，形而下的时间、自然界的时间、日常生活中的时间、社会历史的时间，只能是相对的时间、依存的时间、非本真的时间，只有相对的真实性和确定性，甚至可能是模糊不清、虚幻不实的。

有些哲学家和多数自然科学家、自然哲学家标榜客观时间和物理时间。另一些哲学家和不少宗教哲学家则张扬主观时间或心理时间。以西方哲学为例，前者以亚里士多德为代表，后者以圣·奥古斯丁为代表。前者十分重视对外在时间、显性时间的考察与阐释。客观的物理时间一般都与空间相关联，与物体的空间性运动相关联，因此也可以称之为空间化了的时间。这类时间，一般地说，都是可计量的、可量化的。至于主观时间或心理时间，则另是一番面目。它们是内在的时间、隐性的时间。它们是“表象流”或“意识流”中的时间流程，只能凭体验和领悟去把握。一般地讲，主观时间或心理时间同外部物体的运动和物体在物理空间中的位移并无直接的关联，所以是非空间化的时间。进言之，主观或心理时间是难以计量、难以量化的，至少不能精确计量或精确量化。

中外历代的哲学家对时间的延绵性、连续性抑或间隔性、中断性展开了并且不断进行着激烈的争论。有些哲学家强化时间的延绵性和连续性，他们认为，时间之流是延绵不断、连续进行的时间流程，没有间隔，也不会中断。与此相反，也有些哲学家强化时间流程的间隔性和中断性。他们认为，所谓延绵的时间流程或连贯的时间流程，是由一个个无限多的“刹那”、“瞬间”或时间之“点”连缀而成的。前者关注的是时间之流，后者关注的是时间之“点”。

时间的可逆性与不可逆性以及时间的可重复性与不可重复性，也是哲学界长期争论不休的问题。西方传统的物理学和经典力学认为物理时间是可逆的、可重复的。与此不同，生物进化论出台后，它所描述的时间有确定的前进方向，是不可逆的、不可重复的。相对论所描述的时间，即同光的运行和光速相关的时间，是有方向性的、不可逆转不可重复的。人文时间或历史时间则具有千古一贯的特性，古今中外的哲人从来认为，此等时间流程有确定的方向与箭头，不可逆转、不可重复。因此人们常说“人生一去不复返”，“历史的车轮不能倒转”。心理时间是否可以逆转、可以重复，历来是个疑问。回忆和追思一类的意识活动，能把过去“在场”和“即时”的事件“拉”回来，使它们进入现在，在当下的追忆活动中“在场”和“即时”。从这个意义上讲，也许可以把回忆、追思、缅怀等意识活动中的时间，在一定程度上看成是可逆的、可重复的时间。

六 中国传统哲学中的时间观

中国传统的时间观，有一套属于自己的历法时间与历法观。西方传统的时间观中，也有一套很有特色的历法时间与历法观念。关于这方面的问题，主要涉及中西方的天文学和历法学，而同中西方时间哲学中的核心部分关系不大，所以置而不论。西方传统哲学中的时间哲学从主流上看，侧重于研究同自然界和宇宙万物相关的自然时间或物理时间中的哲学问题。中国传统哲学中的时间哲学从主流上看，偏重于研究同社会生活和人文领域相关的人文时间和历史时间中的哲学问题。

阐释中国哲学的时间观或时间哲学，应当追溯到《易经》这部古籍。我以为，诞生于西周初年“成康之世”的《易经》，是中国传统文化、传统思想、传统哲学的一个独立的源头。它早于儒家和道家的问世，儒家和道家都从《易经》中吸取了思想和养料。因而，《易经》不能被说成是专属于儒家的经典，抑或专属于道家的经典。历代的专家对《周易》的书名作了不同的诠释，指出“易”有三义，其中的一个含义是：“易，即变易也。”“变易”就是运动、变化，其中包含着时间的流程。专家们对《周易》中的“周”，也众说纷纭。“周”既可以指“周朝”之“周”，也可指“周流”之“周”。从“周”即“周流”出发，它告诉人们：事物和生活的变易是周流不已的。像“变易”一样，“周流”中也蕴涵着时间之流程，蕴涵着时间周而复始之流程。撇开“卦”、“爻”符号不谈，仅就卦、爻辞而论，大多是一些占卜、算卦即预测今后将会怎样的记录。正如朱熹所说的："《易》，卜筮之书也。"作为卜算和预测记录的卦、爻辞，其间包容了中国上古人朴素而丰富的时间观念。既然是卜算或预测，当然是卜算或预测"未来"，这里边已经有了关于时间流程的"未来"的观念。《周易》的作者群体非常关心未来的情况，尤其是未来将会发生的事件。卦、爻辞记录的是一些与社会生活、人生经历相关的内容。从这里已经可以看出，中华民族的祖先关心的是人世和生活的时间，关心的是人文领域中的未来。

卦、爻辞中不断出现"吉"、"凶"、"有吝"、"无吝"、"有咎"、"无咎"、"悔"、"无悔"等字样。这些字样都用来预测未来，预测人文领域中人们的行动或所作所为指向的未来，以及未来可能的遭遇，包括吉凶或有吝无吝等等正反两面的功利意义和价值取向。它再次证明：从殷周时代起，我们祖先关注的是生活的时间流程和人文事件的未来走向，关注的是未来的功利内涵和价值内涵。不少卦、爻辞记录了周成王和周康王时代的历史事件，以及成康之前商代和殷周之际的历史事件，并用这些历史事件已有定评的有吝、无吝、有咎、无咎的功利性或价值性，来预示或测算现在发生的事件，以及它对未来的吉凶之类的功利性或价值性的取向。从上述卦、爻辞中还透露出这样的信息，周初的人们已经有了"过去"的和"历史"的时间观念。这些观念，都是有关过去已经发生的往事或历史事件的观念，都与人文时间息息相关。不仅如此，这些卦、爻辞中还暗示着周代初期的人们已经萌生了"以史为鉴"的思想，有了后人所说的"以史为鉴，可以知兴替"的时间观或时间哲学的雏形。

《周易》的时间观对中国传统文化、传统思维和传统时间观的影响，可谓大矣深矣。中国传统的时间观或时间哲学向来认为，所谓时间，就是指依存时间而言，即依存于社会生活或人文事件的时间。它非常关心时间流程中的"现在"、"过去"、"未来"的社会生活和人文事件，以及相关的价值或功利的意义。这种时间观或时间哲学很重视时间的"未来"，很重视预测个人、家庭和社稷的"未来"。也很重视时间的"过去"，很重视个人、家族和国家的历史，于是，"以史为鉴"成了一句格言。上述种种中国传统的时间观或时间哲学的形成与发展，从渊源上讲均来自不朽的名著——《易经》创立的时间观念。

沿着《易经》开了头的探索时间奥秘的思路，儒家、道家、墨家以及诸子百家，均创立了各有特色的时间观或时间哲学，建构了许多描述时间流程的术语或概念。“子在川上曰：‘逝者如斯夫，不舍昼夜。’”孔子在这句话中提出了“逝”的概念。“逝”，就是时间的流逝。从表面看，这是作为自然事象的河水在时间进程中流逝。深入一层就不难看出，它涉及的却是人文时间的流逝。“逝”，暗指人生的流逝、人的生命的流逝。依存于人生和人的生命等人文事象的人文时间，同样是川流不息的，像河水一样不分昼夜地流逝着。

老子创建了“道生一，一生二、二生三、三生万物”的宇宙发生论的时间观，还提出了时间的“周而复始”的命题。他发展了时间流逝的概念，认为依存于万事万物的时间是周流的、周行的。在周流、周行中，时间之流总是循环前进、往复不已，经过每一次循环又重新开始。值得注意的是，在每个时间段中，在每一时间段落的循环圈中，时间之流有个开始，也有个终结。就终结又成为新的开始而言，时间进程是无限的。“周而复始”意味着，从时间的一个循环圈到时间的另一个循环圈可以无限地进行下去。在老子的时间观和时间哲学中，一方面，时间之流是周行循环，有始有终的；另一方面，周行或循环不断进行下去，时间又是无始无终的，于是时间有了自己的无限进程。

庄子丰富了时间的“周流”和“周而复始”的哲学思想。他从“顺其自然”的哲学理念出发，进一步创立了“安时”的概念。人应当顺应其自然而然的生命历程，还应当安于蕴涵在人生历程中的自然的时间之流。孔子提出为人处世必须在矛盾的双方或事象的两端之间“执其中”，即“执中”的思想。《中庸》在“执中”的前提下，进而标榜“用中”的思想。所谓“用中”，就是利用矛盾的两端，不偏不倚地“用其中”。孟子又在“执中”和“用中”的基础上，提出了“时中”的思想。“时中”的“时”就是指时间而言。准确地讲，这个“时”，有“顺时”和“适时”的含义。也就是说，要顺应时间的进程，要抓住时间进程中适当的时机，“执中”和“用中”应当有个适时性，有个时机感。强调“时机感”、“时运感”和“适时性”，是中国传统的，尤其是儒家的时间观和时间哲学的重要组成部分。（有关“安时说”和“时中说”涉及的时间哲学问题，后文还要详加论述。)

据许多专家考证,《易传》诞生于战国中晚期。《易传·系辞》的上篇和下篇,提供了一套比较完整的时间观和时间哲学。《易传》或《十翼》是一部阐发《易经》的著作,它吸纳了儒家和道家的哲学思想。此处不可能对《易传》或《系辞》的时间观作全面的诠释,我只想就"生生之谓易"和"一阴一阳之谓道"作一点简略的说明。"生生之谓易",意思是,变化发展就意味着万事万物的生生不息。从时间哲学或时间观上看,变化发展是在时间过程中进行的,这样的时间过程同万事万物的发生、萌生、创生是一脉相承的。既然时间流程依存于事象世界中的各种事象发生、萌生和创生的过程,因此,时间过程是一个生生不息的过程。《系辞》把发展变化的时间过程同宇宙的生命、历史的生命、个人的生命接上了轨,把时间流程和生命流程合为一体。这样的时间观和时间哲学,即"生生不息"的时间观和时间哲学,也从一个侧面呈现出中国传统的时间哲学和传统时间观的另一个特色。从周幽王时代的史伯提出"阴阳对偶"的概念以降,中国传统的时间哲学中的阴阳观和时间观就结下了不解之缘。"一阴之阳之谓道",意思是,阴和阳相对相关的矛盾运动是最基本的运动过程和运动规律。换言之,一切运动变化的时间过程,都依存于"阴"和"阳"这两个矛盾方面的相斥相济、此起彼伏、相互消长的过程。"一阴一阳之谓道"这个命题也把时间看成是依存时间,把时间的流程视为阴阳消长的过程。这个命题同样体现了中国传统的时间观和时间哲学的特色之一。

墨子是一位著名的哲学家,也是一位自然科学家。《墨经》中提出"久"这个独树一帜的时间概念。《墨经·经上》写道:"久,弥异时也。""久",通于"宙",都是指时间流程的悠久和无限。这句话的意思是:"久"这个时间概念,是从事象的变化过程中有先后次序概括出来的。《墨子·经上》还写道:"……久,古今、且(旦)莫(暮)。"意思是说,"久"(时间)包容了古往今来和朝朝暮暮。① 墨子对跨越于人文事件和自然事件的高度概括的时间进程作了全面的界定和阐释,此等时间观在中国

① 参见方孝伯《墨经中的数学和物理学》,中国社会科学出版社 1983 年版。

传统哲学中并不多见。正因为墨子的包括其时间观和时间哲学在内的理论模式是独特的，所以在战国时代，曾经一度是显学的《墨子》及其时间哲学，但自秦汉之后的两千年来，却成了长期被埋没的“隐学”。直到清末民初，由于西学东渐，《墨子》才从沉沦中获得了新生。

讨论中国传统哲学及其时间观，决不能撇开中国历代的史籍中提供的同历史相关的时间观和时间哲学。早在春秋初期，孔子著《春秋》一书，它是中国第一部编年史，是一部历时性的按编年秩序撰写的史书。解释《春秋》的三传，《左传》、《公羊传》和《穀梁传》也是有清晰的历史时间秩序的编年体史书。司马迁撰写的《史记》，以及后来的《前汉书》、《后汉书》等等，虽然将编年体改为纪传体，然而在纪传史书中，每一篇有关帝王将相及其他历史名人的本纪、世家和列传，无例外地都是按年代顺序编撰而成的。人们常说“中国是史书的天国”，不妨补充一句，中国也是十分重视历史时间的“天国”。

中国化的佛学也有一套独具一格的时间观和时间哲学。一方面，从印度佛教中引来了“刹那”这一概念。“刹那”是指极短的时间间隔，也可以指时间的最小单位。“刹那”或“一刹那”这类概念是用来表明时间之流有间隔，时间之流是由无数“刹那”组成的。另一方面，中国化的佛教更强调时间的延绵性。比如天台宗经常说“一念三千”，在“现在”的“一念”之间，可以把三千世界都呈现出来。天台宗又强调：“念念相续”，这就是说“现在”的“一念”和“过去”无数的“一念”、“未来”无数的“一念”，是相续的、延绵不断的。

中国传统的时间观和时间哲学谈论的时间大多是相对的时间，即社会生活或人文实践中或长或短、忽快忽慢，可以相互比照的时间流程。这样的时间流程，均为依存的时间流程，依存于社会、历史、生命的时间流程，依存于事象世界的时间流程。中国传统的时间观和时间哲学（佛教的时间观和时间哲学除外），一般都肯定了历史上的和生活中的这一类形而下的相对的和依存的时间，具有实在性和真实性。到了“五四”前后，由于受西方哲学的熏陶，现代新儒家如冯友兰等人，才力图建构时间的形而上学。冯友兰将世界分为两个层面：形而上的“真际”世界和形而下的“实际”世界。“真际”世界的时间或形上的时间，才是本体性和绝对性的时间，至于“实际”世界中的时间，只能是非本体的、现象界的时间，只能是相对性的时间。可以肯定地说，冯友兰的时间观或时间哲学接受了西方哲学，尤其是柏拉图主义的形而上学和形而上学时间观的影响。

七　西方传统哲学中的时间观

西方传统哲学家把主要的视线投向另外两类时间样式和时间系列：一是自然界的物理时间；二是精神生活中的心灵时间或心理时间。前者是主导方面。重视自然科学的哲学家或自然哲学家，经常关注前一类时间样式；重视人文、心灵的哲学家或宗教哲学家，则经常关注后一类时间样式。前者发端于亚里士多德，亚氏前的哲学家包括赫拉克里特和德谟克利特虽然也触及到了时间问题，但并未作全面而深入的研讨；后者肇始于奥古斯丁，在奥氏之前，很少有哲人专门研究生活中的心理时间。

就前一时间系列而言，亚氏明确指出：“时间是对运动的量。”意思是说，时间是个自然哲学和物理学的概念，它的实质是对物体在空间中的位移的计量。用后来的自然科学的术语来说，时间是物体运动速度的量化。不难看出，物理时间是空间化了的时间，是一种关于物体运动和运动速度的量化时间。西方近代经典力学的奠基人牛顿继承发展了亚里士多德的时间观，干脆把时间视为与空间化的物体运动、运动的速度和加速度相联系的计量标准。不过，牛顿不满足于仅仅确认物理世界只具有相对意义的形而下的自然时间和物理时间，他进而提出了形而上的绝对时间。绝对时间是一种永远匀速地进行的时间流程，它是一切物理时间的本源和本体，又是衡量一切物理时间的绝对标准。牛顿前后的自然科学家或物理学家，如伽利略、开普勒、哈雷、拉普拉斯等也像牛顿一样只关注物理时间，并持有与牛顿相同或相似的时间观。西方近代的经验主义哲学家和理性主义哲学家，他们关注的大多也是自然时间或物理时间。比如说，在物质实体涵盖的领域中，笛卡儿关心的只是物体运动中的物理时间。值得一提的是康德的时间哲学。应当说，康德过问的时间仍然是自然时间或物理时间。他的时间哲学同经验主义和理性主义的哲学不同，他认为人的时间观念、物

雲南文庫·学术名家文丛

理世界的时间秩序，都不来源于经验，也不是人的理性固有的天赋观念，而是来源于先验的即必须在逻辑上预先设定的时间的直观形式，这就是康德创立的时间哲学的先验论或先验的时间哲学。

在牛顿等人的时间观中，物理时间或力学时间并没有固定的方向性，在标志时间的符号之前，加上一个“+”（正号）也罢，或加上一个“-”（负号）也罢，并不影响物理学或力学的时间度量的正确性和可靠性。这就意味着，经典力学中的物理时间是可逆的。物理学家进行物理观测或物理实验，这样的观测和实验可多次重复进行，同时间的箭头毫不相干，它暗示出时间过程同样可以不断重复。到了19世纪中叶之后，达尔文、拉马克与华莱士创立了生物进化的学说。生物进化过程中，有“时间之矢”，时间有确定的前进方向，与时间相关的生物进化过程是不可逆转、不可重复的。格劳秀斯提出了“热力学第二定律”。他指出，在一个封闭的系统内，热的运动总是趋向于平衡和无序，“熵”逐渐增大，这个过程有时间之矢，是不可倒逆的。魏格纳创立了“大陆漂移学说”，后人把它发展成“板块结构学说”。魏氏认为，陆地或大陆不是静止不动的，而是在地球表面漂移，大陆漂移过程中蕴含的时间流程，既有方向性，又不可逆转、不可重复。地学或地质学对地质年代作出如下划分：从古生代到中生代，再到新生代，地质演变的历史同样有时间之矢，不可逆，不可重复。“宇宙大爆炸”理论所描述的宇宙演化过程，星系的形成和演化过程，恒星的形成和演化过程，这些过程都包含着宇宙尺度的时间进程。上述时间进程，当然有时间之矢，在现存的宇宙中同样不可逆转、不可重复。爱因斯坦创立了狭义相对论和广义相对论，他抛弃了牛顿的形而上学的绝对时间，对物理学意义的“同时性”作了有别于牛顿的新的阐发。“同时性”不是绝对的，它与光的运行和光速有关，与观察者的参照系或坐标系有关，它只有相对性或相对的意义。

就后一时间系列而言，奥古斯丁指出，时间是与上帝创造万物同时创造出来的。他还强调，时间是一种延伸，一种主观性的延伸。他说：“我认为时间不过是伸展。但是什么东西的伸展呢？我不知道，如果不是思想的伸展，这更奇怪了。”① 奥古斯丁之后，西方中世纪的宗教哲学家很少像他那样从人的主观方面、心灵方面深入探索时间哲学的问题。

刚才已经谈到，西方近代以来探讨自然界的时间流程中的哲学问题的取向已经成了西方传统时间哲学的主流。这种情况直到 19 世纪才有了转折性的变化，以自然时间、物理时间为主要研究对象的时间哲学，转向了以人文时间或历史时间和心理时间为主要研究对象的时间哲学。叔本华、尼采、柏格森、狄尔泰和胡塞尔等哲人的著作先后面世，上述转折才逐渐完成。20 世纪的海德格尔和伽达默尔的时间哲学很能说明这种转折的历史意义。

海德格尔否定了亚里士多德以来的时间哲学或时间形而上学。他的视角从与自然时间、物理时间相关的时间哲学或时间形而上学移到了与人文时间、人的存在的时间相关的时间哲学或时间形而上学的领域中来。海氏在《存在与时间》这部巨著中，把时间性同自我、人类、人的存在相关的“此在”联系起来。他确立了“本真时间”或“本真整体性存在的时间”这组概念。他指出，“此在”的存在总是面向死亡的存在，总是整体性的存在。“本真的时间”或“本真整体性存在的时间”，离不开“此在”作为面向死亡的存在，离不开“此在”作为整体性的存在，也离不开“此在”作为“到时”的存在。所谓“到时”，是将来、曾在和当前本真的统一性的“到时”。与此不同的是“非本真的时间”或“非本真整体性存在的时间性”，这种时间同逃避死亡、沉沦在世，“此在”作为非整体性的存在，作为将来、曾在和当前的非本真、非统一的情况一脉相承。

假如说，海德格尔的时间哲学或时间形而上学其特点之一是以人的存在或“此在”的存在为基石，那么，伽达默尔的时间哲学或时间形而上学则是以人们的理解和阐释活动或自我的理解和阐释活动为基石。假如说，海德格尔把时间与时间性同“此在”的面向将来和“此在”的面向死亡挂上了钩，那么，伽达默尔则把时间同“过去”、同历史、同传统，以及和它们相关的“先见”或“前见”挂上了钩。不妨这样说，海德格尔的时间观更偏重于“将来”，偏重于将来的可能性，偏重于将来必然的死亡。

① ［古罗马］奥古斯丁：《忏悔录》，周士良译，商务印书馆 1994 年版，第 253 页。

与此相异，伽达默尔的时间观却偏向“过去”，偏向已经成为过去的历史，偏向于进入“先见”的历史和传统。伽氏非常重视阐释活动中的时间问题，非常重视读者的阐释活动与被阐释的文本之间的历史性距离。他也十分关注文本阐释者的有时间内涵的传统性“先见”，十分关注阐释者“视域”中被阐释的同样有时间内涵及传统性的文本，以及两者之间的“视界融合”。

八　中西传统时间哲学中的体验时间和观察时间

分别考察了中国传统哲学中的时间观和西方传统哲学中的时间观之后，我们还要对两者作一番比较研究。这个比较研究将以中国传统的时间哲学为主，为坐标系，以西方传统的时间哲学为辅，为参照系。

本文开头部分将时间划分为自然时间或物理时间、人文时间或历史时间、心理时间或体验时间，这个时间三分法的模式，也可以简缩为另一种时间的二分法模式，即观察时间和体验时间。观察时间可以包含被观察着的物理时间或自然时间在内，体验时间可以包含被体验着的心理时间或记忆时间在内。人文时间既是观察时间也是体验时间。同理，作为人文时间组成部分的历史时间，也是观察时间和体验时间的合成。人们可以通过观察外部世界、观察自然界或物理世界、观察社会现象或人文事件来获得时间感。同这一类时间感相关的时间流程，可称之为观察时间。人们也可以从体验内心世界、体验意识流程或记忆活动而获得时间感。同第二类时间感相关的时间流程，可称之为体验时间。

中国传统的哲人既看重观察时间，也看重体验时间，而且十分关注观察时间和体验时间的汇流交融。人文时间、历史时间以及人生的时间历程，就是观察时间与体验时间汇流与交融的时间模式。因此，也可以说，中国的古人或中国的传统哲学十分重视融通观察时间和体验时间的人文时间、历史时间和人生经历的时间。相比之下，不太重视单凭观察就可以把握的外在的物理时间，或单纯的物体运动和运动速度的时间过程。儒、道、释三家的哲人莫不如此，唯有墨家是个例外。《墨子》一书关注的是观察时间，即自然时间。前文已经提到，该书创建了“久”这个时间概念，“久”与“宙”相通，所指的主要是自然万物中的时间过程。

与此有别，西方传统的哲人关注的焦点是观察时间，即无须内在的体验活动介入的外部时间。他们认为，这种时间是自然界或物理世界固有的时间进程，物理时间仅仅是同物体运动相关的时间，同物体运动的速度和加速度相关的时间。亚里士多德把时间定义为“物体运动的量”。伽利略和牛顿把时间看成是用来计算物体运动的速度和加速度的时间数量。西方文艺复兴以后的哲人也是这样，笛卡儿、洛克、康德也把他们的心力用在自然时间和物理时间的观念如何形成之类的哲学问题上。与此相应，西方哲学的主流，从亚里士多德一直到康德，均很少关心人的体验时间或心理时间，很少关心这样的时间从何而来，其基本特征是什么之类的哲学问题。当然，西方从古代、中世纪到近代，也有少数哲人关心由观察时间和体验时间结合而成的人文时间，以及人文时间中的历史时间和人生经历的时间。这类哲人的突出代表是欧洲中世纪的教父哲学家奥古斯丁，他把注意力放在人的内在的心理时间或体验时间上，他特别关心人们体验到的和人生经历着的时间之流从何而来：是来自上帝的启示，还是来自人自身的感受的问题。

九　中西传统时间哲学中的“体用”关系和“道器”关系

中国传统哲学讲求“体”和“用”的关系，讲求“道”和“器”的关系。借助西方哲学的术语来讲，“体”就是现象的本原或本体；“用”则相当于现象及其属性的效用和功能。“道”就是不可观察、无形无相的本质规律或根本法则；“器”则类似于可观察感知的、有形象的具体事象。中国传统的哲人多是“体用”的统一论者，他们强调即“体”即“用”，“用”不离“体”，“体”在“用”中，没有超越于“用”的“体”。中国传统哲人也是“道器”的统一论者，他们主张“道”不离“器”，“道”

在“器”中，没有出离于“器”的“道”。“体”和“道”是形而上的，“用”和“气”是形而下的。形而上的“体”和“道”，总是体现在形而下的“用”和“器”之中；形而下的“用”和“器”，总是蕴涵着形而上的“体”和“道”，形上和形下是相融的、统合的。

中国传统的哲人虽然有时也分别考虑到时间的“体”和时间的“用”，或者分别考虑时间的“道”和时间的“器”，然而他们一般都认为时间的“体用”和“道器”是相依相待、相融相合的，是浑然统一的，所以很少离开时间的“用”和“器”去深究时间的“体”和“道”。他们侧重研究的是时间的“用”和“器”，而时间的“体”和“道”就包含在时间的“用”和“器”之中。他们认为，只要认真掌握社会生活、人生经历和历史进程中的时间之流，就可深入领悟时间的本体或时间的规律。中国传统的哲人很少去思考和建构时间的本体论以及时间的形而上学，理由是：时间的本体就隐含在时间的现象和效用之中，形而上的时间就隐含在形而下的时间进程之中。

中国古代的众多哲人十分关注时间进程的即“体”即“用”和“体”、“用”结合中的时间之“用”。进言之，他们都下大功夫去领悟和捕捉各种时间流程的功能和效用，提出了不同的“适时观”。他们不断追问：怎样适应自然时间、人文时间和心理时间的进程？怎样把握时间之流转瞬即逝的机遇？力图找到合理的答案。道家或庄子提出了“安时”的问题。道家倡导顺应自然，顺应自然而然的时间进程，力图做到“无为而治”。庄子创立了“安时”说，主张“安于时”，安于或顺应于时间的自然而然的流程，主张每个人都应当安于或顺应于从生到死、听其自然的生命流程。既然人生的时间进程其终点是死亡，所以每个人都不必对死亡怀有恐惧，无须逃避死亡，而应该用达观的态度去对待死亡。深受道家思想影响的田园诗人陶渊明曾在《形、影、神》的组诗中写道：“纵浪大化中，不喜亦不惧。”显而易见，陶渊明深化了和诗化了庄子的时间观，以及由这种时间观引申生发而成的生死观。

儒家则讨论另一类“适时”的问题。不论做什么事都要讲究“时机”和“时运”。假若不能准确地把握住社会、历史和人生中合适的“时机”或“时运”，那么大至天下和社稷的事，小至家庭和个人利益的事，都无从下手，无法做成，至少是劳而无功。孔子提出“执中”说。在家庭的、社会的或历史的进程中总是存在着各种各样的矛盾或冲突，面对矛盾的两极，若想做成任何事情，决不要偏向两极中的任何一极，而应当执其中，把握住矛盾两极间的“适中”之处。《中庸》一书进而提出“用中”说。“用中”说发展了“执中”说，并指出，在矛盾的两端之间，不但要坚持“执其中”，而且还要灵活运用“执中”的原则。在“执中说”和“用中说”的基础上，孟子再跨出一步，提出“时中”说。“时中”说的要点是，必须在社会、历史、人生的时间流程中抓住“执中”、“用中”的时机。在各种矛盾运动的时间流程中，矛盾双方的相推和相济、相斥和相容都是变动不居的，所以矛盾的两极之间没有固定的“中”或“中间”地带，我们应当根据矛盾运动及其时间进程的不同情况，适时地抓住时机地去“执”其中、“用”其中。唯有如此，才能不偏不倚、灵活多变，把大小事情办好，使家庭敦睦、社稷兴盛、天下太平。“执中”、“用中”尤其是“时中”之说，不仅成为儒家哲学的基本原理，而且也成为历代帝王治国守成的准则，成为普通小民立身处世的规范。

运用中国传统的哲学范畴去审视西方传统的哲学，就会发现，后者的理论模式中，“体”范畴往往超越于或独立于“用”范畴，“道”范畴也经常超越于或独立于“器”范畴。自柏拉图和亚里士多德以降，西方传统的哲人大多坚持“体用”相分、“道器”相离的观念。用西方的哲学术语来说，西方传统的哲人大多强调本体界与现象界两相分离，形而上和形而下不能融合。甚至认为，本体与现象之间、形上形下之间，相互隔绝，如天壤有别。由此起步，西方传统的时间哲学大多热衷于深究“时间从何而来”、“时间的本质是什么”诸如此类的时间本体论问题。这种倾向的哲学，当然会偏爱于去营造时间的本体论和时间的形而上学。从古罗马以来，西方哲人的时间观虽然各不相同，但如何对时间作出本体论和形而上学的阐释却是他们中多数人共同关心的题目。奥古斯丁虽然偏重于反思内在的和体验的时间，但仍然要营造与基督教创世学说相关的时间本体论和时间形而上学。连当代西方哲学大师海德格尔也倾心于求索时间的“体”和“道”，营造不同于传统形而上学的符合“生存论”宗旨的时间本体论和时间形而上学。在“体用”相分和“道器”相离的前提下，西方传统

雲南文庫·学术名家文丛

的哲人总是把时间之“体”和时间之“道”放在第一位。他们主张，本体的时间或形而上的时间，必然超越于现象领域中的时间和形而下的时间，必然凌驾于具体的时间的流程之上。或者说，时间之“体”或时间之“道”必然支配着和决定着时间之“用”或时间之“器”。西方传统哲学的时间观注意的焦点是时间之“体”，即时间的本质、本体，对时间之“用”，即时间的功能和效用往往不太注重，所以历代哲人对时间之“用”中的“适时”性很少作深入探索。不论是道家提出的“安时说”，还是儒家提出的“时中”说，以及与此相关的“执中”、“用中”的思想，在西方哲学史中不说找不到，至少很难找到相应的观点抑或相对的理论模式。

十　中西方传统时间哲学中的依存时间和纯粹时间

康德在《判断力批判》一书中把鉴赏判断或审美判断分作两大类：一类是纯粹鉴赏判断或纯粹审美判断，这类判断是纯之又纯的，不涉及或不依存于认识的、道德的内容和计较利害的功利目的，它仅仅与由纯粹形式引起的纯粹愉快有关。另一类是依存鉴赏判断或依存审美判断，这类判断依存于具体事物和现象，依存于认识的、道德的内容和各种功利目的。纯粹的鉴赏判断或审美判断的确立，是为审美之为审美提供一个基本原则。依存的鉴赏判断或审美判断，既然也名之曰鉴赏判断或审美判断，毫无疑问，它也应当符合上述基本原则。我准备借用“纯粹”和“依存”这两个术语，将它们引入时间哲学的领域，把时间也区分为“纯粹时间”和“依存时间”。

我所说的“纯粹时间”，是指不牵涉也不依存于任何经验内容和具体事象的时间进程。纯粹时间不依存于和不涉及任何自然时间或物理时间、人文时间或历史时间、心理时间或意识流动的时间进程，它是纯而又纯的时间进程。纯粹时间是一种具有绝对意义的时间，它超越于一切相对的时间，超越于一切日常生活中的时间流程。我所说的“依存时间”，是指涉及并依存于各种经验内容和具体事象的时间进程。依存时间理所当然地牵涉并依存于自然时间或物理时间、人文时间或历史时间、心理时间或意识流动的时间进程。依存时间是只有相对意义的时间，是日常生活中人人都能观察到和体验到的种种具体的时间流程。如果说，纯粹时间或绝对时间是一切时间之所以为时间的根本原则，不言而喻，依存时间或相对时间只能是依附于事象世界的各种时间样式，它蕴涵着纯粹时间和绝对时间，服从于时间之所以为时间的根本原则。

纯粹时间或绝对时间，就是时间之“体”；依存时间或相对时间，就是时间之“用”。前文已经讲述，中国传统哲学强调的是“体用”相合，即“体”即“用”，“体”在“用”中。由此推导，作为时间之“体”的纯粹时间或绝对时间，作为时间之“用”的依存时间或相对时间，二者是不可分离、合二而一的，前者就包含在后者之内，并呈现在后者之中。人们无须撇开或抛弃日常生活中的时间流程去寻觅超越性的纯粹时间或绝对时间，也无须为确立纯粹时间或绝对时间而去建构什么时间的本体论或时间的形而上学。

中国传统哲学的时间观，其注意的焦点集中在依存时间或相对时间上。这样的依存时间究竟依存于哪些只具有相对确定性的经验内容呢？其中包括，依存于自然事象的时间流程，特别突出的是，它包括了依存于社会生活的时间流程、历史发展的时间流程、人生经历的时间流程，以及依存于一切生命演进的时间之流。总之，中国传统哲学力图把握的依存时间或相对时间，是一种延绵不断、变动不居、生生不息的时间流程，是一种阴阳相推相济、刚柔既相分又相合的时间之流，也是一种笼括整个宇宙、社会、人事的“大化流行”的时间进程。

我们也曾说过，西方传统的哲学把“体”和“用”截然分开，“体”出离并超越于“用”。由此推导，作为时间之“体”的纯粹时间或绝对时间，同作为时间之“用”的依存时间或相对时间，是不相侔的。前者虽然能通过后者部分地呈现出来，但它具有绝对确定的独立性和超越性。人们必须撇开日常生活中的依存性或相对性的时间流程，才能直觉到超越性和绝对性的纯粹时间，因而就有必要为张扬和阐释纯粹时间或绝对时间去建构时间的本体论和时间的形而上学。西方传统哲学的大师们大多全力以赴地去提炼纯之又纯的衡量时间的根本原则，时间的本体论和形而上学就是为确立和阐释这样的原则服务的。西方传统哲学的时间观既然十分重视物体运动的时间度量，重视自然时间中的时间哲学问题，因而也极为关注如何确立自然界或物理界的绝对时间或纯粹时间。这种时间不依存于物体运动的时间进程，也不依存于物体运动的速度和加速度中包含的时间度量。牛顿在他的名著《自然哲学》中就是这样做的。他在物体运动和运动的速度或加速度之上或之外，明确地设定了绝对时间。这个绝对时间为自然界或物理世界各种依存于物理运动的物理时间，制定了一条使这些物理时间之所以为物理时间的根本原则，这就是独一无二的时间本体。

十一　中西方传统时间哲学中的实在性时间和非实在性时间

时间流程有没有实在性？标举纯粹时间或绝对时间的西方传统哲学皆认为纯粹时间或绝对时间有确定的实在性，是绝对可靠的、真实的。至于现实生活中的或事象领域、经验领域中的依存时间或相对时间有没有实在性？中西方不同流派的传统哲学、中西方坚持不同时间哲学或不同时间观的哲人对这个问题的回答，则是各抒己见，众说纷纭。

一般而论，中国传统的儒家学派、道家学派、墨家学派以及除佛家学派之外的其他哲学家大多肯定了依存时间和相对时间的实在性。他们认定，自然界、社会生活、历史发展和人生经历中的时间进程是实在的和真实的。唯有佛家哲学的不少宗派对上述时间观提出了相反的见解。在他们看来，自然界、社会生活、历史过程和人生经历及其时间流程全是非实在的、不真实的和虚幻的。从主流上看，佛教哲学的时间观其特异之处还在于，它不仅否定了现实中的依存时间的真实性和实在性，而且还否定了所谓的超越性的纯粹时间和绝对时间。他们强调，一切时间进程都是不真实的和虚幻的，唯有不生不灭的、永恒不变的“真如界”或“涅槃”才是实实在在、真实可靠的。因为“真如界”或“涅槃”出离于一切“无常”、一切有生有灭、一切变动不居，而且高踞于所有的时间流程之外。概言之，佛教哲学家对依存时间乃至纯粹时间都持否定态度。

中国现当代的新儒家接受了西方传统哲学的影响，大多十分重视时间之“体”。他们也同西方传统哲学家一样，从时间进程中分离出纯粹时间或绝对时间，热衷于营造时间的本体论和时间的形而上学。冯友兰把世界一分为二：一者是“真际”世界，另一者是“实际”世界。不难想象，在冯友兰的哲学视域中，“真际”世界的时间是纯粹时间或绝对时间，它们是时间之“体”，这种时间是绝对实在、绝对真实的。而在“实际”世界中的时间进程，即依存时间或相对时间当然只有相对的实在性和相对的真实性了。或者说，相对于“真际”的纯粹时间而言，“实际”的依存时间并非是绝对实在和绝对真实的。熊十力的哲学理论也从宇宙万象中区分出“体”的层次和“用”的层次、形上界和形下界。不难推测他的时间哲学也不例外，也应该划分为“体”的方面和“用”的方面。按我的话来说，时间领域的“体”、“用”之分，也就是纯粹时间或绝对时间同依存时间或相对时间之分。值得注意的是，熊十力是“体”、“用”统一论者，他主张“体”在“用”中，“体”不离“用”，所以他不仅肯定时间之“体”或纯粹时间是实在的和真实的，而且肯定现实生活中的时间流程，即时间之“用”或依存时间的实在性和真实性。他强调“体”、“用”相合，即“体”即“用”，因此时间之“体”和时间之“用”或纯粹时间和依存时间二者理应相辅相成。依此类推，一者是实际生活中的时间之流或依存时间，另一者是依存时间充分地体现着的时间之“体”或纯粹时间，两者在“体”和“用”的统一中均为实在的和真实的。

西方的先哲们，只要他们缔造了时间的本体论和时间的形而上学，标举超越性的纯粹时间或绝对时间，几乎无例外地都强调时间之体或纯粹时间的绝对性，绝对的实在性和真实性。从柏拉图、亚里士多德直到牛顿，莫不如此。降至康德，他论证了时间的直观形式的先验性，这种先验的时间直观形式其实在性和真实性是无可怀疑的。到了现代，连否定西方传统的形而上学和形而上学的时间观的海德格尔也不能完全超脱西方的传统，依旧要建立一种新的形而上学、新的形而上学的时间观。海氏提出了形而上的“本真时间”，“本真时间”当然是实在的、真实可靠的。

形而下的依存时间，即自然界和社会生活中的时间进程是不是实在的和真实的？对此，中西方传统时间哲学的主流性见解是大相径庭的。柏拉图否认了现实世界的实在性和真实性。理由是自然界和现实生活中的个别具体的事物只是部分地分有了形而上的理念世界中的理念，它们不过是理念的影子而已。不难猜想，在柏拉图的心目中，同个别的或具体的物体运动、历史事件、人的行为相关的时间流程，即依存时间不过是部分地分有了形而上的时间理念，是时间理念的影子，它们是非实在的、不真实的。柏拉图的学生亚里士多德则另辟蹊径，不但肯定了形而上的本体世界即“最高实体”具有绝对的实在性和真实性，而且还肯定了自然界和现实生活中个别具体事物即“第一实体”的实在性和真实性。在上述哲学理论的框架之内，亚氏既认定物体运动中的时间之量即依存时间之量的真实性和实在性，又认定显示于可经验到的时间流程中的形上时间或纯粹时间的实在性和真实性。奥古斯丁把视域从外在的、客观的观察时间移向内在的、主观的体验时间，张扬了上帝超越一切时间进程，上帝又创造一切时间进程。因此，我们体验着的内在的和主观的时间之流，当然也是上帝创造的，它的实在性和真实性是毋庸置疑的。康德一方面强调先验的时间直观形式的实在性和真实性，另一方面也强调与先验的直观形式相结合的具有经验内容的时间进程，即我们感知着、认识着的自然界和生活中的时间进程，抑或依存于现象世界的时间进程，同样是实在的和真实的。柏格森创立了生命哲学，认为生命的进程就是时间的进程，时间的绵延体现在生命的创造之中。在他看来，依存于生命的创造性进化的时间绵延，毫无疑问是实在的和真实的。海德格尔在认定形而上的本真时间的实在性和真实性的同时，并不否认形而下的非本真时间的实在性和真实性。

综上所述，可以看出，西方有些哲人只认定形而上学的纯粹时间或绝对时间之真实性和实在性，而认为形而下的依存的或相对的时间进程不具有实在性和真实性，甚至是虚幻的影子。另一些西方哲学家虽然也把时间分为形而上的和形而下的，纯粹的和依存的，绝对的和相对的，本真的和非本真的，不过，他们却认为，这两个层面的时间不分轩轾，两者都是实在的和真实的。西方传统哲学中泾渭分明的两种时间观，很难区分出孰主孰次，似乎可以说，两者都是主导性的思潮。相比之下，中国传统的道家、儒家和墨家一致认为，时间之流，依存的或相对的时间进程，是实实在在和真实可靠的，这是中国传统的时间观的主流。

十二　中西方传统时间哲学中的线行性时间和周行性时间

时间观念中的时间流程的线行性与周行性是以时间的不可逆性为前提的。为了确定不可逆的时间之矢中的历法时间，中外传统的历算家、天文学家和哲学家往往要考虑两方面的问题：一方面，他们看到了时间之流像江河一样滚滚向前，时间之矢沿着虚拟的直线从过去经由现在奔向未来；另一方面，为了给时间流程划分阶段，确定和计算时间单位，他们又注意到很多自然物和自然现象在运行过程中或时间历程中经常周行不已、循环往复，并有固定的周期性。太阳、月亮、潮汐、物候等等，其运行变异的周期性是相对确定的。历法时间或标量时间，就是凭这些自然事象运动变异的周期性去划分时间的段落和确立时间的单位的。缘起于上古的历法时间观念及其计算单位向哲人们作出了深刻的提示，时间之矢或时间之流不可逆的前进轨迹有两个特点：一是时间进程的线行性特点；二是时间进程的周行性特点。

自古以来，先哲们针对时间之矢前进轨迹的两个特点提出了两种不同的见解：一种认为，时间之矢行进的路迹是线行性的时间流程，在线行性的路迹上，时间流程一去不复返；另一种见解是，时间之矢行进的路迹是环行性的或周行性的，时间流程在周行性的路迹上，经常是周而复始、循环不已的。

有关时间进程或时间之矢的两种见解给古代中国哲人留下了极为深刻的印象，并将线行性时间的观念和周行性时间的观念从自然领域引入社会生活和人文历史的领域。中国传统哲学和历史哲学中的时间观一般都认为，时间进程既是线行性的进程又是周行性的进程。从时间进程的线行性特征而言，哲人们普遍强调时间的流动性、延绵性和一去不复返性，即线行性时间川流不止、生生不息的特性。从时间的周行性特征而言，哲人们同时还强调时间进程的周流性和周行性，即周行性时间阴阳

云南文库·学术名家文丛

交替，往复循环，周而复始的特点。孔子所说的“逝者”凸显出了线行性时间进程的川流不息和一去不复返。从《易经》、《老子》等等经典中，不难看到人生经历的时间流程中穷通、逆顺、吉凶、祸福……的互相转换。从儒家的座右铭“君子达则兼济天下，穷则独善其身”也可看出人生历程中“达”与“穷”的相互更替。历史学家和历史哲学家经常提到“兴衰往还”、“治乱交替”，以及“分久必合、合久必分”等等，也充分体现了周行性时间和时间进程的周行观。在中国传统哲人的心目中，时间流程的线行性和周行性又是融会贯通的。在线行性时间的绵延性与流动性中含有周行性和周期性；在周行性时间的周流性或循环性中，也含有流动性和延绵性。

西方传统的哲学和自然哲学从总体上看，虽然也重视西方传统的历法层面上的周行性时间观，相比之下似乎更加强调线行性时间观，强调线行性时间中的流动性和延绵性。古希腊的亚里士多德等哲人既过问线行性时间，也过问周行性时间。然而在西方近代的笛卡儿等哲人的思想中，大多突出了线行性的时间观。在牛顿等人的自然哲学中，虽然涉及物理时间的可逆性，不过这种时间的可逆性仍然以线行性的时间观作为其前提。古希腊的某些先哲亦曾言及朴素的辩证法和矛盾运动中隐含的时间进程，然而严格地讲，到了黑格尔才全面深入地阐述了辩证运动过程中时间进程的周行性或周流性。他还进一步指明了周流或周行中的正、反、合，即肯定、否定和否定之否定的规律，指明了自然界和历史发展中的辩证运动及其内在的时间进程。更可贵的是，他提出了在循环往复中出现的“螺旋式上升”的发展观和相应的时间进程。

后记：1998 年冬季，我草写了一份有关时间哲学若干问题的思考提纲（后来因病住院而中断了）。该论纲包括五大部分：（1）时间观念及其来源与构成；（2）对“现在”的哲学思考；（3）中西方传统哲学中的时间观的比较研究；（4）如何对待“过去”，从“现在”看历史；（5）如何对待“未来”，从“现在”预测“未来”。选取论纲第一部分中的某些章节为“前导”，以论纲的第三部分为“主干”，并作了一些修改和补充，就这样凑成了这篇文稿。（该提纲的初稿约 6 万字，由当时的文艺学硕士研究生尹松波作了笔录。修改后的文稿由我口授，文艺学硕士研究生张震和赵嘉鸿作了笔录，我对笔录又作了删节和增补。）

2002 年 6 月定稿

（本文原载《思想战线》2002 年第 5 期）

图书在版编目（CIP）数据

赵仲牧学术文选 / 赵仲牧著．—昆明：云南大学出版社，2013（2015重印）
（云南文库·学术名家文丛）
ISBN 978-7-5482-1601-8

Ⅰ.①赵… Ⅱ.①赵… Ⅲ.①哲学—文集 Ⅳ.①B-53

中国版本图书馆CIP数据核字（2013）第299635号

出 品 人：周永坤
统筹编辑：柴 伟 陈 曦
责任编辑：冯 峨
责任校对：何传玉 严永欢
封面设计：郑 治

书 名	赵仲牧学术文选
作 者	赵仲牧 著
出 版	云南大学出版社 云南人民出版社
发 行	云南大学出版社 云南人民出版社
社 址	昆明市翠湖北路2号云南大学英华园内
邮 编	650091
网 址	www.ynup.com
E-mail	market@ynup.com
开 本	787mm×1092mm 1/16
印 张	23
字 数	400千
版 次	2013年11月第1版 2015年8月第2次印刷
印 刷	昆明卓林包装印刷有限公司
书 号	ISBN 978-7-5482-1601-8
定 价	69.00元